कट्टरता के दौर में

जातिवाद, साम्प्रदायिकता और भूमंडलीकरण के सवाल

कट्टरता के दौर में

जातिवाद, साम्प्रदायिकता और भूमंडलीकरण के सवाल

अरुण कुमार त्रिपाठी

राधाकृष्ण प्रकाशन

ISBN : 978-81-8361-013-1

कट्टरता के दौर में

पहला संस्करण : 2005
पहली आवृत्ति : 2023
मूल्य : ₹995

प्रकाशक
राधाकृष्ण प्रकाशन प्राइवेट लिमिटेड
जी-17, जगतपुरी, दिल्ली-110 051

शाखाएँ : अशोक राजपथ, साइंस कॉलेज के सामने, पटना-800 006
पहली मंजिल, दरबारी बिल्डिंग, महात्मा गांधी मार्ग, प्रयागराज-211 001
1, अनमोल सोराबजी संतुक लेन, धोबी तलाव, मरीन लाइंस, मुम्बई-400 002
वेबसाइट : www.radhakrishnaprakashan.com
ई-मेल : info@radhakrishnaprakashan.com

मुद्रक
राजकमल प्रेस
नई दिल्ली-110 002

KATTARTA KE DAUR MEIN
by Arun Kumar Tripathi

आमुख

अरुण कुमार त्रिपाठी ने जातिवाद, साम्प्रदायिकता और भूमंडलीकरण से जुड़े सवालों को जिस बेबाकी और वैचारिक प्रखरता से इस किताब में उठाया है वह उनकी सामाजिक प्रतिबद्धता और जनपक्षधरता का परिचायक है। साम्प्रदायिक कट्टरता और जातिवादी मानसिकता एक ही सिक्के के दो पहलू हैं। समाज जब कट्टरता और भेदभाव से ग्रस्त होता है तो उसकी आन्तरिक शक्ति सूखने लगती है और सृजनशीलता कमजोर पड़ जाती है। भारत में साम्प्रदायिक और धार्मिक कट्टरता और जातीय भेदभाव का इतिहास जितना पुराना है इन प्रवृत्तियों के खिलाफ वैचारिक संघर्ष का इतिहास भी उतना ही पुराना है। समाज के आन्तरिक परिष्कार की प्रक्रिया जब-जब तेज हुई भारतीय समाज की गतिशीलता बढ़ी और कट्टरता में कमी आई। इसके साथ ही बाहर से आनेवाले सकारात्मक प्रभावों को जज्ब करने और नकारात्मक प्रभावों का प्रतिरोध करने की क्षमता भी बढ़ी। लेकिन जब-जब समाज में आन्तरिक परिष्कार की प्रक्रिया कमजोर हुई हम कट्टरता तथा कूपमंडूकता में फँसे और कमजोर हुए।

पिछले दशकों में देश में साम्प्रदायिक उन्माद की आँधी बहाने और समाज को कट्टरता के दौर में ले जाने की अनेक कोशिशें हुईं। लेकिन जनतान्त्रिक और मानवीय मूल्यों में आस्था रखनेवाले संवेदनशील कार्यकर्ताओं, लेखकों पत्रकारों और संस्कृतिकर्मियों की एक शृंखला बन गई जिन्होंने समाज की सकारात्मक चेतना को जगाया और फासीवादी प्रवृत्तियों और विचारों का डटकर मुकाबला किया। अरुण कुमार त्रिपाठी उस शृंखला की एक महत्त्वपूर्ण कड़ी हैं।

आज हम एक ऐसे दौर से गुजर रहे हैं जब भूमंडलीकरण के नाम पर साम्राज्यवाद अपने पाँव पसार रहा है। जनकल्याण, समानता और जनतान्त्रिक मूल्यों को तिलांजलि देकर लूट की एक नई व्यवस्था कायम हो रही है। समाज, संस्कृति और प्राकृतिक संसाधनों को वैश्विक बाजार के हवाले किया जा रहा है। नया साम्राज्यवाद एक सुविधा सम्पन्न विशिष्ट वर्ग भी तैयार कर रहा है जो उसका सामाजिक आधार बन रहा है। यह वर्ग अपने राष्ट्र, समाज तथा वंचित तबकों की समस्याओं और तकलीफों के प्रति संवेदनहीन रहता है। दूसरी ओर गरीबी और विषमता बढ़ रही है। महँगी होती शिक्षा और स्वास्थ्य सेवाएँ सामान्य लोगों की पहुँच से बाहर हो रही हैं। किसानों, आदिवासियों, मछुआरों, कारीगरों, परम्परागत काम-धंधों में लगे लोगों की तबाही हो रही है। संगठित क्षेत्र में भी रोजगार के अवसर तेजी से घट रहे हैं। ऐसे में अरुण कुमार त्रिपाठी ने

उत्पीड़ित लोगों के साथ निरन्तर अपनी एकजुटता दिखाई है और जनता के संघर्षों और आन्दोलनों को सकारात्मक रूप में अपनी कलम से उजागर किया है। इसके साथ ही आन्दोलनों की खामियों तथा उसकी सीमाओं, भटकाव के लक्षणों तथा साम्राज्यवादी शक्तियों द्वारा उनका उपयोग कर लिए जाने के खतरों के प्रति भी सावधान किया है। लेखक ने जाति के प्रश्न पर चल रहे विमर्श और स्त्रियों के अधिकार के सवालों का भी बारीकी से विवेचन किया है। अरुण कुमार त्रिपाठी की यह पुस्तक वर्तमान परिस्थिति में एक सार्थक हस्तक्षेप है।

14.03.2005
मुजफ्फरपुर

अनिल प्रकाश
(जेपी आन्दोलन, बोधगया आन्दोलन और गंगा
मुक्ति आन्दोलन के महत्त्वपूर्ण स्तम्भ।
युवा भारत और राष्ट-निर्माण अभियान के संस्थापक)

लेखक की बात

उदारीकरण के नाम से चर्चित इस दौर को कट्टरता का दौर कहने के पीछे न तो कोई पूर्वाग्रह है न कोई हठ। जातिवाद, साम्प्रदायिकता और भूमंडलीकरण के सवालों से टकराते समय किसी अति तटस्थ बौद्धिक को भी इस दौर की कट्टरता का अहसास हो सकता है। विभाजन की चोट खाया भारतीय समाज वर्ण और जाति के बन्धनों में जकड़ा हुआ था। उससे मुक्ति दिलाने के लिए आधुनिक युग में कई तरह के उपाय हुए। उन सबका मूल उद्देश्य भारतीय लोकतन्त्र को ऐसा समाज प्रदान करना था जहाँ राजनीतिक मतों का निर्माण जाति के आधार पर न होकर प्रादेशिक, राष्ट्रीय और अन्तर्राष्ट्रीय मुद्दों के गुण-दोष के आधार पर हो। लेकिन मर्ज बढ़ता ही गया ज्यों-ज्यों दवा की गई। यानी राजनीतिकरण के साथ जातियाँ इस कदर पक्षपात पर उतरीं कि उनका चरित्र संकीर्ण होता चला गया। जातियों की यह लामबन्दी बड़े उद्देश्य की तरफ बढ़ सकती थी अगर इनसे भयभीत सवर्णों और उनसे समर्थित संगठनों ने साम्प्रदायिकता को रथारूढ़ न किया होता। पर साम्प्रदायिकता की आँधी में सामाजिक परिवर्तन की आग या तो बुझ गई या वह वहाँ लग गई जहाँ उसे नहीं लगना था। नतीजतन समाज में जिस अनुपात में उदारता आ रही थी उससे कहीं ज्यादा कट्टरता आ गई। अयोध्या आन्दोलन, बाबरी विध्वंस, गुजरात का नरसंहार और जातीय दंगे मिलकर समाज के कट्टर चेहरे का खाका खींचते हैं। यह घटनाएँ उत्तर भारत और दक्षिण भारत के समाज सुधार को अलग भी करती हैं। राजनीतिक अस्थिरता भी एक हद तक उसी कट्टरता से पैदा हुई। लेकिन जाति और धर्म की इस कट्टरता को नया आयाम दिया आर्थिक उदारीकरण ने। उस सिद्धान्त और उसके साथ चलनेवाली प्रक्रिया ने दावा किया था कि बाजार विचारधाराओं की कट्टरता को मिटा देगा और सबका गुणदोष के आधार पर मूल्यांकन करेगा। पर बाजार खुद एक कट्टर विचार बनकर खड़ा हो गया और उसने समाज की दूसरी कट्टरताओं से समझौता कर लिया। जिस तरह कभी सरकारीकरण में हर आर्थिक बीमारी का इलाज ढूँढ़ा जाता था उसी तरह निजीकरण को रामबाण मान लिया गया। इस प्रक्रिया के चलते बेरोजगार, कर्जदार और लाचार हो चुके हजारों किसान और मजदूर खुदकुशी की राह पर चल पड़े। समाज के कमजोर तबकों जैसे आदिवासियों पर जुल्म बढ़ा और उनके संसाधनों का दोहन तेज हुआ। उनके जल, जंगल और जमीन की रक्षा के प्रयास बेकार कर दिए गए। महिलाओं की चौतरफा कामयाबी के बावजूद बालिकाओं की आबादी का घटता अनुपात जाति,

धर्म, लिंग और अर्थ के गठजोड़ की नई कहानी कहता है। जाहिर सी बात है अन्तर्राष्ट्रीय साम्राज्यवाद से समर्थित यह प्रक्रियाएँ किसी संवेदनशील व्यक्ति को कट्टर लग सकती हैं। पुस्तक में उठे इन सवालों के केन्द्र में दलित आन्दोलन, पिछड़ा आन्दोलन, पर्यावरण आन्दोलन, भूमंडलीकरण विरोधी उन आन्दोलनों की प्रेरणा रही है जो कट्टरता को मिटाने और उदारता को स्थापित करने में लगे हैं। लेकिन वे जहाँ भी अपने मार्ग से विचलित होते दिखे हैं इस लेखक ने उन्हें टोकने से परहेज नहीं किया है।

इस लिहाज से यह लेखक किशन पटनायक, सुरेन्द्र मोहन, मेधा पाटकर, डॉ. ब्रह्मदेव शर्मा, डॉ. बनवारीलाल शर्मा, अनिल प्रकाश, सुनील, राकेश, रफीक, डॉ. ए.के. अरुण, राम धीरज, राजीव और विजय प्रताप जैसे उन तमाम आन्दोलनकारियों का आभारी है जो समाज में समता और उदारता का मूल्य स्थापित करने में लगे हैं और जिनकी सक्रियता से उदारीकरण का कट्टर चेहरा बेनकाब होता है। लेखकीय प्रेरणा और परिष्कार के लिए मैं राजकिशोर, अरविन्द मोहन, अभय कुमार दुबे, शंभुनाथ सिंह, योगेन्द्र यादव, डॉ. धर्मवीर, श्योराज सिंह बेचैन, प्रियदर्शन, हरिमोहन, राजेन्द्र राजन और महेश जैसे मित्रों का विशेषतौर पर आभारी हूँ जिनकी प्रशंसा और आलोचना की रोशनी में अपनी असलियत दिखती रही। इसी सिलसिले में पत्नी शिवा के धैर्य को सराहे बिना नहीं रहा जा सकता जो इस लेखन की प्रथम पाठक रहीं। हिन्दी अकादमी के सचिव नानकचन्द और दिल्ली विश्वविद्यालय के प्राध्यापक प्रेम सिंह ने इस पुस्तक की कल्पना को साकार कर और उसे एक सार्थक नाम देकर जो महत्त्वपूर्ण योगदान दिया है उसके लिए भी मैं अति कृतज्ञ हूँ। पुस्तक की सभी कमियों का जिम्मा यह लेखक अपने ऊपर लेता है और उसके लिए पाठक की प्रतिक्रियाएँ सर माथे पर। आशा है वे इस लेखक के साथ थोड़ी उदारता बरतेंगे।

—अरुण कुमार त्रिपाठी

अनुक्रम

अम्बेडकर को गांधी से न लड़ाएँ

पटना में छात्र युवा संघर्ष वाहिनी के एक सम्मेलन में जब 'महात्मा गांधी जिन्दाबाद' के नारे लगे तो सभागार के एक कोने से 'बाबा साहब अम्बेडकर जिन्दाबाद' के नारे उठने लगे। यह होड़ किसी भी विचारशील व्यक्ति को हतप्रभ कर देनेवाली थी। आयोजकों ने अम्बेडकरवादियों की भावनाओं को भाँप उन्हें सँभाल लिया।

वैसे गांधी और अम्बेडकर के अनुयायियों में इस तरह का टकराव स्वाभाविक (और लोकतान्त्रिक) ही कहा जाएगा, क्योंकि उन दोनों महापुरुषों में भी इस तरह के टकराव होते ही रहते थे। फर्क यह है कि दोनों लोग एक-दूसरे को समझते हुए और विचारधारा में अन्तर्निहित देश और समाज के हित का सम्मान करते हुए अपना रवैया बदल लिया करते थे। लेकिन आज अम्बेडकर और गांधी के दर्शन पर बहस की स्थितियाँ पैदा होने पर अमर्यादित टकराव होते हैं, फिर धन और वोटों के लेन-देन पर समझौता हो जाता है। दिक्कत यह है कि राजनीतिक दल सैद्धान्तिक तौर पर न तो गांधी के प्रति ईमानदार हैं और न ही अम्बेडकर के प्रति। कहीं सभी धर्मों का आदर करनेवाले गांधी के नाम का इस्तेमाल पूजाघर गिराने के लिए किया जाता है, तो कहीं कम्युनिस्टों के कट्टर विरोधी अम्बेडकर के विचारों का मार्क्सवाद से संश्लेषण किया जाता है। गांधी का लेखन सर्वत्र सुलभ है, पर अम्बेडकर का लेखन सीमित जगहों पर मिलने के कारण घपले की काफी गुंजाइश रहती है।

अम्बेडकर और गांधी पर बहस में बुद्धिजीवी भले शामिल होते हों, पर राजनीतिक दल ऐसे मामलों पर न कोई निर्भीक प्रतिक्रिया जताते हैं और न ही सार्थक बहस शुरू करते हैं। उदाहरण के लिए मार्च 1991 में बहुजन समाज पार्टी की वोट क्लब की रैली से लौट रहे लोगों ने राजघाट पर महात्मा गांधी की समाधि को जूतों से रौंदा और तोड़-फोड़ की। इस घटना पर बहुजन समाज पार्टी के अध्यक्ष कांशीराम की चुप्पी स्वाभाविक थी, पर गांधीवादी दलों की चुप्पी आश्चर्यजनक ही कही जाएगी। विडम्बना देखिए कि उस वक्त भी राजनीतिक दल अपना रवैया बदले बिना बहुजन समाज पार्टी से चुनावी तालमेल में लगे रहे और बहुजन समाज पार्टी उनसे और धन व सत्ता की माँग करती रही। पूरा राजनीतिक फायदा उठा लेने के बाद कांशीराम ने अन्त में इस घटना में पार्टी कार्यकर्ताओं का हाथ होने का औपचारिक खंडन भी कर दिया। स्पष्टतः इन दोनों पक्षों की प्रतिक्रियाएँ गांधी और अम्बेडकर दोनों का अपमान थीं, क्योंकि उनमें टकराव भी हुए थे और समझौते भी, पर कुछ भी अमर्यादित ढंग से नहीं हुआ था।

अम्बेडकर को 'भारत रत्न' देने और मंडल आयोग की सिफारिशें लागू किए जाने के बाद अम्बेडकर बनाम गांधी की बहस तेजी से उठी है। इस बहस में कुछ लोग तो ऐसे हैं, जो आज के सन्दर्भ में अम्बेडकर को ज्यादा प्रासंगिक बताते हुए गांधी को दलितों और पिछड़ों का विरोधी साबित करने में लगे हैं। गांधी के दलित-विरोध को साबित करने के लिए उनके यरवदा जेल के सत्याग्रह पर हवाला दिया जाता है। यह सच है कि दलितों की समस्या के प्रति स्वाधीनता आन्दोलन के सवर्ण नेताओं और विशेषकर गांधी की आँख खोलने का श्रेय अम्बेडकर को ही जाता है। वरना गांधी का सारा ध्यान तो हिन्दू-मुस्लिम एकता पर केन्द्रित था। सुभाषचन्द्र बोस जैसे नेता ने तो इस विषय पर कुछ सोचा भी नहीं था।

अम्बेडकर कांग्रेस और गांधी के दलितों के प्रति दिखावटी प्रेम की अक्सर खिल्ली उड़ाते रहते थे। *व्हाट कांग्रेस एंड गांधी डिड फॉर अनटचेबल्स* नाम की उनकी किताब में दलितों के लिए जुटाए गए फंड के घपले से लेकर तमाम ऐसे तथ्य और तर्क हैं, जिनसे अम्बेडकर गांधी और कांग्रेस को बेनकाब कर देते हैं। अम्बेडकर गांधी की अल्पसंख्यकों से गुप्त मन्त्रणा से भी बहुत नाराज रहते थे। वे इस बात से बहुत चिढ़ते थे कि गांधी सिर्फ मुसलमानों को अल्पसंख्यक मानते हैं। दूसरे गोलमेज सम्मेलन के दौरान तो अम्बेडकर द्वारा गांधी का विरोध करते हुए अस्पृश्यों के लिए अलग मताधिकार की माँग तो जगजाहिर है।

28 सितम्बर 1931 को लन्दन में गांधी और अम्बेडकर की सरोजिनी नायडू के घर पर बात हुई। लेकिन उसी दौरान गांधी की अल्पसंख्यक नेताओं से भी बात चल रही थी। इसलिए गांधी और अम्बेडकर की बातचीत मुल्तवी कर दी गई। आगा खान ने जब वार्ता टालने का एलान किया, तो अम्बेडकर फिरंट हो गए। उन्होंने कहा, 'गांधीजी कांग्रेस या किसी का प्रतिनिधित्व क्यों न करते हों, उनके द्वारा किया गया कोई भी समझौता अस्पृश्यों को स्वीकार नहीं होगा। हमारे हित का कोई भी भाग किसी को दिया नहीं जा सकता। हम किसी भी समझौते के बन्धन में नहीं आएँगे।'

अम्बेडकर ने 12 अक्टूबर 1931 को *टाइम्स ऑफ इंडिया* में छपे पत्र में लिखा, 'गांधीजी ने मुसलमानों की माँगों का अस्पृश्यों के साथ सौदा किया है।' लेकिन इसके साथ ही वे यह भी लिखना नहीं भूले कि गांधीजी असल में अस्पृश्यों के दुश्मन भी नहीं हैं। अम्बेडकर की *पाकिस्तान ऑर पार्टीशन ऑफ इंडिया* नामक किताब में मुसलमान शासकों द्वारा हिन्दू जनता पर किए गए अत्याचारों की सैकड़ों घटनाओं का उल्लेख है। उसमें ऐतिहासिक ग्रन्थों के हवाले से मन्दिरों के तोड़े जाने का भी जिक्र है। उनका निष्कर्ष था कि हिन्दू जनता सुख से रह सके, इसलिए जरूरी है कि पाकिस्तान बना दिया जाए।

जनसंख्या विनिमय पर अम्बेडकर की दृष्टि गांधी और कांग्रेस से बिलकुल अलग थी। उनका साफ कहना था कि इधर के सारे मुसलमान पाकिस्तान चले जाएँ और उधर के सारे हिन्दू इधर चले आएँ। क्योंकि इस्लाम की कट्टरता के नाते उसमें सुधार

नामुमकिन है, इसलिए मुसलमान गैरमुसलमानों से तालमेल नहीं कर पाएँगे। अम्बेडकर ने भारतीय सेना में मुसलमानों की तादाद घटाने का सुझाव दिया था।

उन्होंने अस्पृश्यों के बारे में लिखा था कि उनकी सवर्ण हिन्दुओं से भले ही लड़ाई है, पर वे देश की रक्षा के लिए अपने प्राण न्यौछावर कर देंगे। उन्होंने कश्मीर को बचाने के लिए वहाँ महारों को भी बसाने का प्रस्ताव रखा था और पाकिस्तान के हिन्दुओं को बचाने के लिए वहाँ महार सैनिकों की टुकड़ी भिजवाई थी।

अम्बेडकर और गांधी के द्वन्द्व और उनके विचारों के सभी पक्षों को जाने बिना यह दावा करना बेईमानी होगी कि किसकी सामाजिक प्रासंगिकता ज्यादा है। आजीवन अंग्रेजों से दोस्ती और कांग्रेस से दुश्मनी रखनेवाले अम्बेडकर स्वाधीन भारत के संविधान निर्माता थे और देश के पहले विधि मन्त्री थी। भारत के बँटवारे और मुसलमानों पर अपने विचारों की वजह से 'राष्ट्रवाद' के क्षेत्र में अम्बेडकर हिन्दू महासभा और राष्ट्रीय स्वयंसेवक संघ को भी पीछे छोड़ देते हैं। दूसरी तरफ स्वाधीनता संग्राम में अपना सब कुछ न्यौछावर कर देनेवाले गांधी आजादी के जश्न से हजारों किलोमीटर दूर दंगों की आग बुझाने में लगे होते हैं। अन्त में राष्ट्रपिता की 'राष्ट्रभक्ति' पर शक करते हुए उनकी हत्या भी कर दी जाती है।

अम्बेडकर अस्पृश्यों के हक की लड़ाई में किसी सीमा तक जा सकते थे। उन्होंने सवर्ण हिन्दुओं के अत्याचारों के विरोध में न सिर्फ अंग्रेजों से हाथ मिलाया, बल्कि दार्शनिक स्तर पर पूरे धर्म की धज्जियाँ उड़ाते हुए, अस्पृश्यों के सामने बौद्ध धर्म जैसा 'सम्पूर्ण विकल्प' भी रखा। पर हिन्दू बनाम मुसलमान के सवाल पर उन्होंने हमेशा हिन्दुओं का साथ दिया। वे अपनी कई बातों में प्रचंड राष्ट्रवादी ही नहीं, हिन्दू साम्प्रदायिक लगने लगते थे। इसके विपरीत गांधी मूलतः सवर्णों के नेता थे और सवर्णों व अस्पृश्यों के संघर्ष में उनका पलड़ा सवर्णों की तरफ ही झुका मिलता है। पर जब भी हिन्दू-मुसलमान का सवाल उठा, उनका पलड़ा हिन्दुओं के पक्ष में कभी नहीं झुका। बल्कि 1947 में तो उनका पलड़ा मुसलमानों की तरफ झुका लगा और हिन्दू साम्प्रदायिकता यह बरदाश्त नहीं कर सकी।

गांधीजी समाज की विभिन्न जातियों और सम्प्रदायों के बीच सेतु कायम करने में जुटे रहते थे। वे ऐसा कोई मौका हाथ से जाने नहीं देना चाहते थे, चाहे वह खिलाफत जैसे विवादास्पद आन्दोलन के समर्थन का ही क्यों न हो। पर हिन्दुओं और मुसलमानों के बीच सेतु कायम करने में गांधी नाकाम रहे। वे खाई के एक छोर पर तो मजबूत खम्भे की तरह खड़े रहे, पर दूसरे छोर पर कोई खम्भा टिक न सका। मगर सवर्णों और अस्पृश्यों के बीच गांधी ने 28 सितम्बर 1932 को पूना पैक्ट करके सम्बन्ध कायम कर ही लिया।

लेकिन यह कहना उचित नहीं कि गांधी ने अम्बेडकर पर अनैतिक दबाव डालकर उनसे कोई बात मनवाई। अगर ऐसा होता, तो गांधी की हत्या के सात साल के बाद

14 अक्टूबर 1956 को नागपुर में बौद्ध बनने के बाद अम्बेडकर यह न कहते, 'मैंने गांधीजी को आश्वासन दिया था कि मैं हिन्दू धर्म को कम-से-कम हानि पहुँचानेवाला रास्ता अपनाऊँगा। बौद्ध धर्म भारतीय संस्कृति का ही अंग है।' जबकि ईसाई, इस्लाम और सिख धर्म अंगीकार करने के लिए अम्बेडकर को काफी मनाया गया था।

अम्बेडकर के बौद्ध बनने पर सावरकर ने कहा था, 'उन्होंने हिन्दू धर्म से लम्बी छलाँग लगानी चाही थी, पर ऊँची छलाँग लगा गए।' अतः अम्बेडकर का हिन्दूकरण तो उनके साथ निश्चित तौर पर अन्याय है। यह सच है कि अम्बेडकर ने अस्पृश्यों को राजनीतिक और सामाजिक ताकत देने के लिए उन्हें बौद्ध बनाया था। पर उन्होंने आध्यात्मिक जीवन की मनाही तो नहीं की थी। बल्कि बौद्ध धर्म की दीक्षा लेते समय त्रिसारण और पंचशील दोनों सिद्धातों को चश्मा लगाए बिना पढ़ डाला था। इसलिए सिर्फ 'त्रैलोक्य बुद्ध महासंघ सहायक गण' जैसे संगठन को प्रतिक्रियावादी कहकर छुटकारा नहीं पाया जा सकता।

अम्बेडकर ने बौद्ध धर्म सिर्फ हिन्दू धर्म को झटका देने और अस्पृश्यों को मुक्ति देने के लिए नहीं अपनाया था। बल्कि उन्होंने इसे विश्व मानवता के लिए समता के दर्शन के रूप में पेश किया था। उन्होंने तो यहाँ तक कहा था कि भावी पीढ़ी को मार्क्स और बुद्ध में से एक को चुनना पड़ेगा। पर सवाल उठता है कि क्या बीसवीं और इक्कीसवीं सदी की जटिल राजनीतिक और आर्थिक समस्याओं का समाधान ईसा के तीन सदी पूर्व का कोई धार्मिक दर्शन कर सकता है।

इन मामलों से गांधी अम्बेडकर से कहीं ज्यादा सुलझे हुए दिखते हैं। हर संकट के मुहाने पर ईश्वर की दुहाई देनेवाले गांधी समाज की समस्याओं के हल के लिए धर्म की शरण लेने के बजाय राजनीति की चुनौतियाँ स्वीकार करते हैं। पर ज्ञान-विज्ञान में पगे अम्बेडकर धर्म की सीमाएँ नहीं देख सके।

गांधी और अम्बेडकर दोनों अहिंसा को मानते थे। गांधी सनातनी और अम्बेडकर बौद्ध थे। इसलिए सिद्धान्त के स्तर पर अहिंसा पर पकड़ ढीली होने की गुंजाइश गांधी में ज्यादा दिखती है। फिर भी गांधी अहिंसा के सिद्धान्त को अन्तर्राष्ट्रीय स्तर पर भी उठाने में कभी नहीं चूके। उन्हें हिटलर तक को अहिंसा का उपदेश देने में कोई संकोच नहीं हुआ, जबकि अम्बेडकर ने चीनी हमले से आगाह करते हुए साफ कहा था कि अन्तर्राष्ट्रीय सम्बन्धों में पंचशील का सिद्धान्त नहीं लागू होता। उन्होंने भारत को मुसलमान राष्ट्रों से सतर्क रहते हुए हथियार जुटाने की सलाह दी थी। इसीलिए इस सदी के सबसे बड़े मानवता-विरोधी दर्शन एटम बम का जवाब गांधी है, अम्बेडकर नहीं।

जब दलितों और अस्पृश्यों के अधिकार का सवाल उठेगा, तो अम्बेडकर याद किए जाएँगे। पर जब भी दलितों और सवर्णों के बीच एकता का सवाल उठेगा, तो अम्बेडकर से पहले गांधी याद किए जाएँगे। इतना ही नहीं, हिन्दू-मुस्लिम एकता कायम करने और राष्ट्रीयता के दायरे से ऊपर उठकर विश्व मानवता के हित समझने की जरूरत पड़ेगी,

तो गांधी का ही कुतुबनुमा सही राह दिखाएगा। अम्बेडकर गांधी से ज्यादा बुद्धिवादी दिखते हैं, पर इस मामले में वे गांधी के सामने भावनावादी लगने लगते हैं।

अम्बेडकर का इस्तेमाल करनेवाले जनता दल और भारतीय जनता पार्टी दोनों टकराव के रास्ते पर बढ़ रहे हैं, जो गांधी की राजनीति का रास्ता नहीं है। भारतीय जनता पार्टी तो गांधी के हत्यारों की तारीफ करनेवाले दल से गठजोड़ बनाए हुए है और जनता दल को तो संकट की भी घड़ी में गांधी की सुध नहीं आती। लेकिन अम्बेडकर के विचार दर्शन को लेकर जनता दल ज्यादा दूर नहीं चल सकता (शायद चलना भी नहीं चाहता।) क्योंकि जनता दल के स्वाभाविक मित्र अम्बेडकर के कट्टर दुश्मन थे। अम्बेडकर कहते थे कि कम्युनिज्म आया तो भारत का सत्यानाश हो जाएगा।

दूसरी तरफ भाजपा और शिवसेना गठजोड़ को अम्बेडकर में काफी सम्भावनाएँ दिख रही हैं। उत्तर प्रदेश की भाजपा सरकार अम्बेडकर के पूर्ण लेखन को प्रकाशित कर रही है। अम्बेडकर के मुसलमान-विरोधी विचार भाजपाइयों को काफी रास आएँगे। वे अम्बेडकर के इस्लाम-विरोध और राष्ट्रवाद के कारण उनके हिन्दू-विरोध को निगल जाने को तैयार बैठे हैं। चीन और कश्मीर के बारे में अम्बेडकर के विचार भाजपा के काफी करीब बैठते हैं।

निश्चित तौर पर असमानता, जातिवाद, राष्ट्रवाद और साम्प्रदायिकता के मौजूदा जंगल में अम्बेडकर थोड़ी दूर तक ही राह दिखा पाएँगे। पूरे समाज को इस भटकाव से उबारने की दृष्टि तो गांधी में ही है और, अगर उनके अनुयायियों के पास बदलाव का सुविचारित दर्शन हो, तो कहना ही क्या !

सबहिं नचावत कांशीराम

जिस तरह कभी राम गुसाईं सबको नचाते थे (शायद आज भी नचा रहे हों) उसी तरह अब कांशीराम नचा रहे हैं। विशेषकर देश के सबसे बड़े प्रान्त उत्तर प्रदेश और समृद्ध प्रान्त पंजाब में उन्होंने अपनी राजनीतिक अनिवार्यता साबित कर दी है और वोटों के प्रतिशत में लगातार वृद्धि करते हुए राष्ट्रीय राजनीति पर दबाव बनाए हुए हैं। कांशीराम ने उत्तर प्रदेश के चुनावबाज चालाक नेताओं को न सिर्फ चकरा दिया है बल्कि पूरी राजनीति को दुविधा के चौराहे पर ला खड़ा किया है।

कांशीराम ऐसे राजनेता हैं और उनकी बसपा ऐसी पार्टी है जिससे हर पार्टी व नेता (फिलहाल मुलायम सिंह व उनकी सपा को छोड़कर) मिलना और अपने दिल में बसाना चाहते हैं। पर कोई उन्हें देर तक सँभाल नहीं पाता और जल्दी ही अलग हो जाता है।

दलित नेता और बुद्धिजीवी कांग्रेस और हरिजनों (अब दलित) के सम्बन्ध के बारे में हनुमान के मिथक का प्रयोग करते हुए कहते हैं कि कांग्रेस ने हरिजनों के साथ राम

और हनुमान का सम्बन्ध विकसित किया। जिस तरह हनुमान बार-बार अपना सीना फाड़कर उसमें राम और सीता की छवि दिखाते रहते थे उसी तरह हरिजनों को भी कांग्रेस के प्रति भक्तिभाव प्रदर्शित करना पड़ता था। लेकिन कांशीराम ने उस मिथक को उलट दिया है। आज गैर दलित और सवर्ण नेताओं को बार-बार अपना सीना फाड़कर दिखाना पड़ता है कि उनके हृदय में कांशीराम बसे हैं। इसी मजबूरी के चलते भारतीय जनता पार्टी का केन्द्रीय नेतृत्व उत्तर प्रदेश में मायावती की सरकार बनवाने पर राजी हो जाता है। कांग्रेस अध्यक्ष सीताराम केसरी संयुक्त मोर्चा सरकार को धमकाने चले जाते हैं। इसी मजबूरी के चलते संसद में विश्वास मत पर बहस का जवाब देते हुए प्रधानमन्त्री देवगौड़ा अचानक की गई कांशीराम की आपत्ति के जवाब में उन पर पूरे राष्ट्र के सामने भारी सम्मान उड़ेल देते हैं। इसी मजबूरी की वजह से पत्रकारों की पिटाई करने के बाद राजनीतिक कांशीराम की निन्दा तो करते हैं पर कार्रवाई की माँग करने की हिम्मत नहीं जुटा पाते।

लेकिन कांशीराम के इर्द-गिर्द सबसे दिलचस्प नाटक उत्तर प्रदेश में सरकार के गठन और पंजाब के आगामी विधानसभा चुनाव में गठजोड़ को लेकर चल रहा है। उत्तर प्रदेश में बसपा को समर्थन देने के सवाल पर कांग्रेस अध्यक्ष संयुक्त मोर्चा सरकार को चेतावनी दे चुके हैं पर वे इससे आगे नहीं जा सकते थे इसलिए सफल नहीं हुए। इस वजह से संयुक्त मोर्चे की गुटबाजी और कई तरह की भीतरी खींचतान चर्चित हो चुकी है। पर इस मुद्दे पर सबसे दिलचस्प राजनीति भारतीय जनता पार्टी के भीतर चल रही है। भारतीय जनता पार्टी का ब्राह्मण नेतृत्व जिसे कांशीराम के शब्दों में मनुवादी कहना चाहिए मायावती को मुख्यमन्त्री बनाने में लगा हुआ है जबकि पिछड़ा नेतृत्व उसका विरोध कर रहा है। इसी मौके का फायदा उठाकर पार्टी का सवर्ण नेतृत्व दलितों को समर्थन देने के बहाने पिछड़ा नेतृत्व को ध्वस्त करने के राष्ट्रीय अभियान में लगा हुआ है। चूँकि भाजपा और विशेषकर उसके वैचारिक संगठन राष्ट्रीय स्वयंसेवक संघ ने आज तक मंडल आयोग के सिद्धान्त को स्वीकार नहीं किया है इसलिए वह पार्टी में पिछड़ा नेतृत्व को पीछे धकेलना भी चाहता है। कई बार तो भाजपा की बहसों को देखकर लगता है कि कांशीराम को समर्थन देने का काम इतना लुभावना है कि इसे पार्टी में दरार डालकर भी किया जा सकता है। लेकिन गौरतलब है कि भाजपा ने अम्बेडकरवाद को भी नहीं स्वीकार किया है इसलिए उसका दलित प्रेम भी स्थायी नहीं रहनेवाला है।

उधर फरवरी में होने जा रहे पंजाब चुनाव में भी बसपा से तालमेल की अटकलें चल रही हैं। वहाँ अकाली दल और भाजपा का गठजोड़ तो तय-सा है पर बसपा के गठजोड़ को लेकर अनिश्चितता है। बसपा ने पिछले चुनाव में यहाँ अकाली दल से गठजोड़ किया था। अकाली दल का कहना है कि हमारी ही वजह से कांशीराम लोकसभा के सदस्य हो पाए पर हमें उस गठजोड़ का खास फायदा नहीं हुआ। इसलिए अकाली दल बसपा से तालमेल को लेकर खास उत्साहित नहीं है। दूसरी तरफ बसपा ने कांग्रेस से उत्तर प्रदेश विधानसभा चुनाव के दौरान राष्ट्रीय स्तर का गठजोड़ किया था पर अब

वह क्षेत्रीय स्तर पर भी टिक पाने की स्थिति में नहीं है। क्योंकि कांग्रेस ने कांशीराम के कहने पर केन्द्र की सरकार नहीं गिराई इसलिए उस गठजोड़ को व्यापक बनाने में कांशीराम उत्साहित नहीं हैं। जबकि पंजाब की मुख्यमन्त्री राजिन्दर कौर भट्ठल कांशीराम से गठजोड़ करने को इच्छुक हैं। कांशीराम का कहना है कि उनकी तीनों पार्टियों से बात चल रही है। जिसकी शर्तें आकर्षक होंगी उसी से तालमेल हो जाएगा।

यह कांशीराम की बड़ी सफलता है कि उन्होंने न सिर्फ धर्मनिरपेक्ष बल्कि साम्प्रदायिक राजनीति को भी अपने इर्द-गिर्द चक्कर काटने पर मजबूर कर दिया है। विशेषकर जिसे वे मनुवादी राजनीति कहकर सबसे ज्यादा आलोचना का निशाना बनाते हैं वह भी उन्हें कन्धे पर बिठाने की पहल कर रही है। पर क्या इसे सचमुच राजनीतिक सफलता कहा जा सकता है ? क्या हिन्दुत्व के कन्धे पर बैठकर वे वहाँ पहुँच पाएँगे जहाँ अम्बेडकर दलित राजनीति या हिन्दू समाज को ले जाना चाहते थे ? क्या *रिडल्स ऑफ हिन्दुइज्म* और *रामचरितमानस* व *गीता* का एक साथ पाठ किया जा सकता है ? दलितों को कांशीराम की चतुराई पर भरोसा है पर जिन्हें हिन्दू समाज के इतिहास का स्मरण है उन्हें शेर की सवारी कर रही बसपा का भविष्य समझने में देर नहीं लगेगी।

अगर राजनीतिक दल एक कम्पनी हों और राजनीति व्यापार तो निश्चित तौर पर यह उनकी सफलता है। डॉ. राममनोहर लोहिया कहा करते थे कि धर्म दीर्घकालिक राजनीति है और राजनीति अल्पकालिक धर्म। पर आज सत्ता अल्पकालिक कैरियर हो गई है और राजनीति दीर्घकालिक व्यापार। इसी अर्थ में कांशीराम के आकर्षक शर्तोंवाले बयान को देखा जा सकता है। यह बयान हिन्दू समाज के ढाँचे को बदलने की प्रक्रिया में लगे किसी राजनेता का नहीं अच्छी कम्पनी व नौकरी ढूँढ़ रहे किसी मैनेजर का लगता है। समाज के विभिन्न तबकों को अपनी तरफ आकर्षित करना और उसे अपने सिद्धान्त से सहमत करना दलित राजनीति की जरूरत भी है और सफलता भी। बसपा अगर समाज के सभी तबकों के लिए सर्वमान्य राजनीति कर सके तो उसका बहुजन समाज का नाम सार्थक हो जाएगा। लेकिन जब वह समाज की सभी तरह की राजनीति से समझौता करती है तो अचानक भले ही महत्त्वपूर्ण होती दिखे पर अन्ततोगत्वा उसका पतन ही होता है।

उदाहरण के लिए कांग्रेस जब बहुसंख्यक और अल्पसंख्यक साम्प्रदायिकता दोनों से समझौता करने लगी तो थोड़े समय के लिए भले ही वह अपनी सत्ता बचा सकी पर आखिरकार वह लड़खड़ा गई। व्यावहारिक राजनीति सिद्धान्तों की तरह निश्छल, पारदर्शी और सीधी सपाट नहीं होती। पर उसे समय-समय पर सिद्धान्त की परीक्षा में बैठना पड़ता है। ऐसे में उसकी चालाकी और धूर्तता से कमाई गई पूँजी नहीं ईमानदारी के किए गए फैसले काम आते हैं। जैसे कि इन्दिरा गांधी और उनके नेतृत्व में कांग्रेस पार्टी ने सत्ता सुख के लिहाज से काफी सफल राजनीति की। उनके नेतृत्व में कांग्रेस ने लम्बे समय तक राज किया और हरिजनों के हित में कई कानून बनाने से लेकर उन्हें जमीन के पट्टे वगैरह भी बाँटे। पर पाखंड और धूर्तता की अधिकता के कारण न सिर्फ

इन्दिरा गांधी खुद मिट गईं बल्कि उन्होंने कांग्रेस को भी मिटा दिया। आखिरकार दलित भी कांग्रेस का साथ छोड़ गए। इस सिलसिले में दलित विश्लेषकों का कहना है कि कांग्रेस ने दलितों को दिया बहुत कम पर हल्ला ज्यादा मचाया। इसकी प्रतिक्रिया में समाज के तमाम वर्ग दलितों के खिलाफ होते चले गए। जब दलितों ने अपने खिलाफ बढ़ती गोलबन्दी देखी तो वे सचेत होकर स्वायत्त राजनीति की तरफ मुड़ गए।

इसलिए कई बार घाटे किन्तु ईमानदारी व सिद्धान्त की अल्पजीवी राजनीति भी समाज का दीर्घकालिक भला कर जाती है जो सालों साल फायदे और सत्ता की सफल राजनीति करनेवालों के लिए सम्भव नहीं होता। विश्वनाथ प्रताप सिंह ने मंडल आयोग लागू कर अपने लिए घाटे की राजनीति की। पर उन्होंने उस एक फैसले से समाज विशेषकर पिछड़ी जातियों को जो दे दिया वह लालू प्रसाद और मुलायम सालों साल राजनीति करके भी नहीं दे सकते। जबकि चन्द्रशेखर ने सत्ता हासिल करने के लिए जो चतुराई भरा खेल खेला उसके लिए उन्हें कोई याद नहीं करना चाहता। अगर यह सवर्णों की राजनीति के उदाहरण हैं तो कांशीराम के सामने बाबा साहेब की राजनीति के उदाहरण भी मौजूद हैं। बाबा साहेब ने तरह-तरह के समझौते किए। सत्ता में रहे और सत्ता से अलग भी। कभी व्यापक समाज के हित में दलितों का हक मारनेवाले किसानों और पिछड़ों से भी समझौता किया। कांग्रेस से टकराव के बावजूद उसके मन्त्रिमंडल में शामिल हुए। बाद में सैद्धान्तिक असहमति के बावजूद संयुक्त महाराष्ट्र आन्दोलन में समाजवादियों और कम्युनिस्टों के साथ भी खड़े हुए। पर उन्हें हमेशा यह याद रहता था कि राजनीति को कभी-न-कभी सिद्धान्त की परीक्षा में बैठना पड़ता है और इसके लिए उसे तैयार रहना चाहिए। इसीलिए आज उनका नाम लेनेवाले ब्राह्मणवादी राजनीति को ललकारने की सामर्थ्य रखते हैं।

दलित किसके साथ गठजोड़ करें इसकी कोई सूची नहीं दी जा सकती है। बल्कि यह समय-समय पर वे खुद तय करेंगे। कहीं वे सिखों के साथ गठजोड़ कर सकते हैं तो कहीं मुसलमानों के साथ। कहीं ब्राह्मणों के साथ तो कहीं पिछड़ों के साथ। पर इतना जरूर होना चाहिए कि उन गठजोड़ों से उनका सिद्धान्त टूटने की बजाय कहीं-न-कहीं मजबूत होना चाहिए। इस प्रक्रिया में अगर वे तात्कालिक रूप से हानि उठाएँ तो भी उनका मकसद आगे बढ़ता है। अगर ऐसा न होता तो आज दलितों के मुद्दे पर कांग्रेस इतनी रक्षात्मक और अम्बेडकरवादी इतने आक्रामक न होते। लेकिन कांशीराम का भाजपा से समर्थन लेना उनकी राजनीति को तात्कालिक फायदा भले पहुँचाए पर उसे दीर्घकालिक हानि ही पहुँचाएगा। भाजपा की राजनीति से बसपा का स्वाभाविक मेल हो ही नहीं सकता। भाजपा की राजनीति में पिछड़े और दलित शो रूम में ही पुतले की तरह हैं जिन्हें फैशन बदलते ही हटा दिया जाता है। कांशीराम को एक बार इस बात का अनुभव है और भूल गए हों तो वाघेला और कल्याण सिंह से पूछ सकते हैं।

कांशीराम और उनके समर्थकों का यह सोचना कि उन्होंने सबको नचा रखा है आधा सत्य है। इस दौरान खुद भी कम नहीं नाच रहे हैं। वे कभी अपने सिद्धान्त को

दाएँ झुकाते हैं तो कभी बाएँ। कई बार सिद्धान्त की परवाह किए बिना सम्बन्ध जोड़ लेते हैं और फिर निजी हित में उसे तोड़ डालते हैं। दलित बुद्धिजीवियों का कहना है कि भारतीय समाज को आगे ले जाने का क्रान्तिकारी दर्शन अब उनके अलावा किसी के पास नहीं है। पिछड़ों की सीमा मंडल पर समाप्त हो गई और ब्राह्मणों की सीमा अयोध्या पर। पर वे इसके आगे देख रहे हैं। लेकिन जब सबको नचानेवाले कांशीराम को खुद इतना नाचना पड़ता है तो उनके सिद्धान्त की ताकत पर शक होने लगता है।

दलित राजनीति चाहती क्या है

दलित राजनीति मुख्यधारा को कभी रास नहीं आई। या तो वह उनके लिए अलगाव की राजनीति रही है या फिर इस्तेमाल की। सवर्णों के लिए दलित राजनीति कटुता बढ़ानेवाली रही है तो पिछड़ों के लिए अड़ियल और जिद्दी। हालाँकि दोनों ने उसका अपने-अपने ढंग से इस्तेमाल किया और रस चूसकर उसे फेंकना चाहा। राजनीति में कोई अछूत नहीं होता पर यहाँ छुआछूत की सामाजिक परम्परा राजनीति में भी पहुँच गई। जनसंघ और भारतीय जनता पार्टी के अलावा एक तरह से दलित राजनीति के प्रति भी अछूतोंवाला बर्ताव रहा है। इस्तेमाल किए जाने और अछूत बना दिए जाने की इस राजनीति ने उन्हें नुकसान जरूर पहुँचाया पर वे खत्म नहीं हुईं।

बार-बार टूटने और बिखरने के बावजूद देश में दलित राजनीति की उपस्थिति है। बल्कि उसने मुख्यधारा की राजनीति में एक तरह से हड़कम्प मचा रखा है। वह केरल में के.आर. गौरी की पार्टी जनाधिपति संरक्षण समिति व इंडियन दलित फेडरेशन, तमिलनाडु में पट्टलि मक्कल काछी व रिपब्लिकन पार्टी, कर्नाटक में दलित संघर्ष समिति, महाराष्ट्र में कई रिपब्लिकन पार्टियों और दलित पैंथर्स पार्टी, आन्ध्र में बसपा व दलित महासभा और उत्तर भारत में बहुजन समाज पार्टी, बौद्ध महासभा और दलित सेना के रूप में सक्रिय है। इनमें कुछ संगठन चुनाव में हिस्सा नहीं लेते तो कुछ सक्रिय भागीदारी करते हैं। इसलिए वह चुनावी राजनीति का हिस्सा होने के बावजूद एक तरह का आन्दोलन ही है।

विशेषकर उत्तर भारत की बहुजन समाज पार्टी ने जितनी तेजी से अपना असर बनाया है उससे वह चर्चा और विवाद में रही है। 1984 में अपने गठन के सिर्फ एक दशक में ही उत्तर प्रदेश जैसे विशाल राज्य के मुख्यमन्त्री पद पर एक दलित महिला को बिठाकर बसपा ने यह दिखा दिया है कि इस राज्य में दलित राजनीति की क्या सम्भावनाएँ हैं। हालाँकि इस पार्टी की उत्पत्ति 1978 में बने बैकवर्ड एंड माइनारिटी कम्युनिटी एम्प्लाइज फेडरेशन (वामसेफ) और 1981 में बने दलित-शोषित समाज संघर्ष समिति (डी.एस. फोर) से हुई। पर वे सब भी कोई बड़े सामाजिक-सांस्कृतिक आन्दोलन

के रूप में नहीं माने जाते। विशेषकर महाराष्ट्र के दलित पैंथर्स आन्दोलन और तमिलनाडु के द्रविड़ आन्दोलन की तुलना में वह कहीं नहीं ठहरता।

इसके बावजूद बसपा की दलित राजनीति ने वह कर दिखाया जो तमिलनाडु तो क्या महाराष्ट्र में भी नहीं हो सका। तीन बार विधिवत विभाजन के बावजूद कांशीराम ने बाकायदा बसपा को जिन्दा रखा है बल्कि उसके प्रभाव को बढ़ाया है। भारतीय जनता पार्टी के सहयोग से सरकार बनाने के बावजूद बसपा का जनाधार घटा नहीं है। बल्कि इस चुनाव में उसके बढ़ने की सम्भावना जताई जा रही है। आश्चर्य की बात यह है कि बढ़ोत्तरी तब होनेवाली है जब वह भाजपा के शब्दों में कहें तो हिन्दुत्ववादी और बसपा की शब्दावली में कहें तो मनुवादी शक्ति के सहयोग से सरकार बनाकर दलित विचारधारा को दागदार कर चुकी है। फिर 1993 के चुनाव के विपरीत उसका समाजवादी पार्टी जैसे रसूखवाले दल से गठबन्धन भी टूट चुका है और किसी अन्य दल से हो नहीं पाया है।

'द हिन्दू' और 'सेन्टर फार स्टडीज इन डेवलपिंग सोसायटीज' (सी.एस.डी.एस.) के आरम्भिक सर्वे के अनुसार इस चुनाव में बहुजन समाज पार्टी के वोटों में लगभग तीन फीसदी बढ़ोत्तरी की सम्भावना है। 1991 के चुनाव में उसे राष्ट्रीय स्तर पर 1.8 फीसदी वोट मिले थे। अनुमान है कि इस चुनाव में उसे 4.9 फीसदी वोट मिलेंगे। वैसे इतने फीसदी वोट कुछ ज्यादा नहीं लगते लेकिन जब कांग्रेस और जनता दल के वोटों में कमी आ रही हो तो एक पार्टी के तीन फीसदी वोट बढ़ने की बात अपने में महत्त्वपूर्ण है। गौरतलब है कि वाम मोर्चा का राष्ट्रीय स्तर पर वोटों का प्रतिशत दस फीसदी से कम ही है।

दलित नेतृत्व की एक पार्टी का इस तरह बढ़ता राजनीतिक प्रभाव भारतीय राजनीति की एक नई परिघटना है। इसका महत्त्व इस बात से भी बढ़ जाता है कि यह उत्तर भारत विशेषकर उत्तर प्रदेश में घटित हो रही है और इस इलाके में असर जमाने के बाद छोटा से छोटा दल राष्ट्रीय राजनीति पर दावा ठोंकने लगता है। लेकिन इससे भी महत्त्वपूर्ण बात यह है कि इस दलित राजनीति को सवर्णों के प्रभुत्ववाला कोई दल हड़प नहीं सका है। जबकि महाराष्ट्र में लम्बे समय से चल रहे दलित आन्दोलन का रस कांग्रेस ने चूस ही लिया था। कांग्रेस लम्बे समय तक यह काम सफलतापूर्वक करती रही। उसने गांधी द्वारा चलाए गए समाज सुधार के कामों का जमकर फायदा उठाया फिर उसे आगे बढ़ाने के बजाय बन्द कर दिया। गांधी के इन कामों का असर सन् 1977 ही नहीं सन् 1980 तक दिखता है। लेकिन गांधीवादी संस्थाओं के मठ बन जाने के बाद दलित उनसे कटते गए।

अम्बेडकर से लेकर तमाम दलित चिन्तकों की पीड़ा यह रही है कि कांग्रेस ने उनके आन्दोलन का इस्तेमाल कर लिया। दलित आन्दोलन को दूसरी आशंका अन्य पिछड़ी जातियों और कम्युनिस्टों के आन्दोलन से है। वह कांग्रेस के चंगुल से तो निकल चुका है पर पिछड़ा और कम्युनिस्ट आन्दोलन से कहाँ तक बच पाएगा यह अभी कहा नहीं

जा सकता। वह केरल, पश्चिम बंगाल और आन्ध्र प्रदेश में कम्युनिस्टों के आन्दोलन से बाहर निकलकर स्वायत्त आन्दोलन नहीं खड़ा कर पाया है। बिहार में भी कम्युनिस्टों के प्रभाव से दलितों का मुक्त हो जाना आसान नहीं है।

इसके बावजूद दलित सवाल ने कम्युनिस्ट आन्दोलन और मार्क्सवाद को बहुत गहराई तक झकझोरा। इस प्रश्न पर धुर वामपन्थी संगठनों ने जहाँ पारम्परिक और मुख्यधारा की कम्युनिस्ट पार्टियों पर जड़सूत्रवादी होने का आरोप लगाया वहीं दलित प्रश्न और मंडल आयोग की रपट पर ज्यादा उत्साह दिखानेवाले संगठनों पर जातिवादी फिसलन का शिकार होने का आरोप भी लगा है। भाकपा (माले) जनशक्ति जैसा संगठन तो इस सवाल पर बँट भी गया। लेकिन उत्तर प्रदेश में पूरी सामाजिक और राजनीतिक व्यवस्था को चुनौती देनेवाले आन्दोलन न होने की वजह से बसपा को जड़ें जमाने में सुविधा हुई। पंजाब और मध्य प्रदेश के जिन हिस्सों में व्यवस्था विरोधी आन्दोलन नहीं रहे हैं वहाँ भी बसपा को अपना प्रभाव बढ़ाने में आसानी हुई।

बसपा के रूप में दलित आन्दोलन का नया आयाम सामने आया है। अब तक दलित राजनीति को तो सवर्णों के प्रभुत्ववाले दल हड़प लेते थे या उसका इस्तेमाल कर लेते थे। कांशीराम ने उसे हड़पे जाने से बचा लिया है। वे इस्तेमाल होने से तो नहीं बच पाए हैं लेकिन इस दौरान वे दूसरों का भी इस्तेमाल कर लेते हैं। कांशीराम की जितनी भी निन्दा की जाए पर अभी तक वे बुद्धिप्रिय मौर्य और जगजीवन राम दोनों से अलग दिखाई पड़ते हैं। लेकिन इस्तेमाल किए जाने के खतरे से वे कितना बच पाएँगे यह कहना मुश्किल है।

दरअसल इस्तेमाल करना और होना तो हर व्यवस्था में अन्तर्निहित है। हर व्यक्ति और हर संगठन किसी-न-किसी के लिए इस्तेमाल ही होता है। जो बड़ा और ताकतवर है वह छोटों को इस्तेमाल करते हुए ही आगे बढ़ता है। बल्कि कोई भी इस्तेमाल होने से बच ही नहीं सकता। बस उसको इतनी ही आजादी मिल सकती है कि गलत उद्देश्य के लिए कम-से-कम और अच्छे उद्देश्य के लिए ज्यादा-से-ज्यादा इस्तेमाल हो। इसी तरह बसपा भी इस्तेमाल हुई है और हो भी रही है। पहले भारतीय जनता पार्टी ने इसका इस्तेमाल मुलायम सिंह की समाजवादी पार्टी के लिए किया और अब कांग्रेस, जनता दल और सपा तीनों के लिए कर रही है। वरना उसका बसपा के प्रति तटस्थ रवैया आश्चर्यजनक ही है।

कांशीराम दलित राजनीति के सबसे चतुर खिलाड़ी हैं। वे अम्बेडकर और महाराष्ट्र में उनके परवर्ती दलित नेताओं की तरह बुद्धिजीवी नहीं हैं लेकिन वे उनसे ज्यादा कुशल और मँजे हुए नेता हैं। जो काम महाराष्ट्र के दलित नेता बड़ा-बड़ा ग्रन्थ लिखकर नहीं कर पाए वह काम कांशीराम ने पार्टी का घोषणा-पत्र निकाले बिना ही कर दिया। उन्होंने दलित राजनीति को बहुजन राजनीति में बदलने के लिए जो शैली अपनाई है वह बेजोड़ है। कांशीराम कभी कुर्मियों को ज्यादा-से-ज्यादा टिकट देकर उन्हें अपना बना लेते हैं तो कभी किसी और को। इस बार उन्होंने उत्तर प्रदेश में 25 मुसलमानों को लोकसभा

का टिकट देकर राष्ट्रीय दलों को सकते में डाल दिया है। इसके आगे उन्होंने सर्वजन समाज के सिद्धान्त के तहत 12 सवर्णों को भी उम्मीदवार बनाकर एक और चाल चली है।

कांशीराम ने अपनी इस चाल से एक तो सवर्णों की आलोचना को कुन्द किया है तो दूसरी तरफ अल्पसंख्यकों और अतिपिछड़ों में अपना जनाधार बनाने में कोई कसर नहीं छोड़ी है। इसलिए बसपा के सवर्णों को टिकट दिए जाने से यह साबित नहीं हो जाता कि उसने अपना मूल उद्देश्य छोड़ दिया है। जिस तरह पिछड़ों और दलितों को पार्टी में लेने और टिकट देने से भाजपा या संघ अपने मूल उद्देश्य से नहीं भटकते वैसे ही दलित आन्दोलन के बारे में भी सोचना चाहिए।

आखिर वे कौन से सवाल हैं जो दलित आन्दोलन के मूल में हैं और जिन्हें हल किए बिना वह ठहरनेवाला नहीं है। उसका मूल उद्देश्य इस सामाजिक व्यवस्था को बदलना है। पिछड़ों का आन्दोलन भले ही सत्ता हासिल कर और नव ब्राह्मण बनकर ठहर जाए पर दलित आन्दोलन नहीं रुकेगा। वह इस सामाजिक और राजनीतिक व्यवस्था में हर जगह सवर्णों के वर्चस्व को चुनौती देना चाहता है। जिस तरह कम्युनिस्ट आन्दोलन के मशहूर सिद्धान्तकार और इटली की कम्युनिस्ट पार्टी के महासचिव रह चुके एंटोनियो ग्राम्सी व्यवस्था के हर कोने पर पूँजीवाद के वर्चस्व को चुनौती देते हैं उसी तरह दलित आन्दोलन ब्राह्मणवाद के वर्चस्व को चुनौती दे रहा है।

उसे सवर्ण भारतीयता से अलग एक दलित भारतीयता की तलाश है। दलित भारतीयता और दलित राष्ट्रीयता की व्याख्या करना आसान नहीं है। क्योंकि राष्ट्रीयता की परिभाषा तो एक निश्चित क्षेत्र, जाति, भाषा और संस्कृति के आधार पर दी जाती रही है। जबकि दलित पूरे भारत में बिखरे होने और हिन्दू समाज के ढाँचे में जगह-जगह फिट होने के नाते अपनी शुद्धता खो चुके हैं। उनमें अगर कोई समरूपता है तो समान रूप से शोषित होने की। वे इसी आधार पर दलित देसीयता या दलित भारतीयता की तलाश कर रहे हैं। वे इसके लिए एक तरफ सवर्णों के धर्मग्रन्थों में पाद टिप्पणियों और अपमानजनक वर्णनों के रूप में बिखरे अपने इतिहास की खोज कर रहे हैं तो दूसरी तरफ लोक संस्कृति में अपनी परम्परा ढूँढ़ रहे हैं। अपनी इसी परम्परा और इतिहास की ऊर्जा से वे सवर्ण वर्चस्व को चुनौती देते हैं।

इसके लिए उन्होंने भारतीय संविधान को सबसे बड़ा धर्मग्रन्थ माना है और आरक्षण को सबसे बड़ा हथियार। दलित लेखक धर्मवीर ने हाल में अनुसूचित जाति और जनजाति के संसदीय फोरम के सदस्यों को दलित भारतीयता बनाम न्यायपालिका में 'द्विज तत्त्व' के नाम से एक खुला पत्र जारी किया है। इसमें उन्होंने हिन्दुत्व, आरक्षण, वैवाहिक और पैतृकता जैसे चार मुद्दों के माध्यम से यह साबित किया है कि न्यायपालिका ने किस तरह इनकी द्विजवादी व्याख्या की है।

इस तरह दलित आन्दोलन एक तरफ सवर्ण वर्चस्व के खिलाफ संघर्ष कर रहा है

तो दूसरी तरफ एक अलग जातीयता की तलाश कर रहा है। दरअसल सवर्ण वर्चस्व की राजनीति को यह समझ लेना चाहिए कि अब दलित आन्दोलन का भूत न तो देवउठावनी एकादशी के दिन अयोध्या की परिक्रमा करने और दरिद्र भागने से जानेवाला है और न ही गांधीवाद का जाप करने से। वह वर्ण और वर्ग के विवाद में थककर हारनेवाला भी नहीं है। वह हिन्दू समाज की वर्णव्यवस्था को बदलने के लिए जोरदार दस्तक दे रहा है और अपनी अस्मिता के लिए भारत के खेतों-खलिहानों में खड़ा हो रहा है। इसलिए उसके साथ धोखाधड़ी नहीं सीधे संवाद करना होगा।

दलित संघर्ष के द्वन्द्व

बेलछी से त्सुंदूर तक हरिजन हत्याओं की दास्तान पिछले दो दशक में कई दहलानेवाले दौरों से गुजर चुकी है। इन घटनाओं का राजनीतिक दलों ने तो हाथी पर चढ़-चढ़कर फायदा उठाया, पर दलित आन्दोलन लगातार बिखरता ही गया। कहीं दलित आन्दोलन की ऊर्जा को राजनीतिक दलों ने सोख लिया, तो कहीं वह जाति संघर्ष और वर्ग संघर्ष के बीच झूलते-झूलते थक गया। व्यावहारिकता की मार से इस आन्दोलन में आदर्श की भावना खत्म होती गई और वैचारिक मन्थन की गति तेज होने के बजाय घटती चली गई। वर्ण-व्यवस्था का विकल्प फेंकने का दावा करनेवाला दलित आन्दोलन आज व्यवस्था के चौतरफा शोषण को समझने में नाकाम दिखाई पड़ता है।

स्वतन्त्रता आन्दोलन में दलितों की बहुत परवाह न करनेवाली कांग्रेस ने तो आजादी के बाद 40 साल तक दलितों को अपना वोट-बैंक बना ही रखा था। पर दलितों को लुभाने में अब भाजपा भी पीछे नहीं है। जनता दल ने दलितों को अपने अंक में लेने की भरसक कोशिश की, वहीं उनकी स्वाभाविक पार्टी होने का दावा करनेवाली बहुजन समाज पार्टी चुनावों में दबाव समूह के तौर पर उभरी है। लेकिन आज नक्सलवादी ही दलितों के सबसे सघन और ईमानदार संघर्ष में शामिल है।

हरिजनों के हक की लड़ाई ने जिस-जिस से मोर्चा बनाया और जिन-जिन से मोर्चा खोला, उनके वैचारिक और व्यावहारिक अन्तर्विरोधों को समझे बिना हार-जीत का हिसाब और भावी रणनीति का नजरिया बनाना मुश्किल होगा। साथ ही व्यवस्था के शोषक ढाँचे पर भी नजर डालनी होगी।

हरिजनों पर अत्याचार की ज्यादातर घटनाएँ गाँव में ही होती है। बिहार में बेलछी, पिपरा और परसबीघा से लेकर मधेपुरा तक दर्जनों हादसों का हवाला दिया जा सकता है। आन्ध्र प्रदेश के त्सुंदूर और उत्तर प्रदेश के मेहराना, फर्रुखाबाद व उन्नाव कांड गाँव में ही हुए हैं। तो क्या गाँव का ढाँचा ही ऐसा है, जहाँ दलितों को सम्मान मिलने की सम्भावना नहीं है ? मार्क्स ने 'भारत में ब्रिटिश राज' में संकलित लेखों में भारतीय गाँवों

के ढाँचे को तोड़ने की अनिवार्यता बताई थी, क्योंकि इससे असमानता टूटेगी और विकास होगा। वे ब्रिटिश शासन के पूर्व वाले गाँव को तोड़ने के लिए अंग्रेजों को बधाई भी देते हैं। अम्बेडकर ने भी गाँव के ढाँचे का विरोध करते हुए शहरीकरण में दलितों की मुक्ति की सम्भावनाएँ बताई थीं।

यह बात काफी हद तक जँचती है। शहर दलितों को रोजगार तो देते ही हैं, उन पर गाँव जैसा अत्याचार भी नहीं करते। एक तरह से शहरीकरण और आधुनिकीकरण हरिजनों के लिए काफी हितकारी है। पर आदमी की अस्मिता को निगल लेनेवाले शहर की अपनी त्रासदी भी है। वहाँ के झुग्गी-झोपड़ियों के नारकीय जीवन में नई तरह का अपमान है। आगरा शहर में जाट-जाटवों के संघर्ष को देखकर शहर में भी दलितों पर अत्याचार की आशंका से इनकार नहीं किया जा सकता।

गांधी तो गाँव को भारत की आत्मा कहते थे। गाँव की व्यवस्था को सुन्दर और सुदृढ़ बनाने के लिए ही उन्होंने ग्राम स्वराज्य की कल्पना की थी। पर वे कहते थे कि अस्पृश्यों की दुर्दशा वर्णाश्रम व्यवस्था में आई गड़बड़ी के कारण है। जिस दिन इस व्यवस्था का शुद्धिकरण कर दिया जाएगा, उस दिन सब कुछ ठीक हो जाएगा। उनकी इस प्रस्थापना से सहमत हुए बिना यह माना जा सकता है कि शहरीकरण हरिजनों की समस्या का समाधान नहीं है।

धर्मपाल जैसे इतिहासकारों ने साबित किया है कि अंग्रेजों के आने से पहले भारत के किसान, कारीगर और दस्तकार अच्छी स्थिति में थे। इस स्कूल के लोग अस्पृश्यता या जातिगत असमानता का पक्ष भले न लेते हों, पर वे जिस तरह से ग्रामीण व्यवस्था और उससे जुड़ी जाति व्यवस्था की अच्छाइयाँ गिनाते हैं, उससे हरिजनों की लड़ाई को खास बल नहीं मिलता। इस बात से सहमत हुआ जा सकता है कि ब्रिटिश सरकार ने जमींदारी प्रथा को लागू करके ही भारत के किसानों, कारीगरों और दस्तकारों को बरबाद किया। क्या उससे पहले अस्पृश्यों की स्थिति ब्राह्मणों के बराबर थीं ? अगर नहीं, तो अंग्रेजों के जुल्म की आड़ में ब्राह्मणवादी व्यवस्था के जुल्म को कैसे ढँका जा सकता है ?

दूसरा महत्त्वपूर्ण अन्तर्द्वन्द्व पिछड़ी जातियों और दलितों की एकता का है। हालाँकि इस चुनाव में द्रमुक की ऐतिहासिक पराजय और जनता दल का महत्त्व घटने से इस एकता की सम्भावना घटी है, पर यह टूट तो पहले ही शुरू हो गई थी। लोक दल-जनता दल के प्रभाव क्षेत्र में बहुजन समाज पार्टी और द्रमुक के क्षेत्र में पट्टलि मक्कलि काछी का उभरना इसी अन्तर्द्वन्द्व का सबूत है। मंडल आयोग के सहारे बिहार में यह एकता कायम करने में काफी कामयाबी मिली है। पर जहाँ भी हरिजन पिछड़ी जातियों की पार्टी का समर्थन करने को तैयार नहीं होते, वहाँ पिछड़ी जातियाँ अत्याचार करने से नहीं चूकतीं। वैसे भी सामाजिक स्थिति सुदृढ़ कर चुकी मध्य जातियों का व्यवहार हरिजनों के प्रति अच्छा नहीं रहता। हाल में मधेपुरा, मेहराना और त्सुंदूर में हरिजनों पर अत्याचार करनेवाली मध्य जातियाँ ही थीं। (त्सुंदूर में हरिजनों को मारनेवाले रेड्डी जाति के लोग

मूलतः मध्य जाति ही हैं)।

पर इस अन्तर्द्वन्द्व से उपजी बहुजन समाज पार्टी या पट्टलि मक्कलि काछी की विचारधारा जातिवाद या आरक्षणवाद के आगे नहीं बढ़ पाई है। ऐसी स्थिति में इन पार्टियों से किसी सार्थक आन्दोलन की उम्मीद नहीं होती।

महाराष्ट्र में जनता दल से गठबन्धन करनेवाली प्रकाश अम्बेडकर की रिपब्लिकन पार्टी ऑफ इंडिया और पीजेंट्स एंड वर्कर्स पार्टी पस्त पड़ी हुई है। दूसरी तरफ रामदास अठावले जैसे तेज-तर्रार दलित नेता महाराष्ट्र सरकार में मन्त्री हैं। महाराष्ट्र के दलित आन्दोलन का एक बड़ा हिस्सा शहरी मध्यवर्ग का प्रतिनिधि बनकर रह गया है। ग्रामीण दलितों से थोड़ा-बहुत जुड़ाव रिपब्लिकन पार्टी का ही बचा है। पीजेंट्स एंड वर्कर्स पार्टी संसदीय राजनीति में रम गई है। इसलिए किसान-मजदूरों की लड़ाई से उसका वास्ता कम हो गया है।

महाराष्ट्र का दलित आन्दोलन मार्क्सवाद बनाम अम्बेडकरवाद की लड़ाई में लगातार टूटता रहा। जाति विरोधी संघर्ष और वर्ग संघर्ष की वैचारिक रस्साकशी में फँसे इस आन्दोलन का फायदा शरद पवार ही नहीं, यशवन्तराव चव्हाण और वसन्त दादा पाटील ने भी उठाया। भीमराव अम्बेडकर के सपनों की भारतीय रिपब्लिकन पार्टी उनके निधन के बाद 1957 में बनी तो जरूर, पर 1958 में टूट गई। उस समय अम्बेडकरवादी इस बात से नाराज होकर पार्टी से निकल गए थे कि पार्टी की केन्द्रीय समिति में भारतीय कम्युनिस्ट पार्टी के समर्थकों का कब्जा है। उसके बाद फिर 1971 में पार्टी का बँटवारा और पुनर्गठन हुआ। उस दौरान पार्टी की निष्क्रियता बढ़ती चली गई और दलित साहित्यकारों ने दलित पैंथर नाम का संगठन बना डाला।

लेकिन दलित पैंथर भी मार्क्सवाद और अम्बेडकरवाद की खींचतान में फँस गया। राजा ढाले का गुट शुद्ध अम्बेडकरवादी और बौद्ध दर्शन के आधार पर समतामूलक समाज बनाना चाहता था। पर नामदेव ढसाल अम्बेडकर दर्शन को मानने के साथ मार्क्सवादी रुझान रखते थे। इस टकराव में इतने संघर्ष के बाद उभरा दलित पैंथर संगठन भी टूट गया। पिछले साल दलित आन्दोलन की एकता की जबरदस्त कोशिशें हुईं, पर कामयाब नहीं हो सकीं। महाराष्ट्र की ही सत्यशोधक कम्युनिस्ट पार्टी के शरद पाटील अनुसूचित जातियों और अनुसूचित जनजातियों को जनवादी क्रान्ति का हरावल दस्ता बनाने की बात करते हैं। उनकी नजर में गरीबी की तीन रेखाएँ होनी चाहिए। एक अनुसूचित जातियों और जनजातियों के लिए, दूसरी अन्य पिछड़ी जातियों के लिए और तीसरी बड़ी जातियों के लिए। इस रेखा से नीचे आनेवालों का संयुक्त मोर्चा सामाजिक अन्याय मिटा सकता है। शरद पाटील यहाँ चीन जैसी स्थिति देखते हुए कहते हैं कि जिस तरह वहाँ की जनवादी क्रान्ति को बुर्जुआ ने रोका था, उसी तरह यहाँ भी सवर्ण जातियों के लोग इसके खिलाफ हैं।

हालाँकि नक्सली आन्दोलनों में हरिजनों और आदिवासियों की एक साथ भागीदारी

एकता को ही दर्शाती है, पर इन दोनों समुदायों के बीच भी गहरा अन्तर्द्वन्द्व है। भले ही मजदूरों और किसानों के संघर्ष के दौरान दोनों में एकता कायम हो जाती हो, पर दोनों के हितों में कुछ बुनियादी मतभेद हैं। हरिजनों का संघर्ष तो वर्ण-व्यवस्था से है, जबकि वर्णाश्रम से बाहर बैठे आदिवासियों का इससे कोई सीधा टकराव नहीं है। जहाँ आधुनिकीकरण हरिजनों की मुक्ति का वरदान साबित हुआ है, वहीं इसने आदिवासियों को लूट लिया है।

अनुसूचित जातियों और जनजातियों के 29वें आयोग के आयुक्त बी.डी. शर्मा के अनुसार सरकार व्यवस्थित ढंग से वनवासियों और आदिवासियों का शोषण करती है। पहले वह जंगल, जमीन और पानी जैसे संसाधनों पर कब्जा करती है, फिर वहाँ के आश्रितों को बेदखल कर देती है। मुआवजे के लिए दस्तावेजों की जरूरत होती है। पर पटवारी-लेखपाल की चालाकी या सीधे-सीधे आदिवासियों की लापरवाही के कारण दस्तावेजों में नाम न होने पर उन्हें कुछ नहीं मिलता।

कल्पना कीजिए, जो आदिवासी जहाँ चाहे खेती करते थे, जमीन बेचना नहीं जानते थे और जंगल में चाहे जहाँ से लकड़ी लाते थे, उन्हें इस तरह से बेदखल किया जाए, तो वे आधुनिक व्यवस्था को कैसे अच्छा कहेंगे ? इसलिए आदिवासियों का संघर्ष वन कानून, बड़े बाँध और शोषण के सारे आधुनिक उपादानों के खिलाफ है। हरिजनों का संघर्ष आर्थिक अधिकारों के हक में और सनातनी सामाजिक अन्याय के खिलाफ है। इसीलिए आदिवासियों का संघर्ष कहीं क्षेत्रीयता का रूप भी ले लेता है। इस अन्तर्द्वन्द्व को समझे बिना आन्दोलन बिखर सकता है।

समाजवादी आन्दोलन ने वर्ण-व्यवस्था को तेज झटके दिए हैं। आरक्षण और जाति तोड़ो आन्दोलन के सहारे डॉ. लोहिया ने न सिर्फ कभी जातियों को सामाजिक प्रतियोगिता में लाने की कोशिश की, बल्कि उनके बीच एकता भी कायम की। उन्होंने जनेऊ तोड़ने, अन्तरजातीय विवाह करने और उपनाम हटानेवाले आन्दोलन के साथ भूमि सुधार और किसानों-मजदूरों के हक की लड़ाई को भी जोड़ा था। पर आज उस आदर्श का सच्चा वाहक कोई नहीं बचा है। आरक्षण और जनसंघर्षों के आधार पर पिछड़ी जातियों, हरिजनों, आदिवासियों, महिलाओं और अल्पसंख्यकों की व्यापक एकता का सपना बिखर गया है।

जे.पी. आन्दोलन से उपजे छात्र युवा संघर्ष वाहिनी जैसे संगठन तो अपनी उपस्थिति का एहसास भी नहीं कराते। पिछले दिनों समता संगठन के तेज-तर्रार कार्यकर्ता राजनारायण की याद में 'लड़त जा रे' के नाम से एक पुस्तक प्रकाशित हुई है। उसमें होशंगाबाद के दक्षिण-पूर्व इलाके में हरिजनों और आदिवासियों के बीच संगठन की गतिविधियों का जिक्र है। उससे इतना तो लगता है कि उन मुद्दों की साफ समझ और आदर्श की भावना बची है। पर यह आन्दोलन इतना ताकतवर नहीं है कि उससे कोई उम्मीद पाली जाए।

डॉ. लोहिया जाति और वर्ग के भेद और उसके जंगल से संघर्ष का रास्ता बनाने की रणनीति को बहुत अच्छी तरह से समझते थे। अगर ऐसा न होता, तो वामपन्थी दल उनके जाति आधारित आरक्षण का समर्थन न करने लगते। पर मजेदार बात यह है कि जनता दल आरक्षण के नाम पर जाति संघर्ष को बढ़ावा देता है, जबकि मार्क्सवादी विचारधारा को माननेवाला इंडियन पीपुल्स फ्रंट 'दाम बाँधो, काम दो' का लोहियावादी नारा उठा लेता है। मंडल विवाद के दौरान इंडियन पीपुल्स फ्रंट की वोट क्लब की रैली का मुख्य मुद्दा आरक्षण समर्थन नहीं था। वे तो रोजगार देने और महँगाई रोकने की माँग कर रहे थे।

इन दिनों नक्सलवादी आन्दोलन दलित और आदिवासियों के हक की लड़ाई का पर्याय बन चुका है। गरीब मजदूर और किसानों के लिए होनेवाले संघर्ष में उस तबके की बहुतायत हो ही जाती है। पर इनके साथ सबसे बड़ी समस्या जाति विरोधी संघर्ष और वर्ग संघर्ष में सन्तुलन कायम करने की है। अगर जातियों की भावना समझे बिना वर्ग संघर्ष छेड़ते हैं, तो जनसमर्थन नहीं मिलता। पर जाति की भावना पर ज्यादा जोर दिया, तो वर्ग संघर्ष के बजाय जाति संघर्ष शुरू हो जाता है।

भारत के समाजवादी, साम्यवादी और नक्सलवादी आन्दोलन का यही सबसे बड़ा अन्तर्द्वन्द्व रहा है। साम्यवादियों का मानना है कि जातिवादी दलदल के उस पार वर्ग संघर्ष का दिव्य रथ खड़ा है। इसलिए इस दलदल की चिन्ता किए बिना उस रथ तक पहुँचना मुख्य लक्ष्य होना चाहिए। वहाँ से वर्गहीन समाज तक पहुँचना बहुत आसान है। पर समाजवादी दलदल के पार किसी रथ की कामना किए बिना इसी को रहने लायक बनाने पर जोर देते हैं।

लेकिन समाजवादी जैसे-जैसे संघर्ष से कटते गए, हरिजनों और आदिवासियों में नक्सलवादियों की घुसपैठ बढ़ती गई। वैसे 'सब-आल्टरन' इतिहासकारों का मानना है कि इन जातियों में क्रान्तिकारी चेतना काफी पहले से मौजूद थीं और कम्युनिज्म के पहले भी इनके संघर्ष का एक इतिहास रहा है। बल्कि आधुनिक विचारधाराओं के आने से इनके संघर्ष में जातिवादी और साम्प्रदायिक भटकाव आए हैं।

त्सुंदूर के हरिजन, रेड्डियों के अत्याचार से पहले कांग्रेस के समर्थक हुआ करते थे। पर अब वे नक्सलवादियों के समर्थक बन गए हैं। तेलंगाना और तेभागा के आदिवासी, हरिजनों में पीपुल्स वार ग्रुप का व्यापक आधार है। बिहार में लिबरेशन गुट और पार्टी यूनिटी का आधार भी दलितों में ही है। मध्य प्रदेश और महाराष्ट्र की सीमा पर नक्सलियों का असर बढ़ा है। नक्सलियों के बढ़ते असर को देखते हुए हाल में केन्द्र सरकार ने कई राज्यों के मुख्यमन्त्रियों की बैठक में केन्द्रीय योजना बनाने पर विचार किया।

सवाल उठता है कि अपहरण और हत्याओं की राजनीति करते हुए नक्सलवादी क्या किसी बड़े विकल्प की तरफ बढ़ सकते हैं ? उनके गुप्त संगठन और नक्सली गुटों के हिंसक टकराव इस रास्ते में बहुत बड़ी बाधा है। इसके बावजूद पिछले दो सालों में

दिल्ली की राजनीति में नक्सलियों की दिलचस्पी बढ़ी है। वोट क्लब पर पहले आन्ध्र के चन्द्रपुल्ला रेड्डी गुट का प्रदर्शन, फिर लिबरेशन गुट का विशाल प्रदर्शन इस बात को साबित करता है।

मौजूदा दौर में जिस तरह से पूरी दुनिया में मार्क्सवाद की विफलताएँ सामने आई हैं, उससे असमानता के खिलाफ संघर्ष की आवश्यकता को ही नकारा जाने लगा है। इसलिए वर्ग संघर्ष और हिंसक राजनीति के कट्टर समर्थक संगठनों के लिए व्यापक असर बना पाना मुश्किल है। ऐसे मौके पर वर्ग संघर्ष के सिद्धान्त को लेकर तकरार करने के बजाय व्यापक समाजवादी एकता की जरूरत है। इसके अलावा व्यवस्था के शोषक पहलुओं को सभी स्तरों पर समझने और संघर्षों के अन्तर्द्वन्द्व को सुलझाने के साथ-साथ कई स्तरों पर लोकतान्त्रिक विकल्प तैयार करने होंगे।

जाति, अपराध और विद्रोह

हमारे यहाँ साधुओं की जाति भले न पूछी जाती हो, पर अपराधियों की जाति जरूर पूछी जाती रही है। अंग्रेजों ने तो कई जातियों को जरायमपेशा ही घोषित कर दिया था। 1952 के बाद कानूनन भले ही कोई जाति जरायमपेशा न मानी जाती हो, पर व्यवहार में वह नजरिया बदला नहीं है। 'असवर्ण अपराधियों के बढ़ने और मुसलमानों के बड़ी तादाद में अपराधी होने जैसी आशंकाएँ काफी विश्वास के साथ जताई जा रही है। इस धारणा में कितना मिथक है और कितनी सच्चाई, यह जानने के लिए अपराध के जातीय संगठन और जाति के अपराधीकरण जैसी दो प्रमुख प्रक्रियाओं पर विचार करना पड़ेगा।

अपराधियों के गिरोह जातीय आधार पर संगठित होते रहे हैं। ऐसा कहने में जातिवादी कहे जाने का खतरा भले हो, पर इसके प्रमाण कम नहीं हैं। एक जमाने में चम्बल घाटी में राजपूत के अलावा किसी दूसरी जाति के डकैत घुस ही नहीं सकते थे। मान सिंह और माधो सिंह व मनोहर सिंह के जमाने में चम्बल घाटी में सिर्फ ठाकुर डकैत होते थे और उनमें भी एक विशेष गोत्र (बुन्देला) के लोग। अंग्रेजी जमाने में ठगी करनेवाले और लूटनेवाले पिंडारियों का भी जातीय संगठन ही हुआ करता था। इसी दृष्टि से प्रेरित होकर अंग्रेजों ने कई जातियों को जरायमपेशा घोषित कर दिया था। इन जातियों के लोगों को उनकी रिहाइश के आस-पास अपराध होने पर तुरन्त गिरफ्तार कर लिया जाता था।

आज भी पूर्वी उत्तर प्रदेश के दो माफिया गिरोह जाति के आधार पर ही चल रहे हैं। चम्बल घाटी पर अब मध्य और निचली जाति के डकैतों का कब्जा होता जा रहा है। दिल्ली के आस-पास अपहरण और हत्या करनेवालों में साँसी जाति के लोगों की

प्रमुख भूमिका बताई जाती है। जातीय आधार पर संगठित आपराधिक गिरोह ज्यादा टिकाऊ होते हैं, क्योंकि सरकार और दूसरी जाति से हमले की स्थिति में अपनी जाति के लोग ढाल जैसा काम करते हैं। फिर जाति के पारम्परिक पेशे की आड़ में उनका आपराधिक व्यवसाय बड़े मजे से फलता-फूलता है और उन्हें आराम से विश्वासपात्र अपराधी मिल जाते हैं।

अमेरिका के अपराध जगत पर इटली से भागकर आए लोग छाए हुए हैं। उनका पूरा गिरोह जातीय आधार पर संगठित है। अमेरिकी लेखक क्लेयर स्टर्लिंग ने *ऑक्टोपस* नाम की किताब में सिसली माफिया के कारनामों का वर्णन किया है। ये लोग पित्जा के रेस्तराँ चलाते थे और उन्हीं रेस्तराँओं के पीछे अफीम की तस्करी करते थे। अमेरिका के संघीय जाँच ब्यूरो को काफी बाद में पता चला कि पित्जा की उन दुकानों से हेरोइन की सप्लाई होती है। अमेरिका में यह तस्करी पूरी तरह जातीय आधार पर संगठित थी। तभी तो बाहर से आनेवालों के वीजा और ग्रीन कार्ड बड़े आसानी से बन जाया करते थे। अमेरिकी आव्रजन विभाग को जब इन मामलों की जानकारी मिली तो, वह उन लोगों को वापस भेजने लगा। यह जानकर आश्चर्य होगा कि आठवें दशक में अमेरिका से भगाए जानेवाले दस लोगों में नौ पित्जा रेस्तराँओं में काम करनेवाले हुआ करते थे।

जाति ही नहीं, धर्म के आधार पर भी आपराधिक संगठन खड़े होते रहे हैं। पर जरूरत उसे साम्प्रदायिक या जातीय रंग न देकर उसकी वजहों को समझने और उन स्थितियों को दूर करने की है।

सवाल यह है कि इन आपराधिक कामों के लिए जाति को दंड दिया जाए या व्यक्ति को ? या दोनों को माफ कर दिया जाए ? यह विवाद बहुत पुराना है। अंग्रेजों ने अकाल, गरीबी, भुखमरी और बेदखली से अपराधी बने लोगों की समस्याएँ हल करने के बजाय पूरी-की-पूरी जाति को ही अपराधी घोषित कर दिया। पुलिस किसी भी अपराध के लिए उस जाति के किसी आदमी को पकड़ लाती थी। मारती-पीटती और उस आदमी के मन में यह भावना भर देती कि तुम चाहे जो रहो, हम तुम्हें अपराधी ही मानेंगे। आखिरकार वह व्यक्ति अपराधी बन ही जाता था। इस तरह अंग्रेजों ने जरायमपेशा जातियों की सूची बनाकर अपराधियों का जातीय संगठन खड़ा कर दिया। कुछ उसी तरह से आज असवर्ण अपराधियों का जोर बताया जा रहा है।

समाज में आए पिछड़ी जातियों के उभार के साथ इन जातियों के कुछ अपराधियों के मन में भी सम्मानजनक जीवन जीने की महत्त्वाकांक्षा जागी है। इसी महत्त्वाकांक्षा के तहत दुलारचन्द यादव नामक डकैत बाढ़ में बिहार के मुख्यमन्त्री को माला पहनाता है। पर उत्तर प्रदेश के पूर्व मुख्यमन्त्री श्रीपति मिश्र या कमलापति त्रिपाठी किस तरह से माफिया सरगना हरिशंकर तिवारी को बचाते रहे हैं, यह बात किसी से छुपी नहीं है। इसके अलावा लालू प्रसाद यादव द्वारा दुलारचन्द यादव की माला पहन लेने से या श्रीपति मिश्र द्वारा हरिशंकर तिवारी को बचा लेने से पूरी-की-पूरी यादव जाति या ब्राह्मण

जाति अपराधी नहीं हो जाती है। ये ऐसे गन्दे नाले हैं, जो गंगा में मिलकर अपने को पवित्र करने की कोशिश करते रहते हैं। हाँ, इनकी संख्या बढ़ने से स्वयं गंगा के अपवित्र होने का भी खतरा है।

अपराधियों के जातीय संगठन के बारे में दो नजरिए रहे हैं। एक तो उन्हें सिर्फ अपराधी मानने और दंड देने की बात करता है। दूसरा उनकी सामाजिक, सांस्कृतिक और आर्थिक समस्याओं को समझने और उन्हें हल करने की बात करता है।

पहला नजरिया ऐसा है, जो किसी जाति के चन्द आपराधिक गिरोहों के आधार पर पूरी जाति को अपराधी बताता है। कई बार तो इस दृष्टिकोण से काम करनेवाले पूरी जाति को अपराधी बनने पर प्रेरित भी कर देते हैं। अंग्रेजों की नीति कुछ ऐसी ही थी। आज इस नजरिए से ग्रस्त कुछ लोगों को बिहार में असवर्ण अपराधियों का जोर बढ़ता दिखता है (जबकि राजपूत और भूमिहार अपराधियों की कमी नहीं है)। कई हिन्दू साम्प्रदायिक संगठनों और उनसे जुड़े लोगों का तो यहाँ तक मानना है कि हर शहर में आपराधिक धन्धे मुसलमान ही चलाते हैं। उनके मुताबिक अगर हर शहर के अपराधियों पर सख्त कार्रवाई कर दी जाए, तो मुसलमानों का हौसला अपने-आप पस्त हो जाएगा।

ये लोग सबूत के तौर पर बम्बई के हाजी मस्तान गिरोह से लेकर दाऊद इब्राहिम और करीम लाला गिरोह का जिक्र करते हैं। इसी तरह कलकत्ता का गार्डेन रीच इलाका भी मुसलमानों का आपराधिक अड्डा बताया गया है। लेकिन ऐसे लोग यह भूल जाते हैं कि इसी भावना का फायदा उठाकर शिवसेना ने बम्बई में अपना पूरा आधार खड़ा किया है। शिवसेना, दरअसल हिन्दू उग्रवादियों का एक ऐसा गिरोह है, जिसने कभी दक्षिण भारतीयों तो कभी मुसलमानों से नफरत का नारा देकर अपना आधार बनाया है। वैसे बम्बई का अपराध जगत सिर्फ मुसलमानों द्वारा चलाए जाने की बात तो इसलिए भी गलत है कि वहाँ वरदराजन मुदलियार जैसे दक्षिण भारतीय माफिया डॉन भी रहे हैं।

दूसरा नजरिया उन लोगों का है, जो अपराध को सामाजिक समस्या का प्रतिफल मानते हैं और बढ़ते अपराध में सामाजिक रूप से पिछड़े या दलित वर्ग का सामाजिक प्रतिरोध देखते हैं। इस दृष्टिकोण के प्रमुख प्रवर्तक ब्रिटिश लेखक इंजे हॉब्सबाम हैं। उनका कहना है कि डकैती लोगों के राजनीतिक रूप से जागृत होने से पहले के सामाजिक विरोध का तरीका है। गरीब आदमी जब तक विरोध की राजनीतिक भाषा नहीं सीख पाता, तब तक वह हिंसक तरीकों से विरोध करता है। समाज में कम्युनिस्ट या समाजवादी आन्दोलन जितना व्यापक होगा, इस तरह के अपराध उतने ही कम होंगे। यानी इस तरह के अपराध विचारधारा की कमी की वजह से होते हैं।

लेकिन हॉब्सबाम के इस दृष्टिकोण को भारतीय सन्दर्भ में रंजीत गुहा जैसे सबाल्टर्न इतिहासकार ज्यादा मान्यता नहीं देते। उनका मानना है हिन्दुस्तान में जितने भी किसान

विद्रोह हुए हैं, उनमें से किसी में राजनीतिक चेतना की कमी नहीं थी। उनका तो यहाँ तक मानना है कि इंग्लैंड के 1830 के मजदूर आन्दोलन में भी राजनीतिक चेतना थी, क्योंकि मजदूरों ने मजदूरी के लिए दंगें किए थे और थ्रेशिंग मशीनों को तोड़ डाला था।

अपराध और विद्रोह की सीमाएँ अक्सर एक-दूसरे को काटती रहती हैं और विद्रोह को अक्सर शुरुआती दौर में अपराध की संज्ञा दी जाती है। बारासात विद्रोह (1831) से लेकर हुनान विद्रोह (1927) तक कई ऐसे नाम हैं, जो डकैत से क्रान्तिकारी बने थे। लेकिन अपराध और विद्रोह के केन्द्र अलग-अलग होते हैं। ज्यादातर क्रान्तिकारियों पर आपराधिक आरोप तो हो सकते हैं, लेकिन सभी अपराधी क्रान्तिकारी नहीं होते। अपराधियों का मकसद आत्मकेन्द्रित होता है, जबकि क्रान्तिकारियों का मकसद सामाजिक-राजनीतिक होता है।

ऐसे कई नाम हैं, जो पुलिस और प्रशासनिक रिकॉर्ड में डकैत के रूप में दर्ज हैं, पर समाज की निगाहों में वे एक नायक थे। डाकू सुल्ताना की तारीफ किए बिना अंग्रेज (कॉरबेट) भी नहीं रह सके थे। इसी तरह 1831 के बारासात के नील किसानों के विद्रोह का अगुआ तीतूमीर एक डाकू के रूप में जाना जाता था। पर बाद में उसका चरित्र किसान विद्रोह के एक नायक के रूप में उभरता है।

1855 के संथाल हूल के दो नायक केवल प्रमाणिक और दोमोन माझी डकैत ही थे। चम्बल घाटी का मशहूर डकैत बंजारा सिंह भी साहूकार की ज्यादती से ही लड़ रहा था। 1857 के विद्रोह में मेढ़ई सिंह नाम के डकैत ने महत्त्वपूर्ण भूमिका निभाई थी। उस वक्त वह आगरा जेल में बन्द था और जमानत के दौरान जेल से भाग निकला था।

इतिहासकार रंजीत गुहा का कहना है कि डकैती आपको भयावह लग सकती है और अच्छी भी। फर्क नजरिए का है—आप घटनाओं को एक दारोगा की नजर से देखते हैं या इतिहासकार या क्रान्तिकारी की नजर से। यह तो दो सिद्धान्तों का टकराव है। अगर आप इतिहासकार की नजर से देखते हैं, तो जिन्हें लोग डकैत या अपराधी मानते हैं, उन्हें आप क्रान्तिकारी मान सकते हैं। इसलिए किसी भी जाति या समुदाय विशेष में अपराधियों के बढ़ने का ऐलान करने से पहले यह विचार करना होगा कि कहीं आप एक दारोगा की तरह से तो नहीं सोच रहे हैं। इसका मतलब यह नहीं कि सभी अपराधियों को क्रान्तिकारी घोषित कर दिया जाए या अपराधियों के जातीय संगठन को सामाजिक विद्रोह का संगठन मान लिया जाए। पर किसी जाति या समुदाय की सामाजिक, आर्थिक और राजनीतिक परेशानियों को समझने के बाद ही आपराधिक प्रवृत्तियों का अध्ययन और निराकरण हो सकता है। अगर इटली के 'ला कोसा नोस्त्रा' (अदृश्य महाप्रभुओं की सरकार) नाम के भूमिगत सामाजिक आन्दोलन पर राजनीतिक दमन चक्र न चलाया गया होता, तो वे अमेरिका आकर माफिया गिरोह न बनाते। इसी तरह क्यूबा से अगर लोग न भगाए गए होते, तो वे मियामी के अपराध जगत में शामिल

न होते। अमेरिका में एशियाई लोगों के साथ अच्छा बरताव होता, तो वे माफिया गिरोह न बनाते।

इसी तरह बिहार में पिछड़ी जातियों के आन्दोलन, उन पर होनेवाले हमलों और उनके भटकाव को सही तरह से समझने के बाद ही जमींदार या साहूकार पुत्रों के अपहरण को समझा जा सकता है। कहने का मतलब यह नहीं कि दुलारचन्द यादव या पप्पू यादव को क्रान्तिकारी मान लिया जाए या लालू यादव यादव द्वारा उन्हें वरदहस्त देने की प्रशंसा की जाए। पर इस पूरी प्रक्रिया पर सावधानीपूर्वक विचार करने की जरूरत है कि कहीं हम भी अंग्रेजों की तरह सबको डकैत और अपराधी तो नहीं घोषित कर रहे हैं।

विवाद इस बात पर हो सकता है कि सर्वोदय नेता जयप्रकाश नारायण ने जिस मकसद से डाकुओं का आत्मसमर्पण कराया था, वह कहाँ तक कामयाब रहा। पर इस पर तो कोई विवाद है ही नहीं कि लालू प्रसाद यादव किस मकसद से डाकुओं को राजनीति में ला रहे हैं। उनका मकसद किसी तरह का सामाजिक सुधार या व्यक्ति सुधार नहीं है, बल्कि उस व्यक्ति का वोट की राजनीति में इस्तेमाल करना है।

कोई भी जाति या समुदाय अपनी सत्ता कायम करना चाहती है। इस काम में विफल रहने पर वह विद्रोह करती है। दोनों न कर पाने पर वह अपराधी बन जाती है। इसलिए कोशिश यह करनी होगी कि कोई भी जाति सामाजिक या आर्थिक रूप से पिछड़ी न रहे और वह सत्ता में भागीदार बने। असुरक्षा की यह भावना अगर दूर होती है, तो जातीय गिरोह भी घटेंगे।

धर्मान्तरण : मुक्ति या मरीचिका ?

समाज में जब से धर्म का गठन हुआ तभी से धर्मान्तरण होता आ रहा है। धर्मान्तरण अगर न हो तो समाज में किसी नए धर्म का विस्तार ही न हो। किसी भी धर्म का प्रवर्तक, संस्थापक या पैगम्बर शुरू में अकेला ही रहता है। जब लोग उसकी तरफ आकर्षित होते हैं तो निश्चित रूप में इससे धार्मिक आबादी के अनुपात में फेरबदल होता है। इसीलिए हर धर्म प्रवर्तक या पैगम्बर को शुरू में विरोध का सामना करना पड़ता है। अगर वह सामूहिक धर्मान्तरण का आयोजन करता है तो और भी कड़ा विरोध होता है। धर्म, जाति, और देश जैसी इकाइयों का गठन तो आखिर मनुष्य ने ही किया है। इसलिए जब भी इस दायरे में आदमी का दम घुटने लगे और वह इसे सुधारने की स्थिति में न हो, तो उसे इसे छोड़ने का अधिकार होना चाहिए। बल्कि आस्था परिवर्तन का अधिकार तो सामान्य स्थिति में भी स्वीकार किया गया है। लेकिन जब यही काम सामूहिक स्तर पर अपने-अपने धर्म की जनसंख्या बढ़ाने की होड़ के तौर पर होता है

तो सामाजिक तनाव पैदा होते हैं, जो रचनात्मक दिशा में नहीं जाते।

आस्था और धर्म के अधिकार पर सभ्य समाज की व्यापक आम सहमति के बावजूद जब भी कहीं धर्मान्तरण होता है तो लोग दो खेमों में बँट जाते हैं। एक तरफ उस धर्म के लोग खड़े होते हैं, जिस धर्म से पलायन हो रहा होता है। दूसरी तरफ उस धर्म के लोग जिसमें धर्मान्तरण होता है। यह बेहद नाजुक और तनाव का क्षण बन जाता है। फिर दोनों तरफ से इतने झूठे आरोप लगाए जाते हैं कि इसमें उनका पक्ष गुम हो जाता है जो किसी धर्म से पीड़ित होकर किसी और धर्म में जा रहे होते हैं। हालाँकि आस्था एक आत्मगत चीज है और धर्मान्तरण एक प्रतीकात्मक विरोध, लेकिन इसके साथ इतनी वस्तुगत चीजें जुड़ी हुई हैं कि वे व्यापक सामाजिक, राजनीतिक जीवन को प्रभावित करती हैं। इसलिए धार्मिक खेमेबन्दी के विवाद से हटकर उन लोगों की पीड़ा, खुशी और हानि-लाभ पर गौर करना जरूरी है जो एक धर्म से दूसरे धर्म में पलायन करते हैं। यहाँ हम विशेष तौर पर अछूतों के धर्मान्तरण सम्बन्धी आन्दोलनों और उनके अनुभवों पर विचार करेंगे। वे हिन्दू धर्म की गुलामी की अँधेरी गुफा से निकलकर कितनी मुक्ति पा सके हैं ? क्या नए धर्म में उन्हें स्वतः ही बराबरी का अधिकार है और सम्मान मिल गया या वे एक नई गुफा में घुस गए ? उनके धर्मान्तरण की चोट खाया हिन्दू धर्म क्या सचमुच उन्हें मनाने गया ? क्या हिन्दू उन्हें दुबारा अपने धर्म में लौटा सके ? अगर लौटा भी सके तो क्या बराबरी का सम्मान दिला सके ? धर्म परिवर्तन से अछूतों की आर्थिक स्थिति पर क्या फर्क पड़ा ? उनको मिलनेवाली सरकारी सुविधाओं का क्या हुआ ? क्या धर्मान्तरण की राजनीति सिर्फ जनसंख्या घटाने-बढ़ाने की राजनीति है ? इन तमाम सवालों से हम संक्षेप में रू-ब-रू होने की कोशिश करेंगे।

यहाँ इतिहास के सभी धर्मान्तरण आन्दोलनों का वर्णन करना सम्भव नहीं है। सिर्फ उन धर्मान्तरण आन्दोलनों का जिक्र करना काफी होगा, जिन्होंने पथ-प्रदर्शक भूमिका निभाई। इसे हम निम्न श्रेणियों में बाँट लेते हैं : (1) बौद्ध धर्म ग्रहण (2) ईसाई धर्म ग्रहण (3) इस्लाम धर्म ग्रहण (4) सिख धर्म ग्रहण।

बौद्ध धर्म ग्रहण : चूँकि बौद्ध धर्म की उत्पत्ति ही भारत में हुई और यह काफी प्राचीन धर्म है, इसलिए सनातन धर्म या हिन्दू धर्म से धर्मान्तरण सबसे पहले इसी धर्म में हुआ। लेकिन गौरतलब है कि डॉ. भीमराव अम्बेडकर ऐसा नहीं मानते कि बौद्ध धर्म के उदय के समय या मनुस्मृति जिस वक्त लिखी गई तब भारत में अस्पृश्यता थी। उनका कहना है कि भारत में अस्पृश्य 400 ईसवी के आस-पास अस्तित्व में आए। इसलिए बुद्ध के काल में या सम्राट अशोक के काल में बौद्ध धर्म को अस्पृश्यता निवारक धर्म के रूप में लिया गया होगा, ऐसा नहीं लगता। अम्बेडकर कहते हैं, अस्पृश्यता का बड़े पैमाने पर अस्तित्व ब्राह्मण धर्म और बौद्ध धर्म के टकराव की उत्पत्ति है। वे मानते हैं कि समाज के वे लोग, जो हालात से टूटे हुए थे या जिन्होंने गोमांस खाना नहीं छोड़ा, ब्राह्मण धर्म के पुनरुदय के साथ अस्पृश्य होते चले गए। शायद इसीलिए अम्बेडकर अस्पृश्यता से मुक्ति का मार्ग बौद्ध धर्म में ही देखते हैं। अम्बेडकर के इस प्रतिपादन

से सभी इतिहासकार सहमत नहीं हैं। पर हम यहाँ इस बहस में पड़ने के बजाय आधुनिक युग में लौटते हैं, जब डॉ. अम्बेडकर ने 21 साल के चिन्तन-मनन और शोध के बाद बौद्ध धर्म अपनाने का फैसला किया। 13 अक्टूबर 1935 को नासिक जिले के येवोला में हुए दस हजार अछूतों के सम्मेलन में डॉ. अम्बेडकर ने साफ एलान किया, 'मैं आपको हिन्दू धर्म से नाता तोड़ने और कोई दूसरा धर्म अपनाने का सुझाव देता हूँ। लेकिन जब आप ऐसा करें तो नए धर्म के चयन को लेकर सतर्कता बरतें और देखें कि वहाँ आपको व्यवहार, स्तर और अवसर की समानता बिना किसी शर्त के मिले।'

डॉ. अम्बेडकर के इस एलान ने हिन्दू समाज के सभी बड़े नेताओं को झकझोर दिया। महात्मा गांधी और मदन मोहन मालवीय जैसे नेताओं ने इसकी निन्दा की और इसे रोकने की जरूरत व तरीके सुझाए। वहीं अखिल भारतीय दलित वर्ग संगठन के अध्यक्ष राव बहादुर एम.सी. राजा, राव बहादुर आर. श्रीनिवासन, राय साहब वाई.एल. मुनिस्वामी वगैरह ने अम्बेडकर के विरोध में बयान दिया। उन्होंने कहा कि हिन्दू धर्म हमारा है और इसे सुधारना हमारा कर्तव्य है। अम्बेडकर इन हमलों को झेलते, विभिन्न धर्मों के प्रलोभन से बचते 21 साल तक 'मुक्ति के पथ' की खोज करते रहे। अन्त में 13 अक्टूबर 1956 को नागपुर में विजयादशमी के दिन उन्होंने बौद्ध धर्म ग्रहण किया। कहते हैं कि यह इतिहास का सबसे बड़ा सामूहिक धर्मान्तरण था। उस मौके पर करीब एक लाख लोगों ने बौद्ध धर्म की दीक्षा ली। उसके बाद धर्मान्तरण का सिलसिला चल पड़ा। 1951 में कुल 1,56,000 बौद्ध थे, जो 1956 में बढ़कर 30 लाख हो गए। उसके बाद से आज तक दलितों का बौद्ध धर्म ग्रहण जारी है। जहाँ भी दलितों पर अत्याचार की घटनाएँ बढ़ती हैं, वहाँ यह एहसास बढ़ता है कि हिन्दू धर्म के दायरे में उन्हें सम्मान मिलना असम्भव है। इसलिए उन्हें यह धर्म त्यागना होगा। आगरा में जाटवों पर जाटों के अत्याचार के बाद 29 सितम्बर 1990 को अनुसूचित जातियों के तीस हजार लोगों ने बौद्ध धर्म ग्रहण किया। यह कार्यक्रम अखिल भारतीय भिक्षु संघ तथा भारतीय बौद्ध समाज ने आयोजित किया और इस मौके पर प्रकाश अम्बेडकर और बी.पी. मौर्य मौजूद थे।

दलितों द्वारा बौद्ध धर्म अपनाने की ताजा घटना 6 दिसम्बर 1993 को पटना में हुई। यह धर्मान्तरण बिहार में पिछले कुछ सालों से चल रहे बोधगया मुक्ति आन्दोलन का परिणाम था। उस दिन डॉ. अम्बेडकर का परिनिर्वाण दिवस और अयोध्या में बाबरी मस्जिद गिराए जाने की बरसी होने के कारण यह ब्राह्मणवाद और साम्प्रदायिकता के खिलाफ एक प्रतीकात्मक विरोध के रूप में भी दिखा।

लेकिन पटना की इस घटना से सामूहिक धर्मान्तरण की विडम्बनाएँ भी ज्यादा साफ तरीके से उभरती हैं। इस आयोजन में एक लाख लोगों के आने का दावा किया गया था, पर 10-12 हजार से ज्यादा लोग नहीं आए। मजे की बात है कि यहाँ कुछ बड़ी जाति के लोगों ने भी धर्मान्तरण की कोशिश की। उनका इरादा हाल में ही नव-बौद्धों को मिलनी शुरू हुई आरक्षण की सुविधा हासिल करना था। वे सब-के-सब भले न सफल

हुए हों, पर कुछ हो भी गए तो कौन जानता है। सामूहिक धर्मान्तरण की यह खास दिक्कत है कि उसमें दीक्षा लेनेवाले लोगों की विश्वसनीयता सन्देहास्पद होती है। बाद में कई लोग फिर हिन्दू धर्म या पुराने धर्म में लौट जाते हैं। या, कोई गारंटी नहीं कि वे बौद्ध बनने के बाद उसके रीति-रिवाजों का पूरी तरह से पालन करेंगे। उनकी आस्था और विश्वास में भी एकरूपता नहीं पाई जाती है। उसके मुकाबले निजी दीक्षा आध्यात्मिक अर्थों में ज्यादा श्रेष्ठ मानी जाती है।

लेकिन दलितों का धर्मान्तरण सिर्फ आस्था परिवर्तन नहीं है, वह हिन्दू समाज से विरोध जताने का राजनीतिक हथियार भी है। दलित विषयक विद्वान गोपाल गुरु जैसे मार्क्सवादी इसके राजनीतिक पक्ष पर ही जोर देने की बात करते हैं। बल्कि वे दलितों में बौद्ध धर्म के आध्यात्मिक विस्तार पर चिन्ता जताते हैं। लेकिन अम्बेडकरवादी इससे सहमत नहीं। उनका मानना है कि अम्बेडकर पूरी तरह धार्मिक व्यक्ति थे। इसीलिए वे त्रिपिटक के 22 सूत्रों के अनुरूप आचरण करने पर जोर देते थे। अम्बेडकर के धर्मान्तरण आन्दोलन को महज राजनीतिक विरोध का आन्दोलन मानना उसके महत्त्व को कम करके आँकना होगा। वे बौद्ध दर्शन को साम्यवाद से श्रेष्ठ समतावादी दर्शन मानते थे। अम्बेडकर को निजाम हैदराबाद ने मुसलमान बनने के लिए चार करोड़ रुपए देने का प्रस्ताव रखा। उनके पीछे सिख और ईसाई धर्म गुरु भी पड़े रहे। पर उन्होंने भावनात्मक प्रतिक्रिया में नहीं, बल्कि विवेक का प्रयोग करते हुए बौद्ध धर्म ग्रहण किया।

हालाँकि डॉ. अम्बेडकर ने लोगों से वायदा किया था कि वे नया धर्म ग्रहण करने के बाद उनकी कोई पुरानी सुविधा छिनने नहीं देंगे, लेकिन सामूहिक धर्मान्तरण के तुरन्त बाद भारत सरकार के गृह मन्त्रालय ने आदेश जारी कर धर्म परिवर्तन करनेवालों से नौकरियों में आरक्षण, वजीफा वगैरह की सुविधा छीन ली। इस बीच नवम्बर में डॉ. अम्बेडकर का निधन हो गया।

चूँकि अनुसूचित जाति के ज्यादातर शिक्षित लोग सरकारी नौकरियों में थे, इसलिए उन्हें आदेश जारी कर जानकारी दी गई कि अनुसूचित जाति की सुविधा उन्हें नहीं मिलेगी जो हिन्दू या सिख धर्म में नहीं हैं। यानी अम्बेडकर के रास्ते धर्म परिवर्तन करने पर दलितों से तमाम सरकारी सुविधाएँ छिन गईं। उन लोगों से गाँवों में बड़ी जातियों ने रोजगार छीन लिए। इसके बावजूद हिन्दू धर्म की गुलामी की पीड़ा उन्हें नए धर्म को अपनाने के लिए प्रेरित करती रही। 43 साल बाद वी.पी. सिंह सरकार ने नव बौद्धों को आरक्षण की सुविधा बहाल की। इस बीच महाराष्ट्र के नव बौद्धों ने दलित पैंथर जैसे रचनात्मक आन्दोलन को जन्म दिया।

महाराष्ट्र की दो प्रमुख अनुसूचित जातियों महार और मांग में से महार ही ज्यादा बौद्ध बने, क्योंकि डॉ. अम्बेडकर खुद महार जाति के थे और उन पर उनका ज्यादा असर था। धर्म परिवर्तन से दलितों ने अपने को हिन्दू समाज के दमन से तो जरूर मुक्त किया, पर उनकी आर्थिक स्थिति में ज्यादा सुधार नहीं आया। गाँवों में बौद्ध बननेवाले ज्यादातर लोग अभी भी गरीबी में जी रहे हैं। भिक्षु भी गरीब परिवारों से ही आते हैं।

बौद्ध बनने के बाद एक धार्मिक अनुशासन की जरूरत होती है। प्रबुद्ध लोग तो अध्ययन-मनन और प्रतिबद्धता की वजह से अपनी जीवन पद्धति को हिन्दू धर्म की छाया से अलग कर लेते हैं। आधुनिक जीवन-शैली अपना चुके ऐसे लोगों के लिए धार्मिक आस्थाएँ और संस्कार बदलना कठिन नहीं होता। फिर वे धर्म को जीवन पद्धति से ज्यादा दार्शनिक स्तर पर ग्रहण करते हैं। लेकिन जहाँ तक आम आदमी का सवाल है, उसके लिए नए धर्म का मतलब नए रीति-रिवाज से ही होता है। यह रीति-रिवाज उसे भिक्षु सिखाते हैं। इस मामले में भिक्षुओं पर उत्तरदायित्व भी होता है और विशेषाधिकार भी। इसलिए सामान्य बौद्ध अनुयायी और भिक्षु में एक तरह का द्वन्द्व भी चलता रहता है। अम्बेडकर ने इस बात पर बार-बार चिन्ता जताई थी कि आज समाज में अच्छे बौद्ध भिक्षु नहीं हैं। उनका कहना था कि भिक्षु कम हों, पर योग्य हों।

इन सबसे महत्त्वपूर्ण बात है आर्थिक सहायता और राजाश्रय की। अगर सम्राट अशोक बौद्ध धर्म में दीक्षित न हुए होते तो क्या उस समय बौद्ध धर्म का भारत या दुनिया के और देशों में भी इतना प्रसार होता ? बृहदार्थ मौर्य की हत्या के बाद बौद्धों को मिलनेवाला राजाश्रय जब खत्म हुआ, तो भारत में बौद्ध धर्म की स्थिति क्या रह गई ? हिन्दू राजाओं ने बौद्धों पर भारी जुल्म किए। इस अवसान के बाद भारत में बौद्ध धर्म फिर नहीं खड़ा हो सका, क्योंकि हिन्दू राजाओं के बाद मुसलमान राजाओं ने भी बौद्धों पर कम अत्याचार नहीं किए। चटगाँव के चकमा और असम व उत्तर-पूर्व के अन्य राज्यों में रह रहे बौद्धों पर मुगल बादशाहों ने जुल्म ढाए। शाइस्ता खाँ ने 1666 में जब चटगाँव जीता तो वहाँ के बौद्ध या तो मुसलमान बन गए या जैसे-तैसे अपने को बचा पाए।

अंग्रेजों के शासन काल में भी बौद्धों को राजाश्रय मिलने का सवाल नहीं था। जब तक बर्मा भारत में था, तब तक भारत में बौद्धों की आबादी बढ़ती रही। लेकिन 1931 में बर्मा के अलग होने के बाद यह वृद्धि दर 3.65 फीसदी से घटकर 0.05 फीसदी पर आ गई। अंग्रेजी शासन काल में ईसाई मिशनरियों को बढ़ावा मिला और बौद्धों को उनके हमले झेलने पड़े।

आज बौद्धों के किसी आन्दोलन को न तो राजाश्रय मिल रहा है और न ही उन्हें किसी तरह बड़ी सहायता की उम्मीद है। बिहार के बोधगया आन्दोलन को शुरू में लालू प्रसाद की सरकार ने थोड़ी-बहुत मदद दी, बाद में उन्होंने भी हाथ खींच लिया। इस आन्दोलन की अगुआई कर रहे धार्मिक नेता भंते नागार्जुन सुरई सुसाई पर जापान से धन लेने का आरोप लगाया जाता रहा। उसके बाद बौद्धों को थाईलैंड से धन मिलने की सम्भावना दिखती है। लेकिन वह भी कोई खास रुचि नहीं दिखा रहा है। फिर भी प्रखर अम्बेडकरवादी चिन्तक और 1957 में बौद्ध धर्म ग्रहण करनेवाले भगवान दास को बौद्ध धर्म के प्रसार की व्यापक सम्भावनाएँ दिखती हैं, क्योंकि उन्हें इस धर्म के समतावादी स्वरूप पर निश्छल आस्था है। लेकिन राजाश्रय और आर्थिक मदद के बिना दुनिया में किसी धर्म का प्रसार हुआ हो, इतिहास में ऐसे प्रमाण नहीं मिलते।

ईसाई धर्म ग्रहण : वास्को डि गामा के आगमन के साथ भारत में ईसाई धर्म का पदार्पण हुआ। उसके बाद शुरू हुए पुर्तगालियों के व्यापार और दक्षिण भारत के समुद्र तटीय इलाकों में बढ़ते हस्तक्षेप के साथ धर्मान्तरण हुए। केरल, तमिलनाडु और गोवा इसके मुख्य केन्द्र रहे। इसमें कहीं जबरिया धर्मान्तरण हुए तो कहीं हिन्दू धर्म की वर्ण-व्यवस्था की खामियों का फायदा उठाया गया। कहीं जातीय टकराव को धर्मान्तरण का आधार बनाया गया तो कहीं गरीबी को। इन धर्मान्तरणों के चरित्र पर गौर करने के लिए पुर्तगालियों के प्रभाव में हुए धर्मान्तरण को तीन कालखंडों में बाँटा जा सकता है : (अ) पाद्रोआदो धर्मान्तरण का आरम्भिक दौर (ब) डी नोबिली दौर (स) उन्नीसवीं सदी और बीसवीं सदी की शुरुआत के धर्मान्तरण।

आरम्भिक पाद्रोआदो दौर में चर्च में दो गुट बन गए थे। पहला कोंकण के तटीय ईसाइयों का और दूसरा केरल-तमिलनाडु लैटिन राइट ग्रुप। पुर्तगाली शुरुआत में केरल में ज्यादा असर नहीं डाल पाए, लेकिन कोंकण और कोरोमंडेल तटवर्ती इलाकों में उन्होंने धर्मान्तरण कराए। 1511 में गोरा द्वीप को जीतने के बाद अल्बकुर्की ने मुसलमानों का नरसंहार किया और ब्राह्मणों को यह कहकर पटाया कि उनके सांस्कृतिक और आर्थिक हितों की रक्षा की जाएगी। लेकिन धीरे-धीरे मन्दिरों को नष्ट करने और ब्राह्मणों के धर्मान्तरण का दबाव बढ़ने लगा। पुर्तगाली ब्राह्मणों से बहुत प्रभावित थे। इसलिए उन्होंने धर्मान्तरण के लिए सबसे पहले ब्राह्मणों पर ही जोर दिया। उनका मानना था कि एक बार ब्राह्मण ईसाई बन गए तो अन्य जातियाँ भी उनके पीछे आ जाएँगी। लेकिन संस्कृति व शुद्धता की लम्बी परम्परा की वजह से ब्राह्मणों के धर्मान्तरण ने ईसाई धर्म में वर्ण-व्यवस्था की समस्या खड़ी कर दी। लिहाजा पुर्तगालियों को छोटी जातियों पर धर्मान्तरण की कोशिश से परहेज करना पड़ा। पर धर्मान्तरण का यह दौर काफी विवादास्पद रहा। जबरिया धर्मान्तरण के गम्भीर आरोप लगे और उनकी पुष्टि भी हुई।

इसके बाद केरल के कोरोमंडेल तटीय मछुआरों के धर्मान्तरण का दौर चलता है। छोटी जाति के पारवा मछुआरे मुसलमान व्यापारियों के आगे अपने को लाचार पा रहे थे। मोतियों से पटे इस तट का कर अदा कर मुसलमान व्यापारी अक्सर वहाँ कब्जा जमा लेते थे। वह भी खास मौसम में। इस दौरान मुसलमान व्यापारियों ने मछुआरों का कत्लेआम भी किया। अनपढ़ और गरीब पारवा मछुआरों के इस संघर्ष में हिन्दू राजा भी उनका साथ देने के बजाय मुसलमान व्यापारियों का साथ देते थे। मजबूर होकर इन मछुआरों ने फिरंगियों अर्थात पुर्तगालियों का दामन पकड़ा। कहा जाता है कि इस दौरान एक लाख से ऊपर मछुआरे ईसाई बन गए। लेकिन तब तक ब्राह्मणों का आर्थिक और सांस्कृतिक दबदबा था। इसलिए मछुआरे अपने रीति-रिवाजों में परिवर्तन करने से घबराते रहे। दीव पर पुर्तगालियों का कब्जा होने के बाद उनका साहस बढ़ा। छह साल बाद 1542 ईसवी में फ्रांसिस जेवियर के आने के साथ मछुआरों का सांस्कृतिक परिवर्तन हुआ।

गोवा के प्रयोग को डी नोबिली ने दोहराने की कोशिश की, पर वह हर जगह नहीं चला। वेल्लौर और चन्दनगिरी इलाके में उन्होंने ब्राह्मणों का धर्मान्तरण किया, पर उन्हें जनेऊ और अन्य सांस्कृतिक प्रतीक रखने की छूट देनी पड़ी। इसका ईसाई धर्म और चर्च के स्वरूप पर उलटा असर पड़ा। उन्हें मिशन को ब्राह्मणी संन्यासी और पंडारस्वामी नाम की दो श्रेणियों में बाँटना पड़ा। पंडारस्वामी छोटी जाति के लोगों के मिशन को कहते थे। ब्राह्मण-संन्यासी पंडारस्वामियों को बराबर मानने और आगे बढ़ने का समान अवसर देने को तैयार नहीं थे। इसलिए चर्च के भीतर भिन्न जाति के ईसाइयों के पूजा की अलग-अलग व्यवस्था की गई; अलग-अलग गेट बने। इस बीच 19वीं सदी में कम्मा, रेड्डी और अन्य शूद्र जातियों का भी धर्मान्तरण हुआ। ब्राह्मण और शूद्र जातियाँ अछूत ईसाइयों के उत्थान को लगातार रोकने में लगी रहीं। तमिलनाडु के कैथलिक चर्च ने तो विभिन्न प्रथाओं और जाति विभाजन को भी बनाए रखा। लेकिन प्रोटेस्टेंट विशेषकर एंग्लिन चर्च ने अपनी सीमाओं में समानता कायम करने की कोशिश की।

केरल में सीरियाई ईसाई ऊँची जाति के थे। इसलिए उन्होंने छोटी जाति के इड़ावा ईसाइयों को अपने बराबर का दर्जा नहीं दिया। इड़ावा ईसाई अलग चर्च में पूजा करते थे। उन्हें बीसवीं सदी तक इस भेदभाव से काफी हद तक मुक्ति मिली। लेकिन शादी-विवाह और रीति-रिवाज को लेकर आज भी संकीर्णता कम नहीं हुई है। तमिलनाडु और आन्ध्र के नाडार ईसाई गैर-नाडार ईसाई के बजाय हिन्दू नाडार से विवाह करना पसन्द करते हैं, जबकि पूर्वी भारत में सामवेदी, कोली, वडवाल और सलसेट ईसाइयों का फर्क बरकरार है। हालाँकि ये जातियाँ आपस में विवाह नहीं करतीं, पर इनमें हिन्दुओं जैसा भेदभाव नहीं है।

ईसाई धर्मान्तरण आन्दोलन 19वीं सदी के मध्य तक समुद्र तटीय इलाकों से आगे बढ़कर पंजाब और केन्द्रीय भारत तक पहुँच चुका था। इस दौर तक भक्ति आन्दोलन का असर भी खत्म हो चुका था और जजमानी प्रथा भी जाती रही थी। भक्ति आन्दोलन में छोटी जाति के प्रति हिन्दू वर्ण-व्यवस्था ने उदार रुख अपनाया था और 'अछूत' सन्तों को भी सम्मान की दृष्टि से देखा जाता था। दूसरी तरफ 'जजमानी' व्यवस्था में निचली जाति के लिए एक आर्थिक सुरक्षा थी।

पंजाब में पहले चर्च की स्थापना 1834 में हुई। उसी के साथ स्कूल और प्रिंटिंग प्रेस लगाया गया। फिर 1855 में वहाँ स्कॉटलैंड का चर्च आया। धीरे-धीरे पंजाब और उत्तरी-पश्चिमी इलाके पर मिशनरियों का असर बढ़ता गया। 1880 आते-आते इस इलाके की अछूत जाति 'चूड़ा' का जबरदस्त धर्मान्तरण शुरू हो गया। इस आन्दोलन की ताकत ने हिन्दू समाज को झकझोर दिया। जनगणना की हर रपट हिन्दुओं के लिए चौंकानेवाली होती थी। 1891 की जनगणना रपट में पिछले दशक के मुकाबले पंजाब में ईसाइयों की तादाद में 410 फीसदी बढ़ोत्तरी हुई। उसके बाद 1931 तक ईसाइयों की तादाद उत्तरोत्तर बढ़ती गई। 1931 में ईसाइयों की वृद्धि दर 32.5 फीसदी थी। चूड़ा भी महारों की तरह लड़नेवाली जाति मानी जाती थी। वे महाराजा रणजीत सिंह की सेना

से लेकर अंग्रेजों की सेना तक में रहे। अपने सन्त लाल बेग के नाम पर लाल बेगी कहे जानेवाले पंजाब के 'चूड़ाओं' ने भारी पैमाने पर ईसाई धर्म ग्रहण किया। इससे एक तो उन्हें हिन्दू धर्म की गुलामी से मुक्ति मिली, दूसरी तरफ फौज में नौकरी मिलती गई। अंग्रेजों ने ईसाई चूड़ा रेजीमेंट खड़ी की। मिशनरियों ने नए ईसाइयों को लायपुर, मांटगुमरी वगैरह की कॉलोनियों में बसाया। ये लोग विभाजन के बाद पाकिस्तान में ही रह गए।

इधर इतने उग्र धर्मान्तरण आन्दोलन से हिन्दू समाज हिल उठा। आर्य समाज ने 'शुद्धि' आन्दोलन शुरू किया। आर्य समाजियों ने 'चूड़ाओं' के नेता लाल बेग को हिन्दू बना लिया। लेकिन उन अछूतों का क्या हुआ, जो बड़े पैमाने पर ईसाई बने थे ? उनके शुद्धीकरण से परहेज किया गया।

इस्लाम धर्म ग्रहण : हालाँकि दक्षिण भारत में सातवीं ईसवी में ही इस्लाम का आगमन हो गया था, पर विधिवत आगमन 12वीं सदी में मुगल आक्रमणों के बाद हुआ। इस्लाम में बराबरी और भाईचारे का जो सन्देश था, उसके प्रति बड़ी संख्या में लोग आकर्षित हुए। हिन्दुओं की वर्ण-व्यवस्था से पीड़ित छोटी जाति के लोगों ने इस्लाम की शरण ली, तो राज दरबार में ओहदे पाने के लिए बड़ी जाति के लोग भी मुसलमान बने। इस वजह से वहाँ भी ऊँच-नीच की स्थिति बन गई। फिर जो लोग ईरान से आए थे, वे अपने को हमेशा ऊँचा मानते रहे और धर्मान्तरित लोगों, विशेषकर छोटी जाति या अछूत समुदाय से आए लोगों, से शादी-विवाह करने से कतराते रहे। उन्हें अपने रक्त की शुद्धता और उच्च वर्ण का होने का हमेशा एहसास रहा।

हालाँकि इस्लाम में जाति प्रथा का कोई स्थान नहीं है, पर भारतीय समाज में आकर वह भी जातीय जंगल में उलझ गया। सूफी आन्दोलन ने ऊँच-नीच के इस भेदभाव को मिटाने की कोशिश की। सूफी सन्तों की उदारता ने भी हिन्दुओं की उत्पीड़ित जातियों को इस्लाम के दायरे में आकर्षित करने में बड़ी भूमिका निभाई। जो लोग कभी मन्दिर नहीं जा सकते थे, जिनका छुआ पानी नहीं पिया जाता था और जिनकी छाया तक से परहेज किया जाता था, उन्हें बड़े-से-बड़े लोगों के साथ नमाज पढ़ने, भोजन करने और गले मिलने का अवसर मिलना बड़ी बात थी। लेकिन मुक्ति का यह मार्ग बहुत दूर तक नहीं गया। इसे इस्लाम की कट्टरता और भारतीय समाज से प्रेरित होकर आई जाति व्यवस्था ने बाधित कर दिया।

डॉ. भीमराव अम्बेडकर ने 21 वर्ष तक धर्म परिवर्तन के सवाल पर विचार किया। उन्होंने विभिन्न धर्मों के गुण-दोष पर गौर किया। वे चूँकि अमेरिका और इंग्लैंड से उच्च शिक्षा प्राप्त कर आए थे और समता, स्वतन्त्रता और बन्धुत्व के सिद्धान्त के हिमायती थे, इसलिए इस चश्मे से भी धर्म को परखा। डॉ. अम्बेडकर ने 1935 में जैसे ही नासिक जिले के येओला में धर्मान्तरण के इरादे का एलान किया, हैदराबाद के निजाम ने उनसे प्रस्ताव रखा कि अगर वे सभी अछूतों को इस्लाम धर्म ग्रहण करवा दें, तो उन्हें चार करोड़ रुपए दिए जाएँगे। डॉ. अम्बेडकर ने इस प्रस्ताव को दृढ़ता से ठुकराते हुए कहा

कि अछूत बाजार में बिकनेवाली भेड़-बकरियाँ नहीं हैं।

डॉ. अम्बेडकर इस्लाम को आधुनिकता के सन्दर्भ में प्रगतिशील धर्म नहीं मानते थे। इस्लाम में महिलाओं की स्थिति और जातीय भेदभाव देखकर डॉ. अम्बेडकर इसकी तरफ आकर्षित नहीं हो सके। वहाँ भले ही दार्शनिक स्तर पर जातियों का अस्तित्व न हो, पर सामाजिक स्तर पर यह बाकायदा है। वैसे तो मुसलमानों में चार जातियाँ होती हैं--शेख, सैयद, मुगल और पठान, लेकिन सामाजिक व्यवहार में दो श्रेणियाँ पाई जाती हैं–(1) अशरफ (2) अजलाफ। अशरफ में वे लोग आते हैं जो शुद्ध रूप से विदेशी वंशज हैं या वे लोग जो हिन्दुओं की ऊँची जातियों से धर्मान्तरित होकर आए हैं। इनमें मुख्य रूप से सैयद, शेख, पठान, मुगल, मलिक और मिर्जा आते हैं। इसके बाद अजलाफ यानी छोटी जाति के मुसलमान आते हैं। अजलाफ के मायने ही होते हैं कमीना, अभागा और नीच। इसमें छोटी व अछूत जातियों से मुसलमान बननेवाले लोग हैं।

अजलाफ की कुछ श्रेणियाँ इस प्रकार हैं–

खेती करनेवाले शेख और वे लोग जो पहले हिन्दू थे। ये लोग किन्हीं वजहों से अशरफ श्रेणी में शामिल नहीं हो सके। उदाहरण के लिए पिराली और ठकराई।

दर्जी, जुलाहा, फकीर, रंगरेज।

बढ़ई, भठियारा, चिक, चुड़िहार, दाई, धावा, दुखिया, कलाल, कसाई, कुला, कुँजड़ा, लहेड़ी, महिफरोश, मल्लाह, नलिया, निकारी।

अबदाल, बाको, बेड़िया, भाट, चम्बा, दुफाली धोबी, हज्जाम, मुचो, नगराची, नट, पनवारिया, मदारिया, टुनटिया।

तीसरा और सबसे निचला दर्जा 'अरजल' का है। इस वर्ग में भनार, हलालखोर, हिजड़ा, कसाबी, लालबेगी मौगता और मेहतर आते हैं।

मुसलमानों में ऊँच-नीच का यह भेदभाव पाकिस्तान से लेकर बंगाल तक फैला हुआ है। इन ऊँच-नीच जातियों में भेदभाव ही नहीं, छुआछूत भी है।

इन स्थितियों के बावजूद भारतीय प्रायद्वीप में सबसे ज्यादा धर्मान्तरण इस्लाम में ही हुआ है। इस्लामी राष्ट्रों पाकिस्तान और बांग्लादेश का गठन और आज भी भारत में दुनिया में दूसरे नम्बर के सबसे ज्यादा मुसलमानों का होना इस बात का प्रमाण है। भले ही धर्मान्तरण बड़ी जातियों ने भी किया है, पर छोटी और उत्पीड़ित जातियों ने उनसे कहीं बड़ी संख्या में धर्मान्तरण किया है और उनके इस कदम के पीछे एक प्रमुख उद्देश्य गुलामी से मुक्ति रहा है।

19वीं सदी के आखिर और 20वीं सदी की शुरुआत में पंजाब के चूड़ा बड़ी संख्या में मुसलमान बने। 1931 में मुसलमानों की जनसंख्या वृद्धि दर 13 फीसदी और हिन्दुओं की दस फीसदी रही। धर्मान्तरण के छिटपुट प्रयास आज भी चल रहे हैं। हाल की सबसे चर्चित घटना तमिलनाडु के मीनाक्षीपुरम में हरिजनों का धर्मान्तरण रही। 19 फरवरी 1981 को तमिलनाडु के तिरुनेलवेल्ली जिले के मीनाक्षीपुरम गाँव में 1000 हरिजनों ने इस्लाम ग्रहण कर लिया। उसके बाद आस-पास के जिलों में धर्मान्तरण का सिलसिला

शुरू हुआ और जून 1981 तक 1693 हरिजनों ने इस्लाम ग्रहण किया। ये आँकड़े 13 अगस्त 1981 को तमिलनाडु सरकार की संसदीय समिति ने जाँच के बाद दिए। संसदीय समिति ने धर्मान्तरण की तीन प्रमुख वजहें गिनाईं–(1) सवर्ण हिन्दुओं के अत्याचार, (2) पुलिस के अत्याचार और (3) आर्थिक पिछड़ापन। इस घटना ने धर्मान्तरण के राजनीतिक मकसद और उसके लिए उचित और अनुचित साधन के प्रयोग पर तीखी बहस खड़ी कर दी। राष्ट्रीय स्वयंसेवक संघ और अन्य हिन्दू संगठन 'शुद्धीकरण' अभियान में जुट गए। हिंसा भी हुई। संसद में ओमप्रकाश त्यागी ने धार्मिक अधिकार स्वतन्त्रता बिल पेश किया। इसमें धर्मान्तरण रोकने की व्यवस्था थी, हालाँकि वह पास नहीं हुआ।

सिख धर्म ग्रहण : हिन्दू धर्म के अपमान से मुक्त होने के लिए अछूत जातियों ने सिख धर्म भी ग्रहण किया। सिख धर्म (पन्थ) का उदय भी समानता की एक उम्मीद लेकर आया। ज्यादातर निहंग अछूत जातियों से ही आए। महाराजा रणजीत सिंह की सेना में अछूत जातियाँ बड़े पैमाने पर भरती हुईं। इससे उनका सामाजिक सम्मान बढ़ा और किसी हद तक बड़ी जातियों के अत्याचार से निजात मिली। अंग्रेजों ने सिखों को लड़ाकू जाति घोषित कर दिया। इससे भी अछूतों को सिख धर्म की तरफ झुकने का बढ़ावा मिला। बस केश और दाढ़ी बढ़ाने की जरूरत थी और उन्हें फौज में भरती मिल जाती। यह दोहरा लाभ था। एक तो अपमान से मुक्ति और दूसरी तरफ फौज की नौकरी व सम्मान। पंजाब के चूड़ा तेजी से सिख बनने लगे। 1911 से 1931 के बीच सिखों की वृद्धि दर 37 फीसदी से 33.9 फीसदी के बीच थी। 1901 से 1931 के बीच सिख चूड़ा की आबादी 21,673 से 1,69,247 हो गई, जबकि सिख चमारों की आबादी 75,753 से 2,22,797 पहुँच गई।

उस दौरान पंजाब में आर्य समाज आन्दोलन सशक्त था। आर्य समाज ने धर्मान्तरण का कड़ा विरोध किया। अछूत अपनी मुक्ति के लिए जिधर भी थोड़ी गुंजाइश दिखती, उधर भाग रहे थे। वे ईसाई, सिख या मुसलमान कुछ भी बनने को तैयार थे। आर्य समाजी किसी भी तरह के धर्मान्तरण के खिलाफ थे। उन्होंने 'शुद्धीकरण' अभियान चलाए। लेकिन शंकराचार्य डॉ. कुर्तकोटि ने अछूतों के सिख धर्म अपनाने का जबरदस्त समर्थन किया। उनका कहना था कि सिख धर्म तो हिन्दू धर्म का ही एक पन्थ है, इसलिए सिख बनने का विरोध नहीं होना चाहिए। छोटी जाति के हिन्दू इस तरह सिख बने, पर वहाँ उन्हें 'मजहबी सिख' का दर्जा मिला। यानी वे फिर बराबरी का हक नहीं पा सके।

एक के बाद एक शूद्र और अछूत जातियों के धर्मान्तरण से हिन्दू समाज हिल उठा। विशेषकर 1881 से 1931 के बीच हिन्दुओं का जनसंख्या अनुपात तेजी से गिरा। 1881 में हिन्दू कुल आबादी का 74.3 फीसदी थे। 1891 में घटकर 72.32 फीसदी पर आ गए। 1901 में वे 70.37 तक गिरे। 1911 में हिन्दुओं की वृद्धि दर 5.04 फीसदी थी और 1921 में गिरकर 0.4 फीसदी आ गई। हिन्दुओं को अपनी इस घटती शक्ति का

तेजी से एहसास हुआ। वह बौद्ध और सिख धर्म ग्रहण को लेकर भी उतना चिन्तित नहीं दिखता जितना इस्लाम और ईसाई धर्म ग्रहण पर। विशेषकर विभाजन (1947) के बाद वह इस मुद्दे पर ज्यादा संवेदनशील हो गया है। लेकिन वह अभी भी अछूतों की स्थिति को लेकर उतना चिन्तित नहीं दिखाई पड़ता था जितना अपनी घटती राजनीतिक और सामाजिक शक्ति को लेकर। बड़ी जाति का हिन्दू इस बात से ज्यादा चिन्तित था कि सभी अछूत अन्य धर्म में चले गए तो उसकी सेवा कौन करेगा। आर्य समाज, जो उच्च मध्यवर्ग का आन्दोलन था, के 'शुद्धीकरण' अभियान में अछूतों को वापस लेने पर बड़े संकोच की स्थिति थी। जो वापस लौटे, उन्हें पर्याप्त सामाजिक उलाहना और पीड़ा झेलने के बावजूद सम्मान नहीं मिल सका।

आर्य समाज ने 1901 में 'शुद्धीकरण' आन्दोलन तेज कर दिया। 1901-02 में मुल्तान और मुजफ्फरनगर जिलों में लगभग 23,000 लोगों को आर्य समाज में दीक्षित किया। 1903-09 में सियालकोट और गुरदासपुर में 36,000 मेघों को आर्य समाजी बनाया। ये सब अछूत नहीं थे। 1909 में आर्य समाज ने कुछ कबीरपन्थी भंगियों और जुलाहों का शुद्धीकरण किया। लेकिन हिन्दू धर्म में वापस लाए गए लोगों को बराबरी का दर्जा नहीं मिला। वे आर्य रहतिया, आर्य जुलाहा, आर्य मेघ और आर्य डोम कहलाए।

उत्तर प्रदेश के अल्मोड़ा और गढ़वाल क्षेत्रों के डोम शुद्धीकरण के नाम पर ठगे गए। उन्हें जनेऊ पहनाया गया, चोटी रखने को कहा गया और गोमांस छोड़ने की दीक्षा दी गई। उन्हें आर्य और शिलीपिकर उपनाम मिल गए। लेकिन हिन्दू समाज उन्हें अछूत ही मानता रहा।

दरअसल, हिन्दू समाज इतने तगड़े झटकों के बावजूद अछूतों को बराबर का दर्जा देने को तैयार नहीं था। हिन्दू महासभा 1924 में इलाहाबाद में यह बहस कर रही थी कि अछूतों को जनेऊ पहनाना शास्त्र-सम्मत है कि नहीं। अन्त में यह निष्कर्ष निकाला गया कि यह काम महासभा के नाम से नहीं होना चाहिए। लेकिन जनसंख्या के इस खेल में उस व्यक्ति या परिवार या जाति की पीड़ा की अक्सर उपेक्षा कर दी जाती है जो आबादी का फुटबाल बनकर इस धर्म से उस धर्म में ठोकर खाता है। सवर्ण हिन्दू न उस अछूत को गले से लगाने को तैयार हैं जो हिन्दू धर्म के भीतर ही रहकर अपने को ऊपर उठाने की कोशिश कर रहा है और न ही उसे, जो शुद्धीकरण कर हिन्दू धर्म में वापस लाया गया हो। '80 के दशक के अन्त में केन्द्रीय मन्त्री जगजीवन राम के विश्वनाथ मन्दिर जाने के बाद काशी हिन्दू विश्वविद्यालय के छात्रों ने वहाँ का शुद्धीकरण किया। कांशीराम, जो हिन्दू धर्म के भीतर ही रहकर संघर्ष कर रहे हैं, शायद ही किसी सवर्ण का निश्छल सम्मान पाते हों।

दलितों की अस्मिता भी उन्हें भेदभाववाली स्थिति में डाल देती है। दलित किसी अन्य धर्म में जाकर विलीन हो सकते हैं। लेकिन जैसे ही वे अनुसूचित जातियों को मिलनेवाली सुविधा की माँग उठाते हैं, वे उस समुदाय की सामान्य श्रेणी से अलग

पहचान महसूस करने लगते हैं। यह स्थिति उनके लिए एक दुधारी तलवार साबित होती है।

यह कहना तो उचित नहीं होगा कि अन्य धर्मों में भी हिन्दुओं जैसी ही वर्ण-व्यवस्था और छुआछूत है। निश्चित तौर पर अछूतों ने धर्मान्तरण के बाद कुछ राहत की साँस ली है। लेकिन हिन्दू समाज की वर्ण-व्यवस्था का सभी धर्मों पर प्रभाव पड़ा है। इस काजल की कोठरी में घुसकर निकलते हुए सयाने धर्मों के हाथ काले हो गए हैं। फिर हर धर्म की अपनी सीमाएँ और समस्याएँ हैं। दरअसल, कोई धर्म पूर्ण है ही नहीं। सभी अधूरे हैं। इसलिए धर्मान्तरण 'मुक्ति का मार्ग' नहीं, 'मृग मरीचिका' साबित हुआ है ? धर्मान्तरण का सिद्धान्त पीड़ित जाति की मुक्ति नहीं, बल्कि अपने धर्म के अनुयायियों की संख्या बढ़ाने के उद्देश्य पर टिका है। ऐसे में धर्मान्तरण की होड़ और फिर शुद्धीकरण के प्रयास होना स्वाभाविक है।

धर्मान्तरण और शुद्धीकरण की होड़ और उसके उचित-अनुचित साधनों के प्रयोग से सामाजिक तनाव बढ़ता है। नए साम्प्रदायिक दलों और संगठनों का उदय होता है। ऐसी स्थिति में एक धर्मनिरपेक्ष राज्य धर्मसंकट में पड़ जाता है। वह धर्मान्तरण को हतोत्साहित करता या रोकता है तो धार्मिक स्वतन्त्रता के अधिकार का हनन करता है। नहीं रोकता है तो सामाजिक तनाव और साम्प्रदायिकता को आमन्त्रित करता है। वह किसी धर्म को राजाश्रय नहीं दे सकता, पर बहुसंख्यक समुदाय के धर्म का पक्ष लेने के आरोप से बच नहीं सकता। भारतीय राज्य पर भी हिन्दू धर्म का पक्ष लेने का गम्भीर आरोप है और वह अपने को इससे बरी नहीं कर सका है।

धर्मान्तरण के मार्ग में लगातार बढ़ते ये तनाव मुक्ति की सम्भावना को और धूमिल कर देते हैं। इसका मतलब यह नहीं कि हिन्दू समाज की असमानता के खिलाफ संघर्ष नहीं होना चाहिए या दलितों को सम्मान दिलाने का अभियान एक छलावा है। बेहतर हो हर धार्मिक समुदाय अपने-अपने हिस्से के दलितों का उत्थान करे और दलित अपने राजनीतिक और आर्थिक अधिकारों के लिए संघर्ष करें। दलित समाज के हर व्यापक अभियान में बढ़कर हिस्सेदारी करें और नई संस्कृति के निर्माण में योगदान दें। धर्मान्तरण और शुद्धीकरण (पुनर्धर्मान्तरण) से जितना बचा जा सके, उतना अच्छा है।

बार-बार जन्म लेती है जाति

स्वर्ग, नरक और पुनर्जन्म की धारणा का प्रतिपादन करते हुए स्मृतियों, पुराणों एवं निबन्धों ने कहा है कि प्रायश्चित न करने से पापी को दुष्परिणाम भुगतने पड़ते हैं। मनु और याज्ञवल्क्य ने कहा है कि जो व्यक्ति गम्भीर एवं अन्य पातकों के लिए सम्यक प्रायश्चित नहीं करते, वे भाँति-भाँति की नरक यातनाएँ भुगतने के उपरान्त पुनः इस

लोक में आते हैं और निम्न कोटि के पशुओं, कीट-पतंगों, लता-गुल्मों के रूप में प्रकट होते हैं। इसलिए पापमुक्ति के लिए व्यक्ति को प्रायश्चित करना चाहिए। वे लोग, जो पापों को नष्ट नहीं करते, पुनः जन्म ग्रहण करते हैं और अशुभ चिह्नों या लक्षणों (भद्दे नख, काले दाँत आदि) से युक्त होते हैं।

वर्ण-व्यवस्था को कठोर रूप देने के लिए कुख्यात मनु महाराज का यह प्रतिपादन व्यक्ति के लिए है। अगर इसे व्यक्ति के बजाय जातियों के पातकों पर लागू किया जाए तो विचित्र परिणाम दिखाई पड़ते हैं। यानी स्वर्ग के आनन्द और नरक की यातनाएँ पार कर विभिन्न जातियाँ अलग-अलग रूपों में फिर-फिर जन्म ले रही हैं। लगता है ये जातियाँ अपने पातकों का विधिवत प्रायश्चित नहीं कर सकी हैं, इसलिए उन्हें अशुभ लक्षणों और चिह्नों के साथ बार-बार जन्म लेना पड़ रहा है। जातियों के मौजूदा विकृत रूप के लिए वर्ण-व्यवस्था और जातियों का ढाँचा तो जिम्मेदार है ही, पर वे भी कम जिम्मेदार नहीं हैं, जिन्होंने आधे-अधूरे मन से, बेईमानी से और स्वार्थवश इसे तोड़ने का आन्दोलन चलाया।

जाति तोड़ो, जाति छोड़ो और जाति जोड़ो आन्दोलन चलते हैं। जातियों का आधुनिकीकरण, संस्कृतीकरण और राजनीतिकरण होता है, पर जातियाँ टूटती नहीं। वर्ण-व्यवस्था भले उलट जाए, पर जातियों का घेरा जस का तस बना रहता है। आखिरकार ऐसे सिद्धान्तकार भी पैदा हो जाते हैं जो भारत के सामुदायिक जीवन को यहाँ का प्रमाणिक जीवन और उसे तोड़ने की कोशिश को औपनिवेशिक मानसिकता का परिणाम मानते हैं। इस तरह सबसे प्राचीन सामुदायिक जीवन यानी जातियाँ फिर महत्त्व प्राप्त कर लेती हैं। जातियों ने आधुनिक व्यवस्था की हर संस्था पर अपनी छाप छोड़ी है। उद्योग, व्यापार, शिक्षा, डॉक्टरी, वकालत, ट्रेड यूनियन, मीडिया और सबसे ऊपर राजनीति–कोई भी क्षेत्र जातिवाद से मुक्त नहीं है। जातियाँ कहीं पारम्परिक सम्बन्धों के सहारे आगे बढ़ती हैं तो कहीं आधुनिकता का सहारा लेती हैं। ब्राह्मणों ने ज्ञान-विज्ञान के क्षेत्र में धार्मिक आरक्षण प्राप्त कर रखा था। बनियों ने व्यापार पर कब्जा कर रखा था। ब्राह्मणों के आरक्षण को आधुनिक व्यवस्था में उभरे दलितों और पिछड़ी जातियों के आन्दोलन ने ध्वस्त कर दिया। लेकिन इन जातियों ने अपने लिए जो आरक्षण प्राप्त किया, उस पर एक-दो जातियों का एकाधिकार हो गया। दलितों के आरक्षण पर चमार, महार और जाटव कुंडली मारकर बैठ गए तो पिछड़ी जातियों के आरक्षण पर दक्षिण में वोक्कलिगा और लिंगायत जैसी जातियाँ और उत्तर में यादव व कुर्मी काबिज हो गए। इस तरह व्यवस्था पर ब्राह्मणवादी वर्चस्व तोड़ने का आरक्षण नीति का प्रयास आसमान से गिरकर खजूर पर अटक गया है और खजूर से छाया और फल मिलने की कम ही उम्मीद करनी चाहिए। हाल में 52 फीसदी पिछड़ों को 27 फीसदी आरक्षण दिलानेवाली मंडल आयोग की रपट लागू होने से उत्तर भारत में भूचाल आ गया था। वर्ण-व्यवस्था के पाये ढीले हो गए और सवर्ण बौखला उठे। लेकिन जाति व्यवस्था का 'सौभाग्य' देखिए कि उससे भी पिछड़ों और दलितों में एकता न कायम

हो सकी और कोई सशक्त जाति विरोधी आन्दोलन खड़ा नहीं हो पाया। स्वाधीन भारत में सामाजिक परिवर्तन के लिए सर्वाधिक ऊर्जा उत्पन्न करने का दावा करनेवाले मंडल आन्दोलन की विडम्बना देखिए कि उसके तीन यादव नेता (लालू प्रसाद, मुलायम सिंह यादव और शरद यादव) एक साथ नहीं बैठ सकते—अन्य पिछड़े और दलित नेताओं से तालमेल की बात तो छोड़ ही दीजिए। हैरत की बात यह है कि महिलाओं को आरक्षण दिए जाने का सबसे सशक्त विरोध इन्हीं नेताओं ने किया। उसमें इन नेताओं का निजी दोष नहीं है। यह दोष जाति आधारित राजनीति का ही है। जातियाँ अन्तःस्रावी होती हैं। उनमें देश और समाज को कुछ देने के बजाय अपने कुनबे को सिंचित करने की प्रकृति ज्यादा होती है। उनमें गुण कम और अवगुण ज्यादा होते हैं। वे आगे चलेंगी तो धूल उड़ाएँगी और पीछे चलेंगी तो टँगड़ी मारेंगी।

इस सिलसिले में बसपा नेता कांशीराम का यह बयान गौरतलब है कि हम कमजोर को सहारा देंगे और मजबूत पार्टी की टाँग खींच लेंगे। जातियाँ सामाजिक न्याय के लिए व्यापक एकता का नारा जरूर लगाती हैं, पर थोड़ी सफलता के बाद वे वर्चस्ववादी हो जाती हैं। यानी जाति तोड़ो, जाति छोड़ो और जाति जोड़ो संघर्ष में जीतती जातियाँ ही हैं। इस समस्त संघर्ष में वही जाति जीतती है जिसके सदस्यों के हाथ में नेतृत्व होता है। अगर उस जाति की आबादी अच्छी हुई तो एक तरह से सर्वहारा के बजाय उसी की तानाशाही कायम हो जाती है। बिहार में पिछड़ी जाति के नेता कर्पूरी ठाकुर की विनम्रता और लाचारी के पीछे उनकी जाति की कम आबादी भी बड़ी वजह थी। आज लालू प्रसाद यादव और मुलायम सिंह यादव की आक्रामकता और दबंगई के पीछे उनकी बिरादरी की बड़ी आबादी एक प्रमुख वजह है। यही वजह मायावती की आक्रामकता के पीछे भी है। उत्तर प्रदेश के जाटवों और चमारों की नौकरशाही व शिक्षा के क्षेत्र में बढ़ी ताकत ने मायावती को यह माहौल प्रदान किया है।

पिछड़ी और दलित जातियों की शोषण विरोधी यह आक्रामकता निश्चय ही स्वागत योग्य है। इसमें क्रान्तिकारी तत्त्व भी हैं और इस बात से इनकार नहीं किया जा सकता कि इसने भारतीय राजनीति के चरित्र को बदला है। लेकिन चिन्ताजनक पहलू यह है कि जाति तोड़ने की सारी कवायद एक तरह के ट्राइबल स्तरीकरण पर ठहर गई है। जातियाँ टूटने और विलीन होकर नागरिक समाज बनाने के बजाय सिर्फ स्वाभिमान की लड़ाई लड़ रही हैं। स्वाभिमान की यह लड़ाई कहीं महापुरुषों की मूर्ति स्थापित करने और कहीं पार्क बनाने के नाम पर हो रही है। विभिन्न प्रतीकों के माध्यम से हो रहा यह स्वाभिमान संग्राम समाज परिवर्तन और व्यवस्था परिवर्तन के व्यापक संघर्ष से भटक गया है। उत्तर भारत में पिछड़ा-दलित एकता की मृगमरीचिका कोई उम्मीद नहीं जगाती। भले ही बहुजन समाज पार्टी के नेता कांशीराम आज लालू प्रसाद के साथ धर्मनिरपेक्ष मोर्चा बना रहे हैं, पर मुलायम सिंह के साथ उनके गठजोड़ का पिछला रिकार्ड शायद ही किसी की स्मृति से उतरा हो। कांशीराम की अवसरवादिता और पिछड़ी जातियों के दलित विरोधी चरित्र की वजह से उत्तर प्रदेश में पिछड़ा-दलित गठजोड़ नहीं बन सका।

नतीजतन वहाँ समाज तीन खेमों में बँटा हुआ है और ये तीनों खेमे इतनी कठिन प्रतिस्पर्धा में हैं कि वहाँ कोई भी सरकार दो साल नहीं चल सकती। यह विभाजन इतना तीखा है कि न तो क्रान्तिकारी ब्राह्मण नेतृत्व दलितों-पिछड़ों को स्वीकार्य हो सकता है और न ही पिछड़ा या दलित नेतृत्व ब्राह्मणों को, सभी को अपनी जाति का ही मुख्यमन्त्री चाहिए। तनावपूर्ण स्थिति में तालमेल या तो किसी सौदेबाजी से हो सकता है या फिर सिद्धान्तहीनता से। सौदेबाजी का उदाहरण सपा-बसपा और भाजपा-बसपा के गठजोड़ थे और सिद्धान्तहीनता का उदाहरण कल्याण सिंह द्वारा बहुमत प्राप्ति का तरीका है। सौदेबाजी तो छह-छह महीने मुख्यमन्त्री बनाने के हास्यास्पद प्रयोग तक पहुँच चुकी है और सिद्धान्तहीनता दल बदल करनेवाले अपराधियों को मन्त्री पद देने तक।

समाज की विभिन्न जातियों के प्रतिस्पर्धा में आने का स्वागत किया जाना चाहिए, क्योंकि इससे वर्ण-व्यवस्था का ऊर्ध्व ढाँचा कमजोर हुआ है और ऊँच-नीच का सामाजिक भेद मिटा है। इस परिवर्तन को सकारात्मक नजरिए से देखनेवाले लोगों का दावा है कि प्रक्रिया एकदम सही दिशा में जा रही है। वर्ण-व्यवस्था कमजोर हो चुकी है और जातियाँ धीरे-धीरे टूट जाएँगी। लेकिन जाति विरोधी आन्दोलन और उसकी विचारधारा अगर सशक्त होती तो मंडल-पोषित जनता दल के इतने टुकड़े न होते और जनाधार संकुचित न होता। पिछड़ी जातियों के नेतृत्व में चल रही राजनीतिक प्रक्रिया को अब जाति विरोधी आन्दोलन मानना गलती होगी। वह कुनबों के वर्चस्व की लड़ाई बनकर रह गई है। इसमें व्यवस्था के उपकरणों को जनोन्मुखी बनाने और समाज के जातिगत अहं को विकसित करने की कोई पहल नहीं है। यहाँ भी सवर्णों की तरह ही साजिश और तिकड़म से सत्ता पाने और उसके बहाने सुविधाओं का दोहन करने की आपाधापी है। इसीलिए कुछ लोग आरक्षण को लूट में हिस्सेदारी तक कह जाते हैं।

जातियों का यह संघर्ष राजनीति के शीर्ष स्तर से लेकर समाज के निम्न स्तर तक विद्यमान है। यह वहाँ भी है जहाँ जाति संघर्ष प्राचीन काल से चल रहा है और वहाँ भी जहाँ आधुनिक संघर्ष में गैर-ब्राह्मण जातियाँ जीत चुकी हैं। यह बात अलग है कि कहीं सवर्णों और दलितों में संघर्ष है तो कहीं पिछड़ों और दलितों में। बिहार में आधुनिक युग में जाति विरोधी आन्दोलन का इतिहास भले बहुत पुराना न हो, पर वहाँ शूद्र जातियों का संघर्ष प्राचीन काल से चला आ रहा है। बौद्ध और जैन धर्म उसी के खिलाफ विद्रोह थे और महापद्मनन्द का शासन शूद्रों की ही जीत थी। पर आज भी वहाँ पिछड़ी और दलित जातियों का लोकतान्त्रिक से लेकर उग्र आन्दोलन व संगठन हैं और लक्ष्मणपुर बाथे जैसे नरसंहार हो रहे हैं।

इसी तरह तमिलनाडु में, जहाँ द्रमुक आन्दोलन ब्राह्मणवाद को तीन दशक पहले ध्वस्त कर चुका है, दक्षिण के जिले दलित और खेतिहर जातियों के झगड़ों से ग्रस्त हैं। तिरुनवेली जिले में खेतिहर जाति मारवार और दलित जाति पल्लार रहती हैं। दलितों के साथ छुआछूत पूरी तरह से खत्म नहीं हुआ है। लेकिन सरकारी नौकरियाँ मिलने और खाड़ी देशों में कमाई करने से उनकी स्थिति सुधरी है। उधर भूमि सुधार के साथ मारवार

जातियों ने खेती से कमाई की। दोनों जातियों की प्रतिस्पर्धा उन्हें टकराव तक ले गई। 1995 से अब तक इन दोनों जातियों के झगड़ों में 66 लोग मारे जा चुके हैं। जहाँ उनकी सामाजिक और आर्थिक स्थिति में अन्तर है, वहाँ तो झगड़े होते ही हैं। जहाँ वे मजदूर की हैसियत में हैं, वहाँ भी दंगे होते रहते हैं। इन झगड़ों के दौरान प्रशासन का चरित्र भी दलितों के खिलाफ ही रहा है। लेकिन दंगों के पीछे सिर्फ सामाजिक ही नहीं, आर्थिक कारण भी हैं। पल्लारों की तीन हजार की आबादीवाले गाँव में 300 ग्रेजुएट युवक हैं और वे सभी बेरोजगार हैं। यही हालत मारवार जाति के गाँवों में भी है। जहाँ बेरोजगारों की ज्यादा आबादी होती है, वहाँ दंगे ज्यादा होते हैं और जहाँ के युवक नौकरीशुदा होते हैं, वहाँ ऐसी घटनाएँ कम होती हैं। दरअसल, जाति विरोधी आन्दोलन में सामाजिक पक्ष पर ज्यादा जोर देने से आर्थिक पक्ष उपेक्षित रह जाता है। नतीजतन असमानता का ठोस आधार बरकरार रहता है।

जाति विरोधी आन्दोलन के बिखरने का परिणाम जातियों के पुनर्जन्म और उन्हें जरूरी मानने में हुआ है। जातियों पर होनेवाले आधुनिक विमर्श में जातियों की निन्दा का पक्ष ही हावी नहीं रहा है। उनकी प्रशंसा हुई है और उन्हें अपरिहार्य भी बताया गया है।

1907 में सिडनी लो ने अपनी प्रसिद्ध पुस्तक *विजन ऑफ इंडिया* में जाति व्यवस्था के गुणों के वर्णन में कलम तोड़ दी है। लगभग 180 साल पहले एब्बे डुबोय ने इसकी प्रशस्ति में विस्तार से लिखा था। लेकिन हेनरी मेन ने अपने ग्रन्थ *ऐश्येंट लॉ* में जाति की क्षयकारी और विनाशकारी परम्परा की ओर संकेत कर इसकी पूरी निन्दा की है। पादरी शेरिंग ने भी *हिन्दू ट्राइब्स एंड कास्ट्स* नामक ग्रन्थ में भारतीय जाति व्यवस्था की आलोचना करने में कोई कसर नहीं छोड़ी है। लेकिन मेरिडिथ ने *यूरोप एंड एशिया* में जाति व्यवस्था का स्तुतिगान किया है।

स्वाधीनता संग्राम के राष्ट्रवादी नेता वर्ण-व्यवस्था की निन्दा करने से परहेज करते रहे। इसीलिए पिछड़ी और दलित जातियों के आन्दोलन उनसे कटते रहे। जाति व्यवस्था के विरुद्ध महाराष्ट्र में ज्योतिबा राव फुले के संघर्ष ने पिछली सदी में गहरा प्रभाव छोड़ा था। इस सदी के तीसरे दशक में स्वामी धर्मतीर्थ ने *हिस्ट्री ऑफ हिन्दू इंपीरियलिज्म* लिखकर न सिर्फ वर्ण-व्यवस्था की कठोर निन्दा की और ब्राह्मणवादी साजिश को उजागर किया, बल्कि स्वाधीनता संग्राम को उसी का हिस्सा बताया। स्वाधीनता संग्राम के प्रति यह पूर्वाग्रह डॉ. भीमराव अम्बेडकर और उनके अनुयायियों में भी दिखलाई पड़ता है। यह पूर्वाग्रह कई बार तो बहस को स्वाधीनता संग्राम बनाम जाति व्यवस्था विरोधी संघर्ष के रूप में खड़ा कर देता है। जाति विरोधी संघर्ष और विमर्श की परम्परा फुले, पेरियार और अम्बेडकर से होते हुए डॉ. लोहिया तक चली आती है, तो वर्ण-व्यवस्था कभी तिलक की पगड़ी में छिपती रही तो कभी गांधी की लाठी का सहारा लेती है। आगे चलकर वह नेहरू की शेरवानी में छिपते हुए इन्दिरा गांधी के पर्स तक चली आई। कांग्रेस के पंडालों और गांधी टोपी के नीचे छिपते-छिपाते अब उसने काली टोपी और

खाकी पैंट पहन ली है। हालाँकि वहाँ जाति नहीं पूछी जाती, पर उसे खत्म करने का कोई चिन्तन भी नहीं है। संघ परिवार ने भारतीय समाज को संगठित करने के लिए वर्ण-व्यवस्था पर आधारित समाज के विकल्प पर विचार नहीं किया है। संघ परिवार जिस हिन्दू समाज पर गर्व करता है, वह वर्ण-व्यवस्था पर आधारित समाज ही है। अगर वर्ण-व्यवस्था लचीली हो जाएगी, तो जाति व्यवस्था रहेगी ही। इसीलिए संघ के चिन्तक जितना कठोर हमला इस्लाम या उसकी साम्प्रदायिकता पर करते हैं, उसका शतांश भी जाति व्यवस्था पर नहीं करते। संघ परिवार के सर्वमान्य सिद्धान्त एकात्म मानववाद के प्रवर्तक पंडित दीनदयाल उपाध्याय कहते हैं : 'हमें वर्ण-व्यवस्था का मूल भाव समझना चाहिए। लोग जब पूछते हैं कि भारत की वर्ण-व्यवस्था अगर इतनी श्रेष्ठ और पूर्ण थी, तो भारत का इतना पतन क्यों हुआ। प्राचीन काल में यदि वर्ण-व्यवस्था से समाज को पूरा लाभ था, तो बुराइयाँ क्यों कर उत्पन्न हुईं। तब इसका अर्थ न सम्पूर्ण व्यवस्था को खराब कहा जा सकता है और न ही सम्पूर्ण व्यवस्था को नष्ट करना इसका उपाय हो सकता है। व्यवस्था में आई क्षीणता ही इसका असली कारण गिनी जाएगी। इस क्षीणता को दबाने के लिए आवश्यक है कि हम तन्मयता के साथ उस व्यवस्था के आन्तरिक चैतन्य को जगाने का प्रयत्न करें। प्राण जाग पाएँगे तो विकृतियाँ पलक मारते ही भाग खड़ी होंगी। शरीर स्वस्थ होगा और बाह्य ढाँचा भी कार्यक्षम दिखाई पड़ने लगेगा।'

दीनदयाल उपाध्याय वर्ण-व्यवस्था के प्रति नाराजगी मिटाने के लिए उसकी व्यावहारिक व्याख्या भी करते हैं : 'परम्परानुकूलता और परावलम्बन वर्ण-व्यवस्था का आन्तरिक भाव है। सर्व समभाव ही वर्ण-व्यवस्था है।' दीनदयाल उपाध्याय के एकात्म मानववाद पर न संघ में कोई विवाद है न भाजपा में। जो विवाद करते हैं, उन्हें 'परिवार' के निष्ठावान लोग घेर लेते हैं। वे फिर भी नहीं मानते, तो दरकिनार कर दिए जाते हैं। गोविन्दाचार्य इसके उदाहरण हैं।

जो लोग कहते हैं कि 'वर्ण-व्यवस्था रूपी राष्ट्रपुरुष व उसके अंगों के रूप में लटकी जातियों' के लिए भाजपा आखिरी उम्मीद है, वह भूल कर रहे हैं। वास्तव में यह एक और बड़ी उम्मीद है। वर्ण-व्यवस्था का इतिहास उठाकर देखिए—उस पर जब भी संकट आया है वह अपने को उदार बनाकर बचा ले गई है। उसने शूद्रों को राजसत्ता सौंप दी, अधिकार दे दिए। इस तरह वे अल्पकालिक उद्देश्यों को प्राप्त कर संतुष्ट हो गए और वर्ण-व्यवस्था अपनी दीर्घकालिक उद्देश्य में लग गई। आज संघ परिवार पिछड़ों और दलितों को बड़े पैमाने पर अवसर देकर उनकी वर्ण-व्यवस्था विरोधी नाराजगी खत्म करने में लगा है। लेकिन पिछड़े और दलित यह भूल जाते हैं कि उनका संघर्ष संविधान जैसे आधुनिक दस्तावेज पर आधारित है, जबकि संघ परिवार का संघर्ष न सिर्फ धर्म आधारित राष्ट्रवाद पर निर्भर है, बल्कि वह उन धर्म ग्रन्थों और धार्मिक परम्पराओं के आधार पर चलता है, जिनमें वर्ण-व्यवस्था का बार-बार गुणगान है। इसीलिए संघ परिवार संविधान बदलने का आह्वान करता है, पर वह धर्मशास्त्र में संशोधन को तैयार

नहीं। वर्ण-व्यवस्था लौकिक जगत में पिटती है तो अलौकिक जगत में पनाह ले लेती है। इसीलिए जातियाँ बार-बार जन्म लेती रहती हैं।

लेकिन जातियों ने अपने पक्ष में ऐसे बुद्धिजीवियों को भी जुटा लिया है जो न साम्प्रदायिक हैं और न ही ब्राह्मणवादी। वे मार्क्सवादी भी नहीं हैं। यह समाज विश्लेषकों की नई फौज है, जिन्हें समुदायवादी कहा जा रहा है। इनमें आशीष नन्दी, पार्थ चटर्जी और सुदीप्त कविराज जैसे समाज विश्लेषकों का नाम उल्लेखनीय है। ये विश्लेषक यूरोपीय उपनिवेशवाद के प्रभाव से पूरी तरह मुक्त होकर भारतीय समाज को देखते हैं और आधुनिकता के दौर के पहले के भारतीय समाज को प्रामाणिक मानते हैं। उनका मानना है कि विभिन्न समुदायों में अपने को संचालित करने और अन्तरसामुदायिक सम्बन्ध बनाने का पारम्परिक विवेक होता है। लेकिन आधुनिकता-पूर्व के समाज में सकारात्मक प्रवृत्तियाँ देखने का यह प्रयास जातियों और धार्मिक संगठनों को एक गौरव प्रदान करता है। गांधीवादी विचारक डॉ. धर्मपाल भी भारतीयतावाद के मार्ग से वहीं पहुँचते हैं। वे आधुनिकता और उपनिवेशवाद के प्रभाव को झटककर सोचने को प्रेरित करते हैं। आदिवासी स्वशासन के लिए संघर्ष कर रहे ब्रह्मदेव शर्मा भी गाँव-समाज को पुनर्जीवित करने का आह्वान करते हुए कहते हैं कि विभिन्न जातियाँ होने के बावजूद उनका गाँव में एक रिश्ता था। आज वह रिश्ता कायम कर ही समाज को बचाया जा सकता है।

जाति तोड़ो आन्दोलन और नए समाज निर्माण के लिए सम्यक आन्दोलन के अभाव में संघ परिवार की ब्राह्मणवादी और साम्प्रदायिक विचारधारा और समुदायवादियों के तर्क आकर्षित करने लगे हैं। दलित अलगाववाद तो पिछड़ों को अपनी तरफ नहीं खींच सका है, फिर समझदार सवर्णों को क्या खींचेगा। इसलिए बिखरे जाति विरोधी आन्दोलन के मौजूदा माहौल में यह निष्कर्ष भी तेजी से निकाला जा रहा है कि जातियाँ जब बिलकुल समाप्त नहीं की जा सकतीं तो उन्हें तोड़ने का संघर्ष चलाने के बजाय उनमें उन्हीं की शर्त पर सहयोग का प्रयास करना चाहिए।

आज सवाल यह है कि भूमंडलीकरण के इस दौर में जातियों का समरूपीकरण होगा या वे कट्टरपन्थी ढाँचे के भीतर फिर पुराने खाँचों में बैठ जाएँगी या विकेन्द्रित समाज में कोई नया सम्बन्ध बनाएँगी। इस संघर्ष और बहस के बीच जातियाँ तब तक जन्म लेती रहेंगी जब तक उनका पातक क्षमा नहीं हो जाता।

इतिहास की इस खाई को पाटना होगा

सामाजिक न्याय की लड़ाई और साम्राज्यवाद विरोधी संघर्ष क्या परस्पर विरोधी हैं ? यह सवाल इस सदी में स्वाधीनता संघर्ष शुरू होने के साथ ही भारतीय को सालने लगा

था और आज भी भारतीय राजनीति इससे पीछा नहीं छुड़ा सकी है। उम्मीद थी कि एक बार आजादी मिल जाने के बाद देश के कर्णधारों का ध्यान साम्राज्यवाद विरोधी संघर्ष से हटकर सामाजिक न्याय की तरफ जाएगा और सामाजिक गैरबराबरी से निपट लिया जाएगा। यह भी उम्मीद थी कि आजादी की लड़ाई में राष्ट्र निर्माण को लेकर बड़ी और छोटी जातियों के नजरिए में जो फर्क था, वह धीरे-धीरे कम हो जाएगा और उनमें सहयोग की उर्वर आधार भूमि तैयार होगी।

लेकिन आजादी के 47 साल बाद यह फर्क बना हुआ है। पिछड़ी और दलित जातियों को सामाजिक न्याय की लड़ाई के अलावा कुछ दिखता ही नहीं, जबकि 'सामाजिक न्याय' की लड़ाई से चिढ़े बड़ी जातियों के एक तबके को आर्थिक गुलामी का खतरा साल रहा है।

स्वाधीनता संग्राम की तरह आज देश में दो प्रमुख राजनीतिक धाराएँ फिर स्पष्ट रूप से बन रही हैं। एक धारा राजनीति में बड़ी जातियों के वर्चस्व को खत्म कर छोटी जातियों की सत्ता कायम करना चाहती हैं। यह आज की राजनीति की प्रबल धारा है। पिछड़ी और दलित जातियों ने इस दिशा में व्यापक एकता कायम की है और वे चारों तरफ से घेराबन्दी कर तेजी से दिल्ली की तरफ बढ़ रही हैं। दिल्ली की सत्ता पर कब्जा करने की ललक में उन्हें विश्व व्यापार संगठन के माध्यम से देश की सम्प्रभुता पर मँडरा रहा खतरा भी नहीं दिख रहा है। वे कभी-कभार इस खतरे की बात तो कर देती हैं, लेकिन वे न तो इससे चिन्तित हैं और न ही इससे लड़ने के लिए किसी तरह की तैयारी कर रही हैं।

दूसरी तरफ पिछड़ी और दलित जातियों की सामाजिक न्याय की राजनीति से अप्रासंगिक हुई बड़ी जातियों की राजनीति आर्थिक गुलामी के खतरे को तेजी से महसूस करने लगी है। यह उनकी राजनीति का नया मुद्दा भी है। इस तबके में बड़ी जातियों का विपन्न वर्ग और राष्ट्रवादी व वामपन्थी लोग शामिल हैं। वे आजादी की दूसरी लड़ाई के लिए देश की परम्पराओं की तरफ भी झाँकने लगे हैं।

देश के लिए सबसे विडम्बनापूर्ण बात यह है कि ये दोनों धाराएँ एक-दूसरे की तरफ पीठ करके खड़ी हुई हैं। वे 'अपने-अपने हिस्से' की लड़ाई लड़ रही हैं। सामाजिक न्याय की धारा से जुड़े हुए लोग कह रहे हैं कि मंडल से चिढ़े हुए लोग डंकल के खिलाफ आन्दोलन कर रहे हैं। वे छोटी जातियों की मुक्ति की लड़ाई को मद्धिम करना चाहते हैं। दूसरी तरफ तमाम सवर्ण गांधीवादियों, वामपन्थियों और हिन्दू राष्ट्रवादियों को कांशीराम विदेशी एजेंट लगते हैं। उनका कहना है कि ये लोग विदेशी इशारे पर समाज में वैमनस्य फैलाकर हमारी संस्कृति को नष्ट कर देना चाहते हैं। धर्मपाल जैसे गांधीवादी विचारक वर्ण-व्यवस्था के दमनकारी स्वरूप को मानने को तैयार ही नहीं हैं। वे दलितों की आक्रमक भाषा पर कड़ी आपत्ति करते हैं, किन्तु ब्राह्मणवादी आचरण के खिलाफ कुछ भी कहने को तैयार नहीं हैं। वे कहते हैं कि भारत में जाति प्रथा का शोषक रूप अंग्रेजी शासन की देन है, वरना यह प्रथा कभी ऐसी नहीं थी।

एक तरह से देखें तो आज की स्थिति में स्वाधीनता आन्दोलन की छाया दिखाई पड़ती है। उस समय भी दलितों के प्रबुद्ध वर्ग को अंग्रेजी सरकार मुक्तिदाता के रूप में दिखाई पड़ती थी। ऐसा नहीं कि डॉ. भीमराव अम्बेडकर स्वाधीनता के हिमायती नहीं थे या वे देश की स्वतन्त्रता में कोई नुकसान देखते थे, पर उनके लिए दलित मुक्ति का सवाल स्वाधीनता से पहले था। इसीलिए वे स्वाधीनता की जरूरत पर जोर तो देते थे, पर स्वाधीनता संग्राम में हिस्सा नहीं लेते थे। अम्बेडकर का 'स्वतन्त्र मजदूर पक्ष' या 'दलित फेडरेशन' कभी स्वाधीनता संग्राम चलानेवाले संगठन कांग्रेस का साथ देने को तैयार नहीं हुआ। उनके इन संगठनों का उद्देश्य मजदूरों और दलितों का संघर्ष चलाना था न कि कांग्रेस के व्यापक संघर्ष में मदद पहुँचाना, हालाँकि कांग्रेस ने इन सभी संघर्षों का फायदा जरूर उठाया।

दलितों के अधिकारों के संघर्ष को लेकर अम्बेडकर का अंग्रेजों से टकराव भी होता था। जैसे वतनदारों को जमीन का मालिक बनाने के सवाल पर। लेकिन अम्बेडकर अंग्रेजों को पहला शत्रु नहीं मानते थे और उन्होंने उनकी बुनियाद पर हमला कभी नहीं किया। सन् 42 जैसे जबरदस्त आन्दोलन का विरोध करनेवालों में कम्युनिस्ट ही नहीं, अम्बेडकर भी थे। अम्बेडकर पूँजीवाद के घातक प्रभावों और साम्राज्यवाद की बुराइयों को बखूबी समझने के बाद भी इस बात में गर्व महसूस करते थे कि महारों की रेजीमेंट ने पेशवा को हराकर महाराष्ट्र में अंग्रेजों का शासन कायम किया। वे कहते थे कि एक तरह से महारों ने अंग्रेजों के लिए महाराष्ट्र जीता। बल्कि उस लड़ाई में शहीद हुए अंग्रेजी सिपाहियों (जिनमें महार, कुनबी और मुसलमान थे) के स्मारकों पर ही दलितों की सभा होती थी। इसलिए अंग्रेजों को मुक्तिदाता के रूप में देखने का एक सूत्र दलित आन्दोलन में रहा है।

उसी सूत्र को बढ़ाते हुए आज दलित समस्याओं से लम्बे समय तक जुड़ी बुद्धिजीवी गेल आम्वेट ग्लोबीकरण और उदारीकरण में दलितों की मुक्ति देख रही हैं, हालाँकि उन्हें सम्पूर्ण दलित आन्दोलन के प्रतिनिधि के रूप में नहीं देखा जा सकता। दलित आन्दोलन में भी कई धाराएँ हैं, जो इस बहुराष्ट्रीय पूँजी के हमले के बारे में अपनी आशंकाएँ व्यक्त करती रहती हैं। लेकिन मुखर दलित और पिछड़ी जातियों में गैट की नीतियों के प्रति विरोध न दिखाई पड़ना और गेल आम्वेट द्वारा अम्बेडकर, फुले और पेरियार के विचारों के उदाहरण देकर दलितों को बहुराष्ट्रीय पूँजी का स्वागत करने का सुझाव देना चिन्ताजनक है।

कहने का मतलब यह नहीं है कि सभी सवर्ण गैट के विरोध में खड़े हो गए हैं और सभी पिछड़ी व दलित जातियाँ सामाजिक न्याय की लड़ाई करने के लिए गैट के घोड़े पर सवारी करने को तैयार हैं। लेकिन एक ध्रुवीकरण यह बना है कि गैट के विरोध में आन्दोलन चलानेवालों में सवर्ण राजनीतिज्ञ और सवर्ण बुद्धिजीवी व लेखक व पत्रकार बड़ी संख्या में हैं।

स्वाधीनता संग्राम से चले आ रहे इस ध्रुवीकरण में आज बिलकुल अलग स्थिति

बन गई है। आज आर्थिक गुलामी के खतरे को महसूस करनेवाले और उसके लिए संघर्ष करनेवालों की संख्या चन्द लोगों की है, जबकि सामाजिक न्याय के पक्ष में व्यापक जन समुदाय खड़ा है। जिस तरह से सामाजिक न्याय को 'उदारीकरण' के रथ पर बैठाया जा रहा है और सवर्ण सामाजिक न्याय के आन्दोलन की आवश्यकता को खारिज कर रहे हैं, उससे यह खाई और चौड़ी हो सकती है। सामाजिक न्याय की शक्तियों को साथ लिए बिना आर्थिक गुलामी की लड़ाई लड़ पाने की बात करना खामखयाली होगी।

लेकिन उससे पहले गेल आम्वेट के उन तर्कों पर गौर करना जरूरी है जो प्रत्यक्ष या परोक्ष रूप से सामाजिक न्याय की शक्तियों पर असर डाल रहे हैं। वे कहती हैं कि मुक्त अर्थव्यवस्था नेहरू के ब्राह्मणवादी शासन की बन्द अर्थव्यवस्था की तुलना में अम्बेडकर के विचारों के ज्यादा निकट है।

अम्बेडकर ने जो संविधान लिखा था, उसमें सम्पत्ति के अधिकार को महत्त्व दिया गया था। लेकिन नेहरू के शासन में इस अधिकार का क्षय हुआ। नेहरू ने भारी उद्योगों को बढ़ावा दिया और छोटे उद्योगों के साथ भेदभाव किया। मुक्त अर्थव्यवस्था नेहरू की ब्राह्मणवादी व्यवस्था को ध्वस्त कर दलितों को उत्थान का अवसर देगी। उदारीकरण का मॉडल निर्यातोन्मुखी है। इससे कृषि और शिल्प के छोटे सामानों के निर्यात का अवसर मिलेगा और दलितों और शूद्रों में समृद्धि आएगी। उनका कहना है कि उदारीकरण से सांस्कृतिक विनाश का भय ब्राह्मणवादी हिन्दू अभिजात वर्ग को साल रहा है। वास्तव में आम जनता को इससे डरने की कोई जरूरत नहीं है। बल्कि उसे तो एक तरह से ब्राह्मणवादी परम्परा से मुक्ति मिलेगी।

वे आगे कहती हैं कि फुले, पेरियार और अम्बेडकर की परम्परा के अनुसार भारत में शोषण की वजह उपनिवेशवाद से ज्यादा ब्राह्मणवादी व्यवस्था का जातिगत सामन्तवाद है। इसीलिए अम्बेडकर ने अंग्रेजों की तरफ से पेशवाओं के सामन्ती शासन के खिलाफ लड़ते हुए कोरेगाँव में मारे गए महार सैनिकों को सम्मानित किया था। इस सिलसिले में 'दलित वायस' के सम्पादक वी.टी. राजशेखर के तर्क तो और भी दिलचस्प हैं। *डायलाग ऑफ द भूदेवताज : सैकरेड ब्राहमिन्स वर्सेज सोशलिस्ट ब्राहमिन्स* में वे राजनीतिक व्यंग्य के माध्यम से लोकतन्त्र, धर्मनिरपेक्षता और समाजवाद का दावा करनेवालों का मजाक उड़ाते हुए कहते हैं कि भारत का शासक वर्ग एक तरह की 'नाटक कम्पनी' चला रहा है। इसमें दोनों तरफ ब्राह्मण ही हैं। एक तरफ राष्ट्रीय स्वयंसेवक संघ के झंडे तले हिन्दुवादी लोग और दूसरी तरफ समाजवाद के झंडे तले नेहरूवादी लोग हैं। वे आपस में इसलिए नूरा कुश्ती करते रहते हैं ताकि शूद्र, दलित और आदिवासी जनता का ध्यान बँट जाए और वे उन्हें सत्ताच्युत न कर सकें। उनके अनुसार 'समाजवादी ब्राह्मण' 'पवित्र ब्राह्मणों' को समझाते हैं कि आज के दौर में उन्हें लोकतन्त्र, समाजवाद और धर्मनिरपेक्षता की खाल ओढ़कर चलना होगा। समाजवादी ब्राह्मण का संवाद है–'तुम्हारे शब्द और काम सिर्फ अभागे शूद्र गुलामों को नाराज करेंगे। वे हमें खा जाएँगे। इसलिए तुम्हें इन मूर्खों को धोखा देने के लिए एक नाटक कम्पनी बनानी

चाहिए। हमें कुछ अभिनय करना पड़ेगा। इसका मतलब यह है कि हम सिर्फ दिन में झगड़ा करेंगे और रात में एक साथ खाएँगे और सोएँगे।'

वे नेहरूवाद पर कठोर हमला करते हुए व्यंग्य करते हैं–'समाजवादी ब्राह्मण : समाजवाद का मतलब उद्योगों का राष्ट्रीयकरण है। राष्ट्रीयकरण का मतलब काम करने की जरूरत नहीं है। इसलिए महत्त्वपूर्ण पदों पर बैठकर हमारे 'जनेऊ'वाले भाइयों को मोटी तनख्वाह मिलेगी और कोई काम नहीं करता। राष्ट्रीयकरण के माध्यम से भूदेवता को प्रोत्साहित करना नेहरू का दिमागी फितूर था। नेहरू ने भूदेवता की किसी ब्राह्मण से ज्यादा मदद की। क्या तुम्हारे गुरु गोलवलकर या बाला साहब देवरस इतनी मदद कर सके ?'

वी.टी. राजशेखर की ये बातें तो किसी हद तक सही लग सकती हैं, पर उनका इरादा धीरे-धीरे खुलता है। वे सबमें दलित विरोधी चेतना देखते हैं और समाजवादी, साम्यवादी, नक्सलवादी, नारीवादी, पर्यावरणवादी, मानवाधिकारवादी, साक्षरता अभियानवालों और पत्रकारों सब पर हमला करते हैं। वे दलित आन्दोलन को ही सभी आन्दोलनों का आधार मानते हैं। बाद में वे एक खतरनाक रणनीति की तरफ संकेत करते हैं। वे कहते हैं कि अल्पसंख्यक बड़ी जातियों में न तो प्रतिभा है और न ही ताकत। वे जनता को धोखा देने के लिए 'समाजवादी ब्राह्मणों' पर निर्भर करते हैं।

'समाजवादी ब्राह्मण : हम शासक हैं, आर्य शासक। एक दिन हमें भी जाना होगा। क्योंकि भारत पर राज करनेवाले मुगलों, अंग्रेजों, पुर्तगालियों, फ्रांसीसियों की तरह हमारी भी कोई मातृभूमि नहीं है, हमें कम-से-कम आर्यावर्त को मातृभूमि के रूप में अपने पास रखना है।'

इन बातों के साथ वे दलितों की विजय को अवश्यम्भावी मानते हैं।

गेल आम्वेट और वी.टी. राजशेखर की ये प्रतिस्थापनाएँ अगर दलित आन्दोलन तक छनकर पहुँचती हैं, तो वह न सिर्फ प्रदूषित होगा, बल्कि भारत को गुलामी की तरफ ले जाने का भागीदार बनेगा। मुक्त अर्थव्यवस्था में दलितों की मुक्ति देखनेवाली गेल आम्वेट यह भूल रही हैं कि इसे भी एक ब्राह्मण राष्ट्रपति और ब्राह्मण प्रधानमन्त्री के नेतृत्व में लागू किया जा रहा है और मंडल आयोग के लागू होने और दलितों के उत्थान से सत्ताच्युत होते सवर्ण अभिजात वर्ग को इससे नया जीवन मिला है। एक तरह से मुक्त अर्थव्यवस्था ने पिछड़ों और दलितों की जीत पर पानी फेर दिया है। घटती सरकारी नौकरियों, सिकुड़ते रोजगार, बढ़ती इजारेदारी और बरबाद होते लघु व घरेलू उद्योगों के इस माहौल में समाज के निचले तबके की समृद्धि बढ़ने की उम्मीद नहीं दिखती। गेल आम्वेट जब यह कहती हैं कि इससे सवर्ण जातियाँ घाटे में रहेंगी तब वे आधा सच बोल रही होती हैं। दरअसल, इसमें सवर्ण, शूद्र और दलित सभी जातियों के गरीब लोग पिसेंगे और इनके सम्पन्न लोग फायदा उठाएँगे।

शिक्षाशास्त्री कृष्ण कुमार का तो कहना है कि इस बहुराष्ट्रीय पूँजी के चरित्र में कोई मूल्य है ही नहीं। उपनिवेशवाद के दौरान आनेवाली विदेशी पूँजी के साथ तो

यूरोपीय राष्ट्रवाद के कुछ मूल्य जुड़े थे, लेकिन आज की बहुराष्ट्रीय पूँजी एक तरह की 'आवारा' पूँजी है। यह किसी के साथ साँठ-गाँठ कर सकती है और कहीं भी 'भोपाल' जैसे जघन्य कृत्य कर सकती है। मजे की बात यह है कि लोकतन्त्र का आधुनिक मन्दिर होने का दावा करनेवाले अमेरिकी दरबार में उस पर कोई सुनवाई नहीं है। बल्कि वे यहाँ तक कहते हैं कि 'मुक्त अर्थव्यवस्था', 'भूमंडलीकरण' और 'उदारीकरण' जैसे शब्द एक छलावा है। दरअसल, हमारे पास दृष्टि और शब्दों की दरिद्रता है कि हम उन्हीं के दिए गए नाम अपना लेते हैं। जो हो रहा है, उसे उदारीकरण कहना एक विकृत प्रयोग है।

ऊपर से इन विचारों को अम्बेडकर के नाम से प्रचारित कर और भ्रान्ति फैलाई जा रही है। *स्टेट्स एंड माइनॉरिटीज* में अम्बेडकर सार्वजनिक क्षेत्र के उद्योगों का समर्थन करते हैं। यह सच है कि वे सोवियत संघ जैसी राज्यवादी व्यवस्था के समर्थक नहीं थे, पर रूस की अक्टूबर क्रान्ति से वे भी प्रभावित हुए थे और उनके विचारों में उससे परिवर्तन भी हुए। अम्बेडकर 'राजकीय समाजवाद' और 'निजी पूँजीवाद' के तालमेल का विकल्प सामने रखते हैं। वे श्रीपाद अमृत डाँगे से एक बातचीत में अछूत जातियों व भूमिहीन मजदूरों के लिए सोवियत संघ की तर्ज पर 'सामूहिक फार्म' की वकालत करते हैं।

मुक्त अर्थव्यवस्था सीमित अर्थों में लोगों को उपभोक्ता जरूर बनाएगी और इससे आर्थिक गतिविधियों में तेजी आने की सम्भावनाएँ हैं। लेकिन यह सही मायने में मुक्त नहीं होगी। यह, दरअसल, बहुराष्ट्रीय कम्पनियों की तानाशाही है, जिसमें ये मनमाफिक प्राकृतिक संसाधन, बाजार और उपभोक्ताओं के दोहन के लिए मुक्त होंगे। भारतीय पारम्परिक उद्योगों के माल निर्यात कर सकने का खयाल तो जाने दीजिए, बहुराष्ट्रीय कम्पनियों के होते हुए घरेलू आधुनिक उद्योग भी निर्यात की मजबूत स्थिति में नहीं होंगे। ऐसे में गेल आम्वेट का यह कहना महज कल्पना है कि मुक्त अर्थव्यवस्था में कृषि और छोटे उद्योग पनपेंगे और पिछड़े व दलित खुशहाल होंगे। गेल आम्वेट या अम्बेडकरवादियों का एक तर्क 'सामाजिक न्याय' के संघर्ष और 'साम्राज्यवाद विरोधी' संघर्ष की खाई को और चौड़ा करता है। वे आज भी अम्बेडकर के इस तर्क को हारिल की लकड़ी की तरह पकड़े हुए हैं कि भारत में शोषण की असली वजह उपनिवेशवाद नहीं, ब्राह्मणवादी सामन्तवाद है। इसी तरह वी.टी. राजशेखर अन्त में जो रणनीति प्रतिपादित करते हैं, वह आखिरकार जातीय हिंसा की ओर ले जाती है। अगर राष्ट्रीय स्वयंसेवक संघ की रणनीति में ब्राह्मणवादी फासीवाद है, तो वी.टी. राजशेखर में दलित फासीवाद का खतरा मौजूद है।

लेकिन पूरी दुनिया में बढ़ रही जातीय हिंसा के इस दौर में इस तरह के विचारों का आना अस्वाभाविक नहीं है। अस्वाभाविक आचरण ऐसी गलतफहमी को दूर न करने की कोशिश है। दलित आन्दोलन अपने औचित्य और महत्त्व के बावजूद अतिराजनीतिवाद का शिकार होता जा रहा है। कांशीराम दलित जातियों यानी बहुजन को सिर्फ सत्ता

दिलाने की बात करते हैं। बाकी न तो उनका कोई आर्थिक कार्यक्रम है और न ही सांस्कृतिक कार्यक्रम। दक्षिण भारत के दलित आन्दोलनों में अगर सांस्कृतिक-सामाजिक कार्यक्रम है, तो आर्थिक कार्यक्रम नहीं है। दलित आन्दोलन की इस कमी को गेल आम्वेट भी महसूस करती हैं। पर वे आर्थिक कार्यक्रम के रूप में नई अर्थनीति को रखने लगती हैं। वे चाहती हैं कि भारत में लोगों का जीवन स्तर बढ़ाया जाए और उसी के साथ उस पर निर्भर उत्पादन लागत भी बढ़ाई जाए। वे विदेशी पूँजी के आगमन का स्वागत करने के लिए न सिर्फ अम्बेडकर ग्रन्थमाला के छठे खंड से उद्धरण देती हैं, बल्कि लेनिन तक का हवाला दे डालती हैं।

गांधीवादी इसके ठीक विपरीत, किन्तु उसी किस्म की बात कहते हैं। वे कहते हैं कि शोषण की सारी जड़ ब्रिटिश उपनिवेशवाद है। वरना भारतीय वर्ण-व्यवस्था दुनिया की सबसे लचीली व्यवस्था थी। इसमें दमन व शोषण का तत्त्व पहले नहीं था। वह तो अंग्रेजों के आने के साथ आया है। इसीलिए गांधी जी वर्ण-व्यवस्था को समाप्त करने के बजाय उसके शुद्धीकरण व उसे लचीला बनाने की बात करते थे। इन दोनों प्रतिस्थापनाओं पर यहाँ विस्तार से चर्चा नहीं हो सकती, पर इतना कहा जा सकता है कि ये दो ऐसे छोर हैं, जिन पर खड़े लोग आपस में कभी नहीं मिल सकते। पर ये लोग खड़े नहीं हैं, बल्कि विपरीत दिशाओं में बढ़ रहे हैं। आज जरूरत ऐसे व्यावहारिक धरातल की तलाश करने की है, जहाँ इतिहास के चन्द बयानों के आधार पर नहीं, बल्कि आज की चुनौतियों के मुताबिक राजनीति की दिशा तय की जाए। सामाजिक न्याय की शक्तियों में भी तमाम ऐसे लोग हैं, जो विश्व व्यापार संगठन को गरीब देशों को गुलाम बनानेवाली संस्था मानते हैं। महाराष्ट्र के बहुजन महासंघ में आर्थिक मुक्ति की लड़ाई पर जोर देनेवाले लोग कम नहीं हैं। नामान्तरण आन्दोलन से जुड़े प्रोफेसर योगेन्द्र कवाड़े तो पूरे भारत को दलित कहने लगे हैं। मार्क्सवादी प्रभाव में रहनेवाले दलित बुद्धिजीवी भी उस दिशा में सोच रहे हैं। दलित चिन्तक भगवान दास भी सांस्कृतिक लड़ाई के साथ आर्थिक लड़ाई को उठाने पर जोर देते हैं। कुछ नक्सली संगठनों ने सांस्कृतिक लड़ाई और आर्थिक लड़ाई को एक साथ चलाया है। लेकिन अगर कांशीराम को विश्व व्यापार संगठन से खतरा नहीं नजर आता, तो वह वी.पी. सिंह, मुलायम सिंह और लालू प्रसाद को भी नहीं नजर आता। इससे अगर वी.पी., मुलायम या लालू विदेशी एजेंट नहीं होते, तो कांशीराम कैसे हो जाते हैं ? चन्द्रशेखर और जॉर्ज फर्नांडीज आज गैट के विरोध में देश के सबसे सक्रिय राजनीतिज्ञ हैं। लेकिन यह लड़ाई अलग-अलग दिशाओं में मुँह कर लड़ी जानेवाली लड़ाई नहीं हैं। आज जरूरत सामाजिक न्याय और साम्राज्यवाद विरोधी संघर्ष को एक साथ चलाने की है। बड़ी जातियाँ अपनी अहमन्यता और कपटपूर्ण आचरण छोड़ें और पिछड़ों और दलितों की एकता को तोड़ने की साजिश न करें। सवर्ण जातियों को स्वेदशी और पर्यावरण रक्षा के नारे के साथ पिछड़ों और दलितों पर ब्राह्मणवादी परम्पराएँ थोपने की कोशिश नहीं करनी चाहिए, बल्कि दलितों की अस्मिता की खोज में सहायक बनना चाहिए। सवर्णों को यह भी देखना होगा कि

कई बार ब्राह्मणवादी परम्पराओं की वजह से पर्यावरण का भारी विनाश हुआ है।

इस मामले में 'जनान्दोलनों का राष्ट्रीय समन्वय' की भूमिका सराहनीय है। इससे तमाम ऐसे संगठन जुड़े हैं, जो सामाजिक गैरबराबरी, साम्राज्यवाद और पर्यावरण विनाश के खिलाफ लम्बे समय से संघर्ष कर रहे हैं। वरिष्ठ समाजवादी किशन पटनायक में इन मुद्दों पर गहरी तड़प है। वे समग्र संघर्ष की दिशा भी स्पष्ट रूप से देखते हैं। लेकिन उसे व्यापक बना पाने में उनकी सीमाएँ हैं।

आज दुःखद स्थिति यह है कि जिस गांधी को लोहिया ने समाजवाद की भी प्रेरक शक्ति बना दिया था, उन्हें सनातनी साबित करने की होड़ लगी हुई है। गांधी सवर्ण और अवर्ण राजनीति की संगम स्थली साबित हो सकते थे। बेहतर होता, उसमें लोहिया और अम्बेडकर की गंगा-जमुना के साथ ब्राह्मणवादी सरस्वती अपना अस्तित्व खो देती। लेकिन आज इतिहास की इस खाई को पाटने के बजाय उसे चौड़ा करने की होड़ मची हुई है। विचारधाराएँ या तो प्रदूषित हो चली हैं या रेत में सूखती जा रही हैं। गरीबी और बेरोजगारी जैसी समस्याओं को अभयदान मिला हुआ है। विदेशी पूँजी के चरित्र को लेकर फैलते व्यामोह को दूर करना बहुत जरूरी है, क्योंकि वह गरीब ब्राह्मण और गरीब दलित में कोई अन्तर नहीं मानती।

अन्त में यही कहना उपयुक्त होगा कि महापुरुषों के बयानों को तोते की तरह रटनेवाले इतिहास नहीं बनाते। इतिहास वे बनाते हैं, जो महापुरुषों के सार को गहने के साथ देश-काल के अनुसार नई राह निकालते हैं।

सवर्णों से संवाद कौन करेगा

लोकसभा में पिछले दो विश्वासमत प्रस्तावों पर बहस के दौरान सदस्यों के बीच जितनी तल्खी दिखाई दी वह न तो नाटकीय थी और न ही अस्वाभाविक। वह तो सामाजिक कटुता की एक झलक भर थी। समाज के स्तर पर यह कटुता कहीं ज्यादा है। लोकसभा ने विश्वासमत प्रस्तावों के बहाने जिन मुद्दों पर दो बार में सिर्फ चार दिन बहस की, समाज उस पर चौबीसों घंटे बहस कर रहा है। हर नुक्कड़, चौराहे और चौपाल पर यही बहस छिड़ी हुई है।

बहस शुरू होना और तेज होना एक रचनात्मक प्रक्रिया है। क्योंकि इससे कुछ नया निकलने की उम्मीद बनती है। संक्रमण के दौर में फँसा समाज बहस और विमर्श के माध्यम से ही अपनी दुविधा से बाहर निकलता है। लेकिन जब बहस में कटुता बढ़ती है तो संवादहीनता की दीवार खड़ी हो जाती है और ऐसी स्थिति में कुछ हासिल होने की बजाय निराशा उत्पन्न होती है। आज समाज और संसद दोनों जगहों पर संवादहीनता की ही स्थिति पैदा हो गई है। अभिव्यक्ति की आजादी का उपयोग करते

हुए लोग अपनी बात ऊँचे-ऊँचे स्वर में रख तो लेते हैं लेकिन वे एक-दूसरे की बात सुनने को तैयार नहीं हैं। सुन भी लें तो समझने को तैयार नहीं। पर यह तो अभिव्यक्ति की अधूरी आजादी हुई और संवाद और विमर्श तो बिलकुल नहीं। बल्कि यही संवादहीनता है।

समाज में द्वन्द्व तो स्वाभाविक है। लेकिन इस द्वन्द्व में अगर संवाद और संश्लेषण की गुंजाइश न हो तो द्वन्द्व नवनिर्माण की बजाय युद्ध की तरफ जाता है। तब स्थापना और प्रतिस्थापना से संस्थापना का जन्म सहज नहीं होता। बल्कि दुर्भावना बड़ी मात्रा में पैदा होती है।

इस लोकसभा चुनाव में भारतीय जनता पार्टी को मिले सवर्णों के भारी समर्थन के कई फलितार्थ हैं। गौरतलब है कि भाजपा के पक्ष में सवर्णों का ध्रुवीकरण अब उत्तर प्रदेश तक ही नहीं सीमित है। वह बिहार में भी पहुँच गया है जहाँ पिछले सात सालों से सामाजिक न्याय की शक्तियों ने उसे रोक रखा था। इस चुनाव के बारे में यह तो बहुत सरल और सामान्य निष्कर्ष है कि समाज में सवर्णों का ध्रुवीकरण बहुत तीखा हो गया है। लेकिन कुछ और भी बातें हैं जो भले ही सूक्ष्म हैं पर उनके गम्भीर नतीजे होने की आशंका है। यह सिर्फ ध्रुवीकरण नहीं है। यह दोतरफा बगावत है। एक तरफ अवर्णों ने वर्चस्ववादी सामाजिक व्यवस्था के खिलाफ बगावत की है तो दूसरी तरफ सवर्णों ने संविधान के विरुद्ध। भेदभावपूर्ण सामाजिक व्यवस्था के खिलाफ अवर्णों की बगावत अवश्यम्भावी थी। लेकिन यह बगावत सामाजिक स्तर के बजाय राजनीतिक स्तर पर ज्यादा साफ तरीके से परिलक्षित हो रही है। उत्तर भारत में मंडल आयोग की रपट के माध्यम से शुरू हुई इस बगावत को सामाजिक स्तर तक ले जाने के लिए न तो असरदार सामाजिक संगठन है और न ही कोई आन्दोलन। कहीं लालू प्रसाद हरिजनों को मन्दिर का पुजारी नियुक्त कर सामाजिक दायित्वों की इतिश्री मान लेते हैं तो कहीं संघ परिवार अयोध्या में एक दलित से राम मन्दिर का शिलान्याय कराकर। हैरत की बात है कि सामाजिक गैरबराबरी के खिलाफ उभरी मंडल समर्थक भावना से किसी समर्पित सामाजिक संगठन का जन्म नहीं हो सका। अवर्णों की यह बगावत राजनीतिक व्यवस्था के विरुद्ध नहीं है। वह सिर्फ 50 सालों से जर्जर हो रहे धर्मनिरपेक्ष ढाँचे को बचाने का प्रयास भर है। लेकिन वह ढाँचा सार्वजनिक जवाबदेही और समाजवाद के जिन सकारात्मक संकल्पों पर टिका हुआ था उसे समझने और नए रूप में बहाल करने का कोई प्रयास नहीं है। न ही राजनीतिक संगठनों से लुप्त हुए लोकतन्त्र को जिन्दा करने की कोशिश है। अगर है तो क्यों नहीं सामाजिक न्याय की वकालत करनेवाले किसी राजनीतिक दल के अध्यक्ष का चुनाव लोकतान्त्रिक ढंग से होता ? लेकिन यहाँ हम मुख्यतः दूसरी बगावत की चर्चा करना चाहते हैं जो पहले की प्रतिक्रिया में हुई है। पहली बगावत तो आधी अधूरी है पर दूसरी बगावत चिन्ताजनक है। उत्तर भारतीय सवर्ण जो कि न सिर्फ भारतीय जनता पार्टी के मुख्य जनाधार हैं बल्कि उसके मुखर समर्थक हैं संविधान और स्वाधीनता संग्राम के उन बुनियादी मूल्यों के खिलाफ खड़े हो गए हैं

जिनके आधार पर राष्ट्र का निर्माण किया गया था। वह सबको धार्मिक आजादी दिए जाने के खिलाफ हैं। वह अल्पसंख्यकों को भाषा और संस्कृति की विशेष संरक्षण दिए जाने के खिलाफ हैं। भारतीय जनता पार्टी के 1996 के घोषणा-पत्र में अनुच्छेद 30 को खत्म करने का वादा इसी भावना को सन्तुष्ट करने का प्रयास है। सवर्ण अनुच्छेद 370 ही नहीं राज्यों को किसी तरह की स्वायत्तता दिए जाने के खिलाफ हो चले हैं। सवर्ण गांधी और नेहरू को इस बात के लिए कोसते हुए नहीं अघाते कि उन्होंने धार्मिक अल्पसंख्यकों के प्रति सहिष्णुता की नीति अपनाई और विशेषकर मुसलमानों को पाकिस्तान जाने से रोककर 'ऐतिहासिक भूल' की। सवर्ण अपनी धार्मिक-सामाजिक श्रेष्ठता के प्रमुख प्रतीक छोड़ने को तैयार नहीं हैं लेकिन वे मानते हैं कि पिछड़ों और दलितों के सामाजिक उत्थान का औचित्य पूरा हो चुका है और अब वे हद कर रहे हैं। शैक्षिक श्रेष्ठता की वजह से सवर्ण अपने हितों के सभी मुद्दों को आसानी से राष्ट्रीय महत्त्व का सिद्ध कर देते हैं। बल्कि अपने हित के मुद्दों को ही राष्ट्रवाद का आधार बना देते हैं।

सवर्णों की यह बगावत चिन्ताजनक इसलिए है क्योंकि स्वाधीनता संग्राम का नेतृत्व आमतौर पर सवर्णों के ही हाथ में था। बाद में संविधान निर्माण भी स्वाधीनता संग्राम से ही निकले मूल्यों और सिद्धान्तों के ही आधार पर हुआ। चाहे अल्पसंख्यकों को भाषा और संस्कृति की रक्षा या धार्मिक आजादी के अधिकार देने का मामला हो, आरक्षण का यह सब स्वाधीनता संग्राम के दौरान ही तय हो चुका था। लेकिन सवर्णों ने अपने द्वारा बनाए गए आदर्शों के खिलाफ 50 साल में ही बगावत कर चौंका दिया है। सवाल उठता है कि अगर वे अपने द्वारा बनाए गए आदर्शों के खिलाफ इतनी जल्दी बगावत कर सकते हैं तो फिर पिछड़ों और दलितों से कैसे उम्मीद कर सकते हैं कि वे अपने खिलाफ सैकड़ों साल पहले बनाई गई वर्णव्यवस्था से चिपके रहेंगे। लेकिन सवर्णों की इन प्रतिक्रियाओं का उल्लेख करने का मतलब सिर्फ उन्हें कोसना और उनकी निन्दा करना नहीं है बल्कि उन कारणों को समझना है जिनकी वजह से उनमें यह परिवर्तन आया है। सवर्णों का वर्चस्व टूट रहा है इसलिए उनका बेचैन होना स्वाभाविक है। लेकिन अस्वाभाविक है उनके भीतर बढ़ रहा संत्रास। वे अपने को न सिर्फ कमजोर बल्कि असुरक्षित भी महसूस करने लगे हैं। पर इसकी एक बड़ी वजह संवादहीनता भी है। न तो प्रगतिशील सवर्णों ने संत्रास में रह रहे लोगों को इस परिवर्तन की वजह समझाने की कोशिश की और न ही पिछड़ों ने। सामाजिक न्याय के प्रगतिशील आन्दोलन की सबसे बड़ी कमजोरी यही है कि उसके तेजी पकड़ने के साथ सवर्ण उससे अलग होते गए। वह सवर्णों को न तो वैचारिक विमर्श के जरिए आकर्षित कर सका न ही किसी तरह की उम्मीद जगाकर। जनता दल और समाजवादी पार्टी के जनाधार से सवर्णों का एकदम सरक जाना इसी संवादहीनता का परिणाम है।

सवर्णों का एक छोटा हिस्सा निश्चित तौर पर व्यवस्था में महत्त्वपूर्ण पदों पर है

लेकिन उसमें भी बेरोजगारों की संख्या बढ़ती जा रही है। मंडल आयोग की रपट लागू होने के बाद उनमें जिस छद्‌म निराशा का संचार हुआ उसे कम करने का प्रयास नहीं हुआ। इसलिए उनके अलग-थलग पड़ने की प्रक्रिया का भारतीय जनता पार्टी ने फायदा उठा लिया। पर वह भी सवर्णों की पीड़ा को उपयुक्त अभिव्यक्ति नहीं दे पा रही हैं। दरअसल सवर्ण न तो अपनी पीड़ा को खुलकर कह सकते हैं और न ही उनका प्रतिनिधित्व करनेवाला दल। यही उनका संत्रास है। सवर्ण अपनी तकलीफ को उतने साफ तरीके से नहीं कह सकते जितने साफ तरीके से पिछड़े और दलित। क्योंकि उनकी पीड़ा का एक बड़ा हिस्सा छद्म भी है।

सवर्ण पिछड़ों और दलितों को ऊपर उठाए जाने का साफ तरीके से विरोध नहीं कर सकते। पर वे अनौपचारिक स्तर पर पूरे जोर से विरोध करते हैं। वे आरक्षण के जबरदस्त विरोधी हैं लेकिन जिस राजनीतिक दल को वे अपना रहनुमा मानते हैं वह आरक्षण के खिलाफ बयान नहीं दे सकता। वह उस गुस्से को कभी अल्पसंख्यकों पर उतारता है तो कभी दलित ईसाइयों के आरक्षण का विरोध कर सवर्णों को सन्तोष दिलाने की कोशिश करता है।

सवर्णों की नाराजगी के प्रति पूरी सहानुभूति रखते हुए भी भारतीय जनता पार्टी मंडल आयोग की रपट का खुलकर विरोध नहीं कर सकी। न ही वह सवर्णों के लिए नौकरियों के विशेष अवसर उपलब्ध करा सकी। यहाँ तक कि भाजपा न सरकारी सेवाओं में ज्यादा अवसर पैदा कर सकी कि सवर्णों को सामान्य कोटे से कुछ ज्यादा सीटें मिल सकें। भाजपा उत्तर प्रदेश जैसे महत्त्वपूर्ण राज्य में अब किसी सवर्ण को मुख्यमन्त्री भी नहीं बना सकती।

अल्पसंख्यक तो सिर्फ बहाना है, सवर्णों की असली प्रतिद्वन्द्विता पिछड़ों और दलितों से ही है। इसलिए खलनायक अल्पसंख्यकों की बजाय कभी पिछड़ों में ढूँढ़े जाते हैं तो कभी दलितों में। मुलायम के प्रति उत्तर प्रदेश के और लालू के प्रति बिहार के सवर्णों की कटुता को देखते हुए ही भाजपा ने उन्हें निशाने पर रखा है।

इस प्रक्रिया में भाजपा सवर्णों की हमदर्द तो बन गई लेकिन उसने देशहित तो छोड़िए हिन्दू समाज के हित में भी उसे बदलने का सक्रिय और आक्रामक प्रयास नहीं किया। उल्टे उसने सवर्णों के सामने हिन्दू धर्म के चश्मे से राष्ट्र को देखने का ऐसा मॉडल रख दिया कि सवर्णों के लिए फिर अपनी श्रेष्ठता के दम्भ से मुक्त होना कठिन हो गया। भाजपा को सवर्णों की आहत भावनाओं को सहलाने के साथ उनके छद्म दम्भ को बदलने का प्रयास करना था पर वह नहीं किया गया। भाजपा अन्य दलों पर अल्पसंख्यकों को बरगलाने का आरोप लगाती है लेकिन देखा जाए तो वह खुद सवर्णों को बरगला रही है। वे हिन्दू समाज की बहसों को सवर्णों में क्यों नहीं उठाते। जाहिर सी बात है वे भी सवर्णों से संवाद नहीं करना चाहते।

दूसरी तरफ समाज को बदलने का दावा करनेवाले राजनीतिक दल भी सवर्णों से

संवाद नहीं करना चाहते। वे या तो उन्हें आहत करना चाहते हैं या खरीद लेना चाहते हैं। इन दो ध्रुवों के बीच यह समझाने का कोई प्रयास नहीं है कि संक्रमण के इस दौर के बाद ऐसा समाज बनेगा जिसमें न्यूनतम भेदभाव हो। या बेरोजगारी मिटाने के लिए ऐसा कोई कार्यक्रम बनेगा जिससे गरीब सवर्णों का भी भला होगा।

विश्वनाथ प्रताप सिंह ने मंडल की रपट से आहत और अलग-थलग हुए सवर्ण युवाओं को आकर्षित करने के लिए राष्ट्रीय युवा नीति बनाने का प्रयास शुरू किया था। आज केन्द्र में बनी संयुक्त मोर्चा की सरकार पूरी तरह उनके प्रभाव में है। वे चाहें तो उस सरकार से यह शुभकार्य करा सकते हैं। लेकिन ध्रुवीकरण बढ़ाने में उलझे नेताओं को क्या इस काम की फुर्सत मिलेगी ?

स्वाधीनता संग्राम के मूल्यों के प्रति सवर्णों की बगावत चिन्ताजनक है। इस स्थिति पर सभी राजनीतिक दलों को गौर करना चाहिए। हमें यह नहीं भूलना चाहिए कि स्वाधीनता संग्राम ही आधुनिक भारत की वह घटना है जिसके आधार पर इस राष्ट्र का जन्म हुआ। उसके पहले भक्ति आन्दोलन ने भारतीय समाज को एक रखने में भारी भूमिका निभाई थी। बल्कि स्वाधीनता संग्राम के तमाम मूल्य भक्ति आन्दोलन का ही विस्तार था। इन दोनों की निन्दा करते हुए और इनसे निकले मार्गों से विमुख होते हुए हम भारत को लम्बे समय तक एक नहीं रख सकते।

इसलिए आज उद्वेलित और संत्रास से गुजर रहे सवर्णों से संवाद करना निहायत जरूरी है। यह संवाद सामाजिक स्तर पर और भी आवश्यक है। इसकी शुरुआत पिछड़े और दलित करें तो ज्यादा सार्थक होगा क्योंकि वे ही इस दौर की प्रगतिशील शक्तियाँ हैं इसलिए उनकी जिम्मेदारी बढ़ जाती है। पर पहले सवर्णों को अपनी श्रेष्ठता का दम्भ छोड़ना होगा।

जाति-व्यवस्था को देखने के चश्मे

भारत की जाति-व्यवस्था अपने विशिष्ट चरित्र की वजह से अक्सर एक कठिन पहेली की तरह रही है। यूरोप की क्रान्तिकारी विचारधाराएँ इसके सामने हाँफने लगती हैं तो देशी विचारधारा के साथ बगावत करनेवाले नई जाति या धर्म खड़े कर देते हैं। डॉ. पांडुरंग वामन काणे ने *धर्मशास्त्र के इतिहास* में लिखा है, 'जाति-उद्गम के प्रश्न ने भाँति-भाँति के अनुमानों, विचार-शाखाओं एवं मान्यताओं की सृष्टि कर डाली है। कतिपय ग्रन्थकारों ने या तो कुल या वर्ग या व्यवसाय के आधार पर अपने दृष्टि-बिन्दु या मत निर्धारित किए हैं। अतः 'इस प्रकार उनकी विचारधाराएँ एकंगी हो गई हैं...।'

पाश्चात्य लेखकों में कुछ ने तो अति-प्रशंसा के पुल बाँध दिए गए हैं और कुछ लोगों ने बहुत कड़ी आलोचना और भर्त्सना की है। सिडनी लो ने अपनी प्रसिद्ध पुस्तक

विज़न ऑफ इंडिया (1907) में जाति-व्यवस्था के गुणों के वर्णन में अपनी कलम तोड़ दी है। इस प्रकार एब्बे डुबोय ने आज से लगभग 150 वर्ष पूर्व अपने ग्रन्थ *ऐंश्येंट लॉ* (1930) में इसकी क्षयकारी और विनाशकारी परम्परा की ओर संकेत करके भरपूर भर्त्सना की है। पादरी शेटिंग ने *हिन्दू ट्राइब्स एंड कास्ट्स* नामक ग्रन्थ में भारतीय जाति व्यवस्था की भर्त्सना करने में कोई कसर नहीं छोड़ी है। लेकिन मेरिडिथ ने अपने *यूरोप एंड एशिया* (1919) में स्तुति-गान किया है। कुछ लोगों ने जाति व्यवस्था को धूर्त ब्राह्मणों का आविष्कार माना है।

श्री काणे कहते हैं, ''जन्म एवं व्यवसाय पर आधारित जाति-व्यवस्था प्राचीन काल में फारस, रोम एवं जापान में भी प्रचलित थी किन्तु जैसी परम्पराएँ भारत में चलीं और उसके व्यावहारिक रूप जिस तरह भारत में खिले वे अन्यत्र दुर्लभ थे और यही कारण था कि अन्य देशों में पाई जानेवाली ऐसी व्यवस्था खुल-खिल न सकी और समय के प्रवाह में पड़कर समाप्त हो गई।''

आधुनिक काल में जाति-व्यवस्था की अच्छाइयाँ और बुराइयों पर लम्बी बहसें हुई हैं। इसका मतलब यह नहीं कि मध्य और प्राचीन काल में उसे पूरी तरह मान्यता ही मिली हुई थी। प्राचीन काल में बौद्ध, जैन और चार्वाक-दर्शन परम्परा ने जाति-व्यवस्था पर तीखे हमले किए थे। मध्यकाल का भक्ति आन्दोलन जाति-व्यवस्था को अध्यात्म की भट्ठी में गलाने का उत्तप्त प्रयास था। फिर भी इधर-उधर करवट बदलकर जाति-व्यवस्था इन तमाम आन्दोलनों को पचाती रही है। यह इस व्यवस्था की विशेष गतिशीलता का ही परिणाम रहा है कि वह तमाम बीमारियों से ग्रस्त होने के बावजूद भी अभी जिन्दा है और उसे समाप्त करने के लिए उठे आन्दोलन उसका इलाज साबित हो रहे हैं। आधुनिक युग में भी भारतीय राजनीतिज्ञों और बुद्धिजीवियों पर जाति-व्यवस्था का व्यामोह इतना जबरदस्त रहा है कि लोकमान्य बाल गंगाधर तिलक और महात्मा गांधी जैसे जन-नेता भी इसकी उपयोगिता बताने से नहीं थकते थे। तिलक ज्योतिबा फुले के आन्दोलनों का विरोध करते थे तो महात्मा गांधी अम्बेडकर के लिए सबसे बड़ी चुनौती बनकर खड़े हो गए। हालाँकि बाद में दोनों नेताओं ने यह स्वीकार किया कि छुआछूत और जातिगत भेदभाव हमारे समाज की बड़ी बुराई है और इसी ने हमें गुलाम बनाया है। अगर यह बनी रही तो हम फिर गुलाम बन सकते हैं। फुले के दबाव में तिलक ने तो समाज-सुधार आन्दोलन नहीं शुरू किया लेकिन अम्बेडकर के दबाव में गांधी को अछूतोद्धार और हरिजनों के मन्दिर-प्रवेश का आन्दोलन चलाना पड़ा। पर गांधी लम्बे समय तक यही मानते रहे कि अछूतों की समस्या हल कर लेने के बाद वर्ण-व्यवस्था में कोई गड़बड़ी नहीं रह जाएगी। जीवन के अन्तिम समय में उन्हें वर्ण-व्यवस्था की निस्सारता का अहसास हुआ लेकिन तब तक बहुत देर हो चुकी थी। बाद में उनके समाजवादी अनुयायी डॉ. राममनोहर लोहिया ने जाति-व्यवस्था के नाश को प्रमुख मुद्दा बनाया। इस वजह से वे कुजात गांधीवादी बन गए। लेकिन आगे चलकर इतिहास ने साबित कर दिया कि भारतीय जाति-व्यवस्था के बारे में सबसे प्रखर

और सन्तुलित दृष्टि उन्हीं की थी। प्रखर इसलिए कि उन्होंने मार्क्सवादियों से कम-से-कम 50 साल पहले यह समझ लिया था कि जातियाँ वर्गों का प्रस्तरीकृत रूप हैं। इसलिए जितना जरूरी वर्ग-संघर्ष है उतना ही जरूरी वर्ण-संघर्ष। सन्तुलित इसलिए क्योंकि वे फुले, नाइकर और अम्बेडकर की तरह स्वाधीनता संग्राम की कीमत पर न तो वर्ण-संघर्ष चलाए जाने के हिमायती थे और न ही सवर्ण कांग्रेसियों की तरह वर्ण-संघर्ष की कीमत पर स्वाधीनता संग्राम। वे दोनों को आवश्यक मानते थे। इसके अलावा उनमें नाइकर या अम्बेडकर की तरह सवर्णों के प्रति कटुता भी नहीं थी। क्योंकि उनका मानना था कि जाति-व्यवस्था में फँसी सभी जातियाँ किसी-न-किसी रूप में इसकी गुलाम हैं। इसलिए किसी को निशाना बनाने की बजाय सभी को इस गुलामी से मुक्ति दिलानी है।

इसके बावजूद डॉ. लोहिया, फुले, पेरियार और अम्बेडकर के जाति-विरोधी संघर्ष की परम्परा की महत्त्वपूर्ण कड़ी है। उन महान सुधारकों की तरह ही वे जाति-विनाश की बात करते हैं। आरक्षण व विशेष अवसर के सिद्धान्त के जोरदार प्रवक्ता हैं और असमानता के सभी रूपों के खिलाफ संघर्ष के हिमायती हैं। डॉ. अम्बेडकर जाति-व्यवस्था को श्रेणीबद्ध असमानता की संज्ञा देते थे। यानी यह असमानता की एक जटिल संरचना है। शायद इसीलिए इससे संघर्ष करनेवालों की भी कई श्रेणियाँ रही हैं। पहली श्रेणी तो उन लोगों की है जिन्हें इस व्यवस्था ने सबसे ज्यादा शोषित, अपमानित और प्रताड़ित किया। वे जाति-व्यवस्था के नाश के लिए कटिबद्ध हैं। महात्मा फुले, नाइकर और डॉ. अम्बेडकर की इस परम्परा ने जाति-विनाश को इतनी अहमियत दी कि उसके सामने साम्राज्यवाद-विरोधी स्वाधीनता संग्राम को भी गौण समझा। उन लोगों का साफ कहना था कि हमें पहले जाति की गुलामी से मुक्ति चाहिए। इस संघर्ष में जहाँ से भी मदद मिलेगी, ली जाएगी। अगर जाति की गुलामी से मुक्ति दिलाए बिना आजादी मिल गई तो दलित और शूद्रों पर सवर्णों का अत्याचार बढ़ेगा। इसीलिए जब अम्बेडकर से पूछा गया कि आपका रुख अंग्रेजों के प्रति नरम क्यों है तो उनका कहना था कि 'हम सभी दुश्मनों से एक साथ नहीं लड़ सकते।'

1930 के दशक में प्रकाशित 'हिन्दू साम्राज्यवाद का इतिहास' में स्वामी धर्मतीर्थ ने इस बात को साफ तरीके से कहा है कि शूद्रों और दलितों के लिए सबसे जरूरी है हिन्दू साम्राज्यवाद से मुक्ति। इसकी कीमत पर अंग्रेजों की गुलामी से मुक्ति नहीं चाहिए। बल्कि इसकी कीमत पर अंग्रेजों की गुलामी से मुक्ति को मुल्तवी किया जा सकता है। अम्बेडकर इस संघर्ष में पिछड़ों और दलितों को एक साथ जोड़ने के हिमायती थे। वे मार्क्सवादी नहीं थे पर अपनी विचारधारा और क्रान्ति की योजना में जनवादी क्रान्ति, सांस्कृतिक क्रान्ति, खेती और उद्योगों के राष्ट्रीयकरण जैसे कई समाजवादी चरणों के समर्थक थे। आज उन्हीं की विचारधारा देश के विभिन्न दलित आन्दोलनों में अलग-अलग रूपों में प्रकट हो रही है। कभी वह दलित पैंथर्स आन्दोलन बनकर उभरती है तो कभी प्रकाश अम्बेडकर, गवई और रामदास अठावले की विभिन्न

रिपब्लिकन पार्टियों के रूप में। अम्बेडकर की विरासत की सबसे सशक्त दावेदार के रूप में उभरी है कांशीराम की बहुजन समाज पार्टी। वैसे तो ये सभी पार्टियाँ अलग-अलग हैं। पर इनमें एक समान तत्त्व है दलित देशीयता की तलाश। यह ब्राह्मणवाद से अलग परम्परा की तलाश है।

दूसरी श्रेणी डॉ. राममनोहर लोहिया की विरासत का दावा करनेवाली जनता दल और समाजवादी पार्टियों की है। 1957 में सोशलिस्ट पार्टी के नाफरमानी आन्दोलन में लोहिया गिरफ्तार हुए और जेल मन्त्री को 'वशिष्ठ और वाल्मीकि' नाम से पत्र लिखा। यहीं से 'जाति तोड़ो नीति' की शुरुआत हुई। उत्तर भारत में लोहिया ने जाति-व्यवस्था पर करारी चोट की। उन्होंने इस व्यवस्था का जितना सैद्धान्तिक और सूक्ष्म विश्लेषण किया है वह बड़े-बड़े समाजशास्त्रियों के अध्ययन में भी नहीं दिखाई पड़ता। 'जातिवाद की ऐतिहासिक पृष्ठभूमि, मानव समाज का विकास–वर्ग, जाति, यानि, जाति-प्रथा नाश क्यों और कैसे ?' जाति-प्रथा समस्या की जड़, जाति-प्रथा और गुलामी जैसे विचारोत्तेजक लेखों ने सम्पूर्ण हिन्दी भाषी क्षेत्र को झकझोर दिया। लोहिया जाति-विनाश के लिए नाइकर से मिले। उन्होंने उनसे उत्तर भारत और हिन्दी का विरोध वापस लेने का अनुरोध किया। लोहिया ने अम्बेडकर से सम्पर्क किया और पिछड़ों-दलितों की व्यापक एकता का आग्रह किया। लोहिया ने जाति-विनाश पर इतना जोर दिया कि उनके आन्दोलन में वर्ग-संघर्ष का सवाल गौण हो गया। नतीजतन उनकी विरासत का दावा करनेवाली पार्टियों ने अपने को जाति-संघर्ष, पिछड़ावाद और फिर आरक्षणवाद तक सीमित कर लिया।

तीसरी श्रेणी, मार्क्सवादियों की रही है। वे जाति को आधार मानने की बजाय ऊपरी संरचना का हिस्सा मानकर चलते रहे। इसलिए उन्होंने जाति तोड़ो आन्दोलन वगैरह नहीं चलाए। उनका मानना था कि औद्योगीकरण के साथ जातियाँ अपने आप मिट जाएँगी। औद्योगिक मजदूर यानी सर्वहारा जाति की चेतना से मुक्त होगा। उसमें जाति की बजाय वर्गीय चेतना होगी और वही संघर्ष की अगुआई करेगा। हालाँकि पारम्परिक कम्युनिस्ट पार्टियों के कई सदस्य इस मुद्दे को समय-समय पर उठाते रहे कि भारत की जातीय संरचना को समझे बिना न वर्ग-निर्माण को समझा जा सकता है न ही वर्ग-संघर्ष को। पर या तो उनकी आवाज को सुना-अनसुना कर दिया जाता रहा या फिर दबा दिया गया। महाराष्ट्र के शरद पाटील ने इसी वजह से कम्युनिस्ट पार्टी बना डाली। केरल में के.आर. गौरी को भी इसी वजह से माकपा से निकाला गया। मशहूर ट्रेड यूनियन नेता बी.टी. रणदिवे ने भी भारत की जाति-व्यवस्था को समझने के लिए पारम्परिक मार्क्सवादी दृष्टिकोण में परिवर्तन का सुझाव दिया था। लेकिन उस पर खास ध्यान नहीं दिया गया। लोहिया और कम्युनिस्टों के बीच मतभेद का एक मुद्दा यह भी था। लेकिन भारत की पारम्परिक और गैर-पारम्परिक (नक्सली) कम्युनिस्ट संगठनों को दो घटनाओं ने जमकर झकझोरा। एक तो पोलैंड, रुमानिया और सोवियत संघ में कम्युनिस्ट शासन का पतन। दूसरी घटना थी विश्वनाथ प्रताप सिंह की सरकार

द्वारा सत्ता संघर्ष में ढाल के रूप में मंडल आयोग की सिफारिशों को लागू करना। पहले तो पश्चिम बंगाल की वाममोर्चा की सरकार ने अपने यहाँ पिछड़ी जातियों के अस्तित्व को ही मानने से इनकार कर दिया। लेकिन मंडल आयोग की सिफारिशों को लेकर पिछड़ी जातियों के आन्दोलन ने सभी वामपन्थियों को चकित कर दिया। एक तरफ परम्परावादी कम्युनिस्ट पार्टियाँ आधे-अधूरे मन से इस आयोग की सिफारिशों पर समर्थन कर रही थीं तो दूसरी तरफ पीपुल्स वार ग्रुप जैसे नक्सलवादी संगठन ने उसके समर्थन में बन्द का आयोजन किया। डॉ. थामस मैथ्यू की पुस्तक *कास्ट एंड कास्ट डाइनमिक्स–द अम्बेडकराइट पैरेक्सिस* ने मार्क्सवादी हलकों में तीखी बहस खड़ी कर दी। धुर वामपन्थी पार्टियाँ नवजनवादी क्रान्ति की बात करती थीं पर थामस मैथ्यू ने दलित जनवादी क्रान्ति का आह्वान कर डाला। उनके अनुसार इस क्रान्ति की अगुआई दलित जातियों के ग्रामीण सर्वहारा, असंगठित क्षेत्र और अनौपचारिक क्षेत्र के सर्वहारा करेंगे। राष्ट्रीय पूँजीपति वर्ग और गरीब किसान इसके भरोसेमन्द साथी होंगे और इस क्रान्ति में सवर्ण जाति से सम्बन्धित संगठित क्षेत्र के मजदूरों, बुद्धिजीवियों के वर्ग, और विभिन्न पेशों के लोगों को विश्वसनीय मित्र नहीं बनाया जा सकता। इसके अलावा, उन्होंने सुप्रीम कोर्ट के मंडल आयोग सम्बन्धी फैसले में क्रीमी लेयर के सिद्धान्त को गलत बताया। उनका कहना था कि आरक्षण का आर्थिक आधार होना ही नहीं चाहिए। उन्होंने क्रीमी लेयर के सिद्धान्त का समर्थन करनेवाले साम्यवादी दलों की निन्दा करते हुए कहा कि ये पार्टियाँ यूरोप में उपजे सिद्धान्तों को यान्त्रिक रूप से लागू करती हैं तभी भारत में जनवादी क्रान्ति सम्भव नहीं हो पा रही है। उन्होंने इसी रौ में जनता दल और बहुजन समाज पार्टी की प्रशंसा भी कर डाली। माकपा (माले) के महासचिव विनोद मिश्र (लिबरेशन) ने मैथ्यू साहब के आरोपों और सिद्धान्तों का कड़ा प्रतिवाद करते हुए उसे मार्क्सवाद के बुनियादी सिद्धान्तों के विपरीत बताया। उन्होंने जोर देकर कहा कि बुनियादी श्रेणी वर्ग ही है इसे मार्क्सवादी को भूलना नहीं चाहिए। इसी तरह नक्सली संगठन 'भाकपा (माले) जनशक्ति' ने भी मंडल आयोग की सिफारिशों और बहुजन समाज पार्टी के बढ़ते प्रभावों से उत्साहित होकर जाति-आधारित संगठन बनाने और बसपा से गठजोड़ करने का प्रस्ताव रखा। बसपा ने गठजोड़ का प्रस्ताव ठुकरा दिया। लेकिन *जनशक्ति* दलित-समस्या-सम्बन्धी पुस्तिका पर व्यापक चर्चा हुई। चूँकि इस पुस्तिका में व्यक्त विचारों को सेंट्रल कमेटी, माकपा (माले) का विचार बताया गया था इसलिए उसी पत्रिका *न्यू डेमोक्रेसी* में भी इस नजरिए पर बहस चली और इसे जातिवाद बढ़ानेवाला प्रस्ताव मानकर नामंजूर कर दिया गया। लेकिन जाति-तोड़ो आन्दोलन को प्राथमिकता देने की दृष्टि अभी कुछ नक्सली संगठनों तक ही सीमित है। मार्क्सवादियों के अलावा, जाति-व्यवस्था को देखने का एक चश्मा गांधीवादियों का भी है। गांधी वर्णाश्रम-व्यवस्था के समर्थक थे और छुआछूत को बाद में और बाहर से आई बुराई मानते थे। उनका मानना था कि यह बुराई गुलामी के दौरान इस समाज में पैदा हुई है। इसलिए उनका जोर हिन्दू समाज को इस बुराई से मुक्त करने पर था। वे इस

काम में हरिजनों को कम सवर्णों को ज्यादा लगाना चाहते थे। यही वजह थी उनके हरिजन सेवक संघ की कमान सवर्णों के ही हाथ में रही। वर्ण-व्यवस्था के प्रति गांधी का नजरिया कटुता से रहित प्रेम, भाईचारा और करुणावाला है। जब उनकी अंग्रेजों के प्रति कटुता नहीं थी तो किसी भारतीय के प्रति क्या होगी। लेकिन उनका दृष्टिकोण कुल मिलाकर जाति-व्यवस्था को एक सहृदय सवर्ण के नजरिए से ही देखनेवाला है। हालाँकि गांधी ने सवर्ण परम्परा और प्रतीकों को बहुत कुछ बदला पर यह गांधीवादियों के लिए सम्भव न हो सका। बाद के गांधीवादियों ने हिन्दू समाज की बुराई समाप्त करने का जिम्मा उस औद्योगिक व्यवस्था पर छोड़ दिया जिसे गांधी मानव-सभ्यता की सबसे बड़ी बुराई मानते थे। विडम्बना देखिए कि आज के दौर में गांधी के नजरिए की विरासत कांग्रेस और भाजपा ढो रही है और यही इस बात का परिचायक भी है कि समाज परिवर्तन के रूप में गांधीवादी विचारधारा नाकाम हो चुकी है।

जाति-व्यवस्था को देखने के मोटे चश्मे यही हैं। बाकी अगर कहीं सूक्ष्मता या विशिष्टता है तो वह इन्हीं में से किन्हीं दो या तीन का संश्लेषण और विस्तार है। किसी ने मार्क्स और अम्बेडकर का संश्लेषण किया है तो किसी ने अम्बेडकर और गांधी का। कहीं लोहिया और अम्बेडकर का संश्लेषण है तो कहीं मार्क्स, गांधी और अम्बेडकर तीनों का। देखना यह है कि क्या उनमें से कोई विचारधारा जाति-व्यवस्था को पूरी तरह खत्म कर सकी है। जाति-व्यवस्था के दो रूप हैं। एक ऊर्ध्व और एक क्षैतिज। क्षैतिज रूप सैकड़ों-हजारों जातियों के आन्तरिक संगठनों का है। निश्चित रूप से अगर छुआछूत को मिटाने में किसी हद तक गांधी के आन्दोलन का योगदान रहा तो अम्बेडकरवादी, समाजवादी और मार्क्सवादी आन्दोलनों ने वर्ण-व्यवस्था को कमजोर किया है। इसमें सकारात्मक भेदभाव के सिद्धान्त के तहत फिर आरक्षण के उपायों का योगदान है तो वामपन्थी सरकारों की तरफ से भूमि-सुधार और छोटी जातियों के लिए चलाई गई कल्याणकारी योजनाओं की भी भूमिका है। लेकिन क्या जाति की क्षैतिज किलेबन्दी में भी कोई दरार आई है ? क्या समान स्तर पर स्थित विभिन्न जातियों में खान-पान के अलावा शादी-विवाह भी शुरू हो गया है ? क्या अहीरों और कुर्मियों और चमारों व पासियों के बीच शादी-विवाह बढ़े हैं ? अगर ऐसा नहीं हो सका तो वर्ण-व्यवस्था के ऊर्ध्व ढाँचे में अलग-अलग स्तर पर स्थित जातियों का मेल तो दूर की बात है। जाति के ढाँचे को तोड़ने के लिए जिस सांस्कृतिक, जनवादी या नव-जनवादी क्रान्ति की बात की जाती है उसका सामाजिक रूप तो पहले दिखाई पड़ना चाहिए।

डॉ. अम्बेडकर भी कहते थे कि हर बड़ी राजनीतिक क्रान्ति पहले सामाजिक स्तर पर होती है। लेकिन उत्तर भारत में वह परिवर्तन राजनीतिक स्तर पर भले दिखता हो पर सामाजिक स्तर पर नहीं है। यही कारण है कि राजनीतिक स्तर पर होनेवाला यह परिवर्तन वर्ण-व्यवस्था और जाति-व्यवस्था पर खास असर नहीं छोड़ पाता। भारतीय जाति-व्यवस्था की सबसे बड़ी खूबी यह रही है कि वह बड़े-बड़े राजनीतिक परिवर्तन को सिर नवा के बचा जाती रही है। इस देश में गैर-द्विजों का राज कई जगहों पर रहा

है। मगध में लम्बे समय तक गैर-द्विजों के शासन ने द्विजों को हाशिए पर डाल दिया लेकिन उन्होंने अपने को लचीला बनाकर बचा लिया और बाद में साजिश कर फिर समाज का नियन्त्रण अपने हाथों में ले लिया। मुगलों और अंग्रेजों का शासन भी कोई द्विजों का शासन नहीं रहा है। लेकिन द्विज इन व्यवस्थाओं में भी खूब फले-फूले। इसलिए डॉ. भीमराव अम्बेडकर और डॉ. राममनोहर लोहिया की यह बात बहुत सटीक लगती है कि जब तक जाति-व्यवस्था का सम्पूर्ण विनाश नहीं होगा तब तक जातिवादी भेदभाव और शोषण से मुक्त नहीं हुआ जा सकता। लेकिन अम्बेडकर हिन्दू धर्म की जाति-व्यवस्था नष्ट करने की बजाय धर्म छोड़कर चले गए। उन्होंने सम्पूर्ण हिन्दू सामाजिक व्यवस्था बदलने में असमर्थता जताई और बौद्ध धर्म ग्रहण कर लिया। हालाँकि अम्बेडकर ने इसे बदलने के प्रयास कम नहीं किए। इस सदी के तीसरे दशक में आर्य समाज ने अम्बेडकर को लाहौर में हो रहे जाति-पाँति तोड़ सम्मेलन में भाषण देने के लिए लाहौर बुलाया। लेकिन अम्बेडकर के पेपर जाति-उन्मूलन को पढ़कर आर्य समाजियों ने वह सम्मेलन ही रद्द कर दिया। अम्बेडकर आर्य समाजियों के इस रवैए से बेहद दुखी हुए। लेकिन इसके बाद भी वह एक हिन्दू धर्म में सुधार और दलित वर्गों को हक दिलाने के लिए तरह-तरह के दबाव पैदा करते रहे। उन्होंने सबसे बड़ा दबाव 1931 में दूसरे गोलमेज सम्मेलन के दौरान अछूतों के लिए अलग मतदाता-क्षेत्र की माँग उठाकर पैदा किया। अगस्त, 1932 में रैमसे मैक्डोनाल्ड ने अछूतों को अलग मतदाता-क्षेत्र दे भी दिए। लेकिन यरवदा जेल में गांधी के सत्याग्रह के बाद अम्बेडकर ने अपनी माँग को वापस लिया और इस तरह अनुसूचित जातियों के आरक्षण का मशहूर पूना पैक्ट हुआ।

अम्बेडकर ने हिन्दू समाज (जाति) व्यवस्था को दूसरा बड़ा झटका 1929 में जलगाँव में अछूतों से धर्म-परिवर्तन की अपील करके दिया। हालाँकि इस बीच उन्होंने धर्म-परिवर्तन के पहले 27 साल तक विचार किया। उन्हें रोकने-मनाने के काफी प्रयास हुए लेकिन अन्ततः उन्होंने अक्टूबर, 1956 में बौद्ध धर्म स्वीकार कर लिया। उनके इन कदमों का जाति-व्यवस्था पर पड़नेवाला असर गौरतलब है। धर्म-परिवर्तन से हिन्दू समाज की जाति-व्यवस्था मिटी नहीं बल्कि जो लोग दूसरे धर्म में गए वहाँ भी उनकी अलग जाति बन गई। लेकिन अम्बेडकर ने सिर्फ धर्म-परिवर्तन का 'पलायनवादी' मार्ग नहीं दिखाया था। उससे पहले उन्होंने हिन्दू धर्मग्रन्थों की कठोर मीमांसा की और शूद्रों और दलितों का इतिहास भी तैयार करने की कोशिश की। उनका यही काम आज तमाम दलित-आन्दोलनों के लिए प्रेरणास्रोत बना हुआ है। उनके इसी काम को आगे बढ़ाते हुए आज 'दलित देशीयता' की खोज हो रही है। हिन्दू और आर्य-परम्परा से अलग दलितों की अलग परम्परा और इतिहास की खोज करनेवाले दलित चिन्तकों और बुद्धिजीवियों की लम्बी कतार खड़ी हो गई है। वे असमानता पैदा करनेवाली हिन्दू जाति-व्यवस्था पर चोट करते हुए अपने को कभी श्रमण-परम्परा से जोड़ते हैं तो कभी बौद्ध या लोकायत से। ये सब अच्छी और जरूरी बातें हैं। लेकिन चिन्ताजनक स्थिति

यह है कि अम्बेडकर के निधन के 40 साल बाद जब दलित राजनीति ने समाज में अपनी जगह बना ली है तो भी दलित आन्दोलन की कटुता बढ़ती ही जा रही है।

दलित भारतीयता बनाम न्यायपालिका में द्विज तत्त्व, नामक पुस्तिका (मार्च, 1996 में प्रकाशित) में दलित चिन्तक डॉ. धर्मवीर ने विभिन्न अदालती फैसलों पर जो टिप्पणियाँ की हैं उससे कटुता की एक झलक मिलती है : "विश्लेषण से पता चलता है कि हिन्दू धर्म एक न होकर दो धर्म हैं। हाँ, दो नाम देने से हिन्दू का बेहरूपियापन मिट जाता है। इस बँटवारे से द्विज-नीति में अन्तर्निहित दोहरी नीति, रिडल, हिप्पोक्रैसी और कथनी-करनी का अन्तर समाप्त हो जाता है। अगली बात, एक धर्म में से दो धर्म निकलने पर यह द्विजों को सोचना है कि वे अपने धर्म का क्या नाम रखना चाहते हैं। चाहें तो वे अपने को हिन्दू कह सकते हैं। लेकिन तब दलित लोग अपने को हिन्दू कहलवाना छोड़ देंगे। यदि द्विजों को खुद को हिन्दू कहलवाना पसन्द नहीं है क्योंकि उनके लिए यह उनकी धर्म-भाषा संस्कृत का शब्द नहीं है तो दलित लोग खुद को हिन्दू कहलवा सकते हैं। लेकिन तब वे द्विजों को हिन्दू नहीं कहलवाने देंगे।" वे आगे कहते हैं, "यह माना जा रहा है कि द्विजों में पिछले तीन हजार वर्षों से आज तक एक भी धार्मिक या सामाजिक सुधार नहीं हुआ। जो भी सुधार किए गए हैं वे केवल ऊपरी नाम के और दिखावटी हैं। पहले भी द्विजों ने मनुष्यों पर अस्पृश्यता को धर्म और कानून बनाकर थोपा था लेकिन वे उन पर अपना जारपन, बलात्कार और अवैध सन्तान आज तक थोप रहे हैं। संविधान बनाने तक अस्पृश्यता की पूरी पहचान हो गई थी लेकिन कानून में उनके जारपन की पक्की पहचान होना अभी बाकी थी।" दलित-दृष्टि का दोष यही है कि वह सभी जगह द्विज बनाम दलित का द्वन्द्व खड़ा करना चाहती है। वैसे जैसे मार्क्सवादी हर समस्या का विश्लेषण वर्गीय सिद्धान्त से करना चाहते हैं।

इस कटुता के बारे में डॉ. अम्बेडकर के निधन के बाद मधु लिमये को लिखा गया डॉ. राममनोहर लोहिया का एक पत्र गौरतलब है, "मेरे लिए डॉ. अम्बेडकर हिन्दुस्तान की राजनीति के एक महान आदमी थे और गांधीजी को छोड़कर बड़े-से-बड़े सवर्ण हिन्दुओं के बराबर। इससे मुझे बराबर सन्तोष और विश्वास मिला है कि हिन्दू धर्म की जाति-प्रथा एक-न-एक दिन खत्म की जा सकती है। डॉ. अम्बेडकर विद्वान थे, उनमें स्थिरता, साहस और स्वतन्त्रता थी। वे दुनिया को हिन्दुस्तान की मजबूती के प्रतीक के रूप में दिखाए जा सकते थे। लेकिन उनमें कटुता थी और वे अलग रहना चाहते थे। गैर-हरिजनों के नेता बनने से उन्होंने इनकार किया...।"

डॉ. लोहिया कहते थे कि बराबरी हासिल करने के लिए जितना आवश्यक वर्ग-संघर्ष है उतना ही आवश्यक है जाति-संघर्ष। लेकिन ये संघर्ष अहिंसा पर आधारित होने चाहिए। इसके अलावा वे यह भी कहते थे कि हिन्दुस्तानी जनता को आर्य, द्रविड़ और मंगोल में वर्गीकृत करके उसके इतिहास और वर्णन को बहुत विकृत किया गया है। वे चाहते थे कि इतिहास का अध्ययन कटुता और वैमनस्यता बढ़ाने के लिए न किया जाए। आज डॉ. लोहिया के एक अनुयायी किशन पटनायक स्वामी विवेकानन्द की

भविष्यवाणी को दोहराते हुए कहते हैं कि 'भारत शूद्रों का होगा।' वे कहते हैं, 'हिन्दू धर्म का नवीनीकरण और राष्ट्रीय गुलामी का प्रतिरोध–इसका ऐतिहासिक दायित्व शूद्र नेतृत्व के कन्धों पर आ गया है।' पर क्या शूद्र या अति-शूद्र नेतृत्व इसके लिए तैयार है ? या उनकी यह अपील जाति-व्यवस्था को खत्म करने की क्षमता रखती है ?

अन्त में यह कहना जरूरी है कि अगर हमें वर्ण-भेद और जाति-भेद को पूरी तरह खत्म करके एक नागरिक समाज बनाना है तो वर्ण और जाति के प्रतीकों का इस्तेमाल जाति-व्यवस्था को खत्म करने के लिए करना होगा न कि उसे मजबूत करने के लिए।

मुम्बई में गरजते विचारों के बादल

ऐसे समय में जब इतिहास और विचारों के अन्त की विधिवत घोषणाएँ हो चुकी हैं और बाजार व साम्राज्य की गर्मी से भारत और पाक के बीच जमी तनाव और कट्टरता की बर्फ पिघल रही है उस वक्त अरब सागर के तट पर विचारों के बादल टकराते हुए गरज रहे हैं। विडम्बना देखिए कि अमेरिकी दबाव में 'हिन्दुत्व का इस्लामीकरण और इस्लाम के हिन्दूकरण' का चमत्कार हो रहा है। चुनाव और राजनीति के नाम पर हो रहे लोकतन्त्र के बाजारीकरण में धर्मनिरपेक्षता और साम्प्रदायिकता सिद्धान्त की बजाय प्रोडक्ट बन चुके हैं और चूँकि इनका उत्पादन और विपणन हर पार्टी के दफ्तर में थोड़ा-बहुत होता है इसलिए भारतीय राजनीति में बचा-खुचा सैद्धान्तिक मतभेद भी मिट रहा है। लेकिन दिलचस्प बात है कि मुम्बई में साम्राज्यवाद विरोध के लिए जमा हो रहे दुनियाभर के हजारों समूह दो समान्तर सम्मेलन कर रहे हैं। इनमें विश्व सामाजिक मंच नाम के समूह का गठन चार साल पहले ब्राजील के शहर पोर्ट एलेग्रे में हुआ था और मुम्बई रेजिसटेंस का गठन पिछले साल यूनान के शहर थिसालोनिकी में हुआ। इनमें विश्व सामाजिक मंच यानी डब्ल्यू.एस.एफ. अपनी चार सालों की डब्ल्यू.टी.ओ. विरोधी सक्रियता के चलते पूरी दुनिया में काफी चर्चित हो चुका है। उसने सिएटल, दावोस और कानकुन में डब्ल्यू.टी.ओ. का सशक्त विरोध कर अपनी ताकत जता दी है। उधर जैसा कि नाम से विदित है कि एम.आर. 2004 विशेष तात्कालिक उद्देश्य के लिए होनेवाले आयोजन को दी गई एक संज्ञा है। इसका अगला स्वरूप क्या होगा इसका फैसला मुम्बई में या उसके बाद ही होने की सम्भावना है। यानी यह भी सम्भावनाएँ हैं कि इसमें जुटे समूह एक साथ दूर तक चलें या अलग हो जाएँ।

पास-पास होकर भी अलग-अलग हो रहे यह दोनों सम्मेलन अगर उम्मीद के मुताबिक हुए तो इन्हें भारत में साम्राज्यवाद विरोध के वैचारिक महाकुम्भ के रूप में याद किया जाएगा। इनसे विभिन्न जनान्दोलनों को नई ताकत मिलेगी और विचार की सामर्थ्य में नया विश्वास पैदा होगा। चूँकि इन आयोजनों के केन्द्र में विचार है इसलिए

वैचारिक मतभेद होना भी लाजिमी है। एक नई और अलग दुनिया बनाने का सपना है इसलिए उनके तरीकों को लेकर भी मतभेद है। पर वह मतभेद समाजवाद और वामपन्थ के भीतर का ही मतभेद है। वह इतना गहरा नहीं है कि उसे पूँजीवाद और समाजवाद के मतभेद के रूप में प्रस्तुत किया जाए या कारपोरेट मीडिया उसी मतभेद का प्रचार करे। हालाँकि प्रचार इसी तरह चल रहा है जैसे दोनों आयोजन साम्राज्यवाद, युद्ध और भूमंडलीकरण से लड़ने की बजाय आपस में एक-दूसरे को नष्ट करने के लिए हो रहे हैं।

वैसे दोनों समूहों में असली-नकली, वाणी और कर्म, हिंसा और अहिंसा और एन.जी.ओ. बनाम जनान्दोलन जैसे मुद्दों पर मतभेद है और बहस भी है। जहाँ एम.आर.-2004 का कहना है कि डब्ल्यू.एस.एफ. फोर्ड फाउंडेशन जैसी साम्राज्यवादी दानदाता संस्थाओं के सहारे चलनेवाला एक ऐसा आन्दोलन है जो साम्राज्यवाद के लिए सेफ्टीवाल्व का काम करता है। वहाँ बहस ज्यादा और काम कम होता है। उनका सवाल है कि इस आयोजन पर 135 करोड़ रुपए आखिर कहाँ से खर्च हो रहा है। दूसरी तरफ डब्ल्यू.एस.एफ. का कहना है कि वह अमेरिकी साम्राज्यवाद के विरोध के लिए दक्षिण अमेरिकी देशों की पहल पर शुरू हुआ एक ऐसा मंच है जहाँ कोई एक विचारधारा तो नहीं है लेकिन साम्राज्यवाद विरोधी, जाति विरोधी, फासीवाद विरोधी और पुरुष प्रधानता विरोधी प्रगतिशील दृष्टियों के बीच आदान-प्रदान की एक बड़ी सम्भावना है। फोर्ड फाउंडेशन से लिए जा रहे कोष के बारे में मंच के जिम्मेदार लोगों का मानना है कि शुरुआत में जरूर विश्व सामाजिक मंच के सचिवालय के लिए फोर्ड फाउंडेशन का कोष लिया जाता था लेकिन इस पर चौतरफा आपत्ति के बाद इसे बन्द कर दिया गया है। दूसरी तरफ डब्ल्यू.एस.एफ. का यह आरोप है कि एम.आर.-2004 में हिंसा में विश्वास करनेवाले पी.डब्ल्यू.जी. और एम.सी.सी. जैसे धुर वामपन्थी संगठन हैं जो लोकतान्त्रिक बदलाव का मार्ग खंडित करते हैं। इन मतभेदों के बावजूद दोनों तरफ से यह ऐलान भी किया जा रहा है कि कार्यक्रम एक-दूसरे के खिलाफ नहीं है बल्कि साम्राज्यवाद के विरुद्ध है। मुम्बई प्रतिरोध 2004 की पुस्तिका के अनुसार—"यह कोई डब्ल्यू.एस.एफ. के विरोध में होनेवाला आयोजन नहीं है। बल्कि एम.आर.-2004 एक सुस्पष्ट और ठोस व्याख्या सामने रखकर आयोजित किया जा रहा है। जो कि डब्ल्यू.एस.एफ. उपर्युक्त किसी भी पहलू पर नहीं रखता।"

ऐसी सफाइयों के बावजूद इन सम्मेलनों ने ऐसे लोगों को भारी दुविधा में डाल दिया है जो भूमंडलीकरण और उससे बन रही शोषणकारी स्थितियों से निजात चाहते हैं और यह भी इच्छा रखते हैं कि उसके लिए दुनिया की तमाम ताकतों में व्यापक एकता बने। वे इस धर्मसंकट में हैं कि किधर जाएँ और किसके साथ पहचान बनाएँ। यानी विचारों के इस महाकुम्भ में किस अखाड़े के स्नान को ज्यादा पवित्र माना जाए और कहाँ का प्रसाद अपने घर लाया जाए। यह धर्मसंकट उन लोगों के साथ तो नहीं है जिनके लिए हर आयोजन भाषण झाड़ने और घूमने व मौज-मस्ती करने का बहाना होता है। वे तो

जिधर भी आने-जाने का टिकट मिल जाता है और ठहरने का बढ़िया इन्तजाम होता है वहीं पहुँच जाते हैं। लेकिन उन लोगों के लिए निश्चित तौर पर दुविधा और विभाजन का समय है जो चाहते हैं कि युद्ध और शोषण के सहारे आगे बढ़ती भूमंडलीकरण की अर्थव्यवस्था के फर्जी फीलगुड का सच उजागर हो और जिनके लिए आन्दोलन भी एक कारपोरेट तमाशा है वे इस अभियान से अलग हों। क्योंकि वे देखते हैं कि दोनों तरफ ईमानदार लोगों की न्यूनतम तादाद तो है ही। वैचारिक प्रतिबद्धता के लिहाज से दोनों तरफ गांधीवादी, समाजवादी, अम्बेडकरवादी और मार्क्सवादी भी हैं। उदाहरण के लिए अगर एन.जी.ओ. का लम्बे समय से विरोध कर रहे समाजवादी जनपरिषद के नेता डब्ल्यू.एस.एफ. के कार्यक्रम में शामिल हो रहे हैं तो सर्वोदय और समाजवाद की विरासत का दावा करनेवाले युवा भारत के साथी एम.आर.-2004 में शिरकत कर रहे हैं। अगर डब्ल्यू.एस.एफ. में भाकपा और माकपा से जुड़े किसान और मजदूर संगठनों के अलावा यूरोप और दक्षिण अमेरिका के किसान संगठन हैं तो एम.आर. में भारतीय किसान यूनियन और कर्नाटक रैयत संघ जैसे संगठन हैं। इस धर्मसंकट के चलते ऐसे कई लोग मुम्बई नहीं जा रहे हैं जिनके मन में वहाँ पहुँचने की गहरी चाह है और जिन्हें वहाँ जरूर होना चाहिए। जाहिर सी बात है यह कोई शेयर मार्केट का कारोबार नहीं है जिसके लिए यह सुझाव दे दिया जाए कि फलाँ कम्पनी का शेयर खरीदें। न ही यह गारमेंट और ऑटो का एक्सपो है कि ब्रांड देखकर खरीद लिया जाए। यह विचार की सत्ता को फिर से स्थापित करने का प्रयास है और दूसरी दुनिया के लिए संघर्ष की तैयारी है इसलिए यह काम हर समाज और समूह अपनी प्रतिबद्धता और सामर्थ्य को तौलकर ही करेगा। पर इतना तय है कि सही मार्ग पर दृढ़ता से चलनेवाले तभी तैयार होंगे जब कथनी और करनी का फर्क कम होगा और लोभ-लालच व दोहरेपन का आकर्षण कम होगा।

पिछले दिनों एन.जी.ओ. की तरफ से हुए डब्ल्यू.टी.ओ. विरोधी कई कार्यक्रम सफल रहे और डब्ल्यू.एस.एफ. फिदेल कास्त्रो और लूला के नेतृत्व में दक्षिण अमेरिकी देशों की एक आवाज बनकर उभरा है। इसके बावजूद हर जगह से कोष उगाही और ठोस कार्यक्रम से बचने की एन.जी.ओ. संस्कृति को अगर रोका नहीं गया तो देर-सबेर आन्दोलन को जवाब देते नहीं बनेगा और बदनाम होने के साथ उसके विचार और कार्यक्रम का विस्तार रुक जाएगा। उदाहरण के लिए अगर भाकपा और माकपा जैसे राजनीतिक दल इराक पर हमले के बाद भी किसी अमेरिकी सामान के विरोध का साहस नहीं जुटा सके और फिर भी वह साम्राज्यवाद का विरोध करने का नारा लगा रहे हैं तो वह एक ढकोसले से ज्यादा और क्या है। ऐसे और भी कई संगठन हैं जिनकी लम्बी फेहरिस्त यहाँ दे पाना सम्भव नहीं है पर इतना जरूर है कि लोकतन्त्र के विस्तार का राग अलापते हुए गाहे-बगाहे साम्राज्यवाद का विरोध से अब काम नहीं चलेगा। बल्कि उससे साम्राज्यवाद मजबूत ही होगा। दूसरी तरफ यह मानना निकट दृष्टिदोष ही होगा कि नेटवर्क के सहारे जगह-जगह अपने क्लोन तैयार कर रहे अमेरिकी साम्राज्य से सिर्फ

बहस और धरने-प्रदर्शन के सहारे लड़ा जा सकेगा। इस लड़ाई में थोड़े उग्र कार्यक्रम लेनेवाले किसान मजदूर संगठनों की भी भूमिका हो सकती है। इस सम्भावना को माइकल हार्ट और एंटीनियो नेग्री अपनी मशहूर पुस्तक *अम्पायर* में रेखांकित करते हैं। वे भ्रष्टाचार और सत्ता के मद में मस्त साम्राज्य के विनाश में उग्रवादियों के योगदान की सम्भावना देखते हैं। हालाँकि वे इन उग्रवादियों को धार्मिक और इस्लामी आतंकवादियों से बिलकुल अलग मानते हैं।

साथ ही वे साम्राज्य के विकल्प के तौर पर प्रकृति की सुरक्षा करनेवाले एक कम भोगवादी समाज की कल्पना करते हैं। जाहिर है नया समाज तो विचार और कर्म में समुचित तालमेल से ही बनेगा और उसके निर्माण में समानधर्मा संगठनों की दिशा भी एक होगी। यह ऐसा वर्ष है जब दुनिया के 73 देशों यानी लगभग आधी दुनिया में चुनाव होने तय हैं। इसमें 50 ईसाई और 16 इस्लामी देश शामिल हैं। वहाँ सैकड़ों राजनीतिक दल मैदान में उतरेंगे और लगभग 13 हजार जनप्रतिनिधि चुने जाएँगे। गठबन्धन के इस युग में तमाम गठजोड़ बनेंगे। विशेषकर भारत में चुनावी गठजोड़ बनानेवाले दलों की संख्या 72 बताई जा रही है। लेकिन गठजोड़ों में जो चीज सबसे ज्यादा नदारद है वह है विचारधारा। भाजपा अपने साम्प्रदायिक केंचुल को उतारकर साम्राज्यवादी विवर में घुसने की तैयारी में है और बाकी दल भी चुनावी जरूरत के मुताबिक वैसी ही पैंतरेबाजी कर रहे हैं। ऐसे में मुम्बई में दो खेमों में बँटकर भी हजारों परिवर्तनकारी आन्दोलनों ने बाजार के विरुद्ध विचारों की वापसी के लिए बड़ी उम्मीद जगाई है। अब देखना यह है कि अरब सागर के तट पर गरजनेवाले विचारों के इन बादलों में बरसता कौन है ?

विचारों का महाकुम्भ

समय–सोलह जनवरी, 2004 की शाम। स्थान–मुम्बई, गोरेगाँव का नेस्को मैदान। साम्राज्यवादी भूमंडलीकरण के खिलाफ लड़नेवाला दुनिया का हर विचार, आन्दोलन-संगठन और सूमह अपनी प्रभावशाली सांस्कृतिक अभिव्यक्ति के साथ उस सभास्थल की ओर बढ़ा जा रहा था जहाँ थोड़ी देर बाद एक सपने की तरह बने वैश्विक मंच से एक अलग दुनिया की जरूरत पर दुनियाभर के बुद्धिजीवी और प्रमुख कार्यकर्ता जोर देनेवाले थे। सभास्थल के प्रवेश द्वार के एक कोने पर खड़े होकर ऐसा लग रहा था मानो अलग दुनिया के लिए बेचैन समुद्र की लहरें एक-एक कर तट से टकरा रही हैं और अपने आँचल से सीप और मोती बिखेरती जा रही हैं। पिछले 10-12 सालों में साम्राज्यवाद, उदारीकरण या अमेरिकी दादागिरी के खिलाफ आवाज उठानेवाले किसी संगठन, कार्यकर्ता या बुद्धिजीवी का नाम लीजिए, वह किसी जत्थे के साथ प्रवेश करता दिख

जाएगा। यह दृश्य देखकर वामपन्थी आन्दोलन के जुझारू कार्यकर्ता और आजकल नैफरे के संयोजक अम्बरीश राय सहज ही बोल उठे, ''यह तो विचारों का महाकुम्भ है। जिस भी अखाड़े और मठ का नाम लीजिए वह यहाँ मौजूद है।'' तभी उनकी उपमा में संशोधन करते हुए युवा भारत के साथी डॉ. ए.के. अरुण ने जोड़ा, ''यह तो विचारों का समुद्र मन्थन है और इसका एक सिरा सड़क पार वर्टिनरी कॉलेज के मैदान में एम.आर.-2004 के रूप में चल रहा है। अब देखना यह है कि इस मन्थन से निकले विष और अमृत को किस प्रकार बाँटा जाता है।''

सचमुच लेखिका अरुंधती राय ने मुम्बई की इस सुहानी शाम में जमा एक लाख लोगों के बीच विचार के समुद्र मन्थन का घूर्णन यह कहते हुए प्रारम्भ कर दिया, ''हमें मालूम है कि आनेवाले दिनों में हमारे शहर क्रूज मिसाइलों से ध्वस्त कर दिए जाएँगे, हमारे गाँवों को कँटीले तारों से घेर लिया जाएगा। अमेरिकी सैनिक हमारी सड़कों पर गश्त करेंगे और नरेन्द्र मोदी या प्रवीण तोगड़िया या चाहे जो कट्टर लोकप्रिय नेता हों, वे सद्दाम हुसैन की तरह अमेरिकी कब्जे में होंगे।...''

उन्होंने लोगों को इराक पर हमले से सबक लेने का सुझाव देते हुए कहा कि ऐसी किन्हीं दो कम्पनियों के नाम चुन लीजिए जिन्हें इराक के विनाश से फायदा हुआ है और उनके नाक में दम कर दीजिए क्योंकि नई अमेरिकी सदी की परियोजना असमानता ही बढ़ाएगी और अमेरिकी दबदबा ही कायम करेगी चाहे उसकी कीमत महाविनाश हो।

ईरान की नोबल विजेता शिरीन इबादी, ब्राजील के चीको विटेकर और भारत की शबाना आजमी और समाजवादी जन परिषद के संजय मंगला गोपाल ने अपने-अपने विचारों और बयानों से इस मन्थन को तेज किया और फिर पिछले दस सालों से छोटी गोष्ठियों, बिखरे प्रदर्शनों और रचनात्मक कामों के सहारे चल रहा वैश्वीकरण विरोधी आन्दोलन अचानक आत्मविश्वास पा गया। वह दौड़-दौड़कर सबसे पूछने लगा कि क्या साम्राज्यवादी विनाश रुकेगा ? क्या अलग दुनिया सम्भव है ? वह कैसे बनेगी ? उसे कौन बनाएँगे—एन.जी.ओ., आन्दोलन या राजनीतिक दल ?

इतने लोग मुम्बई में जमा होकर आखिर क्या कहना चाह रहे हैं ? ब्रिटेन की संस्था ग्लोबलाइज रेजिसटेंस की नैन्सी लिंडिसफेम का कहना था, ''यह प्रतिरोध वास्तव में शासक वर्ग के खिलाफ है। अमेरिका और ब्रिटेन के खिलाफ है या जो भी युद्धोन्मादी देश हैं, उनके खिलाफ है।''

नैन्सी 2001 से ग्रुप-8 देशों के विरोधी प्रदर्शनों में शामिल हैं। उनका मानना है कि, ''विश्व सामाजिक मंच में लोग इसलिए आए हैं क्योंकि उन्हें लगता है कि इस बहाने तमाम प्रगतिशील शक्तियाँ एक साथ आ रही हैं। वैश्वीकरण और नवउदारवाद का तात्कालिक सम्बन्ध युद्ध से है। अमेरिका इसलिए नहीं मजबूत है कि वह आर्थिक ताकत है। वह इसलिए मजबूत है कि वह सैन्य शक्ति है। इसलिए वह हर मामले का सैन्यीकरण करने की कोशिश करता है।''

रात के नौ बज चुके थे पर दिल्ली की तरह किसी को भागने की जल्दी नहीं थी।

लोग आ रहे थे, टहल रहे थे, एक-दूसरे से मिल रहे थे। सवाल पूछ रहे थे। शायद पानी के बड़े-बड़े जारों की तरह जवाब खाली हो रहे थे पर किसी की प्यास बुझ नहीं रही थी। कई बार लगता है, प्यास लगने की यह बेचैनी मुम्बई की जलवायुगत है। पर फिर लगता था कि नहीं, विचार की बेचैनी भी तो ऐसे ही होती है। इस बीच सांस्कृतिक कार्यक्रम राजनीतिक दिशा पाने के लिए शान्त हो चुके थे। वह दलित शान्त होकर एक किनारे बैठ चुका था जिसने जातिगत शोषण का प्रदर्शन करने के लिए गले में हंडिया और उसके पीछे झाड़ू बाँध रखी थी। अंकल सैम का स्वांग करनेवाला वह युवक भी बगल के स्टॉल पर भेलपुड़ी खाने में लग गया था जिसने थोड़ी देर पहले सारी दुनिया को मवेशियों की तरह बाँध रखा था। थक चुके थे डॉ. रामदयाल मुंडा जिन्होंने झारखंडियों के साथ बड़ी देर तक ढोल बजाया था।

उधर दूर बने विशाल मंच पर भाषण चले ही जा रहे थे। पता नहीं यह प्रतीकात्मक था या व्यावहारिकता का तकाजा कि मंच पर बैठे या बोल रहे किसी गणमान्य व्यक्ति का चेहरा देख पाना सम्भव नहीं था। वक्ता को देखना हो तो स्क्रीन के पास खड़े हो जाइए। सुनने के लिए ऐसी कोई दिक्कत नहीं थी। सुनने, देखने और पूछने का अनन्त सिलसिला चल रहा था वहाँ। अलग-अलग चेहरे, अलग-अलग सौन्दर्य, भिन्न भाषा और भूषा, पता नहीं कितनों ने कितनों को कितनी बार देखा होगा और सबमें एक भावना पाकर उन्हें कितनी खुशी हुई होगी।

बिहार के डॉ. विनयन के जनमुक्ति आन्दोलन में शामिल राम परीखा सिंह से अलग दुनिया की चर्चा चल ही रही थी तभी दक्षिण कोरियाई कार्यकर्ता किम स्नेगिन ने उसका जवाब दे दिया, ''हम यहाँ यही बताने आए हैं कि क्रान्ति ही दुनिया की समस्याओं का एकमात्र समाधान है। दरअसल भूमंडलीकरण नीचे से होना चाहिए। यह मंच लोगों को समझाने के लिए उपयोगी है कि हम चाहते क्या हैं।''

समझने का यही धैर्य लिए मुम्बई पहुँचे म.प्र. के समाजवादी पार्टी के विधायक डॉ. सुनीलम इस आयोजन को कोष लालायित दिशाहीन एन.जी.ओ. का जमावड़ा मानने को तैयार नहीं थे। उनका कहना था कि ''इन लोगों ने पढ़े-लिखे लोगों के बीच वह जगह बनाई है जहाँ आम आदमी और दलित आदिवासी की बातें सुनी जाती हैं। यह ऊर्जा भले शासक बदलनेवाले वोट में परिवर्तित न हो सके पर इसने राजनीति में जरूरी मुद्दों को वैधता दी है।''

युद्ध और साम्राज्यवाद के खिलाफ समझने-समझाने और एक-दूसरे को वैधता प्रदान करने के हजारों कार्यक्रम छह दिनों तक चलते रहे। इनमें लाखों लोगों ने हिस्सा लिया। डब्ल्यू.एस.एफ. के आयोजकों के अनुसार इस दौरान कुल 1200 कार्यक्रम आयोजित हुए जिसमें 132 देशों के 2660 संगठनों ने हिस्सा लिया। ए.बी.सी.डी. चार बड़े खंडों के अलावा पाँच बड़े हॉल थे जहाँ हजारों की संख्या में लोग बैठकर किसी सभा में शामिल हो सकते, हालाँकि ये बड़े हॉल एकाध अवसरों को छोड़कर पूरी तरह कभी भरे नहीं। 18 जनवरी की शाम हॉल पाँच भी लगभग खाली ही था जब गांधी

पर चल रहे सेमिनार के दौरान मध्य प्रदेश के पूर्व मुख्यमन्त्री दिग्विजय सिंह को हूट किया गया। उस समय मंच पर पत्रकार प्रभाष जोशी, गांधीवादी निर्मला देशपांडे, सुब्बाराव, सुधीर चन्द्र और दिग्विजय सिंह को मिलाकर दस लोग बैठे होंगे और श्रोताओं में स्वामी अग्निवेश सहित लगभग सौ लोग रहे होंगे। जबकि ब्राजील के चीको विटेकर थोड़ी देर पहले मंच से उतरकर हॉल के एक कोने में इस पत्रकार से बात कर रहे थे।

इसके मुकाबले छोटे हॉल अच्छी तरह से भरे और बेहतर विमर्श करनेवाले होते थे। दरअसल लोगों का मन कहीं भीतर बैठने की बजाय टहलते और चलते रहने का था। वे विचार और एक्शन की गतिशीलता भी तलाश रहे थे। हालाँकि हॉलों में न बैठने की एक वजह विभिन्न सेमिनारों में बोली जानेवाली अलग-अलग भाषाएँ भी थीं। फोरम ने इस आयोजन में हिन्दी, मराठी, तमिल, तेलुगू, बंगाली, मलयालम, स्पानी, अंग्रेजी, फ्रेंच, कोरियाई, इंडोनेशिया, थाई और जापानी सहित तेरह भाषाओं को मान्यता दे रखी थी। इन भाषाओं की एक-दूसरे से जोड़ने के लिए 180 अनुवादकों की व्यवस्था थी। भाषान्तर और अनुवाद को और सुगम बनाने के लिए 30000 हेडफोनों का इन्तजाम था। यह मुफ्त संचार व्यवस्था अन्तर्राष्ट्रीय नेटवर्क केबल के माध्यम से सुलभ हुई थी।

सबसे भव्य था मीडिया सेंटर। वहाँ सौ से ऊपर कम्प्यूटर, फैक्स और फोन की सुविधाएँ थीं और पूरे आयोजन में यह ऐसा स्थल था जो वातानुकूलित था। लेकिन मीडिया सेंटर बहुत कुछ विदेशी पत्रकारों को ध्यान में रखकर बनाया गया था क्योंकि वहाँ न तो देशी भाषाओं के लिए आसानी से भाषा फोंट उपलब्ध थे, न ही फैक्स के लिए कागज और कलम। हालाँकि बाहर से आए महिला युवा पत्रकारों की भरमार थी पर वहाँ काम कर रही युवा प्रतिनिधियों को मीडिया के काम करने के तरीकों का ज्ञान बहुत कम था। भारतीय कम्युनिस्ट पार्टी के सचिव अतुल कुमार अनजान और मार्क्सवादी कम्युनिस्ट पार्टी के सीताराम येचुरी अक्सर मीडिया सेंटर के आस-पास दिख जाते थे। कम्युनिस्ट पार्टियों की उपस्थिति पूरे आयोजन में थी। कहीं सघन, कहीं विरल। इससे एक तरफ वे उत्साहित थे तो दूसरी तरफ चिन्ता भी थी।

अतुल कुमार अनजान का कहना था, "शीत युद्ध की समाप्ति के बाद दुनिया में पस्ती का माहौल था पर अफगानिस्तान और इराक पर हमले के खिलाफ लोगों में जो साम्राज्यवाद विरोधी चेतना बनी है, यह उसका प्रगटीकरण है। दुनिया बेचैन है कि अन्तर्राष्ट्रीय वित्तीय पूँजीवाद का विकल्प क्या है ? खेती पर हमले हो रहे हैं। गाँव उजड़ रहे हैं। शहरी गरीबों का रोजगार छीना जा रहा है। अबाध उदारीकरण के विरुद्ध जनता की चेतना जगी है। निश्चित तौर पर कोई-न-कोई राजनीतिक ध्रुवीकरण होगा। एन.जी.ओ. को भी राजनीतिक स्वरूप ग्रहण करना होगा। यह आयोजन संकेत दे रहा कि वह स्वरूप वामपन्थी होगा।"

विश्व सामाजिक मंच पर वामपन्थ के कब्जे से आशंकित एक वरिष्ठ पत्रकार जब

जवाहरलाल नेहरू विश्वविद्यालय के प्रोफेसर आनन्द कुमार से यही प्रश्न करते हैं तो वे वामपन्थ को सचेत करते हैं, "यहाँ नई दुनिया के निर्माण के लिए अपार ऊर्जा प्रस्फुटित हो रही है। मैंने भारत में इतना बड़ा राजनीतिक आयोजन नहीं देखा। यहाँ न सिर्फ दुनिया के हर देश और प्रतिरोध की हर धारा के लोग मौजूद हैं बल्कि बच्चे-बूढ़े और युवा सहित हर वय के लोग भी आए हैं। पर इस ऊर्जा को देखकर हमारे वामपन्थी मित्रों को अकबकाना नहीं चाहिए क्योंकि यह चेतना उनकी पुरानी विचारधारा की ओर लौटने नहीं जा रही है। वह ज्यादा लोकतान्त्रिक और विविधतापूर्ण विश्व बनाने जा रही है।"

आनन्द कुमार के इन विचारों से नाइत्तफाकी जताते हुए एक दलित कार्यकर्ता उनसे भिड़ पड़े क्योंकि आनन्द कुमार यह विचार नैस्को मैदान के चौराहे पर जोर-शोर से जता रहे थे। पर आयोजन समिति के सदस्य और समाजवादी कार्यकर्ता विजय प्रताप ने डब्ल्यू.एस.एफ. की अवधारणा को और स्पष्ट करते हुए आनन्द कुमार की ही दिशा में बात बढ़ाई। उनका कहना था, "विश्व सामाजिक मंच एक तरह की चौपाल है। यहाँ हर प्रकार के लोग मिलते हैं और विविध विषयों पर चर्चा करते हैं। यहाँ कोई मन्त्री के रूप में नहीं आता, कोई राजनीतिक दल के रूप में नहीं आता। यहाँ साझा एजेंडा भी नहीं होता। यह सतत सत्याग्रहों की चौपाल है। जो लोग इन सिद्धान्तों से सहमत हैं, यहाँ उनका स्वागत है। पर जो संगठित हिंसा से समाज को बदलना चाहते हैं, यहाँ उनके लिए जगह नहीं है।"

छह दिनों तक चले विश्व सामाजिक मंच के हजारों सेमिनारों और सभाओं को कवर करना किसी एक संवाददाता के लिए सम्भव नहीं था। बल्कि ऐसा दर्जन भर संवाददाता मिलकर भी नहीं कर सकते थे। न ही उन सभी सांस्कृतिक कार्यक्रमों और स्टॉलों पर लिख पाना सम्भव है जितने वहाँ लगाए गए थे। कहीं सुनील सहस्त्रबुद्धे लोकविद्या की अलख जगा रहे थे तो कहीं पैर से बाँस-बल्ली बाँधे अफ्रीकी प्रदर्शनकारी आकर्षण का केन्द्र बने हुए थे। उत्तर प्रदेश पी.यू.सी.एल. के कार्यकर्ता चितरंजन सिंह और कन्नूर कौंसिल के पुरुषोत्तमन मुलोली के साथ मक्के की छल्लियाँ खाने का अपना मजा रहा। चितरंजन भाई को इस वैश्विक मैले में भदोही का ठेलेवाला मिल गया और उन्होंने उससे मुफ्त में एक गिलास पानी हासिल कर लिया।

पर सम्मेलन की गोष्ठियों में जो तीन मुद्दे प्रमुखता से उठे थे, वे थे—दलित अधिकार, महिला अधिकार और बाल अधिकार। इस दौरान मानवाधिकार और ट्रेड यूनियन के कार्यकर्ता ने भी सशक्त भागीदारी की। जापान और कोरिया की ट्रेड यूनियनों की उपस्थिति भारत से कहीं ज्यादा दमदार थी। दक्षिण कोरिया के नागरिक समूहों की तरफ से नारा गूँज रहा था, "दिसम्बर-2004 में बुश को व्हाइट हाउस से बाहर करो।" प्रोफेसर ह्वीयोन चो ने प्रस्ताव रखा कि हमें सामाजिक आन्दोलनों की एक अन्तर्राष्ट्रीय एकजुटता बनानी चाहिए ताकि बुश को हटाया जा सके। यह प्रयास नाकाम भी हो तब भी बुश घिरे हुए महसूस करेंगे।

उधर रूस से आए वर्ल्ड फेडरेशन ऑफ ट्रेड यूनियन के महासचिव कामरेड अलेक्जेंडर जरिकोव की माँग थी कि विकसित देश विकासशील देशों का सारा कर्ज माफ कर दें।

इस बीच 'स्थिति को समझना' शीर्षक से हुई गोष्ठी में राय जताई गई कि विश्व बैंक और मुद्रा कोष के खिलाफ अभियान सफल इसलिए नहीं होता क्योंकि दोनों तरफ नवउदारवादी विचार ही हावी हैं। कहा गया कि डब्ल्यू.टी.ओ. इन दोनों संस्थाओं से बेहतर है क्योंकि वहाँ एक तरह का लोकतन्त्र है।

सहभागी लोकतन्त्र पर हुए एक सेमिनार में कहा गया कि प्रतिनिधित्ववाले लोकतन्त्र की सीमाएँ स्पष्ट हो रही हैं। इसलिए हमें सहभागी लोकतन्त्र के बारे में विचार करना चाहिए। पर राजनीतिशास्त्री डी.एल. सेठ का सुझाव था कि भारत में प्रतिनिधित्ववाले लोकतन्त्र की समस्याएँ तो हैं पर ऐसी ताकतें भी हैं जो इसके खत्म होने का इन्तजार कर रही हैं। इसलिए हमें सावधान रहना चाहिए।

सम्मेलन में मानवीय गरिमा पर काफी जोर था और इस बारे में ईरान की नोबल विजेता शिरोन इबादी की यह टिप्पणी भुलाई नहीं जा सकती कि "हम यहाँ मानवीय गरिमा के लिए प्रतिबद्धता जताने को जमा हुए हैं।...और जो व्यक्ति भूखा और युद्ध का मारा है उसकी कोई गरिमा नहीं है।"

विचारों के इस महाकुम्भ को समुद्र मन्थन में बदलने का प्रयास भी चल रहा था। पर आयोजन कभी मेला और कभी प्रतिरोध बनकर रह रहा था। इन आशंकाओं के बीच कि यह एन.जी.ओ. का जमावड़ा है और इससे कोई राजनीतिक दशा नहीं निकलेगी, यह कहनेवालों की कमी नहीं थी कि दुनिया करवट ले रही है, कुछ-न-कुछ जरूर होगा। पाकिस्तान के प्रतिनिधिमंडल की मौजूदगी भी आकर्षण का केन्द्र रही। खासकर सिन्ध प्रान्त के मजदूर किसान नेता जाफर भाई की वह टिप्पणी भुलाए नहीं भूलती, "जब कट्टरपंथी और तानाशाह आपस में मिल सकते हैं तो हम काफिर क्यों नहीं मिल सकते।"

आयोजन के व्यय पर तरह-तरह के अनुमान लगाए गए। पर आयोजकों ने इतना माना कि इस पर 150 करोड़ रुपए से ऊपर का खर्च आया है। लेकिन इंसाफ के अनिल चौधरी ने यह दावा जरूर किया कि इस बार फोर्ड फाउंडेशन और मैकआर्थर फाउंडेशन से सीधा धन नहीं लिया गया। चलते-चलाते दक्षिण अफ्रीकी महिला की तरफ से लगाए गए एक लांछन के अलावा विश्व सामाजिक मंच का आयोजन आन्दोलन और विचारों की दुनिया की एक बड़ी अनुशासित घटना थी। पर इससे क्या निकला, यह लाख टके का सवाल बना हुआ है। यहाँ डब्ल्यू.एस.एफ. की अन्तर्राष्ट्रीय समिति के सदस्य राबर्टो सेवियो के इस सुझाव पर गौर करना होगा, "डब्ल्यू.एस.एफ. वामपन्थी और प्रगतिशील समूहों का एक मेला बनता जा रहा है। यहाँ बहसें ज्यादा होती हैं और राजनीतिक प्रभाव कम पड़ता है। अगर इसके संविधान को नहीं बदला गया तो यह जल्दी अप्रासंगिक हो जाएगा।"

बोतल में बन्द समाज

एक गँवई बारात में दिलचस्प वाकया हुआ। द्वारपूजा के दौरान आँधी और बारिश आ गई। बिजली गई और बारातियों-घरातियों ने जगह-जगह पनाह ली। स्थिति सामान्य हुई तो नई तरह की खुसर-फुसुर शुरू हो गई। लड़कीवाले के गोदाम से पेप्सी-कोक के पाँच करेट गायब थे। उन लोगों ने छानबीन के बाद लड़केवालों से शिकायत की। उनका कहना था कि हम तो सब कुछ आप ही के लिए लाए थे। पर चोरी करके सामान का इस्तेमाल करना ठीक नहीं। लड़केवालों की प्रतिष्ठा पर घड़ों कीचड़ पड़ गया था। पर वे उन नौजवानों का क्या करते जिनका *दिल लगातार मोर की माँग* करता है। यह उपभोक्तावाद द्वारा जगाई गई इच्छा का परिणाम है कि वह एक तरफ दहेज के लिए नकदी से लेकर सामानों की लम्बी फेहरिस्त थमाती है तो दूसरी तरफ बारात के नौजवान कोक के करेट चोरी कर लेते हैं। जब हमारा दिल मोर माँगने का आदी हो जाता है तो न स्वास्थ्य की चिन्ता करता है और न ही सामाजिक मर्यादा और मानवता की। उसे यह सब बेकार के बन्धन लगते हैं और वह बार-बार इन्हें तोड़ने का प्रयास करता है। पेप्सी कोक के बारे में सेंटर फार साइंस एंड इनवारनमेंट के ताजे रहस्योद्घाटन से जो सनसनी और नाराजगी फैली है वह कहाँ तक जाएगी विश्वास के साथ कुछ कहा नहीं जा सकता। एक बात जरूर विश्वास के साथ कही जा रही है कि हमारे राज्य व्यवस्था के विभिन्न अंग जल्दी ही सब कुछ खा-पीकर सब रफा-दफा कर देंगे और वह सब खाने-पीने की इजाजत दे देंगे जो नहीं खाना-पीना चाहिए। यानी शीतल पेयों के बारे में सामने आई सच्चाई राजनीति के भूमिगत सीवरेज के साथ बह जाएगी। सबसे ज्यादा विश्वास के साथ यही कहा जा रहा है कि इस सराहनीय पहल का हश्र भी वही होगा जो मिनरल वाटर के बारे में किए गए सी.एस.ई. के रहस्योद्घाटन का हुआ था। हमारे बौद्धिक वर्ग से लेकर जनसामान्य तक में अपनी सरकार और राजनीतिक प्रणाली को लेकर जो विश्वास का स्वरूप है वह यही है। उसे यह विश्वास नहीं है कि कथित राष्ट्रवादी सरकार जनस्वास्थ्य के बारे में कोई भी साहसिक और कल्याणकारी कदम उठाएगी। यह तो कोई स्वप्न में भी नहीं सोच रहा है कि यह सरकारें या पार्टियाँ देश से पेप्सी-कोक को बाहर करने के लिए कदम उठाएँगी। क्योंकि उदारीकरण के इस दौर में ऐसा कर पाना सम्भव नहीं लगता। लेकिन लोग यह भी सोचने का साहस खो चुके हैं कि इन पर जनस्वास्थ्य के मानकों के मुताबिक नियम-कानून की कोई बन्दिश लगाई जाएगी। अगर हमारी सरकारों और राजनीतिक दलों में इस तरह का कोई पुरुषार्थ बचा होता तो सन् 1988 से बिक रही पेप्सी-कोक का वैज्ञानिक परीक्षण कर वही कोई रपट जारी करती। लेकिन पिछले 14 सालों में किसी सरकार ने यह जहमत नहीं की कि यह कम्पनियाँ सरकार के साथ किए गए समझौते के तहत काम कर रही हैं या नहीं। जनस्वास्थ्य के लिहाज से उत्पाद बना रही हैं या नहीं। विधायिका और कार्यपालिका के बाद अगर किसी अन्य संस्था से कोई उम्मीद बचती है तो वह न्यायपालिका और

मीडिया से। न्यायपालिका में कुछ जनसंगठनों ने लम्बे समय से इन पेयों के खिलाफ याचिका डाल रखी है। लेकिन आज तक उसका कोई असर नहीं हुआ। न्यायपालिका के बाद मीडिया का नम्बर आता है। लेकिन पूँजीप्रधान और लगातार अराजनैतिक व व्यावसायिक होते जा रहे मीडिया से जेहादी और जुनूनी होने की उम्मीद नहीं की जा सकती। वे एक सीमा से आगे जनपक्षधरता नहीं दिखा सकते। उन्हें सन्तुलन करके चलना ही होगा और देर-सबेर बड़ी पूँजी का सम्मान करना ही होगा। इसके लक्षण मीडिया के एक समूह की तरफ से दिए जानेवाले उन तर्कों में देखे जा सकते हैं कि जहर पेप्सी-कोक में नहीं इस देश की मिट्टी और पानी में है। जब यहाँ का भूजल ही प्रदूषित है तो बेचारी पेप्सी और कोक कम्पनी क्या करे।

यह घटना उन लोगों के लिए भी आँख खोलनेवाली है जो यह मानते हैं कि बाजार की प्रतिस्पर्धा एक दिन सब कुछ ठीक कर देगी। यह मान्यता इस घटना से खारिज हो जाती है कि शीतल पेयों में कीटनाशकों का रहस्योद्घाटन होने के बाद एक-दूसरे के प्रतिद्वन्द्वी पेप्सी और कोक एक साथ एक मंच से प्रेस कांफ्रेंस कर रहे थे। अगर सचमुच बाजार में न्याय करने की सामर्थ्य होती तो कम-से-कम एक अपनी गलती मानते हुए सही और हानिरहित पेय देने की गारंटी देता। लेकिन चूँकि बाजार गुणवत्ता, शुद्धता और जनहित के आधार पर न चलकर मुनाफा और विज्ञापन के आधार पर चलता है इसलिए वह गलती पकड़े जाने पर कोतवाल को डाँटने और भले लोगों के आगे दीदा तरेरने का आचरण करता है। जिन्हें बाजार की निष्पक्षता पर विश्वास है वे मिनरल वाटर और पेप्सी-कोक में कीटनाशक पाए जाने को टेस्ट केस बनाकर देख लें। बाजार इस कमी को दुरुस्त करनेवाला नहीं है। फिर क्या किया जाए ? जब समाज उपभोक्तावाद में फँसा हुआ हो और उसकी संस्थाएँ अन्तर्राष्ट्रीय व्यापार के भारी दबाव में हों ऐसे में यह सवाल बहुत बेचैन करनेवाला है। ऐसे में एक तरीका तो यह है कि जान-बूझकर कीटनाशक पीया जाए और तीसरी दुनिया के देश में जन्म लेने के अपने भाग्य को कोसा जाए। दूसरा तरीका यह है कि जितना भी बन सके अपने और अपने लोगों के स्वास्थ्य की रक्षा के लिए कुछ किया जाए। क्योंकि सम्पूर्ण निराशा के माहौल में भी आशा की कोई-न-कोई किरण रहती है। सी.एन.जी. के सहारे दिल्ली के प्रदूषण को नियन्त्रित करना और सुप्रीम कोर्ट के आदेश के सहारे ताजमहल की रक्षा करना कम-से-कम दो ऐसे उदाहरण हैं जो कुछ उम्मीद जगाते हैं। इन उम्मीदों की एक डोर तो गैर सरकारी संगठनों और दूसरी डोर न्यायपालिका से जुड़ती है। गैर सरकारी संगठन सरकार और बाजार की विफलता के मध्य उम्मीद की किरण बनकर उभरे हैं। लेकिन उनमें सभी एक जैसे नहीं हैं और जो ठीक हैं वे एक सीमा से आगे जा नहीं सकते। सी.एस.ई. से आन्दोलन चलाने और किसी क्रान्तिकारी माँग उठाने की उम्मीद नहीं की जा सकती। न ही यह उम्मीद की जा सकती है कि वे बाजार में उपलब्ध तमाम शीतल पेयों का कोई स्वास्थ्यवर्द्धक और देशी विकल्प प्रस्तुत करेंगे। वे ज्यादा-से-ज्यादा यही माँग करेंगे कि इन पेयों से घातक कीटनाशकों की मात्रा निकाली जाए। इसके बावजूद उन्होंने देश

के लाखों लोगों की आँख खोलने का जो काम किया है वह किसी बड़े आन्दोलन के मुहूर्त से कम नहीं है।

सी.एस.ई. के इस रहस्योद्‌घाटन के दस साल पहले से आजादी बचाओ आन्दोलन और उनके जैसे और जनान्दोलन देश में पेप्सी-कोक मुक्त क्षेत्र तैयार करने में लगे हैं। हाल में डॉ. बनवारी लाल शर्मा, राम धीरज, डॉ. वी.पी. श्रीवास्तव, मनोज त्यागी और अन्य लोग बिहार के देवघर के श्रावणी मेले में पेप्सी-कोक का बायकाट करवा रहे थे। डॉ. ए.के. अरुण ने पाँच साल पहले पेप्सी-कोक की असलियत बतानेवाली पुस्तिका में भी लिख डाली थी। उनकी इस किताब में कीटनाशक का जिक्र तो नहीं है लेकिन इन पेयों के अवयवों और उनके हानिकारक प्रभावों का विस्तार से वर्णन है। उन्होंने यह भी आपत्ति दर्ज की है कि भारत में बिकनेवाले इन पेयों के बोतलों पर इस बात का कोई जिक्र नहीं होता कि उनके भीतर क्या है। लेकिन उनकी इन बातों पर आन्दोलन के चन्द समर्पित लोगों के अलावा कोई विशेष ध्यान नहीं देता था। आज न सिर्फ ऐसे आन्दोलन सही साबित हुए हैं बल्कि लोग समय रहते चेतने पर मजबूर हुए हैं। साथ ही यह भी लगता है कि सी.एस.ई. की लैब से जो परीक्षण किया गया है उससे आगे भी कई तरह के परीक्षण की जरूरत है। यह काम सरकार को करना चाहिए और अगर वह नहीं करती तो इंडियन मेडिकल एसोसिएशन जैसी संस्था को आगे आना चाहिए।

आज जाति और धर्म के झगड़ों में बुरी तरह उलझ चुके भारतीय समाज से यह तो उम्मीद नहीं की जा सकती कि वह स्वाधीनता संग्राम की तरह तमाम बुराइयों के खिलाफ एकजुट होकर खड़ा होगा। लेकिन इतना आग्रह तो जरूर किया जा सकता है कि यूरोपीय जीवन पद्धति को काफी कुछ अपना चुका अभिजात वर्ग कम-से-कम जनस्वास्थ्य के मामले में यूरोपीय मानदंडों को लागू कराने पर जोर देगा। इसके लिए वह राज्य की संस्थाओं को एक हद तक मजबूर कर सकता है कि न पूरे देश में सही, पर देश के किसी एक हिस्से में स्वास्थ्य को हानि पहुँचानेवाले घातक पेयों को प्रतिबन्धित किया जाए। वैसे जैसे डीजल को प्रतिबन्धित कर सी.एन.जी. को लागू किया गया। दूसरा आग्रह उस व्यापक जनसमूह से पेश किया जा सकता है जो बहुत चाहकर भी यूरोपीय जीवन पद्धति अपना नहीं सकता। उसके पास संयम और देशी विकल्प का विशाल आकाश है। जरूरत इस बात की है वह बन्द बोतलों की घुटन भरी कार्बन डाईऑक्साइड से बाहर निकले और खुली ऑक्सीजन में साँस ले।

इस जंग में ताकत लगाइए

गुजरात में भारतीय जनता पार्टी की प्रचंड जीत के बाद जंग होनी तय है। सीमा पार से चल रहे आतंकवाद को मिटाने के नाम पर हुई इस चुनावी जीत का परिणाम सीमा

पर जंग के रूप में भले न हो लेकिन देश के भीतर एक जंग से रूप में जरूर होगा। वह जंग अन्तर सामुदायिक संघर्ष के रूप में कितनी होगी यह तो अन्तर्राष्ट्रीय हालात और हिन्दुत्व तय करेंगे लेकिन वैचारिक रूप में यह जंग होनी है और उसे कोई समझौतावादी प्रधानमन्त्री वाजपेयी, सत्ता की तरफ बढ़ रहे आडवाणी जैसे नेता या चिकने-चुपड़े चेहरेवाले मीडिया मोहक युवा राजनीतिक रोक नहीं सकते। यह जंग संघ परिवार के भीतर भी चलेगी और उसके बाहर भी। देखना यह है कि उसमें कौन कितनी ताकत लगाता है और कौन कितनी देर तक टिकता है। साथ ही यह भी तय है कि अब मध्यमार्ग चलेगा नहीं। जो तटस्थ रहना चाहेंगे समय उनका अपराध जरूर दर्ज करेगा।

इस जंग की असली ताकत किसान बनेंगे या मजदूर या छात्र नौजवान यह एक महत्त्वपूर्ण सवाल है। यह अच्छी बात है कि फसल बर्बाद होने और कर्ज न भर पाने पर आत्महत्या करनेवाले किसानों ने पिछले दिनों संघर्ष कर जान देने का रास्ता अपनाया है। लेकिन उनका संघर्ष भी दलगत राजनीति या स्थानीय मुद्दों में उलझकर थक रहा है। मजदूरों का संघर्ष भी श्रम क्षेत्र में हो रहे विभिन्न सुधारों का उतना भी विरोध करने को तैयार नहीं दिखता जितना स्वतन्त्र और अराजनैतिक संगठनोंवाले किसान कर डालते हैं। जाहिर सी बात है अब इस वैचारिक और राजनीतिक संघर्ष में सर्वाधिक सक्रिय भागीदारी की सम्भावना छात्रों और नौजवानों से है। इसीलिए सभी राजनीतिक दल अपने-अपने ढंग से छात्रों और नौजवानों को तैयार करने में लग गए हैं। गोधरा के बाद निर्मित गुजरात में युवाओं ने भारी योगदान दिया और अगर भारत को दो साल में हिन्दू राष्ट्र बना देना है तो जाहिर है कि उनसे और ज्यादा सघन और व्यापक योगदान लिया जाएगा।

इसमें कोई दो राय नहीं कि इन दिनों युवाओं पर सर्वाधिक असर हिन्दुत्व और उसके द्वारा पोषित बाजार का ही है। हिन्दुत्व उन्हें आक्रोश व्यक्त करने का अवसर देता है और बाजार उन्हें मौज-मस्ती का वातावरण प्रदान करता है। कवि शमशेर बहादुर सिंह ने कहा है कि—इल्मो हिकमत दीनां ईमां, हुस्नो इश्क—आपको बाजार से जो कहिए अभी ला देता हूँ मैं। उन अर्थों में बाजार में सब कुछ उपलब्ध है और जो नहीं है वह उन्हें हिन्दुत्व प्रदान करने को तैयार है। यह इन्तजाम सर्वाधिक दिलचस्प तरीके से नवम्बर के महीने में दिल्ली में उस समय देखने को मिला जब एक तरफ अन्तर्राष्ट्रीय व्यापार मेले में धक्का-मुक्की करने के लिए युवाओं का समुन्दर उमड़ पड़ा था तो दूसरी तरफ अखिल भारतीय विद्यार्थी परिषद ने रामलीला मैदान में अपनी रैली आयोजित कर रखी थी। उस दिन का दृश्य यह स्पष्ट कर रहा था कि हिन्दुत्व का रास्ता बाजार से ही गुजरता है और बाजार भी हिन्दुत्व से अलग होकर नहीं चलेगा। हालाँकि हिन्दुत्ववादी संगठनों के कई अंग बाजार के बढ़ते असर से चिन्तित दिखाई देते हैं लेकिन वे जानते हैं कि वे युवाओं को बाजार से विमुख कर नहीं सकते इसलिए बाजार की निन्दा आधे-अधूरे मन से ही करते हैं।

संघ परिवार का इरादा युवाओं का मन रखते हुए हिन्दू राष्ट्र निर्माण की रणनीति में लगाना है। क्योंकि उन्हें मालूम है कि जर्मनी में एस.एस. और एस.ए. नाम के युवा संगठनों ने फासीवाद को स्थापित करने में कितनी महत्त्वपूर्ण भूमिका निभाई थी। इसी सिलसिले में गुजरात के नतीजे आने के दूसरे ही दिन दिल्ली विहिप ने ऐलान कर दिया कि वह युवाओं को आतंकवाद के विरुद्ध सचेत करने के लिए रथयात्रा निकालेगी। इन्हीं रथयात्राओं के साथ निकलेंगे बजरंग दलियों, कारसेवकों और शिव सैनिकों के युवा समूह।

इस बीच बाजार भी खामोश नहीं बैठा है। पिछले दिनों अपनी लड़खड़ाती अर्थव्यवस्था को बचाने के लिए भारत दौरे पर आए माइक्रोसाफ्ट के चेयरमैन बिल गेट्स ने युवाओं को एड्स से लड़ने की प्रेरणा दी। उन्होंने उसके लिए भारी धन देने का एलान किया और उसी के साथ एक सुनहरी दुनिया का सपना दिखाकर अपने उत्पादों के लिए बड़ा बाजार भी तैयार कर गए। कुल मिलाकर हिन्दुत्व और बाजार ने युवाओं के समक्ष आतंकवाद और एड्स को इस दौर के सबसे बड़े शत्रु के रूप में प्रस्तुत किया है और उन्हें उसके खिलाफ एक छद्म संघर्ष में ठेलकर सत्ता और सम्पदा हासिल करना चाहते हैं।

लेकिन गुजरात की हार से सन्न कांग्रेस पार्टी भी युवाओं के लिए कोई अलग आह्वान करने की स्थिति में नहीं है। सिवाय सोनिया गांधी की जगह उनकी युवा बेटी प्रियंका गांधी को आगे लाकर मंच परिवर्तन का अभ्यास करने के उनके भीतर या बाहर कोई और योजना झाँकती नहीं दिखती। इसमें कोई दो राय नहीं कि हाल के दिनों में इन्दिरा-नेहरू परिवार के दो नेताओं संजय गांधी और राजीव गांधी ने युवाओं को बड़े पैमाने पर अपनी तरफ आकर्षित किया था। एक का तरीका आक्रामकता और हठवादिता का था और दूसरे का शालीनतापूर्वक सपने दिखाने का। संजय गांधी अपनी हुड़दंग से मजबूत भारत बनाना चाहते थे तो सहानुभूति लहर पर सवार राजीव गांधी ने 21वीं सदी का सपना दिखाया था। लेकिन कांग्रेस आज इनमें से कोई भी सपना दिखाने की स्थिति में नहीं है। वह अपने अस्तित्व को उदार और धर्मनिरपेक्ष भारत से जोड़कर चल रही है। जबकि नौजवान इतनी लुंजपुंज धर्मनिरपेक्षता और इतनी प्राणहीन उदारता को कभी स्वीकार नहीं करता। कांग्रेस इस बात को पता नहीं कैसे भूल चुकी है कि नौजवान सपने देखता है और उसके लिए जी-जान से जुट जाता है। इस बात से कोई फर्क नहीं पड़ता कि उसे वह सपना नौजवान भगत सिंह के बलिदान में दिखाई पड़ता है या बीमार व बूढ़े चारू मजुमदार या जयप्रकाश नारायण के आह्वान में।

आज अगर नौजवान बजरंग दल या विहिप की तरफ टूटे पड़ रहे हैं तो उसका मुख्य कारण यही है कि उन्होंने राजनीतिक भ्रष्टाचार और अनिश्चित भविष्य से ऊबे युवाओं को जूझने के लिए एक विचारधारा और एक मकसद प्रदान कर दिया है। भले ही वह बीमार और भयातुर स्वप्न हो, पर आतंकवाद से भयभीत एक हिन्दू राष्ट्र का स्वप्न तो वे दिखा ही रहे हैं। दूसरी तरफ सोवियत संघ का समाजवाद ढहने के बाद

वामपन्थी और समाजवादी दल साफ और ऊँची आवाज में समाजवाद का नाम तक नहीं लेते। उन्हें समझना होगा कि सिर्फ फासीवाद-फासीवाद चिल्लाने से युवा नहीं जुड़ता। उसके मानस में कोई-न-कोई सपना जगाना ही होगा।

जाहिर है कि आज वह साठ और सत्तर के दशक का युवक नहीं है जो अपना बेहतरीन कैरियर छोड़कर वसन्त के वज्रनाद या सम्पूर्ण क्रान्ति के लिए उमड़ पड़े। इसके बावजूद यह कहना भी अतिशयोक्ति होगी कि संचार क्रान्ति के साथ आई उपभोक्तावादी संस्कृति और प्रतियोगी परीक्षाओं की आयु 35 वर्षों तक कर दिए जाने के बाद युवा इस स्थिति में नहीं हैं कि वह किसी मकसद के लिए अपना बलिदान देने निकल सके, क्योंकि उसका सारा समय इसी मरीचिका में निकल जाता है। हकीकत यह है कि आज का युवा भी इन बातों को अच्छी तरह से जानता है कि महाराष्ट्र के कपास के खेतों में हर पाँचवें दिन एक किसान आत्महत्या कर रहा है। इस अर्थव्यवस्था में वृद्धि होने के साथ रोजगार के अवसर घट रहे हैं और प्रतियोगी परीक्षाओं की लगातार घटती सीटें उसे ज्यादा दिन खुशफहमी में नहीं रख सकतीं।

हिन्दुत्व और बाजार से अलग युवाओं के प्रति इसी आशावादी नजरिए का परिणाम है 28 दिसम्बर से 31 दिसम्बर 2002 तक लखनऊ में होने जा रहा 16 प्रदेशों के युवाओं द्वारा बनाए जा रहे युवा भारत नाम के संगठन का स्थापना सम्मेलन। इस संगठन की स्थापना में जे.पी. आन्दोलन, वामपन्थी आन्दोलन और समाजवादी व सर्वोदयी आन्दोलन के वे कर्मठ साथी लगे हैं जिन्होंने समता और मानवता के प्रति अपनी निष्ठा और ईमानदारी अभी तक बरकरार रखी है। उनकी चिन्ता के विषय हिन्दुत्व और उदारीकरण हैं।

उनका संकल्प है कि राष्ट्रवाद का झंडा इस समय गलत व्यक्तियों के हाथ में है। उसे उनसे छीनकर ही खुशहाल और सशक्त भारत का निर्माण किया जा सकता है और यह काम युवाओं से बेहतर कोई नहीं कर सकता। इसी सिलसिले में उदारीकरण के खिलाफ विगत 10-12 वर्षों से चेतना जगा रहे आजादी बचाओ आन्दोलन का 29 जनवरी 2003 को राजधानी दिल्ली के चारों तरफ एक हजार किलोमीटर की मानव शृंखला बनाने का कार्यक्रम भी महत्त्वपूर्ण है। वे भी बहुराष्ट्रीय कम्पनियों के उपनिवेशवाद के खिलाफ समर संकल्प लेने के लिए युवाओं का आह्वान कर रहे हैं हालाँकि उनका संघर्ष हिन्दुत्व से नहीं है। यह कार्यक्रम इस बात के संकेत हैं कि देश के सारे युवा ग्लैमर और साम्प्रदायिकता के शिकार नहीं हो गए हैं। इनके सीने में न सही पर उनके सीने में तो अलग भारत का सपना है और उसके लिए आग भी जल रही है। निश्चित तौर पर भ्रष्ट और स्वार्थी राजनेताओं से जर्जर इस देश में इंसाफ और बेहतरी की जंग युवा ही लड़ेंगे और वे ही धर्म का एजेंडा भी बदलेंगे। इसलिए जरूरत उनकी इस जंग में ताकत लगाने की है।

भूमंडलीकरण के विरुद्ध

जिन लोगों को लगता रहा है कि भूमंडलीकरण का अश्व थामने की ताकत इस देश में नहीं रह गई है, उन्हें शायद दिल्ली और महानगरों से दूर, छोटे शहरों, गाँवों और कस्बों में चल रहे उन ढेर सारे आन्दोलनों की खबर नहीं है जो भूमंडलीकरण का एक सशक्त प्रतिरोध रच रहे हैं और उन शक्तियों को लामबन्द कर रहे हैं जो देशज अस्मिता और स्वाभिमान के पक्ष में लड़ाई लड़ने को तैयार हैं। इस लड़ाई के कई आयाम हैं जिनका एक सिरा तो नर्मदा और गंगा के किनारे बन रहे बड़े बाँधों के विरुद्ध चल रहे आन्दोलनों से जुड़ा है और दूसरा सिरा बहुराष्ट्रीय कम्पनियों के खिलाफ छेड़ी जा रही मुहिमों से। इसके अलावा अश्लीलता और अपसंस्कृति के साथ-साथ उपभोक्तावाद को निशाना बनानेवाले आन्दोलन भी इसी का हिस्सा माने जा सकते हैं।

पिछले ग्यारह वर्षों से भूमंडलीकरण के खिलाफ अभियान चलाने में सबसे आगे रहे आजादी बचाओ आन्दोलन ने फरवरी 2000 के पहले दिन समर संकल्प ले लिया है। पूर्वी उत्तर प्रदेश के एक इलाके में 300 किलोमीटर लम्बी मानव शृंखला निर्माण के साथ लिया गया यह संकल्प जहाँ उम्मीद जगाता है वहीं आनेवाली विकट स्थिति की तरफ संकेत भी करता है। उम्मीद इसलिए कि आजादी बचाओ आन्दोलन ने किसी राजनीतिक दल या किसी अन्य जन संगठन की मदद लिए बिना अपने ही बूते इतनी मानव शृंखला खड़ी कर दी। इससे यह लगता है कि आजादी बचाओ आन्दोलन ने अपनी एक साख और ताकत बनाई है और वह किसी हद तक संघर्ष की ज्वाला जला सकता है। लेकिन आशंका इसलिए कि यह संघर्ष इतना छोटा नहीं होगा न ही विरोधी इतना कमजोर है कि उसे एक ही संगठन या आन्दोलन से जीता जा सके। इसके लिए तमाम संगठनों में जितनी गहरी चेतना और व्यापक एकजुटता की जरूरत है वह कहीं दिखाई नहीं पड़ रही है। भले ही राजनीतिक दल और जनान्दोलन अपने-अपने तईं किसान रैलियाँ और कार्यक्रम कर रहे हों और संघर्ष का बिगुल बजा रहे हों। पर वे एक-दूसरे के करीब आने के बजाय लगातार दूर भागते जा रहे हैं।

पाँच जून 1989 को सम्पूर्ण क्रान्ति दिवस के मौके पर इलाहाबाद के कुछ बुद्धिजीवियों, साहित्यकारों, पत्रकारों और युवाओं ने भोपाल गैस त्रासदी से सचेत होकर बहुराष्ट्रीय कम्पनियों की गुलामी से लड़ने का संकल्प किया था। उनका यह संकल्प इतिहास की गर्त में खो जाने के बजाय वक्त के करवट लेने के साथ लगातार प्रासंगिक होता चला गया। इन लोगों ने पहले लोक स्वराज्य अभियान के माध्यम से जनजागरण अभियान चलाया। पहला अभियान पेप्सी-कोला के खिलाफ इलाहाबाद में चला। इसका असर यह रहा कि वहाँ पेप्सी की एजेंसी वापस हो गई और छह महीने तक बहाल नहीं हुई। फिर युवाओं ने उन्नाव में पेप्सी के बाटलिंग प्लांट के खिलाफ साइकिल यात्रा निकाली और पेप्सी को अनुमति दिए जाने के खिलाफ एक लाख हस्ताक्षरोंवाला ज्ञापन वित्त मन्त्री को सौंपा।

लोक स्वराज्य अभियान का दूसरा चरण जनवरी 1992 से दिसम्बर 1994 के बीच चला। इसी दौरान इस अभियान को वर्धा में आजादी बचाओ आन्दोलन का नाम दिया गया और सेवाग्राम घोषणा जारी हुई। इसी दौरान दिल्ली के बोट क्लब मैदान में हजारों लोगों ने डंकल प्रस्तावों के खिलाफ 22 मार्च 1992 को विशाल रैली की। उस रैली में किशन पटनायक, जार्ज फर्नांडीज, मधु दंडवते और सुरेन्द्र मोहन जैसे राजनीतिकों से लेकर डॉ. बनवारी शर्मा और तमाम गैर राजनीतिक लोग भी मौजूद थे। लेकिन आपसी मतभेद के कारण यह एकता उसी दिन टूट गई। जार्ज फर्नांडीज कहीं और चले गए पर गैर राजनीतिक युवाओं और बुद्धिजीवियों का संघर्ष इससे थमा नहीं। आजादी बचाओ आन्दोलन गुजरात में कार्गिल नमक के खिलाफ अभियान में भी शामिल रहा और वहाँ जनसंगठनों को विजय भी हासिल हुई।

आजादी बचाओ आन्दोलन को दूसरी बड़ी जीत अपसंस्कृति के खिलाफ हासिल हुई। उन लोगों ने अश्लील पत्रिका *फन एंड फैंटेसी* के खिलाफ मुकदमा किया। नतीजतन अदालत ने न सिर्फ पत्रिका को बन्द करने का आदेश दिया बल्कि उसके मालिक को तीन महीने की जेल भी हुई। आन्दोलन ने पेटेन्ट बिल संशोधन विधेयक के खिलाफ भी बढ़-चढ़कर अभियान चलाया और सांसदों को गोलबन्द कर उसे राज्य सभा में पास होने से रुकवाया।

आजादी बचाओ आन्दोलन अपने तीसरे चरण में गुजरात और राजस्थान में ज्यादा सक्रिय रहा। सन् 1994 में इस आन्दोलन ने अलवर के सोनखुर्द इलाके में किसानों की समस्या को उठाया। पहले से ही पानी के लिए तरसनेवाले इस इलाके में केडिया समूह और अन्य कम्पनियों ने 1400 करोड़ की लागत से 24 शराब कारखानों की नींव डाली। आजादी बचाओ आन्दोलन ने यहाँ लोगों को लामबन्द किया और परिणामस्वरूप सरकार को शराब के चौबीसों कारखानों के लाइसेंस रद्द करने पड़े।

आन्दोलन की याचिका के आधार पर मेट्रोपालिटन मजिस्ट्रेट प्रेम कुमार ने तीन जुलाई 1996 को एक फैसला देकर दूरदर्शन पर अश्लील फिल्मों पर रोक लगा दी। प्रेम कुमार के इस फैसले का व्यापक असर हुआ और अपसंस्कृति के अभियान को रोकने में कामयाबी मिली। आजादी बचाओ आन्दोलन को लोकप्रिय बनाने में राजीव दीक्षित ने भारी योगदान दिया। उन्होंने डॉ. बनवारी लाल शर्मा की प्रेरणा को प्रभावशाली वक्तृत्व कला से कैसेटों के माध्यम से घर-घर पहुँचा दिया। उन्होंने गुजरात और राजस्थान में आन्दोलन को फैलाने के लिए काफी काम किया। आन्दोलन के साथी मनोज त्यागी ने जिनेवा में पीपुल्स ग्लोबल एक्शन में प्रतिनिधित्व किया।

आजादी बचाओ आन्दोलन के दस साल के अभियानों का ही प्रभाव था कि मार्च 2000 में दिल्ली सहित देश के तमाम हिस्सों में अमेरिकी राष्ट्रपति बिल क्लिंटन की भारत यात्रा को साम्राज्यवादी यात्रा बताते हुए उसका जबरदस्त विरोध किया गया। इस दौरान क्लिंटन का पुतला जलाया गया और उन्हें दुनिया का सबसे बड़ा आतंकवादी बताते हुए

वापस जाने की सलाह दी गई। लेकिन फरवरी में आजादी बचाओ आन्दोलन ने पूर्वी उत्तर प्रदेश में अपनी सांगठनिक क्षमता का परिचय दे दिया। पहली फरवरी को इस इलाके में आन्दोलनकारी एकजुटता का अद्‌भुत संगम हुआ। यह संगम गंगा के तट पर नहीं बल्कि गंगा-यमुना के मैदान में दौड़नेवाली सड़कों के किनारे था। दिन के साढ़े ग्यारह बजे तक सब कुछ सामान्य था। कहीं किसी आन्दोलन की सुगबुगाहट नहीं थी। लेकिन थोड़ी ही देर में स्कूलों और कॉलेजों की छात्र-छात्राएँ कक्षाओं से बाहर निकलने लगे और देखते-देखते बारह बजे तक एक-दूसरे का हाथ पकड़े मानवों की एक विशाल दीवार खड़ी हो गई। स्कूलों में सन्नाटा हो गया और कई जगह रास्ते जाम हो गए। आमतौर पर तो सभी स्कूलों के प्राचार्यों और शिक्षकों के नेतृत्व में छात्रों ने मानव श्रृंखला में हिस्सेदारी की पर जहाँ विद्यालय प्रशासन ने उन्हें रोका वहाँ वे दीवार फाँदकर आए। हालाँकि ऐसे इक्का-दुक्का स्कूल ही थे। इस तरह भूमंडलीकरण के विरोध में चार सौ स्कूलों और कॉलेजों के करीब तीन लाख छात्रों ने तीन सौ किलोमीटर लम्बी मानव श्रृंखला बनाकर सबको हैरानी में डाल दिया। जौनपुर, बनारस और इलाहाबाद के त्रिकोण में स्थित पेप्सी कोला और कोका कोला के दो बाटलिंग संयन्त्रों के चारों तरफ घेरा डालनेवाली यह मानव श्रृंखला बीच-बीच में टूटी जरूर थी पर दिन के बारह बजे से एक बजे के बीच जी.टी. रोड जैसी व्यस्त सड़क पर कहीं-कहीं यह दोहरी-तिहरी भी हो गई थी। शिक्षकों, अभिभावकों और आन्दोलनकारी वरिष्ठ छात्रों द्वारा अनुशासित यह श्रृंखला बहुराष्ट्रीय कम्पनियों की तरफ से डाले जा रहे बन्धनों को तोड़ने के लिए लोगों को आह्वान कर रही थी।

जागो फिर एक बार-विदेशी का बहिष्कार, बहुराष्ट्रीय कम्पनियाँ भारत छोड़ो-भारत छोड़ो, दूध-दही के देश्या में पेप्सी कोला नहीं चलेगा, पेप्सी कोला-कोका कोला—दोनों पहनें खूनी चोला जैसे नारों से गुजरनेवालों का ध्यान बरबस खींच रही थी यह श्रृंखला।

आजादी बचाओ आन्दोलन की टोपियाँ पहने, बैनर और झंडे उठाए लोगों ने इस कार्यक्रम के माध्यम से लाखों लोगों को यह सन्देश दे दिया कि भूमंडलीकरण की नीतियाँ देश के लिए घातक हैं।

जिन्होंने इस कार्यक्रम को नहीं देखा उनके लिए यह बिलकुल अविश्वसनीय और आजादी बचाओ आन्दोलन के झूठे प्रचार से ज्यादा कुछ नहीं है। इसीलिए दिल्ली के किसी अखबार या इलेक्ट्रॉनिक मीडिया में इसे कवर नहीं किया गया। उलटे जिनसे इसके बारे में जिक्र किया गया उन्होंने साफ शब्दों में कहा कि यह तो झूठे दावे के आधार पर गिनीज बुक ऑफ वर्ल्ड रिकार्ड में नाम लिखाने का प्रयास है। कुछ लोगों की तो यह भी टिप्पणी थी कि पेप्सी और कोका कोला जैसे स्वादिष्ट पेय के खिलाफ इतने बच्चे इकट्ठा ही नहीं हो सकते। उपभोक्तावाद की गिरफ्त में पूरी तरह फँस चुके दिल्ली के मध्यवर्ग के लिए यह तथ्य अविश्वसनीय लगना स्वाभाविक भी है। लेकिन अगर स्थानीय अखबारों के इलाहाबाद, बनारस और जौनपुर केन्द्रों की रपटों को एक साथ रखकर देखा जाए तो इस आन्दोलन की सत्यता पर शक की कोई गुंजाइश नहीं

रह जाती। यह बात अलग है कि किसी स्थानीय अखबार ने इन तीनों केन्द्रों से आई खबरों को एक साथ मिलाकर पेश नहीं किया। पर इस लेखक ने बनारस से जौनपुर की दिशा में पचास किलोमीटर तक विधिवत बनी शृंखला देखी। इससे ज्यादा इसलिए नहीं देख सका क्योंकि कार्यक्रम सिर्फ एक घंटे का था।

मानव शृंखला जिस त्रिकोण पर खड़ी थी उसके बीच में वाराणसी के राजा का तालाब में कोका कोला और जौनपुर के सतहरिया में पेप्सी का बाटलिंग प्लांट है। उस दिन राजा का तालाब स्थित कोका कोला संयन्त्र पर छात्रों की नारेबाजी से तनाव भी पैदा हो गया। वहाँ आराम से बैठे एम.ओ. एम.पी. सिंह अचानक सक्रिय हो गए। पहले वे आन्दोलन को अहिंसक बता रहे थे पर बाद में कहने लगे कि इन छात्रों को मालूम क्या है। हालाँकि कोई अनहोनी घटना नहीं घटी पर सन्देश साफ था कि आगे यहाँ की जनता इस प्लांट को चलने नहीं देगी। लेकिन कोका कोला का ऐसा विरोध क्यों ? सिद्धान्त की बात अपनी जगह है पर संयन्त्र के आस-पास के लोगों के अपने दर्द हैं। बगल के मेहंदीगंज गाँव के उमेश चन्द्र यादव कहते हैं कि जब यह प्लांट बन रहा था तो हमें काफी उम्मीदें थीं। पहले लोगों को ठेके पर रखा भी गया लेकिन जब प्लांट बन गया तो सबको निकालकर बाहर कर दिया गया। अब महज सौ लोग काम करते हैं। श्रीप्रकाश पांडे कहते हैं–यह प्लांट रोजाना तीन लाख लीटर पानी जमीन के भीतर से निकाल रहा है। इससे आस-पास के कुओं का पानी नीचे चला गया। कई बगीचे सूखने लगे हैं। हाई स्कूल पास पांडे पहले इस प्लांट को हसरत की निगाहों से देखते थे लेकिन अब उनकी आँखों में आक्रोश है। उसी गाँव के रियाज अहमद इस मानव शृंखला को देखकर काफी उत्साहित हैं। उनका कहना है–हमें तो यकीन ही नहीं था कि इतने लोग जुट जाएँगे।

किसान इन्टर कॉलेज मिर्जामुराद, बनारस के प्राचार्य सुधाकर मिश्र कहते हैं–हमारे कॉलेज के 1700 छात्र इस मानव शृंखला में शामिल हैं। हम सभी लोग इस बात से सहमत हैं कि इस देश में विदेशी सामान को बिकने नहीं देना चाहिए। प्राचार्य महोदय पहले मानव शृंखला में भागीदारी को लेकर ऊहापोह में थे। उनको लगता था सड़क पर छात्रों को अनुशासित रख पाना मुश्किल हो जाएगा। इसलिए दुर्घटना भी हो सकती है। आन्दोलन के झंझट से बचने के लिए उन्होंने कॉलेज के गेट पर ताला लगवा दिया। लेकिन छात्र माननेवाले नहीं थे। वे सब कूद-कूदकर आने लगे। मजबूर होकर प्राचार्य को गेट खोलकर छात्रों को इजाजत देनी पड़ी और बाद में खुद भी उसमें शामिल हुए। उसी कॉलेज के प्रवक्ता रवीन्द्रनाथ सिंह का मानना है कि आजादी बचाना आजादी लेने से ज्यादा मुश्किल है। पर उन्हें आजादी बचाओ आन्दोलन से काफी उम्मीद हैं। भैरवनाथ इन्टर कॉलेज के अम्बिका सिंह का मानना है कि आज जो हालात बन रहे हैं उसमें एक दिन बगावत होगी। क्योंकि खेती में लगनेवाले सामानों के दाम तो बढ़ते जा रहे हैं पर खेती से होनेवाली पैदावार के दाम घटाए जा रहे हैं। दूसरी तरफ विद्यालयों में शिक्षक नहीं हैं और विज्ञान के नए कोर्स लादे जा रहे हैं। ऐसी स्थिति में नई पीढ़ी

का क्या भविष्य होगा ?

जी.टी. रोड पर खड़ी होकर छात्रों को नियन्त्रित कर रही लोकबन्धु कन्या महिला विद्यालय की अध्यापिका रेमी राय कहती हैं–हमारे यहाँ का लाभ विदेशों को जा रहा है इसलिए लड़ना जरूरी है। गंगापुर इन्टर कॉलेज के 1200 छात्र इस कार्यक्रम में शामिल हुए। उनके अध्यापक राजेश कुमार सिंह उस व्यापार प्रणाली से चकित हैं जिसमें 12 रुपए लीटर दूध और 12 रुपए लीटर पानी मिल रहा है। इसीलिए एन.सी.सी. कैडट साहिब सिंह यादव पहले–विदेशी बनिए वापस जाओ, का नारा लगाते हैं फिर छात्रों को समर संकल्प के लिए अनुशासित करते हैं।

मानव शृंखला बनाने में काशी विद्यापीठ पूरे उत्साह से लगा हुआ था। बनारस में आन्दोलन को विशेष सम्बल देनेवाले गांधी अध्ययन पीठ के निदेशक डॉ. राम प्रकाश द्विवेदी कहते हैं–काशी विद्यापीठ की स्थापना महात्मा गांधी ने आजादी की लड़ाई लड़ने के लिए की थी। आजादी की नई लड़ाई में भी यह संस्थान पीछे नहीं रहेगा। द्विवेदी पहले विद्यार्थी परिषद में थे। लेकिन गांधी को पढ़ने के बाद उन्होंने संघ परिवार से किनारा कर लिया। आजकल वे विभिन्न संगठनों के माध्यम से नए रास्ते की तलाश में लगे हैं। उन्होंने मानव शृंखला की तैयारी में गाँवों और विद्यालयों में जाकर लोगों को तैयार किया। उन्होंने अपने छात्रों को भूमंडलीकरण के खतरों से विधिवत आगाह कर रखा है। डॉ. द्विवेदी अपने भाषणों में कहते हैं–बनारस लस्सी और ठंडई (मिश्राम्बु) की नगरी है। लेकिन पेप्सी और कोका कोला के चक्कर में लोग अपनी चीजों का स्वाद भूलते जा रहे हैं। हम इसलिए लड़ रहे हैं कि हमारी आनेवाली पीढ़ियों के लिए हमारे स्वादिष्ट और स्वास्थ्यवर्धक पेय इतिहास की वस्तु न बनकर रह जाएँ।

गांधी अध्ययन पीठ ने वाराणसी के आस-पास के इलाकों में मानव शृंखला का सफल आयोजन कराने में प्रमुख भूमिका निभाई। यहाँ के छात्रों ने रोहनियाँ, राजा का तालाब और खोंचवाँ–तीन कमान क्षेत्रों के 35 किलोमीटर शृंखला का संयोजन किया।

काशी विद्यापीठ की एम.एस.डब्ल्यू. की छात्रा अर्सी खानम संघर्ष के प्रति आशावादी हैं। वे कहती हैं, अगर हमारी एकता बनती है तो एक दिन बहुराष्ट्रीय कम्पनियों को जाना ही होगा।

समाजवादी छात्र सभा से जुड़े विद्यापीठ के छात्र नेता अशोक कुमार यादव की चिन्ता शिक्षा जगत को लेकर है। उनका कहना है कि फीस तीन गुना बढ़ा दी गई। छात्रों ने आन्दोलन किया तो उन्हें निलम्बित कर दिया गया। बी.पी.एड और एम.पी. एड के कोर्स खत्म कर दिए गए। विदेशी कम्पनियों के इशारों पर किसानों के बेटों को शिक्षा लेने से वंचित किया जा रहा है। इसलिए लड़ाई तो लड़नी ही होगी।

महिलाओं के सबलीकरण के लिए अस्मिता नाम का संगठन चलानेवाले फादर दिलराज भी इस आन्दोलन के साथ हैं। उनका कहना है कि गांधी भले विश्व बन्धुत्व की बात करते रहे हों पर इस तरह के भूमंडलीकरण के खिलाफ थे। आज भूमंडलीकरण

समर्थक शक्तियाँ जीतती जा रही हैं तो क्या हुआ ? अगर सभी लोग झूठ को सच कहने लगें तो झूठ सच नहीं हो जाता।

शृंखला निर्माण में सबसे उल्लेखनीय बात सभी धर्मों के लोगों और सभी तरह के विद्यालयों का समावेश था। इसे आर्च बिशप वेसेंट कन्वेसो, जैन समुदाय के आचार्य महेन्द मुनि, आर्य समाज, गुरुद्वारा प्रबन्धक कमेटी और मुस्लिम नेताओं ने एक साथ समर्थन दिया। इलाहाबाद के युवा मिशनरी फादर लियो ने इसमें सक्रिय भागीदारी कर उस धारणा को बुरी तरह खंडित किया कि भारत की मिशनरियाँ यूरोपीय हितों के लिए काम करती हैं। उन्होंने अपने भाषणों में बहुराष्ट्रीय कम्पनियों के खिलाफ जिस कड़ी भाषा का प्रयोग किया उससे ईसाई मिशनरियों के खिलाफ हो रहे दुष्प्रचार की हवा निकल गई। इस आन्दोलन में हिस्सा लेनेवाले विद्यालयों की सूची देखकर उसकी व्यापकता का सहज अहसास हो जाता है। इलाहाबाद में नारायणी आश्रम, महर्षि पतंजलि विद्यामन्दिर, सेंट एंथोनी, सेंट मेरी कान्वेंट, ज्ञान गंगा उच्चतर माध्यमिक विद्यालय, सरस्वती विद्या मन्दिर, डी.पी. गर्ल्स वगैरह और बनारस में गुरुनानक इंग्लिश मीडियम स्कूल, सेंट मेरी कान्वेंट स्कूल, अरेबिया रिजबिया मदरसा, सेंट जानसन मारोली (गोपीगंज), सर सैयद पब्लिक स्कूल, सरस्वती शिशु मन्दिर, विवेकानन्द विद्याश्रम, काशी कृषक इन्टर कॉलेज, उड़िया बाबा इन्टर कॉलेज के छात्रों ने बढ़-चढ़कर हिस्सा लिया।

मानव शृंखला बनाने के लिए लोग बिहार, कर्नाटक, पश्चिम बंगाल और महाराष्ट्र जैसे सुदूर इलाकों से भी आए थे। उन सबका मौजूदा सरकार से बुरी तरह से मोहभंग था। सभी को यह उम्मीद थी कि अटल बिहारी वाजपेयी के हाथों में देश की सम्प्रभुता सुरक्षित होगी। बिहार के खगड़िया जिले से पहुँचे सत्यनारायण सिंह, कपिलेश्वर कपिल, अभिनन्दन सिंह, शकुन्तला देवी, आशा सिंह, चन्दन कुमारी, धर्मशिला और अमेरिका देवी का मुख्य व्यवसाय खेती है। पर अब उनका खेती करने का मन नहीं करता। क्योंकि किसान जो उपजाते हैं वह सस्ता हो रहा है और खेती में जो भर्ती लगती है वह महँगी हो रही है। वे बहुराष्ट्रीय कम्पनियों के मायाजाल से भ्रमित हैं और सरकार से छला गया महसूस करते हैं। क्योंकि पहले जो लोग स्वदेशी की बात करते थे अब वे बदल गए।

कर्नाटक से आए भारतीय सुराज संस्था के साथियों ने अपनी प्रार्थना, गीत और सांस्कृतिक कार्यक्रमों के माध्यम से भेदभाव मिटाने और व्यापक भारतीय एकता कायम करने पर जोर दिया। बीजापुर के गणपतराव कन्नौर की इस संस्था से जुड़े हैं राष्ट्रीय नाट्य विद्यालय से शिक्षा पाए युवा नाट्यकर्मी श्रीकृष्ण संपगाँवकर, एस.एस. वैद्य और अन्य लोग। उनके साथ सुरीले गलेवाली महिलाएँ भी थीं। उन लोगों का साफ कहना था कि उनके गुरु का आदेश है कि अब हमारे पास लड़ने के अलावा कोई चारा नहीं है। क्योंकि अगर हम अपने बीज नहीं बचा पाएँगे, पेड़ नहीं बचा पाएँगे, नदी नहीं बचा पाएँगे तो कहाँ जाएँगे। पर उनका पार्टी की राजनीति से विश्वास उठ गया है। इसलिए लोगों को गैर राजनीतिक संगठनों द्वारा जगाना है। चूँकि यह हमला चौतरफा है इसलिए

इसका सभी मोर्चों पर मुकाबला करना है।

पर इतनी बड़ी शृंखला न तो आराम से बन गई और न ही यह निर्बाध थी। आन्दोलन के वरिष्ठ नेता और जे.पी. आन्दोलन के सिपाही रामधीरज बताते हैं कि यह विचार जुलाई 1999 में आया था। वे लोग तब से इस पर काम कर रहे हैं। उन्हें इस काम में पूर्व अधिकारी और इलाके से प्रतिष्ठित व्यक्ति रघुनाथ सिंह गहलौत का काफी सहयोग मिला। वे लोग छह महीने से इसकी तैयारी में लगे थे। एक फरवरी को प्रशासन का रवैया भले ही सहयोगपूर्ण दिखा हो पर वास्तव में यह मजबूरी में था। पहले इलाहाबाद और वाराणसी का जिला प्रशासन कह चुका था कि वह एक फरवरी को मानव शृंखला नहीं बनने देगा। क्योंकि उसकी पुलिस कुम्भ के इन्तजाम में लगी है इसलिए इसे सँभालना मुश्किल हो जाएगा। पर आन्दोलन कार्यक्रम बना चुका था। इस बीच किसी सभा में मुख्यमन्त्री राजनाथ सिंह ने उपभोक्तावादी संस्कृति के खिलाफ भाषण देते हुए ऐसी शृंखला को देखने की इच्छा जताई थी। इमरजेंसी में मुख्यमन्त्री के साथ जेल में रहे रामधीरज ने मुख्यमन्त्री को उनके वादे को याद दिलाते हुए शृंखला देखने के लिए आमन्त्रित कर दिया था। मुख्यमन्त्री का हेलीकॉप्टर तो बनारस, इलाहाबाद और जौनपुर से त्रिकोण पर नहीं घूमा लेकिन प्रशासन ने भी रुकावट नहीं डाली। रामधीरज का मानना है कि पेप्सी और कोका कोला पीने के लिए बच्चे ही सबसे ज्यादा जिद करते हैं। पर उन बच्चों को पेप्सी के खिलाफ सड़क पर उतारकर एक बड़ी जनचेतना खड़ी करने की कोशिश हुई है।

मीडिया देखे या न देखे पर इतनी बड़ी मानव शृंखला बनाकर आजादी बचाओ आन्दोलन ने यह दिखा दिया है कि वह अब जनजागरण अभियान से आगे बढ़ने के लिए तैयार है। अपने दस साल के इतिहास में तमाम झटकों को झेलते हुए वह आन्दोलन बना रहा है। इसीलिए वह आज इतनी बड़ी छलाँग लगाने की स्थिति में है। आन्दोलन के राष्ट्रीय सम्मेलन के अन्तिम दिन जिस तरह जौनपुर के टी.डी. कॉलेज के मार्कंडेय सिंह हॉल में संघ परिवार के दिग्गज नेता गोविन्दाचार्य चुपके से आकर बैठ गए उससे आन्दोलन की ताकत और सम्भावनाओं का अहसास हो गया। लेकिन समाजवादी नेता और चिन्तक किशन पटनायक से सम्मेलन का उद्घाटन कराकर और गोविन्दाचार्य को मंच पर न बुलाकर आन्दोलन के नेताओं ने अपनी प्राथमिकताएँ स्पष्ट कर दी हैं। गोविन्दाचार्य सम्मेलन में स्वतः आए और जब उनसे पूछा गया कि आप कैसे पधारे, तो उनका कहना था कि जहाँ-जहाँ रामकथा होगी वहाँ हनुमान तो जाएँगे ही। लेकिन जब यह कहा गया कि हनुमान तो ऐसा भेष बनाकर जाते थे कि उनके पास कोई न फटके तो वे चुप रह गए। गोविन्दाचार्य उस सम्मेलन में किसलिए गए थे यह उन्होंने दो दिन बाद एक कार्यक्रम के माध्यम से साफ कर दिया। उन्होंने आजादी बचाओ आन्दोलन के उस प्रखर वक्ता के साथ, बनारस में ही एक सभा कर डाली जिस वक्ता पर संघ के करीब जाने का आरोप लगता रहा है। कौन किसके करीब गया यह

तो छानबीन का विषय है पर गोविन्दाचार्य ने एक तरह से आन्दोलन में तोड़-फोड़ की शुरुआत कर दी।

भारत जनान्दोलन के नेता डॉ. ब्रह्मदेव शर्मा आन्दोलन के सारे कार्यक्रमों में मौजूद रहे। हालाँकि उनका जोर स्वतन्त्रता के बजाय समानता पर ज्यादा था। वे कह रहे थे कि समता की लड़ाई लड़े बिना स्वाधीनता नहीं बचेगी। जिस दिन इस देश का किसान शहर और गाँव के बीच बढ़ रही खाई के खिलाफ लड़ाई छेड़ देगा उस दिन बहुराष्ट्रीय कम्पनियों से लड़ने की ताकत पैदा हो जाएगी। इसीलिए उनका जोर कृषि नीति और ऋण की शोषक शर्तों के विरोध पर ज्यादा था। वे बार-बार इस देश के किसानों को संघर्ष के लिए आहुत कर रहे थे।

लेकिन आजादी बचाओ आन्दोलन के संस्थापक डॉ. बनवारी लाल शर्मा अपनी धुन के पक्के हैं। उन्हें लगता है कि बहुत सारे लक्ष्यों पर ध्यान देने से कहीं उनकी चोट मारक नहीं हो पाएगी। वे इलाहाबाद, जौनपुर और बनारस को आन्दोलन के आधार क्षेत्र के रूप में विकसित कर रहे हैं। जिस दिन वे यहाँ के बाटलिंग प्लांटों को बन्द करा ले गए उस दिन उनका हौसला आसमान पर होगा। डॉ. बनवारी लाल शर्मा दिल्ली के बुद्धिजीवियों द्वारा दिए जा रहे विभिन्न आन्दोलनों को जोड़ने के फार्मूलों को लेकर बहुत उत्साहित नहीं हैं। उनका कहना है कि नेटवर्किंग जैसा शब्द बहुराष्ट्रीय कम्पनियों के समर्थन से चलनेवाले मीडिया से निकला है। फिर तमाम संगठनों को जोड़ने के पिछले अनुभव से भी वे काफी सीख ले चुके हैं। उस काम में उन्हें बार-बार अकेलापन और थकान का अनुभव हुआ। सम्भवतः उनका संकेत उन जनान्दोलनों की तरफ था जिनके कार्यक्रमों में उन्होंने खुद लाठियाँ खाईं पर अब उनके कार्यकर्ता आजादी बचाओ के किसी कार्यक्रम में दिखते नहीं। लेकिन जीवन के सातवें दशक में चल रहे इस गणित के प्राध्यापक और जे.पी. के सिपाही को थकान छू तक नहीं गई है। वे भूमंडलीकरण से सम्बन्धित तमाम आँकड़ों के इनसाइक्लोपीडिया बन चुके हैं। भाषण देते-देते भावुक हो जाना उनकी गहरी पीड़ा और आक्रोश का परिचायक है। बस जरूरत है उसे नए सिद्धान्त के रूप में गढ़ने की और उसे आगे ले जाने के लिए एक संगठन की।

आन्दोलन को अर्थशास्त्रीय प्रामाणिकता देने के लिए प्रसिद्ध अर्थशास्त्री डॉ. कमल नयन काबरा अर्थशास्त्रियों के पूरे दल के साथ लगे हैं। उन्होंने देश के प्रमुख अर्थशास्त्रियों के साथ नियमित रूप से वैकल्पिक आर्थिक सर्वेक्षण निकालकर यह बता दिया है कि अगर राजनीतिक इच्छाशक्ति हो तो भूमंडलीकरण की इन नीतियों का विकल्प है। आन्दोलन के पास रामधीरज, डॉ. वी.पी. श्रीवास्तव, डॉ. ए.के. अरुण जैसे परिपक्व, सिराज केसर, मनोज त्यागी, सन्त समीर और अतुल वगैरह जैसे दर्जनों युवा और ऊर्जावान कार्यकर्ता हैं। सबके त्याग और संघर्ष की अपनी पृष्ठभूमि है। अब देखना है कि मानव श्रृंखला की इस बढ़ती दीवार से वे भूमंडलीकरण के तूफान को कहाँ तक रोकते हैं।

भूमंडलीकरण के विरोध की सीमाएँ

यह विचित्र संयोग है कि एक तरफ भूमंडलीकरण की विफलता सामने आ रही है और दूसरी तरफ उसका जादू सिर चढ़कर बोल रहा है। भूमंडलीकरण की नाकामी सम्बन्धी रपटों, तर्कों और सैद्धान्तिक दस्तावेजों की कमी नहीं हैं। वे सब किसी सामान्य पत्रकार या बुद्धिजीवी द्वारा नहीं बल्कि विभिन्न क्षेत्रों के विशेषज्ञों द्वारा लिखे गए हैं। वामपन्थ से लेकर दक्षिणपन्थ तक इसके विरोध में लामबन्द दिखाई पड़ते हैं। हालाँकि दोनों पक्ष एक-दूसरे के अभियान को पाखंड बताते हैं फिर कुछ मध्यमार्गी मंचों पर एक साथ खड़े भी मिलते हैं। कई बार तो लगता है वामपन्थ और दक्षिणपन्थ का मिलन बिन्दु यही होगा। लेकिन थोड़े ही समय बाद पता चलता है कि भूमंडलीकरण का उपभोग उसके विरोध से ज्यादा मजेदार है। इसका प्रमाण 1999-2000 के केन्द्रीय बजट के बाद स्वदेशी आन्दोलन के शान्त हो जाने के रूप में देखा जा सकता है। बजट के ठीक पहले सरकार की आर्थिक नीतियों की कड़ी आलोचना कर रहे भारतीय मजदूर संघ ने अचानक स्वर बदल दिया।

भूमंडलीकरण के बुखार को मापने के लिए भारत में गर्मी का मौसम सबसे उपयुक्त है। अखबारों के पृष्ठ ट्रेवेल एजेंसियों के विज्ञापन से रँगे होते हैं। 'स्माल वर्ल्ड, बिग हॉली डे' के बहाने कोई एजेंसी आपको लुभा रही होती है तो कोई ट्रेवलर चेक की कम्पनी आपकी हवाई यात्रा को मुफ्त बता रही होती है। लेकिन यह सिर्फ विज्ञापन का ढपोरशंखी दावा नहीं है। भारत में भूमंडलीकृत वर्ग का उदय हो चुका है और वह गर्मियों में विदेश का पर्यटन करता भी है। भूमंडलीकरण का आकर्षण यहीं तक होता तो बात (तार्किक रूप से) समझ में आ सकती थी। क्योंकि यह वह वर्ग है जिसे इस प्रक्रिया का सबसे ज्यादा फायदा हुआ है और यह विधिवत पासपोर्ट और वीसा लेकर विदेश यात्रा पर जाता है।

भूमंडलीकरण का प्रचंड आकर्षण तो उस मध्य और निम्न मध्यवर्ग में भी दिखाई पड़ रहा है जो कुशल व अकुशल मजदूर से ज्यादा नहीं है। पिछले साल फर्जी पासपोर्ट के आधार पर विदेश गए 200 लोग वापस भेजे गए। इस साल के शुरुआती तीन महीनों में ऐसे 81 लोग वापस भेजे गए। येन केन प्रकारेण भारत से विदेश जाने की दो घटनाओं ने तो पूरी दुनिया में सनसनी फैला दी थी। इनमें एक थी जहाज से यूरोप जाने की घटना जिनमें लगभग सौ लोगों को जान से हाथ धोना पड़ा था और दूसरी थी दो सिख बन्धुओं द्वारा विमान के बाहरी हिस्से में पहिया रखने की जगह में बैठकर दिल्ली से हीथ्रो हवाई अड्डे तक जाना। इनमें एक की तो मौत हो गई थी और दूसरा सदमे में था। भूमंडलीकरण के प्रति यह जानलेवा आकर्षण पंजाब के उस मध्यवर्ग और निम्न मध्यवर्ग का है जिसकी औसत आय अन्य राज्यों से ज्यादा है। यह घटनाएँ भूमंडलीकरण के विरोधियों और स्वदेशी के हिमायती लोगों को काफी निराश करनेवाली हैं।

भूमंडलीकरण की विफलता की सैद्धान्तिक और वस्तुगत स्थितियों के बावजूद

उसके प्रति यह जानलेवा आकर्षण न तो उसे मरने देता है और न ही उसके विरोध में कोई आन्दोलन खड़ा होने देता है। बल्कि यह, स्थितियाँ आन्दोलनकारियों को भी एक दोहरे चरित्र में फँसा देती हैं। क्योंकि यह आन्दोलन है तो मध्यवर्गीय आन्दोलन ही। चाहे आजादी बचाओ आन्दोलन हो या स्वदेशी आन्दोलन, मजदूर वर्ग तक तो उसकी पहुँच है ही नहीं और मध्यवर्ग में भी वह अपना प्रभाव नहीं बना पाया है। प्रभावोत्पादक साहित्य और प्रखर वक्ताओं की वाणी उपभोक्तावाद की चमक-दमक के आगे निस्तेज रही है। आन्दोलन के गिने-चुने समर्पित कार्यकर्ताओं को छोड़ दिया जाए तो समर्थकों में ऐसे कम ही लोग मिलेंगे जिन्होंने विदेशी कम्पनियों के उत्पादों का प्रतिज्ञापूर्वक बायकाट किया हो। इसलिए नैतिक और सैद्धान्तिक दृष्टि से सही होने के बावजूद बहुराष्ट्रीय कम्पनियों की गुलामी और भूमंडलीकरण से लड़नेवाला आन्दोलन व्यावहारिक दृष्टि से विफल रहा है। जबकि भूमंडलीकरण के साथ यह स्थिति बिलकुल उलटी है। वह तमाम झटकों और आशंकाओं के बावजूद जारी है।

सवाल उठता है कि भूमंडलीकरण विरोधी आन्दोलन है क्या ? वह महज सांस्कृतिक आन्दोलन है या उसका कोई राजनीतिक और आर्थिक पक्ष भी है ? जिस तरह यह आन्दोलन नैतिकता, स्वधर्म और भारतीय संस्कृति पर जोर देता है उससे लगता है यह एक सांस्कृतिक आन्दोलन है। लेकिन ऐसा सांस्कृतिक आन्दोलन जो अपने अतीत के गौरव और महात्मा गांधी के शुद्धतावादी मूल्यों पर आधारित है। यह धारणाएँ स्वाधीनता संग्राम में उपयोगी हो सकती थीं पर आज के दौर का अन्तर्विरोध कुछ और है। आज जातिविरोधी और साम्प्रदायिकता विरोधी सवालों से रू-ब-रू हुए बिना कोई बड़ा सांस्कृतिक आन्दोलन नहीं खड़ा हो सकता। जातियों के संघर्ष का सवाल चाहे बिहार का हो या तमिलनाडु का उससे मुँह नहीं चुराया जा सकता। इसी तरह साम्प्रदायिकता का सवाल चाहे अयोध्या का हो या मुम्बई, गुजरात व उड़ीसा का, उससे बचा नहीं जा सकता। उसमें सार्थक और सुलझे हुए हस्तक्षेप से ही सांस्कृतिक आन्दोलन की पृष्ठभूमि तैयार होगी।

इस दिशा में किए जानेवाले प्रयासों से यह लगना चाहिए कि वे भारत के पिछले सवा सौ साल के इतिहास से परिचित हैं और उससे कुछ सबक लिया है। साथ ही यह भी लगना चाहिए कि नया सांस्कृतिक आन्दोलन इतिहास चक्र को आगे बढ़ाएगा न कि पीछे ले जाएगा। उदाहरण के लिए गांधी की ब्रह्मचर्य और यौन शुचिता सम्बन्धी धारणा को आज मध्यवर्ग लगभग त्याग चुका है और निम्नवर्ग उस चक्कर में कभी रहा ही नहीं। बल्कि उसे मानने को राष्ट्रीय स्वयंसेवक संघ भी तैयार नहीं होगा। ऐसी स्थिति में वहाँ गांधी की प्रासंगिकता तलाशना बुद्धिमानी नहीं होगी। लेकिन 'सत्य और अहिंसा' के माध्यम से बड़ी-से-बड़ी चुनौती का सामना करना गांधी की अद्वितीय देन है। इसे आज भी जीवित रखना होगा और उसी से आजादी पर आ रहे खतरे को टाला जा सकता है। लोहिया ने कहा था, गांधी और एटम बम इस सदी की दो बड़ी उपलब्धियाँ हैं लेकिन

सदी के अन्त में सिर्फ एक ही बचेगा। जाहिर है गांधी मार दिए गए और एटम बम बचा रहा। इसलिए गांधी को सादगी और ब्रह्मचर्य के बजाय 'सत्य और अहिंसा' के लिए जिन्दा करने की जरूरत है।

गांधी को इसलिए जिन्दा करने की जरूरत है कि एक तरफ नाथूराम गोडसे को जिन्दा किया जा रहा है तो दूसरी तरफ दारा सिंह सांस्कृतिक राष्ट्रवाद के प्रतीक बन गए हैं। अगर भूमंडलीकरण से लड़ने का यह आन्दोलन एक सांस्कृतिक आन्दोलन है तो वह सिर्फ हिन्दू संस्कृति का आन्दोलन क्यों बने ? इस प्रतिरोध में इस्लामी संस्कृति का स्वर क्यों न मिले ? जबकि पिछले दो दशक में पश्चिमीकरण के विरोध में सबसे तीखे आन्दोलन पश्चिम एशिया के इस्लामी देशों में चले हैं। इस्लाम ही क्यों अमेरिकी साम्राज्यवाद के खिलाफ दक्षिणी अमेरिका और दक्षिण पूर्व एशिया के कई देशों में ईसाइयत ने भी आन्दोलन चलाए हैं। इसलिए उसका सहयोग क्यों न लिया जाए। पर साम्राज्यवाद विरोधी विमर्श के बड़े हिस्से में आज भी ईसाइयत को साम्राज्यवाद समर्थक धर्म के रूप में देखा जाता है। हालाँकि भारत में तो हिन्दू संस्कृति का स्वरूप साम्राज्यवादी हो चला है। इसी तरह इस सांस्कृतिक आन्दोलन में स्त्री विमर्श को भी स्थान मिलना चाहिए।

अगर भूमंडलीकरण का विरोध इस दौर का एक राजनीतिक आन्दोलन है तो वह राष्ट्रवाद की सौ साल पुरानी अवधारणा को लेकर क्यों चल रहा है ? पूँजीवाद के आरम्भिक दौर के राष्ट्रवाद और 'थर्ड वेव' के दौर के राष्ट्रवाद में अन्तर होना चाहिए या नहीं ? स्वाधीनता संग्राम के दौरान समाजवादी और एक हद तक साम्यवादी नेताओं ने इस आयाम को संकीर्ण बनाने से रोका था। उन्होंने आगाह किया था कि हमारा संघर्ष दुनिया, विशेषकर एशिया और अफ्रीका के गुलाम देशों का प्रतिनिधि आन्दोलन है इसलिए हमें अपने दृष्टिकोण को व्यापक रखना होगा। विश्व पूँजीवाद विरोधी संघर्ष को राष्ट्रवादी राजनीति से बाहर अन्तर्राष्ट्रीय राजनीति का भी एक नेटवर्क बनाना होगा।

तीसरा प्रश्न यह है कि भूमंडलीकरण विरोध अगर आर्थिक आन्दोलन है तो वह इस नीति के शिकार लोगों को एकजुट क्यों नहीं कर पा रहा है ? अगर वह एकजुट कर भी ले तो उसके पास वर्तमान नीतियों का विकल्प क्या है ? भूमंडलीकरण के आर्थिक प्रभावों का विरोध कहीं कपास उगानेवाले कर रहे हैं तो कहीं टमाटर उगानेवाले। कहीं मछुआरे ट्रालरों का विरोध कर रहे हैं तो कहीं आदिवासी बहुराष्ट्रीय परियोजनाओं से होनेवाले विस्थापन का। अलग-अलग जगहों पर औद्योगिक मजदूरों का विरोध चल ही रहा है। पर यह सारा विरोध पूँजीवाद के दायरे से बाहर नहीं निकल पाया है। जिस तरह स्वाधीनता संग्राम के राष्ट्रीय नेताओं का आर्थिक दृष्टिकोण पूँजीवादी था उसी तरह भूमंडलीकरण विरोधी ज्यादातर आन्दोलनों का नजरिया पूँजीवाद

दायरे से बाहर नहीं आ पाता। विदेशी पूँजी के शोषण का विरोध करते समय वह देशी पूँजी के शोषण के प्रति उदार हो जाता है। जबकि देशी पूँजी न तो आर्थिक राष्ट्रवाद के प्रति उदारता दिखाती है और न ही मजदूरों के प्रति।

भूमंडलीकरण की नीतियों के समर्थक भी यह मानते हैं कि अगर गरीबी, अशिक्षा और असमानता बनी रही तो दीर्घकालिक तौर पर इन नीतियों को विफल होना ही है। मध्यवर्ग के विस्तार की सम्भावना पर टिका भूमंडलीकरण यह दावा करता है कि 2025 तक भारत में मध्यवर्ग के दायरे में 55 करोड़ लोग आ जाएँगे। यह आँकड़ा पहली नजर में चमत्कृत करता है पर इसकी गहराई में जाएँ तो पता चलेगा कि उस समय 75 करोड़ लोग दरिद्र होंगे। भूमंडलीकरण और उदारीकरण के समर्थकों को यह भी अहसास है कि मध्यवर्ग की स्वार्थपरता और भ्रष्ट आचरण ने उन नीतियों की सफलता पर प्रश्नचिन्ह लगा दिया है। लेकिन वे इसका विकल्प स्वयंसेवी संगठनों के विस्तार और राज्य की भूमिका के सिमटते जाने में देखते हैं जो कि पूँजीवाद का ही नया रूप है। आज दुनिया समाजवादी आर्थिक राष्ट्रवाद और पूँजीवादी आर्थिक राष्ट्रवाद के दायरे से निकल चुकी है। विश्व पूँजीवाद या भूमंडलीकरण का विकल्प उसी दायरे में तलाशने से निराशा हो सकती है। इसलिए इसका विकल्प वैकल्पिक अन्तर्राष्ट्रीय आर्थिक व्यवस्था, वैकल्पिक क्षेत्रीय आर्थिक व्यवस्था और नए गठजोड़ों में तलाशना होगा।

आज भूमंडलीकरण विरोधी आन्दोलन को अपनी ज्यादा ऊर्जा उस मध्यवर्ग पर खर्च नहीं करनी चाहिए जो सालाना 3800 टन पोटाटो चिप्स खा रहा है, 15100 टन टाल्कम पाउडर छिड़क रहा है, शीतल पेय की 288 करोड़ बोतलों का पान कर रहा है और एक करोड़ बार हवाई यात्राएँ कर रहा है। क्योंकि किसी को समृद्ध होने से रोकना बहुत कठिन होता है। वह तीसरी श्रेणी के उस मध्यवर्ग पर जरूर कुछ ध्यान दे सकता है जिसकी संख्या लगभग 28 करोड़ हैं। जो उपभोक्ता होने की आकांक्षाओं से लबालब है और फर्जी पासपोर्ट व वीसा लेकर विमानों में कारगो के साथ बैठकर और जहाजों के गुप्त कक्ष में छुपकर विदेश जाने को आमादा है। विज्ञापन एजेंसियाँ भी इसी वर्ग को लक्ष्य किए हुए हैं। पर आन्दोलन को गाँव के उन गरीबों पर अधिक जोर देना होगा जिनकी संख्या 35 फीसदी से बढ़कर 48 फीसदी हो गई है या शहर के उन गरीबों को संगठित करना होगा जो 33 फीसदी के करीब हैं। इस दौरान बेरोजगारों की उस फौज पर भी निगाह रखनी होगी जिसकी उम्मीदें छिनती गई हैं। इस तरह भूमंडलीकरण विरोधी आन्दोलन का भविष्य सीमाओं और संकीर्णताओं में कैद होने में नहीं, लगातार उन्हें पहचानते जाने और तोड़ने में है।

कितना सरोकार कितना कारोबार

उत्तराखंड का अल्मोड़ा जिला आजकल स्वयंसेवियों से त्राहि-त्राहि कर रहा है। पर यह स्वयंसेवी शाखा में सुबह-शाम दंड भाँजनेवाले नहीं हैं। ये विदेशी पैसे के जरिए काम कर रहे ऐसे स्वयंसेवी हैं जिन्हें शायद उस समाज की ठीक से समझ है ही नहीं, जिसके बीच काम करने का वे दावा करते हैं। एड्स के बहाने जनता का 'सहयोग' देने आई 'सहयोग' नाम की ही एक संस्था ने उत्तराखंड के समाज से ऐसा अश्लील असहयोग किया कि लोग भड़क उठे। उन स्वयंसेवियों को समय रहते जिला प्रशासन ने गिरफ्तार कर जेल में न डाल दिया होता तो उनकी पीड़ादायक सामूहिक सेवा भी हो सकती थी। लेकिन जनता की यह नाराजगी सिर्फ 'सहयोग' तक सीमित नहीं है। अचानक ऐसे स्वयंसेवी संगठनों से उनकी ऊब आक्रोश की शक्ल ले चुकी है। इस समय अल्मोड़ा और उत्तराखंड के लोग सहयोग, सहायता, संघर्ष, मुक्ति, कल्याण आदि-आदि नामों से विभूषित स्वयंसेवियों से नाराज हैं।

जनता के अचानक फूटे इस आक्रोश से दिल्ली तक के स्वयंसेवी हिले दिखाई पड़ रहे हैं। राजधानी में जिस भी स्वयंसेवी से सम्पर्क करने की कोशिश की जाए, पता चलता है कि वह या तो उत्तराखंड गया हुआ है या फिर इस मामले को सुलझाने के लिए मीटिंग कर रहा है। पहले कुछ लोगों ने इसे संघ और भाजपा द्वारा भड़काया गया आन्दोलन बताया। लेकिन उससे धर्मनिरपेक्ष लोग 'सहयोग' की स्वयंसेवा करने को तैयार नहीं हुए। इस बीच दिल्ली के कई स्वयंसेवी दिग्गजों द्वारा मध्यस्थता करने और उन्हें समझाने-बुझाने के प्रयास भी बेकार गए हैं। उन्हें अल्मोड़ा जाकर पता चला कि स्वयंसेवी संगठनों और उनकी गतिविधियों के प्रति जनता में व्यापक नाराजगी है और इस आन्दोलन के समर्थन में भाजपाई और कांग्रेसी ही नहीं, वामपन्थी समाजवादी, गांधीवादी व अन्य तरह के लोग भी हैं। कहा जा रहा है कि यह उत्तराखंड के लिए 1993 में खड़े हुए आन्दोलन के बाद का सबसे बड़ा आन्दोलन है।

यह सब देखकर सवाल कौन्धता है कि उत्तराखंड के लोगों को कल तक झरने की तरह निर्मल और उपवन की तरह सुखद दिखनेवाले एन.जी.ओ. (स्वयंसेवी संगठन) अचानक गन्दे नाले जैसे अपवित्र और बिच्छू घास जैसे डंक मारनेवाले क्यों लगने लगे ? क्या एन.जी.ओ. के खिलाफ गुस्सा दबा हुआ था ? क्या यह सिर्फ सहयोग पर अपना गुस्सा उतारकर खामोश हो जाएगा या बाकी एन.जी.ओ. की भी खबर लेगा ? एन.जी.ओ. को सुधारने या भगाने का दावा करनेवाला यह आन्दोलन क्या बेरोजगारी का पहाड़ तोड़कर कोई बड़ा लक्ष्य प्राप्त करेगा या एकाध महीने में खामोश हो जाएगा ? इन सवालों के कोई दो टूक जवाब नहीं हो सकते, लेकिन इतना तय है कि भारत में इन दिनों बहुत तेजी से फूलने-फलनेवाले गैरसरकारी संगठनों की यह बाढ़ कई सवाल खड़े कर रही है और लोग यह भी पूछ रहे हैं कि अपने चरित्र और काम-काज के लिहाज से ये वास्तव में विश्वसनीय या उपयोगी हैं भी या नहीं। उत्तराखंड में खड़े हो गए

आन्दोलन ने इन सवालों को सहसा सामने ला दिया है और फिलहाल गैरसरकारी संगठन सकते में हैं। हालाँकि यह भी महसूस हो रहा है कि स्वयंसेवी संगठनों का व्यापक जाल यह झटका झेल ले जाएगा। फिर गैरसरकारी संगठनों के चरित्र को लेकर जो सवाल पूछे जा रहे हैं उनके जवाब फिलहाल नदारद हैं। जैसे विदेशी पैसे का सवाल। अव्वल तो यह कहना मुश्किल है कि विदेशी पैसे से देश की मदद का तूमार बाँधना सही है या नहीं। फिर अगर लोगों को यह लगता है कि यह अनुचित है तो भी हमारे सामाजिक आक्रोश और उसे वाणी देनेवाले लोगों का नैतिक स्तर इतना ऊँचा नहीं है कि वे विदेशी धन से चलनेवाले गैरसरकारी संगठनों को झटककर समाज से अलग कर दें। अगर कहीं ऐसी स्थिति या ऐसे लोग मौजूद भी हैं तो उनके पास इतना संसाधन और ऊर्जा नहीं है कि वे उसे गैरसरकारी संगठनों के विरोध में लगाएँ। अगर ऐसा होता तो कभी परिवर्तनकारी ऊर्जा और ईमानदारी से कुन्दन की तरह दमकनेवाले उत्तराखंडी युवक आज दीये की तरह टिमटिमा न रहे होते।

गैरसरकारी संगठनों के बारे में फुटकर अध्ययन होते रहे हैं पर विशद अध्ययन या मूल्यांकन कम ही हुआ बताया जाता है। पार्टी लाइन या मास लाइन के विश्लेषण का अपना ही नजरिया होता है। पर हाल में ढाका से प्रकाशित एक अध्ययन में विभिन्न दृष्टिकोणों को विस्तार से रखा गया है। ढाका अहसानिया मिशन की तरफ से प्रकाशित *लर्निंग एन.जी.ओ. ऑर डायनामिक्स ऑफ डेवलपमेंट पार्टनरशिप* में भारत सहित विभिन्न देशों के सामाजिक कार्यकर्ताओं के अनुभवों और विभिन्न दृष्टिकोणों को रखा गया है। इस अध्ययन के अनुसार एन.जी.ओ. के बारे में होनेवाले अध्ययन और लेखन को चार श्रेणियों में बाँटा जा सकता है। पहली श्रेणी में उनके धन के प्रबन्धन के बारे में की जानेवाली चर्चा शामिल है। यह अध्ययन नितान्त पेशेवर और तटस्थ तरह का होता है। इसका मतलब धन के आगमन और उसके समुचित इस्तेमाल से होता है। दूसरी श्रेणी उन अध्ययनों की है जिसमें नव उदारवाद के एजेंडा को प्रोत्साहन दिया जाता है। यानी राज्य की भूमिका को सीमित करने और एन.जी.ओ. की भूमिका को बढ़ाने के तर्क दिए जाते हैं। तीसरी श्रेणी उस विमर्श की है जिसके तहत सार्वजनिक क्षेत्र की भूमिका को ज्यादा महत्त्व दिया जाता है और एन.जी.ओ. की सीमाएँ स्पष्ट की जाती हैं। चौथी श्रेणी उन अध्ययनों की है जिसके तहत एन.जी.ओ. को वर्चस्ववादी पूँजीवादी प्रणाली के विस्तार के रूप में देखा जाता है।

इसी के साथ यह भी कहा जा सकता है, सभी तरह के एन.जी.ओ. की न तो कार्यशैली एक जैसी होती है और न ही उनका दायरा इकहरा होता है। एन.जी.ओ. की बढ़ती संख्या और उनके कार्य की प्राथमिकता को देखते हुए इस आधार पर भी श्रेणियाँ बनाई जा सकती हैं। इसलिए एन.जी.ओ. की बढ़ती भूमिका का विश्लेषण करने के लिए किसी भी सरलीकरण से बचने की भी आवश्यकता है। वरना हमें सभी एन.जी.ओ. विदेशी पैसे के सहारे देशी समाज, संस्कृति और उसकी निर्भरता को नष्ट करते नजर आएँगे। इसके अलावा एन.जी.ओ. या स्वयंसेवी संगठनों के पुराने इतिहास में भी

सँभलकर उतरने की आवश्यकता है, क्योंकि ज्यादा पीछे जाने के बाद वे सभी संगठन धर्म परिवर्तन कराते और उपनिवेशवाद का मार्ग प्रशस्त करते दिखाई पड़ेंगे। ऐसा करने पर स्वयंसेवी संस्थाओं के बारे में आपका नजरिया स्वयंसेवकों जैसा भी हो सकता है। इसलिए एन.जी.ओ. की भूमिका का विश्लेषण सँभलकर और कालक्रम के अनुसार करने की जरूरत है। उसका कोई एक चरित्र मानकर और उसे किसी एक खाने में रखकर देखने से उसके साथ अन्याय होने की आशंका है।

पिछले दो दशकों में गैरसरकारी संगठनों की भूमिका, परिभाषा और क्षमता में असाधारण परिवर्तन हुआ है। उन्हें अलाभकारी क्षेत्र की संज्ञा देते हुए कहा जाता है कि विकसित देशों में उनकी उत्पत्ति राज्य और बाजार की असफलता से हुई है। 'जहाँ न पहुँचे रवि वहाँ पहुँचे कवि' की तर्ज पर जहाँ राज्य और बाजार नहीं पहुँच पाते या पहुँचने में नाकाम हो जाते हैं वहाँ एन.जी.ओ. पहुँचते या पहुँचाए जाते हैं। बताया जाता है कि भारत में इस समय डेढ़ लाख से ज्यादा एन.जी.ओ. हैं। पहाड़ पर चले जाइए या पाताललोक पहुँच जाइए कोई-न-कोई एन.जी.ओ. काम करता मिल जाएगा। यह सवाल अलग है कि वह क्या काम कर रहा है या उसके काम की क्या सार्थकता है ?

क्लब ऑफ रोम के महासचिव बर्ट्रैंड शिनडर ने 1987 में *बेअरफूट रिवोल्यूशन* नाम की अपनी पुस्तक में दावा किया था कि दक्षिण के गरीब देशों में एन.जी.ओ. इस समय दस करोड़ लोगों को सहायता पहुँचा रहे हैं। उस समय उन्होंने कहा था कि यह संख्या अगले दशक तक दुगनी हो सकती है। यानी इस समय यह अनुमान लगाया जा सकता है कि एन.जी.ओ. के माध्यम से तीसरी दुनिया के 20 से 25 करोड़ लोगों की मदद की जा रही है।

एन.जी.ओ. के कामों को व्यापक सिद्धान्त के अलावा एक-एक संगठनों के योगदान के लिहाज से भी देखे जाने की जरूरत है। यानी उन्हें न तो सिरे से खारिज किया जा सकता है और न ही उनकी स्तुति में सरकार और समाज को बेकार बताया जा सकता है। मूल्यांकन की इस जटिल स्थिति पर विकासशील समाजों के अध्ययन केन्द्र के फेलो और लोकायन के पूर्व संयोजक विजय प्रताप एक जटिल किन्तु रोचक टिप्पणी करते हैं। उनका कहना है कि अगर वे नोबेल पुरस्कार देनेवाली समिति में होते तो राजस्थान के अलवर जिले में जल संरक्षण का काम करनेवाले तरुण भारत संघ के राजेन्द्र सिंह के नाम को मंजूर कर चुके होते। विदेशी सहायता और ग्रामीणों के सहयोग से राजेन्द्र सिंह ने राजस्थान के सात सौ गाँवों में पानी को बचाने का अद्भुत काम किया है। इसके लिए उन्हें राष्ट्रपति के.आर. नारायणन ने हाल में पुरस्कृत भी किया है। लेकिन विजय प्रताप इसी के साथ यह भी कहते हैं कि वे अजमेर जिले के भीम गाँव में मजदूर किसान शक्ति संगठन के काम को तनिक भी कम महत्त्व नहीं देते, जिसने स्थानीय लोगों से चन्दा उगाहकर उन्हें समर्थ बनाया है। सम्भवतः इसका अर्थ यह है कि विदेशी सहायता से अच्छा काम करनेवालों की सिर्फ इसलिए निन्दा नहीं की जानी चाहिए कि उन्होंने

विदेशी धन लिया है, बल्कि उनकी उपलब्धियों और काम करने के तरीकों पर भी गौर करना चाहिए। उसके साथ यह मानने का कोई औचित्य नहीं है कि हमारा समाज अपने बूते पर खड़ा ही नहीं हो सकता। या विदेशी सहायता अनवरत लेते रहना चाहिए।

पर समाज की विपन्नता, विषमता और उसके दुख दूर करने के उपायों के बीच की बहस न इतनी सरल है और न ही इन्हीं दो तर्कों के माध्यम से चल सकती है। न ही उसके बीच सिर्फ एन.जी.ओ. खड़े हैं। उसके बीच समाज का व्यापक ताना-बाना, विश्व अर्थव्यवस्था, देशी अर्थव्यवस्था, देशी राजनीति, अन्तर्राष्ट्रीय राजनीति जैसे तमाम कारक हैं जिन पर ध्यान दिए बिना और जिन्हें बदले या सुधारे या सक्रिय किए बिना काम चलनेवाला नहीं है। एन.जी.ओ. की गतिविधियों पर जवाबदेही, भ्रष्टाचार, प्रोफेशनलिज्म, पूँजीवादी व्यवस्था के पोषक होने के कई आरोपों के अलावा सबसे बड़ा आरोप सार्थक परिवर्तन की राजनीतिक प्रक्रिया को गड्डमड्ड कर देने का है। एन.जी.ओ. पर सामाजिक आन्दोलनों को विखंडित करने और आदर्शवादी युवकों को भ्रष्ट करने का बड़ा गम्भीर आरोप है। हालाँकि एक वामपन्थी कार्यकर्ता और पत्रकार इस आरोप को अकर्मण्यता का आरोप बताते हैं। उनका कहना है कि अगर स्वयंसेवी संगठनों की वजह से आन्दोलन की धार कुन्द होती है तो आन्दोलन को धारदार बनाए रखने का काम क्रान्तिकारियों का है न कि एन.जी.ओ. का। इसमें आन्दोलन की कमजोरी है न कि स्वयंसेवी संगठनों की। उनका यह भी कहना है कि कोई भी आन्दोलन अनन्तकाल तक नहीं चलता रहता। उसकी आयु एक दशक से ज्यादा नहीं होती। इसलिए सभी युवक सदैव न तो आन्दोलनरत रह सकते हैं और न ही आन्दोलन के इन्तजार में बैठे रह सकते हैं। ऐसे समय में समाज की सेवा के गैरआन्दोलनात्मक तरीके अपनाना कैसे गलत है !

जहाँ तक संघर्ष या आन्दोलन का सवाल है तो स्वयंसेवी संस्थाएँ आन्दोलन भी करती या करवाती हैं। चाहे इमरजेंसी के विरोध का आन्दोलन हो या पर्यावरण के आन्दोलन हों, सभी में स्वयंसेवी संस्थाओं के शामिल होने और उनमें विदेशी धन की भूमिका होने के प्रमाण मौजूद हैं। लेकिन जिस आन्दोलन को जनता का जितना व्यापक समर्थन रहा है और जिसका नेतृत्व जितने ईमानदार और कुशल हाथों में रहा है उसके भटकने की आशंका उतनी ही कम रही है। जो आन्दोलन सिर्फ एन.जी.ओ. के निहित स्वार्थों को साधने के लिए चलाया जाता है उसका हश्र भी वैसा ही होता है। आजकल भूमंडलीकरण के विरोध में एन.जी.ओ. बढ़-चढ़कर हिस्सा ले रहे हैं। सिएटल में विश्व व्यापार संगठन की वार्ता को नाकाम करने में गैरसरकारी संगठनों की प्रमुख भूमिका रही है। मार्च में बैंकाक की अंकटाड बैठक का मामला हो या 16 अप्रैल को अन्तर्राष्ट्रीय मुद्रा कोष और विश्व बैंक की वाशिंगटन में हुई बैठक हो, गैरसरकारी संगठनों ने प्रमुख भूमिका निभाई है। भारत में भूमंडलीकरण के विरोध में चेतना जगाने में सबसे अग्रणी संगठन नवदान्य दिखाई पड़ता है। संगठन प्रमुख वन्दना शिवा सिएटल में भी मौजूद थीं। भारत में क्लिंटन यात्रा से पूर्व में उन्होंने कई सेमिनारों के माध्यम से देशी बीजों

की रक्षा और संसाधनों के मामले में भारतीय सम्प्रभुता की रक्षा के लिए कई कार्यक्रम भी किए। भूमंडलीकरण के विरोध में आन्दोलन चला रहे तमाम संगठन भी सूचनाओं के लिए उन पर निर्भर हैं।

लेकिन सवाल यह उठता है कि क्या नीतियों के परिवर्तन के लिए उन पर भरोसा किया जा सकता है ? क्या राजनीतिक दलों, ट्रेड यूनियनों, जनान्दोलनों और सामाजिक संगठनों के ढाँचे को दरकिनार कर गैरसरकारी संगठनों से किसी बड़ी राजनीति की उम्मीद की जा सकती है ? जिस तरह तमाम घटकों में विभाजित नक्सली संगठन अपनी राजनीति का कोई प्रभाव छोड़ने में नाकाम रहे हैं, क्या उसी तरह एन.जी.ओ. देश पर कोई व्यापक या समग्र प्रभाव छोड़ पाने में नाकाम नहीं रहेंगे ? छोटे-छोटे गुटों, पहचानों और अहम् में उलझे ये संगठन क्या कभी अपने दायरे से बाहर निकलकर व्यापक एकता कायम कर पाएँगे ? फिलहाल तो ऐसा लगता नहीं। वे न तो किसी केन्द्रीय कमान में आने को तैयार दिखते हैं और न ही किसी केन्द्रीय संरचना में। उलटे वे राजनीति से परहेज भी करते हैं। दिलचस्प तथ्य है कि क्लिंटन यात्रा के पहले बीज बचाने के लिए सेमिनार करनेवाला नवदान्य उस समय कहीं नहीं दिखा जब राजधानी की सड़कों पर लोग क्लिंटन यात्रा का विरोध कर रहे थे, लाठियाँ खा रहे थे, पुतले जला रहे थे और गिरफ्तारी दे रहे थे। राजनीतिक और क्रान्तिकारी आन्दोलनों की कमियाँ अपनी जगह हैं ही पर एन.जी.ओ. पर भी कई आरोप बिलकुल सटीक बैठते हैं। जैसे कि यह आरोप काफी हद तक सही बैठता है कि ज्यादातर एन.जी.ओ. भाषण देने और सेमिनार करने से आगे नहीं बढ़ पाते। वे संघर्ष से घबराते और कतराते हैं। जब देश में आन्दोलन का समय होता है तो वे विदेश दौरे पर होते हैं। यानी वे जनचेतना को क्रान्तिकारी स्तर तक ले जाने से रोकते हैं। इसलिए आन्दोलनों से उनका जुड़ना कई बार आन्दोलन के लिए विश्वासघाती साबित होता है।

गैरसरकारी संगठनों के साथ सबसे बड़ी दिक्कत यह है कि वे देशभक्ति और मानवता की कसौटी पर खरे नहीं उतरते। वे विदेशी दानदाता एजेंसियों या संस्थाओं से सहायता प्राप्त करने के लिए कभी अपने समाज और देश के हितों पर हमला करते हुए दिखते हैं तो कभी उसकी सम्प्रभुता को समर्पित करते हुए। उदाहरण के लिए कहीं बचपन बचाओ के नाम पर एन.जी.ओ. के आन्दोलन देशी कालीन उद्योग को चौपट करते हैं तो कभी पर्यावरण बचाने के नाम पर काम करनेवाले एन.जी.ओ. महानगरों के छोटे उद्योगों को बन्द कराते फिरते हैं। यूरो नार्म लागू कर आटोमोबाइलों को शहर से बाहर करने का अभियान भी इसी प्रक्रिया का हिस्सा समझा जा सकता है। ऐसे ही गोवंश रक्षा का एक तार यूरोप के चमड़ा उद्योग से जुड़ा हुआ है। यूरोप के चमड़ा उद्योग भारत में इस तरह के आन्दोलन को प्रोत्साहित कर यहाँ के चमड़ा उद्योग को कमजोर करना चाहते हैं। हालाँकि भारत में गोरक्षा आन्दोलन का देशी आयाम ज्यादा बड़ा है।

देशभक्ति का दूसरा आयाम दानदाता संस्थाओं के प्रति एन.जी.ओ. की जवाबदेही से जुड़ा हुआ है। दानदाता संस्थाएँ दान देने की प्रक्रिया में इन संगठनों के कामों का

मूल्यांकन अपने विशेषज्ञों द्वारा कराती हैं। इसके अलावा एन.जी.ओ. उन संगठनों को नियमित रपट भेजते रहते हैं। ऐसी स्थिति में देशी समाज और उसकी सेवा करनेवालों का बड़ा हिस्सा विदेशी संस्थाओं के आगे हाथ फैलाने और उनकी कृपा पर चलने का आदी हो जाता है। यह प्रवृत्ति हमें आत्मनिर्भरता से दूर ले जाती है। पर तरुण भारत संघ के राजेन्द्र सिंह राष्ट्रीय सम्प्रभुता से समझौता करने या दैन्य भाव पैदा करने के किसी आरोप से इनकार करते हैं। उनका कहना है कि अच्छा काम और पारदर्शिता खुद-ब-खुद दानदाताओं को आपके पास खींच लाती है। उसके लिए किसी के आगे दीनता दिखाने की जरूरत नहीं होती। वे साफ कहते हैं कि उन्होंने अपने काम के दौरान किसी एजेंसी की शर्त नहीं मानी। सभी को काम पसन्द आया इसलिए धन की कमी नहीं हुई। वे विदेशी सहायता से किए जा रहे स्वतन्त्र सामाजिक आर्थिक विकास को पूँजीवादी व नवसाम्राज्यवादी प्रणाली का अंग मानने को भी तैयार नहीं होते। इस बारे में वे एक विचित्र तर्क देते हैं। उनका कहना है कि यूरोप के विकसित देशों ने औपनिवेशिक शासन के दौरान सैकड़ों सालों तक हमें लूटा है। ऐसे में हम अगर उनसे थोड़ी सहायता लेकर उस लूट के जख्म को ठीक कर रहे हैं तो हर्ज क्या है।

स्वयंसेवी संस्थाओं पर मानवीय संवेदना और त्याग की भावना के अभाव का आरोप लगाया जाता है। यह विडम्बनापूर्ण स्थिति है कि समाज सेवा के काम में यह भावना लुप्त होती जा रही है। सूखा और बाढ़ व तूफान किसी समाज पर आनेवाली विकराल प्राकृतिक आपदा है। लेकिन एन.जी.ओ. और उनसे सम्बद्ध लोगों के लिए यह लाभ के अवसर के रूप में आती है। कई लोग विश्व बैंक व अन्य संस्थाओं के लिए रपट तैयार करने में मालामाल हो जाते हैं तो कई राहत और सहायता पहुँचाने में सम्पन्नता की गति प्राप्त कर लेते हैं। उड़ीसा के प्रसिद्ध गांधीवादी मनमोहन चौधरी द्वारा वर्णित अनुभव यहाँ उल्लेखनीय है। वे बताते हैं कि सत्तर के दशक में जब समाजसेवी कालाहांडी में राहत काम करने जाते थे तो वे न सिर्फ अपनी साइकिलें दान कर आते थे बल्कि लौटते समय उनके शरीर पर कच्छा-बनियान के अलावा अन्य वस्त्र भी नहीं होते थे। पर नब्बे के दशक में जब किसी राहत के काम की बात होती थी तो सामाजिक कार्यकर्ता इस बात के लिए झगड़ते थे कि उन्हें दौरे के लिए मोपेड नहीं स्कूटर मिलना चाहिए।

यह स्थिति एक तरफ निराश करती है और दूसरी तरफ इस प्रक्रिया को समझने और सुधारने की चुनौती भी प्रस्तुत करती है। आर्थिक सुधारों के साथ कुकुरमुत्ते की तरह उगे गैरसरकारी संगठनों को देखकर कई सवाल उठते हैं। आखिर यह सब कैसे हुआ ? राजनीतिक दलों और सरकारी मशीनरी ने समाज के विकास और राष्ट्रनिर्माण के काम से क्यों पल्ला झाड़ लिया ? महिला अधिकारों, दलित अधिकारों, पर्यावरण रक्षा, आदिवासी विकास और पंचायत राज सब कुछ एन.जी.ओ. के हाथों में खिसकते जा रहे हैं। वे अपने ढंग से सभी मुद्दों की व्याख्या कर रहे हैं और उन्हें आगे बढ़ा रहे

हैं। उदाहरण के लिए महिलाओं के सबलीकरण के मामले पर कई राजनीतिक दलों ने 73वें और 74वें संविधान संशोधन के बाद अपने दायित्वों की इतिश्री समझ ली। जैसे कई राजनीतिक दलों ने मंडल आयोग की रपट लागू होने के बाद अपना कर्तव्य समाप्त मान लिया। अगर सचमुच राजनीतिक दलों की महिलाओं के उत्थान में रुचि है तो महिलाओं को टिकट देने के सवाल पर उनमें क्यों नहीं एका हो पा रही है ? उससे भी महत्त्वपूर्ण सवाल यह है कि लगभग 25 सालों से देश में प्रमुख बना पर्यावरण का सवाल आज भी राजनीतिक दलों के लिए क्यों गौण बना हआ है ? जबकि इस मामले पर कई छोटे-बड़े आन्दोलन हो चुके हैं और संसद से कई कानून पास हो चुके हैं। चाहे सरदार सरोवर का मामला हो या टिहरी बाँध का, क्यों कर सभी राजनीतिक दल इन मुद्दों पर अड़ियल और दकियानूसी रुख अपनाए हुए हैं ? उन्होंने इन मुद्दों पर संसद में एक स्वर से जो इच्छा जताई है वह इसका प्रमाण है। इसी तरह चाहे झुग्गी-झोपड़ीवालों के कल्याण या विस्थापन का सवाल हो या फिर रिक्शावालों पर दमन का सवाल हो, क्यों यह मामले गैरसरकारी संगठनों के जिम्मे छोड़ दिए जाते हैं ? आज बहुत अच्छी बात है कि देश के शीर्षस्थ नेता विश्वनाथ प्रताप सिंह ने झुग्गीवासियों की लड़ाई को अपने एजेंडे में शामिल किया है। पर देखना है कि यह सवाल किस हद तक हमारे राजनीतिक दलों के कार्यक्रम में प्राथमिकता हासिल कर पाता है ?

राजनीतिक दलों, राज्य की प्रणाली, आर्थिक ढाँचे और देशी संसाधनों से चलनेवाले सामाजिक संगठनों की सीमाएँ स्पष्ट होने के साथ ही विदेशी सहायता से चलनेवाले स्वयंसेवी संगठनों का उदय हुआ है। व्यापक लोक मान्यता प्राप्त राज्य की संस्थाएँ न सिर्फ कलंकित होती गई हैं बल्कि ढाँचागत सुधार कार्यक्रम के तहत उनकी भूमिका भी सीमित कर दी जा रही है। पर इसी के साथ यह भी सच है कि समाज की विकराल समस्याओं का समाधान सैकड़ों वर्षों में खड़ा हुआ राज्य और समाज का ढाँचा अगर नहीं कर सकता तो दो दशकों में उभरे हुए गैरसरकारी संगठन भी नहीं कर सकते। भूमंडलीकरण को लागू करनेवाली संस्थाओं की सीमाएँ तो अभी से जाहिर होने लगी हैं। जब समाज में बड़े पैमाने पर बेरोजगारी, विषमता और गरीबी के कारण पैदा किए जा रहे हैं तो गैरसरकारी संगठन कितने लोगों को रोजगार दे सकते हैं ?

यही सवाल विषमता के बारे में भी किया जा सकता है। समाज सुधार करने और विषमता दूर करने के बारे में एक चेतावनी बहुत आवश्यक है। अगर समाज सुधार का कोई कार्य विदेशी प्रभावों और विदेशी धन के माध्यम से किया जाता है तो उसके अस्थायी होने और उसके विरोध में पुनरुत्थान होने की ज्यादा आशंका रहती है। बहुत सम्भव है कि ऐसे समाज सुधारों के बारे में देशी समाज कट्टरपन्थी प्रतिक्रिया कर सब कुछ पलट दे। पर अगर वह काम देशी परम्परा और देशी जीनियस से जोड़कर किया जाता है तो ऐसी आशंका कम रहती है।

बंगाल के नवजागरण से लेकर सहयोग की रपट पर उठे हँगामे तक ऐसे तमाम उदाहरण दिए जा सकते हैं जब इस तरह की प्रतिक्रियाएँ हुई हैं। इसलिए समाज सेवा

के लिए सबसे महत्त्वपूर्ण कारक है साधन की पवित्रता और दृष्टिकोण। वह समाज की मजबूरी के बजाय उसकी गतिशील नैतिक कसौटी पर भी खरा उतरना चाहिए। दूसरी तरफ व्यापक समाज से भी कहा जा सकता है कि वह जिन कामों को अपने लिए घातक मानता है उन पर तात्कालिक प्रतिक्रिया जताकर चुप क्यों हो जाता है?

उसे उनका दीर्घकालीन विकल्प ढूँढ़ना चाहिए। अगर विदेशी संसाधनों से होनेवाली समाज सेवा अच्छी नहीं है तो समाज सेवा के लिए देशी संसाधनों की भरमार कर देनी चाहिए। कहा जाता है भारतीय समाज में विकल्प पैदा करने की अद्भुत क्षमता है। इसलिए उसे यह चुनौती स्वीकार करनी चाहिए।

महाबली मेहमान पर कुरबान !

अमेरिकी राष्ट्रपति विलियम जैफरसन क्लिंटन की 19 मार्च से शुरू हो रही भारत यात्रा उम्मीदों और आशंकाओं से भरी है। एक तरफ इसे भारतीय विदेश नीति की सफलता बताया जा रहा है तो दूसरी तरफ अमेरिकी साम्राज्यवाद को मजबूती दिलानेवाला ठोस कदम। जहाँ उनके स्वागत के लिए पलक-पाँवड़े बिछाए जा रहे हैं वहीं होली पर उनका पुतला जलाने की भी अपील हो रही है। भारतीय शासकवर्ग और मध्यवर्ग का ऊपरी हिस्सा समझ रहा है कि एकध्रुवीय विश्व में यह भारतीय विदेश नीति का नया अध्याय होगा और इससे जो राजनीतिक और आर्थिक सम्बन्ध कायम होंगे उसका उसे दीर्घकालिक लाभ मिलेगा। इस वर्ग ने लाभ के लिए अपने को न सिर्फ देश और समाज के व्यापक हिस्से से काट लिया है बल्कि दुनिया के उन तमाम देशों से अलग कर लिया है जिनकी वह पिछले चार दशकों से रहनुमाई करता रहा है। एक तरफ भारत के प्रधानमन्त्री अटल बिहारी वाजपेयी अपनी जनता को लगातार कठोर फैसलों को झेलने के लिए तैयार रहने को कहते हैं तो दूसरी तरफ भारत के विदेश मन्त्री जसवन्त सिंह दावा करते हैं, 'भारत प्रथम, द्वितीय तथा तृतीय विश्व में नहीं आता है, भारत तो अपने अधिकार से स्वयंमेव एक विश्व है।' यानी अमेरिका के करीब जाने के लिए भारत का शासक वर्ग अपनी जनता और अपने जैसे तमाम देशों से किनारा कर रहा है। इसका उदाहरण सिएटल में भी देखा गया। पिछले साल दिसम्बर में सिएटल दौर की वार्त्ता हालाँकि खेती के सबसिडी के सवाल पर अमेरिका और यूरोपीय संघ में टकराव की वजह से विफल हुई। लेकिन उससे पहले जमायका और अफ्रीका के अन्य देशों ने तीसरी दुनिया का जो मोर्चा बनाया था, भारत ने अपने को उससे अलग रखा था। भारत के वाणिज्य मन्त्री मुरासोली मारन उस दौरान अमेरिकी राष्ट्रपति क्लिंटन के साथ लंच का अवसर लाभ ले रहे थे।

यानी भारत का शासक वर्ग कहीं चीन और पाकिस्तान की वजह से, तो कहीं

अपनी समृद्धि की ललक में सबको और सब कुछ छोड़कर अमेरिकी खेमे में जाने को आतुर है। अमेरिका से सम्बन्ध सुधारने और इस यात्रा की पृष्ठभूमि तैयार करने के लिए विदेश मन्त्री जसवन्त सिंह अमेरिकी उपविदेश मन्त्री स्ट्रोब टालबॉट से दस दौर की वार्त्ता कर चुके हैं। क्लिंटन के स्वागत में भारत की उत्सुकता की स्थिति यह है कि एक तरफ हम अपनी आतिथ्य सत्कार में झुके और बिछे जा रहे हैं और दूसरी तरफ अमेरिका ने अब तक न तो भारत को किसी तरह की रियायत दी है और न ही देने का वादा किया है। क्लिंटन के विशेष प्रयासों के चलते भारत विश्व व्यापार संगठन के पैनल में तीन मुकदमे हार चुका है। उसी दबाव के चलते भारत ने क्लिंटन की यात्रा के पहले और अमेरिका द्वारा भारत को दी गई समय सीमा के ही पहले 1429 वस्तुओं से मात्रात्मक प्रतिबन्ध (क्यूआर) हटा लिए हैं। भारत ने व्यापक परमाणु परीक्षण सन्धि (सी.टी.बी.टी.) पर दस्तखत नहीं किए हैं और न ही अमेरिका और भारत की तरफ से इसकी विशेष सम्भावना जताई गई है। पर इस बात की पर्याप्त आशा है कि भारत दस्तखत के लिए तैयार हो जाएगा क्योंकि चार मार्च 2000 को प्रधानमन्त्री अटल बिहारी वाजपेयी ने आर्य समाजियों के एक प्रतिनिधिमंडल से स्पष्ट कहा है, 'हमारे शब्दों पर गौर कीजिए। हम अमेरिका के दबाव में सी.टी.बी.टी. पर दस्तखत नहीं करने जा रहे हैं।' यानी समस्या अहं की है और भारत अब उस अहं की निरर्थकता समझकर व्यावहारिक रवैया अपना रहा है।

भारत के पूर्व विदेश सचिव मणि दीक्षित के शब्दों में कहें तो भारत की आदत अमेरिका से 'पंगा' लेने की रही है। वह उस कमजोर साझीदार की मनोवृत्ति का शिकार रहा है जो सिर्फ टकराव के लिए टकराव लेता है। वह अपने अहं की तुष्टि के लिए अपनी ताल ठोकता है और मूँछों पर ताव देता है। पर भारत के शासक वर्ग के प्रतिनिधि दावा कर रहे हैं कि दोनों देशों के बीच अब 'पंगेबाजी' और आदर्शवाद से अलग व्यावहारिक धरातल पर सम्बन्ध बन रहे हैं। भारत को अमेरिका के अनुरूप ढालने और उससे फायदा लेने के लिए एक तरफ भारत का शासक वर्ग और उसका समर्थक मध्यवर्ग सक्रिय है और दूसरी तरफ अमेरिका में बसे भारतीयों की लॉबी। क्लिंटन की यात्रा और उसके परिणामों के पीछे इन वर्गों की सक्रियता बहुत काम की साबित होने जा रही है। भारत का 'व्यावहारिक' शासक वर्ग अमेरिका को किस नजर से देख रहा है इस बारे में 11 दिसम्बर 1999 के *इकॉनामिक एंड पॉलिटिकल वीकली* में 'यंकी गो होम, बट टेक मी विथ यू' प्रकाशित जयराम रमेश का लेख काफी कुछ कहता है।

शिकागो कांसिल ऑफ फारेन रिलेशंस के 1998 के एक सर्वेक्षण के अनुसार अमेरिका के 36 फीसदी लोग मानते हैं कि भारत से सम्बन्ध बनाना उनके लिए हितकारी है। यह आँकड़ा कोई खास नहीं है न ही उत्साहवर्द्धक है। पर 1994 के उस आँकड़े की तुलना में तो बेहतर है जब सिर्फ 31 फीसदी अमेरिकी मानते थे कि भारत से सम्बन्ध बनाना उनके लिए हितकारी है। इससे अलग 1998 में भारत के 46 फीसदी लोग मानते थे कि अमेरिका से सम्बन्ध बनाना भारत के हित में है। इसका मतलब है कि दोनों

देशों की बड़ी आबादी एक-दूसरे के प्रति गहरी झिझक पाले हुए है। इसके बावजूद दोनों देशों का व्यापारी वर्ग, मध्यवर्ग और शासक वर्ग एक-दूसरे से मिलने के लिए हुड़क रहा है। पोरफिरो डियाज ने कहा था 'मैक्सिको की त्रासदी यह है कि वह ईश्वर से बहुत दूर है और अमेरिका के बहुत करीब है।' इसी टिप्पणी को बदलकर भारत के अमेरिकी पैरोकार कहते हैं, 'भारत की त्रासदी यह है कि वह ईश्वर के बहुत करीब रहा है और अमेरिका से बहुत दूर रहा है।'

यानी आजाद भारत के इतिहास में पहली बार उसके पास ईश्वर को पीछे छोड़कर अमेरिका के करीब जाने का मौका मिला है इसलिए हमारे अमेरिका परस्त लोग इसे लौकिक सुख, समृद्धि और शान्ति का एक बड़ा अवसर देख रहे हैं। इन लोगों का स्पष्ट अहसास है कि, 'द्वितीय विश्वयुद्ध के बाद दुनिया का कोई भी देश अमेरिका के आर्थिक सहयोग के बिना आर्थिक शक्ति नहीं बन सका है। यहाँ तक कि चीन भी प्रतिवर्ष अमेरिका से 50 अरब डॉलर का सालाना अतिरिक्त व्यापार करता है। जो कि भारत के मुकाबले पाँच गुना है।'

अमेरिका से व्यावहारिक सम्बन्ध रखने के हिमायती लोगों का मानना है कि दोनों देशों के बीच अच्छे सम्बन्धों की आधारभूमि पिछली सदी के आठवें और नौवें दशक से बन रही है। लेकिन उस पर लाभकारी खेती 1991 से शुरू हुई। यानी डंकल प्रस्ताव को मंजूरी और विश्व व्यापार संगठन के गठन ने दोनों देशों के सम्बन्धों के सुधार को तेजी प्रदान की है। कहा जाता है कि एक वक्त था जब दिल्ली स्थित अमेरिकी राजदूत का काम कैलीफोर्निया से आनेवाले बादामों पर सीमा शुल्क कम कराने के लिए गुटबाजी करना भर था। पर अब भारत ने मात्रात्मक प्रतिबन्ध हटाकर अमेरिका को प्रसन्न करने के लिए बड़ी भेंट प्रदान की है। अब भारत और अमेरिका के सम्बन्ध वीसा और निवेश से आगे जाने की तैयारी कर रहे हैं।

भारत के मन में 1971 में बनी उस गाँठ को भी खोलने का प्रयास किया जा रहा है जब यू.एस.एस. इंटरप्राइजेज यानी सातवाँ बेड़ा बंगाल की खाड़ी में आया था। कहा जा रहा है कि यही बेड़ा 1962 में भारत की तरफ से आया था।

भारत एक धार्मिक देश रहा है इसलिए यहाँ के लोग यह तो मानते हैं कि ईश्वर किस तरह से प्रसन्न होते हैं। उसे 33 करोड़ देवताओं की रुचियों और उनका पूजन विधियों का भी अहसास रहा है। पर उसे यह नहीं मालूम रहा है कि अमेरिका किस तरह प्रसन्न होता है। अब बुद्धिजीवी, विदेश नीति विशेषज्ञ और राजनयिक यह बताने में लगे हैं कि अमेरिका कैसे प्रसन्न होता है। उनका कहना है कि अमेरिका अपने को महत्त्व दिए जाने से और किसी को संरक्षण प्रदान करने में प्रसन्न होता है। अमेरिका निवेश का अवसर मिलने से भी प्रसन्न होता है। पर उससे ज्यादा उसे तब प्रसन्नता मिलती है जब उसका व्यापार फले-फूले। अमेरिका चीन पर इसलिए मेहरबान है कि चीन के कारण उसके यहाँ के 12 लाख लोगों को रोजगार मिलता है। उसकी बोइंग कम्पनी के उत्पादन का 1/6वाँ हिस्सा चीन में बिकता है। अमेरिका आर्थिक ताकत और

खुले बाजार का सम्मान करता है। इसलिए भारत को अपना हित देखते हुए इस ढर्रे पर चलना चाहिए। इसी तरह अमेरिका की नीतियाँ अपने यहाँ बसे उस देश के प्रवासियों से ज्यादा प्रभावित होती हैं। आजादी के पहले की पीढ़ी ब्रिटेन या यूरोप की पढ़ी हुई थी, इसलिए उस समय भारत यूरोप के ज्यादा करीब था और अमेरिका से दूर था। पर आजादी के बाद की पीढ़ी में अमेरिका में पढ़ने और नौकरी करनेवाले लोग हैं। इसलिए अब भारत के प्रति अमेरिका का रुख बदल रहा है। इसके अलावा यह भी कहा जा रहा है कि अमेरिका मैत्रीपूर्ण सम्बन्धों में तेजी से आगे बढ़ता है और सम्बन्धों का धीमा विकास उसे बेचैन करता है। वह अपने दोस्त को बहुत ज्यादा देने में विश्वास करता है और दोस्त की बुराइयों पर बिलकुल ध्यान नहीं देता। उदाहरण के लिए इंडोनेशिया और पाकिस्तान–लेकिन जब उसकी मित्रता घटती है तो वह हर छोटी-मोटी बुराई पर ध्यान देता है। लेकिन इसी के साथ यह भी चेतावनी दी जा रही है कि अमेरिका के प्रति तिरस्कार दिखाना उसके प्रति उदासीनता दिखाने से ज्यादा खतरनाक हो सकता है। यानी पंगा छोड़ो, प्रणाम करो, अमेरिका का काम करो। यह आमतौर पर कहा जा रहा है कि हमने अपनी हीनता, आदर्शवाद और सन्देहवाद के कारण अमेरिका से सम्बन्ध बिगाड़ रखे थे। अगर हम इन धारणाओं से मुक्त होकर देखें तो भारत और अमेरिका के करीब आने में कोई अड़चन नहीं है। पिछले एक साल से अमेरिकी विदेश उपमन्त्री स्ट्रोब टालबोट से वार्त्ता कर रहे भारत के विदेश मन्त्री जसवन्त सिंह का कहना है, 'भारत-अमेरिका सम्बन्धों को गलत धारणा की वजह से नुकसान पहुँचा था और हमारी कोशिश इन दृष्टिकोणों में समरसता लाने की रही है। मेरा विश्वास है कि अब भारत के दृष्टिकोण को अधिक अच्छी तरह से समझा जाने लगा है। पिछले कई दशकों से अमेरिका और भारत के बीच जितनी वार्त्ताएँ हुई हैं उनमें यह सबसे लम्बी, सबसे अधिक उत्पादक और सम्भावना की दृष्टि से सबसे अधिक उपयोगी वार्त्ता रही है।'

भारत के शासक वर्ग व उसके सहोदर मध्यवर्ग के इसी संकोच, सम्भावना और समझ के वातावरण में क्लिंटन की भारत यात्रा हो रही है। जिसके लक्ष्य और उद्देश्यों के बारे में बिल क्लिंटन भी स्पष्ट कर चुके हैं–हमारी भारत यात्रा का उद्देश्य भारतीय बाजारों को खुलवाना है जिससे अमेरिकियों की सम्भावना और रोजगार बरकरार रखे जा सकें। क्लिंटन ने सहस्राब्दी समारोह के मौके पर कहा था, 'मानव सभ्यता का सूर्य अमेरिका के ठीक ऊपर चमक रहा है। और हमें यकीन है कि यह चमकता रहेगा।' इसलिए हमें भले ही कोई खुशफहमी हो पर अमेरिका अपने उद्देश्य में स्पष्ट है। वह चाहता है कि सभ्यता का सूर्य अमेरिका पर चमकता रहे और जहाँ कहीं भी चमके वहाँ अमेरिका से परावर्तित होकर ही रोशनी पहुँचे। वाशिंगटन सहमति, नवउदारवाद, आर्थिक तर्कनावाद, ढाँचागत समायोजन, सुधारवाद, निवेश पर बहुपक्षीय समझौता (एम.ए.आई.) वगैरह ऐसे अवधारणात्मक अस्त्र हैं जिनके सहारे अमेरिकी साम्राज्यवाद दुनिया में पूरे जोर-शोर से

फैल रहा है।

अमेरिकी राष्ट्रपति बिल क्लिंटन क्यों आ रहे हैं या भारत का शासक वर्ग उन्हें क्यों बुला रहा है इस बारे में तथ्यात्मक मतभेद नहीं है। तथ्य उनके पास भी वही हैं जो सम्भावना पाले हुए हैं और उनके पास भी वहीं हैं जो भयंकर आशंकाएँ पाले हुए हैं। फर्क सिर्फ दृष्टि का है। एक पक्ष उसे मैत्री, सहअस्तित्व और लाभ मान रहा है और दूसरा पक्ष उसे वर्चस्ववाद और बहुराष्ट्रीय गुलामी मान रहा है।

दूसरा पक्ष सत्ता में नहीं है, साधन सम्पन्न नहीं है और आदर्शवादी व भावुक है। पर वह बहुसंख्यक जनता की आवाज है। वह स्वाधीनता की प्रदीर्घ परम्परा है और असहमति का अन्तर्राष्ट्रीय आन्दोलन है। यह आन्दोलन पूरी दुनिया में ही नहीं अमेरिका में भी है। अमेरिका से इतर देशों के वामपन्थी गांधीवादी, देशी और स्वदेशी आन्दोलन को पूर्वग्रहग्रस्त कहा जा सकता है पर अमेरिकी समाज के तमाम बुद्धिजीवियों और आलोचकों की टिप्पणियाँ और आशंकाएँ तो अतिरेकपूर्ण नहीं होंगी। फेलिक्स ग्रीन और नॉम चोमस्की जैसे विद्वान और बुद्धिजीवी बहुराष्ट्रीय कम्पनियों के माध्यम से फैल रहे अमेरिकी साम्राज्यवाद के क्रूर चरित्र को कई दशकों से उद्घाटित कर रहे हैं। चेरिल पेयर 1974 में प्रकाशित *द डेट ट्रैप द आई.एम.एफ. एंड द थर्ड वर्ल्ड* में ब्रेटनवुड की अन्तर्राष्ट्रीय संस्थाओं की कार्यप्रणाली स्पष्ट कर चुके हैं। पर बहुराष्ट्रीय कम्पनियों में वर्षों तक काम करने के बाद डेविड सी कोर्टन ने *व्हेन द कॉरपोरेशन्स रूल द वर्ल्ड* में बहुराष्ट्रीय कम्पनियों के दबदबे का जो भयावह चित्र खींचा है उससे मानव सभ्यता का भविष्य आशंकों से भर जाता है। अमेरिका, यूरोप के समृद्ध देशों और अन्तर्राष्ट्रीय वित्त संस्थानों से प्रेरित नई भूमंडलीय प्रणाली व्यक्ति की आजादी का हरण करनेवाली, बहुराष्ट्रीय कम्पनियों को अबाध स्वतन्त्रता देनेवाली और जनता की कीमत पर मुनाफा कमानेवाली है। बिल क्लिंटन हालाँकि अमेरिकी राष्ट्र-राज्य के मुखिया के रूप में भारत आ रहे हैं। पर वह राष्ट्र-राज्य वास्तव में अमेरिकी जनता का प्रतिनिधि नहीं है। वह न्यूयार्क शहर के बन्दरगाह के एलिस द्वीप पर स्थित स्वतन्त्रता की देवी स्टैच्यू ऑफ लिबर्टी के आदर्शों का भी वाहक नहीं है। वह मानव मात्र की स्वतन्त्रता, गरिमा और राष्ट्रों की समानता और सम्प्रभुता सम्बन्धी संयुक्त राष्ट्र के चार्टर का आदर करनेवाला राष्ट्र-राज्य नहीं है। वह मानव मात्र, और राष्ट्र वगैरह सबकी स्वाधीनता से ज्यादा बहुराष्ट्रीय कम्पनियों की स्वतन्त्रता को महत्त्व देनेवाला राष्ट्र है और उसके लिए सरकारें गिरवाने, हत्याएँ करवाने और फौज भेजने से भी चूकनेवाला नहीं है। अमेरिका, संयुक्त राष्ट्र के नियमों का उल्लंघन करनेवाला, कहीं आतंकवाद को बढ़ावा देनेवाला तो कहीं आतंकवादियों पर मिसाइल दागनेवाला, राष्ट्रों पर पाबन्दी लगानेवाला, लोकतन्त्र का हिमायती होने की आड़ में दुनिया का सबसे बड़ा आतंकवादी देश बन गया है।

अमेरिका ने पहले इराक को कुवैत पर हमला करने के लिए उकसाया, कुर्दों पर नर्व्स गैस का प्रयोग कराया और फिर इसी बहाने इराक पर हमला कर बैठा। ये तथ्य किसी से छुपे नहीं हैं। उसी के साथ यह भी सर्वविदित है कि खाड़ी के तेल उत्पादक देशों पर

अपनी गिरफ्त मजबूत करने के लिए यह अमेरिका का सबसे अच्छा बहाना था।

इसी तरह यूरोप में भी अपनी सैनिक उपस्थिति दर्ज कराने के लिए अमेरिका ने यूगोस्लाविया की जातीय समस्या का फायदा उठाया। सर्बिया पर लगातार बमबारी कर अमेरिका ने यह साबित कर दिया कि यूरोपीय संघ की सारी हैसियत उसके पिछलग्गू की है और संयुक्त राष्ट्र तो महज एक दिखावा है। असली ताकत तो नाटो की है। इस दौरान अमेरिका ने न सिर्फ अन्तर्राष्ट्रीय संगठनों–संयुक्त राष्ट्र, सुरक्षा परिषद, अन्तर्राष्ट्रीय न्यायालय वगैरह को नाकारा कर दिया है बल्कि मीडिया पर भी बहुराष्ट्रीय नियमों के माध्यम से एकाधिकार कर लिया है। मीडिया की भी सारी स्वतन्त्रता बहुराष्ट्रीय निगमों की स्वतन्त्रता बनकर रह गई है। अमेरिका की इन साम्राज्यवादी नीतियों के खिलाफ ताकतवर मीडिया खामोश है और जो बोलते हैं उनकी कोई हैसियत नहीं है। अन्तर्राष्ट्रीय संस्थाओं के बारे में अमेरिकी मानस किस तरह का है इसकी झलक इस साल 20 जनवरी को अमेरिकी सीनेट के विदेश सम्बन्धों की समिति के चेयरमैन जेसी हेल्मस द्वारा सुरक्षा परिषद में दिए गए भाषण से स्पष्ट है। संयोग से उस महीने अमेरिका के रिचर्ड हॉलब्रोक परिषद के अध्यक्ष थे। उन्होंने उत्साहवश हेल्मस को ऐतिहासिक भाषण देने के लिए बुला लिया। वहाँ पर हेल्मस ने ऐसा भाषण दिया कि वह संयुक्त राष्ट्र और अमेरिका दोनों के गले पड़ गया। पर उससे अमेरिका की मानसिकता और अन्तर्राष्ट्रीय संस्थाओं को खुलकर धमकाने की प्रवृत्ति सामने आ गई। हेल्मस का कहना था, 'संयुक्त राष्ट्र बड़ी शक्तियों के राजनय का औजार है।' अमेरिकी जनता को लगता है कि संयुक्त राष्ट्र एक नई अन्तर्राष्ट्रीय प्रणाली, अन्तर्राष्ट्रीय नियम और अन्तर्राष्ट्रीय नियन्त्रण के केन्द्रीय प्राधिकार के रूप में अपने को स्थापित करने की कोशिश कर रहा है। अमेरिकी जनता ऐसी अन्तर्राष्ट्रीय व्यवस्था को स्वीकार नहीं करती।' लेकिन वे यहीं पर नहीं रुके। उन्होंने धमकी दी कि, 'अमेरिकी जनता यह नहीं मानती कि दुनिया में शक्ति का प्रयोग करने को वैधानिकता प्रदान करने का एक मात्र अधिकार संयुक्त राष्ट्र को है।' अगर संयुक्त राष्ट्र ऐसा करता है तो अमेरिका उससे अलग भी हट सकता है। हेल्मस के इस भाषण ने पूरी दुनिया में, हंगामा खड़ा कर दिया। अमेरिकी प्रशासन अपमानित हो रहा था पर वह खामोश था। सुरक्षा परिषद के उस माह के अध्यक्ष रिचर्ड हॉलब्रुक भी खामोश थे। संयुक्त राष्ट्र के महासचिव कोफी अन्नान ने किसी तरह यह कहकर इज्जत बचाई कि सुरक्षा परिषद का वह सत्र 'औपचारिक' नहीं था। बाद में रिचर्ड हॉलब्रुक ने भी इसी तरह बचाव किया।

काफी बाद में अमेरिकी विदेश मन्त्री मैडलीन अलब्राइट ने यह कहकर लीपापोती की कि अमेरिकी जनता की तरफ से बोलने का अधिकार सिर्फ अमेरिकी राष्ट्रपति को है। यहाँ यह बात गौरतलब है कि जेसी हेल्मस और उनकी विदेश सम्बन्धों की कमेटी ने लगातार यह अभियान चला रखा है कि अमेरिका संयुक्त राष्ट्र को अपना आर्थिक योगदान न दे। जबकि संयुक्त राष्ट्र का अमेरिका पर इतना बकाया हो चुका है कि अमेरिका की सदस्यता खारिज की जा सकती है।

हमें यह ध्यान रखना होगा कि क्लिंटन सिर्फ भारत नहीं आ रहे हैं। वे दक्षिण एशिया के दौरे पर आएँगे। इस दौरान वे बांग्लादेश तो जाएँगे ही, भारत और अमेरिका की पाकिस्तान विरोधी लॉबी की लाख कोशिशों के बावजूद उन्होंने पाकिस्तान जाने का भी फैसला कर लिया है। इस दौरान एटमी हथियारों, मिसाइल कार्यक्रमों और कश्मीर विवाद पर चर्चा होनी स्वाभाविक है। यह तीनों चीजें आपस में जुड़ी हुई हैं और एक का तार खींचने से दूसरी-तीसरी चीजें अपने आप झनझनाने लगती है। मई 1998 में पोखरण-दो परीक्षण के बाद अमेरिका द्वारा भारत के शोध संस्थानों और वैज्ञानिकों पर लगा प्रतिबन्ध हटा नहीं है। न ही मिसाइल कार्यक्रम की वजह से भारत को क्रायोजेनिक इंजन उपलब्ध हो सका है। जबकि भारत का उद्देश्य शान्तिपूर्ण रहा है। यहाँ यह कहने से काम नहीं चलेगा कि भारत के परमाणु परीक्षण से एक तरफ भारत की सुरक्षा सम्बन्धी आत्मनिर्भरता बढ़ी है और दूसरी तरफ अमेरिका और यूरोप की नजर में उसका महत्त्व बढ़ा है। यह आधी-अधूरी व्याख्या है। दरअसल परमाणु परीक्षण और मिसाइल कार्यक्रमों के बिना भारत की सुरक्षा के प्रति जो आशंकाएँ थीं वह परीक्षण और कार्यक्रमों को शुरू किए जाने के बाद और भी जटिल हो गई है। हाल में हुए कारगिल युद्ध ने यह साबित कर दिया है भारत की अमेरिका पर निर्भरता बढ़ी है और कश्मीर में अमेरिका और अन्य पश्चिमी देशों के हस्तक्षेप का खतरा बढ़ा है।

अमेरिका द्वारा बार-बार आश्वस्त करनेवाले बयान देने के बावजूद वह कश्मीर और उसके आस-पास के इलाकों में चल रही आतंकवादी गतिविधियों से बेचैन हैं। लेकिन उससे कहीं ज्यादा वह इस बात से बेचैन है कि कश्मीर दक्षिण एशिया में नाभिकीय युद्ध का पहला कारण बन सकता है। हाल में कारगिल युद्ध और भारतीय विमान के अपहरण से नाभिकीय युद्ध और आतंकवादी (इस्लामी) गतिविधियों के खतरे ज्यादा प्रकट रूप से सामने आए हैं। इन्हीं संकटों में अमेरिका के सहयोगपूर्ण रुख से भारत का शासक वर्ग उसकी तरफ लालायित और कृतज्ञ भी हुआ है। इसी कृतज्ञता और सद्भावना के माहौल के कारण ही क्लिंटन की यात्रा के प्रति भारत के मध्यवर्ग में उत्साह है। लेकिन इसी उत्साह और समर्पण भाव से अमेरिकी हस्तक्षेप का मार्ग खुलता है। भारतीय मध्यवर्ग युद्ध और आतंकवाद को लेकर कितना संवेदनशील और कोमल हृदयवाला है इसकी झलक कारगिल युद्ध और इंडियन एअरलाइंस के विमान अपहरण कांड में मिल चुकी है। उसे और बढ़ाने के लिए गैर जिम्मेदार मीडिया मौजूद है। इसलिए कुवैत और कोसोवो की तरह कब अमेरिका कश्मीर में कुंडली मारकर बैठ जाए कहा नहीं जा सकता। अमेरिका की उपविदेश मन्त्री राबिन राफेल द्वारा दो वर्ष पूर्व दिए गए बयान आज भी भारत को डराते हैं। यह कहने की आवश्यकता नहीं है कि अमेरिका ने पाकिस्तान को छोड़ा नहीं है। बस उसने भारत को भी अपने करीब लाने की पहल की है। पर पाकिस्तान अभी भी सैन्य दृष्टिकोण से उसके लिए महत्त्वपूर्ण है। यह बात विदेशी सम्बन्धों की परिषद के इंडिपेंडेंट टास्क फोर्स की रपट से जाहिर है। अमेरिका

द्वारा पाकिस्तान से किनारा कर भारत की तरफ झुकने का प्रचार करनेवालों के लिए 'ए. न्यू यू.एस. पॉलिसी टूवार्डस इंडिया एंड पाकिस्तान' शीर्षक से जनवरी में जारी रपट झटका देनेवाली है। यह रपट पाकिस्तान से सम्बन्धों को अभी भी उतना ही महत्त्व देती है जितना पचास वर्षों से दे रही है। इसलिए हमें यहाँ भी सावधान रहने की आवश्यकता है।

जहाँ तक डब्ल्यू.टी.ओ. यानी विश्व व्यापार संगठन का सवाल है तो यह मानना गलत होगा कि अमेरिका उसके नियमों का निष्ठापूर्वक पालन करता है। वह जहाँ जरूरत होती है वहाँ उसको मानता है और जहाँ आवश्यक होता है वहाँ अपने नियमों के तहत कार्रवाई करता है।

जेसी हेल्मस की सुरक्षा परिषद में की गई टिप्पणी को थोड़ा बढ़ाकर देखा जाए तो जाहिर हो जाएगा कि दुनिया की संस्थाएँ और नियम-कानून अमेरिका के लिए है अमेरिका उनके लिए नहीं है। अमेरिका उन सबसे ऊपर है। यहाँ सुपर 301 का उदाहरण देना काफी होगा। विश्व व्यापार संगठन के समझौते के अनुच्छेद-16 के पैरा-4 के अनुसार हर देश इस समझौते के अनुरूप अपने नियम और कानूनों को ठीक करेगा। एक तरह से इस समझौते के अस्तित्व में आने के साथ अमेरिका के 1988 के ट्रेड आम्नीबस एक्ट का सुपर 301 समाप्त हो जाना चाहिए था पर वह आज भी सक्रिय है। यानी अमेरिका को डब्ल्यू.टी.ओ. पर पूरा भरोसा नहीं है। उसको भरोसा है तो सिर्फ अपनी ताकत पर जिसके बूते वह अपने हितों की रक्षा करना और उसे विस्तार देना जानता है।

हम यह सोचकर थोड़े समय के लिए खुशफहमी पाल सकते हैं कि अमेरिकन फेडरेशन ऑफ लेबर (ए.एफ.एल.) और कांग्रेस फार इंडस्ट्रियल आर्गनाइजेशन (सी.आई.ओ.) भी सिएटल में आगे बढ़कर डब्ल्यू.टी.ओ. का विरोध किया था। या फिर अमेरिका की विदेश नीति की प्रामाणिक जानकारी देनेवाली पत्रिका *फारेन अफेयर्स* में प्रकाशित मारकस नोलैंड के उस लेख को भी पढ़कर कोई सन्तुष्ट हो सकता है जिसमें डब्ल्यू.टी.ओ के प्रति अमेरिकी समाज की दुविधा, सन्देह और नकारात्मक सोच को उजागर किया गया है। लेकिन अमेरिका के मजदूरों और किसानों का हित भारत के मजदूरों और किसानों के हित से काफी अलग है। उसे श्रम मानक सुरक्षा देते हैं और हमारे यहाँ वे ही असुरक्षा देते हैं। यानी वहाँ का मजदूर हमारे मजदूर से साम्राज्यवादी रिश्ता बना सकता है।

क्लिंटन जिन दैत्याकार कम्पनियों के हित रक्षक के रूप में काम कर रहे हैं और जिनके हितों के लिए भारत आ रहे हैं उन कम्पनियों के बारे में इग्नासियों पियोन एस्केलेंते की यह टिप्पणी गौरतलब है–'नाफ्टा बनने से पहले हम सोचते थे कि कॉरपोरेशन (बहुराष्ट्रीय निगम) सिर्फ दक्षिण के देशों की सरकारों को खरीद सकती हैं। अब हम मानते हैं कि वे उत्तरी देशों की सरकारों को भी खरीद सकती हैं।'

बहुराष्ट्रीय कम्पनियों की लालसा राष्ट्र-राज्यों के पार जाने, उन्हें कमजोर करने और बदल डालने की है। यह आकांक्षा लम्बे समय से व्यक्त की जा रही है। उसी को पूरा

करने के लिए विश्व व्यापार संगठन बना है और उन्हीं इरादों को मूर्त रूप देने बिल क्लिंटन भारत के दौरे पर आ रहे हैं। अमेरिकी पूँजीवाद अपने साम्राज्यवादी विस्तार के लिए जिस सिद्धान्त का सहारा ले रहा है उसमें व्यापक जनता का बेहतर जीवन केन्द्र में नहीं है। न ही जनता की आजादी उसका मूल धर्म है। उसका मूल धर्म बाजार है और व्यक्ति की आजादी कम्पनियों की आजादी में समाहित हो चुकी है।

नवउदारवाद के गुरु मिल्टन फ्रीडमैन *कैपिटल एंड फ्रीडम* में इस विचार को इस तरह व्यक्त करते हैं, 'चूँकि लाभ कमाना ही लोकतन्त्र का मूल है, इसलिए कोई भी सरकार बाजार विरोधी नीतियों का पालन करती है तो वह अलोकतान्त्रिक है। भले ही उसे व्यापक जनता का समर्थन हासिल है।'

दरअसल अमेरिकी राष्ट्रपति बिल क्लिंटन शान्ति, सुख, स्वतन्त्रता और भाईचारे का कोई सन्देश लेकर आने के बजाय अमेरिकी बाजार और साम्राज्य का घेरा बढ़ाने आ रहे हैं और उन्हें ढाँचागत सुधार कार्यक्रम के चलते तीसरी दुनिया में फैलनेवाली बेरोजगारी, असमानता, गरीबी और भुखमरी की कोई चिन्ता नहीं है।

मझधार में मछुआरे

यह विडम्बना है कि जब समुद्र की नौकाएँ बनानेवाले एक मछुआरे का बेटा ए.पी.जे. अब्दुल कलाम देश का पहला नागरिक यानी राष्ट्रपति होने की शपथ ले रहा था तब देश के लाखों मछुआरे 'करो या मरो' का नारा देकर अनिश्चितकालीन धरने पर बैठ रहे थे। ये मछुआरे दिल्ली सरकार को भूले वचनों और करारों की याद दिलाने आए थे। 25 जुलाई को राष्ट्रीय मछुआरा फोरम के नेता और सैकड़ों कार्यकर्ताओं ने दिल्ली में जन्तर-मन्तर पर अनिश्चितकालीन धरना शुरू किया। ठीक उसी समय देश के 13 अन्य स्थानों पर भी मछुआरों का आन्दोलन शुरू हुआ। उन सभी समुद्रतटीय शहरों के नाम हैं—मुम्बई, चेन्नई, तिरुवनन्तपुरम, भुवनेश्वर, मंगलूर, रामनाड, कोंटाई, विशाखापत्तनम, ओंगोले, पणजी, मालवान, उमरगाँव और नागरकोइल। इन जगहों पर उठनेवाली आन्दोलनकारी लहरों का लक्ष्य मुख्यभूमि पर बैठे दिल्ली के शासकों को यह याद दिलाना है कि उन्होंने आठ हजार किलोमीटर लम्बे देश के समुद्र तटों पर स्थित 10 राज्यों के एक करोड़ मछुआरों को क्या वचन दिया था और उसे पूरा न किए जाने से समुद्र और उनके बेटों पर क्या गुजर रही है। यह कोई ऐसा वचन नहीं जो निजी इच्छा के वशीभूत होकर राजा शान्तनु द्वारा दिया गया हो और बाद में जिसको पूरा करने में दिल्ली (हस्तिनापुर) के शासकों को देश के नुकसान का धर्मसंकट सता रहा हो। बल्कि वह राष्ट्र के समुद्र तट और उस पर निर्भर एक करोड़ मछुआरों की विदेशी जलपोतों से रक्षा के लिए दिया गया वचन है और जिसे कैबिनेट की मंजूरी मिल चुकी है। मछुआरा

समुदाय के हितों के लिए जिस मुरारी समिति की सिफारिशों को सरकार ने मंजूरी दी है उसमें ऐसी भी माँग नहीं है जिससे रेलवे के जोन विभाजन जैसा विवाद खड़ा हो। वह तो उदारीकरण के इस दौर में समुद्र तटों पर विदेशी दखल रोकने और समुद्र की पारिस्थितिकी का सन्तुलन बनाए रखने का एक संकल्प है। वह समुद्र के रास्ते हो रहे भूमंडलीकरण को रोकने का एक संघर्ष है। फिर भी जब केन्द्र और राज्य की सरकारें उस पर ध्यान नहीं दे रही हैं तो मछुआरे आन्दोलन का रास्ता अपनाने को मजबूर हुए हैं।

राष्ट्रीय मछुआरा फोरम ने केन्द्र सरकार के विभिन्न मन्त्रालयों और राज्य सरकारों के सामने जो 42 सूत्री माँगें रखी हैं उनमें 21 माँगें तो मुरारी समिति की सिफारिशें हैं जिन्हें कैबिनेट ने मंजूरी दे रखी है। बाकी माँगें वे हैं जिनके बारे में सरकार ने किसी-न-किसी प्रकार का समझौता कर रखा है पर उनका सम्मान नहीं किया जा रहा है। वे माँगें हैं—सब्सिडी पर ईंधन उपलब्ध कराना, पेट्रोल और डीजल की तरह ही मिट्टी के तेल की सप्लाई करना, भारत के सभी बाजारों को मारगोआ की तर्ज पर विकसित करना, सार्क और दूसरी मछलियों के पकड़ने पर लगी रोक हटाना वगैरह। जबकि मौजूदा तेल और पेट्रोलियम मन्त्री राम नाइक खुद मुरारी समिति के सदस्य रहे हैं और मौजूदा रेल मन्त्री नीतीश कुमार उस समय कृषि मन्त्री थे और उनके विभाग का इस पूरे मामले से काफी वास्ता रहा है।

मुरारी समिति की सिफारिशों का मुख्य जोर देश के समुद्र तटों पर भारत के मछुआरों को मछली पकड़ने का अधिकार देना है और उन्हें अत्याधुनिक विदेशी नौकाओं व संयुक्त उपक्रम की शक्तिशाली नौकाओं की प्रतिस्पर्धा से बचाना है। इस बारे में मुरारी समिति नौका की क्षमता, समुद्र क्षेत्र की गहराई और चौड़ाई का ध्यान रखते हुए ऐसी नौकाओं को व्यापक अधिकार देती है जो सामान्य मछुआरों की हैं और ऐसी नौकाओं के लाइसेंस बढ़ाने या नवीनीकरण न किए जाने का सुझाव देती हैं जो संयुक्त उपक्रम, चार्टर, लीज या परीक्षण के तौर पर मछली पकड़ने आई हों। इसके अलावा समिति देशी यान्त्रिक नौकाओं की क्षमता बढ़ाने और उनके तकनीकी सुधार का भी सुझाव देती है ताकि वे मछली उत्पादन में महत्त्वपूर्ण योगदान दे सकें।

लेकिन राष्ट्रीय मछुआरा फोरम के संस्थापक और मछुआरों के अन्तर्राष्ट्रीय नेता थामस कोचरी का कहना है कि सरकार ऐसा कुछ नहीं सकी है। उलटे उसका वाणिज्य मन्त्रालय कैबिनेट के फैसले की अनदेखी कर नई विदेशी नौकाओं को लाइसेंस दे रहा है। यह न सिर्फ मछुआरों बल्कि राष्ट्रीय हितों पर भी कुठाराघात है। वाणिज्य मन्त्रालय ने यह लाइसेंस इस आधार पर जारी किए थे कि ऐसा विश्व व्यापार संगठन के नियम में है। लेकिन जब यह सवाल दोहा में हुई विश्व व्यापार संगठन की बैठक में यूरोपीय संघ के व्यापार मन्त्रियों के सामने उठाया गया तो उनका जवाब था कि ऐसा कोई नियम है ही नहीं और हर देश इस बारे में स्वतन्त्र है। इसलिए मछली पकड़ने के लिए विदेशी नौकाओं को लाइसेंस राष्ट्रीय हितों को ध्यान में रखकर दिया जाना चाहिए। इस देश

के एक करोड़ मछुआरों का जीवन मछली पकड़ने पर ही निर्भर है और मछली पकड़ना एक तरह की आजीविका की अर्थव्यवस्था है जिसमें उन्हें स्वरोजगार मिला हुआ है। इस क्षेत्र में विदेशी नौकाओं के आने से उनका रोजगार छिन रहा है।

विदेशी कम्पनियों के साझा उपक्रम से समुद्र में चलनेवाली नौकाओं के लाइसेंस रद्द करने या उनका नवीकरण न करने के सरकारी वचन के बावजूद ऐसे जलपोत अच्छी तादाद में समुद्र में सक्रिय हैं। मत्स्य पालन विभाग के उपायुक्त जे.पी.एस. मल्होत्रा ने 18 मई 2001 को तटरक्षक मुख्यालय के डी.आई.जी. एस.पी. शर्मा को पत्र लिखकर उन पोतों की जानकारी दी है। उनके अनुसार सरकार ने जिन पोतों को अनुमति दे रखी है उनमें साझा उपक्रम की एक कम्पनी ड्रैगन फिशरीज लिमिटेड है। इस कम्पनी का मुख्यालय दिल्ली में ग्रीन पार्क में है। इस कम्पनी ने हांगकांग की पाल एंड सैम कम्पनी से गठजोड़ कर रखा है। इसके पास आठ पोत हैं जिसमें ज्यादातर स्टेम ट्रालर हैं। दूसरी कम्पनी है तिंग ताई इंडिया लिमिटेड। इसका मुख्यालय विजाग में है और इसके दो पोतों को अनुमति मिली हुई है। इसका गठजोड़ ताइवान की कम्पनी तिंग ताई इन्टरनेशनल लिमिटेड से है। तीसरी कम्पनी मैरीन रिसोर्सेज इन्टरनेशनल लिमिटेड है। इसका मुख्यालय विशाखापत्तनम में है और इसके दो पोतों को मछली मारने की इजाजत मिली हुई है। इसका भी ताइवान की कम्पनी बे पैसिफिक कॉरपोरेशन ताइपाई से गठजोड़ है। चौथी कम्पनी न्यू ओरियंटल ट्रालर्स प्राइवेट लिमिटेड है जिसका मुख्यालय हैद्राबाद में है और जिसने हांगकांग की वेल ज्वाइन शिपिंग लिमिटेड से गठजोड़ कर रखा है। इसके तीन पोतों को मछली मारने की अनुमति है। साझा उपक्रम की पाँचवीं कम्पनी इंको फिशरीज प्राइवेट लिमिटेड चेन्नई की है और इसका भी हांगकांग की कम्पनी जेनोइसवाइज लिमिटेड से गठजोड़ है। इसके तीन पोतों को 1995 में मछली मारने की इजाजत मिल चुकी है। राष्ट्रीय मछुआरा फोरम के अध्ययन के अनुसार मछुआरों की स्थिति और मछली उत्पादन में एक स्तर के बाद विपरीत सम्बन्ध हो जाता है। उसी तरह जैसे कृषि में ज्यादा उत्पादन होने के बावजूद गरीब किसान भूखों मरता है और धरती का पर्यावरण बिगड़ जाता है। ठीक वही हालत मछली उत्पादन के क्षेत्र में भी है। इस समय भारतीय समुद्रों में कुल 40 लाख टन मछलियाँ उपलब्ध हैं। इनमें से 30 लाख टन पकड़ी जा रही हैं। यह उत्पादन क्षमता से ज्यादा बताया जाता है। इसके बावजूद भारत के मछुआरों का प्रति व्यक्ति मछली उत्पादन घटा है क्योंकि उनमें से 90 फीसद लोग गरीबी रेखा से नीचे रहते हैं और सिर्फ दस फीसद मछुआरे यान्त्रिक नौकाएँ रखने की क्षमता रखते हैं। यानी समुद्र में ज्यादा मछली पकड़ने का काम आधुनिक और संयुक्त उपक्रम की नौकाएँ कर रही हैं। जिनमें कई नौकाएँ विदेशी कम्पनियों की हैं।

समुद्र में मछली मारनेवाली बड़ी और ज्यादा नौकाओं के आने से न सिर्फ समुद्र की क्षमताओं का अतिरिक्त दोहन होता है बल्कि उससे प्रदूषण भी होता है। मछुआरों का यह आन्दोलन ऐसे तमाम मुद्दों को उठाता रहा है जिनसे न सिर्फ मछुआरों का

विस्थापन रुके बल्कि समुद्र का पर्यावरण भी न बिगड़े।

फोरम का कहना है कि ज्यादा मछली पकड़ने के कारण कई तटीय राज्यों में मछलियों का अकाल हो गया है। मछुआरों की नौकाओं से कम मछलियाँ पकड़ी जा रही हैं और उनकी उत्पादन लागत भी बढ़ रही है। उन पर कर्ज भी बढ़ता जा रहा है ऐसी स्थिति में मछली की कमीवाले राज्यों विशेषकर महाराष्ट्र और कर्नाटक को मछली के लिहाज से अकालग्रस्त राज्य घोषित कर देने से मछुआरों का संकट घटेगा। उनको कर्ज से राहत मिल सकती है। राष्ट्रीय मछुआरा फोरम के संस्थापक थामस कोचरी का दावा है कि उन्होंने लम्बी लड़ाई की मार्फत जो भी उपलब्धियाँ हासिल की थीं उन्हें अपने ही देश के मन्त्रालयों द्वारा ध्वस्त किया जा रहा है। उदाहरण के लिए एक्वाकल्चर ने भारत के समुद्री तटीय इलाकों में तबाही मचाई है। वह समुद्र तट के भीतर और बाहर के पानी को प्रदूषित कर रहा था, धान के खेतों को बर्बाद कर रहा था और मैंग्रूव को भी नष्ट कर रहा था। ऐसी स्थिति में न्यायमूर्ति कुलदीप सिंह की सुप्रीम कोर्ट की खंडपीठ ने जगन्नाथन जी बनाम भारत सरकार के मुकदमे में आदेश दिया कि पारम्परिक एक्वाकल्चर के ढाँचों को छोड़कर सभी ढाँचों को ढहा दिया जाए। लेकिन सरकार ने सुप्रीम कोर्ट के इस आदेश का आदर करने की बजाय उसे निष्प्रभावी बनाने के लिए एक्वाकल्चर बिल पेश कर दिया और दूसरी तरफ खुद एक्वाकल्चर का काम करनेवाली वाणिज्य मन्त्रालय की संस्था एमपीडा (मैरीडाटाइम प्रोडक्ट एक्सपोर्ट डेवलपमेट अथॉरिटी) ने न सिर्फ पुनर्विचार याचिका दायर की बल्कि खुद ही एक्वाकल्चर के पर्यावरणीय प्रभावों के बारे में आकलन रपट भी पेश कर दिया। अथॉरिटी ने अपनी रपट में दावा किया है कि मौजूदा एक्वाकल्चर फार्मों का कोई विरोध नहीं है। जबकि उसकी इस रपट के विरोध में सुप्रीम कोर्ट में हजारों पत्र पहुँच चुके हैं।

समुद्र का प्रदूषण मछुआरों की प्रमुख चिन्ता है। इसीलिए फोरम ने समुद्र तटों पर बने जहाज तोड़नेवाले यार्डों को बन्द करने की भी माँग की है। प्रेमजी भाई करकरी (76), जो कांडला पोर्ट ट्रस्ट और कोच्चि पोर्ट ट्रस्ट में महत्त्वपूर्ण पदों पर रहे हैं, इन यार्डों को मछलियों के विकास के लिए घातक बताते हैं–'जहाजों को तोड़ने से जो जंग और पेंट निकलता है उससे पानी प्रदूषित हो जाता है और मछलियों के पनपने का आधार खत्म हो जाता है। इन कामों से बहुराष्ट्रीय कम्पनियों को धन मिलता है और हमारे मछुआरे विस्थापित होते हैं। इसलिए यह बन्द होना चाहिए। जहाज तोड़ने के यह यार्ड गुजरात के अलंग, तमिलनाडु के वालिनोक्कम और आन्ध्र प्रदेश के चिराला में हैं। चेन्नई के इन्नुरे क्षेत्र में भी उद्योग समुद्र में घातक कचरा गिरा रहे हैं।

मछुआरों की एक और महत्त्वपूर्ण माँग माडागोआ की तर्ज पर फिश मार्केट यानी मछली बाजार विकसित करने की है। माडागोआ के बाजार में आराम घर, कैंटीन, शौचालय और अन्य सुविधाएँ बनाई गई हैं। फोरम का कहना है कि इसमें सरकार एक पक्ष के रूप में सहयोग दे और बाकी भूमिकाएँ सहकारी संगठन और ट्रेड यूनियन निभाएँ जबकि इसे चलाने और देख-रेख का काम महिलाएँ करें।

मछुआरे जानते हैं कि मछली पकड़ने के लिए गहरे समुद्र में अपनी जान जोखिम में भले डालते रहें पर उनके अधिकारों और भविष्य का फैसला तो मुख्यभूमि पर ही होगा। इसलिए उन्होंने अपने संघर्ष को व्यापक आयाम देते हुए मुख्यभूमि के मछुआ समुदाय से अपने को जोड़ा है क्योंकि वे जानते हैं कि मुख्यभूमि के मछुआरों को मिलाकर उनकी ताकत दो करोड़ 15 लाख तक पहुँच जाती है। इनमें एक करोड़ 15 लाख मछुआरे मुख्यभूमि के हैं। हालाँकि एफ.ओ. के मुताबिक यह संख्या 1.60 करोड़ है।

राष्ट्रीय मछुआरा फोरम के मौजूदा अध्यक्ष हरेकृष्ण देवनाथ कहते हैं कि यह लड़ाई भूमंडलीकरण की शक्तियों के खिलाफ है। उनकी स्वार्थी नीतियों के चलते आदिवासी, मछुआरे और दलित लगातार विस्थापित हो रहे हैं और इनमें से पाँच करोड़ लोगों का अभी तक पुनर्वास नहीं हुआ है। हम भारत के मूल निवासी हैं लेकिन हम झुग्गियों में रहते हैं जबकि इस देश में बाद में आनेवाले लोगों ने बड़ी-बड़ी कोठियाँ बनाईं और उन्हें भारतीय संविधान से हर तरह की सुरक्षा मिल रही है। हम इस देश के शासक वर्ग के लिए परेशानी का सबब बन गए हैं। चाहे समुद्र का किनारा हो या धरती का हृदय प्रदेश हमें हर जगह विकास के नाम पर विस्थापित किया जा रहा है। बाँध, बन्दरगाह और हवाई अड्डे सब उनके लिए विकास के प्रतीक हैं जबकि हमारे लिए विस्थापन का बहाना। वे मध्य प्रदेश में बरगी और तवा बाँध से विस्थापित होनेवालों का हवाला देते हुए कहते हैं कि काफी संघर्ष के बाद वहाँ की सरकार ने मछुआरा समुदाय के सहकारी संघों को जलाशयों के पट्टे दिए। लेकिन उससे अधिकारी और ठेकेदार चिढ़ गए। अब उनके दबाव को देखते हुए सरकार विस्थापित मछुआरों के सहकारी संघ के पट्टे का नवीकरण नहीं कर रही है।

मछुआरों की एक प्रमुख माँग समुद्री उत्पादों के बारे में मन्त्रालयों की अधिकता खत्म करने की है। इस बारे में राज्य सभा की स्थायी समिति मार्च 1996 में अपनी 24वीं रपट में कह भी चुकी है कि देश के लम्बे समुद्र तट को देखते हुए एक अलग समुद्री संसाधन और मत्स्य मन्त्रालय बनाया जाना चाहिए ताकि वह सभी समस्याओं से एक साथ निपट सके क्योंकि अभी तक यह मामले कहीं कृषि मन्त्रालय तो कहीं वाणिज्य मन्त्रालय में बँटे हुए हैं। इस सिफारिश के बावजूद सरकार अभी इस मामले पर कुछ नहीं कर रही है।

जनान्दोलनों के राष्ट्रीय समन्वय से शुरू से जुड़े राष्ट्रीय मछुआरा फोरम ने इस बार अपने साथ उन सामाजिक-राजनीतिक कार्यकर्ताओं को भी सक्रिय किया है जिन्होंने मुख्यभूमि पर मछुआरों के हितों के ऐतिहासिक संघर्ष किया। जयप्रकाश नारायण के सम्पूर्ण क्रान्ति आन्दोलन से निकले और बोधगया के भूमि संघर्ष से होते हुए बिहार में करीब सौ किलोमीटर के दायरे में गंगा पर रंगदारी के खिलाफ गंगा मुक्ति आन्दोलन चलानेवाले अनिल प्रकाश भी मछुआरों फोरम के इस धरने में पूरी ताकत से जुटे हैं। उनका कहना है ‘‘मछुआरों का यह आन्दोलन भूमंडलीकरण के विरुद्ध देश के गरीबों, आदिवासियों और अल्पसंख्यकों का प्रतिनिधि आन्दोलन है। यह एक तरफ

भूमंडलीकरण के अति आधुनिक हमले के खिलाफ लामबन्द है तो दूसरी तरफ उसी तरह समुद्र सम्बन्धी नियमों में सुधार की माँग कर रहा है जैसे धरती पर भूमि सुधार की माँग होती रही है। यह सामाजिक-राजनीतिक संघर्ष भी है और पर्यावरण रक्षा का आन्दोलन भी। यह इस बात का प्रतीक है कि धरती और समुद्र के व्यापक पर्यावरण की रक्षा के लिए लड़ाई उसके असली बेटे ही लड़ते हैं। इसे विजयी बनाना है और इसके लिए मैं लालू प्रसाद यादव से लेकर विपक्ष की नेता सोनिया गांधी तक से मदद माँग रहा हूँ।''

देश के एक करोड़ समुद्री मछुआरों का प्रत्यक्ष और 1.15 करोड़ मुख्यभूमि के मछुआरों का परोक्ष समर्थन हासिल करने के बावजूद यह आन्दोलन अपने लक्ष्य को क्यों नहीं हासिल कर पा रहा है। क्या इसमें केन्द्र सरकार अड़चन डाल रही है या राज्य सरकारें ? या फिर दोनों मिलकर इसे विफल बनाने में लगे हैं ? क्या मछुआरों का नेतृत्व कमजोर है या फिर वे समुद्र के किनारे इतनी लम्बी पट्टी में फैले हुए हैं कि उनका राजनीतिक प्रभाव बन नहीं पाता ? राष्ट्रीय मछुआरा फोरम के महासचिव और महाराष्ट्र सरकार में संयुक्त सचिव रह चुके एन.डी. कोली का मानना है कि उनके मार्ग में राज्य और केन्द्र सरकारें दोनों अड़चन डाल रही हैं।

केन्द्र ही नहीं तमाम राज्यों में मुरारी समिति की सिफारिशों का लागू किया जाना मुल्तवी है। कहीं मुकदमा चलते होने का बहाना है तो कहीं समन्वय की कमी है। मछुआरे अलग-अलग राज्यों में आरक्षण की विविध श्रेणियों में रखे गए हैं। पर उन्हें आरक्षण कम ही राज्यों में मिल सका है। लेकिन ऐसा मानना गलत होगा कि वे राजनीतिक रूप से कमजोर हैं। देश में कम-से-कम 80 संसदीय क्षेत्र ऐसे हैं जहाँ उनके मत निर्णायक भूमिका निभा सकते हैं। यह बात अलग है कि संसद में पहुँचनेवाले उनके तीन ही प्रमुख लोग देवजी भाई टंडील, कैप्टन जयराम निषाद और फूलन देवी रहे हैं।

कोली यह नहीं मानते कि उनके संगठन का नेतृत्व कमजोर है। उनका कहना है, ''दरअसल हमारे समुदाय के 90 फीसद लोग गरीबी रेखा से नीचे हैं। इसलिए वे हितों के लिए निजी तौर पर कम लड़ पाते हैं। लेकिन पिछले 20 वर्षों में मछुआरों का संगठन काफी मजबूत हुआ है और फादर थामस कोचरी की अगुआई में उसे कुशल नेतृत्व भी मिला है। मैं खुद मछुआरा समुदाय से हूँ और नौकरी से रिटायर होने के बाद आन्दोलन में सक्रिय हूँ। हमें कामयाब होने की उम्मीद है।''

कैद में वनराज

2001 के जून और जुलाई के महीने में जीव विज्ञान जगत में दो बड़ी घटनाएँ हुईं। पहली घटना मनुष्य की आनुवंशिक इकाई यानी जीन की भाषा पढ़ने में मिली सफलता है और

दूसरी घटना इन्द्र के बगीचे यानी नन्दन कानन चिड़ियाघर में ताबड़तोड़ 12 बाघों की मृत्यु है। पहली घटना से उत्साहित लोगों ने उसे ईश्वर पर मनुष्य की विजय बताया तो दूसरी घटना भारत के लिए राष्ट्रीय शर्म और अन्तर्राष्ट्रीय पशु-प्रेमियों के लिए गहरी चिन्ता का विषय थी।

अमेरिकी राष्ट्रपति बिल क्लिंटन और ब्रिटेन के प्रधानमन्त्री टोनी ब्लेयर ने 26 जून को एक साझा प्रेस कांफ्रेंस में एलान किया कि सरकार पोषित एक अन्तर्राष्ट्रीय परियोजना और अमेरिका की एक निजी कम्पनी सेलेरा जिनामिक्स ने मिलकर 3.1 अरब रासायनिक पत्रों का एक मसविदा तैयार किया है। इस मसविदे में मानव-जीवन का सम्पूर्ण जैव वैज्ञानिक रहस्य है। इससे अद्भुत दवाएँ ईजाद की जा सकती हैं और घातक बीमारियों का इलाज किया जा सकता है। कैंसर और अलजीमर जैसी बीमारियों का इलाज अब कुछ ही समय की बात है। इस उपलब्धि से उत्साहित बिल क्लिंटन ने एलान किया कि आनुवंशिक इकाइयों की इस सूची ने ब्लेयर के नवजात शिशु लियो का जीवन एक झटके में 25 साल बढ़ा दिया है। अनन्त आशाएँ और आशंकाएँ उत्पन्न करनेवाली इस घटना ने मानव की वैज्ञानिक कुशलता और प्रबन्ध क्षमता को ईश्वरीय दर्जा दे दिया है।

पर इसके ठीक विपरीत नन्दन कानन चिड़ियाघर की घटना ने मानव प्रबन्धन और वैज्ञानिक कुशलता पर गहरा सवाल खड़ा कर दिया है। उस घटना ने इस तर्क को और बल दिया है कि प्रकृति की अनमोल चीजों (जीवों) को प्रकृति से बेहतर संरक्षण मनुष्य नहीं दे सकता। हो सकता है मनुष्यता का कोई हिस्सा फिर भी यह दावा करे और उस दिशा में कुछ कर दिखाए, पर व्यापक हिस्से का प्रबन्धन और उसकी वैज्ञानिक योजना प्रकृति से बेहतर नहीं है। नन्दन कानन चिड़ियाघर की घटना महज प्रशासनिक कुप्रबन्ध और कोष सम्बन्धी कमी की घटना नहीं है। यह चिड़ियाघर बनाम अभयारण्य की बहस भी खड़ी करती है और चिड़ियाघर के औचित्य पर सवाल भी। यानी धरती के जीवन का बेहतर प्रबन्धन मनुष्य कर सकता है या प्रकृति ?

कहा जा सकता है कि 21वीं सदी की दहलीज पर खड़े होकर प्रकृति को मनुष्य से बेहतर बताना एक दकियानूसी खयाल है। इस साइबर युग में ह्यूमन जेनोम परियोजना की सफलता के बाद अब मनुष्य के लिए कुछ भी असम्भव नहीं है। यानी वह फिल्म के तौर पर ही नहीं सचमुच के 'जुरासिक पार्क' का निर्माण कर सकता है। कृत्रिम प्रजनन उस दिशा में एक छोटा कदम था और आनुवंशिक प्रजनन का एक बड़ा कदम है। इस दिशा में क्लोनिंग यानी प्रतिकृति बनाने के काम चल ही रहे हैं। लेकिन अगर यह प्रयोग प्रकृति की तुलना में बेहतरीन परिणाम देनेवाले हैं और प्रकृति के जीव-जन्तुओं को लम्बे समय तक संरक्षित करनेवाले हैं तो फिर नन्दन कानन जैसी घटनाएँ क्यों होती हैं। अगर मनुष्य के प्रयोग ज्यादा समर्थ हैं तो ऐसी घटनाओं से चिन्तित होने की भी आवश्यकता नहीं होनी चाहिए, क्योंकि मनुष्य जीव-जन्तुओं की प्रजातियों को वैज्ञानिक क्षमता के आधार पर फिर से खड़ा कर देने में सक्षम है तो परेशान क्यों हुआ जाए ?

फिर तो उसे जीव-जन्तुओं की विलुप्त होनेवाली प्रजातियों को बचाने के लिए खास बेचैन नहीं होना चाहिए। उसे आनुवंशिक अभियन्त्रण पर भरोसा कर नई सृष्टि की रचना की तैयारी करनी चाहिए। लेकिन ऐसा आत्मविश्वास दिखता नहीं।

नन्दन कानन की घटना को देखने के दो नजरिए हैं। पहला नजरिया यह है कि हम अमेरिका और यूरोपीय देशों के चिड़ियाघरों को देखें। दूसरा नजरिया यह है कि प्राकृतिक परिवेश यानी राष्ट्रीय उद्यानों व अभयारण्यों में खड़े होकर चिड़ियाघरों पर निगाह डालें। अमेरिका और यूरोप के चिड़ियाघरों में खड़े होकर टिप्पणी करनेवालों का मानना है कि भारत इस लायक देश ही नहीं है कि उसे कुदरत की इतनी अनमोल नियामत की जिम्मेदारी सौंपी जाए। अंग्रेजी के एक बड़े पत्रकार ने इस बारे में अंग्रेजी के ही एक लेखक बर्नार्ड लेविन की ताजमहल के बारे में की गई टिप्पणी का हवाला दिया है। लेविन ने प्रदूषण से ताज के क्षय पर चिन्ता जताते हुए कहा था–'यह सम्पूर्ण दुनिया की विरासत है। इसलिए इसे पूरी तरह से भारतीयों के जिम्मे नहीं छोड़ा जा सकता।' उस पत्रकार ने उस टिप्पणी को थोड़ा बिगाड़ते हुए उसे बाघों के सिलसिले में दोहराया है। उनका कहना था–'हम कुदरत की इतनी सारी नियामत अकेले पाने के हकदार नहीं हैं। यह ईश्वर की तरफ से की गई नाइंसाफी है कि उसने बाकी दुनिया को दरकिनार कर अकेले हमारे यहाँ इतने सारे बाघ रख दिए। जबकि हम बेपरवाह और निर्मम हैं।' यह सोच काफी तेजी से फैलाया जा रहा है कि भारत के लोग अर्थव्यवस्था और समाज का प्रबन्ध तो छोड़िए पशु-पक्षियों का प्रबन्ध करने लायक भी नहीं है। यानी जिस तरह एक-एक कर तमाम उद्योगों और कारोबारों का प्रबन्ध पश्चिमी कम्पनियों के हवाले किया जा रहा है, उसी तरह चिड़ियाघर और अभयारण्यों को उनके हवाले कर दिया जाए। विशेष तौर पर बेरेनिल इंजेक्शन को लेकर उठे विवाद में लन्दन के चिड़ियाघर के विशेषज्ञों ने इस दवा को ही पूरी तरह खारिज कर दिया है। उनका कहना है कि यह दवा तो यूरोप में दी ही नहीं जाती जबकि भारत में इसका इस्तेमाल रामबाण समझकर किया जाता है।

भारतीय चिड़ियाघरों ही नहीं बूचड़खानों की सफाई से असन्तुष्ट चिड़ियाघरों की विशेषज्ञ सैली वाकर का कहना है कि पहले बूचड़खानों का आधुनिकीकरण किया जाना चाहिए। क्योंकि उनमें सफाई का न्यूनतम स्तर भी नहीं रहता। जिसकी वजह से मांस में जीवाणु पनपते हैं और बीमारी फैलती है। उनका आरोप है कि बूचड़खानों की सफाई का एक अभियान शुरू भी किया गया था लेकिन उसे पशु कल्याण का अभियान चला रहे गुट ने रुकवा दिया। पशु प्रेमियों की एक लॉबी मौजूदा समस्या का समाधान भारतीय चिड़ियाघरों की साफ-सफाई और उन्हें यूरोपीय स्तर का आधुनिक बनाने में देखती है। इसके लिए वह चिड़ियाघरों का निजीकरण करने और उसका प्रवेश शुल्क कम-से-कम 20 गुना बढ़ाने का सुझाव दे रही है। मेनका गांधी ने तो चिड़ियाघरों का प्रवेश शुल्क कम-से-कम सौ रुपया किए जाने का सुझाव दिया है।

यह सब आधुनिकता के यूरोपीय पायदान पर खड़े होकर भारतीय चिड़ियाघरों पर

डाली गई दृष्टि है। इसमें भारतीयों को 'तुच्छ', मक्कार बताना और यूरोपीयों को श्रेष्ठ बताने की मान्यता भी शामिल है। यह भूमंडलीकरण और निजीकरण के आदर्शों से उपजी हुई दृष्टि है।

लेकिन जब हम प्रकृति और वन्य जीवन की तरफ से इन चिड़ियाघरों को देखते हैं तो कुछ और ही बात निकलती है। चिड़ियाघरों में वैज्ञानिक प्रयोगों के नाम पर चल रहे 'कारनामों' पर गौर किया जाए तो इसके अस्तित्व पर ही सवाल खड़ा हो जाता है। लोगों को वन्य जीव के बारे में शिक्षा देने और दुर्लभ प्रजातियों का प्रजनन कर उनकी संख्या बढ़ाने के नाम पर खोले गए चिड़ियाघर जानवरों के प्रति निर्ममता सिखाने और उनकी प्रजाति खत्म करने के केन्द्र बन गए हैं। नन्दन कानन की घटना के बाद सुप्रीम कोर्ट में सुनवाई के दौरान अतिरिक्त महान्यायवादी अल्ताफ हुसैन ने लगभग यही टिप्पणी की। उन्होंने कहा–'चिड़ियाघर कारागार बन गए हैं और अब वक्त आ गया है कि अदालत जेल के उन कैदियों की हालत में सुधार करे।'

यह टिप्पणी चूँकि एक असाधारण परिस्थिति में की गई है इसलिए कठोर और असामान्य लग सकती है पर चिड़ियाघर जानेवालों की हरकतें और मनोभाव जेल में बन्द कैदियों को देखने जैसे ही होते हैं। रक्षकों को रिश्वत देकर जानवरों को हरकतें करने और चिल्लाने के लिए प्रेरित करना आम बात है।

लेकिन चिड़ियाघर में ज्यादा-से-ज्यादा बाघ पालने का दम्भ भरनेवाले नन्दन कानन (के अधिकारियों) पर एक अखबार की टिप्पणी बिलकुल सटीक थी–'शिक्षा और संरक्षण के नाम पर चिड़ियाघर के अस्तित्व को तो सही ठहराया जा सका है। पर सिर्फ इतने से इलाके में 54 बाघों को एक ही जगह पर रखना सही नहीं ठहराया जा सकता है। उचित तो यही था कि उनमें से तमाम बाघों को जंगलों में छोड़ दिया जाता।'

चिड़ियाघरों में जानवरों का जीवन सुरक्षित नहीं है। भारत के 285 चिड़ियाघरों में प्रति वर्ष लगभग 20,000 जानवर मरते हैं। रोजाना एक बाघ मर रहा है। इसमें स्वाभाविक रूप से मरनेवाले जानवर भी शामिल हैं। उसके बावजूद यह संख्या काफी है। इससे भी ज्यादा चौंकानेवाले आँकड़े बाघों के बारे में हैं।

केन्द्रीय चिड़ियाघर प्राधिकरण ने 1999 में प्रकाशित एक अध्ययन में माना है कि चुने गए 371 बाघों में से 128 की मृत्यु जन्म के एक महीने के भीतर हो गई। छह महीने के भीतर अन्य 39 बाघ मर गए। एक साल के भीतर 25 और बाघ मर गए। इस तरह 371 में से 192 बाघ साल भर के भीतर मर गए। अध्ययन के अनुसार इनमें से सिर्फ 61 बाघ 20 वर्ष की जीवन रेखा को स्पर्श कर पाए और उनमें से 57 उसे पार करने से पहले ही मर गए।

यह बाघों की प्रकृति भी हो सकती है और चिड़ियाघरों के परिवेश का प्रभाव भी। पर इतना तो साफ दिख रहा है कि चिड़ियाघरों में चल रहा कृत्रिम प्रजनन बाघों की जीवन क्षमता बढ़ाने में कारगर नहीं सिद्ध हुआ है।

कारगर होने की तो बात छोड़िए उलटे कृत्रिम प्रजनन ही बाघों की मौत का कारण बताया-जताया जा रहा है। विशेषज्ञों का कहना है कि कृत्रिम प्रजनन से बाघों की संख्या भले बढ़ जाए पर वे होते कमजोर हैं। उनमें बीमारियों से लड़ने की शक्ति नहीं होती। विशेषज्ञों के अनुसार सफेद बाघ भले ही इंसान को पीले बाघों के मुकाबले ज्यादा सुन्दर लगें पर वे तन्दुरुस्त नहीं होते। दरअसल आनुवंशिक बीमारी के कारण ही इनका रंग सफेद होता है। प्राकृतिक रोगों से लड़ने की कम क्षमता होने के कारण नन्दन कानन में सबसे ज्यादा सफेद बाघ मरे हैं।

हाल में वन्य जीव विशेषज्ञ अश्विनी कुमार सिंह ने साफ शब्दों में कहा है कि नन्दन कानन की त्रासदी का यही सबक है कि कृत्रिम ढंग से सफेद यानी कमजोर बाघों का प्रजनन बन्द कर देना चाहिए। सफेद बाघ वैसे भी कमजोर होते हैं इसलिए वे जिस भी जंगल में पाए जाते थे वहाँ बचे नहीं।

कलकत्ता और दिल्ली के राष्ट्रीय प्राणी उद्यानों में भी संगाई हिरणों पर कृत्रिम प्रजनन का कार्यक्रम चलाया गया। उससे हिरणों की तादाद तो बढ़ी पर वे कमजोर तबियत के निकले। इनमें ज्यादातर तपेदिक के मरीज हैं। बाँधवगढ़ फाउंडेशन ट्रस्ट के अध्यक्ष पुष्पराज सिंह ने प्रधानमन्त्री अटल बिहारी वाजपेयी को पत्र लिखकर सफेद बाघों को चिड़ियाघरों से मुक्त कराने की माँग की है। उनके अनुसार 'इन सिटू ब्रीडिंग' यानी चिड़ियाघर का कृत्रिम प्रजनन खतरनाक हो चला है। इससे आनुवंशिक विकृतियाँ आने लगी हैं और प्रजातियाँ कमजोर हो रही हैं।

बाघों को वन में भेजने का सुझाव देनेवाले विशेषज्ञों का साफ कहना है कि वन में इस तरह की किसी महामारी के फैलने का कोई रिकार्ड नहीं है, जबकि चिड़ियाघरों में यह आम बात हो गई है। यानी रहीम के इस दोहे को बाघ संरक्षण का मूल मन्त्र बना लेना चाहिए कि–**रहिमन बहु भेषज करत व्याधि न छाड़त साथ/खग-मृग बसत अरोग वन, हरि अनाथ के साथ।** अनुभवजन्य ज्ञान और प्रकृति प्रेम के आधार पर अगर यह मान लिया जाए कि बाघ वनों में ज्यादा स्वस्थ रह सकते हैं तो भी यह मानने का कोई आधार नहीं है कि वे वहाँ ज्यादा सुरक्षित रहते हैं। बाघों के शिकार और उनके अंगों के व्यापार की घटनाएँ कम नहीं हैं। फिर वनों का क्षेत्रफल लगातार सिकुड़ता जा रहा है। चालीस साल पहले वह 33 फीसदी था और अब सिर्फ 11 फीसदी रह गया है। जबकि यह क्षेत्रफल राष्ट्रीय मानकों के हिसाब से 33 फीसदी होना चाहिए। यानी वनों में बाघ बीमारियों से बच जाएगा तो शिकारियों से कैसे बचेगा।

फिर जब वन ही नहीं बचेंगे तो बाघों को कैसे बचाया जा सकेगा। वनों के सिकुड़ते क्षेत्रफल पर इसी तरह की आशंका प्रोजेक्ट टाइगर के निदेशक पी.के. सेन भी जताते हैं " 'पच्चीस साल पहले प्रोजेक्ट टाइगर की स्थापना की गई थी। तब से अब तक सवा लाख वर्ग किलोमीटर वन उद्योगों, मनुष्य की बसावटों और बाँधों ने निगल लिया है। संरक्षण के प्रयास को समन्वित तरीके से देखे जाने की आवश्यकता है। जब तक आप पशुओं को व्यावहारिक परिवेश नहीं प्रदान करेंगे, आप उनके बचने की कैसे उम्मीद

कर सकते हैं।' "

समन्वित संरक्षण पर जोर देनेवाले टाइगर ट्रस्ट के बृजभूषण शर्मा की टिप्पणी इस मामले में दिलचस्प है। उनका कहना है कि बाघ संरक्षण के दो ही जिम्मेदार पक्ष मान लिए गए हैं। एक सरकारी अधिकारी और दूसरे एन.जी.ओ.। पर इन दो पाटों के बीच में बाकी बचा न बाघ। यह दोनों पक्ष एक-दूसरे पर आक्षेप लगाते रहते हैं और इस बीच वन सम्पदा का विनाश होता रहता है। एन.जी.ओ. दिल्ली में बैठे फतवे जारी करते रहते हैं। तमाम कमेटियों में छाए रहते हैं। पर वन क्षेत्र में काम करने को तैयार नहीं हैं।

शर्मा का मानना है कि बाघ वहीं सुरक्षित है जहाँ वन और उसमें रह रहे आदिवासी सुरक्षित हैं। वे इस सिलसिले में तरुण भारत संघ के काम को आदर्श मानते हैं, क्योंकि इस संगठन ने सारिस्का में वनों और बाघों के साथ वहाँ के आदिवासियों को भी बचाया है। यानी उन्होंने सारिस्का में सबको सहेजा है। हालाँकि तरुण भारत संघ भी एक एन.जी.ओ. है पर वे इस तरह के एन.जी.ओ. के काम के खिलाफ नहीं है। उनका कहना है कि वन और वन्य जीवों के संरक्षण के नाम पर एन.जी.ओ. भारी रकम प्राप्त करते हैं पर करते कुछ नहीं। उलटे एकांगी दृष्टि फैलाकर लोगों को भ्रमित करते हैं और कार्यक्रमों को बिगाड़ देते हैं।

टाइगर ट्रस्ट ने कान्हा, बाँधवगढ़ और राजस्थान के राष्ट्रीय उद्यानों में स्थानीय नागरिकों से रिश्ता बनाने के साथ छोटे सरकारी कर्मचारियों और अधिकारियों को पुरस्कृत किया है। संस्था ने बाँधवगढ़ में शिकार रोकने में सक्रिय भूमिका निभानेवाले एक पुलिस अधिकारी को भी पुरस्कृत किया है। शर्मा का मानना है कि बाघ या वन बचाने के लिए फॉरेस्ट गार्डों को पूरी सुविधा देनी होगी क्योंकि उनकी भूमिका बहुत महत्त्वपूर्ण है।

लेकिन यह सब बातें आदर्श चर्चा तक सीमित होती जा रही है। इसके साथ ही इस प्रक्रिया में सरकारों और गैर सरकारी संगठनों की साँठ-गाँठ है। सरकार में बैठे लोग नौकरशाही की एक और कतार की माँग करने लगे हैं। उनका कहना है कि चिड़ियाघरों के रख-रखाव के लिए अलग काडर बनाया जाना चाहिए जो उस काम के विशेषज्ञ हों। सुनने में यह एक आकर्षक प्रस्ताव लगता है। पर मैक्स बेबर की टिप्पणी पर गौर करें तो इरादा जाहिर हो जाता है। मैक्स बेबर ने कहा था कि नौकरशाही की ज्यादा रुचि अपना आकार बढ़ाने में रहती है। वह जवाबदेही और पारदर्शिता पर कम-से-कम ध्यान देना चाहती है। नन्दन कानन के इतने बड़े हादसे में अभी तक किसी पर कार्रवाई न होना इसका प्रमाण है।

दूसरी तरफ सरकारी क्षेत्र की असफलता का फायदा उठाने के लिए एन.जी.ओ. यानी गैरसरकारी संगठन तैयार खड़े हैं। पर उनमें ज्यादातर का इरादा धन हड़पने का रहता है। एक एन.जी.ओ. ने उड़ीसा में कछुओं को बचाने के लिए बारबरा फाउंडेशन

से धन लिया। इस बीच उस संगठन के भाग्य से उड़ीसा में तूफान आ गया और उसे कछुओं को बचाने की जरूरत ही नहीं पड़ी। रणथम्भौर के टाइगर रिजर्व के लिए बहुत सारे एन.जी.ओ. सक्रिय हैं। वहाँ पिछले दस सालों में काफी धन भी आया है। पर उसकी तुलना में परिणाम नहीं निकला। हाल में वहाँ एक दर्जन चीतलों का मरना चिन्ता को बढ़ानेवाला है। इसलिए आज एन.जी.ओ. की भूमिका को भी जाँच के दायरे में लाना होगा। सवाल सिर्फ यह नहीं है कि नन्दन कानन हादसे की जाँच समिति में किसी एन.जी.ओ. को क्यों नहीं रखा गया ? सवाल यह है कि बाघ परियोजना की तमाम समितियों में जो एन.जी.ओ. थे उनका क्या परिणाम निकला ?

सबसे ज्यादा बाघ पालने का गर्व करनेवाले नन्दन कानन में हुए इस हादसे के बाद यह सोचना होगा कि चिड़ियाघर जानवरों की जेल है या बाबा नूह की नाव। प्रलय के पूर्व हजरत नूह ने एक विशाल नौका बनाई थी और उसमें जीव-जन्तुओं और पेड़-पौधों की विभिन्न प्रजातियों के एक-एक जोड़े रख लिए थे। इस तरह उन्होंने सृष्टि को बचा लिया था। संकटग्रस्त प्रजातियों को बचाने के लिए दो जोड़े, चार जोड़े रखना उचित है। पर भीड़ बढ़ाना ठीक नहीं। क्योंकि ज्यादा-से-ज्यादा जानवरों को चिड़ियाघरों में रखकर हम और संकट को आमन्त्रित करेंगे। जरूरत चिड़ियाघरों की संख्या घटाने (उसमें रहनेवाले जानवरों की भी) और वनों का क्षेत्रफल बढ़ाने की है। यानी चिड़ियाघर का आदर्श बाबा नूह की नौका की तरह का होना चाहिए न कि अप्पू घर और तिहाड़ जेल की तरह।

सुरक्षा के चक्रव्यूह में फँसे दाँत

गाँव के ट्यूबवेल पर दो लोगों को ब्रश से कोलगेट का सफेद झाग उठाते देखा तो चौंक पड़ा। पर मेरे चौंकने से वे बिलकुल नहीं चौंके थे। वे भारतीय दाँतों की, डॉक्टर से भी अधिक देखभाल करने का जिम्मा उठानेवाली बहुराष्ट्रीय कम्पनी के उत्पाद से अपने दाँतों को मोती-सा चमकाने में लगे थे। चूँकि इस दौरान उनसे बात करना सम्भव भी नहीं था इसलिए खामोश रहकर इन्तजार करना ही ठीक था। दिल्ली से लौटे उन दोनों सज्जनों से थोड़ी देर बाद पूछा, 'क्या यहाँ भी दातुन नहीं मिलती ?' उन्होंने तपाक से जवाब दिया, 'कौन नीम का पेड़ ढूँढ़े, उस पर चढ़े या लग्गी-डंडा लाकर दातुन तोड़े। इससे अच्छा है—ब्रश निकाला, पेस्ट लगाया और ज्यादा-से-ज्यादा पाँच मिनट में दाँत और मुँह साफ कर लिया। दिन भर के लिए निश्चिन्त। फिर इससे दाँतों की देखभाल भी बेहतर होती है और उनमें कोई बीमारी नहीं लगती।'

आसानी से समझा जा सकता है कि यह जवाब पिछले दशक में शहरी बने वे ग्रामीण नहीं दे रहे थे बल्कि वह बहुराष्ट्रीय कम्पनी दे रही थी जिसके दर्शन उन्होंने

'मोती-से चमकनेवाले दाँत' और उससे निकलनेवाले सफेद झाग के विज्ञापन के रूप में किए थे। गाँवों में भी दातुन दुर्लभ है और ब्रश-पेस्ट सुलभ। किसी से दातुन माँगो तो कहेगा–'पेस्ट मुझसे ले लीजिए और उँगली से कर लीजिए, या कहिए चौराहेवाली दुकान से ब्रश ला देता हूँ।' दरवाजे पर खड़े नीम के पेड़ अपनी उपेक्षा से रो रहे हैं और सात समुन्दर पार की बहुराष्ट्रीय कम्पनी अपना खजाना भरने की खुशी मना रही है। रोज सुबह नीम के पेड़ पर चढ़नेवाले और उन पर जल चढ़ानेवाले अब नहीं बचे हैं। नीम लगानेवालों की बात तो जाने ही दीजिए अब नीम काटनेवालों की संख्या बढ़ रही है। साथ में बढ़ रही है टूथपेस्ट और टूथब्रश की एजेंसी लेनेवालों की संख्या।

अब तो वह ताईजी भी ब्रश करने लगी हैं जो कभी लड़कों को ब्रश करते देखकर कहती थीं कि इसकी कूची सुअर के बाल या घोड़े के बाल से बनी होती है। हालाँकि उनके दाँतों की अवस्था लगातार बिगड़ती जा रही है पर उन्हें लगता है कि इससे सब ठीक हो रहा है। ब्रश करने का फैसला उन्होंने विज्ञापन देखकर नहीं डॉक्टर की सलाह पर किया था। एक बार दाँतों के डॉक्टर के पास हो आइए वह आपको दातुन से ब्रश और पेस्ट पर ला देगा। आखिरकार वह दाँतों को उखाड़-उखाड़कर उनका क्षरण रोक देगा। आपके आस-पास ऐसे तमाम लोग मिल जाएँगे जो जन्म से लेकर आज तक टूथब्रश और पेस्ट ही कर रहे हैं पर न तो उनके दाँतों का क्षरण रुका है और न ही उनमें गड्ढे बनने या पपड़ी जमने की प्रवृत्ति। अगर उनके दाँतों की बीमारी कम या खत्म हुई है तो डॉक्टर के इलाज से न कि 'डॉक्टर से बेहतर दाँतों की देखभाल करनेवाले टूथपेस्ट से'।

लेकिन बहुराष्ट्रीय कम्पनियों के प्रचार और 'लॉबिंग' ने टूथब्रश और टूथपेस्ट को उसी तरह आधुनिक आस्था का रूप दे दिया है जिस तरह दातुन धार्मिक आस्था से जुड़ गई थी। वह धार्मिक आस्था सस्ती, शुद्ध, सुलभ और उपयोगी थी जबकि यह आधुनिक आस्था महँगी, अशुद्ध और हानिकारक भी है। पर विज्ञापन के अंधड़ में किसी के पास ठहरकर सोचने का अवसर ही नहीं।

दरअसल टूथब्रश और टूथपेस्ट के मिथक हाथी के दाँतों की तरह इतने बड़े हो गए हैं कि हाथी के मरने के पहले उनको उखाड़ना सम्भव नहीं है। इसलिए बेहतर है हम खाने के दाँतों और दिखाने के दाँतों का अन्तर समझ जाएँ और उसी से कुछ फायदा उठाएँ। सवाल सिर्फ आधुनिकता और परम्परा के द्वन्द्व का नहीं है। न ही सवाल आदर्शवादिता का है। सवाल यह है कि क्या हम आधुनिक तौर-तरीकों में आधुनिकता के उन मानदंडों का पालन कर रहे हैं जो हमारे स्वास्थ्य की दृष्टि से आवश्यक हैं। क्या हमारी आधुनिकता इतनी सुविचारित और साधनसम्पन्न है, या हम सिर्फ देखा-देखी उसे अपना रहे हैं ? हमने पारम्परिक जीवन के जिन तरीकों को त्याज्य या दकियानूसी मान लिया है क्या उन पर आधुनिक तार्किक तरीके से विचार नहीं किया जाना चाहिए। क्या उनके गुण-दोष के आधार पर उनका मूल्यांकन नहीं होना चाहिए और उनका सस्ता सुलभ और टिकाऊ होना उनका दोष है ? क्या आधुनिकता के तौर-तरीकों का

मूल्यांकन और पुनर्मूल्यांकन आधुनिकता नहीं है ? सवाल उठता है कि क्या हम टूथब्रशों का सही तरीके से चुनाव और इस्तेमाल करते हैं या इस बारे में हमारा पूरा रवैया सिर्फ विज्ञापनों के जरिए तय होता है।

आधुनिकता ने दाँत साफ करने और उनके बीच अटकी खाद्य सामग्री व दाँतों पर जमी पपड़ी निकालने के लिए दो स्पष्ट तरीके सुझाए हैं। एक तरीका इलेक्ट्रिक ब्रशिंग का है तो दूसरा मैनुअल ब्रशिंग का। कैलिफोर्निया विश्वविद्यालय के दन्त विशेषज्ञों का कहना है कि बिजली से चलनेवाला ब्रश उन लोगों के लिए तो उपयोगी हो सकता है जो विकलांग हैं, पर उनके लिए कतई नहीं जो हाथ से ब्रश कर सकते हैं। बल्कि मैनुअल तरीके की ब्रशिंग इलेक्ट्रिक ब्रशिंग के मुकाबले दाँतों को ज्यादा साफ करती है। इलेक्ट्रिक ब्रशिंग के बारे में अमेरिकी डेंटल एसोसिएशन चेतावनी भी देती है कि उसका सीमित उपयोग होना चाहिए। एसोसिएशन का कहना है कि बाजार में तमाम तरह के ब्रश उपलब्ध हैं और उनका चयन आप अपनी सुविधा के लिहाज से कर सकते हैं। यह इस बात पर निर्भर करता है कि आप ब्रश किस तरह से करते हैं। इसके लिए आप डेंटिस्ट से सलाह भी ले सकते हैं। लेकिन एसोसिएशन यह जरूर कहती है कि आपके ब्रश में नायलॉन के मुलायम और गोल रेशे होने चाहिए। यानी बाजार में उपलब्ध 'हार्ड और मीडियम' श्रेणी के ब्रश क्या निरर्थक हैं ? फिलहाल तो इसकी सलाह नहीं दी जाती है। जबकि बाजार में 'हार्ड' ब्रशों की अधिकता है और लोग इन्हें खूब खरीदते और इस्तेमाल करते हैं। दन्त विशेषज्ञों के अनुसार सख्त रेशेवाले ब्रशों का इस्तेमाल कतई नहीं करना चाहिए भले ही आपके दाँतों पर धब्बे दिखने लगे हों। दाँतों को सख्ती से रगड़ने से बेहतर है कि उन पर धब्बे पड़े रहें। उसके लिए कड़े ब्रश से दाँत के साथ जबरदस्ती करने से अच्छा है कि दाँत के डॉक्टर की मदद ली जाए। कड़े और खुरचनेवाले ब्रश के बारे में साफ चेतावनी है कि वह दाँतों और मसूड़ों के बीच की 'वी' आकार की जगह को और फैला लेता है जिससे दाँत कमजोर होते जाते हैं। कड़े और नुकीले ब्रश मसूड़ों की मालिश नहीं करते और न ही उन्हें मजबूत करते हैं। उलटे उसके नायलॉन के नुकीले रेशे उनमें चुभते हैं और उन्हें जख्म देते हैं और दाँतों को मसूड़ों से जुदा होते जाने को मजबूर करते हैं। पर हमारे यहाँ ज्यादातर लोग दाँत में किसी तरह की तकलीफ होने पर टूथब्रश और टूथपेस्ट का 'सुरक्षा कवच' धारण करने लगते हैं। बेहतर होता वे विज्ञापन देखकर फैसला लेने के बजाय किसी अच्छे डॉक्टर की सलाह ले पाते। यहाँ अच्छे डॉक्टर से तात्पर्य है जो खुद अपनी राय कोई विज्ञापन देखकर न बनाता हो। जिन्हें हरियाणा के उद्योगपति व इंजीनियर राजेन्द्र कुमार बंसल की तरह अच्छे डॉक्टर की सलाह मिल जाती है वे दाँतों की दिक्कत होने पर ब्रश छोड़ देते हैं। बंसल साहब पिछले कई वर्षों से ब्रश नहीं करते, वे या तो उँगली से मंजन कर लेते हैं या फिर दातुन तलाशते हैं।

टूथब्रश के बारे में दन्त विशेषज्ञों का एक सुझाव यह भी है कि एक टूथब्रश को छह

हफ्ते यानी डेढ़ महीने से ज्यादा नहीं चलाना चाहिए। लेकिन ब्रश के तमाम प्रयोक्ता उसे अक्षुण्ण मानते हुए छमाही या सालाना योजना में बदलते हैं। नतीजतन टूथब्रश कीटाणुओं से लड़ने का एक उपकरण बनने के बजाय उनकी कॉलोनी बन जाता है। जो लोग अपने को जागरूक मानते हुए तीन-चार महीने में ब्रश बदल देते हैं वे भी वैज्ञानिक तौर पर सुरक्षा के सारे उपाय नहीं कर रहे होते। सम्पन्न पश्चिमी देशों में लोग सिर्फ रोज ब्रश से दाँतों की सफाई ही नहीं करते बल्कि ब्रश की सफाई भी रोज करते हैं। एक तो वे अपने ब्रश को कैप लगाकर रखते हैं फिर रोज करने से पहले उसे किसी-न-किसी तरह से कीटाणु रहित करने की कोशिश करते हैं। इसके लिए सबसे ज्यादा सुलभ पोटेशियम परमैगनेट का घोल बताया जाता है। पर यहाँ लोग टूथब्रश को परम पवित्र मानकर रोज उसे मुँह में डालते और निकालते रहते हैं। गौर से देखिए अन्नकण सिर्फ दाँतों के बीच में ही नहीं टूथब्रश के रेशों के बीच में और उसकी जड़ों में भी जमा होते हैं।

आज चिकित्सा विज्ञान में 'सिंगल टाइम यूज' यानी चीजों को सिर्फ एक बार प्रयोग करने का चलन बढ़ा है। इस लिहाज से देखा जाए तो दातुन 'एक बार प्रयोग' के अति आधुनिक सिद्धान्त के तहत सबसे उपयोगी टूथब्रश है। टूथब्रश ही नहीं टूथपेस्ट भी है। 'टू इन वन' है। वह ऐसा टूथब्रश है जिसके रेशे रोज तैयार किए जाते हैं। उन्हें जितना चाहिए सख्त कर लीजिए और जितना चाहिए मुलायम कर लीजिए। कूची बनाते समय दाँतों का व्यायाम हो गया और फिर उन्हीं से दाँतों और मसूड़ों की मालिश करते हुए उनकी सफाई कर लीजिए।

मिस्र में ईसा पूर्व 15000 में दाँत साफ करनेवाले एक मिश्रण का जिक्र मिलता है। उसमें शीशा, शहद, सुगन्ध इत्यादि मिला होता था। पर आधुनिक टूथब्रश का इतिहास सन् 1000 से शुरू होता है। सबसे पहला टूथब्रश चीन में बना। उसका हैंडल हाथी के दाँत का था और रेशा घोड़े के बाल का। उन्नीसवीं सदी में अमेरिका में जो टूथब्रश होते थे उनका हैंडल हड्डी का होता था, जिस पर पॉलिश की होती थी। टूथपेस्ट की ट्यूब का आविष्कार उन्नीसवीं सदी के अन्त में हुआ। लेकिन भारत में अति प्राचीन काल से नीम की दातुन टूथब्रश और टूथपेस्ट की भूमिका निभाती रही है। यह दातुन अपने कड़वेपन के कारण मुँह के स्वाद को बदलकर ताजगी देती है जबकि कीटनाशक गुणों के कारण वह मुँह से कीटाणुओं का सफाया भी करती है। इतना ही नहीं नीम की दातुन पित्तदोष रोकने में भी मदद करती है और इससे दाँतों की चमक और ताजगी बनी रहती है। उपयोगिता के दृष्टिकोण से नीम की दातुन 'थ्री इन वन' है। क्योंकि ब्रश और पेस्ट ही नहीं वह जीभी भी है जो बाद में जीभ साफ करने के काम आती है। वैसे तो नीम सर्वाधिक उपयोगी और सबसे ज्यादा प्रचलित दातुन रही है, पर भारत के विभिन्न हिस्सों में उपलब्धता और रुचियों के लिहाज से अलग-अलग तरह की दातुन प्रचलित रही हैं। असम के लोग बाँस की करची की दातुन करते रहे हैं। उत्तर भारत में दाँत दर्द होने पर लहचिचिरा की दातुन करने का रिवाज रहा है। पारम्परिक चिकित्सा

शास्त्र में वायु विकार से ग्रस्त लोगों के लिए बरगद की दातुन और कफ दोषवालों के लिए पोंगामिया (करंजा) की दातुन को फायदेमन्द बताया गया है। इसी तरह मधुर आवाज के लिए जूजूबे की दातुन उपयोगी मानी गई है। गवैए इसे उपयोग में लाते रहे हैं। दाँतों की मजबूती के लिए बबूल की दातुन बहुत उपयोगी बताई जाती है।

लेकिन लम्बे समय से उपयोग में आ रही दातुन को विस्मृत करने की पूरी व्यवस्था हो चुकी है। 'सुरक्षा चक्र' प्रदान करने के नाम पर हमारे दाँतों के चारों तरफ सुरक्षा का चक्रव्यूह बहुराष्ट्रीय कम्पनियों द्वारा रच दिया गया है। इस चक्रव्यूह के महारथी वे टूथपेस्ट हैं जो एक साथ साँसों की बदबू हटाने, पपड़ी छुड़ाने, कोटर बनने से रोकने और केरीज व पायरिया जैसी बीमारियों से मुक्त रखने का दावा करते हैं। बहुराष्ट्रीय कम्पनियाँ अपने विज्ञापन, उत्पाद और सूचना के मामले में किस तरह दोहरा पैमाना अपनाती हैं और धाँधली करती हैं, कोलगेट-पामोलिव इसका उदाहरण है। हैरानी की बात है कि इस धाँधली का पर्दाफाश करने में न तो डॉक्टरों का संगठन आगे रहा है और न ही दन्त चिकित्सकों का। इस मामले में सामाजिक संगठन 'आजादी बचाओ आन्दोलन' ने अग्रणी भूमिका निभाई है। इस संगठन ने टूथपेस्ट के विज्ञापन और जानकारी के विरोधाभास और अमेरिकी व भारतीय उपभोक्ताओं के साथ भेदभाव को उजागर किया है और इस सिलसिले में जनता को जागरूक करने का अभियान चलाया है। सबसे सघन अभियान महाराष्ट्र में चलाया गया है और कम-से-कम सौ जिला अदालतों में इस बाबत मुकदमा भी दायर किया गया है।

कोलगेट-पामोलिव की करतूतें इस बात का सबूत हैं कि किस तरह बहुराष्ट्रीय कम्पनियाँ अपने पैतृक देश के नागरिकों के स्वास्थ्य की विधिवत परवाह करती हैं और अन्य देश के नागरिकों के स्वास्थ्य के साथ खिलवाड़ करती हैं। अमेरिका में कोलगेट के विभिन्न ब्रांड प्रचलित हैं और उन सब की पैकिंग पर निर्देश और चेतावनी लिखी होती है। निर्देश दो से छह साल के बच्चों के लिए—केवल मटर के दाने जितना ही पेस्ट इस्तेमाल करें और बच्चे के ब्रश करने और कुल्ला करने पर नजर रखें ताकि बच्चे कम-से-कम मात्रा में पेस्ट निगलें। दो साल से कम उम्र के बच्चों के बारे में अपने डेंडिस्ट से सलाह लें। लेकिन उसी के नीचे यह चेतावनी भी छपी होती है—छह साल की उम्र से छोटे बच्चों की पहुँच से दूर रखें। अगर वे अचानक निगल लें तो तुरन्त डॉक्टर या विष नियन्त्रण केन्द्र से सम्पर्क करें। इस तरह की जानकारी के अभाव में भारत के ज्यादातर बच्चे रोज ब्रश करने के दौरान थोड़ा-बहुत पेस्ट निगल जाते हैं और माँ-बाप इस ओर ध्यान नहीं देते।

इस निर्देश और चेतावनी के साथ अमेरिका में बिकनेवाले कोलगेट के पैकेटों पर उसके अवयवों का ब्योरा भी छपा होता है। इनमें सोडियम फ्लूरोफास्फेट सक्रिय अवयव और अन्य अवयवों में डाइकैल्सियम फास्फेट, पानी, ग्लिसरीन या सर्बिटाल, सोडियम लाउरिल सल्फेट, सेल्यूलोज, गोंद, फ्लेवर, टेट्रासोडियम पायरोफास्फेट और सोडियम सैकरीन अवयवों की जानकारी के अलावा पेस्ट की मियाद की भी जानकारी पैकेट पर

छपी होती है। लेकिन भारत में बिकनेवाले उत्पादों पर इस तरह की कोई जानकारी नहीं छपी होती। प्रकटतः तो यह साजिश और दुर्भावना ही लगती है। अब अगर इसके पीछे कोई सद्भावना छिपी हो तो उसे कम्पनीवाले ही जानें। या फिर वे दाँत विशेषज्ञ जो इनके प्रयोग का सुझाव देते रहते हैं।

जानकारी और चेतावनी ही नहीं, विज्ञापन के मामले में भी ये कम्पनियाँ दोहरा व्यवहार करती हैं। कोलगेट डेंटल क्रीम भारत में अपने विज्ञापन में एक लड़की के माध्यम से कहती है कि सिर्फ एक दन्त चिकित्सक ही उसके दाँतों की बेहतर देखभाल कर सकती है। लेकिन दूसरे देशों में अपने विज्ञापन में वे दावा करते हैं कि उनके ब्रांड में ज्यादा उत्तम किस्म का फ्लोराइड होता है। उदाहरण के लिए, केन्या में उसी सामान्य किस्म के कोलगेट के विज्ञापन में कहा जाता है–'सिर्फ एक चिकित्सक ही उसे फ्लोराइड की बेहतर खुराक दे सकता है।' विज्ञापन इसके आगे बढ़-चढ़कर दावा करता है–'विश्वव्यापी चिकित्सीय परीक्षणों ने साबित किया है कि मोनो फ्लूरो फास्फेट की फ्लोराइड से युक्त कोलगेट डेंटल क्रीम दाँतों को मजबूत करने और उनका क्षरण रोकने में असरदार है।' लेकिन भारत में कम्पनी बिना फ्लोराइडवाला टूथपेस्ट बेचने का दावा करती है। सवाल उठता है कि अगर टूथपेस्ट के माध्यम से फ्लोराइड लिया जाना उचित है तो वह भारत में क्यों नहीं दिया जा रहा है और अगर अनुचित है तो वह केन्या में क्यों दिया जा रहा है। लेकिन इससे बढ़कर सवाल यह है कि जब पेस्ट के पैकेट पर उसके अवयव लिखे ही नहीं होते तो कौन जाने उनमें फ्लोराइड है या नहीं।

टूथपेस्टों की दन्त नीति, व्यापार नीति और विज्ञापन नीति में फ्लोराइड का काफी महत्त्व है। चूँकि फ्लोराइड दाँतों की मजबूती के लिए उपयोगी है इसलिए वह व्यापक राजनीति का शिकार भी हुआ है। कई तरह के बहस-मुबाहसों के बाद अमेरिकी दन्त विशेषज्ञ इस निष्कर्ष पर पहुँचे हैं कि फ्लोराइड पीने के पानी और भोजन के साथ लेना सबसे ज्यादा उपयोगी है। लेकिन उसी के साथ वे टूथपेस्ट आदि के माध्यम से भी फ्लोराइड लेने का सुझाव देते हैं। उनका यह भी कहना है कि विभिन्न तरीकों से फ्लोराइड का इस्तेमाल करने से स्वास्थ्य के लिए कोई समस्या नहीं खड़ी होती। बल्कि शरीर को जितना फ्लोराइड लेना होता है वह ले लेता है।

फ्लोराइड के बारे में दूसरी राय उसे टूथपेस्ट आदि के माध्यम से लिए जाने के खिलाफ है। इस राय के लोग पीने के सामुदायिक जल में फ्लोराइड की एक निश्चित मात्रा मिलाने का सुझाव देते हैं। इसका लाभदायक असर भी देखा जा चुका है। अमेरिका के एक पब्लिक स्कूल में बच्चों के पीने के पानी में फ्लोराइड मिलाने से वहाँ दाँत के रोगों में 35 से 40 फीसदी कमी देखी गई। विश्व स्वास्थ्य संगठन ने आठवें दशक में सुझाव दिया था कि अगर खाने के नमक में फ्लोराइड मिलाया जाए तो वह ज्यादा गुणकारी हो सकता है। पर हमारे यहाँ के पानी में फ्लोराइड की पर्याप्त मात्रा होने के कारण किसी और माध्यम से फ्लोराइड लेने की जरूरत नहीं महसूस की जाती। इसी वजह से 1989 में विश्वनाथ प्रताप सिंह की सरकार ने टूथपेस्टों में फ्लोराइट मिलाने

पर रोक लगा दी थी। तर्क था कि गुजरात, राजस्थान, हरियाणा, आन्ध्र प्रदेश और उत्तर प्रदेश सहित देश के बड़े हिस्सों में अलग से फ्लोराइड लेने की जरूरत नहीं पड़ती। बल्कि फ्लोराइड की ज्यादा मात्रा लेने से फ्लोरोसिस जैसी बीमारी का खतरा बताया जाता है। उम्मीद है कि जनवरी के अन्त में होनेवाला दन्त चिकित्सकों का तीसरा राष्ट्रमंडल सम्मेलन इस मामले पर व्यापक और सूक्ष्म तथ्यों के साथ सन्तुलित दृष्टिकोण प्रकट करेगा।

टूथपेस्टों के इतिहास पर गौर करने से पता चलता है कि तरह-तरह के प्रयोगों और अनुभवों के आधार पर वे आते-जाते रहे हैं। कभी बहुत उपयोगी दिखनेवाले टूथपेस्ट हानिकारक लगते हैं और सरकार व उनकी एजेंसियाँ उन्हें प्रतिबन्धित कर देती हैं। 1930 के दशक में अमेरिका में एक उपभोक्ता रपट ने दावा किया कि कुछ टूथपेस्टों और पाउडरों में जहरीले पदार्थ तथा दाँतों और उनकी चमक को नुकसान पहुँचानेवाले अम्ल इस्तेमाल किए जाते हैं। 1960 में क्रेस्ट विथ फ्लूरिस्टान नाम का पहला ऐसा टूथपेस्ट बनाया गया जो खोढ़ररोधी होने का दावा करता था। पहली बार इसे अमेरिकी डेंटल एसोसिएशन की मंजूरी मिली। लेकिन इस बीच 1972 और 1973 के दौरान एक अध्ययन में कहा गया कि टूथपेस्टों के ज्यादातर ब्रांडों में शीशा होता है। इनमें से कुछ में तो वह काफी हानिकारक मात्रा में होता है। एक रिपोर्ट में कहा गया कि 18 ब्रांडों का परीक्षण किया गया जिनमें 'बिनाका' और 'प्रर्मोडेंट' को छोड़कर सभी में शीशा पाया गया। लेकिन अब ज्यादातर पेस्टों ने अपनी ट्यूब या मूल संरचना से शीशा हटा दिया है। टूथपेस्टों के इतिहास में 'कोलगेट टोटल' का उत्पादन भी महत्त्वपूर्ण माना जाता है। इसे 1997 में बनाया गया। कहा जाता है कि वह बैक्टीरियारोधी, पपड़ीरोधी और मसूड़ों की तमाम बीमारियों को दूर करनेवाला है।

बहुराष्ट्रीय कम्पनियों के टूथेपेस्टों के गुण-दोष बताने का मतलब यह नहीं है कि भारतीय कम्पनियों के दन्त मंजन या टूथपेस्ट ज्यादा बेहतर और उपभोक्ताओं के प्रति ज्यादा जागरूक हैं। उदाहरण के लिए, लाल दन्त मंजन में गेरू अधिक होता है तो टूथपेस्टों में सैकरीन काफी होता है। हाल में भारतीय कम्पनी बलसारा ने मिस्वाक नाम की जड़ी-बूटी का इस्तेमाल करते हुए 'मिस्वाक' टूथपेस्ट बनाया है। पर मिठास से भरपूर वह पेस्ट इस्तेमाल होने के बाद क्या ज्यादा बैक्टीरिया को आकर्षित नहीं करेगा ?

यह सवाल उठना स्वाभाविक है कि हमारी दन्त नीति की दिशा क्या है ? वह बहुराष्ट्रीय कम्पनियों के उत्पादों और समाज के सम्पन्न वर्गों को केन्द्र में रखकर बनाई जाए या देश की गरीब, निम्न मध्यवर्ग और मध्यवर्ग की विशाल आबादी और उसके पर्यावरण को ध्यान में रखकर बनाई जाए। अगर जनहित को ध्यान में रखकर दन्त नीति बनानी है तो इस मिथक को तोड़ना होगा कि ब्रश-पेस्ट करने से ही दाँत सुरक्षित रहनेवाले हैं। इंडियन मेडिकल एसोसिएशन के महासचिव डॉ. प्रेम अग्रवाल यह तो जरूर कहते हैं, 'किसी भी टूथपेस्ट से आप दाँत साफ करें कोई फर्क नहीं पड़ता।' लेकिन साथ में वे यह भी कहते हैं कि अगर टूथपेस्ट का इस्तेमाल न करने को कहा जाए तो

इससे मुँह नहीं धोने का गलत सन्देश जा सकता है। पर वे यह क्यों नहीं कहते कि लोगों को दाँतों की देखभाल के आजमाए हुए पारम्परिक तरीके आजमाने चाहिए। भारत के दन्त चिकित्सक ब्रश और पेस्ट के पक्ष में राय देने के साथ दातुन के पक्ष में क्यों नहीं राय देते ? क्यों नहीं कहते कि 'सिंगल टाइम यूज' की वह वस्तु 'थ्री इन वन' है। पर इसमें दातुन की कमजोरी है क्योंकि वह कोलगेट की तरह दन्त चिकित्सकों के राष्ट्रमंडल सम्मेलन को प्रायोजित नहीं कर सकती।

विश्व बैंक, एनजीओ और जनान्दोलन

मेधा पाटकर और 'नर्मदा बचाओ आन्दोलन' की प्रशंसा करने के बाद दिल्ली के एक गांधीवादी नेता आखिर में टिप्पणी जड़ देते हैं गुजराती में एक कहावत है जिसका अर्थ है—'बुढ़िया मरेगी इसका गम नहीं है, गम इस बात का है कि यमराज घर देख जाएँगे,' उनका संकेत साफ है। सरदार सरोवर परियोजना बने या न बने, पर इस आन्दोलन के बहाने तमाम विदेशी एजेंसियाँ हमारे बारे में छोटी-छोटी बातें भी जान गई हैं। इसी तरह की टिप्पणी मेधा और 'नर्मदा बचाओ आन्दोलन' से सहानुभूति रखनेवाले समाजवादी, कम्युनिस्ट और उनसे बीच-बीच में जुड़नेवाले कई सामाजिक कार्यकर्ता भी करते हैं। उनका कहना है कि देश में सरदार सरोवर से बड़ी परियोजनाओं (कोयला कारो) और नर्मदा बचाओ से बड़े और उग्र आन्दोलन चल रहे हैं, पर उनका किसी को नाम नहीं मालूम। उनके नेता का नाम जानना तो दूर की बात है, जबकि 'नर्मदा बचाओ आन्दोलन' को देखकर लगता ही नहीं कि यह एक क्षेत्रीय आन्दोलन है। वह तो जन्म से पहले ही अन्तर्राष्ट्रीय हो चुका है।

मेधा पाटकर के प्रशंसक तो इतनी आलोचना करके चुप हो जाते हैं। वे मौका आने पर मेधा के साथ धरने पर चले जाते हैं। प्रदर्शन में चले जाते हैं। आन्दोलन की खबर छाप देते हैं। पर उनके मन में वे आपत्तियाँ बनी हुई हैं। लेकिन बाँध समर्थक इन तर्कों को बहुत ऊपर उछाल देते हैं। मेधा की सहयोग यात्रा से लौटे *जनसत्ता* के संवाददाता ओम प्रकाश लिखते हैं : 'तर्क साधन के सवाल पर आकर अटक जाता है। यह अटकाव वहीं हैं जहाँ मेधा पाटकर और बाबा आमटे में अटकाव आ गया है।...यह जानना दिलचस्प है कि पश्चिम की दुनिया के सारे पर्यावरण प्रेमी मेधा पाटकर के साथ हैं। अमेरिकी सीनेट में उनके जाने की बात तो छोड़िए, पश्चिम के अखबारों में आन्दोलन के ऐसे विज्ञापन भी छपते हैं जिनकी कीमत ही 60 हजार डॉलर होती है। सवाल सिर्फ पैसे का नहीं, आस्था का है। मान्यता कहाँ तलाश की जा रही है ? स्वीकृति और समर्थन कहाँ ढूँढ़ा जा रहा है, सवाल उसका है। बाबा आमटे की नजर में यह राष्ट्रीय स्वाभिमान की चुनौती है। इसी सिलसिले में यह बात भी गौरतलब है कि सितम्बर 1989 में हरसूद

रैली के बाद अक्टूबर में मेधा पाटकर वाशिंगटन पहुँच जाती हैं और अमेरिकी सीनेट की पर्यावरण उपसमिति के सामने अपनी बात रखती हैं।' लेकिन मेधा के पास अपने इन सम्पर्कों और दबावों के तर्क हैं। वे कहती हैं, 'जब सरकार भीख माँगने विश्व बैंक के सामने जा सकती है, तो हम दबाव बनाने के लिए क्यों नहीं ? पहले विश्व बैंक भागे, देश के दलालों से हम बाद में निपट लेंगे।'

विश्व बैंक और विदेशी संस्थाओं की मदद लेने का जो आरोप मेधा पाटकर और उनके सहयोगी संगठनों पर लगाया जाता है, वह उनके विरोधियों यानी बाँध समर्थकों पर भी कम नहीं है—विदेशी पैसे का, विदेशी स्वीकृति का, विदेशी सहायता का असर बहुत प्रबल होता है। गैरसरकारी संगठन अक्सर इसके दबाव में आ जाते हैं। डॉ. अनिल पटेल आर्च वाहिनी चलाते हैं। आर्च सामुदायिक स्वास्थ्य के लिए काम करनेवाली संस्था है। वाहिनी जयप्रकाश नारायण की छात्र युवा संघर्ष समिति है। आर्च वाहिनी दोनों का मेल है। मेधा उसे सरकारी संस्था बताती हैं और अनिल मेधा को स्वप्नजीवी कहते हैं। पर असली बात और आगे की है। अनिल पटेल की मदद ब्रिटेन की ऑक्सफेम करती है। उसी तरह विश्व बैंक में मेधा के सम्पर्कों को विवाद का मुद्दा बनानेवाली सरकारों ने तो विश्व बैंक से बाकायदा कर्ज लिया और बैंक की मोर्स और बर्गर स्वतन्त्र जाँच समिति नियुक्त किए जाने पर गुजरात सरकार ने उसके स्वागत के लिए पलक पाँवड़े बिछा दिए, जबकि मेधा ने शुरू में उस समिति के काम के तरीके का विरोध किया था। विश्व बैंक की समिति के आगे सरदार सरोवर निगम के अधिकारियों की लाचारी कुछ इस तरह थी : 'विश्व बैंक के ही कारण सरदार सरोवर निगम की आधी मशीनरी सिर्फ प्रचार और बचाव में लगी है। निगम का दफ्तर इस हलचल में डूबा है कि विश्व बैंक के आकाओं को किस तरह से सन्तुष्ट किया जाए। वे चूँकि कर्ज देनेवाले हैं, इसलिए जमीर नापते हैं और उसे कुचलते हैं। बाँध के खर्च में उनका हिस्सा सिर्फ दस फीसदी है पर कोई ऐसा दिन नहीं जब किसी-न-किसी को अपना पक्ष दिखाने के लिए निगम का मेहमान न बनाना पड़ता हो।'

नर्मदा बचाओ आन्दोलन को लेकर विश्व बैंक और देशी-विदेशी व गैरसरकारी संगठनों की भूमिकाएँ बदलती रही हैं। दुनिया की तमाम विनाशकारी और साम्राज्यवादी परियोजनाओं को मदद देनेवाला विश्व बैंक इस पूरे विवाद में उदार और मानवीय चरित्र लेकर उभरता है और गांधी की जन्मभूमि की एक राज्य सरकार कठोर, क्रूर व विनाशकारी दिखाई पड़ती है। इसी तरह जो गैरसरकारी संगठन या स्वयंसेवी संस्थाएँ कभी विश्व बैंक से सरदार सरोवर के लिए कर्ज मंजूर कराने और बेहतर पुनर्वास परियोजना बनवाने का दबाव पैदा कर रही थीं, वे बाद में परियोजना का विरोध करने लगीं। उन्होंने विश्व बैंक पर इतना दबाव डाला कि उसे परियोजना से हाथ खींचना पड़ा। इसलिए यहाँ मामला इतना पेचीदा है कि इसे सिलसिलेवार देखे बिना कोई राय बनाना ठीक नहीं होगा।

विश्व बैंक और गैरसरकारी योगदानों की बदलती भूमिकाओं को देखने से एक बात

लगती है कि मेधा पाटकर ने विश्व बैंक परियोजना से अलग करने में गुटबाजी की उसी राजनीति का इस्तेमाल किया, जिसका इस्तेमाल सरकारों ने विश्व बैंक से कर्ज हासिल करने में किया था। बल्कि उन्होंने उन्हीं संगठनों तक का इस्तेमाल किया। अपने इस उद्देश्य में सफल होने को वे बड़े गर्व से पेश करती हैं : 'वर्ल्ड बैंक का अपने यहाँ इतना हौवा है कि उसे अन्तिम प्रमाण की तरह पेश किया जाता है। इस परियोजना को जब वर्ल्ड बैंक की स्वीकृति और आर्थिक मदद मिली तो हमसे कहा गया कि अब देखिए वर्ल्ड बैंक ने इसे मान लिया है। अब आपत्ति की गुंजाइश ही कहाँ है। पर्यावरण की हानि और पानी, आदिवासियों की बरबादी आदि का सवाल अब क्या मतलब रखता है। वर्ल्ड बैंक से आगे तो आप नहीं सोच सकतीं। तो हमने वर्ल्ड बैंक से सीधे बातचीत करने की तैयारी की। दिल्ली में जब हम उनके सामने अपनी बात रखने गए तो हमने उन्हें बहुत खरी-खरी सुनाई। हमने देखा कि उसकी भूमिका एक पार्टी की है। उसे भी अपनी मदद की कीमत चाहिए।'

गाँव से विश्व बैंक तक गतिशील रहने के मूल मन्त्र पर चलनेवाली मेधा पाटकर मानती हैं कि उनका आन्दोलन विश्व बैंक की विनाशकारी और नवसाम्राज्यवादी नीतियों को चुनौती दे रहा है। नर्मदा बाँध (सरदार सरोवर) का मुद्दा तीसरी दुनिया में चल रही विनाशकारी नीति का प्रतीक है, क्योंकि बैंक ने पर्यावरण व पुनर्वास सम्बन्धी अपने ही मार्गदर्शक सिद्धान्त का बार-बार उल्लंघन होते देखकर भी बाँध का कर्ज जारी रखा। भारत सरकार ने 1987 तक सरदार सरोवर परियोजना को मंजूरी नहीं दी, फिर भी बैंक ने 1985 में ही परियोजना को कर्ज देना मंजूर कर लिया। पर विश्व बैंक के इस चेहरे में से उसका एक मानवीय चेहरा उभरता है। वह नर्मदा बचाओ आन्दोलन के दबाव से बनता है या पश्चिमी देशों के पर्यावरण प्रेमी संगठनों की प्लास्टिक सर्जरी से, यह कहना मुश्किल है। सम्भवतः इसमें दोनों का योगदान है।

विश्व बैंक ने कर्ज मंजूर करने के पहले कैलटेक (सी.ए.एल.टी.ई.सी.एच.) के मशहूर पुनर्वास विशेषज्ञ प्रोफेसर थामस स्कडर को 1983 में भारत भेजा था। उन्होंने भारत की पुनर्वास नीति की आलोचना जरूर की, पर पर्यावरण सम्बन्धी ऐसी कोई अड़चन नहीं लगाई जिससे कर्ज मंजूरी में रुकावट आए। उन्होंने दो महत्त्वपूर्ण सुझाव दिए थे। एक, अतिक्रमणकारियों को मालिकाना हक देना। दूसरा, विस्थापितों के नष्ट हुए जंगल बसाना। पर उनके ये सुझाव विश्व बैंक की 1980 की पुनर्वास नीति पर आधारित थे। बाद में 1990 में विश्व बैंक की नीति में जो सुझाव शामिल किए गए, उनके आधार पर ब्रेडफोर्ड मोर्स और स्टेनले बर्गर ने जो रपट दी, उस विश्व बैंक को सरदार सरोवर से हाथ खींचने पर मजबूर कर दिया। दरअसल, यह रपट नर्मदा बचाओ आन्दोलन की सबसे मजबूत याचिका है। लेकिन सिर्फ मोर्स-बर्गर रपट के आधार पर विश्व बैंक तैयार नहीं हो रहा था। उसे मनवाने के लिए जो अन्तर्राष्ट्रीय दबाव बना, वह गौरतलब है। विश्व बैंक पर भारी दबाव पैदा करनेवाले वाशिंगटन डी.सी. स्थित इन्वायरमेंट डिफेंस (ई.डी.एफ.) के वरिष्ठ वकील ब्रूस रिच ने स्वतन्त्र जाँच आयोग

घोषित किए जाने के बाद कहा, 'सरदार सरोवर विकास का वियतनाम है। यह विकास नियोजन के भद्देपन का एक उदाहरण है। एक गलती है।'

भारतीय और अन्तर्राष्ट्रीय पर्यावरण संगठनों व विश्व बैंक के अधिकारियों के एक महत्त्वपूर्ण वर्ग के विरोध का भी भारी असर पड़ा। परियोजना का विवाद इतना महत्त्वपूर्ण हो गया कि इस पर विश्व बैंक के प्रमुख दाता देशों की संसद में चर्चा हुई। जापान की डीट, स्वीडन की संसद और अमेरिकी कांग्रेस की तमाम उपसमितियों में परियोजना पर चर्चा हुई। मई 1990 में जापानी सरकार के ओवरसीज इकॉनॉमिक कोऑपरेशन फंड ने परियोजना से हाथ खींच लिया। विश्व बैंक के भारतीय डेस्क के तमाम अधिकारी कहने लगे कि सरदार सरोवर के पुनर्वास में भारत सरकार की नाकामी को ढँककर विश्व बैंक पूरी तरह बदनाम हो गया है। अमेरिकी संसद की 1989 में एक सुनवाई के दौरान सांसद जेम्स श्यूर ने कहा, 'विश्व बैंक के अध्यक्षों ने उनसे यही कहा है कि बड़ी परियोजनाएँ औद्योगिक देशों के फायदे में होती हैं। मैं यूरोपीय देशों, अमेरिका, जापान की बात कर रहा हूँ। एक देश परियोजना की रूपरेखा तैयार कराएगा, दूसरा निर्माण करेगा, तीसरा उसे चालू करेगा। इस तरह से वे मुनाफा कम कर खुश होंगे। उन्होंने इस काम के लिए तीसरी दुनिया के अभिजात वर्ग को पाल रखा है। यह वर्ग अपना फायदा स्विस बैंकों में जमा कर खुश होता है। इन तमाम परियोजनाओं का यही इतिहास है।'

इस तरह की चर्चा भारतीय संसद में भी नहीं हुई। पर ऐसा माहौल बनाने के लिए एशिया वाच, ग्रीनपीस, फ्रेंड्स ऑफ अर्थ और नर्मदा इन्टरनेशनल ह्यूमन राइट्स पैनल जैसे गैरसरकारी संगठनों का भारी योगदान है। 1991 में इनवायरामेंट डिफेंस फंड के नेतृत्व में 47 गैरसरकारी संगठनों ने विश्व बैंक को ज्ञापन देकर कहा कि महाराष्ट्र के आदिवासियों से उनकी मर्जी के खिलाफ जमीन लेने के लिए दबाव डालना कर्ज की शर्तों का उल्लंघन है। वरना विश्व बैंक तो मोर्स कमेटी की रपट के बाद भी टाल-मटोल कर रहा था।

लेकिन यही संस्थाएँ पहले परियोजना को सफल बनाने और बेहतर पुनर्वास नीति के लिए भी काम कर रही थीं। ई.डी.एफ. ने पहले ऑक्सफेम से मिलकर आदिवासियों के पुनर्वास की माँग का समर्थन किया था और विश्व बैंक में गुटबाजी की थी। 1983 के आस-पास ऑक्सफेम के तत्कालीन विकास नीति सलाहकार जोन क्लार्क ने विश्व बैंक के सामने पुनर्वास का मुद्दा उठाया और आर्च वाहिनी से मिलकर उन पर दबाव बनाया।

इसलिए विश्व बैंक और अन्तर्राष्ट्रीय एन.जी.ओ. के सम्पर्क तन्त्र के बारे में भ्रमपूर्ण स्थिति बनी हुई है। लेकिन नर्मदा आन्दोलन और मेधा पाटकर की कार्यशैली से दो निष्कर्ष निकाले बिना नहीं रहा जा सकता। एक तो यह कि अगर संघर्ष किया जाए तो विश्व बैंक को साम्राज्यवादी नीतियों से पीछे हटने को मजबूर किया जा सकता है और विश्व बैंक के भीतर आत्मालोचना चलती रहती है, जरूरत उसे जगाने की है।

दूसरा निष्कर्ष यह निकला कि विनाशकारी और शोषक आर्थिक नीतियों से अगर लड़ना है तो उसके लिए अन्तर्राष्ट्रीय एन.जी.ओ. नेटवर्क का इस्तेमाल जरूरी है। बिना उसके वांछित सफलता नहीं मिल सकती। यह निष्कर्ष ई.डी.एफ. के ब्रूस रिच नर्मदा आन्दोलन का समर्थन करने के बाद इस तरह निकालते हैं : 'सरदार सरोवर विश्व बैंक की विफलता का सबसे उपयुक्त उदाहरण है। लेकिन विश्व बैंक को हर मामले में खलनायक के रूप में पेश करना या ऐसा बताना कि यह स्थानीय समुदायों और एन.जी.ओ. के बरअक्स कभी सकारात्मक भूमिका निभा ही नहीं सकता, खतरनाक सरलीकरण है। जब अन्तर्राष्ट्रीय जनमत का दबाव बनता है तो वह एन.जी.ओ. का मित्र भी बन सकता है और कर्ज लेनेवाले देश पर स्थानीय अभियान और संसाधनों के स्थानीय नियन्त्रण के लिए राजनीतिक स्थान बनाने का दबाव भी डाल सकता है।'

यह देखना दिलचस्प है कि कभी विनाशकारी भूमिका निभा चुका विश्व बैंक एन.जी.ओ. नेटवर्क के साथ जुड़कर किस तरह अपना मानवीय चेहरा प्राप्त करने में लगा है। 70 और 80 के दशक के ब्राजील और फिलीपींस में व्यापक रूप से सामाजिक और पर्यावरणीय नुकसान पहुँचानेवाली योजनाओं का समर्थन करनेवाले विश्व बैंक के लोग अब इन दोनों देशों के एन.जी.ओ. और स्थानीय लोगों की माँग का समर्थन कर रहे हैं। दरअसल, ब्रूस रिच का यह लेख तब लिखा गया जब विश्व बैंक ने सरदार सरोवर परियोजना से हाथ नहीं खींचा था। अगर 1992 के बाद वे लिखते तो विश्व बैंक की प्रतिष्ठा में लगे और चाँदों का भी जिक्र करते। विश्व बैंक के भीतर और उनके पड़ोस में मित्र ढूँढ़कर अपना काम निकालने की यह रणनीति उसी संस्था और उसकी नीतियों में विकल्प तलाशने की तरफ जाती है, भले ही वह ऊपरी तौर पर उनकी कठोर निन्दा करती हो। नर्मदा आन्दोलन को समर्थन देनेवाले एन.जी.ओ. लोकायन के जिस बुलेटिन में ब्रूस रिच का यह लेख (मई-अगस्त 1991) में छपा है, उसी के साथ सम्पादकीय टिप्पणी में लिखा गया है : 'नर्मदा परियोजना के खिलाफ चल रहे आन्दोलन को जिन विवादित मुद्दों ने बदनाम किया है, उनमें से एक है अन्तर्राष्ट्रीय विशेषकर पश्चिम के एन.जी.ओ. की भूमिका। लेकिन किसी विशेष विवाद में संगठन विशेष की जो भी भूमिका रही हो, पर इस बात से इनकार नहीं किया जा सकता कि इस तरह की इकाइयाँ जितनी संवेदनशील हो चुकी हैं, वह कहीं और मिलना मुश्किल है। ई.डी.एफ. के ब्रूस रिच नर्मदा घाटी परियोजना पर चिन्तित लोगों से हैं। यहाँ उन्होंने विश्व बैंक की सिर्फ गलत विकास को बढ़ावा देनेवाली संस्था के रूप में ही नहीं, बल्कि पर्यावरणीय और सांस्कृतिक दृष्टिकोण से संवेदनशील अन्तर्राष्ट्रीय नागरिक समाज बनाने के एक प्रमुख सहायक के रूप में चर्चा की है। जैसी उम्मीद है कि उनका नजरिया तुरन्त स्वीकृत नहीं हो पाएगा, लेकिन विश्व बैंक की शर्तों के बारे में पुनर्विचार करने के लिए वे सबको बाध्य करते हैं।'

यानी तर्क यह बनता है कि जैसे-जैसे विश्व बैंक का मानवीय रूप दिखे, हमें उसकी नीतियों को स्वीकार करते जाना चाहिए। इसलिए कई बार यह सन्देह होता है कि मेधा

पाटकर के साथ सहयोग करनेवाले संगठन क्या वास्तव में विश्व बैंक से लड़ना चाहते हैं। यह सवाल उस समय भी उठा था जब उनसे जुड़े कई एन.जी.ओ. ने 1993 में विश्व बैंक विरोधी अभियान के लिए 'कावाडिया' (केम्पेन अगेस्ट, द वर्ल्ड बैंक एंड दि डिस्ट्रक्टिव इन्टरनेशनल) बनाया था। संगठन की सितम्बर 1993 में बड़वानी में बैठक थी। उसमें राजधानी के एक पत्रकार ने यह मुद्दा उठाया कि उससे जुड़े ज्यादातर संगठन विदेशी धन के सहारे चलते हैं। भला उनसे विश्व बैंक और उसकी नीतियों के विरोध की उम्मीद कैसे की जा सकती है ! मेधा पाटकर ने इसका जवाब देने की बजाय उन्हीं संगठनों से सवाल किया कि आप लोग ही इस बारे में बताएँ। पर न किसी ने कुछ साफ बताया और न ही विश्व बैंक के खिलाफ कोई बड़ा अभियान चला। 12 अक्टूबर 1996 को इस संगठन ने कई अन्य संगठनों के साथ विश्व बैंक के अध्यक्ष जेम्स बुल्फेंसन के भारत दौरे के पहले उन्हें लम्बा पत्र लिखकर विश्व बैंक से भारत छोड़ने की माँग की। पत्र के अनुसार, 'विश्व बैंक का कहना है कि बैंक में पिछले दशक में बड़े बदलाव आए हैं। बैंक के अनुसार पर्यावरण अब इसकी प्राथमिकता की सूची में सर्वोपरि है। इसका मानना है कि ढाँचागत समायोजन कार्यक्रम के मानवीय प्रभावों के प्रति इसकी चिन्ता बढ़ी है। जैसा कि आपने स्वयं कहा है, 'बैंक गैरसरकारी संगठनों के कार्यक्रमों में सहभागिता में रुचि रखता है।'

लेकिन कावाडिया के इस पत्र में विश्व बैंक द्वारा बढ़ावा दी जा रही नई आर्थिक नीतियों के हानिकारक पहलू का जिक्र करते हुए उसकी खबर ली गई है। बैंक की बदलती हुई भूमिका पर टिप्पणी करते हुए पत्र कहता है, 'हमारा मानना है कि विश्व बैंक की नई भूमिका समाज के सभी क्षेत्रों में निजीकरण की प्रक्रिया तेज करने के अतिरिक्त कुछ भी नहीं है। बैंक की यह समझ कि निजीकरण हर बुराई का इलाज है, केवल यही दर्शाती है कि बैंक भारत की वास्तविक परिस्थितियों को नहीं समझ सका है' पत्र स्पष्ट शब्दों में कहता है 'विश्व बैंक विश्व भर में, विशेषकर भारत में विकास के इस घातक मॉडल के विरुद्ध उठ रही आवाजों को नजरअन्दाज करता रहा है, विरोध की यह आवाजें उचित समाधान भी प्रस्तुत करती हैं जिससे सहभागी स्वरूप तो बनेगा ही इनसे सबसे ज्यादा निर्धन और जरूरतमन्द तक पहुँच सकते हैं। ये समाधान पर्यावरण की दृष्टि से तर्कसंगत ही नहीं, सम्वर्द्धक भी हैं।'

बुल्फेंसन महोदय को सम्बोधित करते हुए अन्त में कहा गया है, 'दुर्भाग्य से अपने भारत दौरे में आपने इन पहलुओं को समझने की ओर ध्यान नहीं दिया। यह भी दुर्भाग्यपूर्ण है कि विश्व बैंक से सम्बन्धित हमारा अनुभव हमें आशान्वित नहीं कर रहा है। इस पूरे परिप्रेक्ष्य में हमारे पास यह निष्कर्ष निकालने के अतिरिक्त कोई चारा नहीं रह जाता कि विश्व बैंक की भारत में कोई सकारात्मक भूमिका नहीं है।

इस पत्र पर 40 संगठनों और 23 गणमान्य व्यक्तियों के दस्तखत हैं। संगठनों में सबसे ऊपर कावाडिया, फिर नर्मदा बचाओ आन्दोलन, जनान्दोलनों का राष्ट्रीय समन्वय, समाजवादी जन परिषद से लेकर पब्लिक इंटरेस्ट रिसर्च ग्रुप, ग्रीन पीस, जनमंच, द अदर

मीडिया, लोकायन, दिल्ली फोरम, सृष्टि, कल्पवृक्ष और आजादी बचाओ आन्दोलन जैसे आन्दोलनों से लेकर गैरसरकारी संगठन तक शामिल थे। व्यक्तियों में रजनी कोठारी, दिलीप स्वामी, किशन पटनायक, कृष्ण कुमार, अनिल सद्गोपाल से लेकर सिद्धराज ढड्ढा तक के नाम थे। इनमें विदेशी चन्दा लेने को पाप समझनेवालों से लेकर उसे व्यावहारिक स्थिति में जरूरी माननेवाले व्यक्ति व गैरसरकारी संगठन तक थे। पत्र में विश्व बैंक द्वारा गैरसरकारी संगठनों को धन देने की आलोचना की गई है। पर उसका एक भाव यह भी निकलता है कि बैंक अच्छे संगठनों को देने के बजाय बुरे संगठनों को धन दे रहा है। यानी बैंक अपने प्रशंसकों को ही धन दे रहा है, आलोचकों को क्यों नहीं। मेधा या उनके आन्दोलन के इस दृष्टिकोण को जानने से पहले गैरसरकारी संगठनों के उद्गम और उनके देशी-विदेशी चरित्र को समझना जरूरी है। तभी यह समझ में आएगा कि उनसे जुड़ना कितना मजबूरी है और उनसे अलग होना कितना जरूरी है।

एन.जी.ओ. के समर्थन से आन्दोलन खड़ा करना मेधा ने शुरू में जरूरी माना था। हालाँकि वे खुद सरदार सरोवर विरोधी आन्दोलन में एन.जी.ओ. बनाम एन.जी.ओ. संघर्ष में फँसी थीं, पर उनकी कोशिश इस तरह का टकराव रोकने की रही है। मोर्स कमेटी की रपट आने के बाद जब यह विवाद तेज होता है, तो (गुजरात) सरकार की तरफ संकेत करते हुए वे कहती हैं, 'उन्होंने बम्बई में यह दिखाने की कोशिश की है कि वे एन.जी.ओ. बनाम एन.जी.ओ. का खेल करना चाहते हैं जो कि हम नहीं चाहते। हमारा मानना है कि हम गैरसरकारी संगठनों से हमेशा बात कर सकते हैं।'

सम्भव है मेधा का अब गैरसरकारी संगठनों के प्रति रवैया बदल रहा हो, पर वे जिन समाजवादी और साम्यवादी संगठनों से समर्थन हासिल करती हैं, वे तो पहले से ही उनके प्रति आलोचनात्मक रहे हैं। जनान्दोलनों के राष्ट्रीय समन्वय की घटक और एनरॉन विरोधी संघर्ष में मेधा के साथ जुड़े समाजवादी जन परिषद के नेता किशन पटनायक यूरोप से निकले वैकल्पिक विकास आन्दोलन और भारतीय परिवेश से उपजे आन्दोलन में बुनियादी फर्क मानते हैं : 'इससे ज्यादा विडम्बना की बात क्या हो सकती है कि जिस विकास पद्धति ने एशिया-अफ्रीका का इतना विनाश किया है, उसके विकल्प ढूँढ़ने की बात भारत के बुद्धिजीवियों ने तब तक शुरू नहीं की जब तक यूरोप में उस विचार का उद्गार और प्रचार नहीं हुआ। आधुनिक विकास के ध्वंसकारी परिणामों के बारे में चिन्ता व्यक्त करना और वैकल्पिक उपायों के अनुसंधान के लिए उपदेश देना इस वक्त बुद्धिजीवियों के एक बड़े समूह का काम हो गया है।

'इस जाग्रति का प्रेरणा स्रोत भारतीय अनुभव नहीं है। बल्कि यूरोप का परिवेश आन्दोलन है। इसके प्रेरणा स्रोत गांधी नहीं शूमाखर व पेट्रा केली हैं। परिवेश आन्दोलन और गांधी में बहुत बड़ा फर्क है। परिवेश आन्दोलन तब शुरू हुआ जब यूरोप को अनुभव हुआ कि परिवेश के विनाश का असर यूरोप पर भी पड़ सकता है। गांधी विचार तब शुरू हुआ जब आधुनिक विकास नीति का मानव पर कुप्रभाव दिखाई दिया।'

किशन पटनायक की नजर से 'भारत में परिवेश आन्दोलन की प्राथमिकता जब तक गरीबी और असमानता नहीं होगी वह सफल नहीं हो सकता। पर परिवेश आन्दोलन चलानेवाले स्वयंसेवी संगठनों की भूमिका कुछ और ही है–मुश्किल से 10 प्रतिशत को छोड़कर भारत के सारे स्वयंसेवी संगठन (स्वयंसेवी संगठन ही मुख्यतः परिवेश आन्दोलन के वाहक हैं) विश्व बैंक-अन्तर्राष्ट्रीय मुद्रा कोष की नीतियों को निर्विरोध आने देना चाहते हैं। वे गरीब देशों के अत्याधुनिकीकरण और उपभोक्तावाद को बढ़ानेवाले कार्यक्रमों का प्रत्यक्ष या परोक्ष समर्थन करने के साथ-साथ परिवेश की रक्षा का श्रेय भी लेना चाहते हैं। विश्व बैंक, यूनीसेफ और विदेशी मदद की संयुक्त योजनाओं का (जैसे सबके लिए स्वास्थ्य या सबके लिए शिक्षा) कार्यान्वयन विश्व बैंक उन्हीं के माध्यम से करवाना चाहता है। फिर भी इन्हीं में से बहुत सारे लोग विकास का विकल्प ढूँढ़ने की बात कर रहे हैं यह हास्यास्पद है, एक क्रूर मजाक है।'

ऐसा नहीं है कि यह सवाल सिर्फ यहाँ उठाया जा रहा है। मेधा पाटकर का पीछा ये सवाल शुरू से ही करते रहे हैं। चाहे भारत जन आन्दोलन हो, नर्मदा बचाओ आन्दोलन हो या जनान्दोलनों का राष्ट्रीय समन्वय हो, हर मंच पर ये सवाल उठते रहे हैं। 1992 के सेवाग्राम सम्मेलन में भी यह सवाल पुरजोर तरीके से उठे हैं। मेधा पाटकर की खासियत यह है कि उन्होंने उन सवालों की वजह से आन्दोलन को टूटने नहीं दिया। वे मानती हैं–'विकसित देशों में हमारे आन्दोलन के प्रति सहानुभूति बढ़ी है। पर वह सहानुभूति पूँजीवादियों और शोषक समूहों की नहीं है। वह बुद्धिजीवियों की है, जो उनसे अलग हैं क्योंकि वे समर्पित हैं और उनका नजरिया साफ है। हम इन्हीं समूहों के साथ हाथ मिलाते हैं। पर सरकार की तरह उनके साथ विदेशी मुद्रा का आदान-प्रदान नहीं करते। हम विदेशी फंड नहीं लेते। पर हम विचारों का आदान-प्रदान करते हैं। मेरा मानना है कि अन्तर्राष्ट्रीय सहायता की राजनीति पर तभी सवाल उठाया जा सकता है जब तीसरी दुनिया की जनता और जागरूक नागरिक अन्तर्राष्ट्रीय मदद और जीवन पद्धति पर आधारित और विकास के मॉडल पर सवाल खड़ा करें।'

मेधा पाटकर खुद और अपने आन्दोलन को एन.जी.ओ. और विदेशी मुद्रा के विवाद से यह कहकर बचा ले जाती है कि न तो नर्मदा बचाओ आन्दोलन गैरसरकारी संगठन है और न ही वे विदेशी फंड लेते हैं। बल्कि मेधा ने तो यहाँ तक कहा है, 'मैं फारेन फंडिंग पर थूकती हूँ।' नर्मदा बचाओ आन्दोलन नर्मदा धरणग्रस्त समिति नाम के जिस मूल संगठन से निकला है, वह भी कानूनी परिभाषा में एन.जी.ओ. नहीं है। इसलिए मेधा पाटकर अपने आन्दोलन को एन.जी.ओ. कहलाना पसन्द नहीं करतीं। निश्चित रूप से इसके पीछे एन.जी.ओ. आन्दोलन का विवादास्पद चरित्र है, जिससे वे आन्दोलन को बचाना चाहती हैं, जबकि उनके विरोधी या आलोचक नर्मदा बचाओ आन्दोलन को एन.जी.ओ. कहकर ही सम्बोधित करते हैं। चाहे डॉ. अनिल पटेल हों या वसुधा धागम्वार, सभी एन.बी.ए. (नर्मदा बचाओ आन्दोलन) को एन.जी.ओ. ही लिखते हैं।

मेधा की दिक्कत या होशियारी यह है कि वे एन.जी.ओ. के तन्त्र, उनकी विशेषज्ञता और कार्यकुशलता का तो इस्तेमाल करना चाहती हैं, पर उसकी बदनामी नहीं ढोना चाहतीं। हालाँकि गैरसरकारी संगठनों की संख्या और कार्यक्षेत्र में तेजी से विस्तार हुआ है, पर उनकी कठोर आलोचना अभी भी जारी है। उनकी मार्क्सवादी आलोचना तो दो टूक शब्दों में कहती है कि यह मुनाफा रहित तीसरा क्षेत्र पूँजीवाद का सुरक्षा कवच है, जिसके बारे में कार्ल मार्क्स और फेडरिक एंगेल्स ने कम्युनिस्ट पार्टी के घोषणा पत्र में बहुत पहले लिख दिया था : 'पूँजीवादी वर्ग का एक तबका सामाजिक परेशानियों की क्षतिपूर्ति करने का इच्छुक रहता है ताकि पूँजीवादी समाज का अस्तित्व बना रहे।

'अर्थशास्त्री, परोपकारवादी, मानवतावादी, मजदूर वर्ग की स्थिति के सुधारक, दानकर्म के आयोजक, पशुओं के प्रति क्रूरता की रोकथाम करनेवाली सोसाइटियों के सदस्य, आत्मसंयम का प्रचार करनेवाले कट्टरपन्थी और तरह-तरह की जोड़-तोड़ में लगे, हर किस्म के सुधारक जिनकी हम कल्पना कर सकते हैं—सब इसी तबके के सदस्य हैं।'

कम्युनिस्ट पार्टी के घोषणा पत्र की ये बातें आज के सन्दर्भ में सीधे जुड़ जाती हैं। एन.जी.ओ. कैसा आभास देते हैं और वास्तव में वे हैं क्या ? इस बारे में *मंथली रिव्यू* के अप्रैल 1995 अंक में जोन रोलॉफ्स लिखते हैं—'कुछ लोगों को लग सकता है कि संस्थाओं की यह आकाशगंगा भिन्न-भिन्न किस्म के अच्छे कामों में लगी हुई है—लाखों चमकते सितारों के सामान, किन्तु यह बगैर मुनाफे की दुनिया सत्ता का ऐसा केन्द्र है जिसका प्रयोग बड़े व्यावसायिक (कॉरपोरेट) जगत के लाभ के लिए ही किया जाता है।

'मुनाफा रहित क्षेत्र अमेरिका में चर्च, निजी स्कूल, विश्वविद्यालय, सांस्कृतिक संस्थाएँ, किसी उद्देश्य के हिमायती समूह, राजनीतिक आन्दोलन, शोध प्रतिष्ठान, धर्मार्थ संस्थाएँ, फाउंडेशन—सारे इसी क्षेत्र के तहत आते हैं। हालाँकि ये सभी संस्थाएँ एक ही तरह की नहीं होतीं। इनमें कुछ के पास अथाह कोष होता है और कुछ कम धन और कम प्रतिष्ठावाली होती हैं।

'लेकिन यह सभी संस्थाएँ अपने कोषों, निवेश की हुई परिसम्पत्तियाँ, तकनीकी सहयोग और एक-दूसरे में गुँथे हुए निदेशालयों और इंडिपेंडेंट सेक्टर व काउंसिल ऑन फाउंडेशन के जरिए एक-दूसरे के साथ और प्रमुख निगमों के साथ जुड़ी रहती हैं।'

काउंसिल ऑन फाउंडेशन और इंडिपेंडेंट सेक्टर के बारे में जानकारी देते हुए जोन रोलॉफ्स बताते हैं कि काउंसिल ऑन फाउंडेशन अमेरिका और बाकी दुनिया में काम कर रही 1300 फाउंडेशनों का महासंघ है। 1949 में स्थापित यह काउंसिल नेतृत्व व शोध कार्य के माध्यम से अनुदान व लाभ उठानेवालों को सहयोग देता रहा है। हाल ही में उसने शिक्षा, मानव सेवाओं, वैज्ञानिक शोध एवं कला के क्षेत्र में 6 अरब डॉलर दान दिए हैं। जबकि इंडिपेंडेंट सेक्टर मुनाफारहित क्षेत्र का एक पेशेवर महासंघ है, जिसकी स्थापना 1980 में हुई थी। इसका बजट 5 अरब डॉलर है और 1988 तक इसके

800 सदस्य थे।

यह क्षेत्र पूँजीवाद के लिए किस तरह सुरक्षा कवच का काम करता है, इसकी व्याख्या करते हुए जोना रोलॉफ्स कहते हैं : 'मुनाफा रहित क्षेत्र मुनाफाखोर क्षेत्र के लिए पूँजी के संकेन्द्रण और वितरण में बहुत महत्त्वपूर्ण भूमिका अदा करता है। उदाहरण के लिए बैंकों के मालिक, जमीनों की खरीद-फरोख्त करनेवाले, बीमा कम्पनियों के प्रबन्धक आदि बड़ी-बड़ी हस्तियाँ ही मुनाफा रहित अस्पतालों के बोर्ड ऑफ ट्रस्टीज के सदस्य होते हैं। संस्था के विस्तार की हर योजना अर्थव्यवस्था में नई जान फूँक देती है और निगम विशेष को भी इसके फल का लाभ मिलता है। धर्मार्थ संस्थाएँ व फाउंडेशन स्टॉक और बांडों में पूँजी निवेश की तरह अपनी ताकत का इस्तेमाल करने की स्थिति में होते हैं।'

यह क्षेत्र किस तरह व्यवस्था के खिलाफ बगावत की सम्भावना को नष्ट करते हैं, इसका विश्लेषण रोलॉफ्स इस तरह करते हैं : 'अमीरों के बेटे-बेटियों को रोजगार दिलाकर खतरे से बचाना भी इसी क्षेत्र का ही जिम्मा होता है क्योंकि बेरोजगार रहने पर ये पढ़े-लिखे अमीरजादे और अमीरजादियाँ दूसरे वर्गों के बेरोजगारों की तादाद में शामिल होकर विद्रोही तत्त्वों को बल दे सकते हैं। तो जनाब वास्तविक और सम्भावित उपद्रवियों के साथ ढेर सारे धन का घोल बनाइए और उस घोल का काढ़ा बना दीजिए। फिर देखिए उसका कमाल। जिसे भी काढ़ा पिलाया जाएगा, वह मस्त होकर पिएगा और पीते ही उसके गले की खराश, सरदर्द सारी तकलीफें दूर हो जाएँगी।'

ये संस्थाएँ अमेरिका से बाहर अपनी गतिविधियाँ किस तरह चलाई हैं, इसकी जानकारी देते हुए वे कहते हैं : 'उनकी हाल की गतिविधियों में कई नए काम जुड़ गए हैं, जैसे लातिनी अमेरिका में ईसाई जनवादी पार्टियों, यूनियनों एवं जनसाधारण के जमीन से जुड़े संगठनों को समर्थन देना, पूर्वी यूरोप और पूर्व सोवियत संघ में मुनाफा रहित क्षेत्र का निर्माण करना, दक्षिण अफ्रीका में गैरनस्लवादी, गैरसमाजवादी समाधान को प्रोत्साहन देना और तीसरी दुनिया के शोषण के आलोचकों के प्रतिक्रियास्वरूप स्वपोषक विकास का विकल्प प्रस्तुत करना। खुद संयुक्त राष्ट्र का उद्‌भव और विकास काफी हद तक बहुराष्ट्रीय कम्पनियों की इस परोपकारिता की ही देन है।'

पर गौर करें तो जाहिर हो जाता है कि वे एम.एस.डब्ल्यू. ग्रामीण प्रबन्धन और समाजशास्त्र की डिग्री लिए लोगों और कभी किसी आन्दोलन में रहे लोगों के कैरियर और सुख-सुविधा की सीढ़ी बन गए हैं। लोग आई.ए.एस. की नौकरी छोड़ एन.जी.ओ. बना रहे हैं। एक जेब में हवाई जहाज का टिकट और दूसरी जेब में स्थानीय लोगों के मानवाधिकार व पर्यावरण रक्षा का ज्ञापन इन स्वयंसेवी कार्यकर्ताओं का चरित्र बन गया है। उनकी हकीकत जानने के बाद उनकी सारी सादगी ओढ़ी हुई लगती है। राजधानी अखबारों में अक्सर इसी तरह के आलेख आते रहते हैं कि किस तरह से एन.जी.ओ. क्षेत्र में काम कर और उनके लिए लिखकर कैरियर बनाया जाए। जो भी व्यक्ति समर्पण और सिद्धान्त के साथ इन क्षेत्रों में काम करने जाता है, वह निराश होकर लौटता है।

उड़ीसा के गांधीवादी नेता मनमोहन चौधरी बताते हैं, 'आज से पन्द्रह साल पहले कुछ साथियों ने विदेशी मदद से ग्राम सेवा का काम करने के खिलाफ आवाज उठाई थी। उनका आरोप यह था कि यह मदद साम्राज्यवादी ताकतों से ही आती है जो अपना प्रभाव यहाँ फैलाना चाहती हैं। उस समय मैं विदेशी सहायता के पक्ष में ही दलील करता था। मैं जानता था कि ऑक्सफेम, वार ऑन फ्रंट जैसी संस्थाएँ हम सर्वोदयी जैसे लोगों ने ही बनाई। ये लोग जनता से ही पैसा इकट्ठा करते हैं। ये किसी साम्राज्यवादी राष्ट्र की कठपुतली नहीं हैं। इसलिए उनसे मदद लेने में कोई हर्ज नहीं है।'

लेकिन स्वयंसेवी संगठनों के काम को 15 साल तक देखते रहने के बाद मनमोहन चौधरी की राय बदली है। अब उनका कहना है : 'ऑक्सफेम जैसी थोड़ी-सी संस्थाओं के चरित्र के बारे में मेरी राय कायम है। पर विदेशी सहायता का जो असर मेरे ध्यान में आया, उससे मेरा विचार बदलने लगा है। एक तो यह देखा कि लोगों के साथ संस्था और कार्यकर्ताओं का सम्बन्ध बदल जाता है। वे लोगों के सुख-दुख में सहभागी, साथी, अन्याय और शोषण के खिलाफ आन्दोलन के अगुआ नहीं रह जाते। धन और क्षमता के अधिकारी उपकारक बन जाते हैं। उनके पास लोग जाते हैं कुछ पाने की आशा लेकर और अब तो लोग इनसे पैसा हथियाने की फिक्र में रहते हैं।'

सोच और नजरिए के स्तर पर जो सबसे बड़ा नुकसान हो रहा है, वह इस तरह के मानस का बनना है कि 'विदेशी मदद के बिना गाँवों का विकास सम्भव नहीं है। राष्ट्र स्तर पर सरकार जो कह रही है, विदेशी पूँजी, विदेशी तकनीक और विदेशी संचालन विद्या के बिना भारत का उद्धार सम्भव नहीं है, वही बात गाँव के स्तर पर, ग्रासरूट स्तर पर, विदेशी सहायता लेनेवाली संस्थाएँ अपने आचरण द्वारा प्रचार कर रही हैं।'

मेधा पाटकर व नर्मदा आन्दोलन से जुड़े व देश की राजधानी और महानगरों में तमाम अच्छे कामों में लगे बुद्धिजीवी विदेशी मदद की वकालत करते मिल जाएँगे। पहले तो वे इस पर कुछ नहीं बोलेंगे और भ्रम की स्थिति बताएँगे। ज्यादा कुरेदो तो कहेंगे कि देश में पैसा है ही कहाँ। फिर कहेंगे कि ऑक्सफेम जैसी अच्छी संस्थाएँ भी तो हैं। आखिर में कहेंगे कि अमेरिकी पैसा न लीजिए, जर्मनी का पैसा ले लीजिए वगैरह। ऐसे ही लोगों पर विदेशी मदद के प्रभाव की चर्चा करते हुए मनमोहन चौधरी बताते हैं, 'पच्चीस साल पहले कालाहांडी में अकाल राहत का काम चल रहा था तो पन्द्रह कॉलेजों के विद्यार्थी तीन सप्ताह के लिए उसमें मदद करने के लिए गए थे। जब वे क्षेत्र से निकले तो सिर्फ चड्ढियाँ पहने हुए थे। बाकी सारे कपड़े उन्होंने बाँट दिए थे। अभी छह साल पहले ऑक्सफेम से पैसा लेकर राहत काम शुरू किया तो काम करने आए स्वयंसेवक रोजाना कितना भत्ता मिलेगा, उसी को लेकर मोल करने लगे। कार्यकर्ता शिकायत करने लगे कि उन्हें साइकिल के बदले लूना क्यों नहीं मिली।'

ऐसा नहीं है कि मेधा पाटकर स्वयंसेवी संगठनों के इस चरित्र से वाकिफ नहीं हैं और न ही यह कहा जा सकता है कि उन्होंने उनका चरित्र अपना लिया है। वे विदेशी

चन्दा और यहाँ तक कि पुरस्कार को लेकर भी अपनी और आन्दोलन की उज्ज्वल छवि बचाए रखने की कोशिश करती हैं। उदाहरण के लिए मेधा पाटकर को दो प्रमुख अन्तर्राष्ट्रीय पुरस्कार राइट लिइबलीहुड अवार्ड (8 दिसम्बर 1991) और गोल्डमैन अवार्ड (मई 1992) मिले। पर उन्होंने उनमें से एक का धन विदेश की संस्थाओं की मदद के लिए ट्रस्ट बनाकर अमेरिका में छोड़ दिया और दूसरा भारत लाईं। उसे भी ट्रस्ट बनाकर भारत में विस्थापितों की मदद के लिए रख दिया क्योंकि उनका संकल्प है कि हम आन्दोलन के लिए प्रत्यक्ष विदेशी मदद नहीं लेंगे। पर परोक्ष मदद के बारे में आन्दोलन का रवैया सन्देहास्पद है। मेधा और उनके प्रमुख साथी श्रीपाद धर्माधिकारी कहते हैं कि अगर कोई फंडिंगवाला संगठन हमारी मदद करना चाहता है तो हम कैसे रोक दें। आन्दोलन की दुविधा का जिक्र करते हुए फेरकुआ की जनविकास संघर्ष यात्रा में हिस्सा लेनेवाले एक समर्थक ने एक घटना सुनाई। कोई विदेशी महिला आन्दोलन में चन्दा देने के लिए मेधा से आग्रह करती है। मेधा यह कहते हुए मना कर देती हैं कि हम विदेशी चन्दा नहीं लेते। पर शाम को खाने पर जब सब लोग साथ बैठते हैं तो प्रस्ताव रखा जाता है, 'पर मेधा हम भारतीय मुद्रा तो ले सकते हैं !' उस पर वे तैयार हो जाती हैं।

इस तरह त्याग और लाभ दोनों का सिलसिला चलता रहता है। कहने के लिए मेधा पाटकर व उनका संगठन गैरसरकारी संगठनों पर विश्व बैंक की बढ़ती निर्भरता की आलोचना करते हैं, पर वे उनकी भूमिका को नकारते नहीं, न ही उनके चरित्र में हुए पतन पर टिप्पणी करते हैं। बल्कि वे विश्व बैंक और गैरसरकारी संगठनों के बीच आए खुलेपन को पर्याप्त नहीं मानते : 'बैंक की दृष्टि में गैरसरकारी संगठन बैंक योजनाओं के लागूकर्ता हैं। विशेषकर पुनर्स्थापन और पर्यावरण सम्बन्धी मुश्किल मुद्दों के सन्दर्भ में। इसका अर्थ है इस सारी प्रक्रिया में जिम्मेदारी की सहभागिता तो अनुपस्थित है। हाँ, सरोकारों की सुनवाई सम्भव है, विश्व बैंक के अध्यक्ष को लिखे पत्र में कावाडिया, नर्मदा बचाओ आन्दोलन और अन्य संगठन कहते हैं : 'चिन्ता का एक अन्य विषय विश्व बैंक द्वारा गैरसरकारी संगठनों को प्रत्यक्ष रूप से पैसा देना है। जिस उतावलेपन के साथ बड़े पैमाने पर गैरसरकारी संगठन विश्व बैंक के साथ इस नए रिश्ते में शामिल हो रहे हैं, वह हमारी दृष्टि में खतरनाक है।...दिल्ली व मुम्बई में हुई बैंक और गैरसरकारी संगठनों की बैठकों में विश्व बैंक की नीतियों और कार्यक्रमों पर आलोचनात्मक दृष्टि रखनेवाले गैरसरकारी संगठनों की उपस्थिति नगण्य थी।'

इसलिए विश्व बैंक और गैरसरकारी संगठनों की निकटता और उनके बीच विकास और पर्यावरण सुधार के नाम पर बने रहे आर्थिक रिश्ते चिन्ताजनक हैं और मेधा भी इससे चिन्तित हैं। पर रिश्तों के जाल से वे और उनका आन्दोलन क्या पूरी तरह मुक्त है ? वैसे दुनिया का कोई भी राजनीतिक संगठन या राजनीतिक आन्दोलन साधनों की पवित्रता के सिद्धान्त पर पूरी तरह खरा नहीं उतर सकता। जयप्रकाश नारायण के सम्पूर्ण क्रान्ति आन्दोलन के आर्थिक स्रोतों के बारे में कुदाल आयोग की टिप्पणियाँ किसे नहीं मालूम। समाजवादी आन्दोलन पर अगर जर्मनी से धन लेने का आरोप लगता रहा

है तो कम्युनिस्ट आन्दोलन ने सोवियत संघ और पूर्वी यूरोप पर लम्बे समय तक निर्भरता दिखाई है। नक्सलवादी व उग्रवादी दल तो हवाला बाजार तक उतर आए हैं। आन्दोलन या संगठन के लिए धन जुटाने का सबसे आदर्श तरीका उस जनता से चन्दा लेना है, जिसके लिए वह काम करता है। पर नर्मदा बचाओ आन्दोलन ने जब निमाड़ के किसानों से चन्दा जुटाया तो आरोप लगा कि यह आदिवासियों का नहीं, निमाड़ के किसानों का आन्दोलन है। इसलिए पूरी तरह से निन्दा से बच पाना तो किसी हालत में सम्भव नहीं है। फिर भी मेधा ने अपने व आन्दोलन को ऊँचे नैतिक पायदान पर बनाए रखा है तो यह उनकी पारदर्शी कार्यशैली की ही वजह से सम्भव हुआ है। लेकिन अगर कहीं कोई व्यावहारिक मजबूरी है तो उससे उबरना और उस दुश्चक्र को तोड़ना भी उनके और समाज दोनों के हित में होगा। वरना यह मान लिया जाएगा कि गैरसरकारी संगठनों व विदेशी मदद के बिना इस देश में जनान्दोलन सम्भव ही नहीं है।

कितना हिन्दू, कितना आधुनिक

आधुनिक हिन्दू कैसा हो ? इस सवाल के संज्ञा और विशेषण दोनों पद विरोधाभासों से भरे हुए हैं। फिर दोनों का मेल और बड़ा विरोधाभास पैदा करता है। जब इन दोनों शब्दों को परिभाषित करना और उनकी सीमाएँ तय करना कठिन है, तो उनके बारे में एक आदर्श स्थिति की कल्पना कितनी मुश्किल होगी। ऐसी स्थिति में जवाब ढूँढ़ने का प्रयास अगर सुसंगत न लगे तो भी लेखक को यह कृपांक अवश्य मिलना चाहिए कि वह सरलीकरण के खतरनाक रास्ते से बच रहा है।

अगर हम आधुनिकता को बुद्धिवाद और वैज्ञानिकता की कसौटी पर देखते हैं तो आधुनिक होने के साथ हिन्दू, मुसलमान या ईसाई होने का बोध अपने आप क्षीण होता जाता है। आधुनिक व्यक्ति को 'गर्व से कहो हम हिन्दू हैं' का नारा लगाने की जरूरत नहीं है। लेकिन आज यूरोप में भी बुद्धिवाद और वैज्ञानिक सोच का वैसा जोर नहीं है जो पुनर्जागरण के दौरान पैदा हुआ था। अब उत्तर-आधुनिकता का दौर शुरू हो चुका है। बुद्धिवाद की प्रतिक्रिया में जहाँ दार्शनिक स्तर पर अस्तित्ववाद का उदय हुआ वहीं पन्थ के स्तर पर हिप्पी, बीटल, रॉक, पॉप, जाज और कई छोटे-मोटे पलायनवादी समूह निकले। टी.एस. इलियट जैसे लोग धर्म की परिधि में लौट आए तो आधुनिकता से असहमति के तौर पर नारीवाद और पर्यावरणवाद भी प्रकट हुए।

अब मार्क्सवाद की यात्रा पूरी कर यूरोप फिर अनुदारवाद की ओर लौट रहा है। ऐसी स्थिति में आधुनिक होने का क्या अर्थ लिया जाए, यह कहना बहुत मुश्किल है। विशेषकर वैचारिक स्तर पर आधुनिकता की कोई स्पष्ट प्रेरणा नहीं है। अपने यहाँ देखें तो पाएँगे कि जो वैचारिक हैं, उनमें आधुनिकता के नकार और भारत की प्राचीन

विद्याओं के प्रशंसा की प्रवृत्ति फैल रही है (धर्मपाल और आशीष नन्दी जैसे भारतविद) और जो विचारहीन हैं, वे पश्चिमी प्रौद्योगिकी और उपभोक्तावाद पर जान न्यौछावर कर रहे हैं (संघ परिवार से जुड़ा मध्यवर्ग)। इसलिए दिक्कत यह है कि जो लोग हिन्दू धर्म और भारत के सनातन मानवीय मूल्यों का आग्रह कर रहे हैं, वे आधुनिक नहीं हैं और जो हिन्दू धर्म का झंडा उठाकर आधुनिकता का मजा लूट रहे हैं, वे हिन्दू नहीं हैं (आध्यात्मिक अर्थों में)। फिर हम किसे अपने अध्ययन का विषय बनाएँ ? रही हिन्दू की बात, तो संघ परिवार के इतने उपद्रव के बावजूद इसकी स्पष्ट परिभाषा नहीं बन सकी है। क्या हरिजन हिन्दू परिवार की देहरी पार सके हैं या आदिवासी गोमांस छोड़कर हिन्दू धर्म में दीक्षित हो गए हैं ? सकारात्मक जवाब देना सम्भव नहीं।

वस्तुतः एक दौर में पूरे समाज में एक ही प्रवृत्ति पाई जाए, ऐसा नहीं है। फिर हिन्दू तो परत-दर-परत और खानों-दर-खानों में बँटा हुआ है। इसके बावजूद इस दौर की सबसे उग्र हिन्दू धारा भारतीय जनता पार्टी के 'अयोध्या आन्दोलन' को हिन्दू प्रवृत्तियों की झलक और राममोहन राय से शुरू होकर राममनोहर लोहिया तक आनेवाली विचार यात्रा को आधुनिकता के आन्दोलन के रूप में स्वीकार कर चर्चा की जा सकती है। विशेषकर राष्ट्रनिर्माण, आधुनिकीकरण और हिन्दू जातीय चेतना के सन्दर्भ में हम हिन्दू के चरित्र को व्यापक रूप में देख सकते हैं।

आजादी के बाद जिन दो व्यक्तियों ने भारतीय समाज को सबसे ज्यादा प्रभावित किया, वे थे जवाहरलाल नेहरू और डॉ. राममनोहर लोहिया। वे दोनों हिन्दूवादी धारा के नेता व चिन्तक नहीं थे, जबकि हिन्दूवादी धारा से जुड़े वीर सावरकर, गुरु गोलवलकर, और डॉ. के.एस. हेडगेवार या पं. दीनदयाल उपाध्याय हाशिये से हस्तक्षेप करते रहे। इस दौरान हिन्दू समाज की वर्ण-व्यवस्था में या तो लोहियावादी राजनीति के कभी-कभार आनेवाले झोंकों से परिवर्तन हुआ या फिर उद्योगीकरण व आधुनिकता के प्रभाव में सहज रूप से होनेवाले संस्कृतिकरण से। इस मामले में महाराष्ट्र का दलित व तमिलनाडु का द्रमुक आन्दोलन अपवाद कहे जा सकते हैं। इसके अलावा वर्ण-व्यवस्था पर किसी बड़े राजनीतिक और सामाजिक संगठन ने प्रहार नहीं किया। बल्कि प्रहार करने को कौन कहे, कांग्रेस व नेहरू ने उसका फायदा उठाया।

लेकिन चुनाव में बहुजन समाज पार्टी के बढ़ते हस्तक्षेप और पिछड़ी जातियों के उभार के बाद जब राष्ट्रीय मोर्चा सरकार ने मंडल आयोग की सिफारिशें लागू कीं, तो हिन्दू समाज में उथर-पुथल मच गई। सत्तारूढ़ उच्च जातियों का सिंहासन हिल उठा। इसी पृष्ठभूमि में तेज हुए अयोध्या आन्दोलन ने ऊँची जातियों को हिन्दू राष्ट्रवाद से जुड़कर अपनी सत्ता बनाए रखने का नया मौका दिया।

इन दोनों घटनाओं ने एक तरफ नेहरू प्रेरित उदारवादियों को पूरी तरह से ग्रसित कर साम्प्रदायिक या फिर उदासीन बना दिया, दूसरी तरफ लोहियावादी उदारपन्थियों को जातिवादी बना दिया। उदारवादियों की घटती जमात और मंडल व मन्दिर के मुद्दों पर बढ़ते ध्रुवीकरण में हिन्दू समाज उलझ गया। ब्राह्मणवाद फिर वैताल की तरह डाल पर

लटक गया और शूद्रवाद उसे कन्धे पर ढोने को मजबूर हो गया।

इस मामले में नेहरू व उनके संरक्षण में फैले मध्यवर्ग का चरित्र गौर करने लायक है। नेहरू ने राष्ट्रीय एकता का जो दर्शन विकसित किया था, उसे पाश्चात्य कहने के बजाय आधुनिकतावादी कहना ज्यादा उचित होगा। राष्ट्रीय एकता, संसदीय लोकतन्त्र, उद्योगीकरण, समाजवाद, वैज्ञानिक चिन्तन और धर्मनिरपेक्षता—ये सब आधुनिकतावादी मूल्य थे, भले ही इनका उदय पश्चिम में हुआ था। नेहरू ने इनमें गुटनिरपेक्षता भी जोड़ा। वे इन्हीं में भारतीय समाज का भविष्य देखते थे। देश के पहले प्रधानमन्त्री होने के नाते उन्हें इनका प्रयोग करने का पूरा मौका मिला। लेकिन वे इन मूल्यों को लेकर भारतीय समाज के भीतर तक नहीं जा पाए। उन्होंने इन मूल्यों को या तो राष्ट्र-राज्य की मीनारों पर झंडे की तरह लहरा दिया या भारतीय समाज की देह पर चाँदी के वर्क की तरह चस्पा कर दिया।

लोहिया इन आधुनिकतावादी मूल्यों की क्षणभंगुरता को समझ रहे थे। वे भारतीय समाज का सपना देख रहे थे। वे परम्परा की जड़ता और सुस्ती के निन्दक थे, पर आधुनिकता के तनाव और नीरसता को भी स्वीकार नहीं करते थे। वे लगातार कह रहे थे कि पश्चिमी सभ्यता विकास के ऐसे मुकाम पर पहुँच गई है जहाँ वह अपने ही बोझ से दब जाएगी।

विडम्बना यह है कि गांधी के इन दोनों अनुयायियों में व्यावहारिक दृढ़ता का अभाव था। इसी वजह से न लोहिया के अनुयायी लोहियावादी निकले, न नेहरू के अनुयायी नेहरूवादी। अनुयायियों के लिए ये नेता राष्ट्र निर्माण व समाज परिवर्तन नहीं, लूटने-खाने के माध्यम बन गए। नेहरू के 17 साल के शासन के दौरान कांग्रेस एक थुलथुल और भ्रष्ट संगठन बना और एक खाऊ मध्यवर्ग का उदय हुआ, जिसकी परिणति संसदीय लोकतन्त्र के बहाने राजवंशीय प्रणाली कायम करने और 19 महीने के आपातकाल में हुई। कांग्रेस के भ्रष्ट और पतित होने की कहानी को दोहराने की जरूरत नहीं है, लेकिन इस बात की तरफ संकेत करना जरूरी है कि कांग्रेस के इस 40 साल के शासन में फलने-फूलनेवाले मध्यवर्ग का चरित्र क्या है, क्योंकि वही आज के भारतीय और विशेषकर हिन्दू समाज का प्रतिनिधि है। उसमें आधुनिक हिन्दू प्रवृत्तियाँ साफ देखी जा सकती हैं। उसी ने कांग्रेस का बँटाधार किया और हिन्दू उग्रवाद (भाजपा) को जन्म दिया है। 20 से 25 करोड़ की आबादीवाला यह हाहाहूती साधन सम्पन्न वर्ग राजनीति की दिशा बदल देने को काफी है। वह कभी कांग्रेस की रीढ़ हुआ करता था, पर आज भाजपा की ठठरी बन गया है। इस वर्ग ने नेहरू के साथ वही किया जो नेहरू ने गांधी ने साथ किया था। नेहरू गांधी को सिर्फ 2 अक्टूबर को याद करते थे, वह गांधी को अग्रसेन जयन्ती पर याद करने लगा। इस मध्यवर्ग ने गांधी की रचनाओं में से व्यापार करने की सूक्तियाँ निकाल लीं और उनके बाकी दर्शन को खारिज कर दिया। उसने नेहरू से उद्योगीकरण का उद्देश्य ले लिया और उनके समाजवाद व धर्मनिरपेक्षता को कोसता हुआ निकल गया। धीरे-धीरे वह गोपाल गोडसे को माला

पहनाने और नाथूराम की पूजा करने लगा। जो वर्ग नेहरू की शेरवानी के गुलाब पर सम्मोहित रहता था, वह उनके समाजवाद और धर्मनिरपेक्षता को हिन्दू विरोधी मानने लगा। उसने पहले नेहरू के नियोजित आर्थिक विकास व मिश्रित अर्थव्यवस्था का फायदा उठाया। बाद में उसे कोटा-परमिट राज बताकर ठुकरा दिया। भाजपा या हिन्दू उग्रवाद की प्रवृत्तियों को जन्म देनेवाला यही वर्ग है। वह नियोजित अर्थव्यवस्था का रस चूस चुका तो छटपटाने लगा। उसकी और कमाने और खाने और बटोरने की इच्छा पूरी नहीं हो रही थी। लिहाजा सरकार को आर्थिक सुधार करना पड़ा और बाजार की अर्थव्यवस्था लानी पड़ी। अगर कांग्रेस यह सुधार न करती, तो भारतीय जनता पार्टी को इसके लिए आन्दोलन चलाना पड़ता।

इस उभरते मध्यवर्ग की लूट और नेहरू द्वारा उस पर ध्यान न देने की प्रवृत्ति आजादी के पहले से ही थी। मशहूर इतिहासकार डी.डी. कोशाम्बी 1946 में न्यूयॉर्क की पत्रिका *साइंस एंड सोसाइटी* में नेहरू की किताब *डिस्कवरी ऑफ इंडिया* की समीक्षा करते हुए मध्यवर्ग के बारे में लिखते हैं : "...नेहरू की इस किताब में इस असन्दिग्ध तथ्य की खोज व्यर्थ है कि 1942 में जब मेहनतकश जनता भयानक अभावों और अपमानों का स्वाद चख रही थी, तब मध्यवर्ग पहले के किसी भी समय की तुलना में ज्यादा फल-फूल रहा था। लकड़ी के ठेकों, जब उस वर्ग का हित निर्धन तबके के एकदम खिलाफ चला जाएगा ?" लेकिन भारत में कोई भी अन्य वर्ग नहीं है सिवाय इस नए उभरे मध्यवर्ग के जो इतना शक्तिशाली, इतना सुसंगठित और इतना चालाक हो कि अपने हित के लिए महात्मा गांधी की शिक्षाओं में से जो भी उसके लिए लाभदायक है उसका दोहन कर ले और जो भी कथन उसके लिए खतरा पैदा करें, उनको नकारात्मक दार्शनिक बिन्दुओं तक पहुँचा दे। यह वर्ग नेहरू के नेतृत्व की जरूरत है, ठीक उसी तरह जैसे स्वयं भारत के लिए यह वर्ग जरूरी हो गया था। जैसा कि मैं संकेत पढ़ रहा हूँ, रास्तों का अलग होना एकदम स्पष्ट है।

यही वह मध्यवर्ग है, जिसके पीठ पर भाजपा का पीपल उग आया है और वह उसे काटने के बजाय पूजने लगा है। यह नव-धनाढ्य वर्ग है, जो किसी तरह से अपनी समृद्धि का विस्तार करना चाहता है। उसके लिए सफलता जरूरी है, साधन की पवित्रता नहीं। उसके पास सोचने के लिए समय नहीं है, इसलिए वह विचारधाराविहीन है। वह दर्शन, चिन्तन और विश्लेषण के आधार पर नहीं, सरल समीकरणों और सरल प्रतीकों के आधार पर चीजों को समझना चाहता है। वह या तो लेन-देन की भाषा समझता है या नफरत और हिंसा की। वह 'मालिक का गौरव और पड़ोसी की आँख की किरकिरी' वाली चीजें रखने में यकीन करता है। वह संचयवादी नहीं, प्रदर्शनवादी है। इसलिए मन्दिर में उपासना करने नहीं, पाँच सौ रुपए का लड्डू चढ़ाने जाता है।

यही आज का हिन्दू है और भाजपा का हरावल दस्ता। भाजपा उसका अन्तरिक्षयान है और हिन्दूवाद लांचिंग पैड। इसी के सहारे वह सत्ता और श्रेष्ठता की भूमंडलीय कक्षा में पहुँचना चाहता है। इसी मध्यवर्ग के लिए मुक्तिबोध ने कहा था :

उदरंभरि बनि अनात्म बन गए,
भूतों की शादी में कनात-से तन गए
किसी व्यभिचारी के बन गए बिस्तर
लिया बहुत ज्यादा दिया बहुत कम।

ऐसा नहीं है कि मध्यवर्ग में सदैव यही स्वार्थी व उथली प्रवृत्तियाँ रही हैं, क्योंकि चाहे नक्सली आन्दोलन देखें या जे.पी. आन्दोलन, मध्यवर्ग में व्यापक समाज के हित को लेकर कशमकश साफ दिखाई पड़ती है। उसने अपने भीतर से कुर्बानियाँ भी दीं। लेकिन आज वह जिस स्थिति में है, उसमें ज्यादातर सिद्धान्तहीनता, स्वार्थपरता और उपभोक्तावाद ही हावी हैं।

6 दिसम्बर 1992 को जब अयोध्या में नेहरू का धर्मनिरपेक्षता और संविधानवाद का मॉडल ध्वस्त किया गया तो यह मध्यवर्ग सकपकाया जरूर, पर बाद में वह विजय के विश्वास में था। गौरतलब है कि यह खुशी सिर्फ मुसलमानों को नीचा दिखाने की नहीं थी, क्योंकि उसके कुछ दिन बाद वामदेव महाराज ने भारतीय संविधान को 'गुलामी का दस्तावेज' कहा और उसमें प्रदत्त आरक्षण व अल्पसंख्यकों के अधिकारों का कड़ा विरोध किया। दरअसल, सिर्फ मुसलमान विरोध के सन्दर्भ में अयोध्या आन्दोलन यानी उग्र हिन्दूवाद को समझा नहीं जा सकता। जिस व्यापक रूप में हिन्दू इस आन्दोलन का समर्थक या उसके प्रति नरम रुख रखनेवाला हो गया है, उसके पीछे दूसरे कारण भी हैं। हम जिस आधुनिक हिन्दू की चर्चा कर रहे हैं, वह भौतिक रूप से तो आधुनिकता के साथ है, पर वैचारिक रूप से इसे जज्ब नहीं कर सका है। इसलिए इस आन्दोलन में इस्लाम के विरोध के साथ-साथ आधुनिकता के खिलाफ एक प्रतिक्रिया भी है, हालाँकि अयोध्या आन्दोलन में यह प्रतिक्रिया बहुत भोंडे रूप में प्रकट हुई है।

इस सिलसिले में यह ध्यान देने लायक है कि विश्व हिन्दू परिषद अक्सर अयोध्या पर ऐतिहासिक बहस से भागती रही है। राम की ऐतिहासिकता की तो बात छोड़िए, वह विवादित जगह पर राम मन्दिर तक साबित करने के पचड़े में नहीं पड़ना चाहती थी। इसीलिए वह इस मामले पर अदालत का फैसला भी मानने को तैयार नहीं थी। जब कई प्रमुख मुसलमान नेताओं ने यह कहना शुरू किया कि अगर यह साबित हो जाए कि बाबरी मस्जिद की जगह पर मन्दिर था, तो वे मस्जिद हिन्दुओं को सौंप देंगे, तो विश्व हिन्दू परिषद व भाजपा ने मस्जिद गिरवा दी। गिरवाई ही नहीं, उसके कार्यकर्ता ईंट-पत्थर तक अपने-अपने घर उठा ले गए।

यह इतिहास की अवधारणा का विवाद है। हिन्दू चिन्तन परम्परा में इतिहास का महत्त्व नहीं है। वहाँ इतिहास से ज्यादा मिथकों का स्थान है। इसीलिए रोमिला थापर, आर.एस. शर्मा व इरफान हबीब जैसे प्रतिष्ठित इतिहासकारों के लाख कहने के बावजूद विहिप या भाजपा ही नहीं, आम हिन्दू मानस राम और अयोध्या के बारे में कोई इतिहासपरक बहस सुनने को तैयार नहीं है। इसके विपरीत ईसाइयों और मुसलमानों के लिए इतिहास का महत्त्व है। समाजशास्त्री बिलफ्रेड कैंटवेल स्मिथ के अनुसार

'हिन्दुओं के लिए आखिरकार इतिहास का कोई महत्त्व नहीं है, ईसाइयों के लिए यह महत्त्वपूर्ण है, पर निर्णायक नहीं; मुसलमानों के लिए यह निर्णायक है, पर अन्तिम नहीं, जबकि मार्क्सवादियों के लिए यह सब कुछ है।'

इस्लाम ऐतिहासिक समय और परम्पराओं की ऐतिहासिकता पर जोर देता है। लेकिन हिन्दू विचार काल के चक्रीय सिद्धान्त को मानता है। इसलिए इस मामले में हिन्दुओं ने मुसलमानों ही नहीं, ईसाइयत और आधुनिकतावाद से भी टकराव मोल ले लिया है। इतिहास एक आधुनिक अवधारणा है और विशिष्ट हिन्दू चिन्तन परम्परा को समझे या उसे नए रूप से व्याख्यायित किए बिना इस संघर्ष में हिन्दुओं के मुँह की खाने या फिर फासीवाद का खतरा है। हिन्दू आधुनिक युग में अपनी जिस अस्मिता के लिए छटपटा रहा है, उसे वह सैकड़ों मस्जिदें गिराकर भी नहीं हासिल कर सकता। इसके लिए उसे अपनी सम्पूर्ण चिन्तन परम्परा को खँगालना पड़ेगा और उसे आधुनिकता की रोशनी में देखना होगा। इसी तरह आधुनिक व मार्क्सवादी इतिहासकार जब तक हिन्दू चिन्तन परम्परा को नहीं समझेंगे तब तक व्यापक जनता उनके इतिहास को पूर्वग्रहग्रस्त मानती रहेगी। लेकिन यह सारी बहस पूरी सच्चाई व ईमानदारी से होनी चाहिए। इसी सन्दर्भ में समाजशास्त्री श्यामाचरण दुबे कहते हैं कि उन्हें हिन्दू नवजागरण से कोई आपत्ति नहीं है, अगर वह सही परिप्रेक्ष्य में हो।

हो सकता है अयोध्या में 'सहमत' ने अपनी पोस्टर प्रदर्शनी रामकथा का वैविध्य दिखाने के इरादे से ही लगाई हो, पर उससे जनता को सद्भाव या बहुलवाद का सन्देश नहीं मिला। उसे यह मार्क्सवादियों द्वारा राम को अपमानित करने का ही प्रयास लगा। अगर आप मिथकों की ही चर्चा करना चाहते हैं, तो अच्छे मिथक क्यों नहीं उठाते ? ऐसे मिथक क्यों उठाते हैं जो समाज में किसी श्रेष्ठ भाव को जन्म नहीं दे सकते ? लेकिन अगर इतिहास के मिथकों और तथ्यों, सातत्व और परिवर्तन, बौद्ध और सनातन की बहस को उठाना है तो उसे पूरी गम्भीरता से उठाइए, चुटकी काटकर मत भागिए। यह निष्ठा, ईमानदारी और दर्शन की सामर्थ्य पर निर्भर करता है कि जनता आपकी बात सुनती है या नहीं। अगर जनता आपकी बात सुनने को तैयार नहीं है, तो प्रयास और सतत प्रयास ही एकमात्र रास्ता है। आप यह कहकर नहीं बच सकते कि सारी जनता साम्प्रदायिक हो गई है और हमें पुलिस की सुरक्षा में अपनी बात कहने दी जाए। दोहरे मानदंड छोड़ने होंगे और दोहरापन सबसे बुनियादी हिन्दू चरित्र है। अगर रामबहादुर (सफदर हाशमी के साथ मारा गया नेपाली मजदूर) का नाम लेने से आप मार करने पर आमादा हो सकते हैं, तो राम और सीता को भाई-बहन बतानेवाले पोस्टर लगाने का आपको क्या हक है ? इस पर कोई दो राय नहीं कि भाजपा ने राम का वस्तुकरण कर दिया है, लेकिन इस बात पर वे कैसे आपत्ति कर सकते हैं जो सफदर छाप टोपी, सफदर छाप बनियान व टी-शर्ट बेच रहे हैं ?'

यह कहने से काम नहीं चलेगा कि हिन्दू तो स्वभाव से ही उदार, सहिष्णु और धर्मनिरपेक्ष होता है और उसे सच्चा धार्मिक बना दिया जाए तो साम्प्रदायिकता की

समस्या हल हो जाएगी। या हिन्दू को बहुलतावादी बनाकर उसे कई खेमों में बाँट दिया जाए तो समरूपीकरण की समस्या खत्म हो जाएगी। सवाल आधुनिकता के विरोध में पारम्परिक समाजों की प्रतिक्रिया का है। यह प्रतिक्रिया हिन्दू ही नहीं, मुसलमान भी कर रहा है। कहीं यह खुमैनीवाद के रूप में प्रकट हो रही है तो कहीं आडवाणीवाद के रूप में। जरूरत हिन्दू समाज के आत्ममन्थन की और इस प्रतिक्रिया को रचनात्मक शिक्षा देने की है। हिन्दू को यह बताने की जरूरत है कि अगर वह द्वैतवादी है तो क्यों है ? उसके द्वैतवाद की आज के युग में क्या सार्थकता है ? अगर वह अद्वैतवादी है तो उसे यह बताना पड़ेगा कि आज के युग में उसकी क्या प्रासंगिकता है। अगर अद्वैतवाद में सम्पत्ति से पैदा होनेवाली बुराइयों को आत्मगत (भावना के) स्तर पर रोकने की क्षमता है, तो उसे यह सिद्ध करना पड़ेगा। सम्पूर्ण भारतीय दर्शन में वैराग्य की प्रधानता है। जैन और बौद्ध धर्मों में आजीवन वैराग्य का प्रतिपादन है, तो वर्णाश्रम धर्म में जीवन की एक विशेष अवस्था में। भारतीय जनता पार्टी, विश्व हिन्दू परिषद और राष्ट्रीय स्वयंसेवक संघ जैसे संस्थानों से यह सवाल जगह-जगह पूछा जाना चाहिए कि वे किस हिन्दू परम्परा को लेकर चल रहे हैं–प्रवृत्ति मार्ग या निवृत्ति मार्ग ? अगर वे प्रवृत्ति मार्ग को लेकर चल रहे हैं, तो उनमें और पश्चिमी सभ्यता में फर्क क्या है ? सम्पत्ति से पैदा होनेवाली बुराई और विकास की आधुनिक अवधारणा का क्या इन हिन्दूवादियों के पास कोई विकल्प है ? नहीं। वे आर्थिक उदारीकरण और भूमंडलीकरण के प्रबल समर्थक हैं। कभी-कभी उनमें स्वदेशी स्फुलिंग दिखाई पड़ता है, पर वह बहुत जल्द बुझ जाता है। वे विकास की रैखिक और अनन्त तक जानेवाली अवधारणा में उसी तरह यकीन करते हैं जैसे यहूदी, ईसाई और आधुनिकतावादी।

लोहिया हिन्दूवादी नहीं थे, पर सम्पत्ति से पैदा होनेवाली बुराई पर उन्होंने गम्भीरता से विचार किया था। वे कहते थे कि मार्क्स ने सम्पत्ति पर संस्थागत हमला किया था और आदि शंकराचार्य ने भावनात्मक। हम इन दोनों को मिलाकर सम्पत्ति से पैदा होनेवाली बुराई को नियन्त्रित कर सकते हैं। लेकिन इसका महत्त्व कतई नहीं कि लोहिया पुनरुत्थानवादी थे। वे इसके साथ ही पूर्ण मानव और विश्व समाज की भी कल्पना करते थे।

इसी तरह आज धरती और पर्यावरण बचाने का सवाल पूरी दुनिया में अहम बन गया है। हिन्दू परम्परा में सभी जीवों को बराबर मानने, प्रकृति और पुरुष में तादात्म्य कायम करने और महत्त्वपूर्ण प्राकृतिक संसाधनों की पूजा होती रही है। हिन्दू प्रकृति और पर्यावरण के बारे में फैल रही नई विश्व चेतना से अपने इन पारम्परिक मूल्यों को जोड़कर आधुनिक हो सकता है, हालाँकि आज की उग्र हिन्दू धारा में इस तरह के कोई तत्त्व नहीं हैं।

लेकिन हिन्दू की विडम्बना यह है कि वह विचार के स्तर पर तो बहुत ऊँची-ऊँची बातें करता है, पर व्यवहार के स्तर पर एकदम विपरीत और घटिया आचरण करता है। अगर घटियापन नहीं तो वह दोहरेपन में जरूर फँस जाता है। अंग्रेजों के आगमन के

साथ उसकी दुविधा यह शुरू हो गई थी कि वह आधुनिकता से क्या चुने और परम्परा में क्या छोड़े। इस दुविधा में ज्यादातर लोग आधुनिकता के चमक-दमकवाले पक्ष को तो चुन लेते हैं, पर विचारवाले पक्ष को छोड़ देते हैं। विचार और व्यवहार के स्तर पर राजा राममोहन राय में यह दुविधा गजब की थी।

बंगाल पुनर्जागरण के संस्थापक राममोहन राय विचार के स्तर पर तो विज्ञान और वेदान्त के मेल की बात करते थे और व्यवहार के स्तर पर भारतीय और यूरोपीय दोनों जीवन शैलियों में रहते थे। कलकत्ता में उनके दो घर थे। एक भारतीय शैली का और दूसरा यूरोपीय शैली का। जब वे भारतीय घर में रहते थे तो भद्र लोक की वेशभूषा में होते थे और जमीन पर बैठकर माछ-भात खाते थे। जब यूरोपीय घर में होते तो शर्ट व टाई पहनते और कुर्सी-मेज पर छुरी-काँटा व चम्मच से लंच या डिनर लेते थे। उनके एक मित्र ने इस पर चुटकी लेते हुए कहा कि वे जब यूरोपीय शैली के आवास में होते हैं तो यूरोपीय नहीं लगते और जब भारतीय शैली के आवास में होते हैं तो भारतीय नहीं। यह आम भारतीय, विशेषकर मध्यवर्गीय, हिन्दू की दुविधा है। बहुत कम ही लोग इससे मुक्त हो पाते हैं। यहाँ तक कि नेहरू जैसे बड़े व्यक्तित्व भी नहीं।

सामाजिक न्याय और देसी शैली के करिश्माई नेता लालू यादव को भी अंग्रेजी का 'नारद मोह' हो गया है। किसी लोहियावादी में इस तरह का मोह पैदा होना यह साबित करता है कि उसकी शिक्षा अपूर्ण थी। यानी विचार और व्यवहार की खाई उसमें उतनी ही चौड़ी है जो आम हिन्दू में होती है। अगर भाजपा नेताओं पर गौर करें तो यह खाई समुद्र से भी बड़ी लगती है।

इस सदी में कथनी और करनी की एकरूपता के सबसे बड़े साधक गांधी हुए हैं। गांधी ने विचार और व्यवहार की इस खाई को अपने स्तर पर बहुत कम कर दिया था। वे अगर अहिंसा में विश्वास करते थे तो उसका उल्लंघन होने पर बड़ा-से-बड़ा आन्दोलन भी खत्म करने को तैयार रहते थे। जबसे उन्होंने लँगोटी और चादर धारण किया तब से इसे उतारा नहीं—चाहे वह इंग्लैंड की पसलियों को पार करनेवाली ठंड ही क्यों न हो। ऐसा नहीं कि यूरोप जाने लगें तो थ्री-पीस सूट पहन लें और भारत लौटें तो चादर ओढ़ लें। अगर वे प्राकृतिक चिकित्सा में विश्वास करते थे तो गम्भीर रूप से बीमार अपने बेटे पर भी उसका प्रयोग करने से हिचकिचाते नहीं थे। वे ऐसे नहीं थे कि एक तरफ हिन्दी समर्थक होने का दावा करें और दूसरी तरफ अपने बच्चों को अंग्रेजी स्कूलों में पढ़ाएँ। या राजनीतिक मंचों से निजी सम्पत्ति खत्म करने का भाषण दें और उससे उतरने के बाद धन संचय के कार्य में जुट जाएँ, हालाँकि वे कहीं पुरातनपन्थी और कहीं आधुनिकतावादियों से भी ज्यादा आधुनिक लगते हैं।

आज सवाल यह है कि क्या हिन्दू इस दोहरेपन से उबरेगा ? कहीं संस्कृतिकरण और पश्चिमीकरण (आधुनिकीकरण) की प्रक्रियाओं में ही तो दोहरापन नहीं छिपा है ? छोटी जातियाँ जिस रहन-सहन और आचरण के लिए बड़ी जातियों को कोसती हैं, धीरे-धीरे उसी का अनुसरण करती हैं। पर भारतीय समाज व वर्ण-व्यवस्था को सबसे

ज्यादा परिवर्तित धीरे-धीरे चलनेवाली इसी प्रक्रिया ने किया है। जब देश में जाति के आधार पर जनगणना होती थी तो सबसे ज्यादा आवेदन ऊँची जाति में नाम दर्ज कराने के लिए आते थे। दरअसल, भारत में संस्कृतिकरण की प्रक्रिया की शुरुआत ही जनगणना के साथ हुई। समाजशास्त्री एम.एन. श्रीनिवास ओ. मैली की 1911 की बंगाल जनगणना के बारे में दी गई रपट के आधार पर लिखते हैं : 'उस वक्त लोगों को लगता था कि जनगणना का मकसद जातियों की संख्या जानना नहीं, उनकी सामाजिक हैसियत तय करना है। इसलिए कई छोटी जातियों ने अपने को क्षत्रिय और वैश्य के रूप में दर्ज करने के लिए जो आवेदन भेजे, उनका वजन करीब डेढ़ मन था।'

डॉ. श्रीनिवास के एक अध्ययन के मुताबिक 1911 से 1931 के बीच 13 जातियों ने ऊँची जातियों में नाम दर्ज कराने की कोशिश की। पर धीरे-धीरे इस पर इतना विवाद बढ़ा कि 1941 में जाति के आधार पर जनगणना खत्म कर देनी पड़ी। लेकिन संस्कृतिकरण की प्रक्रिया आजादी के बाद भी जारी है। अगर यह प्रक्रिया न चल रही होती, तो हिन्दू समाज कब का जाति युद्ध में फँस गया होता। मंडल आयोग के उथल-पुथल मचानेवाले झटके के बावजूद जाति युद्ध की कोई बड़ी घटना न होना यह साबित करता है।

दूसरी तरफ पश्चिमीकरण की प्रक्रिया भी धीमी नहीं है। बल्कि स्वतन्त्र भारत में यह और तेज हुई है। पश्चिमी संगीत, नृत्य, फास्ट फूड और रहन-सहन उच्चवर्ग ने तेजी से आत्मसात किया है। महानगरों का युवा रॉक, पॉप, डिस्को और वीक-एंड पार्टियों में ज्यादा अपनापा महसूस करता है। लेकिन यह पश्चिमी सभ्यता के वे मूल्य नहीं हैं जो सार्वजनीय और सार्वदेशिक महत्त्व के हैं। यह तो 'सार' को छोड़कर 'थोथा' गहनेवाली बात हुई। यही वजह है कि आधुनिकता के साथ पश्चिमी संकृति का 'थोथा' चला आ रहा है और एशिया, अफ्रीका और लातिन अमेरिकी देशों में उसके खिलाफ प्रतिक्रिया भी हो रही है। इस दौरान थोथे पर हमला करनेवाले कम और सार पर हमला करनेवाले ज्यादा हो गए हैं। स्वतन्त्रता, समता और भ्रातृत्व जैसे सार्वदेशिक मूल्य भुला दिए गए और एटम बम का दर्शन स्वीकार कर लिया गया। विज्ञान और वैज्ञानिक सोच का विकास करने के बजाय प्रौद्योगिकी हथियाने पर ज्यादा जोर हो गया है। यानी हमारा हिन्दुत्व और हमारी आधुनिकता दोनों दूसरे या तीसरे दर्जे के हैं।

पश्चिमी देश भी बाकी दुनिया को यह नहीं समझा रहे कि आधुनिकतावादी मूल्य संयोग से पश्चिम में पैदा हो गए। वे पूर्व में भी पैदा हो सकते थे। बल्कि वे इनका साम्राज्यवादी इस्तेमाल कर रहे हैं। वे दुनिया को किराया लेकर सभ्य होना सिखा रहे हैं। इसीलिए यह सम्भावना कम है कि दुनिया के सभी देश औद्योगिक विकास के साथ समान रूप से आधुनिक हो जाएँगे। न ही आधुनिकता के सिद्धान्त शाश्वत हैं। राष्ट्रीयता और जातीयता के सवालों को हल करने का दावा करनेवाला मार्क्सवाद इसी में फँसकर समाप्त हो गया। लेकिन आधुनिकता अगर परिवर्तनशील है, तो वह मानव समाजों को चलाने के लिए नई विचारधारा जरूर फेंकेगा। इसी सन्दर्भ में आज की हिन्दू

साम्प्रदायिकता का भी अन्त अवश्यम्भावी माना जा सकता है और समाज आधुनिकता के नए लक्ष्य पाने में जुट सकता है। साम्प्रदायिकता ने समाज का घोर अहित तो किया, पर सुस्त होते बौद्धिकों को विचारमन्थन के लिए बाध्य भी कर दिया। अगर यह अप्रासंगिक होते धर्म की आखिरी छटपटाहट का दौर है, तो दिशाहीन राजनीति की आत्महीनता का भी। क्या धर्म समाप्त हो जाएँगे ? यह सवाल कुछ वैसा ही लगता है कि क्या गाँव समाप्त हो जाएँगे ? धर्म तो अपूर्ण है, पर राजनीति भी कम उथली नहीं साबित हुई है। अगर राजनीति चाहती है कि मानव समाज धर्म की गुफाओं से निकलकर व्यापक राजनीतिक प्रक्रिया में शामिल हो, तो उसे धर्म के श्रेष्ठ मानवीय मूल्यों को आत्मसात करना पड़ेगा। लेकिन मानव को श्रेष्ठ और सम्पूर्ण बनाने की यह प्रक्रिया धर्म और राजनीति दोनों स्तरों पर चले तो कोई हर्ज नहीं। सामाजिक, राजनीतिक और धार्मिक–सभी स्तरों पर समाज में आत्ममन्थन चले तो झूठ पर आधारित साम्प्रदायिकता और नफरत वगैरह अपने आप समाप्त होंगे और जो शिकायतें झूठ पर आधारित नहीं हैं, उन्हें हल करने का कोई रास्ता भी निकलेगा। सत्य के इस आग्रह के साथ शिव की भी जरूरत है, क्योंकि इस मन्थन में निकलनेवाले विष को पीनेवाला तो कोई होना चाहिए। तभी सत्यम् शिवम् सुन्दरम् की अवधारणा साकार होगी, जो मूलतः हिन्दू का सूत्र तो नहीं है, पर हिन्दू मूल के सबसे करीब लगता है।

अग्नि-परीक्षा से गुजरते राम

अयोध्या में विश्व हिन्दू परिषद की संकल्प सभा का कार्यक्रम बेअसर करने के बाद उत्तर प्रदेश के मुख्यमन्त्री मुलायम सिंह यादव ने राहत की साँस लेते हुए कहा कि उन्होंने अग्नि-परीक्षा पास कर ली है। उन्होंने केन्द्र की राजग सरकार को सहयोग के लिए धन्यवाद भी दिया। कई लोगों को यह लगा कि राममन्दिर आन्दोलन में दरार पड़ गई और उसे नियन्त्रित रखने के लिए प्रधानमन्त्री अटल बिहारी वाजपेयी और मुख्यमन्त्री मुलायम सिंह यादव में हुआ समझौता लागू हो गया। अयोध्या में एक तरफ विहिप के नेता अशोक सिंघल और प्रवीण तोगड़िया पकड़े और छोड़े जाते रहे तो दूसरी तरफ महन्त नृत्य गोपाल दास और विनय कटियार घरों से बाहर नहीं निकले। कहा तो यहाँ तक जा रहा है कि अयोध्या आन्दोलन के नेताओं में अगड़े-पिछड़े आधार पर विभाजन हो गया और मुलायम सिंह यादव उसका लाभ उठाने और उसका एक हिस्सा प्रधानमन्त्री वाजपेयी को पहुँचाने में सफल हो गए।

लेकिन क्या इन स्थितियों से यह निष्कर्ष निकाला जा सकता है कि पिछले दो दशक से चल रही राम की अग्नि-परीक्षा अब समाप्ति की ओर है और वे अपने समस्त आदर्शों और मर्यादाओं के साथ राममन्दिर आन्दोलन के अग्निकुंड से बाहर निकल

पाएँगे ? सीता की अग्नि-परीक्षा का मिथक तो बहुप्रचारित और विवादास्पद है ही और वह आज भी जारी है। पर राम की अग्नि-परीक्षा का नया प्रयोग संघ परिवार और उसकी शाखाओं से निकले अधकचरे या छद्म रामभक्तों ने शुरू किया है और वह उत्तर प्रदेश, गुजरात और देश की सत्ता पर कब्जा करने के बाद भी जारी है। यह अनुमान लगानेवालों और सुझाव देनेवालों की कमी नहीं है कि भारतीय जनता पार्टी राष्ट्रीय स्तर पर जनाधार बनाने और दिल्ली में पाँच साल गठबन्धन सरकार चलाने के बाद अपने को धार्मिक-जातीय मुद्दों से दूर कर सामाजिक और आर्थिक मुद्दों से जोड़ेगी और उसे ऐसा करना भी चाहिए। ऐसे विशेषज्ञों और विद्वानों की भी कमी नहीं है जो भारतीय जनता पार्टी की तीव्र आर्थिक सुधार, आतंकवाद विरोधी अभियान और अमेरिकी सहयोग के दीर्घकालिक एजेंडे पर चलने और घरेलू धार्मिक विग्रह की नीतियाँ छोड़ने की सलाह दे रहे हैं। वे यह भी कह रहे हैं कि तीन विवादास्पद मुद्दे छोड़ने के कारण ही केन्द्र में भाजपा नीत गठबन्धन ने चार साल शासन किया। इसमें साम्प्रदायिक और सेक्यूलर दोनों तरह के लोग हैं और उनका मानना है कि यही वह समय है जब भाजपा संघ परिवार की इन्तकामी सन्तान की बजाय संसदीय लोकतन्त्र की एक परिपक्व पार्टी की तरह व्यवहार करे और सड़क, बिजली, उद्योग, दूरसंचार, रोजगार और विकास से जुड़े अन्य मुद्दों के आधार पर वोट माँगे। लेकिन ऐसा तभी होगा जब भाजपा को यह विश्वास हो जाए कि वह इन क्षेत्रों में अपने काम और भावी कार्यक्रमों के आधार पर चुनाव जीत सकती है और उसे 'राम' नाम के सहारे की आवश्यकता नहीं है। जब तक ऐसा नहीं होता है तब तक क्या वह सीता के साथ-साथ राम की अग्नि-परीक्षा करती रहेगी और देश में रामराज्य के नाम पर रावणराज्य की स्थापना करती रहेगी ? ऐसा हिन्दू राष्ट्रवादी आन्दोलन का गहन अध्ययन करनेवाले क्रिस्टोफ जफरलेट का भी मानना है। उन्होंने यह सन्देह व्यक्त किया है कि कांग्रेस जैसे ही मजबूत होगी भाजपा हिन्दुत्व की लाइन पकड़ लेगी।

इस दिशा में यह सुखद स्थिति है कि भोपाल में महिला सम्मेलन का उद्घाटन करते हुए प्रधानमन्त्री अटल बिहारी वाजपेयी ने गाय और राममन्दिर की बजाय कांग्रेसी राज्यों में विकास और महिलाओं की स्थिति की बात की। लेकिन क्या सिर्फ एक सभा इस बात की गारंटी हो सकती है कि उनकी पार्टी के सभी नेता और संगठन धार्मिक भावनाएँ भड़काने से परहेज करेंगे और जो नहीं करेंगे उन्हें पार्टी अनुशासित करेगी ? अभी तक तो ऐसा सबूत नहीं दिखता। यह बात अलग है कि राममन्दिर आन्दोलन के प्रमुख नेता लालकृष्ण आडवाणी के जीवन का एकमात्र लक्ष्य अयोध्या में राममन्दिर का निर्माण या देश में रामराज्य की स्थापना नहीं बल्कि प्रधानमन्त्री बनना रह गया है और उसके लिए वे अपने को राममन्दिर आन्दोलन की छाया से दूर करने की कोशिश भी कर रहे हैं। सम्भवतः भाजपा के नेताओं को अच्छी तरह मालूम है कि बड़ा पद पाने के लिए बड़े समझौते और बड़ा परिवर्तन करने के लिए बड़े त्याग करने होते हैं और दूसरा काम उनके लक्ष्य में है नहीं इसलिए वे पहले पर ही जोर देंगे। उन्हें बड़े पद पाने हैं और इसके

लिए उन्हें जहाँ जैसी परिस्थिति दिखेगी वैसा करने से नहीं चूकेंगे। उन्हें गुजरात में धार्मिक उन्माद कारगर दिखता है तो उसे हर तरह से भड़काएँगे। अगर वही काम उत्तर प्रदेश में नुकसानदेह दिखेगा तो उसे नियन्त्रित करेंगे।

लेकिन इसी दुविधा और दोगलेपन पर चलकर भाजपा ने जनता को छला भी है और सोमनाथ से अयोध्या और अयोध्या से दिल्ली तक हिन्दू उग्रवाद की एक हिंसक संस्कृति कायम करने का कुख्यात काम किया है। जाहिर सी बात है कि इसको ताकत देने में नागपुर का विशेष योगदान है। समाज के सैन्यीकरण और सुरक्षा बलों के भगवाकरण की इस प्रक्रिया की गाज आख़िरकार कमजोर अल्पसंख्यक और महिलाओं पर ही गिरती है क्योंकि यह प्रक्रिया राज्य की अनुदार और अन्यायी शक्तियों को कमजोर करने की बजाय उसे और मजबूत बनाने के लिए चलाई जा रही है। दूसरी तरफ वह आम नागरिक को लगातार राज्य की हिंसा और भीड़ के आगे लाचार बना रही है। राज्य की सुरक्षा में रहकर कानून के राज को कभी ठेंगा दिखाना तो कभी तलवार और त्रिशूल दिखाना उसकी मूल प्रवृत्ति है। यहाँ यह भी ध्यान देने लायक बात है कि समय और स्थान के लिहाज से स्त्रियों को आगे रखकर चलनेवाली यह प्रक्रिया मूलतः पुरुषवादी है और इसमें स्त्रियों पर होनेवाले विविध अत्याचारों की बजाय कारसेवकों और कथित रामभक्तों पर होनेवाला लाठीचार्ज बड़ा मुद्दा है।

इसी प्रक्रिया का परिणाम है कि राजधानी दिल्ली में एक तरफ राष्ट्रपति के सुरक्षागार्ड दिनदहाड़े बलात्कार करते हैं तो दूसरी तरफ कला और संस्कृति की चेतना जगाने के लिए हो रहे अन्तर्राष्ट्रीय फिल्म समारोह में जानेवाली राजनयिक भी अपनी इज्जत गँवाकर लौटती है। लेकिन उससे भी बड़ी विडम्बना यह है कि राजधानी की कानून और व्यवस्था का रखवाला वह व्यक्ति है जिसे भारतीय जनता पार्टी 'मर्यादा पुरुषोत्तम' मानती है और लौहपुरुष की तरह पेश करती है। ऐसे में यह सहज कल्पना की जा सकती है कि जब उनके हाथ में देश की बागडोर होगी तो स्थिति क्या होगी ?

प्रधानमन्त्री जब यह कहते हैं कि कांग्रेसी राज्यों में विकास की गति धीमी है और मध्य प्रदेश में स्त्रियों पर सबसे ज्यादा अत्याचार होते हैं तो वह बात खास सन्दर्भ में सही हो सकती है पर व्यापक अध्ययन तो यही कहता है कि उग्रवाद चाहे जिस तरह का हो उसके बढ़ने से विकास और महिला अधिकार सबसे ज्यादा प्रभावित होते हैं। उग्रवाद का तर्क यही है कि बड़े मकसद के लिए विकास को फिलहाल रोका जा सकता है और पराई स्त्रियों के यौन उत्पीड़न के माध्यम से उग्र समाज की खोई हुई इज्जत वापस पाई जा सकती है। हालाँकि हिन्दू उग्रवाद और इस्लामी उग्रवाद की उत्पत्ति और पृष्ठभूमि में काफी अन्तर है और भारत में लोकतन्त्र चलते रहने के कारण यहाँ हिन्दू उग्रवाद का रूप भी अलग है। पर यह बात ध्यान देने की है कि उत्तर प्रदेश में विकास और गुजरात में स्त्री अधिकारों को उग्रवाद ने उसी दिशा में प्रभावित किया है जिस दिशा में ज्यादा आगे बढ़कर तालिबानी शासन ने अफगानिस्तान में असर डाला है।

गुजरात के दंगों में स्त्री अधिकारों का कितना हनन हुआ इस बारे में पर्याप्त रपटें हैं लेकिन उत्तर प्रदेश में पूरब से पश्चिम तक स्त्रियों की जो दशा है उसका जिक्र कम ही होता है। पूरब के कुछ जिलों में तो स्त्री निरक्षरता का प्रतिशत 90 से भी ज्यादा है जबकि पश्चिमी उत्तर प्रदेश में प्रेम करनेवालों को मिलनेवाली सामाजिक सजाएँ दहला देनेवाली होती हैं।

हालाँकि यह सारी स्थितियाँ सिर्फ राममन्दिर आन्दोलन से आई अराजकता और उग्रवाद से ही बनी है ऐसा नहीं कहा जा सकता। पर उसने इन स्थितियों को कम करने की बजाय बढ़ाया ही है। इसके अलावा इस आन्दोलन में एक भी ऐसी सकारात्मक बात नहीं है जिससे लगता हो कि देश, प्रदेश और समाज की सामाजिक-आर्थिक स्थिति में कोई सुधार होगा। उत्तर प्रदेश जैसा राज्य जो कभी अपने हृदय में अयोध्या के होने पर गर्व करता था आज वह अपने भाग्य को इसी बात पर कोस रहा है। उसकी पीड़ा सिर्फ यही नहीं है कि पिछले डेढ़ दशक से अयोध्या पर लंका की तरह चढ़ाई करनेवाले हिन्दुत्ववादियों से उपजी राजनीतिक अस्थिरता के चलते वह विकासहीनता का शिकार हो गया है, बल्कि उसकी चिन्ता यह भी है कि यह सब कब तक चलेगा। यह चिन्ता उत्तर भारत के और भी हिस्सों की है। लेकिन उससे भी ज्यादा चिन्ता उन लोगों की है जो ईंट-गारे से बननेवाले राम के मन्दिर में नहीं उनके लोक जीवन के आदर्शों में कहीं ज्यादा विश्वास करते हैं। जिन्हें लगता है कि राम के आदर्श सबको सुख और शान्ति देने और सब में भाईचारा कायम करने में हैं। इसलिए सवाल यह है कि राम की यह 'अग्नि-परीक्षा' आखिर कब खत्म होगी और क्या वे इसमें से सही-सलामत निकल पाएँगे ?

साड़ी, संवेदना और स्वयंसेवक

साड़ी भारतीय परम्परा का विशिष्ट परिधान है। इसीलिए प्रतीक रूप में उसके साथ विशेष अर्थ भी जुड़ गए हैं। इनमें कुछ पौराणिक हैं तो कुछ ऐतिहासिक। जब किसी गरीब की साड़ी का जिक्र आता है तो उस फटे और मैले वस्त्र का बिम्ब उभरता है जो मानव जाति की एक लाचार प्रतिनिधि की बार-बार उघड़ती इज्जत को ढँकने के काम आता है। अगर गरीब की किसी नई और रंग-बिरंगी साड़ी का वर्णन आता है तो उसके साथ भड़काऊपन, फूहड़पन और निम्न जातीय सौन्दर्य भाव अक्सर चर्चा में आता है। वहीं अमीरों की साड़ी के रंग, डिजाइन, मूल्य और पहनने के तरीके के साथ सौन्दर्य और स्वर्गीय सौन्दर्य के नए-नए प्रतिमान बनते हैं। लेकिन साड़ी का एक छोर जब किसी अमीर और शक्तिशाली के हाथ में होता है तो उसके दूसरे अर्थ और सन्देश जाते हैं। अमीर साड़ी बाँटते हुए अच्छे लगते हैं तो गरीब साड़ी लेते हुए। इससे 'लोकतन्त्र की

भावना' का विकास होता है और शासकों की इज्जत ढँकी रहती है। साड़ी का एक पौराणिक प्रसंग दुस्सासन के हाथ में द्रौपदी के चीर होने का है तो उसी के साथ कृष्ण के हाथों उस चीर की लम्बाई में चमत्कार कर देने का है। एक प्रसंग प्राचीन भारतीय शासक हर्षवर्धन का आता है जिन्होंने प्रयाग के कुम्भ मेले में जरूरतमन्दों का अपना सब कुछ दान कर दिया था और फिर वस्त्रहीनता की ऐसी स्थिति में पहुँच गए थे कि अपनी बहन की (धोती) साड़ी माँगकर पहनी। एक अन्य किन्तु आधुनिक भारत का बेहद प्रभावशाली प्रसंग महात्मा गांधी के साथ जुड़ा हुआ है जिसमें उन्होंने नदी के दूसरे छोर पर बैठी महिला के निर्वस्त्र शरीर को ढँकने के लिए पानी की धार में अपनी धोती बहा दी थी। उन्होंने यह संकल्प भी लिया था कि इस देश के लोगों की गरीबी को देखते हुए मैं एक छोटी धोती ही पहनूँगा चाहे मुझे अर्धनग्न ही रहना पड़े। यह प्रसंग साड़ी यानी नारी जाति के प्रति आदर और प्रेम के प्रतीक और उससे जुड़े राजनीतिक व मानवीय चेतना के विभिन्न स्तरों को दर्शाते हैं।

लेकिन इन प्रसंगों की शृंखला में एक नया प्रसंग लखनऊ में प्रधानमन्त्री अटल बिहारी वाजपेयी के स्थानीय राजनीतिक प्रतिनिधि लालजी टंडन ने जोड़ा है। उसे चुनाव आयोग ने रिश्वत देने का प्रसंग मानते हुए लालजी टंडन पर मुकदमा दर्ज करवा दिया है। 12 अप्रैल को 'टंडनजी के जन्मदिन पर गरीब महिलाओं को वस्त्र वितरण' के दौरान 22 औरतों की मौत को न तो हर्षवर्धन के प्रयाग के दान प्रसंग से जोड़ा जा सकता है, न ही महात्मा गांधी की मानवीय संवेदना और संकल्प से। टंडनजी ने भले ही उस आयोजन में एक स्वयंसेवक की दानशीलता के तहत हिस्सा लिया हो पर उन्होंने चाहे-अनचाहे उत्तर प्रदेश ही नहीं भारतीय जनता पार्टी की राजनीति का चीरहरण कर दिया है। टंडनजी ने उस हृदय विदारक कार्यक्रम के माध्यम से न सिर्फ यह बता दिया है कि उत्तर प्रदेश के आमजन की वास्तविक स्थिति कितनी दयनीय और लाचार है, चाहे वे प्रधानमन्त्री के ही क्षेत्र के क्यों न हों। बल्कि उन्होंने अपनी पार्टी के उस ढाँचे को भी उजागर कर दिया है जिसमें निचले व स्थानीय स्तर पर ब्रजेन्द्र मुरारी यादव जैसे आपराधिक पृष्ठभूमि के लोग होते हैं और ऊपर के स्तर पर अटल बिहारी वाजपेयी जैसे 'भले और बेदाग छवि' के कवि व अन्तर्राष्ट्रीय राजनीतिक। इसी के साथ उन्होंने राज्य के उन राजनेताओं की भी कलई खोल दी है जो घोषणा-पत्रों में तो समाजवादी और धर्मनिरपेक्ष होने का दावा करते हैं पर व्यवहार में पूँजीवाद, सामन्तवाद, साम्प्रदायिकता और अपराध सभी का संरक्षण करते हैं। इसी प्रकार मायावती ने भी जिस तरह वाजपेयी को पाक साफ बताया है उससे दलित राजनीति की संवेदनशून्यता भी प्रमाणित होती है। 'दुखद हादसों का राजनीतिकरण न हो' यह एक चालाकी भरी राजनीतिक उक्ति है। ऐसी उक्तियों के माध्यम से हमारे राजनेता राजनीति में उस मानवीय संवेदना के पुनर्प्रवेश को रोकने की कोशिश करते हैं जो स्वाधीनता संग्राम में जगाई गई और आजाद भारत में लगातार लुप्त होती चली गई। लेकिन यहाँ यह बात गौरतलब है कि सादगी, संयम और संवेदना का सर्वाधिक दावा करनेवाले

स्वयंसेवकों ने ही उसे किस स्तर तक पहुँचा दिया है। फिलहाल गुजरात के दंगों में स्वयंसेवकों की भूमिका को एक किनारे रख दिया जाए तो भी इस प्रचार से शायद ही कोई अछूता होगा कि प्राकृतिक आपदाओं, हादसों और देश पर संकट के समय स्वयंसेवक लाचार और असहाय लोगों की सेवा करने में जी-जान लगा देते हैं। स्वयंसेवकों के इसी सहृदयता और सेवा भाव की सायास निर्मित अखिल भारतीय छवि के बरअक्स लखनऊ की घटना और उसमें लालजी टंडन से लेकर अटल बिहारी वाजपेयी तक की भूमिका को देखा जाना चाहिए। टंडनजी न सिर्फ वरिष्ठ स्वयंसेवक हैं बल्कि जनसंघ और भाजपा के बड़े नेताओं के पारम्परिक प्रबन्धक हैं। उनका राजनीतिक महत्त्व भी इसी नाते है। जनसंघ के दिग्गज नेता दीनदयाल उपाध्याय जब लखनऊ आते थे तो उनका इन्तजाम टंडनजी देखते थे। अब वे वही काम वाजपेयी और उनके चुनाव क्षेत्र के लिए करते हैं। जाहिर है इतना पुराना प्रबन्धक और स्वयंसेवक प्रधानमन्त्री के चुनाव क्षेत्र में ऐसा कोई आयोजन नहीं करेगा जिसमें शामिल लोगों की जानकारी ऊपर तक न हो। इसलिए लखनऊ के साड़ी वितरण हादसे के बाद भारतीय जनता पार्टी के नेताओं ने एक के बाद एक बयान बदलने का जो सिलसिला शुरू किया उससे झूठ तो उजागर ही होता है उसके साथ एक स्वयंसेवक का चरित्र भी उजागर होता है। वह चरित्र राहत देने के बहाने समाज को संकट में डालने का है। वह चरित्र सच का स्वर शान्त करने के लिए झूठ का अखंड पाठ करने का है। यह चरित्र बड़े स्तर पर भावुक अभिनय करने और करनी करते समय अपनी कथनी से मुँह मोड़ लेने का है। स्पष्ट है कि प्रधानमन्त्री अटल बिहारी वाजपेयी इस कला में माहिर हैं। उन्होंने गुजरात की नृशंस घटनाओं पर भ्रामक बयानों और संवेदना को छूनेवाले अभिनय के सहारे परदा डाल दिया और अपने साथ खड़े आपराधिक लोगों को बचाने का प्रयास किया। भले ही दूसरी संवैधानिक संस्थाओं की जागरूकता के चलते वह दबाए नहीं दब रहा है। अब इसी तरह का प्रयास लखनऊ में भी चल रहा है पर वह भी दबाए नहीं दब रहा है।

इन घटनाओं को देखकर दिल्ली विश्वविद्यालय के प्राध्यापक प्रेम सिंह की पुस्तिका *जानिए योग्य प्रधानमन्त्री को* प्रासंगिक हो उठती है। वे कहते हैं कि वाजपेयी की नैतिकता तभी जगती है जब उनकी पार्टी के हित प्रभावित होते हैं। वरना आमजन या अन्य राजनीतिक मर्यादाओं के आहत होने पर वे अभिनय से काम चला लेते हैं। उदाहरण के लिए वाजपेयी ने पिछले दो दशकों में आमरण अनशन तब किया जब उत्तर प्रदेश के राज्यपाल रोमेश भंडारी ने भाजपा की सरकार गिराई। उसके बारे में उनका कहना था कि यह 'अँधेरे में षड्यन्त्र' है। लेकिन उससे पहले या बाद की किसी बड़ी घटना ने उनकी आत्मा को नहीं झकझोरा। चाहे 1992 में बाबरी मस्जिद गिराए जाने का मामला हो, ईसाई पादरी ग्राहम स्टेंस की हत्या हो या गुजरात दंगों का मामला हो। इसीलिए प्रेम सिंह पुस्तिका के एक लेख में यह आगाह करते हैं कि, 'वाजपेयी की उदारता के गुणग्राहक दरअसल भ्रम के शिकार हैं और अभी के सामाजिक-राजनीतिक

परिदृश्य में साम्प्रदायिकता के प्रसार की वाजपेयी की शैली ज्यादा प्रभावी और कारगर है।' प्रेम सिंह ने वाजपेयी के इसी छद्म को बेनकाब करने के लिए दिल्ली से लखनऊ तक की सत्याग्रह यात्रा भी की थी। संयोग देखिए कि आज वे सच सामने आ रहे हैं। वाजपेयी की प्रशंसा और स्वीकार्यता के आजकल कई कारण दिखाई पड़ रहे हैं और हो सकता है वाजपेयी के 'भ्रामक' नेतृत्व में आई राजनीतिक स्थिरता से दक्षिण के कुछ राज्यों को लाभ भी हुआ हो पर उत्तर प्रदेश को वह भी नहीं हुआ। भाजपा के उदय से अगर देश के किसी राज्य को सबसे ज्यादा नुकसान हुआ है तो वह उत्तर प्रदेश को। इसमें समाज को विखंडित करनेवाली उस जातिवाद का भी योगदान है पर उसने भी फासीवादी राजनीति से गठजोड़ कर प्रदेश के पतन को तीव्र किया है। वहाँ का राजनीतिक ढाँचा विखंडित हो चुका है। विकास का मॉडल धराशायी हो चुका है। सामाजिक परिवर्तन त्रिशंकु की तरह अटक गया है। बस उसे देश को प्रधानमन्त्री देने की दिखावटी उपलब्धि से सन्तोष करना पड़ रहा है। उत्तर प्रदेश का मानव विकास सूचकांक देश के सभी राज्यों की सूची में 13वें नम्बर पर है। सन् 2000 में इस राज्य के प्रतिव्यक्ति का उपभोग व्यय देश में 11वाँ और 591 रुपए के राष्ट्रीय औसत से 75 रुपए कम था। गरीबी का आलम यह है कि दुनिया के 8 फीसदी गरीब उत्तर प्रदेश में निवास करते हैं। हालाँकि अस्सी-नब्बे के दशक में राष्ट्रीय स्तर पर और देश के कई राज्य में गरीबों का प्रतिशत घटा पर उत्तर प्रदेश में यह संख्या बढ़ी है। पहले इस राज्य में देश के 17 फीसदी गरीब रहते थे पर अब यह संख्या बढ़कर 22 फीसदी हो गई है। यानी उत्तर प्रदेश में न फील गुड है न भारत उदय बल्कि जो लोग इसे उत्तम प्रदेश बनाने की बात कर रहे हैं वे औसत प्रदेश ही बना दें तो बड़ी बात।

उत्तर प्रदेश की इस स्थिति को देखकर यह साफतौर पर कहा जा सकता है कि पिछले डेढ़ दशक में राज्य की जनता गरीब, लाचार और कमजोर हुई है और उसके राजनेता अमीर, शक्तिशाली और संवेदनशून्य हुए हैं। अगर चुनाव के मौके पर साड़ी वितरण का कार्यक्रम गरीबों को रिश्वत देने का प्रयास है तो उससे पहले लखनऊ में अमीरों की महँगी शादियों में मुख्यमन्त्रियों और प्रधानमन्त्री का शामिल होना गरीबों को मुँह चिढ़ाने का प्रयास था। प्रदेश की जनता को चाहिए कि वह संवेदनशून्य नेताओं के हाथों में सिमटती जा रही अपनी व्यवस्था और विकास की बागडोर अपने हाथ में ले और ऐसे हालात बनाने के लिए आगे आए कि साड़ी वितरण के लिए बुलाकर न कोई गरीबों को मरने के लिए छोड़ पाए और न ही प्रदेश की मानवीय संवेदना का चीरहरण कर सके। लखनऊ की इस दुखद घटना से अगर यह सीख ली जा सके तो उन लाचार महिलाओं के लिए यह सबसे बड़ी श्रद्धांजलि होगी जिन्होंने लोकतन्त्र में लाज ढँकने के लिए अपनी जान गँवा दी।

हारता-जीतता हिन्दुत्व

हिन्दुत्व 'सामाजिक न्याय' का विरोध करने में जितना सक्रिय हो जाता है, उसका समर्थन करने के लिए भी उसी तेजी से पलटी खाता है। वह 'एनरॉन' और 'केंटकी' का विरोध कर स्वदेशी बन जाता है, फिर उन्हें मंजूरी दिलाकर विकास और उदारीकरण का समर्थक होने से भी नहीं चूकता। 'हिन्दुत्व' ऋण के सनातन धर्मशास्त्र यानी पितृऋण, देवऋण और गुरुऋण के सिद्धान्त के बजाय बाह्य ऋण के आधुनिक सिद्धान्तों से सहमत है। बहुत सम्भव है कि वह धर्म के सनातन ऋणशास्त्र की जगह पर ऋण का कोई धर्मशास्त्र भी बना डाले।

सांस्कृतिक राष्ट्रवादी होने का दावा करनेवाले 'हिन्दुत्व' को दुनिया के कथित सभ्य देशों की संस्कृति बेहद प्रिय है। उसे न तो उपभोक्तावाद से परेशानी है और न ही कामोत्तेजक नृत्य, संगीत और प्रदर्शनों से। 'हिन्दुत्व' पेप्सी, कोका कोला, फास्टफूड, केंटकी, शैम्पेन, वोदका, पोरनो, साइबरपोर्न, ब्लू फिल्म और कैबरे तक हजम करने को तैयार है। 'हिन्दुत्व' भ्रष्टाचार और छद्म धर्मनिरपेक्षता के विरुद्ध सत्य की आवाज है। लेकिन उसे मस्जिद तोड़ने और हवाला बाजार के जरिए आतंकवादियों को धन पहुँचाने में संकोच भी नहीं है। 'हिन्दुत्व' पश्चिमी राजनीतिक चिन्तन से अलग भारतीय समाज से जन्मी विचारधारा है। लेकिन वह राष्ट्रवाद के पश्चिमी सिद्धान्त यानी जातीय आधार पर राष्ट्रीयता निर्धारित करने पर जोर देता है। बल्कि इस मामले में वह पश्चिम से ज्यादा पश्चिमवादी है क्योंकि पश्चिम तो राष्ट्रवाद के पुराने सिद्धान्त को त्याग रहा है लेकिन हिन्दुत्व आज उसे ज्यादा मजबूती से पकड़े हुए है।

ऐसी भ्रमपूर्ण स्थिति में यह सवाल उठना स्वाभाविक है कि 'हिन्दुत्व' आखिर है क्या ? क्या वह एक समुदाय विशेष के प्रति नफरत पर आधारित राष्ट्र-राज्य की एक विचारधारा है ? क्या वह गुरु गोलवलकर, वीर सावरकर, स्वामी श्रद्धानन्द जैसे लोगों द्वारा व्याख्यायित वह विचारधारा है जिसके आधार पर हिन्दू राष्ट्र की कल्पना की गई है। या भारतीय संस्कृति के उदात्त मूल्यों का संकलन है जिसे आधुनिक दार्शनिकों ने हिन्दू धर्म की संज्ञा दे डाली है ? या हिन्दुत्व का हिन्दू धर्म से कोई वास्ता नहीं है ? या हिन्दुत्व हिन्दू धर्म नहीं है ? या हिन्दू धर्म की महानता और श्रेष्ठता के आगे हिन्दुत्व तुच्छ है ? या हिन्दू धर्म तो वह है जिसे गांधी मानते थे और हिन्दुत्व वह है जिसे सावरकर, हेडगेवार, गोलवलकर और आडवाणी व अशोक सिंघल मानते रहे हैं।

इन विविध रूपों के बीच 'हिन्दुत्व' अन्तर्विरोधी, तमाम दोगले, छद्म और छलपूर्ण विचारों की एक प्रेत छाया बन गया है। उसे इधर से पकड़ो तो उधर भाग जाता है। बहस के लिए ललकारो तो अन्तर्ध्यान हो जाता है। पर खामोश और निश्चिन्त हो जाओ तो वार करने लगता है। वह कई मुखों से बोलता है और कई हाथों से हमला करता है।

वह यथास्थिति का समर्थक और परिवर्तन का विरोधी है क्योंकि वह तो सनातन

है। लेकिन जब परिवर्तन अवश्यम्भावी हो जाता है तो वह उसका फायदा उठाने और उसकी भाषा बोलने से नहीं चूकता। 'हिन्दुत्ववादी' शक्तियों के आरक्षण पर दोगले आचरण को इसी अर्थ में समझा जा सकता है। केन्द्रीकृत शासन प्रणाली का समर्थन और फिर राज्यों के पुनर्गठन की वकालत उसी दोहरे चरित्र की परिचायक है। तो क्या इसी दोहरे, विरोधाभासी चरित्र और छल-छद्मवाली धारणाओं का नाम 'हिन्दुत्व' है ? क्या यही 'हिन्दुत्व' है जिसके सच पर सर्वोच्च न्यायालय ने मुहर लगाई है। क्या यही 'हिन्दुत्व' है जिसे सर्वोच्च न्यायालय के न्यायाधीशों ने भारतीयता या हिन्दू धर्म कहा है और जिस पर संकीर्णता के आरोप को खारिज कर दिया है ? क्या यह 'हिन्दुत्व' उतना ही उदार और विभिन्न धाराओं को समाहित करनेवाला है जितना कि भारतीय समाज रहा है या बताया जाता है।

दरअसल 'हिन्दुत्व' कोई धर्म-दर्शन नहीं है। वह एक राजनीतिक विचारधारा है। इसीलिए भारतीय जनता पार्टी के अध्यक्ष लालकृष्ण आडवाणी अयोध्या आन्दोलन को धार्मिक नहीं एक सांस्कृतिक और राजनीतिक आन्दोलन कहते हैं। राष्ट्रीय स्वयंसेवक संघ भी उसे सांस्कृतिक राष्ट्रवाद के ही परिप्रेक्ष्य में देखता है। यह विचारधारा उस अर्थ में है जिस अर्थ में पूँजीवाद एक विचारधारा है। न कि साम्यवादी या समाजवादी अर्थों में। डैनियल बेल जब 'एंड ऑफ आइडियोलॉजी' में विचारधाराओं के अन्त का दावा करते हैं तो वे उन्हीं को आइडियोलॉजी मानते हैं जिसमें सत्ता पर कब्जा करने और समाज को परिवर्तित करने की एक निश्चित योजना है। वे उस नजरिए को विचारधारा की संज्ञा नहीं देते जो इस तरह की किसी योजना से रहित है और समाज के स्वाभाविक विकास की समर्थक है। इसी सिलसिले में पूँजीवाद अपने को आइडियोलॉजी की परिभाषा के दायरे से मुक्त कर लेता है। वह अपने को मानव समाज का सहज और स्वाभाविक विकास बताता है। हालाँकि इस स्वाभाविकता को बनाए रखने के लिए तमाम क्रूर और कृत्रिम प्रयास किए जाते हैं।

इसी तरह 'हिन्दुत्व' भी अपने सहज, स्वाभाविक और नैसर्गिक होने का दावा करता है। वह अपने राष्ट्रवाद को भौगोलिक, सांस्कृतिक और धार्मिक–सभी अर्थों में सहज और नैसर्गिक बताता है। लेकिन उसे बनाए रखने के लिए कई कृत्रिम प्रयास करता रहता है। 'हिन्दुत्व' भारतीय समाज के विविध मिथकों और प्रतीकों में से किसे उठाए उसका निर्णय वर्तमान में चल रही उसकी रणनीति और विचारधारा के तहत किया जाता है। क्योंकि वह साम्प्रदायिक सद्भाव फैलानेवाले भक्तिकाल के सन्त कवियों के प्रतीकों का इस्तेमाल सद्भाव के लिए नहीं करता।

'हिन्दुत्व' को हिन्दू धर्म और एक तरह भारतीय समाज की साझा संस्कृति से अलग करते हुए विनायक दामोदर सावरकर ने 1923 में सबसे पहले प्रकाशित अपनी पुस्तक 'हिन्दुत्व' में स्पष्ट किया है, "हिन्दुत्व सिर्फ एक शब्द नहीं बल्कि एक इतिहास है। यह धारणा गलत रही है कि यह हमारे धार्मिक और आध्यात्मिक इतिहास का ही हिस्सा है...यह अपने में सम्पूर्ण इतिहास है। हिन्दूवाद हिन्दुत्व का सिर्फ समानधर्मा है, उसका

अंश और उसका हिस्सा है। जब तक यह स्पष्ट नहीं किया जाता कि हिन्दुत्व का अर्थ क्या है तब तक हिन्दूवाद का अर्थ दुरूह और अस्पष्ट बना रहेगा।'' सावरकर हिन्दू धर्म और हिन्दुत्व के भेद को उस समय और स्पष्ट कर देते हैं जब वे सिखों और जैनियों के अलग धर्म का अस्तित्व स्वीकार करते हैं। वे सनातनियों की तरह सिख धर्म को हिन्दू धर्म का ही एक पन्थ मानने को तैयार नहीं होते। उनका कहना था, ''सिख हमारी हिदुत्व की परिभाषा के तहत हिन्दू है न कि किसी धार्मिक अर्थ में। धार्मिक रूप से वे उसी तरह सिख हैं जिस तरह जैन जैन हैं, लिंगायत लिंगायत और वैष्णव वैष्णव हैं। लेकिन हम सब जातीय, राष्ट्रीय और सांस्कृतिक तौर पर एक राज्य व्यवस्था और एक जाति हैं। भारतीय शब्द का अर्थ इंडियन से है और यह एक व्यापक सामान्यीकरण की अभिव्यक्ति देता है। पर इससे हम हिन्दुओं का जातीय एकता का बोध नहीं होता।''

'हिन्दुत्व' के आख्यान की यह प्रक्रिया दुधारी तलवार की तरह चलती है। एक तरफ वह 'हिन्दू' शब्द को धर्म दर्शन के सीमित दायरे से निकालकर आधुनिक राजनीतिक अर्थ प्रदान करती है तो दूसरी तरफ हिन्दू हो पाने की अर्हताओं को सीमित करती जाती है। सावरकर लिखते हैं, ''एक अमेरिकी भारत का नागरिक बन सकता है। अगर वह जरूरी आवश्यकताएँ पूरी करता है...तो वह भारतीय, हिन्दू, देशवासी या हमारा सहनागरिक भी हो सकता है। पर जब तक वह हमारे रक्त में समाहित हमारी संस्कृति और इतिहास को नहीं अपनाता...हमारी भूमि को न सिर्फ अपने प्रेम की बल्कि पूजा की भी भूमि नहीं समझता, वह हिन्दू नहीं बन सकता।'' अगर किसी को यहाँ यह साफ न हो पाए कि भारतीयता ही हिन्दुत्व नहीं है तो उसे माधवराव सदाशिवराव गोलवलकर की *बंच ऑफ थाट्स* देखकर और स्पष्ट हो जाना चाहिए। इस किताब का सबसे बड़ा अध्याय 'आन्तरिक खतरे' हैं। इसके तीन उपशीर्षक हैं–1. मुसलमान, 2. ईसाई और 3. कम्युनिस्ट।

लेकिन विरोधाभासों के बीच 'हिन्दुत्व' एक ऐसी विचारधारा बनती जा रही है जिसकी चौहद्दी उसके विरोधी खींच रहे हैं। एक अर्थ में यह 'हिन्दुत्व' की जीत है कि जिसके विरोधी उसे विचारधारा मानने को तैयार नहीं होते थे। आज वे उसके स्वरूप की व्याख्या पर सबसे ज्यादा जोर दे रहे हैं। बल्कि 'हिन्दुत्व' की विचारधारा का प्रामाणिक पाठ तो उसके विरोधी ही लिख रहे हैं। पर हिन्दुत्व अपना कोई चरित्र या वैचारिक आख्यान निश्चित नहीं करना चाहता। इसमें उसे सुविधा यह होती है कि जब वह राजनीतिक क्षेत्र में टिकने की स्थिति में नहीं होता तो सांस्कृतिक क्षेत्र में चला जाता है और जब वहाँ भी नहीं टिक पाता तो धार्मिक क्षेत्र में चला जाता है। फिर भी इन तीनों लोकों में विचरण करनेवाले इस 'हिन्दुत्व' की झलक उसके प्रवक्ता देते ही रहते हैं। कहा जाता है कि हिन्दुत्व सावरकर और गोलवलकर की परिभाषा से आगे निकल चुका है। बल्कि उसके राजनीतिक संगठन जनसंघ या भारतीय जनता पार्टी की सोच में न वह संकीर्णता है और न ही राष्ट्रवाद के बारे में वैसी कट्टरता है।

लेकिन समय-समय पर राजनीतिक संगठन के लोगों के मुँह से हिन्दुत्व के हृदय

की बात प्रकट हो ही जाती है। सुरुचि प्रकाशन से प्रकाशित 'पंडित दीनदयाल उपाध्याय विचार दर्शन' के पाँचवें खंड में इतिहास-सिद्ध सत्य से राष्ट्रीयता की पहचान कराई गई है—''देश में रहनेवाले लोगों के अन्तःकरण में अपनी मातृभूमि के प्रति असीम श्रद्धा की भावना का होना राष्ट्रीयता की पहली आवश्यकता है। उस श्रद्धाभाव के कारण ही हम अपने देश को मातृभूमि कहते हैं। शनैः शनैः राष्ट्र का एक इतिहास बनता जाता है। कुछ बातें राष्ट्रीय गौरव की, तो कुछ लज्जास्पद बन जाती हैं। गौरवास्पद बातों का स्मरण कर हम गौरव का अनुभव करते हैं और लज्जास्पद बातों से लज्जा। मोहम्मद गोरी और मुहम्मद गजनवी द्वारा भारत पर किए गए आक्रमणों का विचार करते समय स्वाभाविक रूप से हमारा चित्त व्यथित हो जाता है। पृथ्वीराज और अन्य देशभक्तों के बारे में आत्मीयता अनुभव होने लगती है।...हम महाराणा प्रताप, छत्रपति शिवाजी और गुरु गोविन्द सिंह का स्मरण करते हैं तो हमारा मस्तक उनके सम्मुख आदर और श्रद्धा से झुक जाता है। इसके विपरीत औरंगजेब, अल्लाउद्‌दीन, क्लाइव और डलहौजी का नाम आते ही मन में वह भाव जगता है जो विदेशी आक्रान्ताओं के प्रति स्वाभाविक्‌तः पैदा होना चाहिए।''

लेकिन राष्ट्रीयता के रासायनिक परीक्षण की यह प्रक्रिया आक्रान्ताओं पर ही नहीं खत्म होती। वह उन लोगों तक जाती है जिन्हें इतिहास धर्मनिरपेक्ष या सभी धर्मों का आदर करनेवाला शासक भी बताता रहा है। वे कहते हैं, ''किस समाज के राष्ट्रपुरुष एक ही हैं ? आपका राष्ट्रपुरुष कौन है ? महाराणा प्रताप या अकबर ? यह पूछने पर तुरन्त राणा प्रताप का चयन कौन-सा समाज करता है ? ऐसे नाना प्रश्नों का उत्तर अनिवार्यतः एक ही आता है कि ऐसा हिन्दू समाज ही है।''

हालाँकि 'हिन्दुत्व' के प्रवर्तक महात्मा गांधी को राष्ट्रपिता मानने को तैयार नहीं हैं। जबकि व्यापक भारतीय समाज इस राष्ट्र का संस्थापक उन्हें ही मानता है। हालाँकि 'हिन्दुत्व' अपने राष्ट्रवाद को जातीय समूहों पर आधारित यूरोप के राष्ट्रवाद से अलग बताता है लेकिन वह भी उसी तरह समान शत्रु और मित्र की पहचान और हिन्दू जाति और हिन्दू धर्म को राष्ट्र का आधार बताता है। दीनदयाल उपाध्याय हिन्दू राष्ट्र की अवधारणा को और स्पष्ट करते हुए कहते हैं, ''एक भूमि पर रहनेवाले किन्तु परस्पर विरोधी जीवन पद्धति एवं आशा-आकांक्षावाले लोगों की खिचड़ी 'राष्ट्र' संज्ञा की पात्र नहीं होती। कैसे भी विचार करें हिन्दुस्तान में हिन्दुत्व ही राष्ट्रीयत्व है। यूरोपीय राष्ट्रीयत्व की तुलना में अपना राष्ट्रीयत्व हिन्दू समाज सिद्ध करे इसकी कोई आवश्यकता नहीं। उसका राष्ट्रीयत्व स्वयंसिद्ध है।''

दीनदयाल उपाध्याय जी इस राष्ट्रीयत्व को कायम करने के मार्ग में आनेवाली समस्याओं को हल करने का तरीका सुझाते हैं, ''एक ही मार्ग है। जब तक मुसलमानों का राजनीतिक पराभव नहीं होता तब तक इसका हल नहीं हो सकेगा। ऐसे राजनीतिक पराभव के बाद ही मुसलमानों को अपने में घुला-मिला लेना सम्भव होगा।'' (पुणे 1955)

जाहिर सी बात है संघ परिवार के 'हिन्दुत्व' अभियान का उद्‌देश्य वही राजनीतिक

पराभव है। लालकृष्ण आडवाणी ने उसी राजनीतिक पराभव के लिए रथयात्रा की। छह दिसम्बर 1992 को बाबरी मस्जिद भी उसी पराभव को यथार्थ रूप देने के लिए तोड़ी गई थी। बाद में विश्व हिन्दू परिषद के नेता अशोक सिंघल ने कहा भी कि हमने बदला पूरा कर लिया। दरअसल 'हिन्दुत्व' का सारा जोर मध्यकालीन इतिहास में राष्ट्रीयता के शत्रुओं की तलाश और उन्हें अपने किसी मिथकीय नायक या ऐतिहासिक नायक से भिड़ा देने में है। उनका मानना है कि इसी भिड़न्त में विजातीय राष्ट्रीयता के विष का अन्त होगा और सच्ची राष्ट्रीयता की भावना विकसित होगी। इस भिड़न्त में वे कालक्रम का भी ध्यान नहीं रखते।

सवाल उठता है कि क्या भारतीय समाज उसी तरह की विजातीय राष्ट्रीयता तलाश कर उनसे युद्ध करता रहा है। अगर ऐसा ही रहा है तो उसका यह दावा कहाँ ठहरता है कि उसने बाहर से आई विभिन्न जातियों शक, हूण, कुषाण, मुगल, अफगान, पठान, चीनी, मंगोलियाई सभी को अपने भीतर पचा लिया और इस्लाम, पारसी जैसे बाहरी धर्मों को भी अपने भीतर स्थान दिया। निश्चित रूप से भारतीय समाज या अन्य लोगों के शब्दों में हिन्दू समाज की बहुचर्चित 'उदारता' वह करने की छूट नहीं देती जो 'हिन्दुत्व' कर रहा है।

इसलिए सर्वोच्च न्यायालय ने बाल ठाकरे बनाम प्रभाकर काशीनाथ कुंटे और रमेश यशवन्त प्रभु के मुकदमे में 'हिन्दुत्व' और 'हिन्दुइज्म' को एक में मिलाकर भारी भ्रम पैदा किया है। 'हिन्दुइज्म' एक धर्म-दर्शन है और जो सत्ता-आरोपित मत नहीं है, बल्कि उस दर्शन में एक तरह का लोकतन्त्र भी है। यानी विभिन्न मत-मतान्तर के प्रति एक गुंजाइश होने का भी दावा है। अगर हिन्दू धर्म को श्रेष्ठता साबित करनी है तो उसे आधुनिक काल में न तो गांधी जैसा इतिहासपुरुष मिलेगा और न ही मिथकीय। इसलिए उनकी हिन्दू धर्म की एक पंक्ति की परिभाषा उसे महत्ता प्रदान करने के लिए काफी है। वे कहते हैं, ''अगर मुझे हिन्दू धर्म की व्याख्या करने को कहा जाए तो मैं सिर्फ इतना की कहूँगा–अहिंसात्मक साधनों द्वारा सत्य की खोज।''

''सत्य की अथक खोज का ही दूसरा नाम हिन्दू धर्म है।'' क्या संघ परिवार का हिन्दुत्व इसी व्याख्या के तहत है। नहीं, बिलकुल नहीं। अगर गांधी की व्याख्या की तर्ज पर 'हिन्दुत्व' की व्याख्या करने को कहा जाए तो कहना पड़ेगा कि, ''संघ परिवारवालों के लिए हिन्दुत्व का मतलब है–विद्वेष और हिंसा के माध्यम से शत्रुता की खोज।'' इस सिलसिले में सर्वोच्च न्यायालय के न्यायमूर्ति वर्मा बाल ठाकरे के मामले में कहते हैं कि, 'हिन्दुत्व शब्द का अपने आप में मतलब हमेशा हिन्दू धर्म नहीं होता। यह तो सन्दर्भ और इसके इस्तेमाल का तरीका है जो किसी पाठ विशेष में इसका अर्थ तय करता है।'

लेकिन ऐसा कहते हुए वे यह भूल जाते हैं कि साम्प्रदायिक आचरण न करनेवाले महात्मा गांधी, राधाकृष्णन, रामकृष्ण, विवेकानन्द और अरविन्द ने 'हिन्दुत्व' शब्द का प्रयोग नहीं किया है बल्कि वे 'हिन्दुइज्म' शब्द का प्रयोग करते हैं। धर्मशास्त्र का

इतिहास लिखनेवाले पी.वी. काणे भी हिन्दुत्व शब्द का इस्तेमाल नहीं करते। वे भी 'हिन्दुइज्म' शब्द का प्रयोग करते हैं। दिक्कत यहीं हुई है। संघ परिवार हिन्दू धर्म दर्शन, राजनीति और संस्कृति में जिस तरह घालमेल करता है उसी तरह का घालमेल सर्वोच्च न्यायालय ने भी किया है। हालाँकि उस मुकदमे में अदालत ने बाल ठाकरे को उत्तेजक भाषण देने के लिए डाँट पिलाई है और रमेश यशवन्त प्रभु की अपील नामंजूर करते हुए उनका विधानसभा में चुना जाना गैरकानूनी ही माना है। पर इस मामले में उसने 'हिन्दुत्व', 'हिन्दूवाद' और 'हिन्दू धर्म' की व्याख्या करके नया विवाद खड़ा किया है।

सर्वोच्च न्यायालय द्वारा 'हिन्दुत्व' और 'हिन्दुइज्म' को मिलाने पर दो ठोस आपत्तियाँ उठती हैं। पहली तो यह कि उसने 'हिन्दुत्व' की असलियत और इरादे को संविधान के सन्दर्भ में समझने की कोशिश नहीं की। दूसरी यह कि उसने हिन्दू धर्म की मनोहारी व्याख्या करने का जो प्रयास किया है उससे हिन्दू समाज की वर्ण-व्यवस्था, छुआछूत की समस्या और उसकी अन्य संकीर्णताओं पर पर्दा पड़ता है। सर्वोच्च न्यायालय को या तो हिन्दू धर्म की व्याख्या करने का प्रयास नहीं करना था या फिर उस व्याख्या में उस समाज के आलोचकों को भी शामिल करते हुए उसके सभी पक्षों को रखना था। उसे राधाकृष्णन और मोनियर विलियम्स के अलावा महात्मा ज्योतिबा राव फुले, डॉ. भीमराव अम्बेडकर, रामास्वामी नाडकर और डॉक्टर राममनोहर लोहिया की भी हिन्दू समाज और उसके दर्शन सम्बन्धी टिप्पणियों को शामिल करना चाहिए था। हिन्दू धर्म का अर्थ सिर्फ उनसे नहीं पूछा जाना चाहिए जो उस धर्म में पूज्य और विशेषाधिकार–सम्पन्न रहे हैं बल्कि इसका अर्थ उनसे भी पूछा जाना चाहिए जो उस धर्म में होते हुए भी उसमें नहीं थे। या जिसने उस धर्म के दर्शन से लेकर व्यावहारिक स्थिति तक अपमान ही झेला है।

एक लिहाज से देखा जाए तो सर्वोच्च न्यायालय ने उस फैसले में जहाँ चुनाव में धर्म के अनुचित इस्तेमाल पर रोक लगाने की कोशिश की है। वहीं उसका अनुचित इस्तेमाल करनेवालों का हौसला भी बुलन्द किया है। यानी उसने अपने 'स्टेयर डिसाइसिस' को 'आबीडर डिक्टा' से खारिज कर दिया। लेकिन न्यायमूर्ति वर्मा ने कुलतार सिंह बनाम मुख्तियार के मुकदमे का हवाला देते हुए यह भी कहा है, ''सब जानते हैं कि इस देश में कुछ पार्टियाँ हैं जो अलग-अलग राजनीतिक और आर्थिक विचारधाराओं को मानती हैं लेकिन उनकी सदस्यता या तो किसी विशेष समुदाय या धार्मिक समुदाय तक सीमित है या उनका बोलबाला है। जब तक कानून ऐसी पार्टियों पर पाबन्दी नहीं लगाता बल्कि उन्हें चुनाव और संसदीय प्रक्रिया में भाग लेने के लिए मान्यता देता है तब तक यह याद रखना जरूरी है कि ऐसी पार्टियों के उम्मीदवारों की अपील धर्म, जाति, नस्ल, समुदाय और भाषा के असर और प्रभाववाली मानी जाती है।''

इसलिए उन्होंने सचेत किया है कि, ''इस मामले में अदालतों में अपील में इस्तेमाल किए गए शब्दों के अर्थ में उचित और विवेकसम्मत से ज्यादा कुछ पढ़ने की कोशिश नहीं करनी चाहिए।'' यानी जब तक अकाली दल और मुस्लिम लीग जैसी पार्टियाँ हैं

तब तक धर्म का चुनाव में दुरुपयोग होता रहेगा। बस उस पर सीमित रोक भी लगाई जाती रहेगी। क्या उनकी यह व्याख्या भारतीय जनता पार्टी पर भी लागू होती है। अगर 'हिन्दुत्व' को भारतीय बतानेवाली उनकी व्याख्या न होती तो अकाली दल और मुस्लिम लीग की तरह भाजपा पर भी लागू होती। लेकिन उन्होंने तो हिन्दुत्व को भारतीयता बता दिया है। इसलिए वह उनके लिहाज से न तो राजनीतिक रूप से संकीर्णता की परिभाषा में आता है, न ही धार्मिक रूप से। बहुत सम्भव है सर्वोच्च न्यायालय की यह व्याख्या कोई बड़ी पीठ जल्दी ही किसी फैसले में पलट भी दे। लेकिन फिलहाल 'हिन्दुत्व' को भारतीयता बताकर अदालत ने उन लोगों का हौसला बढ़ा दिया जो हिन्दू समाज को कट्टरता का पाठ पढ़ाने में लगे हैं।

इसका मतलब यह नहीं है कि हिन्दू धर्म सर्वश्रेष्ठ है और उसे शुद्ध रूप से स्वीकार कर लेने पर सामाजिक भेदभाव–विषमता और वैमनस्यता दूर हो जाएगी। इस सिलसिले में यह माननेवाले 'हिन्दुत्व' की शक्तियों की ही मदद करते हैं कि हमारा धर्म दुनिया का सर्वश्रेष्ठ है और लोकतन्त्र के सारे सिद्धान्त और मौलिक अधिकार उसी से निकले हैं। ऐसा कहनेवाले यह भूल जाते हैं कि उसी के भीतर से क्रूर वर्ण-व्यवस्था निकली है और उसी से वर्चस्ववाद भी। उसी से संघ परिवार भी निकला है। इसका मतलब यह नहीं कि हिन्दू दर्शन की महान उपलब्धियों और उसमें जन्म लेनेवाले सन्त-महात्माओं का कोई महत्त्व नहीं है। लेकिन उसमें कथनी और करनी का भारी अन्तर भी रहा है। वहाँ 'यथा पिंडे तथा ब्रह्मांडे' और 'ब्रह्म सत्यम जगत मिथ्या' की अवधारणा रही है तो मानव समाज में ही भारी भेदभाव रहा है। उसमें जन्मजात और जातिगत श्रेष्ठता के भाव ने नकारात्मक भूमिका निभाई है। उसने एक तरफ समाज की बहुसंख्यक प्रतिभाओं को कुंठित किया और दूसरी तरफ समाज को गुलामी की जंजीरों में भी जकड़ा। 'ब्रह्म सत्यम जगत मिथ्या' के अद्वैतवादी दर्शन के महान भाष्यकार शंकराचार्य से जब वर्ण-व्यवस्था के भेदभावपूर्ण सम्बन्धों के बारे में पूछा गया तो उनका जवाब था, 'अनिर्वचनीय'।

इसलिए आज हिन्दू धर्म को अगर किसी अभियान, रथयात्रा या तीर्थयात्रा की जरूरत है तो वह है कथनी और करनी का भेद मिटाने की आध्यात्मिक और सामाजिक यात्रा की। लेकिन 'हिन्दुत्व' की सभी यात्राएँ उसके विपरीत दिशा में हो रही हैं। वह समानता, स्वतन्त्रता और बन्धुत्व के लोकतान्त्रिक सिद्धान्तों को आत्मसात करने की बजाय असमानता, असन्तुलन और गरीबी बढ़ानेवाले अन्तर्राष्ट्रीय पूँजीवाद से समझौता कर रहा है। क्या पूँजीवाद का दूसरा चरण अपनी मूल्यविहीनता की वजह से उसे इतना रास आ रहा है ? या हिन्दू समाज का असमानतावाला ढाँचा पूँजीवाद को ज्यादा अनुकूल लग रहा है ? 'हिन्दुत्व' और ग्लोबीकरण के रिश्ते तो शोध का विषय हैं। पर वह इस तरह के गठजोड़ों से ताकत जरूर हासिल करेगा। लेकिन जब ग्लोबीकरण की मौजूदा अवधारणा का अनर्थकारी चरित्र सामने आएगा तो क्या संघ परिवार काली टोपी के नीचे से स्वदेशी विचारधारा निकाल पाएगा ?

अन्त में 'हिन्दुत्व' और उससे लड़नेवालों से यह कहना जरूरी है कि यह लड़ाई अदालत में हल होनेवाली नहीं है। भले ही वह कभी-कभी अदालत तक पहुँच जाती है।

जो दिखता है वह है नहीं

प्रधानमन्त्री अटल बिहारी वाजपेयी को अपने नेतृत्व और राष्ट्रीय जनतान्त्रिक गठबन्धन को लेकर बड़ा नाज है। वे गठबन्धन और उससे जुड़े मुद्दों पर कांग्रेस को लगातार धिक्कार और ललकार रहे हैं। पर क्या उनका गठबन्धन सचमुच वैसा है जैसा वे दावा कर रहे हैं ? रातोंरात मुद्दे, दोस्त और रँग बदलनेवाला गठबन्धन कब पुराने एजेंडे को छोड़कर नया पकड़ ले कुछ कहा नहीं जा सकता। गठबन्धन का विस्तार भी किसी ठोस काम की बजाय एजेंडे छोड़ने और पकड़ने की कला के कारण हुआ है। इसलिए छल और छद्म की कला में माहिर संघ परिवार के इस गठबन्धन की वास्तविकता पहचानना जरूरी है। गठबन्धन की केन्द्रीय शक्ति भारतीय जनता पार्टी की छवि में पिछले दो-तीन वर्षों में असाधारण रूप से परिवर्तन हुआ है। यहाँ हम परिवर्तन को 'सुधार' कहें तो ज्यादा उपयुक्त होगा। सम्भवतः सुधार शब्द पर भाजपा के नेताओं को आपत्ति भी नहीं होगी, क्योंकि लालकृष्ण आडवाणी ने स्वयं कहा है, 'भाजपा जब 1996 में सत्ता में आई तो उसकी छवि अल्पसंख्यक विरोधी थी। वह छवि इतनी गहरी थी कि उसे समर्थन देने के लिए कोई छोटी पार्टी भी आगे नहीं आई। 1998 में भाजपा ने कई पार्टियों से गठजोड़ कर चुनाव लड़ा। बाद में उन्हीं के साथ सरकार बनाई। तब भी उसे साम्प्रदायिक और अल्पसंख्यकों के साथ भेदभाववाली पार्टी कहा जाता था। लेकिन 13 महीने के शासन के बाद उसकी छवि बिलकुल बदल चुकी है। आज उसे एक धर्मनिरपेक्ष पार्टी के रूप में स्वीकार किया जा चुका है।'

निश्चित तौर पर यह बयान भाजपा के एक चतुर राजनेता का है जो पार्टी की छवि सुधारने के लिए दिया गया है। पर दिलचस्प बात यह है कि इस तरह के बयान को सही माननेवालों और देनेवालों की संख्या बढ़ रही है। उनमें सभी भाजपाई ही नहीं, कई निष्पक्ष और धर्मनिरपेक्ष लोग भी हैं। अगर लोग खुलकर नहीं कहते तो छिपकर और हँसी-मजाक में कहते हैं और जनतान्त्रिक प्रणाली में छिपकर मत व्यक्त करने की ताकत कम नहीं है।

आज ऐसा माननेवालों की संख्या बढ़ रही है कि भारतीय जनता पार्टी की साम्प्रदायिकता को राष्ट्रीय जनतान्त्रिक गठबन्धन के भीतर तेलुगु देशम्, द्रमुक, अकाली दल, जनता दल (एकीकृत) और तृणमूल कांग्रेस जैसी धर्मनिरपेक्ष पार्टियों ने घेर लिया है। चूँकि राजग ने अपने घोषणापत्र में अयोध्या, अनुच्छेद 370 और समान नागरिक

संहिता जैसे विवादास्पद मुद्दों को छोड़ दिया है इसलिए उसको साम्प्रदायिक बताकर खारिज करने का कोई औचित्य नहीं बनता। ऐसा कहने और माननेवाले वे लोग भी हैं जिनकी पृष्ठभूमि समाजवादी, साम्यवादी या गांधीवादी रही है या जो कभी साम्प्रदायिक नहीं रहे हैं। कई समाजवादियों का तो यह भी कहना है कि फासीवाद और साम्प्रदायिकता का खतरा बतानेवाले झूठे ही भेड़िया आने का शोर मचा रहे हैं। दरअसल अटल बिहारी वाजपेयी के नेतृत्व में संघ परिवार की उदार प्रवृत्तियाँ उभर रही हैं और वे बिखरी तीसरी शक्ति के उदार और धर्मनिरपेक्ष समूहों के साथ मिलकर एक अनुदार राजनीतिक धारा का निर्माण कर रही है। यह सोच व्यापक हो रहा है और इसका प्रमाण तमाम जनमत संग्रहों से मिलता जा रहा है। यह सोच उदारमना छविवाले नेता अटल बिहारी वाजपेयी की वजह से व्यापक हुआ है या इस सोच पर निर्भर रहने की मजबूरी की वजह से अटल बिहारी वाजपेयी की छवि बड़ी हुई है, यह शोध का विषय हो सकता है।

ऐसी परिस्थिति में क्या किया जाए ? क्या प्रत्यक्षतः दिखनेवाली इन स्थितियों को ही सच मानकर देश को राष्ट्रीय जनतान्त्रिक गठबन्धन के हाथों में सुरक्षित माना जाए ? क्या तेज-तर्रार दलित नेता रामविलास पासवान की तरह यह मान लिया जाए कि 'हमें नहीं पता कि भारतीय जनता पार्टी के एजेंडे पर क्या था। पर आज राष्ट्रीय जनतान्त्रिक गठबन्धन के एजेंडे पर कुछ भी साम्प्रदायिक नहीं है। उसका घोषणापत्र वैसा ही है जैसा कांग्रेस का है।' या फिर प्रतिबद्ध वामपंथियों की तरह यह माना जाए कि राजग का असली एजेंडा गुप्त है और वह फासीवाद ही है ? जिस तरह यूरोप में सोशल डेमोक्रेटों ने फासीवाद का साथ दिया उसी तरह यहाँ भी दे रहे हैं।

यह सचमुच धर्मसंकट की स्थिति है। ऐसे समय में जब बड़े-बड़े बुद्धिजीवी और राजनीतिक बहे जा रहे हैं तो सामान्य जनों की क्या हैसियत है। इसीलिए यह चुनाव मतदाताओं से ज्यादा विवेकशील और विश्लेषणपरक होने की माँग करता है। प्रत्यक्षतः जो दिख रहा है उसे सच मानने के बजाय उसके आगे-पीछे भी देखने का प्रयास करना चाहिए। सुधरी छवि लेकर घूमनेवालों के अतीत में भी झाँकने की कोशिश करनी चाहिए। किसी पार्टी या राजनीतिक संगठन की छवि का आकलन करने के लिए छह महीने या 13 महीने का समय बहुत कम है। उसके लिए एक दशक नहीं तो कम-से-कम पाँच साल की अवधि तो तय ही की जानी चाहिए, हालाँकि भाजपा खुद जन्म से मूल्यांकन पर जोर देती है (चाहे सोनिया गांधी का मामला हो या अल्पसंख्यकों का)।

राजनीतिक विश्लेषक भाजपा से राष्ट्रीय जनतान्त्रिक गठबन्धन तक की यात्रा को राजनीतिक विकास यात्रा कह सकते हैं। पर इसी विकास यात्रा में छिपा है उसका असली चरित्र, जो समय-समय पर प्रकट होता रहा है। भाजपा के मूल संगठन ने उस चरित्र में न तो परिवर्तन का कोई गोपनीय संकल्प किया है और न ही उसे कहीं स्पष्ट तरीके से प्रकट किया है।

दरअसल राष्ट्रीय जनतान्त्रिक गठबन्धन एक बहुआयामी छद्म है। वह जो दिखता

है वह है नहीं और जो है वह या तो कभी-कभी दिखता है या फिर नग्न आँखों से नहीं दिखता। उसका जो नेता है वह वास्तविक नेता नहीं है और जो वास्तविक नेता है वह कभी राजनीतिक रूप से सामने नहीं आता। वह जो कहता है वह वास्तव में करना नहीं चाहता और जो करना चाहता है उसे स्पष्ट शब्दों में स्वीकार नहीं करता। वह जनतान्त्रिक होने का दावा करता है पर अभी हाल में कारगिल संकट के दौरान संघ के बुद्धिजीवियों ने आपातकाल लागू करने और परमाणु युद्ध छेड़ने की खुलेआम माँग की। कारगिल संकट के बाद न सिर्फ भारतीय समाज की मानसिकता का सैन्यीकरण किया जा रहा है बल्कि भारतीय राज्य और राजनीतिक दलों का सैन्यीकरण करने का भी प्रयास जारी है। करनाल में वाजपेयी की जनसभा में तीनों सेनाध्यक्षों के चित्र इसी दिशा की तरफ संकेत करते हैं। राजनीतिक दलों में जानकारी देने के लिए सैनिक अधिकारियों को बुलाया जाना इसी प्रक्रिया का हिस्सा है। इसी प्रक्रिया का दूसरा पहलू सेना का राजनीतिकरण और साम्प्रदायीकरण है। राष्ट्रीय जनतान्त्रिक गठबन्धन ने अपने घोषणापत्र में संविधान समीक्षा का वादा किया है। प्रत्यक्षतः इसका उद्‌देश्य राजनीतिक स्थिरता कायम करना है। पर संघ परिवार इस सुनहरे मौके का इस्तेमाल हिन्दू राष्ट्र की स्थापना की दिशा में नहीं करेगा, इसकी क्या गारंटी है ? क्या वह इतना भोला संगठन है ?

भाजपा की गठबन्धन सरकार साम्प्रदायिक सद्‌भाव और धर्मनिरपेक्षता के लिए कितनी समर्पित रही है इसे परखने के लिए उसके आस-पास के राजनीतिक दलों या राजग के घोषणा-पत्र को देखने में काम नहीं चलेगा। पर उसके लिए बहुत दूर जाने की भी जरूरत नहीं है। भाजपा के चरित्र को समझने के लिए इस सदी के आखिरी दशक पर निगाह डालना काफी होगी। संघ और विहिप के एजेंडे से खिसककर किस तरह मुद्‌दे भाजपा के एजेंडे पर आ जाते हैं, मन्दिर आन्दोलन इसका प्रमाण है। पर उतनी दूर भी जाने की जरूरत नहीं है। भाजपा गठबन्धन के पिछले 13 महीनों के शासन पर गौर करें तो स्थिति साफ हो जाएगी। इस दौरान न सिर्फ गुजरात और उड़ीसा के आदिवासी-ईसाई समुदाय पर अत्याचार हुए हैं, बल्कि केन्द्र सरकार के स्तर पर पहले उसे सही ठहराने और बाद में उस पर लीपापोती की कोशिश हुई है। भाजपा अगर धर्मनिरपेक्ष हो गई है तो उसने श्रीकृष्ण आयोग के दोषियों पर कार्रवाई क्यों नहीं की ? वास्तविकता यह है कि भाजपा की धर्मनिरपेक्षता इस देश की लोकतान्त्रिक व्यवस्था पर एहसान के तौर पर है। वह कभी-कभी प्रकट होती है और उसके बदले में अतिरिक्त कृतज्ञता की माँग करती है। धर्मनिरपेक्षता उसकी सहज प्रवृत्ति नहीं है इसीलिए इस एहसान के साथ उसे वापस लेने की धमकी भी जुड़ी रहती है।

भाजपा के आर्थिक राष्ट्रवाद की असलियत उसके अपने सहयोगी संगठन स्वदेशी जागरण मंच और भारतीय मजदूर संघ बार-बार उजागर कर चुके हैं। उन्होंने वाजपेयी के लिए इतनी कठोर बातें कही हैं जितनी किसी वामपन्थी संगठन ने भी नहीं कहीं।

1999-2000 के बजट से पहले दिए गए उनके बयान गौरतलब हैं। उन्हीं बयानों में यह भी प्रकट होता है कि वाजपेयी अपने परिवार में सचमुच कितने ताकतवर हैं। वाजपेयी को नाकारा बतानेवाले संघ परिवार के उन्हीं लोगों ने अप्रैल में सरकार गिरने के बाद वाजपेयी के नेतृत्व को बदलने का प्रयास भी किया था।

पर आज सब कुछ शान्त और सुचारू रूप से चल रहा है। न संघ परिवार और वाजपेयी में कोई अन्तर्विरोध सामने आ रहा है और न समाजवादी जॉर्ज फर्नांडीज और हिन्दुत्ववादी रथयात्री लालकृष्ण आडवाणी में। मंडलवादी शरद यादव और दलित नेता रामविलास पासवान और मंडल और अम्बेडकर के प्रचंड विरोधी अरुण शौरी में भी कोई आपसी विरोध नहीं है। इतने आदर्श और सहज गठबन्धन से तो संघ के लोग भी हतप्रभ हैं। ऐसा किसी बेहद छद्म गठबन्धन में सम्भव है। हालाँकि इससे दुखी संघ के कुछ लोग जनता दल (एकीकृत) को लक्षित करते हुए कहते हैं कि सत्ता के लिए सिद्धान्त से इतना तो नहीं गिरना चाहिए था। वर्ण-व्यवस्था को समाप्त करने के लिए कटिबद्ध होने का दावा करनेवाले शरद यादव और पासवान को शायद यह भी नहीं मालूम होगा कि संघ के किसी नेता ने वर्ण-व्यवस्था के खिलाफ आज तक बयान नहीं दिया है। न ही भाजपा के नेता देते हैं।

यह गठबन्धन इसलिए कृत्रिम और छद्म से भरा है कि इसमें विभिन्न विचारधाराओं से आए लोगों की सहज नोक-झोंक भी नहीं दिखाई दे रही है। गठबन्धनों की संघर्ष और समान विचारधारा की कोई पृष्ठभूमि होती है और आगे के लिए कोई साझा स्वप्न और उद्देश्य होते हैं। अगर यह सब नहीं होता तो गठबन्धन अवसरवाद, स्वार्थ और गहरे छद्म पर आधारित होता है। आज तक जितने भी गठबन्धन बने उनमें अन्तर्विरोध तो थे पर इतना गहरा छद्म नहीं था। जनता पार्टी लोकतन्त्र के लिए चलाए गए एक बड़े आन्दोलन से निकली थी। उसके पीछे जयप्रकाश नारायण का विराट व्यक्तित्व था। राष्ट्रीय मोर्चा विश्वनाथ प्रताप सिंह के भ्रष्टाचार विरोधी आन्दोलन से प्रकट हुआ था और उसके पीछे क्षेत्रीय शक्तियों की राष्ट्रीय अभिव्यक्ति का आन्दोलन भी था। वाम मोर्चा भी जहाँ है वहाँ एक समतामूलक समाज को बनाने का लक्ष्य रखे हुए हैं। पर स्वाभिमानी और समृद्ध भारत के निर्माण का दावा करनेवाला यह गठबन्धन राष्ट्रीय स्वयंसेवक संघ और उसके सहयोगी संगठनों के हिन्दुत्व आन्दोलन से प्रकट हुआ है। उसने गैरकांग्रेसवाद के मन्त्र का जाप करते हुए समाजवादी और क्षेत्रीय शक्तियों से सत्ता की सौदेबाजी की है। यह सब संघ परिवार की दैहिक और मनोवैज्ञानिक विकृतियों को ढँकने और उसके दुष्कर्मों को धोने के लिए है।

संगठन, विचारधारा, नेतृत्व और कार्यक्रम जैसे मोर्चों पर राजग में छल की परत दर परत हैं। आडवाणी भले ही इसे एक सकारात्मक गठबन्धन कहें पर यह भारतीय राजनीति के पिछले 50 साल का सबसे ज्यादा छल और छद्मपूर्ण गठबन्धन है। इसलिए इसे राष्ट्रीय जनतान्त्रिक की बजाय राष्ट्रीय छलतान्त्रिक गठबन्धन कहना ज्यादा

उपयुक्त होगा। यह ऐसा कारोबार है जिसके सामने देशी घी की छौंक में स्वादिष्ट पकवान सजे हुए हैं और पीछे मादक द्रव्यों का धन्धा चल रहा है।

साम्प्रदायिकता से कैसे लड़ें समाजवादी

यह सवाल इस तरह भी पूछा जाना चाहिए कि साम्प्रदायिकता से कैसे बचें समाजवादी ? पर सवाल सिर्फ बचने का ही नहीं लड़ने का भी है। हालाँकि बचेंगे नहीं तो लड़ेंगे कैसे और लड़ेंगे नहीं तो बचेंगे कैसे ? समाजवाद इस सवाल से कोई एक दशक से ही लड़ रहा है। उससे पहले वह कांग्रेस से कैसे लड़ें और कांग्रेस से कैसे बचें इस बारे में ज्यादा सोचता था। समाजवाद के लिए उससे कम महत्त्वपूर्ण सवाल यह नहीं है कि वह आत्मा और शरीर यानी विचार और संगठन में कैसे तालमेल बिठाए और उसका संगठन जहाँ भी जितना बचा है उसे टूटने से कैसे बचाए।

यह चर्चा सिर्फ समाजवादी पार्टी के अध्यक्ष मुलायम सिंह के हाल के हतप्रभ कर देनेवाले रवैए के सन्दर्भ में नहीं छेड़ी गई है। पर उसकी वजह से जरूर शुरू की गई है। अगर लोहिया की शब्दावली का प्रयोग करते हुए कहें तो मुलायम सिंह को 'ज्ञानहीन कर्म' की संज्ञा दी जा सकती है। वे कर्मवीर या कर्मयोद्धा हैं और उन्हें कांग्रेस और भाजपा से समान दूरी बनाने का ज्ञान जरूर किसी दाढ़ीवाले बाबा ने दिया होगा। उनके कुछ बुद्धिजीवी सलाहकारों, कुछ वरिष्ठ राजनीतिक मित्रों और कुछ भाजपा द्वारा भेजे गए लोगों ने समझा दिया होगा कि साम्प्रदायिकता से इस तरह मत लड़ो कि खुद ही साफ हो जाओ या साम्प्रदायिक़ता पूरी तरह साफ हो जाए। क्योंकि खुद साफ हो गए तो आगे क्या करोगे और अगर साम्प्रदायिकता साफ हो गई तो किससे लड़ोगे। इसलिए पहले खुद को बचाओ और खुद को बचाना है तो साम्प्रदायिकता को भी बचाओ। मुलायम ने कांग्रेस की सरकार न बनने देने के लिए जो अड़ंगा लगाया वह सैद्धान्तिक वजहों से तो नहीं ही लगाया। हालाँकि उसका सैद्धान्तिक आधार अब ढूँढ़ा जा रहा है। जो लोग साझा सरकार या कांग्रेस की अल्पमत सरकार के बाहरी समर्थन में भारी अन्तर्विरोध बता रहे हैं उनसे पूछा जाना चाहिए कि एकात्मकता के सिद्धान्त में विश्वास करनेवाली भाजपा कैसे क्षेत्रीय दलों को साधना सीख गई। जबकि राष्ट्रीय मोर्चा और संयुक्त मोर्चा बनानेवाली पार्टियाँ इसे भूल गईं। जाहिर सी बात है कि वस्तुस्थिति को न समझने में कांग्रेस का भी दोष है। पर यहाँ हम समाजवादियों के दोष पर चर्चा कर रहे हैं।

आखिर क्या वजह है कि समाजवादी अक्सर संघ परिवार के चंगुल में फँस जाते हैं और संघ परिवार के लोग उनका इस्तेमाल कर लेते हैं। क्या वजह है जॉर्ज फर्नांडीज जैसे प्रखर समाजवादी भाजपा की डुगडुगी पर उछलकर नृत्य करते दिखाई देते हैं। इसकी एक साफ वजह है कि समाजवादियों का साम्प्रदायिकता से लड़ने का उतना प्रशिक्षण

नहीं रहा है जितना कांग्रेस से। इसीलिए वे साम्प्रदायिकता से लड़ते-लड़ते कांग्रेस से लड़ने लगते हैं। समाजवादियों के विमर्श में गैरकांग्रेसवाद का सिद्धान्त काफी गहरे पैठा हुआ है और इस संघर्ष में वे जनसंघ या भारतीय जनता पार्टी से सहयोग करते भी रहे हैं। लेकिन जब-जब यह सहयोग हुआ है तो जनसंघ या उसकी विरासत के दलों को फायदा हुआ है। 1967 में डॉ. लोहिया और दीनदयाल उपाध्याय के सहयोग की वजह से कांग्रेस की हार हुई और संविद सरकारें बनीं। लेकिन बाद में समाजवादी पार्टी (संसोपा) खत्म ही हो गई और जनसंघ की एक ताकत बनी रही। इसी तरह 1974 में भी सम्पूर्ण क्रान्ति आन्दोलन में जयप्रकाश नारायण ने संघ परिवार का सहयोग लिया और बाद में उनकी विरासत बिखर गई, जबकि जनसंघ से रूपान्तरित होकर भारतीय जनता पार्टी बनी और वह आज देश की सबसे बड़ी पार्टी बन बैठी। इसकी व्यावहारिक वजहें तो हैं ही पर सैद्धान्तिक वजहें भी हैं। समाजवादी विमर्श में कम्युनिस्ट विरोध मिल जाएगा, कांग्रेस विरोध मिल जाएगा। साम्राज्यवाद का विरोध मिल जाएगा और जाति व्यवस्था का विरोध भी मिल जाएगा। यह सब काफी बारीक, सटीक और मौलिक विश्लेषण के साथ मिलेगा। लेकिन साम्प्रदायिकता और धर्मनिरपेक्षता पर ज्यादा विमर्श नहीं मिलेगा। वह या तो उदार हिन्दू बनाम कट्टर हिन्दू के रूप में मिलेगा या कांग्रेस की दोषपूर्ण नीतियों के रूप में। इसकी एक वजह यह तो है ही कि उस दौर में बहुसंख्यक साम्प्रदायिकता का इतना बड़ा खतरा नहीं था। फिर वे यह भी मानते थे कि हिन्दू समाज को उदार बनाकर वे जाति व्यवस्था और हिंसा (साम्प्रदायिकता) से निपट लेंगे।

सड़सठ में राँची में साम्प्रदायिक दंगा होने के बाद डॉ. लोहिया वहाँ गए थे और उन्होंने 31 अगस्त को वहाँ जो भाषण दिया वह 'क्रूर हिंसा बनाम अहिंसा' पर केन्द्रित था। वह भाषण संगठित साम्प्रदायिकता पर कुछ कहने के बजाय मनुष्य के हृदय परिवर्तन और उसकी आध्यात्मिक उन्नति पर जोर देनेवाला था। इसी तरह आचार्य नरेन्द्र देव और जयप्रकाश नारायण का लेखन और व्याख्यान इस समस्या पर ज्यादा ध्यान नहीं देता। साम्प्रदायिकता सम्बन्धी समाजवादी विमर्श इस चिन्तन से प्रभावित है कि यह अंग्रेजों की 'फूट डालो और राज करो' नीति का परिणाम है। इसे 1939 में लिखी आचार्य नरेन्द्र देव, अच्युत पटवर्धन और अशोक मेहता की पुस्तक में देखा जा सकता है।

पर स्वाधीनता के बाद जो हिन्दू साम्प्रदायिकता उभरी है उसे समझने में समाजवादी विमर्श नाकाम रहा है। वह लम्बे समय तक उसे कांग्रेस की नीतियों का परिणाम मानता रहा है। पर अपने बगल में चल रहे 'हिन्दू साम्प्रदायिकता के उस जिन्न' को नहीं देख पाया जिसके बारे में पत्रकार गिरिलाल जैन कहते कि, 'वह उठने को तैयार ही नहीं।' बल्कि साम्प्रदायिकता विमर्श ने समाजवादी विमर्श से काफी कुछ फायदा उठाया। समाजवादियों की भारतीयता की सारी अवधारणा संघी 'चुरा' ले गए और उनके हिस्से

बचा सिर्फ जाति विरोधी आन्दोलन जो बाद में विकृत होकर जातिवाद के रूप में रह गया। डॉ. लोहिया के बारे में जब संघी नेता यह कहते हैं कि उनकी सांस्कृतिक नीतियाँ संघ की नीतियों से मिलती थीं और आर्थिक नीतियाँ कम्युनिस्टों से तो पता चलता है कि घुन कहाँ लगा हुआ था।

हालाँकि सन् 1988-89 के दौरान हिन्दू साम्प्रदायिकता के प्रचंड उभार का मुकाबला आरक्षण या मंडलवाद के समाजवादी अस्त्र से ही किया गया। उसने साम्प्रदायिकता को एक हद तक रोका भी। पर मुलायम सिंह यादव ने वहाँ 'मंडल विरोधी' चन्द्रशेखर का साथ देकर मंडल के आधार पर बनी व्यापक एकजुटता तोड़ दी। यहाँ यह गौरतलब है कि उन्होंने तब अपनी सरकार बचाने के लिए कांग्रेस की मदद ली। मुलायम ने 1992 में अयोध्या में बाबरी मस्जिद टूटने के बाद पिछड़ा और दलित एकता बनाकर ऐतिहासिक कार्य किया था। वह ऐसा काम था जिसे डॉ. लोहिया और डॉ. अम्बेडकर करना चाहते थे पर अपनी जीवन में नहीं कर सके थे। लेकिन उन्होंने इस गठजोड़ को इतने असभ्य और फूहड़ तरीके से तोड़ा कि वह दोबारा जुड़ने लायक ही नहीं रहा। उन्होंने तीसरी बड़ी गलती भाजपा के नेतृत्ववाली गठबन्धन सरकार गिराने के बाद कांग्रेस की सरकार के गठन को रोककर की। भले ही इसे चुनाव की कठिन परीक्षा कहा जाए पर इससे मुलायम के असली मकसद को नुकसान हुआ है।

मुलायम अब कुछ भी कहें या करें भाजपा ने उनका इस्तेमाल कर लिया है। यह ठीक है कि उनके समान दूरी के सिद्धान्त और चन्द्रबाबू नायडू के सिद्धान्त में समान दूरी है पर अन्ततः वह भाजपा को ही लाभ पहुँचाएगा।

लेकिन यहाँ सवाल किसी एक व्यक्ति के संघ परिवार द्वारा इस्तेमाल होने का नहीं है। क्योंकि व्यक्ति के रूप में पूर्व प्रधानमन्त्री चन्द्रशेखर अक्सर इस्तेमाल होते रहते हैं। सवाल पार्टी, राजनीतिक संगठन या आन्दोलन के इस्तेमाल होने का है। जनसंघ पहले भी समाजवादी आन्दोलन का इस्तेमाल करता रहा है। लेकिन जब उसने उग्र साम्प्रदायिक रूप धारण किया उसके बाद भी कर रहा है। वह जॉर्ज फर्नांडीज का डेढ़ साल से इस्तेमाल कर रहा है। उसने जनता दल का भी इस्तेमाल किया और इस बार मुलायम सिंह को भी अपने झाँसे में ले लिया। कांग्रेस की सरकार रोकने में मुलायम की भूमिका की भाजपा ने न सिर्फ तारीफ की बल्कि उन्हें राष्ट्रवादी भी कहा।

निश्चित तौर पर किसी आन्दोलन, या राजनीति के पास अगर संगठन न हो तो वह किसी विचारधारा को लागू नहीं कर सकता और इसी तरह मारा-मारा फिरता रहता है। लेकिन अगर स्पष्ट विचारधारा और दिशा न हो तो बड़े-से-बड़ा संगठन भी बिखर जाता है। उदाहरण के लिए कांग्रेस। इसलिए आज समाजवादी विचारधारा को माननेवाले विभिन्न संगठनों और दलों के लिए यह चुनौती है कि वे नाजुक मुद्दों पर ताल-मेल कैसे बनाएँ। उदाहरण के लिए साम्प्रदायिकता, नवसाम्राज्यवाद, वर्ण-व्यवस्था और भ्रष्टाचार विरोधी संघर्ष में आपसी ताल-मेल बिठाना आसान नहीं है। एक पर एकजुटता बनती है तो दूसरे पर टूट जाती है। दो पर एकता हुई तो तीसरे पर टूट गई।

इसलिए सभी पर एकता व संघर्ष बेहद मुश्किल लगता है। ऐसी स्थिति में किसी एक को भी चुना जा सकता है। इसके लिए आवश्यक है कि वे निजी खुन्नस और अहं के बजाय कार्यक्रम और सिद्धान्त के आधार पर काम करें। बड़े खतरे को पहचानें और उसके आधार पर समानधर्मा संगठनों में सहयोग बढ़ाएँ। सिर्फ साम्प्रदायिकता विरोधी मोर्चा बनाने के बजाय किसी रचनात्मक मुद्दे पर सहयोग का कार्यक्रम बनाएँ और उसे चुनाव के पहले और उसके बाद भी चलाएँ। उदाहरण के लिए गरीबी, अशिक्षा, बेरोजगारी जैसे मुद्दों पर सार्थक हस्तक्षेप करें और इस बारे में गैरसरकारी स्तर पर भी कार्यक्रम चलाएँ। इन्हीं कार्यक्रमों से समाजवादी आन्दोलन को समर्पित और योग्य कार्यकर्ताओं की फौज मिल सकती है क्योंकि केवल राजनीति के लिए अब योग्य कार्यकर्ता मिलने बन्द हो गए हैं। संगठन बनाएँ और विचारधारा फैलाएँ। पर बात-बात पर बहस और संगठन तोड़ने की प्रवृत्ति से बचें।

मधु लिमये ने निधन के ठीक पहले हिन्दुस्तान टाइम्स में जो लेख लिखा था उसमें गैरकांग्रेसवाद का पुनर्मूल्यांकन करने और कांग्रेस से सहयोग करने का सुझाव दिया था। वे साम्प्रदायिकता के प्रति 1977 से सतर्क थे और तब उन्होंने और अन्य समाजवादियों ने दोहरी सदस्यता का सवाल उठाया था। दिसम्बर 1992 की घटनाओं के बाद उन्होंने गैरकांग्रेसवाद पर पुनर्विचार करना शुरू कर दिया था। वे वामपन्थी दलों और समाजवादियों की एकता के भी पैरोकार थे। वामपन्थी दल भी लोकतान्त्रिक एकता के हिमायती हैं। इसलिए समाजवादी विचारधारा में विश्वास करनेवालों को इस दिशा में भी पहल करनी चाहिए। इस एकता के लिए आचार्य नरेन्द्र देव एक प्रतीक सेतु साबित हो सकते हैं। एकता इसलिए भी होनी चाहिए कि साम्प्रदायिकता से अकेले-अकेले लड़ने में घातक बीमारी की तरह उसकी ताकत और बढ़ेगी। लेकिन एकता के यह प्रयास अल्पकालिक लक्ष्यों के बजाय दीर्घकालिक उद्देश्यों के लिए होना चाहिए। क्योंकि भारतीय समाज में संघ परिवार द्वारा पैठाई जा रही साम्प्रदायिकता के लक्ष्य दीर्घकालिक हैं और उसका मुकाबला एक-दो चुनाव जीतने या सिर्फ हृदय परिवर्तन से नहीं होगा। उससे विचारधारा और संगठन दोनों स्तरों पर लड़ना होगा। इस बीच समाजवादियों को सावधान रहने की जरूरत है क्योंकि भाजपा के शिकारी झोला और भारतीय बनाम इतालवी की डुगडुगी लिए घूम रहे हैं।

धर्म की राजनीति और राजनीति का धर्म

1992 के अक्टूबर के महीने में अयोध्या से गुजरते हुए एक खास जगह पर काफी खालीपन लगा। जहाँ *रामचरितमानस* की प्रसिद्ध पंक्तियाँ 'परहित सरिस धरम नहिं

भाई। पर पीड़ा सम नहिं अधमाई॥' लिखी होती थीं, वहाँ लिखा था 'जन्मभूमि मम पुरी सुहावनि, उत्तर दिसि बह सरजू पावनि॥' यह धर्म के बदले हुए अर्थ व प्राथमिकता का साफ संकेत था। ऐसा कहने का यह मतलब कतई नहीं कि हिन्दू धर्म हमेशा परोपकार और उदारता का ही व्यवहार करता रहा है, पर प्रदर्शन के ही तौर पर सही, वह किन्हीं श्रेष्ठ मूल्यों के प्रति आस्था जरूर जताता रहा है। कोई विचार आम जनता के स्तर पर पहुँचने से पहले समाज में बौद्धिक स्तर पर परिभाषित होता है। इस मामले में अयोध्या में हुई 6 दिसम्बर की घटना कोई अकस्मात नहीं थी। पिछले आठ-दस सालों में हिन्दू समाज की सहिष्णुता और उदारता काफी हद तक क्षीण हुई है। उसके विचारक लगातार धर्म की सूक्ष्म व्याख्याओं को नकारकर स्थूल व्याख्याओं में लगे हुए थे।

इसलिए जो लोग 6 दिसम्बर की कार सेवा को लेकर उत्तर प्रदेश सरकार के हलफनामे पर यकीन कर रहे थे, वे या तो बहुत भोलेपन में जी रहे थे या कांग्रेस-भाजपा गठजोड़ के कथित सिद्धान्त के मुगालते में थे। राजधानी के एक हिन्दी दैनिक के एक पत्रकार ने तो छह महीने पहले ही आशंका जता दी थी कि इस ढाँचे को कभी भी तोड़ा जा सकता है। शायद वे हिन्दू मानसिकता में आए इस परिवर्तन को सही तरह से भाँप रहे थे। लेकिन हमारे प्रधानमन्त्री महोदय हिन्दू सहिष्णुता पर विश्वास किए बैठे थे। फिर वामपन्थी लोग तो धर्म को निजी मामला मानते हैं, इसलिए वे धार्मिक मानसिकता में आए परिवर्तन के सामाजिक-राजनीतिक परिणामों को साफ तरीके से नहीं देख पा रहे थे। हालाँकि ज्योति बसु ने आशंका जताते हुए उत्तर प्रदेश सरकार को बरखास्त करने की अपील की थी, पर कुछ नेताओं को इतना भी यकीन नहीं था कि अयोध्या में इतने लोग जुट पाएँगे।

पहले अयोध्या के मामले में वामपन्थी और सेक्यूलर लोगों का सुझाव वहाँ राष्ट्रीय स्मारक बनाने का था। फिर उन्होंने बगल में मन्दिर बनाने की बात मान ली। बाद में कहने लगे कि अयोध्या में राम का मन्दिर तो सभी बनाना चाहते हैं, पर मस्जिद गिराकर नहीं। और अब जब मस्जिद गिर गई तो फिर से मस्जिद बनाने की बात करने लगे हैं। हमें उनकी नीयत, देशभक्ति या धर्मनिरपेक्षता पर कोई शक नहीं है, लेकिन समझदारी पर जरूर है। पहले अल्पसंख्यक साम्प्रदायिकता का या तो बचाव किया या उसके प्रति उदासीन रहे। बाद में जब हिन्दू उग्रवाद बढ़ा तो उसे मिथक समझकर उसकी उपेक्षा करते रहे। उसका दबाव बढ़ा तो कुछ कदम पीछे हट गए। अब जब वह धर्मनिरपेक्षता की छाती पर चढ़ बैठा है, तो साम्प्रदायिकता पर हमले की तैयारी हो रही है।

धर्मनिरपेक्षता कई तरह की हो सकती है। कुछ लोग 6 दिसम्बर को अयोध्या में हुई घटना से आहत हैं, पर वे उसी आवेश में प्रतिक्रिया नहीं जता रहे हैं। कुछ अन्य लोगों के लिए वह 'राष्ट्रीय शर्म' का विषय है, 'काला रविवार' है, 'ग्रेट बिट्रेयल' है और महात्मा गांधी की हत्या के बाद की सबसे बड़ी घटना है। कुछ लोग तो 'शर्म से कहो हम हिन्दू हैं' जैसे नारे भी लगा रहे हैं। इस सतरंगी धर्मनिरपेक्षता का कुछ रँग तो इनफ्रारेड किरणों की तरह आम जनता को दिखता ही नहीं है और कुछ को व्यापक

समाज स्वीकार करने को तैयार नहीं है। इसलिए हमें मुख्यधारावाली और व्यावहारिक धर्मनिरपेक्षता की जरूरत है। ऐसी धर्मनिरपेक्षता, जिसे आमतौर पर धार्मिक समाज समझ सके, चाहे इसके लिए धर्मनिरपेक्षता शब्द को भी बदलना पड़े। हम प्रोफेसर मुशीरूल हसन के नेतृत्व में चलकर मुसलमानों को नहीं समझा करते और न ही 'शर्म से कहो हम हिन्दू हैं' कहकर हिन्दुओं से बात कर सकते हैं, हालाँकि हमें उनकी अभिव्यक्ति की आजादी को भी बचाना है। किसी भी समाज के सुधारवादी नेतृत्व का उस समाज से जुड़ा होना निहायत जरूरी है। बाहरी समाज या दर्शन से गहन विचार-विमर्श के बिना उसकी ओर से थोपा गया सुधार आखिरकार ईरान जैसी स्थिति पैदा करता है। अपने समाज से कटा नेतृत्व या तो शाह ईरान की तरह कट्टरपन्थ के रास्ते खोलता है या आरिफ मुहम्मद खाँ और गुलाम अब्बास नकवी की तरह उपहास का पात्र बनता है।

हमारे यहाँ स्वतन्त्रता आन्दोलन के समय से ही धर्म को राजनीति से अलग रखने के नारे बुलन्द होते रहे हैं, हालाँकि महात्मा गांधी ने इस तरह का आग्रह कभी नहीं किया। इसका असर इतना जरूर पड़ा कि बहुसंख्यक हिन्दू समाज अपने धर्म का राजनीति से कम-से-कम घाल-मेल करता रहा। पर अल्पसंख्यक समुदाय की राजनीति धर्म का मोह छोड़ नहीं सकी। आखिरकार आज बहुसंख्यक समाज की राजनीति भी धर्म में आकंठ डूब गई है। जिस तरह से इमाम और ग्रन्थी-जत्थेदार अल्पसंख्यकों की राजनीति को दिशा निर्देश देते थे, अब उसी तरह हिन्दू शंकराचार्यों और साधु-सन्तों ने मार्गदर्शक मंडल बना रखा है।

'धर्म को राजनीति से अलग रखो', 'धर्म जनता की अफीम है' या 'धर्म एक व्यक्तिगत मामला है'—इन्हीं सूक्ति वाक्यों पर आज तक धर्मनिरपेक्षता को खड़ा करने की कोशिश होती रही है। माना कि धर्म एक पुरानी अवधारणा है और आधुनिक राजनीतिक सिद्धान्तों में उसका कोई स्थान नहीं है, पर क्या ये राजनीतिक सिद्धान्त मानव समाज को धर्म की 'अँधेरी कोठरी' से निकाल सके हैं। नहीं, उलटे उन्होंने धर्म की 'अँधेरी कोठरी' के बगल में राजनीति की अन्धी सुरंग बना दी है।

आधुनिक राजनीति अपने श्रेष्ठतर मूल्यों के ही आधार पर तो धर्म को नकार रही थी। पर उसने तो धर्म से भी हीनतर मूल्यों का प्रदर्शन किया है। यह समझ में नहीं आता कि कोई भ्रष्ट, झूठी और एक मोर्चे पर साम्प्रदायिक पार्टी धर्मनिरपेक्ष कैसे हो सकती है ? निश्चित रूप से वह सिद्धान्त नहीं, सुविधा के लिहाज से धर्मनिरपेक्ष होने का दावा करती है। इसी मौके पर यह बात फिर प्रासंगिक हो जाती है कि शुद्ध धार्मिक व्यक्ति साम्प्रदायिक नहीं होता। जैसे गांधी। लेकिन अशुद्धता और दोहरेपन के इस दौर में शुद्ध राजनीतिक भी हाशिये पर चले गए हैं और शुद्ध धार्मिक भी।

इसी सिलसिले में एक और भूल महत्त्वपूर्ण लगती है। हमने राजनीति को इतना

सर्वशक्तिमान समझ लिया कि हम उसी से समाज के धार्मिक, आर्थिक और सांस्कृतिक सभी पक्षों को हाँकने की कोशिश करने लगे। बल्कि यूँ समझिए कि हम पूरे समाज को राजनीतिक दलों का कार्यकर्ता समझने लगे। जिन मुद्दों पर निष्पक्ष तरह से सामाजिक आन्दोलन की जरूरत थी, उनको हमने वोट की राजनीति का अखाड़ा बना दिया। जाति तोड़ने या मन्दिर-मस्जिद बनाने का मुद्दा शुद्ध सामाजिक या धार्मिक मुद्दा था। पर उसका लक्ष्य सामाजिक न्याय और साम्प्रदायिक सौहार्द नहीं, वोट बैंक बढ़ाना और दिल्ली की गद्दी को हासिल करना भर रह गया है।

सामाजिक, धार्मिक और आध्यात्मिक एकता की जो अद्भुत मिसाल भक्ति काल में मिलती है, वह स्वाधीनता संघर्ष के सबसे कठिन वर्षों और आजाद भारत में भी कहीं नहीं मिलती। बल्कि यों कहें कि उसी आन्दोलन का असर था कि आज तक हिन्दू और मुसलमान समाज में थोड़ी-बहुत एकता बची हुई है, वरना राजनीति ने औरंगजेब और भारत विभाजन के सहारे इसे तोड़ ही दिया था। वह सब इसलिए सम्भव हुआ था कि तब सन्तों को सीकारी से काम नहीं था।

आज फिर भक्ति काल के उदार हिन्दू सन्तों और सूफी सन्तों की जरूरत है। बेहतर हो वे राजनीतिक दलों से नाता तोड़कर आगे आएँ तभी भारतीय समाज की एकता बच सकती है। राजनीतिक दलों से सामाजिक एकता कायम करने की उम्मीद करना भ्रम है।

भारतीय जनता पार्टी ने तो पूरे देश को 1947 की मनःस्थिति में ला खड़ा किया है। लेकिन यह कांग्रेस 45 साल पहलेवाली कांग्रेस नहीं है। यह तो पुरानी इमारतों से जर्जर अयोध्या है, जिसे कोई भी जीत सकता है। जिस तरह अयोध्या में आज राम या तुलसी के आदर्श नहीं हैं, उसी तरह इस कांग्रेस में भी महात्मा गांधी और नेहरू के आदर्श नहीं हैं।

धर्म को न पूँजीवाद समाप्त कर पाया है और न साम्यवाद। इसलिए हमें जब धर्म के साथ जीना ही है तो उसके बेहतर स्वरूप को उभारने की कोशिश करनी होगी। जो राजनीति धर्म को पिछड़े समाज की अवधारणा मानती है, उसे यह साबित करना होगा कि राजनीति ज्यादा विकसित और उन्नत अवधारणा है। नहीं तो आप धर्म पर पाबन्दी लगाते रहेंगे और वह व्यक्ति और समाज की चहारदीवारी तोड़-तोड़कर राजनीति में हस्तक्षेप करता रहेगा।

सबसे बचो तो सेवो काशी

'वाटर' फिल्म की शूटिंग पर उठे विवाद ने बहस और विचार के लिए कई प्रश्न उठा दिए हैं, हालाँकि ये प्रश्न नए नहीं हैं पर बदली परिस्थितियों में उन पर नए सिरे से

विचार करने की जरूरत है। उनमें से एक है स्वदेशी बनाम विदेशी का। इस प्रश्न के कई आयाम हैं और सबका अलग-अलग प्रभाव है, पर यह भारतीय मानस को लगातार मथता रहा है। स्वाधीनता संग्राम विदेशी शक्ति के विरुद्ध लड़ा जा रहा था, पर उस दौरान स्वदेशी शक्तियों की गुलामी से मुक्ति का आग्रह यक्ष प्रश्न बन गया था। अगर मार्क्सवाद के वर्ग संघर्ष के सिद्धान्त से अलग रहते हुए भारतीय इतिहास का सूत्रीकरण किया जाए तो पता चलेगा कि यहाँ दो ही तरह के संघर्ष चले हैं। एक संघर्ष विदेशी शक्तियों की गुलामी से मुक्ति का और दूसरा देशी शक्तियों की गुलामी से सामान्य जन की मुक्ति का। इन्हीं दोनों संघर्षों के दौरान भारत में समाज, देश और राष्ट्र का निर्माण हुआ है। दीपा मेहता की फिल्म के प्रसंग ने यह सवाल फिर उठा दिया है कि भारतीय समाज की बुराइयों पर उँगली उठाने, उन्हें सुधारने, दूर करने और समाज को बेहतर बनाने का हक किसे है। जाहिर बात है कि पहला दायित्व देशी नेतृत्व का ही बनता है। पर अगर वह खामोश रहे या बुराई को ढँकने या बढ़ाने में लगा हो तो क्या किया जाना चाहिए ? क्या किसी विदेशी द्वारा समाज की बुराई को दूर करने या उसके पिछड़ेपन को खत्म करने के प्रयास साजिश के तहत मान लिए जाएँ ? क्या कोई व्यक्ति विदेशी विचारों को पढ़ने या समझने से ही विदेशी हो जा सकता है ?

वैसे तो लगभग सभी समाज सुधारकों को आलोचना, विरोध और हमलों तक का सामना करना पड़ता है। पर आधुनिक समाज सुधारकों पर यूरोपीय प्रभाव होने का आरोप कुछ ज्यादा ही लगता रहा है। राजा राममोहन राय, केशव चन्द्र सेन, ईश्वर चन्द विद्यासागर, स्वामी दयानन्द सरस्वती, स्वामी विवेकानन्द, रवीन्द्रनाथ ठाकुर, ज्योतिबा फुले, सावित्री बाई, पंडिता रमा बाई, भीमराव अम्बेडकर, रामास्वामी नाइकर समेत अनेक समाज सुधारक विदेशी प्रभाव के आरोप से लांछित किए जाते रहे हैं। गांधीवादी इतिहासकार धर्मपाल उनकी देशभक्ति और प्रतिभा की प्रशंसा करते हुए उन पर वैचारिक दारिद्रय और दैन्य भाव का आरोप लगाते हैं। हिन्दू स्त्रियों, विशेषकर विधवाओं के सम्मान के लिए संघर्ष करनेवाले और नवजागरण के प्रणेता राजा राममोहन राय के बारे में धर्मपाल कहते हैं, 'ऐतिहासिक-राजनीतिक घटनाओं को समझने के प्रति राजनीतिक तन्त्र के शीर्षजनों में या तो प्रमाद और उपेक्षा भाव दिखता है या फिर एक अस्पष्ट अपेक्षा भाव। हमारे प्रतिभाशाली लोग समकालीन राजनीतिक घटनाओं को किस रूप में देख रहे थे इसके एक उदाहरण हैं राममोहन राय।...कलकत्ता में ईसाई साहित्य पढ़ा...*द प्रिसेप्ट्स ऑव जीसस, अपील टू द क्रिश्चियन पब्लिक, द आइडियल ह्यूमैनिटी ऑव जीसस* आदि किताबें प्रकाशित कीं। अंग्रेजी की शिक्षा के देशव्यापी प्रचार के लिए वातावरण बनाने में लगे रहे और अन्त में ब्रह्म समाज की स्थापना की, जिसका मुख्य लक्ष्य मूर्तिपूजा की परम्परा पर तीव्र प्रहार करना था।'

फिर वे विवेकानन्द के एक प्रसंग को याद कर न सिर्फ बंगाल की दरिद्रता का वर्णन करते हैं, बल्कि विवेकानन्द की बौद्धिक पराजय की तरफ भी संकेत करते हैं। स्वामी विवेकानन्द 26 मई 1890 को वाराणसी के प्रमदादास मित्र को पत्र लिखकर उनसे

रामकृष्ण परमहंस के स्मृति-स्थल के लिए पाँच-सात हजार रुपए की माँग करते हैं। लेकिन इस पत्र का उन्हें निराशाजनक उत्तर प्राप्त होता है। इस देशी उपेक्षा से दुखी होकर अपने लक्ष्य की प्राप्ति के लिए विवेकानन्द अमेरिका और यूरोप की तरफ प्रयाण करते हैं। फिर विदेशी धन से रामकृष्ण मिशन की स्थापना करते हैं। वे अपने अनुभूत यथार्थ को 'भारती' की सम्पादक सरला घोषाल को छह अप्रैल 1897 को लिखे एक पत्र में व्यक्त करते हैं : 'मैं सदा से यह मानता रहा हूँ कि हमारा उत्कर्ष तब तक नहीं हो पाएगा जब तक पश्चिमी लोग हमारी सहायता के लिए आगे नहीं आते।...मैं यह कहना चाहता हूँ कि पश्चिम से धन और व्यक्तियों के आए बिना हमारा कल्याण सम्भव नहीं है।' इसी अनुभव की वजह से विवेकानन्द पश्चिम से धन भी लाए और व्यक्ति भी। उन्हीं में एक थीं मार्गरेट नोबल यानी भगिनी निवेदिता।

चूँकि बंगाल की चर्चा चल रही है इसलिए यहाँ डेविड हेयर और हैनरी लुई विवियन दिरोजियो जैसे विदेशियों की चर्चा भी अप्रासंगिक नहीं होगी। स्कॉटलैंड में जन्मे डेविड हेयर ने कलकत्ता में घड़ीसाजी का व्यवसाय शुरू किया। बाद में वे अपना व्यवसाय छोड़कर राममोहन राय के साथ समाज की बौद्धिक चेतना जगाने में लग गए। डेविड ने मुख्यतः शिक्षा के क्षेत्र में काम किया और हिन्दू कॉलेज की स्थापना के लिए अपनी जमीन दी। बाद में उन्होंने कलकत्ता मेडिकल कॉलेज की स्थापना में भी योगदान किया। इन दोनों कॉलेजों की स्थापना के दौरान कभी हेयर की वजह से राममोहन राय को तो कभी राममोहन राय की वजह से हेयर को हिन्दू सनातनियों (कट्टरपन्थियों) के विरोध का सामना करना पड़ा। पर हेयर की विनम्रता और विश्वसनीयता की वजह से उन्हें खारिज नहीं किया जा सका। हेयर ने राममोहन राय के साथ सती प्रथा के विरोध में भी संघर्ष किया।

दिरोजियो हिन्दू कॉलेज में शिक्षक थे और उनकी असाधारण प्रतिभा ने दर्जनों योग्य शिष्य पैदा किए। उन्होंने छात्रों में यह विचार प्रतिष्ठित किया कि ज्ञान के क्षेत्र में तर्क के अलावा किसी दूसरी सत्ता को स्वीकार नहीं करना चाहिए। उन्होंने एक तरफ स्त्री शिक्षा की माँग की तो दूसरी तरफ गोमांस और मद्यपान सम्बन्धी वर्जनाओं को चुनौती दी। लेकिन उन पर छात्रों को भ्रष्ट करने का आरोप लगा और उन्हें कॉलेज छोड़ना पड़ा। हेयर और दिरोजियो तो विदेशी थे ही इसलिए उन पर वह आरोप लगाने का अर्थ ही नहीं, पर उनकी वजह से भारतीय मित्रों का झुकाव चिह्नित किया जाता रहा। धर्मपाल की व्याख्या को आगे बढ़ाते हुए इस क्रम में महात्मा फुले, अम्बेडकर और पेरियार पर भी यूरोपीय प्रभाव लक्षित किए जा सकते हैं और एक तरह से उनमें आत्मग्लानि और दैन्य भाव देखा जा सकता है।

अगर हमारे समाज में सुधारकों पर दैन्य भाव और यूरोपीय प्रभाव के सारे आरोप सही हों तो भी सवाल यह उठता है कि इस भाव से मुक्त कैसे हुआ जाए। क्या उस 'दैन्य भाव' मुक्त होने का तरीका शिवसैनिकों और बजरंगदलियों की तरह 'दैत्य भाव'

दिखाना है ? या फिर कहीं 'देव भाव' या 'मानव भाव' दिखाना पड़ेगा ? औपनिवेशिक दासता के समय यह तर्क अक्सर दिया जाता था कि समाज सुधार के मुकाबले स्वाधीनता संग्राम ज्यादा जरूरी है। अगर समाज सुधार के फेर में पड़ोगे तो समाज बँटेगा और आजादी देर से मिलेगी। पर आज आजादी के पचास साल बाद भी यह तर्क कहाँ तक वाजिब है ? अपने समाज को सुधारने से वह कैसे कमजोर हो जाएगा ? उल्टे वह और मजबूत होगा। पर समाज को मजबूत और बेहतर बनाने की चिन्ता किसे है ? न उन्हें जो विदेशी प्रभाव का हौवा खड़ा कर समाज में 'दैत्य भाव' जगा रहे हैं और न उन्हें जो सारा प्रयास 'वाटर' फिल्म की शूटिंग कराने जैसे मुद्दों तक सीमित किए हुए हैं। अगर संघ परिवार को सचमुच हिन्दू समाज को मजबूत और बेहतर बनाने की चिन्ता होती तो उसने कम-से-कम हिन्दू समाज की किसी एक बुराई को अब तक दूर कर दिया होता। संघ की स्थापना को सात दशक से ऊपर हो चुके हैं और इतना समय कम नहीं होता। पर संघ परिवार ने किसी समस्या या बुराई को दूर करने का प्रयास कभी नहीं किया। उससे ज्यादा चिन्ता की बात यह है कि जब 'वाटर' फिल्म के बहाने हिन्दू समाज की विधवाओं की एक गम्भीर समस्या सतह पर उठती दिखी तो उसने हुड़दंग मचाना शुरू कर दिया। अगर वह सचमुच हिन्दू समाज का हितैषी संगठन होता तो यह संकल्प लेता कि वह जब तक विधवा समस्या का मानवीय हल नहीं कर देता, चैन से नहीं बैठेगा। लेकिन वह शाहबानो विवाद पर गम्भीर बहस छेड़ता है और जब विधवाओं की समस्या आती है तो उत्पात मचाता है।

ऐसी स्थिति में किसे सच्चा समाज सुधारक माना जाए और किसे नकली ? किसे समाज का हितैषी माना जाए और किसे शत्रु ? किसे देशी प्रभाव में माना जाए किसे विदेशी ? समाज सुधारक भी कहीं समाज को फायदा पहुँचाता दिखता है और कहीं नुकसान। ऐसे में उसे कितना स्वीकार किया जाए और कितना इनकार ? क्या उसके कार्य को स्वीकार कर लिया जाए और विचारधारा को ठुकरा दिया जाए ? या उसके देशी सम्पर्कों को गौरवान्वित किया जाए और विदेशी सम्पर्कों और धन को धिक्कारा जाए ? यह एक जटिल बहस है। भारतीय सामाजिक संरचना में इसका वस्तुनिष्ठ उत्तर दे पाना आसान नहीं है।

अगर हम अपने समाज की बुराइयों पर चर्चा करने और उन्हें दूर करने का हक सिर्फ उसे ही देंगे जिस पर कोई विदेशी प्रभाव न हो, जिसके विदेश से कोई सम्पर्क न हों या जिसने कभी विदेश यात्रा न की हो तो निश्चित तौर पर हमें अपने तमाम परवर्ती समाज सुधारों को कूड़ेदान में डालकर कुछ कूपमंडूकों की शरण लेनी होगी। हमें तमाम स्वतन्त्रता सेनानियों तक को खारिज करना होगा। महात्मा गांधी पर भी ग्रहण लगेगा कि उन्होंने जीवन के दो महत्त्वपूर्ण दशक देश से बाहर ही बिताए थे और इसी दौरान वे महात्मा भी बने थे। इसी दौरान उन पर रस्किन, तोल्स्तोय और ईसाइयत के प्रभाव पड़े। विदेशी सम्पर्कों का अतिरिक्त हौवा खड़ा कर हम अपने कलाकारों, साहित्यकारों

और बुद्धिजीवियों की चेतना को भी कुछ और संकुचित कर देंगे। विदेशी पूँजी द्वारा गुलाम बनाए जाने का और भूमंडलीकरण के घातक प्रभावों का विरोध उचित है। बाजारीकरण का विरोध भी सही है। पर इस बहाने हर विदेशी स्पर्श का विरोध और उस पर हल्ला बोल देना अनुचित है। फिर जब संघ परिवार ने खुद विश्व हिन्दू परिषद जैसे संगठन खड़े कर दिए हैं जिनकी शाखाएँ विदेशों में भी फैली हैं तो वह विदेशी सम्पर्क, सहायता और प्रभावों से बचने का दावा कैसे कर सकता है। हाल में संघ के इटली से सम्बन्धों की चर्चा काफी चल रही है।

जिस काशी में 'विदेशी सम्पर्क और प्रभाव' का इतना विरोध किया गया है वहाँ से विदेशियों का गहरा जुड़ाव रहा है। हिप्पी कवि एलेन गिंसबर्ग द्वारा अपनी कविताओं में बनारस का वर्णन बहुचर्चित है। यही नहीं, जिस गंगाजल को विदेशी प्रभाव में वाटर कहे जाने पर इतना हंगामा खड़ा हुआ है उसी को शुद्ध करने के लिए विदेशों से मदद ली जा रही है। यह काम किसी और ने नहीं, काशी के संकटमोचन मन्दिर के महन्त और काशी हिन्दू विश्वविद्यालय में जल-विद्युत इंजीनियरी के प्रोफेसर वीरभद्र मिश्र ने खुद किया है। गंगा की सफाई के लिए प्रोफेसर मिश्र ने बर्कले में प्रोफेसर ओसवाल्ड से मुलाकात की। ओसवाल्ड ने एडवांस्ड इंटिग्रेटेड वेस्टवास्टर पांड सिस्टम तैयार किया है। ओसवाल्ड के साथ मिलकर मिश्र गंगा सफाई अभियान चला रहे हैं। इसमें सैनफ्रांसिस्को का एक पर्यावरणवादी संगठन 'फ्रेंड्स ऑफ द गैंजेज' और संकटमोचन फाउंडेशन एक साथ काम कर रहे हैं। इस काम को आगे बढ़ाने के लिए प्रोफेसर मिश्र ने 1994 में उत्तरी कैलीफोर्निया का दौरा किया और ओसवाल्ड का पांड सिस्टम देखा। सतही दृष्टि से देखा जाए तो वीरभद्र मिश्र भी गंगा में विदेशी प्रभाव उँड़ेलते नजर आएँगे।

इसलिए विदेशी प्रभावों की दासता से बचते हुए देशी समाज को सुधारने और उसकी मनीषा को जगाने का काम न सिर्फ कठिन बल्कि संवेदनशील भी है। उसे बजरंगदलियों या शिवसैनिकों के हाथों में सौंपना बन्दर को उस्तरा देने जैसा होगा। अगर हम चाहते हैं कि औपनिवेशिक प्रभावों से मुक्त होते हुए हमारा समाज बेहतर बने तो हमें अपने इतिहास और परम्परा के उन सूत्रों की तलाश करनी होगी जो समाज के आन्तरिक बन्धनों को खोल सकें। हमें देखना होगा कि अगर देशी बनाम विदेशी बहस से दबाव के चलते भीमराव अम्बेडकर दलितों की मुक्ति का मार्ग बौद्ध धर्म की भारतीय परम्परा में देखते हैं तो हम उनके प्रति सम्मान जगाएँ, न कि उनके विदेशी सम्पर्कों को याद कर उन्हें धिक्कारें। इसी तरह महिलाएँ अगर अपनी मुक्ति का मार्ग खोजने के लिए व्यग्र हैं और इसके लिए वे देशी-विदेशी तरीके आजमा रही हैं तो उन पर धावा बोलने की बजाय उन्हें व्यावहारिक देशी उपाय ढूँढ़ने में मदद करनी चाहिए। किसी विदेशी सन्त के शहादत दिवस पर प्रेम करने का अवसर तलाशनेवाले युवक-युवतियों पर हमला करने से पहले यह सोचना होगा कि हमने उन्हें कितने घरेलू अवसर प्रदान किए हैं।

संघ-स्वदेशी के अमेरिकी आयाम

बिल क्लिंटन के भारत के दौरे के समय स्वदेशी जागरण मंच के एक पदाधिकारी से मुलाकात हो गई। उनसे पूछा कि 'महोदय रोज प्रायः त्वदीया कार्यः बद्धा कटीया' की शपथ लेनेवाले आप लोग खामोश क्यों हैं ? भूमंडलीकरण तो सगुण रूप में आपके सामने खड़ा है और देश के तमाम गांधीवादी, वामपन्थी और टूटे-बिखरे समाजवादी संगठन कहीं पुतला जला रहे हैं, कहीं प्रदर्शन कर रहे हैं तो कहीं उपवास पर बैठे हैं।' उनके पास कोई सीधा जवाब नहीं था। उन्होंने काफी घुमा-फिराकर कहा कि कभी कोई व्यक्ति या संगठन जो दिखता है दरअसल वैसा होता नहीं है और कई बार खामोश रहना भी संघर्ष का ही हिस्सा होता है। यानी भूमंडलीकरण और उदारीकरण का प्रत्यक्ष विरोध करनेवाला स्वदेशी जागरण मंच किसी रणनीति के तहत उस अमेरिकी राष्ट्रपति का विरोध नहीं कर पा रहा था जिसे तमाम संगठन भूमंडलीकरण और अमेरिकी दादागीरी का प्रतीक बता रहे थे।

चूँकि राष्ट्रीय स्वयंसेवक संघ अपनी योजनाओं के बारे में गोपनीयता बरतनेवाला संगठन है इसलिए उस स्वयंसेवक से बहुत जल्दी रणनीति खोल देने की उम्मीद भी नहीं थी। इसलिए वे धीरे-धीरे खुले और बताया कि असली खतरा तो इस्लाम है। कहीं वह सीमा पार से आतंकवाद के रूप में हमारे लिए खतरा है तो कहीं देश के भीतर मस्जिदों और मदरसों के रूप में खड़ा हुआ है। जब तमाम संगठन सी.टी.बी.टी. पर अमेरिकी दबाव से चिन्तित, प्रतिबन्धों से दुखी और आयात पर मात्रात्मक प्रतिबन्ध खत्म किए जाने से नाराज हैं तब संघ इस बात से चिन्तित है कि मदरसों की दीवारें इतनी मोटी क्यों बनाई जा रही हैं। स्वयंसेवक महोदय का निष्कर्ष था कि यह किलेबन्दी भारत को भीतर से तोड़ने के लिए हो रही है।

कुछ लोग यह मानकर चलते हैं कि राष्ट्रीय स्वयंसेवक संघ ने स्वाधीनता की लड़ाई नहीं लड़ी इसलिए वह आगे भी इस तरह की कोई लड़ाई नहीं लड़ेगा या चूँकि उसका राजनीतिक संगठन सत्ता में है इसिलए वह क्लिंटन की यात्रा का विरोध कर ही नहीं सकता था। ऐसे लोगों के लिए संघ की इस रणनीति पर हैरान होनेवाली कोई बात नहीं है। लेकिन जो लोग यह मानते हैं कि राष्ट्रीय स्वयंसेवक संघ में भी देशभक्त, त्यागी व तपस्वी लोग हैं, उनके लिए संघ का यह रवैया हैरानी की बात हो सकता है। ऐसे कई गांधीवादी और समाजवादी हैं जो अब गोलवलकर के पीछे गांधी, लोहिया और जेपी का चित्र उठाए घूमते हैं। उनसे भी हैरान होने की उम्मीद नहीं की जा सकती। लेकिन ऐसे कई गांधीवादी, समाजवादी और उदारमना लोग हैं जो संघ की साम्प्रदायिकता के विरोधी होते हुए भी मन में आशा बाँधे रहते हैं। वे निजी बातचीत में कहते हैं कि क्या संघ उदारीकरण के प्रचंड वेग को रोकेगा नहीं। उनके मन की अँधेरी कोठरी में कहीं सुदर्शन तो कहीं ठेंगड़ी दंड लिए राष्ट्र की रक्षा के अवसर का इन्तजार कर रहे हैं। कई ऐसे भी हैं जिनका मानना है कि संघ अगर इस मुद्दे की ज्यादा उपेक्षा करेगा तो उसके

ईमानदार स्वयंसेवक खुद ही उसे त्याग देंगे।

संघ से कभी किसी मौके पर देशभक्ति की उम्मीद करनेवालों की सद्भावना को पूरी तरह खारिज नहीं किया जा सकता। संघ के लोग भी इसी देश के नागरिक हैं। वे वामपन्थी या धर्मनिरपेक्ष नागरिकों के मित्र, नातेदार या रिश्तेदार भी हो सकते हैं। वे निजी तौर पर कई बार उन मुद्दों को लेकर चिन्तित भी रहते हैं जो आम लोगों की चिन्ता के भी विषय हैं। पर क्या वजह है कि ऐन मौका पर वे अलग खड़े दिखते हैं। इसे समझने के लिए दीनदयाल उपाध्याय के 'एकात्म मानववाद' में उद्धृत गुरु गोलवलकर की विनोबाजी से की गई एक़ टिप्पणी उल्लेखनीय है। वे कहते हैं, 'हिन्दुओं और मुसलमानों दोनों में नेक आदमी निकलते हैं...गुंडे भी दोनों समाजों में मिल सकते हैं। लेकिन बुरे हिन्दू भी जब जनसमूह के रूप में एकत्रित होते हैं तो सदैव अच्छी बातों का ही विचार करते हैं।...दूसरी तरफ जब दस मुसलमान इकट्ठे बैठते हैं तो वहाँ पर जिस बात या बुराई को अकेला मुसलमान कभी अच्छा नहीं कहता, वही समूह के नाते उसे अच्छा कहने लगता है।' गोलवलकर की इस टिप्पणी को उलटकर देखे जाने की आवश्यकता है। यानी संघ के लोग निजी तौर पर अच्छे हो सकते हैं। नेक हो सकते हैं। योग्य भी हो सकते हैं। लेकिन जब वे समूह में होते हैं तो उन पर इस्लाम के प्रति घृणा हावी हो जाती है। गोलवलकर के कथन के विपरीत यहाँ यह कहा जा सकता है कि समूह में इकट्ठा होकर संघवालों की बुद्धि घृणा और द्वेष के उन तत्त्वों से भर जाती है जिनसे आगे चलकर कभी महायुद्ध होते हैं तो कभी सभ्यताओं के बीच टकराव।

यह महज संयोग नहीं है कि क्लिंटन की यात्रा के ठीक एक हफ्ते पहले सरसंघचालक सुदर्शन ने एक महायुद्ध की आशंका व्यक्त की थी। सुदर्शन की यह अवधारणा अचानक नहीं पनपी है। वह अमेरिका के करीब जाने या उसके करीब होने की साफ झलक है। जिन्हें सैमुअल हटिंगटन के सभ्यताओं के टकराव के सिद्धान्त की जानकारी होगी उन्हें साफ दिखाई पड़ रहा होगा कि सुदर्शन का महायुद्ध का सिद्धान्त उसके कितना निकट है। हटिंगटन का सिद्धान्त अमेरिकी विदेश नीति को आकार दे रहा है और सुदर्शन का सिद्धान्त भारत की विदेश नीति को। जब सुदर्शन और हटिंगटन एक-दूसरे के बहुत करीब हैं तो वाजपेयी और क्लिंटन के करीब आने में क्या दिक्कत है। क्लिंटन तो केवल इस्लामी उग्रवाद के खतरे की तरफ संकेत करते हैं लेकिन हटिंगटन का कहना है कि इस्लाम और ईसाइयत का टकराव चौदह सौ साल से चल रहा है। इस्लाम और ईसाइयत चाहे कट्टरपन्थी रहे हों या पश्चिमीकृत, उनके सम्बन्ध संघर्षवाले रहे हैं। हटिंगटन इस संघर्ष के तेज होने और इसके आधार पर नई विश्व व्यवस्था के ध्रुवीकरण की सम्भावना देखते हैं। उनके अनुसार इस संघर्ष के आगे बीसवीं सदी में हुआ उदारवादी लोकतन्त्र व मार्क्सवाद का संघर्ष सतही लगता है।

वे बार-बार कहते हैं कि इस्लामी राष्ट्रीयताएँ दूसरों के प्रति असहिष्णु हैं। वे अन्तर्राष्ट्रीय टकराव का जो भावी स्वरूप देखते हैं उसमें सबसे ज्यादा टकराव इस्लाम

और भारत की हिन्दू सभ्यता, इस्लाम और पश्चिम, इस्लाम और अफ्रीका, इस्लाम और रूस में होगा। उनके विचार से इस्लामी सभ्यता का चीनी सभ्यता को छोड़कर ज्यादातर सभ्यताओं से टकराव तय है। हिन्दू सभ्यता और पश्चिमी सभ्यता में भी कुछ टकराव है पर उतना नहीं जितना इस्लाम से है जबकि रूस और पश्चिमी सभ्यता में काफी तालमेल की सम्भावना है। यानी इस्लाम का सबसे झगड़ा है। अगर उसका थोड़ा-बहुत मिलाप है तो सिर्फ चीन से। लगभग यही बात संघ परिवार वर्षों से कहता रहा है। ध्यान देने की बात यह है कि सैमुअल हटिंगटन का यह सिद्धान्त यूरोप के टकराव और शीत युद्ध के बाद हुए परिवर्तन के मद्देनजर 1993 की गर्मियों में अमेरिकी विदेश नीति की प्रतिनिधि पत्रिका *फारेन अफेयर्स* में छपा था। छोटे से लेख के रूप में आए इस विचार पर इतनी प्रतिक्रियाएँ आई थीं कि पत्रिका के सम्पादक भी दंग रह गए थे। तब उन्होंने हटिंगटन से इस सिद्धान्त को व्यवस्थित करने को कहा था।

क्या यह महज संयोग है कि हटिंगटन के इस सिद्धान्त के आने से ठीक चार महीने पहले भारत में संघ परिवार के लोगों ने बाबरी मस्जिद गिरा दी थी। यही वह समय है जब डंकल प्रस्ताव को मंजूरी दिए जाने और विश्व व्यापार संगठन के गठन की तैयारी चल रही थी। क्या इससे यह निष्कर्ष नहीं निकलता कि सभ्यताओं के बीच संघर्ष से आर्थिक साम्राज्यवाद का मार्ग प्रशस्त होता है और इसीलिए आर्थिक साम्राज्यवाद उसे बढ़ावा देता है। इन सम्बन्धों की बहुत गहरी पड़ताल तो यहाँ नहीं की जा सकती पर प्रत्यक्षतः इनमें कहीं-न-कहीं तालमेल दिखता है। क्लिंटन की यात्रा के ठीक पहले राष्ट्रीय स्वयंसेवक संघ के नेतृत्व में व्यापक फेरबदल और अपेक्षाकृत उदारमना लोगों की जगह कट्टरपन्थी, नए और मराठी नेतृत्व के हाथों में संगठन की बागडोर देना भी क्या महज संयोग था ? क्या क्लिंटन की यात्रा से पहले सुदर्शन का महायुद्ध (इपिक वार) सम्बन्धी बयान भी संयोग था ? जब संघ का दूसरी पंक्ति का नेतृत्व उदारीकरण की आलोचना करते हुए यह कहता है कि ये नीतियाँ पिछली सरकारों ने शुरू की थीं इसलिए इस सरकार को दोषी नहीं ठहराया जा सकता तो सारा इरादा स्पष्ट हो जाता है।

दरअसल, क्लिंटन की यात्रा के ठीक पहले संघ पर स्वदेशी और कट्टरपन्थी नेतृत्व का काबिज होना यह दिखाने के लिए था कि वाजपेयी क्लिंटन के साथ उदारीकरण की लहर में भले बहे जा रहे हों पर हम उन्हें थामने के लिए खड़े हैं। यह रणनीति एक तरफ अपने कार्यकर्ताओं को बाँधने के लिए थी तो दूसरी तरफ भूमंडलीकरण विरोधी आन्दोलन की हवा निकालने के लिए। पर गौर से देखें तो इस कलाबाजी में संघ का ही पर्दाफाश हुआ है। संघ के सारे स्वदेशी और कट्टर राष्ट्रवादी दावों के विपरीत वाजपेयी सरकार ने (क्लिंटन के प्रभाव में) उदारीकरण और अमेरिकीकरण के घोड़े को एड़ लगा दी है। आयात-निर्यात नीति खेती-किसानी और दवा उद्योग पर गाज की तरह गिरी है। अमेरिकी फेडरल ब्यूरो ऑफ इन्वेस्टिगेशन का कार्यालय खोलने के फैसले ने तो राष्ट्र को राजनीतिक सम्प्रभुता और सुरक्षा के सामने खतरे खड़े कर दिए हैं। ठस

किस्म के बौद्धिक और शारीरिक व्यायाम का आदी संघ ऐसे मौके पर चेतनाशून्य दिखाई दे रहा है।

संघ परिवार की *स्वदेशी* पत्रिका ने अपने मार्च अंक के सम्पादकीय में यह एलान किया था—अपरिहार्य है राष्ट्रहित की उपेक्षा के विरुद्ध राष्ट्रीय संघर्ष। इसमें दावा किया गया था कि 25 फरवरी को हस्तिनापुर में हुए किसानों के सम्मेलन में संघ ने केन्द्र सरकार की आर्थिक नीतियों को बदलने की चेतावनी दे दी है। पर कुछ दिन बाद किसान मोर्चा ने विश्व व्यापार संगठन की आलोचना करनेवाला प्रस्ताव बनाया तो भाजपा ने उसे दबाव डालकर बदलवा दिया। पहले जो प्रस्ताव कृषि नीति की खिंचाई करता था, अब वह कृषि में आधुनिक तकनीक की चेतना फैलाने के लिए चौबीसों घंटे टी.वी. चैनल शुरू करने की माँग पर केन्द्रित हो गया। संघ लगातार यह दिखाता रहता है कि उसने वाजपेयी सरकार पर दबाव बना रखा है। उसका वाजपेयी से मतभेद कायम है। वह जनहित और स्वेदशी के मुद्दों को उठा रहा है।

हकीकत यह है कि संघ, भाजपा और उसके सहयोगी दलों ने बेहद चतुराई के साथ उदारीकरण की प्रक्रिया को साध रखा है। सत्ताधारी राजनीतिक दल तेजी से भूमंडलीकरण कर रहे हैं और संघ और उससे जुड़े तमाम संगठन हिन्दूवाद को हवा देते हुए राष्ट्रीयता की रक्षा का दावा कर रहे हैं। सन्तुलन की यह कला भूमंडलीकरण के लिए 'शाक एब्जार्वर' तैयार करते हुए सामाजिक असन्तोष के लिए सेफ्टीवाल्व का काम करती है। 'वाटर' फिल्म और वैलेंटाइन डे का विरोध इसी प्रक्रिया के अंग हैं।

पश्चिमीकरण को अब अपने धर्म प्रचार की चिन्ता नहीं है। हटिंगटन कहते हैं कि दुनिया के तमाम हिस्से अपने देशीकरण के साथ ही आधुनिकीकृत हो सकते हैं। उनके पश्चिमीकृत होने की आवश्यकता नहीं है। यहाँ उनका आधुनिकीकरण से तात्पर्य अर्थव्यवस्था के भूमंडलीकरण से ही लगता है। यानी अमेरिका दुनिया का जैसा स्वरूप देखना चाहता है संघ परिवार और उसके राजनीतिक संगठन का उससे मूल विरोध नहीं है। कम्युनिस्ट और इस्लाम दोनों उनके समान शत्रु रहे हैं। संघ का तीसरा शत्रु ईसाई धर्म रहा है। पर इतने बड़े मित्र का साथ मिलने पर इतने छोटे शत्रु को भुलाया भी जा सकता है। अमेरिका और संघ परिवार के दृष्टिकोण की यह समानता उन लोगों को भी निराश करेगी जो संघ और भाजपा में अन्तर्विरोध की उम्मीद लगाए बैठे हैं। हालाँकि गुरु गोलवलकर जनसंघ के बारे में कहा करते थे कि यह तो गज्जर की पोंगी है, बजेगी तो बजाएँगे नहीं तो खा जाएँगे। पर तब संघ युवा था और जनसंघ बालक था। आज युवा भाजपा और वृद्ध संघ में कौन भारी पड़ेगा इसकी कल्पना सहज ही की जा सकती है। संघ अपनी बुढ़ापे की लाठी को न छोड़ेगा और न तोड़ेगा।

क्लिंटन की यात्रा ने संघ परिवार के स्वदेशी चरित्र को उघाड़ने का ऐतिहासिक कार्य किया है। इसके लिए भूमंडलीकरण का विरोध करनेवालों को क्लिंटन का आभारी होना चाहिए। साथ ही उन स्वयंसेवकों से सावधान रहना चाहिए जो कभी संकीर्ण

साम्प्रदायिक उद्देश्यों के लिए सेवा करते हैं तो कभी विदेशी धन के लिए। जो लोग 'मुट्ठी भी तनी रहे और काँख भी ढँकी रहे' की रणनीति अपनाते हैं वे पूरे समाज का नहीं सिर्फ अपना भला करते हैं।

कितने वर्षों की गुलामी से लड़ें

आजाद भारत में गुलामी से लड़ने का विमर्श तेज होता जा रहा है। नई व्यापार व्यवस्था से पैदा हुई आशंकाओं से निपटने के लिए जगह-जगह गोष्ठियाँ और सभाएँ हो रही हैं। कहीं फैशन के तौर पर तो कहीं गहरी व्यग्रता के तौर पर। कहीं इस मामले पर दलगत राजनीति छोड़ने का आग्रह किया जा रहा है तो कहीं इसे मुख्य धारा की राजनीति का एजेंडा बनाने का प्रयास चल रहा है। सिर्फ फैशन के लिए ऐसा करनेवालों को पहचानने और उनसे सतर्क रहने की जरूरत है, पर जो लोग गम्भीर हैं उनके साथ संवाद करने और जुड़ने की आवश्यकता है। उन्हीं के सन्दर्भ में गुलामी के विमर्श को समझा और सुलझाया जाना चाहिए। इन स्थितियों में एक तरफ वे हैं जो विश्व व्यापार संगठन की व्यवस्था और सूचना प्रौद्योगिकी के प्रतिपल परिवर्तन में मानव जाति की मुक्ति देखते हैं। गेल आंवेट जैसी चिन्तकों का मानना है कि दलितों और स्त्रियों को इसी युग में पूरी तरह मुक्ति और समृद्धि मिल सकती है। उनके लिए यह दौर हजारों साल की ब्राह्मणवादी और पुरुषवादी गुलामी से मुक्ति का युग है। उनके सामने आदर्श के तौर पर वह भूमंडलीकरण सम्पन्न वर्ग है जो लगातार सम्पन्न होता जा रहा है। तमाम गैरसरकारी संगठन भी इसी तरह का दृष्टिकोण रखते हैं पर ऐसे लोगों को कोई भ्रम या दुश्चिन्ता नहीं है। उन्हें सुनहरा भविष्य दिख रहा है। ऐसे में उन्हें विश्व व्यापार संगठन की प्रणाली से उत्पन्न गुलामी के खतरे पर संवाद की कोई जरूरत नहीं दिखती।

लेकिन जो लोग पूँजी और प्रौद्योगिकी की नई व्यवस्था से भयभीत हैं उनका विमर्श उत्तेजक और भटकाऊ है। वे भविष्य को आशंकाओं से भरा बताकर गुलामी के गहरे अतीत में गोते लगाते हैं। गोते लगानेवालों की अपनी क्षमता और अपना तल होता है पर जो गुलामी की उत्पत्ति को जितनी गहराई में जाकर ढूँढ़ता है, वह अपने को उतना ही मौलिक चिन्तक बताता है। उदारीकरण के दुष्प्रभावों पर चर्चा करनेवाली कोई भी सभा ऐसी नहीं होती जहाँ गुलामी के सैकड़ों-हजारों साल के इतिहास की चर्चा न छिड़ती हो। इस चर्चा का गुरुत्वाकर्षण और ढलान अद्भुत है। पिछले दस साल की नीतियों पर शुरू हुई चर्चा तेजी से साढ़े चार सौ साल पीछे तक चली जाती है। फिर उसे एक हजार साल और दो हजार साल तक ले जानेवाले भी उठ खड़े होते हैं। पहले गुलामी लानेवाली नीतियों के लिए पी.वी. नरसिंह राव को दोषी ठहराया जाता है। दूसरे चरण में राजीव गांधी इसके लपेटे में आ जाते हैं। उदारीकरण और सूचना प्रौद्योगिकी के

शिलान्यास का दोष उन्हीं के मत्थे मढ़ा जाता है। लेकिन कर्ज लेने के लिए ब्रेटनवुड संस्थाओं के पास जाने की शुरुआत इन्दिरा गांधी ने की थी इसलिए उनको भी कम दोषी नहीं बताया जाता। पर भारत में पश्चिमी साम्राज्यवाद की जड़ें जमाने के असली जिम्मेदार तो पहले प्रधानमन्त्री जवाहर लाल नेहरू थे, जिन्होंने गांधी की आर्थिक नीतियों को त्यागकर विकास का यूरोपीय मॉडल अपनाया। नतीजतन देश में स्वयंसेवी संस्थाओं का ऐसा जाल बना कि आत्मनिर्भरता का स्वप्न ही टूट गया। इन उद्भावनाओं का अन्त नहीं है। वे संविधान को गुलामी का दस्तावेज बताती हैं और ब्रिटिश काल और मुगल काल के दरवाजे तोड़ती प्राचीन काल के स्वर्ण युग तक पहुँच जाती हैं। अन्त में विभिन्न समुदायों और सम्प्रदायों के लोग अपनी भावना के अनुरूप सैकड़ों और हजारों साल की गुलामी से लड़ने का दावा करने लगते हैं। उदारीकरण और बहुराष्ट्रीय कम्पनियों की गुलामी से लड़ने के लिए लगभग एक दशक पहले बना निष्ठावान, ईमानदार और कर्मठ लोगों का एक तेजस्वी संगठन आज इतिहास के इसी जंगल में भटक गया है। निश्चित तौर पर इतने बड़े कालखंड की राजनीति धर्म बनकर रह जाती है।

अकादमिक बहसों और बौद्धिक व्यायाम के लिए इस तरह की चर्चाओं का अपना महत्त्व है। उनसे बहुत कुछ सीखने-जानने और शोध-अध्ययन करने की सम्भावनाएँ निकलती हैं। राष्ट्र निर्माण के उत्साह का संचार करने और उसके खतरों को समझने में भी इतिहास के अनुभवों से सीख मिलती है। पर इस विमर्श के कई खतरे भी हैं जो राजनीतिक और सामाजिक कार्यकर्ताओं को बार-बार महसूस होते रहते हैं। सबसे बड़ा खतरा यह होता है कि आज के प्रश्नों पर एकजुट हो रहे राजनीतिक कार्यकर्ता तुरन्त बँट जाते हैं। सब अपने-अपने ढंग से ऐतिहासिक कालखंड को देखने और उसे ठोंकने-पीटने-तराशने का दावा करने लगते हैं। ऐसे में कभी सोवियत संघ और कभी चीन के नाम पर बनी ऐतिहासिक तल्खियाँ उत्प्रेरक की भूमिका निभाने लगती हैं। इसी से उत्पन्न होता है दूसरा खतरा। आज की चुनौतियों से लड़ने की तैयारी कर रही ऊर्जा अतीत की छायाओं से युद्ध करने में लग जाती है। चूँकि भारत की सभ्यता प्राचीन है और उसका अतीत विराट है, इसलिए नवनिर्माण की बहुत बड़ी ऊर्जा इतिहास की कब्रें खोदने, मस्जिदें ढहाने और उसकी ऊँची-नीची जमीन को समतल करने में चली जाती है।

गुलामी के दीर्घकालिक ऐतिहासिक विमर्श का तीसरा खतरा पहले दोनों से ज्यादा गम्भीर है। इससे गुलामी की स्वीकार्यता बढ़ती है। यानी जब हमारे राष्ट्रीय जीवन की हर कोशिका गुलाम है और उसके इतिहास का हर पल किसी के कब्जे में रहा है, ऐसे में गुलामी से बाहर निकलने का दावा एक ढकोसला लगता है। स्वाभाविक रूप से यह तर्क निकलता है कि जब गुलामी इतनी सर्वव्यापी है तो उससे लड़ने की जरूरत ही क्या है। इतिहास और गुलामी के इसी भटकाऊ विमर्श के कारण हम न तो प्रगति के लिए

किसी आम सहमति का निर्णय कर सके हैं और न ही जन संघर्ष के लिए। इसलिए कुछ लोग अक्सर कहते हैं कि हमारा भारी-भरकम अतीत हमारी पीठ पर कूबड़ की तरह निकला हुआ है जो हमारी हस्ती भी नहीं मिटने देता और हमें आगे भी नहीं बढ़ने देता। उम्मीद थी कि आजाद भारत का पचास साल का समय इस तरह के तमाम ऐतिहासिक विवादों और समस्याओं पर व्यापक आम राय बनाने के लिए काफी होगा। हम नई सदी में जब जाएँगे तो इस पर कम-से-कम विवाद होगा कि इतिहास की कौन-सी विरासत गर्व करने और कौन-सी शर्म करने लायक है। लेकिन ऐसा हुआ नहीं। मध्य युग पर विवाद और गहराया, प्राचीन युग पर नए विवाद जन्मे और स्वतन्त्रता संग्राम का साझा विमर्श भी बँट चुका है। दलितों की प्रतिस्थापना आर्यों के आक्रमण से अपनी गुलामी की शुरुआत मानती है और आज भी उससे लड़ना चाहती है। इसके विपरीत आर्य-आक्रमण को खारिज करनेवाले भी बढ़ते जा रहे हैं। हिन्दूवादियों की प्रतिस्थापना एक हजार साल पहले हुए इस्लाम को माननेवाली विभिन्न जातियों के आक्रमण से जुड़ी है। हिन्दूवादी अपने सम्पूर्ण पतन का दोष इतिहास के उसी कालखंड पर थोपते हुए कभी उस युग के शासकों के वंशजों से बदला लेते हैं तो कभी उनके अवशेषों से।

गुलामी का यह त्रिआयामी विमर्श सामाजिक कार्यकर्ताओं पर बहुत भारी पड़ रहा है। इनसे तेजस्वी प्रतिभाएँ भी इतिहास के जंगल में उलझ जाती है। उपर्युक्त दो विमर्शों की प्रचंड ऊर्जा मंडल और मन्दिर आन्दोलनों में दिखाई पड़ी थी। पर उनसे निहायत सत्ता-लोलुप और कायर राजनीतिक धाराओं का जन्म हुआ जो अमेरिकी साम्राज्यवाद के आगे दुम हिलाती है। मन्दिर आन्दोलन का तो शिलान्यास ही गलत था, पर मंडल आन्दोलन सामाजिक न्याय और धर्मनिरपेक्षता के खेत में पैदा होने के बावजूद आगे के समाज निर्माण की कोई फसल नहीं काट पाया।

सवाल उठता है कि यह इतिहास का कौन-सा नियम है जो औरों को आगे चलने और हमें बार-बार पीछे चलने पर विवश करता है। हेगेल चेतना (स्पिरिट) को इतिहास का नियन्ता मानते थे। हालाँकि दुनिया में पूरी तरह उनको माननेवाले राष्ट्र नहीं हैं पर जहाँ भी उन्हें माना जाता है, वहाँ पीछे चलने की ऐसी प्रवृत्ति नहीं देखी जाती। दुनिया का कोई भी पूँजीवादी राष्ट्र इतिहास के अँधेरे में नहीं चलता। मार्क्स ने भौतिकवाद को इतिहास का नियम माना था, विचारधारा, पार्टी और राजनीति के पैने औजारों से लैस उनके अनुयायी भी सामन्तवाद से पीछे जाकर लड़ने का साहस नहीं करते। सम्भवतः वे जानते हैं कि इतिहास में जितना ही पीछे जाएँगे उतना ही पदार्थ समाप्त होता जाएगा और चेतना हावी होती जाएगी।

लेकिन भारतीय चिन्तन में जहाँ इतिहास सम्बन्धी कोई स्पष्ट और रैखिक नियम नहीं है, बुद्धिजीवी अँधेरी गुफा में तलवार भाँजने को आतुर रहते हैं। उनकी यह प्रवृत्ति इतिहास की चक्रीय अवधारणा से आई लगती है। वहाँ काल लम्बी-लम्बी गणनाओं का कल्पना लोक है। सतयुग, त्रेता, द्वापर और कलियुग का यह चक्र क्रमशः संस्कृत की

चार, तीन, दो और एक संख्याओं के आधार पर सोचा गया है। पहले युग में धर्म चार पैरों, दूसरे में तीन, तीसरे में दो और चौथे यानी कलियुग में एक पैर पर चलता है। भारतीय पौराणिक चिन्तन में काल यह सम्पूर्ण आवर्तन 4320000 वर्षों का माना गया है। इसमें कलियुग की अवधि 432000 साल बताई गई है। इतिहास या काल का यह चक्र मनोविज्ञान और कल्पना का काफी खयाल रखकर बनाया गया लगता है, हालाँकि इससे भी कोई नियम निकाल पाना आसान नहीं लगता। पर सभ्यताएँ और राष्ट्र इतिहास के नियम की बड़ी व्यग्रता से तलाश करते हैं और इसीलिए इतिहास की नई व्याख्याएँ करते हैं।

इतिहास दर्शन के प्रणेता प्रोफेसर ई.एच. कार कहते हैं, 'इतिहास वर्तमान और अतीत के बीच लगातार चलनेवाली अन्योन्यक्रिया है और इतिहासकार और उसके तथ्यों के बीच कभी न समाप्त होनेवाला संवाद है' यह टिप्पणी इतिहास की राजनीति की व्याख्या तो करती है पर आगे बढ़ने का कोई साफ रास्ता नहीं सुझाती। समाजवादी चिन्तक डॉ. राममनोहर लोहिया ने मार्क्स और हेगेल से अलग इतिहास का नियम निकालने की कोशिश की है। वे एक तरफ पदार्थ और चेतना के स्वतन्त्र और अधीनस्थ सम्बन्ध की बजाय स्वायत्त सम्बन्धों का सुझाव देते हैं, वहीं चक्रीय अवधारणा को नई तरह से पेश करते हैं। वे कहते हैं कि इतिहास की चक्रीय अवधारणा उत्थान और पतन के नियम पर आधारित है। पर आज मनुष्य इस स्थिति में पहुँच गया है कि वह इतिहास के इस चक्र को तोड़कर पूर्ण दक्षता हासिल कर सकता है। यानी उत्थान और पतन का सिलसिला रुक सकता है और मनुष्य, राष्ट्र और सभ्यताओं का इतिहास एक समतल धरातल पर आगे बढ़ सकता है। उनकी यह दृष्टि ऐतिहासिक नियतिवाद से आगे जाती है।

डॉ. लोहिया की इसी संकल्पना से प्रेरणा लेकर आज गुलामी सम्बन्धी विमर्श करनेवालों से यह प्रश्न किया जा सकता है कि हम क्यों इतिहास चक्र में फँसे रहना चाहते हैं। गांधी जी ने एक बार कहा था कि हमारे लोगों ने कभी मसाले का व्यापार करके रोम का सोना लूट लिया था इसलिए आज हम अंग्रेजों के गुलाम हैं। सम्भवतः इसी आधार पर हम माने बैठे हैं कि एक दिन हमें अमेरिका के शोषण का अवसर मिलेगा। हम मानते हैं कि जब तक ईसाई और इस्लामी सभ्यता का पतन नहीं होगा तब तक हिन्दू सभ्यता का उदय नहीं होगा। या यूरोपीय सभ्यता के पतन और विनाश के बाद ही हम महाशक्ति बन पाएँगे और हमारी सुख-समृद्धि आएगी। या फिर जब तक ब्राह्मणों का पतन नहीं होगा तब तक दलितों का उत्थान नहीं होगा या दलितों का उत्थान ही ब्राह्मणों का पतन है। उत्थान और पतन के इस चक्र को तोड़ने की जरूरत है, तभी हम इतिहास सम्बन्धी द्वेष और कटुता से मुक्त भी हो सकते हैं। तभी हम गुलामी के मौजूदा स्वरूप पर ज्यादा स्पष्ट तरीके से सोच सकेंगे और उससे मुक्त होने का संघर्ष और नवनिर्माण का रास्ता खोज सकेंगे।

इसका अर्थ यह कतई नहीं है कि कर्म, जाति, वर्ण और लिंग सम्बन्धी असमानताओं और शोषण का जो सिलसिला वर्षों से चला आ रहा है, उसे समझने और मिटाने का कोई चिन्तन और कार्यक्रम न बने। वैसा करें पर अपने दौर के मुख्य अन्तर्विरोध की उपेक्षा न करें। यह भी ध्यान रखें कि इतिहास की कोई भी लड़ाई आज के सन्दर्भ में ही लड़ी जानी है। अतीत में उतरकर लड़ी जानेवाली लड़ाइयाँ हमें न सिर्फ पीछे ले जाती हैं, बल्कि वर्तमान को ही विद्रूप करती हैं।

समान नागरिक संहिता का सवाल

कभी प्रगतिशीलता का प्रतीक समझी जानेवाली समान नागरिक संहिता की माँग आज एक साम्प्रदायिक औजार बन गई है। इसे सबसे मुखर तरीके से उठानेवालों का मकसद अल्पसंख्यकों को चिढ़ाना और उनके मन में धर्म परिवर्तन की दहशत पैदा करना रह गया है। नफरत और हिंसा के इस माहौल में अल्पसंख्यकों ने खिड़की-दरवाजे बन्द कर लिए हैं। उनका कहना है कि कर्फ्यू के दौरान समाज सुधार नहीं किया जाता, बल्कि राशन-पानी इकट्ठा कर अपनी जान बचाई जाती है, दूसरी तरफ समाज के प्रगतिशील संगठनों, पार्टियों और नागरिकों ने इस माँग को करीब-करीब छोड़ दिया है। कुछ लोगों का यह तर्क है कि ऐसे वक्त में यह माँग उलटे परिणाम पैदा करेगी और माँग उठानेवाले समाज से कट जाएँगे। इसके अलावा ऐसे भी लोग हैं जिनका कहना है कि इस माँग के पीछे केन्द्रीकरण की अधिनायकवादी मानसिकता है, क्योंकि धार्मिक और सांस्कृतिक विभिन्नतावाले इस देश में कई निजी विधियों का अस्तित्व संघवाद के अनुरूप है।

इन स्थितियों में इन सवालों का उठना स्वाभाविक ही है कि समान नागरिक संहिता किसलिए ? क्या यह व्यावहारिक है ? इससे देश में एकता बढ़ेगी या टकराव ? क्या यह निहायत जरूरी है ? क्या कई निजी विधियों के रहते हुए भी समाज के हर तबके को सम्यक् न्याय देने की व्यवस्था की जा सकती है ? ये सारे यक्ष प्रश्न हैं। उनका उचित जवाब दिए बिना समान नागरिक संहिता के सरोवर का जल नहीं ग्रहण किया जा सकता।

संविधान के अनुच्छेद 44 में जब यह दर्ज किया गया था कि राज्य पूरे देश के लिए समान नागरिक संहिता बनाने की कोशिश करेगा तो राज्य के सामने एक धर्मनिरपेक्ष व समाजवादी समाज का लक्ष्य था। बल्कि संविधान के जिस हिस्से में यह अनुच्छेद है, उसका मकसद ही राज्य के सामने आधुनिक व समतामूलक आदर्श रखना है। लेकिन धीरे-धीरे वे आदर्श धूमिल होते गए। बदलते अन्तर्राष्ट्रीय हालात, समाजवाद के पतन और धर्मनिरपेक्षता को धकिया दिए जाने के बाद समतामूलक समाज के निर्माण का सपना बिखर गया। नई-नई टेक्नोलॉजी के आगमन के बावजूद वैज्ञानिक सोच

विकसित नहीं हो सका। सबसे ज्यादा हैरत इस बात पर है कि जिस अल्पसंख्यक समाज ने अपने निजी विधि में कई अतिक्रमणों पर उफ तक नहीं किया, वह एक बूढ़ी औरत को गुजारा-भत्ता देने पर बौखला उठा। शाहबानो विवाद से सिर्फ मुस्लिम समाज की कट्टरता का पता नहीं चलता, बल्कि यह भी पता चलता है कि हमारी पिछली 40 साल की राजनीति ने उदारता की संचित पूँजी भी गँवा दी है। अब यह तय करने का कोई मतलब नहीं रहा कि किस समाज की कट्टरता और साम्प्रदायिकता से कौन समाज संक्रमित हुआ। दोनों तरह की साम्प्रदायिकता एक-दूसरे की पूरक होती है। किसी भी बहुधार्मिक समाज में बहुत दिनों तक यह सम्भव नहीं होता कि एक समुदाय उदार और तरक्कीपसन्द बना रहे और दूसरा समाज कट्टरपन्थी और साम्प्रदायिक। आखिरकार एक धारा को झुकना ही पड़ता है। इतिहास पलटकर देखिए तो जब हिन्दू समाज में सुधार आन्दोलन चले होंगे तो मुस्लिम समाज भी कहीं-न-कहीं अपने भीतर बराबरी और बेहतरी लाने के लिए छटपटाया होगा। स्वतन्त्रता संग्राम के दौरान जब देश में गांधी के नेतृत्व में छुआछूत और दूसरी सामाजिक बुराइयों के खिलाफ संघर्ष चल रहा था तो मुस्लिम समाज में कायदे-आजमे जैसे लोग भी सुधार की पहल कर रहे थे। जिन्ना के प्रयासों के फलस्वरूप ही 1939 में मुस्लिम विवाह समापन अधिनियम पास हुआ था, जिसमें तलाक कानून को पत्नियों के लिए पहले के मुकाबले ज्यादा न्यायसंगत बनाया गया था। देशकाल के अनुरूप गति का अन्तर भले हो, पर एक दौर में समाज की दिशा एक ही होगी। बल्कि अगर कहा जाए कि पूरा मानव समाज एक दिशा में बढ़ता है तो अतिशयोक्ति नहीं होगी। इसलिए जातीय और धार्मिक पुनरुत्थान के इस दौर में नास्तिकता व भौतिकवादी दर्शनवाले कम्युनिस्टों द्वारा कबीर की खंझड़ी बजाना युग के अनुरूप ही है। भाजपा का उदय तो हिन्दू समाज के इतिहास पर कलंक है ही, लेकिन बाकी राजनीतिक दलों की जो वैचारिक स्थिति है वह भी राजनीतिक दर्शन के इतिहास के माथे की कलँगी नहीं है। कोई दस कदम आगे तो कोई दस कदम पीछे। गौर से देखें तो पूरे समाज की दिशा एक है।

6 दिसम्बर को अयोध्या में जो घटना हुई, उसके बाद तो समान नागरिक संहिता वगैरह की बात पृष्ठभूमि में चली गई है। धर्मनिरपेक्ष समाज का सपना तो छोड़िए, सर्वधर्म समभाववाला समाज ही बनाए रख सकें तो बड़ी बात होगी। लेकिन उससे भी चिन्ताजनक बात यह है कि समान नागरिक संहिता की माँग अब भाजपा ने उठा ली है, जिसका उद्देश्य मुस्लिम समाज में सुधार नहीं, बल्कि उसे चिढ़ाना भर है। वरना हमीदन के फैसले का मुरली मनोहर जोशी क्यों स्वागत करते हैं ? उनका मुस्लिम समुदाय तो क्या, हिन्दू समाज के भी किसी सुधारवादी आन्दोलन से कोई नाता नहीं है। न ही वे नारी अधिकारों के हिमायती रहे हैं। ऐसी स्थिति में मुस्लिम समुदाय को चिढ़ाने और नीचा दिखाने के अलावा उनका और कौन-सा उद्देश्य हो सकता है ?

हमें पहले इस बात पर विचार करना चाहिए कि समान नागरिक संहिता की जरूरत क्यों महसूस की गई थी। इसकी जरूरत इसलिए नहीं महसूस की गई थी कि सारा देश

एक ही तरह से उठे-बैठे, एक ही तरह के कपड़े पहने, एक ही ढंग से शादी करे और एक ही ढंग से अपने परिवार का पालन-पोषण करे। संविधान निर्माताओं और हमारे स्वतन्त्रता संग्राम के नेताओं की यह कल्पना कतई नहीं थी कि पूरा समाज एक यूनिफॉर्म में कदमताल करे। न ही संविधान का अनुच्छेद 14 कहीं पर यह कहता है कि पूरे देश में सबके लिए एक ही कानून होगा। यह इसकी भोंडी व्याख्या है। दरअसल, समान नागरिक संहिता का लक्ष्य विभिन्न सम्प्रदायों में उठनेवाले सुधार आन्दोलनों की उपलब्धियों को एक समझौते का रूप देना था। स्वाधीनता संघर्ष की समतावादी लहर पर सवार संविधान निर्माताओं को विश्वास था कि हर सम्प्रदाय के भीतर से स्त्री-पुरुषों की बराबरी के लिए अन्यायपूर्ण सामाजिक संस्थाओं को खत्म करने की खातिर सुधारवादी आन्दोलन निकलेंगे और उनकी उपलब्धियों का स्मारक बनाने के लिए समान नागरिक संहिता की जरूरत पड़ेगी। जब तक समाज में किसी-न-किसी स्तर पर सुधारवादी आन्दोलन चलते रहे, तब तक यह उम्मीद बनी रही। लेकिन धीरे-धीरे इस व्यवस्था में व्यापक समाज के लिए विकास की सम्भावनाएँ समाप्त हो गईं। जो कुछ बचा था, वह चन्द लोगों के लिए। नतीजतन व्यापक समाज आर्थिक व राजनीतिक आधार पर संव्यवहार करने के बजाय साम्प्रदायिकता व जातीय आचरण में लग गया। एक सम्प्रदाय को अपने पिछड़ेपन और गरीबी की वजह दूसरे सम्प्रदाय में दिखने लगी। आँखों पर भावना का ऐसा पर्दा चढ़ा कि झूठ और अतार्किक बातें सत्य का शिलालेख बन गईं और आगे बढ़ने के बजाय पीछे चलने की होड़ मच गई। कई तरह के मिथक बन गए और उसके चलते लोग अपनी उपलब्धियों को भी भूल गए। यह बात बहु प्रचारित है कि मुस्लिम समाज अपने निजी कानून में रत्तीभर सुधार बर्दाश्त करने को तैयार नहीं है। मुसलमानों के चार शादियों के अधिकार पर बहुत विरोध है और ज्यादातर लोग तो इसे एक अखंड अधिकार मानते हैं। लेकिन इस बात की चर्चा ही नहीं होती कि सरकारी कर्मचारी दो शादियाँ नहीं कर सकता। यह मुस्लिम निजी विधि के भीतर महत्त्वपूर्ण सेंध है और यह सुखद स्थिति ही है कि मुस्लिम समाज की तरफ से इसका कोई विरोध नहीं है। लेकिन इससे मुसलमानों में महिलाओं की अपमानजनक स्थिति समाप्त नहीं हो जाती। बहुविवाह प्रथा सामाजिक स्तर पर भले ही अव्यावहारिक हो, लेकिन कानूनी स्तर पर प्रगतिशीलता को मुँह चिढ़ाने के लिए बैठी हुई है। इसी तरह निकाह से लेकर गुजारा, उत्तराधिकार व तलाक वगैरह किसी भी मोर्चे पर मुसलमानों में औरतों को बराबरी का हक नहीं है। दरअसल, मुसलमानों और ईसाइयों (भारतीय) की निजी विधियों पर सबसे बड़ा आरोप महिलाओं को हेय बनाए रखने का ही है और उन विधियों में संशोधन की माँग स्त्री-पुरुष सम्बन्धों के पुनर्विचार की माँग है।

यह महज संयोग नहीं है कि मुसलमानों और ईसाइयों की निजी विधियों का विरोध शाहबानो, शहनाज शेख, हमीदन और मेरी राय के बहाने शुरू होता है। इन कानूनों में संशोधन की आवश्यकता भाजपाइयों से कहीं ज्यादा उन सम्प्रदायों की महिलाओं को है और वे ही एक दिन इस किले को भेदेंगी भी। लेकिन किसी पारम्परिक समाज में

स्त्री-पुरुष सम्बन्धों में बदलाव न तो सुप्रीम कोर्ट के फैसले से सम्भव है और न ही संसद के कानून से। इसके लिए व्यापक आन्दोलन की जरूरत है। औरत को पिता की सम्पत्ति में हक मिले या पति की ? यह विवाद अदालती फैसलों से हल होनेवाला नहीं है। इसके लिए व्यापक विमर्श की जरूरत है। गौर करने लायक बात है कि इस समस्या से हिन्दू समाज भी ग्रस्त है। हिन्दू विधि महिलाओं को पिता की सम्पत्ति में भी अधिकार देती है और पति की भी। लेकिन पिता की सम्पत्ति में अधिकार महज 'कानूनी कल्पना' बनकर रह गया है। व्यापक समाज कानून बनने के बावजूद इस अधिकार को स्वीकार करने को तैयार नहीं है। इसी विरोधाभास के चलते मधु किश्वर जैसी नारीवादी भी दहेज की समर्थक बन गई हैं। क्या हिन्दू समाज ने स्त्री-पुरुष सम्बन्धों की कानूनी स्थिति और वास्तविक स्थिति को लेकर कोई आन्दोलन या बहस छेड़ा है ? नहीं। बल्कि आठवें दशक में जो आन्दोलन उभरे भी थे, वे आजकल ठंडे पड़ गए हैं। ऐसी स्थिति में बहुसंख्यक समाज के पास अल्पसंख्यकों को प्रेरणा देने के लिए क्या है ? कानून को प्रेरक तत्त्व मानना गलत होगा, क्योंकि प्रेरणा सदैव मानव के गतिशील आचरण से मिलती है, जड़ चीजों से नहीं। दूसरी तरफ मान लीजिए मुसलमान और ईसाई समाज के भीतर से बिना कोई माँग उठे उसके स्त्री-पुरुष सम्बन्धों को नया आयाम देनेवाले कानून पास कर दिए जाएँ तो क्या होगा ? होगा यह कि ऐसा कानून न सिर्फ बेअसर होगा, बल्कि साम्प्रदायिक तनाव भी बढ़ाएगा।

यह बात सही है कि मुस्लिम निजी विधि महिलाओं को उपमानव का दर्जा देती है। पर यह दावा करना गलत है कि शरीयत में संशोधन नहीं हो सकता या हुआ ही नहीं। इस्लामी विधिशास्त्र यानी फिकह के दो महत्त्वपूर्ण सिद्धान्त हैं। पहला 'तकलीद' और दूसरा 'इज्तिहाद'। तकलीद के मायने हैं अनुसरण या जस का तस। यानी कुरान और हदीस में जो कुछ लिखा या कहा गया है, उसका जस का तस पालन करना। यह सिद्धान्त शरीयत में संशोधन का विरोध करता है। इज्तिहाद के मायने हैं कुरान और हदीस में विरोध होने पर अपने विवेक से फैसला करना। इसी इज्तिहाद के सिद्धान्त के तहत जनता के सुधार आन्दोलनों को अभिव्यक्ति मिली और दुनिया के तमाम मुसलमान देशों में कई महत्त्वपूर्ण सुधार हुए। भारत में भी अमीर अली और इकबाल ने तकलीद के सिद्धान्त का विरोध करते हुए इज्तिहाद पर जोर दिया था। दूसरा महत्त्वपूर्ण तरीका कुरान की आध्यात्मिक व्याख्या करने का है। उसी व्याख्या के चलते असगर अली इंजीनियर और तारा अली बेग जैसे लोगों ने शाहबानो को गुजारा-भत्ता देने के सुप्रीम कोर्ट के निर्णय का समर्थन किया था।

इज्तिहाद के चलते ही मिस्र ने 1943 में अपने उत्तराधिकार कानून में संशोधन किया। वहाँ 1953 में वक्फ अधिनियम और पारिवारिक कानून में भी फेरबदल किया गया। इराक ने 1959 में निकाह, तलाक वगैरह के कानूनों में परिवर्तन करनेवाली निजी स्तर संहिता जारी की, जबकि सीरिया ऐसा 1953 में ही कर चुका था। ट्यूनीशिया ने 1957 में यह कहते हुए निजी स्तर अधिनियम जारी किया कि कुरान में सह-पत्नियों

को हर तरह से बराबरी का दर्जा दिया गया है, पर आधुनिक युग में ऐसा सम्भव नहीं है, इसलिए बहुविवाह प्रतिबन्धित किया जाता है। यह एक क्रान्तिकारी कदम था। इसी के साथ यह भी घोषित किया गया कि अदालत के बाहर किया गया तलाक बेअसर माना जाएगा। अल्जीरिया ने भी इसी तरह का कानून पास किया। 1959 में अल्जीरिया ने एक अध्यादेश जारी कर सभी तरह के तलाकों को न्यायालय के दायरे में ला दिया।

वैसे इन सब सुधारों की प्रेरणा तुर्की से मिली। वहाँ आटोमान साम्राज्य के दौरान 19वीं सदी में आटोमान सिविल कोड जारी हुआ। इसे 'मेजिंल्ले सुधार' के नाम से जानते हैं। इसमें महिलाओं को भी तलाक के विरक्तता, बीमारी और क्रूरता जैसे आधार दिए गए। दरअसल, यह था तो हनफी कानूनों को संहिताबद्ध करने का प्रयास, पर इसमें मलिकी और हनबली धाराओं के उदार कानूनों को शामिल किया गया। हालाँकि यह कानून 1926 में खत्म कर दिया गया, पर इसका मुस्लिम देशों और विशेषकर मध्य एशिया पर महत्त्वपूर्ण असर पड़ा। बाद में कमाल पाशा के नेतृत्व में तुर्की ने तो एक धर्मनिरपेक्ष संहिता ही लागू कर दी।

पाकिस्तान में भी, जहाँ पूरी तरह से इस्लामी कानून लागू है, एक दौर में सुधार के प्रयास हुए हैं। अयूब खाँ के शासन के दौरान 1961 में पाकिस्तान पारिवारिक अधिनियम अध्यादेश लागू हुआ। इसके तहत बहुविवाह और पति द्वारा तीन बार तलाक कहकर तलाक देनेवाली प्रथा पर एक पंचाट परिषद को पुनर्विचार का अधिकार दे दिया गया। सिंगापुर, बांग्लादेश, इंडोनेशिया, मलयेशिया और ब्रूनेई में भी तलाक और बहुविवाह के कानूनों का दुरुपयोग रोकने के लिए कई कदम उठाए गए हैं। मिस्र, सूडान, सीरिया, जॉर्डन और मोरक्को में तीन बार 'तलाक' कहकर तलाक देने पर पाबन्दी है। ईरान में भी दूसरा विवाह करने से पहले अदालत से अनुमति लेने का प्रावधान किया गया था। लेकिन आयतुल्ला खुमैनी की इस्लामी क्रान्ति ने न सिर्फ वहाँ के सुधारों पर पानी फेर दिया, बल्कि पूरी दुनिया में सुधारों की भावी सम्भावना पर ग्रहण लगा दिया।

लेकिन ये तथ्य इस स्थापना को खारिज करते हैं कि इस्लामी कानूनों में संशोधन नहीं हो सकता। इस्लामी कानूनों में संशोधन हुए हैं और आगे भी होने की सम्भावना से इनकार नहीं किया जा सकता। वैसे भी किसी दौर में सुधारों की गति तेज होती है तो कभी धीमी। कभी-कभी उसके उलटी दिशा में चलने की सम्भावना से इनकार भी नहीं किया जा सकता। इस्लामी कानूनों में एकरूपता और शुद्धता की बात भी मिथक है। पहली बात तो इस्लामी कानूनों में हनफी, मलिकी, शैफी और हनबली जैसी चार प्रमुख धाराएँ हैं, हालाँकि दुनिया में सुन्नी मुसलमानों की संख्या ज्यादा होने के कारण ज्यादातर लोगों पर हनफी धारा ही लागू होती है। पर इससे भी महत्त्वपूर्ण बात यह है कि इस्लाम में प्रथाओं (दस्तूर) का महत्त्व न होने के बावजूद कई देशों में कानूनों में वहाँ की प्रथाओं ने खासा महत्त्व पाया है। भारत में 1937 में शरीयत अधिनियम लागू होने के काफी बाद तक खोजा, बोहरा और मोपिल्ला समुदाय अपनी प्रथाओं से संचालित होते रहे और उनके उत्तराधिकार, बँटवारे, वसीयत और संयुक्त परिवार

सम्बन्धी ये प्रथाएँ हिन्दुओं की थी। दरअसल, उन्हें मुसलमानों से हिन्दू बने ज्यादा दिन नहीं हुए थे। इन समुदायों ने अपने जीवन के कई क्षेत्रों में शरीयत अधिनियम का विरोध भी किया था।

तमिलनाडु के कुच्ची मेनन हिन्दू संयुक्त परिवार के नियमों से अभी हाल तक संचालित होते थे। केरल के मापिल्ला मुसलमानों में हिन्दुओं के संयुक्त परिवार व उत्तराधिकार की प्रथाओं को लेकर अभी भी भ्रम की स्थिति है, क्योंकि शरीयत अधिनियम ने मापिल्ला मरुकट्टायम नाम की स्थानीय प्रणाली को खत्म नहीं किया था। वैसे अब यह संस्था अपने आप खत्म हो रही है।

आमतौर पर धर्मग्रन्थों पर आधारित इस्लामी कानून में प्रथाओं की घुसपैठ के कुछ प्रमाण मूसा के सिद्धान्त में संशोधन–वसीयत, दत्तक, वक्फ और भरण-पोषण के कानूनों में संशोधन के तौर पर देखा जा सकता है। जहाँ मूसा के सिद्धान्त पर अंकुश लगाया गया है, वहीं वसीयत के मामले में 1861 में इच्छा पत्र अधिनियम और 1925 के भारतीय उत्तराधिकार अधिनियम के तहत 'वसी' को सम्पत्ति के पूर्ण अधिकार दिए गए हैं, जबकि इस्लामी कानून के तहत 'वसी' को सिर्फ प्रबन्धक के अधिकार होते थे।

गौरतलब बात है कि इस्लामी कानून में किसी को अपनी सम्पत्ति के एक तिहाई से ज्यादा हिस्से को वसीयत करने का अधिकार नहीं है। इसी तरह मेहर के एवज में सम्पत्ति को बन्धक बनाने का विधवा का अधिकार निजी अधिकार से उत्तराधिकार बन चुका है।

लेकिन सवाल सिर्फ संशोधन या मिलावट और ज्यादा कहें तो आर्थिक तरक्की और आधुनिकीकरण का ही नहीं है। सवाल यह है कि जो कुछ भी हुआ है, उससे सिद्धान्त और व्यवहार के स्तर पर मानक सम्बन्धों और विशेषकर स्त्री-पुरुष के सम्बन्धों में कितना बदलाव आया है। अल्पसंख्यक समुदाय की अपनी ग्रन्थि होती है और इस बात की कोई गारंटी नहीं है कि उस समुदाय में ज्यादा पढ़े-लिखे लोग हो जाएँ या वे अधिक तरक्की कर लें तो स्त्री-पुरुष सम्बन्धों में कोई बुनियादी बदलाव आ ही जाएगा। इस सिलसिले में केरल के सीरियाई ईसाई समुदाय की मेरी राय का संघर्ष उल्लेखनीय है। आमतौर पर सीरियाई ईसाई समुदाय की महिलाएँ काफी पढ़ी-लिखी और ऊँचे-ऊँचे ओहदों पर हैं। पर मेरी राय को सुप्रीम कोर्ट से मुकदमा जीतने के बाद भी अपने पिता की सम्पत्ति में हक नहीं मिला, बल्कि केरल ईसाई समुदाय व कन्याकुमारी ईसाई समुदाय के सारे पढ़े-लिखे पुरुष सुप्रीम कोर्ट के उस फैसले के खिलाफ खड़े हो गए। मेरी राय की ही तरह इस समुदाय की मरुकुट्टी टॉमस नाम की अविवाहित महिला (65) ने भी रिटायरमेन्ट के बाद घर से निकाले जाने पर अपने भाइयों से हक माँगने की कोशिश की, पर सब कुछ बेकार गया। दक्षिण के ईसाई समुदायों के लिए कभी कोच्चि अधिनियम और त्रावणकोर अधिनियम बना था, जिसके तहत वहाँ महिलाओं को पिता की सम्पत्ति में बहुत सीमित अधिकार दिए गए थे। लेकिन 1925 में लागू भारतीय उत्तराधिकार अधिनियम के बाद यह भ्रम पैदा हो गया कि ईसाई समाज पर पुराने कानून

लागू होंगे या भारतीय उत्तराधिकार अधिनियम। इस भ्रम को केरल और मद्रास हाईकोर्ट में फैसलों से भी बल मिला। मेरी राय के फैसले में सुप्रीम कोर्ट ने 1951 के बाद से त्रावणकोर अधिनियम को अप्रभावी माना। इस फैसले के परिणामों से आशंकित ईसाई समुदाय ने इसका जबरदस्त विरोध किया। आज सुप्रीम कोर्ट भले ही त्रावणकोर अधिनियम को अप्रभावी घोषित कर चुका है, पर वहाँ का समाज औरतों को भारतीय उत्तराधिकार अधिनियम के तहत हक देने को तैयार नहीं है।

इसी तरह ईसाई विवाह अधिनियम, 1869 को लें। उसके अनुसार तलाक वस्तुतः असम्भव है, जिसके चलते ईसाई समाज के जिन स्त्री-पुरुषों का जीवन नरक हो गया है, वे भी दाम्पत्य जीवन के कठघरे से निकल नहीं सकते।

इन तमाम असमानताओं और विसंगतियों को देखते हुए समान नागरिक संहिता या निजी विधियों में संशोधन की आवश्यकता से इनकार नहीं किया जा सकता। लेकिन ध्यान देने की बात है कि समान नागरिक संहिता धर्मनिरपेक्ष समाज बनाने का तरीका नहीं, उसका लक्षण है। अगर धर्मनिरपेक्ष समाज होगा तो समान नागरिक संहिता बनाने या निजी विधियों में न्याय और समता के आधार पर संशोधन करने में दिक्कत नहीं होगी। लेकिन यह सोचना कि हम समान नागरिक संहिता लागू कर धर्मनिरपेक्ष समाज बना लेंगे, बिलकुल उलटी बात है। समान नागरिक संहिता का सवाल सिर्फ एक बहुधर्मी समाज के सामाजिक और राजनीतिक सम्बन्धों में परिवर्तन का सवाल नहीं है, बल्कि स्त्री-पुरुष सम्बन्धों में भी परिवर्तन का सवाल है। इस सवाल का हल मुसलमानों पर हिन्दुओं का कानून और हिन्दुओं पर ईसाइयों या अंग्रेजों का कानून थोपकर नहीं किया जा सकता। इसके लिए सभी सम्प्रदायों को एक-दूसरे को और विशेषकर बहुसंख्यकों को, अल्पसंख्यकों को यह विश्वास दिलाना होगा कि उनकी धार्मिक आस्था और सांस्कृतिक पहचान के साथ छेड़छाड़ नहीं की जाएगी। पर आप अपने समाज के अन्यायपूर्ण और असमान अन्तर्सम्बन्धों को बदलें, इसका तरीका शाहबानो, हमीदन या मेरी राय जैसे विवादों के दौरान अल्पसंख्यकों को चिढ़ाने व उनके फटे में पाँव डालनेवाला नहीं होना चाहिए। बल्कि उस मामले में न्यूनतम दखल देते हुए बहुसंख्यकों को अपने समाज में सुधार का अभियान छेड़ना चाहिए। बहुसंख्यक समाज अगर यह मानता है कि अल्पसंख्यकों की कट्टरता से उस पर असर पड़ता है तो उसे यह भी मानना चाहिए कि उसके सुधारवादी आन्दोलनों का अल्पसंख्यकों पर असर पड़े बिना नहीं रह सकता।

समान नागरिक संहिता के बारे में एक सबसे भड़काऊ बात हिन्दू विधि को स्थिरांक मानने की है। इस तरह का सुझाव डेरेट जैसे विदेशी विद्वान भी दे चुके हैं। पर हिन्दू विधि अपने में पूर्ण नहीं है। व्यावहारिक स्तर पर हिन्दुओं में तलाक ले पाना आज भी एक लम्बी और पीड़ादायक प्रक्रिया है, जबकि मुसलमानों में भले ही एकतरफा हो, पर है आसान। संयुक्त परिवार की संस्था के पारम्परिक मोह के कारण हिन्दू अविभाजित परिवार को आयकर, सम्पत्ति कर और पूँजी आगम कर में रियायतें दी गई

हैं। लेकिन क्या इसकी वजह से व्यापक हिन्दू समाज में संयुक्त परिवार चल पा रहा है ? नहीं। बल्कि संयुक्त परिवार तो टूट ही रहे हैं। ऊपर से इन रियायतों का फायदा कुछ सम्पन्न लोग ही उठा रहे हैं। इसी तरह दहेज व पिता की सम्पत्ति में बेटी के हक को लेकर मोटेतौर पर कोई एक राय बननी चाहिए और विसंगतियाँ दूर होनी चाहिए, जबकि मुसलमानों का कहना है कि मुहम्मद साहब ने तो बहुत पहले पिता की सम्पत्ति में बेटी को हक दे दिया था। समान नागरिक संहिता तक पहुँचने के दो रास्ते बताए जाते हैं। एक तो इस तरह का कानून बना दिया जाए और उसे स्वैच्छिक कर दिया जाए, जैसा कि विशेष विवाह कानून है। लेकिन स्वैच्छिक कानून एक सजावट या हास्य की वस्तु बनकर रह जाता है। समाज का बहुमत किसी लकीर पर ही चलने का आदी होता है। दूसरा तरीका निजी विधियों में समय-समय पर संशोधन करते हुए उन्हें न्यायसम्मत बनाने का है। वैसे अगर सभी निजी विधियाँ न्यायसम्मत और आधुनिक समाज की जरूरतों के मुताबिक हो जाएँ तो समान नागरिक संहिता बनाने की जरूरत ही नहीं है, क्योंकि समान नागरिक संहिता बनाने पर भी हमें विभिन्न सम्प्रदायों की मूल धार्मिक और सांस्कृतिक परम्पराओं को स्थान देना पड़ेगा।

अन्त में यह कहना समीचीन होगा कि जिस तरह हम पेड़ की फुनगी से उस पर नहीं चढ़ सकते, उसी तरह समान नागरिक संहिता से एक धर्मनिरपेक्ष और समरस समाज नहीं बनाया जा सकता। उसकी जड़ों से प्रयास करना पड़ेगा और जड़ें नए सामाजिक और राजनीतिक सम्बन्धों से शुरू होंगी।

जे.पी. कायरों को लड़ना सिखा रहे थे

जयप्रकाश नारायण के जन्मशती वर्ष में उनके उजले व्यक्तित्व पर जो सबसे चटख दाग दिखाई पड़ता है वह है राष्ट्रीय स्वयंसेवक संघ को राष्ट्रीय स्तर पर मान्यता दिलाने का। आज संघ परिवार के फासीवाद से त्रस्त लोग जयप्रकाश की याद आते ही यह कह बैठते हैं कि यह राक्षस उन्हीं का पैदा किया हुआ है। अगर उन्होंने 1974 के बिहार आन्दोलन में संघ परिवार को अपने साथ न लिया होता तो अलग-थलग पड़े इस तथाकथित सांस्कृतिक संगठन को व्यापक राजनीतिक और सामाजिक मान्यता न मिलती और आज यह सामाजिक ताने-बाने को छिन्न-भिन्न करने की स्थिति में न होता। बिहार आन्दोलन और जे.पी. की यह आलोचना बाद में इस हद तक चली जाती है कि समाजवादियों के तो स्वभाव में ही फासीवादियों से समझौता करना है। 'देखिए न, उस दौर के समाजवादी आज किस तरह संघियों के इशारे पर नाच रहे हैं।' जे.पी. और उनके आन्दोलन का संघ द्वारा संकीर्ण इस्तेमाल निश्चित रूप से दुर्भाग्यपूर्ण है। पर उसकी एक आलोचना उस समय की सी.पी.आई. वाली है। सी.पी.आई. यानी वह पार्टी जो उस

समय इन्दिरा गांधी जैसी तानाशाह के सिंहासन को सजा रही थी और उन्हें सर्वाधिक प्रगतिशील बता रही थी। वही पार्टी दूसरी तरफ जे.पी. को फासीवादी कहकर उनकी आलोचना कर रही थी। आलोचना का दूसरा नजरिया मार्क्सवादी कम्युनिस्ट पार्टी यानी सी.पी.एम. का रहा है। सी.पी.एम. ने उस समय जे.पी. को सकारात्मक सहयोग दिया था और उनकी सकारात्मक आलोचना भी की थी। पर उसने आन्दोलन में खुलकर हिस्सा नहीं लिया था। जे.पी. और संघ के सम्बन्धों को देखने का तीसरा नजरिया आत्मालोचना का है जो जे.पी. के साथ खड़े होकर अपनाया जा सकता है।

यहाँ सवाल उठता है कि हम संघ को अभयदान देने का सारा दोष जे.पी. के मत्थे मढ़कर कहीं उसी तर्क-पद्धति का इस्तेमाल तो नहीं कर रहे हैं जिसके तहत जिन्ना को प्रोत्साहित करने और भारत-विभाजन का सारा दोष गांधी के हिस्से में डाला जाता है ? या कहीं हम उन क्रान्तिकारी संगठनों को दोषमुक्त तो नहीं कर रहे हैं जो जे.पी. आन्दोलन की आलोचना तो करते हैं पर उनके निधन के दो दशक बाद भी भ्रष्टाचार, साम्प्रदायिकता या गरीबी-बेरोजगारी जैसे किसी सवाल पर कोई छोटा आन्दोलन भी नहीं खड़ा कर पाए। या कहीं हम इस तथ्य की अनदेखी तो नहीं कर रहे हैं कि जे.पी. ने संघ के कायर कर्ताओं को संघर्ष का पाठ पढ़ाया और उन्हें हिन्दू राष्ट्र के संकीर्ण कोने से खींचकर भारत राष्ट्र के विशाल फलक तक लाए। यह अलग बात है कि जे.पी. कायरों को वीर नहीं बना सके और शायद इसीलिए संघ परिवार की आँखों पर फिर संकीर्ण हिन्दू राष्ट्र का परदा पड़ गया।

जे.पी. की छत्रछाया में संघ परिवार को आगे आने का मौका मिला यह तथ्यात्मक रूप से सही है, लेकिन जब हम उसे एक ऐतिहासिक निष्कर्ष मानने लगते हैं तो वह एक सरलीकरण होता है। जे.पी. आन्दोलन जिन जटिल राजनीतिक परिस्थितियों में उभरा उनमें जनसंघ और उसका मूल संगठन रा.स्व. संघ जे.पी. के करीब आए और इस दौरान उन्हें संघर्ष करने का अवसर भी मिला। पर उसी के साथ यह भी तथ्य है कि जे.पी. ने आन्दोलन में वामपन्थी शक्तियों को आकर्षित करने के लिए कम प्रयास नहीं किया। इसके अलावा उनके आन्दोलन का एजेंडा दक्षिणपन्थी न होकर वामपन्थी ही था। वे तानाशाही और भ्रष्टाचार विरोधी संघर्ष के साथ भूमि सुधार, चुनाव सुधार और समाज सुधार के कार्यक्रम चलाना चाहते थे। वे चाहते थे कि वामपन्थी शक्तियाँ आन्दोलन में आगे बढ़कर इन कार्यक्रमों को उठाएँ और साथ ही दक्षिणपन्थी शक्तियाँ अपने चरित्र में परिवर्तन करें। जे.पी. के प्रभाव में बहुत सारे संगठनों के मन डावाँडोल हुए। उन्होंने एक तरह से 'अच्छाई की प्रेरणा' भी प्रस्तुत की, जिसकी वजह से तमाम अच्छे लोग आगे आए और कई लोग अच्छाई की राह पर चले। यह अलग बात है कि जे.पी. की सम्पूर्ण क्रान्ति की यात्रा इतनी संक्षिप्त थी कि न सिर्फ सहयोगी उनका साथ छोड़ गए बल्कि वे खुद भी लोगों को जल्दी ही छोड़कर चले गए। 'जे.पी. संघ परिवार के करीब हो गए थे' अगर हमें इस तथ्य और सरलीकृत निष्कर्ष से आगे जाना है तो उन द्वन्द्वात्मक स्थितियों पर भी ध्यान देना होगा जो उस वक्त बन रही थी।

जे.पी. ने एक बार कहा था कि 'अगर जनसंघ फासिस्ट है तो हम भी फासिस्ट हैं।' संघ परिवार के लोग उनके इस बयान को आज तक धर्मरक्षा कवच के रूप में इस्तेमाल करते हैं। जबकि धर्मनिरपेक्ष लोग इसी को लक्ष्य कर जे.पी. पर निशाना साधते हैं। जे.पी. का यह बयान उनके अपने समर्थकों में भ्रम पैदा करनेवाला था और जनसंघ को दुरुपयोग की छूट देनेवाला था। इसी भ्रम के चलते जे.पी. के साथ आन्दोलन में कूदे तमाम सर्वोदयी बाद में भी संघ परिवार के साथ दोस्ती निभाते रहे और कई लोग तो छह दिसम्बर, 1992 की अयोध्या-घटना के बाद विधिवत संघ-प्रिय हो गए। लेकिन जे.पी. स्वयं धर्मनिरपेक्षता की समृद्ध और सशक्त परम्परा से जुड़े थे और इतना कहने के बावजूद जनसंघ से उनका द्वन्द्वात्मक रिश्ता चल रहा था इस बात को उनके आलोचक भी मानते थे। भारतीय कम्युनिस्ट पार्टी के मुखपत्र 'न्यू एज' के 16 मार्च, 1975 के अंक में जे.पी. के फासिस्टवाले बयान की आलोचना तो की गई थी पर साथ में यह भी याद दिलाया गया था कि 1968 के अन्त में जे.पी. ने ही कहा था कि जब तक जनसंघ का नियन्त्रण राष्ट्रीय स्वयंसेवक संघ के हाथों में है तब तक उसके धर्मनिरपेक्ष चरित्र को कभी गम्भीरता से नहीं लिया जा सकता। 'न्यू एज' की उसी रपट में कहा गया है : "जे.पी. ने दिल्ली में जनसंघ के एक सम्मेलन को सम्बोधित करते हुए कहा कि संसद की तरफ होनेवाले मार्च में वे लोग न तो अपनी पार्टी का झंडा लाएँगे और न ही अपनी पारम्परिक केसरिया टोपी पहनेंगे। हालाँकि उनके इस सुझाव को पार्टी अध्यक्ष लालकृष्ण आडवाणी ने तत्काल स्वीकार कर लिया लेकिन उस पर काफी विरोध हुआ।"

आन्दोलन के दौरान ऐसे तमाम अवसरों पर जे.पी. संघ को बदलाव के लिए प्रेरित करते रहते और उसकी उन्हें नकारात्मक और सकारात्मक प्रतिक्रियाएँ मिलती रहीं। वे एक बार रा.स्व. संघ के एक कार्यक्रम में गए थे जहाँ उन्होंने सुझाव दिया कि संघ को अपने ढाँचे को दूसरे धर्मों के लिए खोल देना चाहिए। उनके इस सुझाव पर रा.स्व. संघ में आशंका भरी प्रतिक्रिया हुई। संघवालों का कहना था कि जे.पी. को उनके मूल संगठन के बारे में इस तरह का सुझाव देने का कोई अधिकार नहीं है।

आन्दोलन के आरम्भिक चरण में रा.स्व. संघ तो क्या, जनसंघ की पहचान बदलने का सुझाव भी संघ परिवार के नेताओं को गवारा नहीं था। लेकिन धीरे-धीरे उनके मानस में परिवर्तन होने लगा और वे बाकी विपक्षी दलों के साथ ज्यादा निकट का सहयोग करने को तैयार होने लगे। सन् 1975 के आरम्भ में जनसंघ विपक्षी एकता के लिए अपना अस्तित्व विलीन करने को तैयार नहीं था लेकिन सरकारी दमन बढ़ने के साथ वह इस दिशा में सोचने लगा था और आपातकाल में रा.स्व. संघ के प्रतिबन्धित होने के कारण वह नई जनता पार्टी में शामिल होने को तैयार हो गया। मधु लिमये के अनुसार सोशलिस्ट पार्टी और भारतीय लोकदल के लोग ऐसे तमाम मतभेदों के बारे में चिन्तित थे जो उनके और जनसंघ के बीच बुनियादी थे। जैसे कि जनसंघ का विश्वास हिन्दू राष्ट्र में था और बाकी दलों का विश्वास भारतीय राष्ट्र में। इसी प्रकार सोशलिस्ट

और लोकदली लोग संविधान में अल्पसंख्यकों को दिए गए विशेष अधिकार के पक्ष में थे जबकि रा.स्व. संघ मुसलमानों और ईसाइयों को दूसरे दरजे का नागरिक बनाने की बात करता था। जनसंघ एकात्मक शासन प्रणाली का हिमायती था जबकि बाकी दल संघीय शासन चाहते थे। रा.स्व. संघ वर्ण-व्यवस्था के पक्ष में था जबकि सोशलिस्ट और लोकदल उस भेदभाव को मिटाना चाहते थे। इन मतभेदों और इनसे बननेवाली आशंकाओं के मद्देनजर मधु लिमये ने अप्रैल, 1975 में संघ के सरकार्यवाहक माधवराव मुले से मुलाकात की। इस मुलाकात में मुले ने कहा, "मैं एकता चाहता हूँ और राष्ट्रीय स्वयंसेवक संघ इसे प्राप्त करने में कोई बाधा नहीं उत्पन्न करेगा। राष्ट्रीय स्वयंसेवक संघ के लोग देश को प्यार करते हैं, लोकतन्त्र का मूल्य समझते हैं और राष्ट्रीय हित की जरूरत को देखते हुए अपने संगठन को भंग करने से भी नहीं झिझकेंगे।"

आपातकाल के दौरान जनता पार्टी के गठन पर जब विचार-विमर्श होता था तो जनसंघ और रा.स्व. संघ की दोहरी सदस्यता का सवाल उठता था। चरण सिंह ने स्पष्ट शब्दों में कहा था कि जो रा.स्व. संघ का सदस्य है वह जनता पार्टी का सदस्य नहीं हो सकता और जो जनता पार्टी में है वह संघ की सदस्यता नहीं ले सकता। इस पर जनसंघ के लोगों और विशेषकर ओ.पी. त्यागी का तर्क था कि "इस समय राष्ट्रीय स्वयंसेवक संघ प्रतिबन्धित है। इसलिए उसे भंग ही माना जाए। ऐसी परिस्थिति में जनता पार्टी में शामिल होने की इन शर्तों में कोई दिक्कत नहीं आएगी। (आठ जुलाई, 1976 को दिल्ली में हुई एक बैठक)।

मधु लिमये अपनी प्रसिद्ध पुस्तक *सोशलिस्ट कम्युनिस्ट इनटरैक्शन इन इंडिया* में महसूस करते हैं, "आपातकाल के दौरान आर.एस.एस और जनसंघ ने यह आभास दिया था कि उनका सोच बदला है। उन्होंने उस घोषणा-पत्र का समर्थन किया जिसमें धर्मनिरपेक्ष और समाजवादी राज्य बनाने का संकल्प था और जिसमें हरिजनों, आदिवासियों और अन्य पिछड़ा वर्ग को उठाने की बात की गई थी। इसके लिए कालेलकर समिति की सिफारिशों के मद्देनजर पिछड़ा वर्ग को 25 से 30 फीसदी आरक्षण देने का सुझाव था।"

मधु लिमये लिखते हैं, "जनसंघ के कुछ नेता हिन्दू राष्ट्र की जगह पर भारतीय राष्ट्र के सन्दर्भ में सोचने लगे थे। आर.एस.एस. के नेता गैर-हिन्दुओं को अपने संगठन में भरती करने की बात करने लगे थे। लोकसभा और विधानसभा चुनावों के दौरान उन्होंने ईमानदारी से साम्प्रदायिक प्रचार छोड़ दिया था।"

रा.स्व. संघ के लोगों ने औपचारिक तौर पर अपने बदलने का अहसास कराया था इसका प्रमाण भी जनता पार्टी के उस घोषणा-पत्र से मिलता है जिसमें अल्पसंख्यकों के साथ जीवन के विविध क्षेत्रों में चल रहे भेदभाव को खत्म करने का संकल्प किया गया था। उस संकल्प में कहा गया था, "ऐसी तमाम शिकायतें हैं कि अल्पसंख्यकों के साथ उद्योग, व्यापार और वाणिज्य के साथ रोजगार के क्षेत्र में भी भेदभाव बरता जाता है। जनता पार्टी ऐसे सभी भेदभाव को दूर करने की प्रतिज्ञा लेती है।"

इतना ही नहीं, जनता पार्टी का सदस्य बनने के लिए जो प्रतिज्ञा-पत्र था उसमें लिखा था, "मैं महात्मा गांधी द्वारा देश के समक्ष प्रस्तुत मूल्यों और आदर्शों में आस्था जताता हूँ और अपने को एक लोकतान्त्रिक, धर्मनिरपेक्ष और समाजवादी राज्य की स्थापना के लिए प्रस्तुत करता हूँ।" जनसंघ के लोगों ने इस प्रतिज्ञा-पत्र पर दस्तखत किए थे। इसमें यह भी लिखा था "मैं साम्प्रदायिक या अन्य तरह के किसी ऐसे राजनीतिक दल का सदस्य नहीं हूँ जिसकी अलग सदस्यता, संविधान और कार्यक्रम है।"

सम्भवतः इन्हीं संकल्पों का प्रभाव था कि जब 1980 में जनता पार्टी का विभाजन हुआ और पुराने जनसंघ के लोगों ने भारतीय जनता पार्टी बनाई तो उन्होंने गांधीवादी समाजवाद का लक्ष्य सामने रखा। देखा जाए तो यह दिखावटी परिवर्तन भी जे.पी. आन्दोलन की बड़ी उपलब्धि कहा जा सकता है।

आज जे.पी. आन्दोलन को हुए चौथाई सदी बीत चुकी है और संघ परिवार अपने विविध मायावी रूपों में अवतरित होकर राष्ट्र की धर्मनिरपेक्ष काया को रुग्ण कर रहा है और सामाजिक ताने-बाने को छिन्न-भिन्न कर रहा है। ऐसे समय यह कहनेवालों की कमी नहीं है कि जे.पी. को उन लोगों को साथ नहीं लेना था जो गांधी की हत्या के समर्थक थे। उनका सुझाव है कि जे.पी. को उन लोगों से माफी मँगवानी चाहिए थी जिन्होंने गांधी की हत्या के बाद अपनी शाखाओं में लड्डू बाँटे थे। जे.पी. में इस तरह की कमी देखनेवालों के लिए क्या यह पर्याप्त नहीं है कि जे.पी. ने जनसंघियों को महात्मा गांधी के नाम की प्रतिज्ञा दिलवाई और उनका नेतृत्व स्वीकार करवाया। जे.पी. किसी राजनीतिक दल के सदस्य नहीं थे, बल्कि लम्बे समय से दलीय राजनीति से दूर भी थे। ऐसे में उनका मानस न सिर्फ सर्वदलीय हो चला था, बल्कि वे राजनीतिक छुआछूत में भी विश्वास नहीं करते थे। फिर डाकुओं और उग्रवादियों से समर्पण करानेवाले जे.पी. अगर जनसंघियों के हृदय-परिवर्तन का प्रयास करे तो इसमें कोई आश्चर्य नहीं होना चाहिए। आखिर अहिंसा द्वारा होनेवाली क्रान्ति का मूल आधार तो हृदय-परिवर्तन ही तो होगा।

ऐसा नहीं कि जे.पी. जनसंघ की मूल प्रवृत्तियों को लेकर आशंकित नहीं थे, पर मनुष्य की अच्छाई और उसमें परिवर्तन व सुधार के प्रति वे बिलकुल आशान्वित थे। वे मानते थे कि संघर्ष के दौरान परिवर्तन की सर्वाधिक सम्भावना रहती है। इसीलिए वे सम्पूर्ण क्रान्ति के लक्ष्य को आगे रखकर सबको बदल रहे थे। यह उनका एक प्रयोग था जिसमें कभी उनका जनसंघ से टकराव होता था तो कभी मार्क्सवादियों की आलोचना का सामना करना पड़ता था। लेकिन उस वक्त की यह विशेषता गौरतलब है कि सदैव आन्दोलन और क्रान्ति की रट लगानेवाले वामपन्थी आन्दोलन से पीछे हट रहे थे जबकि आन्दोलन से सदैव दूर रहनेवाले दक्षिणपन्थी संघर्षशील बन रहे थे। जनसंघ आन्दोलन के माध्यम से सत्ता-परिवर्तन से किस प्रकार परहेज करता था यह पूर्वग्रह उसमें 1974 में भी देखा जा सकता है। लालकृष्ण आडवाणी ने उज्जैन में हुई जनसंघ की सामान्य परिषद की बैठक में गुजरात विधानसभा के भंग किए जाने पर

टिप्पणी करते हुए कहा–''संविधानेतर तरीकों से एक चुनी हुई सरकार को गिराने को पहली बार वैधानिकता दी गई है।'' (हिन्दुस्तान टाइम्स, 6 अप्रैल 1974)

आन्दोलन के दौरान जे.पी. के प्रगतिशील कार्यक्रमों को लागू करने में जनसंघ और अखिल भारतीय विद्यार्थी परिषद के लोग बाधा उत्पन्न करते थे। इसके कई दृष्टान्त मिल जाएँगे। 'छात्र युवा संघर्ष वाहिनी' के साथी और आजकल आजादी बचाओ आन्दोलन चला रहे रामधीरज बताते हैं कि 1974 में जे.पी. ने छात्रों से कालाबाजारी के खिलाफ अभियान चलाने का आह्वान किया। लेकिन यह अभियान शुरू होने से पहले ही ठहर गया। तहकीकात करने पर पता चला कि कालाबाजारी और जमाखोरी का धन्धा करनेवाले तो अखिल भारतीय विद्यार्थी परिषद और जनसंघ के लोग हैं। इसलिए वे इस तरह का कार्यक्रम क्यों चलने देंगे !

इसी तरह के कुछ दृष्टान्त आजकल 'युवा भारत' नामक संगठन चला रहे अनिल प्रकाश के पास भी है। अनिल प्रकाश छात्र युवा संघर्ष वाहिनी के जुझारू कार्यकर्ता रहे हैं और बाद में उन्होंने बोधगया-संघर्ष और 'गंगा मुक्ति आन्दोलन' चलाए। वे बताते हैं कि आन्दोलन के दौरान प्रगतिशील युवा जाति-व्यवस्था पर भी चोट करते रहना चाहते थे। इसलिए उन्होंने जनेऊ जलाने के उस कार्यक्रम को चलाना चाहा जो जे.पी. पहले किया करते थे। लेकिन आन्दोलन में शामिल अखिल भारतीय विद्यार्थी परिषद के लोगों ने उसका विरोध किया। विद्यार्थी परिषद के लोग जे.पी. के निधन के बाद उनके अन्तिम संस्कार से पहले उनके शव को जनेऊ पहनाना चाहते थे। इसका वहाँ मौजूद प्रगतिशील युवाओं ने विरोध किया। जे.पी. ने आन्दोलन के दौरान 'बिहारवासियों के नाम' एक पत्र जारी किया। यह पत्र 4 नवम्बर, 1974 को पटना के गांधी मैदान में हुए भाषण, प्रदर्शन और लाठीचार्ज के ठीक पहले का है। इस पत्र में जयप्रकाश ने भ्रष्टाचार, गरीबी, बेरोजगारी, कालाबाजारी और असमानता का जिक्र करते हुए बताया कि किस तरह स्थितियाँ खराब हो गई हैं। उनके इस पत्र में साम्प्रदायिक मानसिकता पर कड़ी टिप्पणी है और उन्होंने ऐसे किसी विभाजन के प्रति आगाह किया था। ऐसी टिप्पणी करने की तात्कालिक वजह यह थी कि बिहार के तत्कालीन मुख्यमन्त्री अब्दुल गफूर यह आरोप लगा रहे थे कि इस आन्दोलन में मुसलमानों की भागीदारी नहीं है।

इसी सिलसिले में जे.पी. का दूसरा पत्र युवाओं के नाम जारी किया गया। उस पत्र में उन्होंने युवाओं से नए भारत के निर्माण का आह्वान किया और संकीर्ण मानसिकता से बचने के प्रति आगाह किया। आन्दोलन की बढ़ती ताकत से लैस जे.पी. पार्टियों के नेताओं पर व्यंग्य करने से भी परहेज नहीं करते थे। लेकिन उनकी बढ़ती नैतिक शक्ति के कारण नेताओं और उनके समर्थकों को सहना पड़ता था। जे.पी. ने 25 दिसम्बर, 1974 को उत्तर प्रदेश के पूर्वी जिलों का दौरा करते हुए एक जनसभा में कहा, ''जनसंघ के लिए सम्पूर्ण क्रान्ति तभी होगी यदि लालकृष्ण आडवाणी या अटल बिहारी वाजपेयी प्रधानमन्त्री बन जाएँ।'' उनके इस बयान पर कई दिनों तक चर्चा होती रही और जनसंघ में खिन्नता भी बनी।

आन्दोलन में जनसंघ और उसके विभिन्न सहोदर संगठनों की भागीदारी को लेकर कांग्रेस, भाकपा और माकपा सभी उनकी आलोचनाएँ कर रही थीं। इनमें कांग्रेस और भाकपा की आलोचना शत्रुतापूर्ण थी, लेकिन माकपा की आलोचना मित्रतापूर्ण थी। इस बहस में जनसंघ के बारे में जे.पी. की आशंकाएँ भी प्रकट होती रहती थीं। सन् 1973 के जुलाई महीने में कांग्रेस पार्टी ने भाकपा की शब्दावली का प्रयोग करते हुए कहा कि देश में एक तरफ प्रतिक्रियावादी और दूसरी तरफ दुस्साहसी शक्तियाँ बढ़ रही हैं इसलिए कांग्रेस ने एलान किया कि वह एक तरफ प्रतिक्रियावादी दक्षिणपन्थ की फासीवादी साजिश से लड़ेगी और दूसरी तरफ वामपन्थी दुस्साहस के धोखे से भी निपटेगी। कांग्रेस और भाकपा ने इस 'दोतरफा खतरे को महसूस करते हुए' एक-दूसरे से निकटता बढ़ा ली।

भारतीय कम्युनिस्ट पार्टी ने मार्च, 1974 में हुए अधिवेशन में पारित प्रस्ताव में जे.पी. पर प्रहार करते हुए कहा, "वे हमारे देश की प्रगतिशील नीतियों को नीचा दिखाने की कोशिश कर रहे हैं।" वहीं माकपा ने मित्रवत आलोचना करते हुए *पीपुल्स डेमोक्रेसी* के 24 मार्च, 1974 के अंक में लिखा, "हमें बेहद सावधान रहने की जरूरत है, क्योंकि प्रतिक्रियावादी हर स्थिति का अपने पक्ष में इस्तेमाल करने को तैयार बैठे हैं। इसलिए लोकतान्त्रिक शक्तियों को कांग्रेस से निश्चित तौर पर लड़ना चाहिए। उन्हें यह भी देखना चाहिए कि प्रतिक्रियावादी जनता के असन्तोष का फायदा न उठा सकें।"

लेकिन माकपा इस बात के लिए सतर्क थी कि कहीं उसके द्वारा की जानेवाली जे.पी. आन्दोलन की आलोचना कांग्रेस द्वारा जनान्दोलन के विरुद्ध न इस्तेमाल कर ली जाए। इसीलिए *पीपुल्स डेमोक्रेसी* ने कांग्रेस की आलोचना करते हुए यह भी लिखा, "दक्षिणपन्थी प्रतिक्रिया की बात कर इन्दिरा गांधी जनता को भ्रमित करना चाहती है और उसे संघर्षों से दूर करना चाहती हैं।"

माकपा जे.पी. आन्दोलन के मुद्दों को सही मानते हुए उसे ताकत देने के पक्ष में तो थी। उसके सांसद ज्योतिर्मय बसु, समाजवादी सांसद मधु लिमये से मिलकर लोकसभा में उन मुद्दों को उठा भी रहे थे। पर माकपा की दुविधा यह थी कि वह उस आन्दोलन में कैसे हिस्सेदारी करे जिसमें राष्ट्रीय स्वयंसेवक संघ और अखिल भारतीय विद्यार्थी परिषद के लोग हिस्सा ले रहे हैं। इस दुविधा को ई.एम.एस. नम्बूदिरीपाद ने 15 सितम्बर, 1974 को *पीपुल्स डेमोक्रेसी* में लिखे अपने लेख में व्यक्त किया। माकपा की आशंकाओं को दूर करते हुए जे.पी. ने *एवरीमैंस वीकली* में उनसे आन्दोलन में शामिल होने की अपील की और कहा, "इस विशाल आन्दोलन में राष्ट्रीय स्वयंसेवक संघ एक छोटी-सी भूमिका निभा रहा है।" (12 अक्टूबर, 1974)

जे.पी. की इस अपील के जवाब में ई.एम.एस. ने 13 अक्टूबर, 1974 को *पीपुल्स डेमोक्रेसी* में लिखा, "मौजूदा बिहार आन्दोलन को वामपन्थी दिशा देने की कोशिश की जानी चाहिए।" इससे आगे बढ़कर उन्होंने यह भी लिखा कि "माकपा को जनता की माँगों के आधार पर एक स्वतन्त्र आन्दोलन विकसित करने की कोशिश करनी चाहिए

जो जयप्रकाश और सोशलिस्ट पार्टी और वाम लोकतान्त्रिक शक्तियों से सहयोग करे। साथ ही वह मौजूदा जनान्दोलन को इस प्रकार संकेन्द्रित करे कि वह अपने उद्देश्यों को प्राप्त करे।''

ध्यान देने लायक बात यह है कि उस समय देश की अन्य मार्क्सवादी पार्टी भाकपा यह चेतावनी दे रही थी कि जे.पी. एक प्रतिक्रियावादी आन्दोलन चला रहे हैं।

हालाँकि उस समय की जे.पी. की टिप्पणियों पर ध्यान दिया जाए तो लगता है कि वे जनसंघ की सीमाएँ भी पहचान रहे थे। जे.पी. ने साफ लिखा, ''जनसंघ बहुत आगे तक नहीं जाएगा। मुझे याद आता है कि जब सन् 1967 में हमने संयुक्त विधायक दल की सरकार को कुछ कानून लागू करने को कहा तो जनसंघ के मन्त्रियों ने धमकी दी कि अगर यह मुद्दा उठा तो खून की नदियाँ बह जाएँगी। पर समाजवादी पार्टियों से उम्मीद है कि वे मामला उठाएँगी।'' सम्भवतः जे.पी. का संकेत भूमि सुधार की तरफ था।

जे.पी. आन्दोलन के बारे में वामपन्थियों की दुविधा और दूरी का परिणाम यह हुआ कि वे 1942 की तरह एक बार फिर चूक गए। हिन्दीभाषी क्षेत्र में अपनी जगह बनाने का सुनहरा अवसर उनके हाथ से निकल गया और संघ परिवार ने तरह-तरह के भेष बदलकर इस आन्दोलन के दौरान जो वैधता हासिल की, वह उसके लिए बड़ी उपयोगी साबित हुई। इससे एक तरफ उनकी कायरता की छवि टूटी और दूसरी तरफ उनकी राष्ट्रीय स्वीकृति बनी। लेकिन साथ में यह भी साबित होता है कि जे.पी. जिन कायरों को बहादुर बनाना चाहते थे वे एक सीमा से आगे जा नहीं सकते थे। रा.स्व. संघ के सरसंघचालक बालासाहब देवरस से लेकर उनके तमाम कार्यकर्ताओं द्वारा इन्दिरा गांधी के सम्मान में प्रस्तुत माफीनामा इसका प्रमाण है।

इस विरोधाभास का वर्णन करते हुए मधु लिमये लिखते हैं, ''आर.एस.एस. और जनसंघ के लोग आपातकाल में सबसे अधिक संख्या में जेलों में थे। लेकिन उन्होंने जरा भी दृढ़ता नहीं दिखाई। हालाँकि रा.स्व. संघ के प्रमुख पाँच दशकों से चरित्र-निर्माण की बात कर रहे थे लेकिन उनके सत्तर फीसदी कार्यकर्ता आपातकाल में टूट गए। उन्होंने विभिन्न सरकारों को माफीनामा भेजा। उनकी तुलना में गांधी के वे पुरुष और स्त्रियाँ ज्यादा मजबूत थे जिन्होंने अंग्रेजी साम्राज्यवाद से लड़ते हुए तकलीफ सहने का असाधारण साहस दिखाया।''

बालासाहब देवरस ने आपातकाल के दौरान इन्दिरा गांधी को पत्र लिखकर जिस प्रकार की कमजोरी का परिचय दिया उससे साबित होता है कि कायरों को वीर बनाने का जे.पी. का प्रयोग सफल नहीं हुआ। हाईकोर्ट से चुनाव का मुकदमा हारी प्रधानमन्त्री इन्दिरा गांधी की चुनावी अपील को जब सुप्रीम कोर्ट ने मंजूर किया तो देवरस ने उन्हें बधाई देते हुए पत्र लिखा। पत्र में कहा गया था कि अन्त में सत्य को सफलता मिलती है। जबकि यह तथ्य सर्वविदित है कि इन्दिरा गांधी की वह अपील जनप्रतिनिधित्व कानून में संशोधन के कारण मंजूर हुई थी।

ओरियंट लांगमैन से प्रकाशित पुस्तक *खाकी शर्ट्स एंड सफरन फ्लैग्स* में लेखकगण बताते हैं कि देवरस ने अगस्त और नवम्बर 1975 में इन्दिरा गांधी को पत्र लिखकर इस बात का वायदा किया था कि संघ पर पाबन्दी हटाई जाती है तो वे सहयोग के लिए तैयार हैं। उन्होंने सरकार और संघ में मध्यस्थता के लिए बिनोबा से भी गुजारिश की और संजय गांधी से भी सम्पर्क किया।

आपातकाल में संघ ने किस तरह का दोहरा रवैया अपनाया इस बारे में महाराष्ट्र के समाजवादी नेता बाबा आढ़ाव ने अपनी चर्चित मराठी पुस्तक *संघाची ढोंगबाजी* में रोचक वर्णन किया है। बाबा आढ़ाव, जो खुद आपातकाल में जेल में बन्द थे, ने लिखा है कि देवरस ने 22 अगस्त, 1975 को यरवदा जेल से इन्दिरा गांधी को पत्र लिखकर उन्हें जन्मदिन की बधाई दी और 15 अगस्त को राष्ट्र के नाम दिए उनके सन्देश की तारीफ करते हुए अपील की कि संघ के बारे में उन्हें जो गलतफहमियाँ हैं उन्हें मिटाकर वे उससे पाबन्दी उठा लें। इन्दिरा गांधी की तरफ से इस पर अनुकूल प्रतिक्रिया नहीं हुई। लेकिन देवरस हार माननेवाले नहीं थे। उन्होंने 10 नवम्बर, 1975 को दूसरा पत्र लिखा। जब इस पर भी सही प्रतिक्रिया नहीं आई तो उन्होंने विनोबा भावे से इस मामले में मध्यस्थता करने का आग्रह किया। देवरस ने लिखा–'प्रधानमन्त्री के नेतृत्व में देश की प्रगति और समृद्धि के लिए चलनेवाले योजनाबद्ध कार्यक्रमों में संघ के लोग शिरकत कर सकेंगे।'

इतना ही नहीं, संघ परिवार के मुखपत्र *पांचजन्य* और *तरुण भारत* भी इन्दिरा गांधी और संजय गांधी की प्रशंसा से बाज नहीं आ रहे थे। *पांचजन्य* ने 21 दिसम्बर, 1975 को संजय गांधी के राजनीति में आगमन का स्वागत किया। 18 जनवरी, 1976 को अखबार ने इन्दिरा गांधी के मेलमिलाप सम्बन्धी बयान का स्वागत किया। *पांचजन्य* ने 4 अप्रैल, 1976 को लखनऊ में दिए गए संजय गांधी के भाषण की तारीफ की। पुणे से प्रकाशित संघ परिवार के पत्र *तरुण भारत* ने भी संजय गांधी की आगे बढ़कर तारीफ की। पत्र ने इस बात पर अफसोस जताया था कि बीस सूत्री कार्यक्रम लागू करने के लिए संघ का सहयोग नहीं लिया गया; उलटे उस पर प्रतिबन्ध लगा दिया गया। यहाँ उस माफीनामे का उल्लेख करना भी अप्रासंगिक नहीं होगा जिस पर दस्तखत कर सरसंघचालक देवरस से लेकर सैकड़ों संघ-कार्यकर्ता रिहा हुए थे। माफीनामे में लिखा था–"श्री...बन्दी श्रेणी...इस हलफनामे को स्वीकार करता है कि मुक्त कर दिए जाने पर मैं ऐसा कुछ नहीं करूँगा जो कि आन्तरिक सुरक्षा और सार्वजनिक शान्ति के लिए खतरा हो। इसी तरह मैं ऐसा कुछ भी नहीं करूँगा जिससे कि आवश्यक वस्तुओं के वितरण में किसी तरह का अवरोध पैदा हो। इसलिए मैं किसी भी गैरकानूनी गतिविधि में शामिल नहीं होऊँगा। मैं ऐसा कुछ नहीं करूँगा जो वर्तमान आपातकाल के खिलाफ हो।"

जाहिर-सी बात है कि संघ परिवार पहली बार कोई राजनीतिक लड़ाई लड़ रहा था। इसलिए उसके कुछ लोग दमन को सह गए तो कई टूट गए। इसीलिए जब उप

प्रधानमन्त्री लालकृष्ण आडवाणी अपनी किताब *ए प्रिजनर्स स्क्रैप* के विमोचन के अवसर पर कहते हैं कि 'आपातकाल बेहद पीड़ादायी अनुभव था' तो वे अपना ही नहीं, अपने संगठन का सच भी बयान कर रहे होते हैं।

ऐसी स्थिति में जे.पी. आन्दोलन में संघ परिवार की भागीदारी पर यही कहा जा सकता है कि जे.पी. ऐसे लोगों को बहादुर बनाकर लड़ना सिखा रहे थे जो वास्तव में बहादुर बन नहीं सकते थे। इसीलिए संघ परिवार ने गांधी की परम्परा के आखिरी सिपाही का सान्निध्य-लाभ उठाकर भी सत्याग्रह का वास्तविक अर्थ नहीं समझा।

इस्लाम का आत्मसंघर्ष

शीत युद्ध समाप्त होने के बाद अमेरिकी विदेश मन्त्रालय के अधिकारी से किसी पत्रकार ने पूछा कि अब आप क्या करेंगे ? अधिकारी का जवाब था, अब अरबी सीखेंगे और इस्लाम को समझेंगे। (यह इन्टरव्यू *टाइम पत्रिका* में प्रकाशित हुआ था)। लेकिन दुर्भाग्यपूर्ण स्थिति यह हुई कि अमेरिका और पश्चिमी देशों के विद्वानों द्वारा इस्लाम को समझने की सारी कोशिशों के नतीजे सभ्यताओं के समन्वय और सहयोग के बजाय 'सभ्यताओं के टकराव' के रूप में निकले। उससे भी दुर्भाग्यपूर्ण यह है कि सभ्यताओं के टकराव की जो अवधारणा एक कल्पना या आशंका के रूप में थी, वह आज यथार्थ बनती जा रही है और जो भी लोग 'सभ्यताओं के टकराव' की अवधारणा का ऊँचे स्वरों में खंडन कर रहे हैं वे या तो 'वर्ग संघर्ष' के मार्क्सवादी स्वप्नलोक में जी रहे हैं या फिर भयवश यथार्थ के समक्ष शुतुरमुर्ग की मुद्रा में खड़े हो गए हैं। अरब लीग के देशों ने ओसामा बिन लादेन की 'जिहाद' की अपील को ठुकरा दिया और पाकिस्तान ने अफगानिस्तान पर हमला करने में अमेरिका की मदद की। इन तथ्यों के बावजूद यह भी एक यथार्थ है कि पश्चिमी देशों का इस्लाम से टकराव चल रहा है और पश्चिम की हेकड़ी, नवसाम्राज्यवाद व सांस्कृतिक आक्रमण के विरुद्ध इस्लाम आज सबसे बड़ी चुनौती है। यह चुनौती प्रस्तुत करने में जो चीजें इस्लामी देशों का सम्बल बनी हुई हैं, उनमें असहिष्णुता या कट्टरपन्थ एक अहम प्रवृत्ति है। लेकिन इन सबसे ऊपर है सांस्कृतिक पहचान या सांस्कृतिक शुद्धता और इस्लामी कानूनों का आग्रह।

प्रश्न उठता है कि क्या इस्लाम सचमुच वैसा ही है जैसा पश्चिम के प्राच्यविद उसे पेश कर रहे हैं या वह उनके इस तरह पेश करने से कट्टरपन्थी बन गया है। या फिर अन्य धर्मों की तरह ही इस्लाम में भी कट्टरपन्थ आया है। उसके विविध रंगों में उदारता और आधुनिकता भी एक चटख रंग है ? या, मध्ययुगीन धर्मशास्त्र पर आधारित इस्लामी समाज परिवर्तन और आधुनिकता का विरोधी है और उसे बदलने के सभी प्रयासों की परिणति कट्टरता में होती है ?

विमर्श की शुरुआत सैमुअल पी. हंटिंग्टन की पुस्तक *क्लैश ऑफ सिविलाइजेशन्स एंड रिमेकिंग ऑफ वर्ल्ड आर्डर* में की गई इस्लाम सम्बन्धी चर्चा से करते हैं। इस किताब के कुछ निष्कर्ष इस्लाम के लिए काफी कठोर हैं, पर उन्होंने उससे पहले अपने विश्लेषण को अकादमिक तरीके से प्रस्तुत किया है, जिसमें धर्मनिरपेक्षता के सारे तथ्यों और तर्कों को रखा गया है। हंटिंग्टन अपने प्रेक्षण में पूरब और पश्चिम की तुलना करते हुए कहते हैं, 'बीसवीं सदी की सभी महान विचारधाराओं का जन्म पश्चिम में हुआ है। उदारवाद, समाजवाद, अराजकतावाद, राष्ट्रवाद, फासीवाद और ईसाई लोकतन्त्र—ये सभी पश्चिम में पैदा हुई विचारधाराएँ हैं। लेकिन पश्चिम की कमजोरी यह है कि उसने किसी धर्म को जन्म नहीं दिया। दुनिया के सभी बड़े धर्मों की उत्पत्ति गैरपश्चिमी सभ्यताओं में हुई है। इसलिए धर्मों और राजनीतिक विचारधाराओं में एक तरह का टकराव भी है। इसी नाते आज जब राजनीतिक विचारधाराएँ कमजोर पड़ रही हैं, तो धर्म दुनिया के मामलों में दखलन्दाजी कर रहे हैं।'

आधुनिकता की ऊर्जा

राजनीतिक और सामाजिक व्यवस्था पर इस्लाम के हावी होने के पीछे आधुनिकीकरण की तमाम प्रक्रियाएँ भी परोक्ष रूप से जिम्मेदार हैं। शहरीकरण, सामाजिक लामबन्दी, शिक्षा, संचार, मीडिया प्रसार और पश्चिम से होनेवाली अन्योन्यक्रियाएँ इस्लाम के पुनर्जीवन की पृष्ठभूमि तैयार करती हैं। क्योंकि इन प्रक्रियाओं से ग्रामीण समाज और कुटुम्ब अलग-थलग पड़ते हैं और उनमें पहचान का संकट पैदा होता है, इसलिए वे इस्लामी प्रतीकों, विश्वासों और जीवन पद्धति का सहारा लेकर पहचान के संकट से निपटते हैं। दूसरी तरफ आधुनिकीकरण के चक्रव्यूह में फँसे समाज की आर्थिक जरूरतें पूरा करने के लिए मुस्लिम संगठन आगे आते हैं। ऐसे में आधुनिकता की तरफ बढ़ रहे मुस्लिम समाज को इस्लामी संस्थाएँ, आचरण और संस्कृति फिर रास आने लगते हैं। इस्लाम के पुनर्जीवन में तेल से आई समृद्धि और जनसंख्या के विस्फोट ने महत्त्वपूर्ण योगदान दिया। सत्तर के दशक में जब तेल की कीमतों में उछाल आया तो अरब के सबसे बड़े तेल उत्पादक देश सऊदी अरब में बेपनाह समृद्धि आई। इस्लाम के उद्गम स्थल और पवित्र मक्का का संरक्षक होने के नाते सऊदी अरब का धार्मिक महत्त्व पहले ही था, तेल की समृद्धि आने के बाद उसका आर्थिक महत्त्व भी बढ़ गया। सऊदी अरब के अभिजात्य वर्ग ने इस धन का उपयोग धार्मिक संस्थाओं, मदरसों और इस्लामी समाज के कल्याण में किया और इस्लामी साहित्य छापने और उसके प्रचार-प्रसार में लगाया। इसी दौरान मक्का की पवित्र मस्जिद का भी जीर्णोद्धार कराया गया और हज करनेवालों की तादाद तेजी से बढ़ी। तेल से उत्पन्न यह समृद्धि अरब क्षेत्र के व्यापक मुस्लिम देशों में आई और इसने उन्हें ईसाइयत के सामने इस्लाम को श्रेष्ठ साबित करने का अवसर दिया। इस बीच पूर्वी एशिया के भी इस्लामी देशों में अमेरिका प्रेरित उदारीकरण से समृद्धि आई। इस समृद्धि का लाभ दक्षिण एशिया के विकासशील देशों में मध्यवर्ग से

लेकर मजदूर वर्ग तक ने उठाया। भारत, पाकिस्तान, श्रीलंका और बांग्लादेश के बेरोजगारों में अरब जाने की होड़ मच गई। जिस तरह कभी पश्चिम की समृद्धि के उदाहरण दिए जाते थे, उसी तरह अरब देशों की समृद्धि के उदाहरण दिए जाने लगे। विशेष तौर पर मुसलमानों में नए तरह का आत्मविश्वास पैदा हुआ, उनके रहन-सहन का स्तर सुधरा और उनकी धार्मिक आस्था दृढ़ हुई। जो लोग अमेरिका, ब्रिटेन और जर्मनी नहीं जा सकते थे, वे अरब गए और अच्छे-खासे अमीर बनकर लौटे। गौरतलब है कि तेल की कीमतों की उछाल से समृद्ध हुए मुस्लिम मध्यवर्ग ने इस आसान धन का उपयोग या तो कारोबार बढ़ाने में किया या फिर मस्जिद और मदरसा खोलने में लगाया, न कि पब्लिक और कांवेंट स्कूलों से शिक्षा ग्रहण करने में।

इस बीच इस्लामी देशों में शहरीकरण और समृद्धि के साथ जनसंख्या का विस्फोट हुआ, हालाँकि तेल की कीमतें अब नीचे उतरने लगी थीं। सैमुअल हंटिंग्टन ने संयुक्त राष्ट्र के आँकड़ों के आधार पर यह बताया है कि बाल्कन उत्तरी अफ्रीका और मध्य एशिया के इस्लामी देशों में जनसंख्या का विस्तार विशेषकर पड़ोसी और सामान्यतः दुनिया के अन्य देशों के मुकाबले ज्यादा था। सन् 1965 से 1990 के बीच पूरी दुनिया की आबादी 3.3 अरब से बढ़कर 5.3 अरब पहुँच गई। इसकी वृद्धि 1.85 प्रतिशत की दर से हुई। लेकिन मुस्लिम देशों की वृद्धि दर सदैव 2.0 प्रतिशत से ऊपर रही, बल्कि यह अक्सर 2.5 प्रतिशत पहुँच जाया करती थी। कभी-कभी तो यह तीन प्रतिशत से भी ऊपर रही है।

सन् 1965 से 1990 के बीच मगरिब की आबादी 2.65 प्रतिशत सालाना की दर से बढ़ी और दो करोड़ 98 लाख से पाँच करोड़ 90 लाख तक पहुँच गई। अल्जीरिया में तो आबादी की वृद्धि दर 3 प्रतिशत रही। जनसंख्या वृद्धि दर मिस्र में 2.3 प्रतिशत, मध्य एशिया में ताजिकिस्तान में 2.9 प्रतिशत, उजबेकिस्तान में 2.6 प्रतिशत, तुर्कमिनिस्तान में 2.5 प्रतिशत थी, हालाँकि किरगिजिस्तान में यह वृद्धि दर 1.9 प्रतिशत और कजाकिस्तान में 1.1 प्रतिशत ही रही। पाकिस्तान और बांग्लादेश में जनसंख्या वृद्धि दर 2.5 प्रतिशत और इंडोनेशिया में 2.0 प्रतिशत थी। गणना के अनुसार 1980 के दशक में दुनिया में मुसलमानों की आबादी कुल आबादी का 18 प्रतिशत थी जो 2000 में 20 प्रतिशत तक हो गई है और 2025 में 30 प्रतिशत होने की उम्मीद है।

इस जनसंख्या विस्फोट से ही जुड़ी है युवाओं की आबादी बढ़ने की परिघटना। युवाओं की यही आबादी इस्लाम के पुनरुत्थान की वाहक बनी हुई है और इसी पर टिकी है इस्लाम की कट्टरता। संयुक्त राष्ट्र संघ के आँकड़ों के अनुसार 1965 में मुस्लिम देश में युवाओं की जो आबादी 17 प्रतिशत हुआ करती थी, वह अस्सी के दशक में 20 प्रतिशत से ऊपर पहुँचने लगी। एकाध अपवादों को छोड़कर यह स्थिति सामान्यतया सभी देशों में थी। चूँकि युवा स्वभावतः आदर्शवादी, यथास्थिति के विरोधी और परिवर्तनकारी होते हैं, इसलिए यह कहना उचित होगा कि उस दौरान इस्लामी देशों में अपार परिवर्तनकारी ऊर्जा का संचरण हो रहा था। लेकिन उस ऊर्जा का लाभ कोई

आधुनिक और प्रगतिशील आन्दोलन नहीं उठा पाया, बल्कि इससे इस्लामी संगठन मजबूत हुए और इस्लामी पुनरुत्थान की प्रक्रिया तेज हुई। इस प्रक्रिया के लिए पश्चिमी संस्थानों और विकास-प्रणाली में युवाओं के लिए घटते अवसर भी कम जिम्मेदार नहीं हैं। आज दुनिया भर में तमाम इस्लामी संगठनों और उग्रवाद को संचालित करनेवाले युवक पश्चिमी पाठ्यक्रमों के आधार पर चलनेवाले संस्थानों और विश्वविद्यालयों से शिक्षा-प्राप्त हैं। उन्होंने पश्चिम की तर्ज पर बनी आधुनिक व्यवस्था में अपनी जगह बनाने की कोशिशें भी कीं। ये कोशिशें कहीं सफल हुई कहीं असफल। ये युवक अवसरों की तलाश में पश्चिमी देशों की तरफ भी गए। लेकिन वे अपने लिए पश्चिमीकरण में ज्यादा सम्भावनाएँ नहीं तलाश सके। दूसरी तरफ, उनके देश में ज्यादा सम्भावनाएँ बन नहीं रही थीं। इन वजहों ने युवकों को सांस्कृतिक जड़ों और इस्लाम के प्रति गहरी आस्था विकसित करने को प्रेरित किया।

मुस्लिम युवाओं की बढ़ती आबादी और उनके बदलते रुझान के कारण ही 1979 में ईरान की इस्लामी क्रान्ति हुई और 1990 के दशक में अल्बानिया में इस्लामी कट्टरपन्थी दलों की लोकप्रियता बढ़ी।

मौलाना की वापसी

अनुमान है कि अल्जीरिया, मिस्र, मोरक्को, सीरिया और ट्यूनीशिया में नौकरी की तलाश करनेवाले (15-24 वर्ष तक के) युवकों यानी बेरोजगारों की संख्या 2010 तक बढ़ेगी। पिछले दशक के मुकाबले इस दशक में नौकरी तलाशनेवाले युवकों की संख्या में ट्यूनीशिया में 30 प्रतिशत, अल्जीरिया, मिस्र और मोरक्को में 50 प्रतिशत और सीरिया में 100 प्रतिशत की बढ़ोतरी होगी। यानी इस्लामी उग्रवाद और कट्टरपन्थ की जो प्रक्रिया पिछली सदी में अस्सी और नब्बे के दशक में शुरू हुई थी, वह इक्कीसवीं सदी के पहले दशक में भी जारी रहनेवाली है। बल्कि और बढ़ रही है। चूँकि भूमंडलीकरण की मौजूदा प्रक्रिया में रोजगार के अवसर सिमट रहे हैं, इसलिए युवकों के उग्रवादी रुझान घटने के आसार नहीं दिखते। विशेषकर 11 सितम्बर 2001 को वर्ल्ड ट्रेड टावर पर हमला और उसके बाद अफगानिस्तान पर अमेरिकी हमला कट्टरपन्थ को नई ऊर्जा प्रदान करने जा रहा है।

इस्लाम अपनी आरम्भिक अवस्था या मध्य युग में कैसा था, इसकी विस्तृत चर्चा करने से ज्यादा प्रासंगिक यह देखना होगा कि आधुनिक युग में इस्लामी देशों का चरित्र कैसा रहा है ? क्या उनकी राजनीति, समाजनीति और विदेशनीति शुरू से इस्लामी रही है या इस्लामीकरण पिछले तीन दशकों की परिघटना है ? अगर इस्लामी देशों के बीसवीं सदी के इतिहास पर नजर डालें, तो उनमें आधुनिकीकरण और पश्चिमीकरण को लेकर एक उलझन तो दिखाई पड़ती है, पर वे उससे अछूते नहीं हैं। एक तरफ तुर्की में कमाल अतातुर्क का उदाहरण है, जहाँ पूरे मुस्लिम समाज को आधुनिकीकरण ही नहीं, पश्चिमीकरण के मार्ग पर जबरिया धकेल दिया गया, वहीं अरब के तमाम देश ऐसे हैं

जहाँ आधुनिकता को तो अपनाने पर सहमति थी, पर पश्चिमीकरण को लेकर दुविधा थी। पश्चिमीकरण की उलझन पर अपना पक्ष रखते हुए उन्नीसवीं सदी के मध्य में मिस्र के बुद्धिजीवी अली माजुरी ने कहा था, 'मिस्र का भविष्य न तो जापान की तरह है कि सांस्कृतिक पश्चिमीकरण के बिना प्रौद्योगिक आधुनिकीकरण कर लिया जाए और न ही यह अतातुर्क के देश की तरह है कि सांस्कृतिक पश्चिमीकरण द्वारा प्रौद्योगिकी का आधुनिकीकरण कर लिया जाए।' उनसे पहले 1830 में मिस्र में मुहम्मद अली ने सांस्कृतिक पश्चिमीकरण की अति किए बिना तकनीकी आधुनिकीकरण आरम्भ किया था। उन्नीसवीं सदी के अन्तिम दौर में जमाल-अल-दीन, अल-अफगानी, मुहम्मद अब्दूह और अन्य समाज सुधारकों ने इस्लाम और आधुनिकता के बीच एक तरह का समन्वय बिठाने का प्रयास किया। उनका कहना था कि इस्लाम की आधुनिक विज्ञान और श्रेष्ठ पश्चिमी चिन्तन के साथ अनुकूलता है। इस सुधारकों ने विज्ञान प्रौद्योगिकी और राजनीति सम्बन्धी आधुनिक विचारों और संस्थानों को स्वीकार करने के लिए इस्लामी तर्क प्रदान किए। लेकिन मिस्र को आधुनिक बनने का यह प्रयास बीसवीं सदी के आरम्भ में तब रुक गया जब ब्रिटेन ने उसे अपना उपनिवेश बना लिया।

दूसरी तरफ मुस्लिम देशों को आधुनिक बनाने के लिए यूरोपीय विद्वानों का प्रयास जारी रहा। मैक्जिम रोडिंसन ने इस्लाम और आधुनिकीकरण में किसी तरह का अन्तर्विरोध होने को खारिज किया–'आग्रहपूर्वक ऐसा कुछ भी संकेत नहीं मिलता कि मुस्लिम धर्म मुस्लिम जगत को आधुनिक पूँजीवाद की दिशा में विकसित करने में कोई रुकावट डालता है।...इस्लाम और आधुनिकीकरण में कोई टकराव नहीं है। धार्मिक मुसलमान भी फैक्टरियों में वैज्ञानिक काम सीख सकते हैं और नए उपकरणों का उपयोग कर सकते हैं।'

आधुनिकीकरण और पश्चिमीकरण की इस उलझन के बीच जापान, सिंगापुर और ताइवान जैसे देशों की तरह सऊदी अरब और एक हद तक ईरान का आधुनिकीकरण पश्चिमीकरण के बिना हुआ।

द्वितीय विश्व युद्ध के बाद अरब के कई देश ब्रिटेन की औपनिवेशिक दासता से मुक्त हुए और उन्होंने अपने विकास का रास्ता स्वयं बनाने का प्रयास किया। इस प्रक्रिया में बीसवीं सदी के मध्य से अगले ढाई दशक तक अरब राष्ट्रवाद का दौर देखा जा सकता है।

अरब राष्ट्रवाद के दौर में एक हद तक धर्मनिरपेक्ष शिक्षा और राजनीतिक संस्थाओं का प्रसार और विकास हुआ। उस समय धार्मिक शिक्षा, मदरसे और मुल्ला-मौलवियों की राजनीतिक-सामाजिक भूमिका सीमित थी। यह सब हाशिये पर थे। लेकिन अरब राष्ट्रवाद के पराजय के बाद इस्लामीकरण का दौर शुरू हुआ और उसी के साथ धर्म ने समाज और संस्कृति के दायरे से निकलकर राजनीति पर कब्जा किया। नब्बे का दशक आते-आते इस्लामी समाज ने पश्चिम के खिलाफ पूरी तरह बगावत कर दी और अपनी सम्पूर्ण राजनीति और जीवन पद्धति को इस्लाम के हिसाब से ढालने लगा। उसने

इस्लामी मूल्यों को पश्चिमी मूल्यों से श्रेष्ठ बताना शुरू कर दिया। सन् 1996 में इंडोनेशिया के प्रधानमन्त्री महातिर मोहम्मद ने कहा–'एशियाई मूल्य तो सार्वदेशिक हैं और यूरोपीय मूल्य तो सिर्फ यूरोपीय है।'

भूमंडलीकरण के प्रचंड दौर में अमेरिका के पूरे प्रभाव में रहनेवाले सऊदी अरब के एक वरिष्ठ अधिकारी बन्दर बिन सुल्तान ने 10 जुलाई 1994 को *न्यूयॉर्क टाइम्स* को दिए एक इंटरव्यू में कहा–'चमकदार और ऊँची तकनीकवाले विदेशी सामानों का आयात तो ठीक है। लेकिन कहीं और से आयात की गई अमूर्त सामाजिक और राजनीतिक संस्थाएँ खतरनाक हो सकती हैं। इस बारे में शाह ईरान से सीख ले सकते हैं...क्योंकि इस्लाम हमारे लिए महज एक मजहब नहीं, बल्कि एक जीवन पद्धति है। हम सऊदी अरब के लोग आधुनिकीकरण तो चाहते हैं, पर इसके लिए पश्चिमीकरण आवश्यक नहीं मानते।' बन्दर बिन सुल्तान का यह बयान पश्चिमीकरण को लेकर इस्लाम सम्बन्धी उलझन को व्यक्त करता है। लेकिन इस्लामीकरण के सूडानी विचारक अल तैरवी इसे कुछ ज्यादा स्पष्ट शब्दों में व्यक्त करते हैं–'यह जागरण (इस्लामी पुनरुत्थान) व्यापक है। यह सिर्फ बौद्धिक और सांस्कृतिक नहीं है, न ही सिर्फ राजनीतिक है। यह इन सबका समुच्चय है। यह ऊपर से नीचे तक समाज का व्यापक पुनर्गठन है।'

एक कदम आगे, एक कदम पीछे

लेकिन बीसवीं सदी में अरब देशों का इस्लामीकरण सत्तर-अस्सी के दशक की परिघटना है। उसके पहले समाजवाद और सोवियत संघ के प्रभाव में अरब देशों का राष्ट्रवाद विकसित हो रहा था। लेनिन और विशेषकर स्तालिन के राष्ट्रीयताओं के सिद्धान्त को यहाँ लागू होते देखा जा रहा था। पूरी दुनिया में यह बात राजनीतिक सिद्धान्त के रूप में पढ़ाई जा रही थी कि धर्म के आधार पर राष्ट्र का निर्माण नहीं होता। अगर होता; तो इस्लाम को माननेवाले अरब क्षेत्र में 54 राष्ट्र न होते। दरअसल, राष्ट्र का निर्माण भाषा, संस्कृति और राष्ट्रीयताओं के आधार पर होता है और इसीलिए अरब क्षेत्र में तमाम राष्ट्रीयताएँ होने के कारण वहाँ अलग-अलग राष्ट्र हैं।

इन स्थितियों के चलते अस्सी के दशक तक बहस, विश्लेषण और व्यवहार में आम तौर पर कुरान व इस्लाम के अन्य ग्रन्थों की शब्दावली का प्रयोग नहीं होता था। राजनीति, शिक्षा और सांस्कृतिक क्षेत्र में भी यह शब्दावली और भावनाएँ हाशिये पर होती थीं। चूँकि आज ऐसा लगता है जैसे अरब देशों की राजनीति शुरू से ही इस्लाम पर आधारित थी, इसलिए उन परिवर्तनों और सुधारों की कुछ चर्चा जरूरी है जो 'अभी कल की बात है'। उस दौर का वर्णन करते हुए अरब चिन्तक और इस्लामी समाजों के अध्येता अजीज अल-अजमेह कहते हैं–''धार्मिक संस्कृति, सार्वजनिक जीवन में धार्मिक बातों का उल्लेख, कुरान या अन्य धार्मिक उद्धरण या धार्मिक जीवन में धार्मिक संकीर्णतावाद यह सब दैनिक जीवन में हाशिये पर था। समझा जाता था कि यह सब

पिछड़ेपन की अभिव्यक्ति है। इन सबको प्रतिक्रियावादी और प्रगति, सभ्यता और स्वतन्त्रता का विरोधी माना जाता था। 1980 के दशक तक वे बहुत संकीर्ण दायरे तक सीमित थे। धार्मिक संस्कृति सिर्फ उन लोगों की चिन्ता का विषय थी जो धार्मिक संस्थानों को सँभालते थे और नियमित तौर पर मस्जिद जाते थे। इस सोच का प्रसार 'मुस्लिम ब्रदर्स' जैसे कुछ संगठन किया करते थे। यह सब लोग 1950 के दशक में उस खम्भे के इर्द-गिर्द इकट्ठा हुए, जिसे सऊदी अरब ने गड़वाया था और अरब राष्ट्रवाद को उखाड़ फेंकने की शपथ ली। दरअसल अरब राष्ट्रवाद एक समाजवादी परियोजना थी जिसके चलते सोवियत संघ और अरब देशों में मैत्री कायम हुई थी। यह मित्रता कृत्रिम नहीं थी। यह हमारी सुरक्षा का बुनियादी तत्त्व था। हमारी धारणाओं के विपरीत सोवियत संघ और अरब समाजवाद का पतन इसलिए नहीं हुआ कि सत्तर साल के साम्यवादी दौर में इन मूल्यों पर लगातार सैनिक, राजनीतिक, आर्थिक, वैचारिक और सांस्कृतिक तौर पर हमला किया गया। इसके अलावा अरब देशों में समाजवाद के खिलाफ इस्लामी प्रचार द्वारा वैचारिक और सांस्कृतिक संघर्ष चलाया गया।'' अल अजमेह के अनुसार, 'राष्ट्रवाद और समाजवाद की चरम स्थिति के दौरान राजनीतिक और सामाजिक, शब्दावली में धार्मिक शब्द शामिल नहीं थे। आज जिसे 'पश्चिम' के विरुद्ध संघर्ष बताया जा रहा है, उसे तब पूँजीवाद और साम्राज्यवाद के विरुद्ध संघर्ष बताया जाता था। वह तब सांस्कृतिक साम्राज्यवाद के खिलाफ संघर्ष नहीं था। उस समय के राजनीतिक और आर्थिक विश्लेषण में अरब देशों को तीसरी दुनिया का हिस्सा मानकर चर्चा की जाती थी। इसलिए माना जाता था कि पश्चिम उनका शोषण कर रहा है। उस समय के विश्लेषणों में इस्लामी 'उम्मा' या छोटे व बड़े 'शैतान' शब्द का प्रयोग नहीं किया जाता था। न ही काफिर जैसे शब्दों का प्रयोग होता था।' उस समय ऐसे लोगों की तादाद बहुत कम थी जो व्यक्तिगत स्वतन्त्रता, विशेषकर महिलाओं की आजादी, कम करने के लिए शरीयत का कानून लागू करने पर जोर देते थे। ऐसे समूह भी बहुत कम थे जो हाथ काटने, संगसार करने, कोड़े लगाने या सूली पर चढ़ाने जैसी सजाएँ देने के लिए राजनीति का इस्तेमाल करना चाहते थे।

वह दौर बाथ अरब सोशलिस्ट पार्टी का था जिसके प्रभाव में कई अरब देशों में सरकारें कायम हुईं। लेकिन अरब राष्ट्रवाद अपने आप में कोई स्वर्ण युग नहीं था। उसमें भी तमाम खामियाँ थीं। उसमें एक तरफ समाजवादी शब्दावली के कठोर प्रयोग की प्रवृत्ति थी तो दूसरी तरफ कट्टरपन्थ से समझौता करने की अवसरवादिता। मिस्र के राष्ट्रपति अब्दुल नासिर ने अल-अजहर संस्था को प्रोत्साहित किया। अल-अजहर काहिरा में इस्लामी शिक्षा के एक बड़े केन्द्र के रूप में विकसित हुआ। इसका नतीजा यह हुआ कि चिन्तन की उदार परम्परा को दरकिनार कर दिया गया। मिस्र के रिव्यू जनरल *अल-तालिया* ने कांस्टेंटाइन जूरीक की इतनी कठोर आलोचना की कि वे अपने ही देश में हाशिये पर चले गए, हालाँकि सीरिया के रहनेवाले जूरीक सही अर्थों में एक उदार और जागरूक अरब राष्ट्रीय चिन्तक थे। इस तरह के अभियान के चलते बौद्धिक क्षेत्र

के कई उदार चिन्तक दरकिनार कर दिए गए। मुस्लिम सिद्धान्तों के विश्लेषण में तार्किक दृष्टि लागू करनेवाले तहा हुसैन और अली आबिद अल राजिक के लेखन को अल अजहर विश्वविद्यालय में बकवास बताकर कूड़ेदान में डाल दिया।

इसी तरह अरब जगत को ऐतिहासिक और स्वीकार्य विधिक चिन्तन देनेवाले अल-सन्हुरी के लेखन को भी किनारे कर दिया गया—हालाँकि उन्होंने शरीयत को दुनिया की अन्य न्यायिक प्रणालियों की तरह एक धर्मनिरपेक्ष संहिता साबित किया था और मिस्त्र की नागरिक संहिता की रचना की थी जिसे अरब जगत में सराहा गया था।

अरब राष्ट्रवाद के इस विचलन की कई वजहें हैं। एक तो अरब की राष्ट्रीयताएँ ट्राइबल या कबीलाई समाजों पर आधारित थीं। दूसरे, वहाँ राष्ट्र-राज्य का विकास यूरोप जैसी परिस्थिति में नहीं हुआ था। इसलिए राष्ट्र-राज्य को न तो वैसी स्वायत्तता मिल सकी न ही वैधता जैसी कि यूरोप में मिली। अरब देशों के राष्ट्र-राज्य पर राजतन्त्रीय या कबीलाई विरासत हावी रही और जहाँ इससे मुक्ति मिली, वहाँ तानाशाही स्थापित हो गई। इससे भी अलग बात यह है कि अरब राष्ट्र-राज्य पर 'अल्लाह' की परम सत्ता के वर्चस्व की मान्यता बनी रही। अरब राष्ट्रवाद की एक बड़ी कमी यह भी बताई जाती है कि उसने अपनी बौद्धिक और सांस्कृतिक विरासत को भुलाकर अपने यहाँ पश्चिमी संस्थाओं को रोपित किया और उसका नतीजा इस्लामीकरण की लहर के रूप में सामने आया।

इस्लामीकरण की चर्चा करने से पहले यह देखे जाने की जरूरत है कि अरब देशों का धर्मनिरपेक्षीकरण किस हद तक या किस रूप में हुआ। इस प्रक्रिया के दौरान अरब देशों में फुकाह की जगह वकीलों ने ली, दाढ़ी बढ़ाए और पगड़ी पहने शेखों की जगह शिक्षकों ने ली, जो पहले तरबूश पहनते थे और बाद में भी नंगे सिर रहने लगे। शरिया चलानेवाले काजियों की जगह इफेंडिस यानी सिविल जज आए। कानून का संहिताकरण किया गया और फिकह के कुछ सिद्धान्तों को कानून के अनुच्छेदों के रूप में फिर से लिखा गया। शरीयत की उन धारणाओं को हटा दिया गया, जो पुरानी पड़ चुकी थीं; जैसे महिलाओं के साक्ष्य सम्बन्धी अवधारणा, दिया यानी खून की कीमत और बैंक के ब्याज या जीवन बीमा सम्बन्धी शास्तियाँ। इसी के साथ पुरानी सामाजिक संस्थाओं से जुड़ी, दंड और यौन अपराधों की परिभाषा में भी संशोधन किया गया। हालाँकि ट्यूनीशिया और सीरिया को छोड़कर बाकी देशों में उत्तराधिकार वगैरह जैसे निजी हैसियत (कानून) के मामले में खास सुधार नहीं हो सका, पर इतना जरूर हुआ कि तमाम देशों में इन मामलों पर सिविल अदालतों तक तरह-तरह के विवाद पहुँच गए।

अरब देशों में हुए इस सुधार का सम्बन्ध शिक्षा में होनेवाले सुधार से भी है। कतब यानी कुरान पढ़ानेवाले स्कूलों को पश्चिमी ढंग के स्कूलों में बदल दिया गया। यह प्रयोग पहले सीरिया में अच्छी तरह किया गया और कुछ हद तक मिस्त्र में भी हुआ। क्योंकि मिस्त्र में प्राथमिक शिक्षा काफी हद तक अल अजहर की मुट्ठी में थी। उधर मगरेब में फ्रांसीसी उपनिवेशवाद के प्रभाव में शिक्षा प्रणाली को दो हिस्सों में विभाजित किया

गया। एक हिस्सा फ्रांस की प्रणाली पर आधारित आधुनिक शिक्षा का था तो दूसरा हिस्सा कतब पर आधारित प्राचीन प्रणाली का। आधुनिकीकरण की इस प्रक्रिया को आगे बढ़ाते हुए फिक़ह, कुरान, हदीस और अरबी पढ़ानेवाले मदरसों की जगह आधुनिक पाठ्यक्रमवाले विश्वविद्यालय खोले गए। बाद में इस पाठ्यक्रम को काफी ना-नुकुर के बाद अल अजहर और जीतौना जैसी संस्थाओं ने लागू किया।

आधुनिक शिक्षा के प्रचार-प्रसार से अरब जगत में बड़ा परिवर्तन आया। शिक्षा और न्याय प्रणाली की तो तस्वीर ही बदल गई। सार्वजनिक जीवन में प्रमुख स्थान रखनेवाले उलेमा किनारे कर दिए गए, जबकि इससे पहले वे राज्य से सम्बन्धित शास्त्र की रचना, प्रसार और उसका विमर्श करते थे। इसके अलावा धार्मिक अधिकारी अपने को 'सामान्य क्लर्क' की हैसियत में समझने लगे थे। वे सामाजिक और आर्थिक तन्त्र वाले स्वायत्त संस्थाओं में जायदाद और वक्फ सँभालनेवाले और तनख्वाह पानेवाले कर्मचारियों में तब्दील हो गए थे। संस्थाओं के इस ढाँचे में कोई काजी था, कोई नायब, कोई शुहुद, कोई वक्फ का प्रशासक तो कोई मस्जिद में तकरीर करनेवाला।

उलेमा को वास्तविक धर्मगुरु न मानने का गहरा प्रभाव पड़ा। यह मुहम्मद अब्दुह से प्रेरित इस्लाम की सुधारवादी विरासत का हिस्सा था। इस विरासत के चलते अरब देशों में सामाजिक, राजनीतिक और सार्वजनिक जीवन को धर्म के चश्मे से देखने की प्रवृत्ति समाप्त हो गई। दुनिया को देखने की आधुनिक दृष्टि विकसित हुई, जिसे अरबी भाषा के शब्द 'नहदा' से अभिव्यक्त किया जा सकता है। इस शब्द का अर्थ है भविष्य और आधुनिकता के प्रति खुली दृष्टि। आधुनिकता के प्रभाव में परिवार के ढाँचे में बदलाव आया और महिलाओं की हैसियत सुधरी। महिलाएँ शिक्षित हुईं, सार्वजनिक जीवन में आईं, उत्पादन में हिस्सा लिया और बौद्धिक जगत में भी हस्तक्षेप किया। इस दौर में महिलाओं के बुरका पहनने में भारी कमी आई।

पर सांसारिक यथार्थ पर खड़ा अरब राष्ट्रवाद ज्यादा समय तक नहीं चल पाया। धर्मनिरपेक्षता और समाजवाद के सहारे चलनेवाले इस राष्ट्रवाद को घेरने की तैयारी चल पड़ी। संकल्प किया गया कि इस राष्ट्रवाद के विरुद्ध इस्लामवाद यानी राजनीतिक इस्लाम का विकास किया जाएगा, क्योंकि अरब राष्ट्रवाद और समाजवाद अपवित्र है, नास्तिक है और परम्परा के विरुद्ध है। यह भी आरोप लगाया गया कि यह दोनों (राष्ट्रवाद और समाजवाद) मिलकर मुस्लिम समाज के मूलभूत मूल्यों को विकृत कर रहे हैं। इसलिए अरब राष्ट्रवाद के विरुद्ध मिस्र में *मुहम्मद जलाल किश्क,* सीरिया में *सलाह अल-दीन मुनाजिद* और लेबनान के अखबार *अल-हयात* ने मोर्चा खोल दिया। इस्लामीकरण की इस प्रक्रिया को प्रोत्साहित करने के लिए अन्तर्राष्ट्रीय संगठन भी बनने लगे। 1969 में सऊदी अरब के नेताओं ने पाकिस्तान, मोरक्को, ईरान, ट्यूनीशिया और तुर्की के नेताओं के साथ मिलकर राबात में पहला इस्लामी शिखर सम्मेलन किया। इस सम्मेलन से 'इस्लामी सम्मेलन का संगठन' (ऑर्गनाइजेशन ऑफ द इस्लामिक कांफ्रेंस) का जन्म हुआ। ओ.आई.सी. संगठन की विधिवत स्थापना 1972 में की गई और इसका

मुख्यालय जिद्दाह में खोला गया। आज वे सभी देश ओ.आई.सी. के सदस्य हैं जहाँ पर्याप्त मुस्लिम आबादी है।

सऊदी अरब, पाकिस्तान, लीबिया और ईरान की सरकारों ने ओ.आई.सी. के अलावा गैरसरकारी संगठनों को प्रोत्साहित किया। पाकिस्तान ने वर्ल्ड मुस्लिम कांग्रेस, सऊदी अरब ने मुस्लिम वर्ल्ड लीग और अन्य देशों ने ऐसे तमाम संगठनों को प्रोत्साहित किया और बाद में यह सिलसिला अफगानिस्तान युद्ध के साथ बढ़ते हुए आतंकवादी संगठनों और ओसामा बिन लादेन तक पहुँचा।

राष्ट्रवाद और उससे जुड़े समाजवाद को ध्वस्त करने के लिए जब अरब में इस्लामवाद का दौर शुरू हुआ उसी समय पश्चिम में ट्रुमैन के प्रसिद्ध सिद्धान्त को आधार बनाते हुए लेखन और विश्लेषण शुरू किए गए। ट्रुमैन का सिद्धान्त था कि साम्यवाद को रोकने में इस्लाम प्रमुख भूमिका निभाएगा। इस प्रकार एक तरफ पश्चिमी लेखन और सोच ने अरब देशों के बारे में विश्लेषण का स्वरूप बदलते हुए नई शब्दावली अपना ली। इस्लामी आतंकवाद, इस्लामी कट्टरता जैसी शब्दावली का पूरी दुनिया में प्रचार किया गया। दूसरे अरब देशों ने इतिहास के यथार्थवादी मार्ग से भटककर अपने को 'सांस्कृतिक शुद्धता' और 'धार्मिक शुद्धता' की गुफा में गुम कर दिया। वे अरब देशों की 'शुद्ध संस्कृति' के बहाने इस्लाम लागू करने लगे। इस्लामवाद के इस विभ्रम पर टिप्पणी करते हुए विद्वान अजीज-अल-अजमेह ने लिखा–'वास्तव में इस्लाम की शुद्ध परम्परा कहाँ है ? इस्लाम ने अपने विकास में ईसाइयत से काफी कुछ प्राप्त किया है, इसलिए उसे शुद्ध कैसे कहा जा सकता है ? इस मामले में सीरिया के साझा इतिहास का उदाहरण पेश किया जा सकता है। अगर सीरिया की मूल संस्कृति की तलाश करनी है तो हमें इतिहास की लम्बी दूरी तय करनी होगी। ऐसे में तो हमें सीरिया की मौलिक संस्कृति ईसाइयत ही माननी होंगी, क्योंकि पाँचवीं सदी में इस्लाम के आने से पहले वहाँ के लोग ईसाई थे। अगर उनकी सरंचना के मूल में और गहराई तक जाएँगे तो पता चलेगा कि वे अरब, तुर्क, सिरकास और कुर्द हैं। इसी तरह हौरान और माउंट लेबनान के लोग अभी हाल तक अपने को यमन मूल का बताते थे।'

इस प्रकार अगर अरब राष्ट्रवाद परम्परा से कटकर एक नई सरंचना बनाने का प्रयास था और उसका खामियाजा उसे भुगतना पड़ा तो दूसरी तरफ इस्लामवाद इतिहास के यथार्थ को नष्ट कर धर्म के स्वर्ण युग में जीने का एक विभ्रम है और इसकी भी कीमत इन देशों को चुकानी होगी।

इस्लामवाद का विभ्रम

इस्लामवाद के विकास में मिस्र के विश्वविद्यालय अल-अजहर ने काफी योगदान दिया। काफिर, फतवा, जिहाद, शैतान, जिन, दारुल-हरब और दारुल-इस्लाम जैसी शब्दावली प्रचलन में आई। महिलाओं पर तमाम तरह के प्रतिबन्ध लगने लगे। अल-अजहर और अन्य अरब विश्वविद्यालयों से पढ़कर निकले अधकचरे 'विद्वानों' ने इस्लाम को ऐसा

रूप दे दिया जो अपने यहाँ के लोकतन्त्र और मानवाधिकारों को रौंदते हुए पश्चिम व ईसाइयत से टकराने लगा।

लोगों का रहन-सहन और दिनचर्या बदल गई। जो दाढ़ी और पगड़ियाँ अदृश्य हो रही थीं, वे फिर बढ़ने लगीं। जिन्होंने पगड़ी उतारकर तरबूश पहन लिया था उन्होंने फिर पगड़ियाँ पहन लीं। नमाज पढ़ने और हज जाने का चलन बढ़ गया। बुरके से बाहर आई औरतों को फिर नकाब ओढ़ा दिया गया। इस दौरान तमाम शासकों ने इस्लाम के साथ तादात्म्य स्थापित करना शुरू कर दिया। 'जार्डन के शाह हुसैन को लग गया कि अरब जगत में धर्मनिरपेक्ष सरकारों का भविष्य नहीं है और वे 'इस्लामी लोकतन्त्र' और 'इस्लाम के आधुनिकीकरण' की जरूरत बताने लगे। मोरक्को के शाह हसन ने ऐलान किया कि वे पैगम्बर हजरत मुहम्मद के वंशज हैं और उनकी भूमिका इस्लाम माननेवाले के सेनापति की है। ब्रूनेई का सुल्तान कभी इस्लाम का नाम नहीं लेता था, पर वह भी धार्मिक हो गया और अपने शासन को 'मलय मुस्लिम राजतन्त्र' की संज्ञा दी। ट्यूनीशिया के बेन अली अपने भाषणों में अक्सर अल्लाह का नाम लेने लगे, जबकि उनका मुल्क आधुनिकता की राह पर काफी कुछ बढ़ चुका था। सत्तर का दशक बीतने के साथ बांग्लादेश के संविधान से 'धर्मनिरपेक्षता' शब्द हटा दिया गया (यह वही समय था जब भारत के संविधान में यह शब्द विशेष तौर पर जोड़ा गया था)। 1990 के आरम्भ में सुहार्तो ने मुस्लिम दिखने की नीति अपनाई। इस दशक तक आते-आते कमाल अतातुर्क की तुर्की को भी इस्लाम की कड़ी चुनौती का सामना करना पड़ा। इस्लाम के प्रति अपनी आस्था दिखाने के लिए ओजाल, करीमोव व सुहार्तो जैसे कई शासकों ने हज यात्राएँ कीं।'

इन्हीं दो दशकों में कानूनों का इस्लामीकरण किया गया। इंडोनेशिया की धर्मनिरपेक्ष कानून व्यवस्था में इस्लामी कानून शामिल किए गए। मलेशिया ने दो कानूनी प्रणाली बनाई—एक इस्लामी और दूसरी गैरइस्लामी। इस बीच पाकिस्तान में भी शरीयत को देश का सर्वोच्च कानून घोषित कर दिया गया। दरअसल, अरब (और अन्य मुस्लिम) देशों के इस्लामीकरण का लक्ष्य एक ऐसी राजनीतिक व्यवस्था का निर्माण है जो शरीयत को पूरी तरह लागू करे। वह अरब राष्ट्रवाद को विदेशी विचारधारा से प्रभावित बताकर 'अपने' धार्मिक और नैतिक मूल्यों के आधार पर राजनीतिक प्रणाली खड़ी करने का प्रयास है। यह एक तरह का यूटोपिया है। एक तरह का विभ्रम है। समाज को मध्ययुगीन धर्मशास्त्र द्वारा व्यवस्थित करने और संचालित करने का अभियान है। यह पश्चिम और ईसाइयत से अलग और श्रेष्ठ दिखने का भी अभियान है और उससे टकराने का भी। आज सबसे बड़ा सवाल यह है, क्या इस्लामीकरण का यह अभियान सफल और टिकाऊ होगा ? या, पश्चिम की हेकड़ी को खत्म कर इस्लाम फिर अपनी खोल में सिमटकर रह जाएगा ? या, दुनिया के अन्य समाजों के सामने अस्तित्व का संकट खड़ा कर देगा ? इन सवालों का कोई स्पष्ट जवाब देने से पहले इस्लाम की कुछ बुनियादी मान्यताओं और उनकी सीमाओं पर गौर करना होगा।

इस्लाम में ईश्वर की अवधारणा अधिनायकवादी है। ईश्वर मनुष्य की स्वतन्त्रता का दायरा तय करता है और वही सबसे बड़ा कानून निर्माता है। ऐसी स्थिति में वह मनुष्य की स्वतन्त्रता का दायरा सीमित कर देता है। नजीजतन लोकतन्त्र की सम्भावना भी संकुचित हो जाती है। इसके विपरीत, उदारवादी इस्लामी विचारकों के अनुसार इस्लाम अगर अपने को अध्यात्म तक सीमित रखता है तो वह विज्ञान और बाजार पर आधारित लोकतन्त्र को काफी मानवीय बना सकता है। वह अनैतिकता की तरफ बढ़ रहे समाज को नैतिकता प्रदान कर सकता है। लेकिन अगर इस्लाम पाँचवीं सदी में प्राप्त किए गए इलहामों को कानून मानकर 21वीं सदी के अलग-अलग समाजों पर लागू करेगा तो घुटन, कुंठा और टकराव स्वाभाविक है। यह रास्ता निश्चित तौर पर इस्लामी देशों को एक तरह के फासीवाद की तरफ ले जाएगा। चूँकि इस्लाम का मानना है कि कुरान सभी धर्मों की तुलना में सबसे नई किताब है, इसलिए धार्मिक क्षेत्र की यही अन्तिम किताब है और उसमें कोई संशोधन नहीं किया जा सकता। इसी तरह मुहम्मद साहब भी आखिरी पैगम्बर हैं और उनके बाद किसी को नहीं आना है। ऐसी स्थिति में संशोधन-सुधार ही नहीं, विकास की सम्भावना भी सीमित हो जाती है।

इस्लाम के भीतर विकास और सुधार की सम्भावना तलाशने के लिए पर्याप्त बहसें हुई हैं। मनुष्य स्वतन्त्र है या नियति के हाथों बँधा हुआ है, यह उस बहस का केन्द्रीय विषय रहा है। जो विद्वान मनुष्य को स्वतन्त्र मानते थे, वे 'कादरिया' कहे जाते थे; जो मानते थे कि मानव स्वतन्त्र नहीं है, उन्हें 'जबरिया' कहा जाता था। इस्लाम की पहली सदी में हुए महान सूफी विद्वान अल-हसन अल-बासारी मनुष्य की स्वतन्त्र इच्छा के सिद्धान्त को मानते थे। उन्हीं के शिष्यों ने तार्किक चिन्तन धारा की स्थापना की। उन्हें इस्लाम के इतिहास में मुताजिली कहा जाता है। इस चिन्तनधारा के विचारकों में इब्न-सिना व एविसिन्ना व अन्य विचारक प्रमुख हैं। मुताजिली विचारकों के विरोध में मुताकल्लीमन चिन्तन धारा का विकास हुआ, जो दकियानूस थी। इन दोनों के द्वन्द्व में मनुष्य को स्वतन्त्र माननेवाली विचारधारा पराजित हुई और उसे ईश्वर की या नियति के हाथों कठपुतली माननेवाली विचारधारा जीती। इस अनुदार या दकियानूस विचारधारा के संस्थापक अल-अशारी के नाम पर इसके माननेवालों को अशारी कहा गया। इन्हें परमाणुवादी भी कहा जाता है। इसके अनुसार अल्लाह हर क्षण परमाणु उत्पन्न करता है और उन्हें नष्ट करता है। हम इस संसार को जो कुछ देखते हैं, वह दरअसल अल्लाह द्वारा निर्मित दुर्घटनाओं का धारावाहिक है।

रास्ता किधर है

इस दृष्टिकोण को इमाम अल-गजाली के समर्थन से भारी बल मिला। अल-गजाली ने कई ग्रन्थ लिखे और उनका खासा प्रभाव रहा। उनका ग्रन्थ *एहया-अल-उलूम* यानी *ज्ञान का पुनर्जीवन* काफी लोकप्रिय हुआ और आज भी बड़ी गम्भीरता से पढ़ा जाता है। अल-ग़ज़ाली ने *तहाफुत-अल-फलसिफा* नाम का ग्रन्थ भी लिखा, जिसका अर्थ है

दार्शनिकों का लड़खड़ाना। अल-गजाली के इन ग्रन्थों के जवाब में अवरोस ने *तहफुत-तहफुत-अल-फलसिफा* लिखा। इन वाद-विवाद और विमर्शों के बावजूद आखिरकार तर्कवादी हार गए और अनुदार विचारक जीत गए। उसी के साथ इस्लाम में इज्तिहाद यानी तार्किकता की गुंजाइश सीमित हो गई। इसीलिए इस्लाम के उदार और सुधारवादी विचारकों का मानना है कि इस्लाम मौजूदा उलझन से तब निकलेगा जब अल-गजाली की चिन्तन परम्परा से उसको मुक्ति मिलेगी और अल-फराबी और इब्न-सिना जैसे विचारकों की परम्परा पुनर्जीवित होगी, क्योंकि इन दो विचारकों ने ईश्वर, नैतिकता, कानून और समय जैसी तमाम जटिल अवधारणाओं से सिर टकराते इस्लाम को विकास का सहज मार्ग दिखाया था। इस प्रयास में उन्होंने यहूदी-ईसाई और यूनानी चिन्तन परम्परा से सहयोग लिया था और दार्शनिक अरस्तू के कई सिद्धान्तों को स्वीकार किया था।

कहा जा रहा है कि भूमंडलीकरण के मौजूदा दौर में पूरब के सभी धर्मों के समक्ष गम्भीर चुनौतियाँ खड़ी हो गई हैं। हिन्दू धर्म और कन्फूसियस धर्म भी अपने बचाव में कड़ी प्रतिक्रियाएँ कर रहे हैं, पर यह प्रतिक्रिया इस्लाम की तरफ से ज्यादा ही उग्र है। भूमंडलीकरण के विनाशकारी आयाम के प्रति दुनिया में तमाम राजनीतिक और सामाजिक संगठन भी लामबन्द हैं। उनके विरोध की भावना भी कम तीव्र नहीं है। ऐसा वे सिएटल और जिनेवा में प्रदर्शित कर चुके हैं। दुनिया के तमाम विकासशील देश अमेरिकी साम्राज्यवाद से भी उतने ही त्रस्त हैं जितना इस्लाम। ऐसे में अगर इस्लाम भूमंडलीकरण से लड़ने के लिए आतंकवाद और जिहाद का रास्ता अपनाने के बजाय लोकतन्त्र का रास्ता अपनाए तो कोई वजह नहीं कि दुनिया को शोषण और दमन से निजात न मिले। अगर इस्लाम को यह जंग जीतनी है तो उसे स्वतन्त्रता, इंसाफ और बहुलतावाद जैसे मूल्यों को अपने भीतर सबसे ऊँचे पायदान पर रखना होगा और पश्चिम से बेहतर बनकर दिखाना होगा।

फिलस्तीन का शाप

अपनी भौगोलिक और ऐतिहासिक स्थितियों के कारण फिलस्तीन विवाद ने अनेक विचारकों के अनुसार आज 'सभ्यता मूलक संघर्ष' का रूप ले लिया है, इसलिए पाँच हजार वर्षों से रणस्थल बने फिलस्तीन के इतिहास पर एक सरसरी निगाह डालना जरूरी है। फिलस्तीन इस भूमंडल का वह प्रदेश है जो एशिया, यूरोप और अफ्रीका नाम के तीन महाद्वीपों को जोड़ता है। इजराइल का अर्थ है—युद्ध करनेवाले देवता के जन। यानी फिलस्तीन एक भूभाग का द्योतक है, जबकि इजराइल एक विशेष उपासना पद्धति से बननेवाली स्थिति का।

फिलस्तीन का इतिहास तीन सहस्राब्दी ईसा-पूर्व का है। एक तरह से इसे इतिहास का उद्‌गम स्थल माना जाता है। यहाँ आरम्भिक दिनों में कैनान लोग बसे। धीरे-धीरे उनका शहरीकरण हुआ और वे नगर-राज्य बनाकर रहने लगे। जेरिको उनका पहला नगर था। कैनानों ने वर्णमाला का भी विकास किया। लेकिन फिलस्तीन की भौगोलिक स्थिति ऐसी थी कि वहाँ एक तरफ मिस्र, सीरिया, मेसोपोटामिया और एशिया का सांस्कृतिक प्रभाव पड़ता रहा तो दूसरी तरफ उस पर कब्जे के लिए बड़े साम्राज्यों में होड़ मची रही। ईसा-पूर्व दूसरी सहस्राब्दी में आमोरी, हित्ती और हुर्री नाम की जातियों ने फिलस्तीन और मिस्र पर हमले किए। पर मिस्र और फिलस्तीन के लोगों ने उन्हें पराजित कर दिया। बाद में वे आक्रान्ता कैनानों द्वारा अपना लिए गए और इस तरह कैनानों की आबादी दो लाख पहुँच गई।

मिस्र के कब्जे में

ईसा-पूर्व 18वीं शताब्दी में मिस्र में हाइक्सों का शासन स्थापित हुआ और मिस्र साम्राज्य ने विस्तारवादी नीति अपनाते हुए बड़े इलाके पर अपना कब्जा जमाया। करीब चार शताब्दियों तक सीरिया और फिलस्तीन मिस्र के कब्जे में रहे। हालाँकि इस दौरान ये प्रदेश अपनी स्वायत्तता बार-बार प्रदर्शित करते रहे। ईसा-पूर्व चौदहवीं सदी में जनजातियों का हिब्रू समूह फिलस्तीन पर आक्रमण करने लगा। इन समूहों में मेसोपोटामिया और एनियन समुद्र के आस-पास के इलाके की जनजातियाँ थीं।

इजराइली जनजातियों के महासंघ ने ईसा-पूर्व 1230 में जोशुआ के नेतृत्व में फिलस्तीन के एक हिस्से को जीत लिया। विजेता इस पहाड़ी प्रदेश में बसे जरूर, पर पूरे फिलस्तीन को जीत नहीं सके। कैनान नगरों पर कब्जे के लिए फिलस्तीनियों और यहूदियों के बीच खींचतान चलती रही। फिलस्तीनियों ने ईसा-पूर्व 1125 में इस प्रदेश के दक्षिणी हिस्से पर एक स्वतन्त्र राज्य की स्थापना की और वहाँ से कैनान के नगर यरुशलम पर नियन्त्रण कायम किया।

इजराइलियों की शिकस्त

ईसा-पूर्व 1050 के करीब फिलस्तीनियों ने इजराइलियों को हरा दिया। इस युद्ध में फिलस्तीनियों ने लौह शस्त्रों का प्रयोग करते हुए श्रेष्ठ सैन्य शक्ति का प्रदर्शन किया। फिलस्तीनियों ने युद्ध में हारे हुए यहूदियों से प्रतिज्ञा-पत्र का बक्शा यानी ऑर्क ऑफ कोवीनेंट छीन लिया। यहाँ इस प्रतिज्ञा-पत्र की संक्षिप्त चर्चा जरूरी है। इजराइली परम्परा के अनुसार इजराइल के बच्चों और यहवा (ईश्वर) के बीच मोजेज द्वारा एक प्रतिज्ञा-पत्र भरा गया था। मोजेज यानी हजरत मूसा, यहवा के दास और पैगम्बर थे। इस प्रतिज्ञा-पत्र के आधार पर ही इजराइल को धार्मिक निर्देश हुआ है। इस प्रतिज्ञा-पत्र की अवधारणा में यह माना गया है कि इसे एक ओर सारे इजराइल ने और दूसरी ओर ईश्वर ने स्वयं भरा। इसका एक उद्‌देश्य इजराइल के विभिन्न जातीय समूहों में एकता

कायम करना था। माना जाता है कि यहवा ने अपने चमत्कार के माध्यम से मिस्र की सेना को नष्ट कर दिया और इजराइल के निवासियों को बन्धन से मुक्ति दिलाई। यहवा भारत के देवराज इन्द्र की तरह अपने शत्रुओं और उसकी आज्ञा का उल्लंघन करनेवालों के रक्त का प्यासा है।

इसलिए प्रतिज्ञा-पत्र ईश्वरीय शक्ति और उसके वचनों का एक चिह्न है और इजराइल और ईश्वर की कृपा का चिरस्थायी ऋण।

शान्ति और समृद्धि के दिन

ईसा-पूर्व पहली सहस्राब्दी में यहूदियों के महासंघ को बड़ी सफलताएँ मिलीं। महान शासक डेविड के नेतृत्व में इजराइलियों ने फिलस्तीनियों को हरा दिया। डेविड ने यरुशलम को राजधानी बनाकर एक बड़े और स्वतन्त्र साम्राज्य की स्थापना की। डेविड के वंशजों ने यहूदी धर्म यानी जूडावाद का प्रचार किया और इजराइल को शान्ति और समृद्धि प्रदान की। इन शासकों में सोलोमन का नाम विशेष रूप से उल्लेखनीय है। सोलोमन ने आस-पास के खतरों से निपटने के लिए अतिकेन्द्रित राज्य की स्थापना की। उन्होंने इसके लिए केन्द्रीय सैनिक और प्रशासनिक संगठन भी खड़े किए।

लेकिन ईसा-पूर्व 922 में सोलोमन के निधन के बाद उनका साम्राज्य दो हिस्सों में बँट गया। उत्तरी हिस्से को इजराइल और दक्षिणी हिस्से को जूडा कहा गया। बाइबिल के वर्णनों के अनुसार इस प्रदेश का काफी शहरीकरण हो चुका था। इजराइल और जूडा में केवल सात हजार वर्ग मील के भीतर कम-से-कम चार ऐसी बस्तियाँ थीं, जिन्हें नगरों की श्रेणी में रखा जा सकता था। इन नगरों में न केवल एक किला या बाजार होता था, बल्कि सेना की छावनी, स्थानीय नेता, पुरोहित और राज्य की सत्ता या उच्च कुल की सत्ता का केन्द्र भी होता था।

दुर्दिन की वापसी

ईसा-पूर्व 722-721 में जब पड़ोस के साम्राज्यों का विस्तार होने लगा तो इजराइल का स्वतन्त्र राज्य खतरे में पड़ गया। आखिरकार अशीरिया ने इजराइल को जीत लिया। ईसा-पूर्व 586 में जूडा को बैबीलोनिया ने जीत लिया और यरुशलम को नष्ट कर वहाँ रह रहे यहूदियों को निर्वासित कर दिया। बैबीलोनिया के आक्रमण के बाद करीब 400 साल तक यहूदियों पर हमले जारी रहे। कभी पर्शिया के लोगों ने फिलस्तीन को जीता, तो कभी सिकन्दर के नेतृत्व में यूनानियों ने इस पर आधिपत्य जमाया। ईसा-पूर्व 168 में यहूदियों का स्वतन्त्र राज्य कायम हुआ, पर वह ज्यादा समय तक नहीं चल सका।

मैकाबोस के नेतृत्व में स्थापित हुए इस शासन में यहूदियों ने बगावत कर दी। उनका दमन हुआ और बहुत-से यहूदी मारे गए या गुलाम बनाकर बेच दिए गए। बाकी यहूदियों को यरुशलम जाने से प्रतिबन्धित कर दिया गया। जूडिया का नाम सीरिया फिलस्तीनिया रख दिया गया।

ईसा-पूर्व 63 में रोम ने यरुशलम पर आक्रमण किया। हरोड जूडिया का राजा बनाया गया। उसने अपने पूर्ववर्ती शासक का वध किया और सैकेंड टेम्पल का (द्वितीय मन्दिर) भव्य निर्माण कराया। इस दौरान फिलस्तीन में भारी मार-काट मची और लगभग गृह युद्ध की स्थिति रही।

ईसाइयत का उद्भव

ईसा-पूर्व 37 से 4 तक चले हेरोड के शासन में ही नजरेथ के महान ईसा मसीह का जन्म हुआ। उन्होंने 28 से 30 ईसवी के बीच फिलस्तीन में अपनी शिक्षाओं का प्रसार किया और लोगों से हजरत अब्राहम और मूसा की मूल शिक्षाओं पर लौटने की अपील की। उनकी शिक्षाओं को शासकों के खिलाफ विद्रोह माना गया और उन्हें फाँसी की सजा दे दी गई। ईसाई विश्वास में माना जाता है कि यरुशलम में सलीब पर चढ़ाए जाने के बाद ईसा मसीह फिर जीवित हो उठे। इसीलिए यरुशलम ईसाइयों के लिए भी पवित्र माना जाता है। यरुशलम मुसलमानों के लिए भी उतना ही पवित्र है। यहाँ चट्टान का गुम्बद (डोम ऑफ रॉक) है, जिसके बारे में मान्यता यह है कि वह मक्का और मदीना के बाद मुसलमानों का तीसरा पवित्र स्थल है।* यह गुम्बद उस चट्टान को घेरता है जिस पर अब्राहम ने अपने बेटे आइजक को कुरबानी देने की तैयारी की थी। अब्राहम हिब्रुओं के पूर्वज माने जाते हैं।

रोम के शासकों ने 70 और 135 ईसवी में यरुशलम को जीता और तबाह किया। रोम के टाइट्स ने हेरोड के मन्दिर को पूरी तरह नष्ट करने का आदेश दिया। शहर को तबाह करने के बाद यरुशलम की जगह पर ऐलिया नाम के नए शहर का निर्माण किया गया। फिर वहाँ जुपिटर का मन्दिर बनाया गया।

रोम शासक कांस्टेंटाइन ने 313 ईसवी में ईसाइयत को मान्यता दी और उसी के साथ फिलस्तीन में फिर शान्ति और समृद्धि लौटने लगी। कांस्टेंटाइन की माँ हेलेना ने यरुशलम की यात्रा की और उसी के साथ ईसाई तीर्थयात्राओं का दौर शुरू हुआ।

मुस्लिम आधिपत्य की शुरुआत

638 ईसवी में मुस्लिम अरब की सेना ने फिलस्तीन पर हमला किया और यरुशलम को जीत लिया। यह युगान्तरकारी जीत थी। अरबों की इस जीत के बाद फिलस्तीन पर मुसलमानों के दीर्घकालिक आधिपत्य की शुरुआत हुई, जो 1300 वर्षों तक किसी-न-किसी रूप में कायम रहीं। यरुशलम के लोग बैजंटाइन (रोम) के शासकों की क्रूरता से तंग आ चुके थे। उसकी तुलना में अरब के मुस्लिम आक्रामक ज्यादा दयालु थे। इसीलिए यरुशलम के लोग थोड़े प्रतिरोध के बाद समर्पण को तैयार हो गए। पर

---

* मुहम्मद साहब ने यरुशलम को पहले किबला की संज्ञा दी थी। मुसलमान नमाज पढ़ते समय इसी दिशा में मुँह करते हैं। माना जाता है कि मुहम्मद साहब ने पुराने यरुशलम शहर से ही (जहाँ आज अल-अक्सा मस्जिद है) जन्नत की रात्रि यात्रा की थी।

उनकी शर्त यह थी कि समर्पण के लिए संधि-वार्त्ता सीधे खलीफा उमर के साथ हो। खलीफा उमर ने यरुशलम में नंगे पाँव प्रवेश किया। इस दौरान किसी तरह का खून-खराबा नहीं हुआ। जो लोग शहर छोड़कर जाना चाहते थे, उन्हें इज्जत के साथ जाने दिया गया; जो रुकना चाहते थे, उन्हें जीवन, सम्पत्ति और उनके पूजास्थलों की सुरक्षा की गारंटी दी गई।

इतिहास के तथ्यों के अनुसार मुस्लिम शासकों ने फिलस्तीनियों पर जबरिया अपना धर्म नहीं थोपा। उन्होंने फिलस्तीनियों को इस्लाम अपनाने या न अपनाने की पूरी स्वतन्त्रता दी। इसीलिए अरबों की जीत के बाद बहुसंख्यक फिलस्तीनियों को इस्लाम अपनाने में एक हजार साल लगे। इसी के साथ यरुशलम में रहनेवाले ईसाइयों और यहूदियों को अपने सामुदायिक प्रशासन और पूजा की पूरी आजादी दी गई।

लेकिन 750 ईसवी में मुस्लिम सत्ता का केन्द्र दमिश्क से बगदाद की तरफ खिसक गया और अब्बासिदों का शासन कायम हुआ। इस शासन में फिलस्तीन की पूरी उपेक्षा की गई। वहाँ असन्तोष भड़का और फिलस्तीन पर गैरअरब आक्रान्ता सेल्जुक, फातिमिद और यूरोपीय क्रूसेडर समय-समय पर कब्जा करते रहे। इन विपरीत स्थितियों के बावजूद फिलस्तीनियों को मुस्लिम जगत के स्वर्ण युग का लाभ मिला। उन्हें विज्ञान, कला, दर्शन और साहित्य की श्रेष्ठ उपलब्धियों की हिस्सेदारी प्राप्त हुई। लेकिन मामेलुकाओं के आधिपत्य में फिलस्तीन न सिर्फ जड़ता का शिकार हुआ, बल्कि उसका पतन भी हुआ।

1517 ईसवी में एशिया के आटोमान साम्राज्य के तुर्कों ने मामेलुकाओं को हराकर फिलस्तीन पर अपना शासन किया। थोड़े-बहुत बाह्य हस्तक्षेपों के अलावा अगली चार सदियों तक फिलस्तीन पर आटोमान साम्राज्य का ही शासन रहा। इस दौरान फिलस्तीन को प्रशासन के लिहाज से चार जिलों में विभाजित किया गया। इन जिलों का शासन अरब मूल के फिलस्तीनियों के हाथ में सौंपा गया। वे सब कैनानों के वंशज थे। लेकिन ईसाइयों और यहूदियों को बड़े पैमाने पर स्वायत्ता दी गई। सोलहवीं सदी में आटोमन साम्राज्य अपने उत्कर्ष पर था और फिलस्तीनियों को उसका पूरा लाभ मिला। लेकिन सत्तरहवीं सदी में जब आटोमन साम्राज्य का पतन शुरू हुआ तो फिलस्तीन का भी पतन होने लगा। इस दौरान आबादी घटकर 350000 (1785) पर आ गई।

1831 से 1840 के बीच मिस्र के आधुनिकीकरण के प्रणेता मुहम्मद अली ने अपना शासन फिलस्तीन तक फैला लिया। उन्होंने सामन्ती व्यवस्था में सुधार किया, कृषि उत्पादन बढ़ाया और शिक्षा को बेहतर बनाया। 1840 में आटोमान साम्राज्य ने फिर अपनी सत्ता की पकड़ मजबूत की और अपने ढंग से फिलस्तीन में सुधार किए।

यहूदियों की घर वापसी

इधर फिलस्तीन में, जहाँ मुख्य रूप से अरब मुस्लिम और ईसाई रह गए थे, यहूदियों ने बसना शुरू किया। 1845 में सिर्फ 12000 यहूदी यरुशलम में रहते थे। 1914 में

यह संख्या 85,000 हो गई।

1897 में स्विट्जरलैंड के बासले में यहूदियों का पहला सम्मेलन हुआ और फिलस्तीन में यहूदियों को बसाने के लिए बासले कार्यक्रम को स्वीकार किया गया। दरअसल, इस काल में यूरोप में यहूदियों के सताने की प्रक्रिया शुरू हो गई थी। इसलिए दुनिया भर के यहूदियों ने अपने लिए एक पितृभूमि की तलाश शुरू कर दी।

सन् 1904 में यहूदियों के चौथे कांग्रेस में यहूदियों के लिए एक प्रदेश की स्थापना का निर्णय लिया गया। 1906 में यहूदियों के सम्मेलन में फैसला किया गया कि फिलस्तीन को उसका देश बनाया जाए। 1914 में प्रथम विश्व युद्ध छिड़ा तो तुर्की ने जर्मनी का साथ दिया। इसकी काट के लिए ब्रिटेन ने अरब देशों से वायदा किया कि अगर वे ब्रिटेन का साथ देंगे, तो वह फिलस्तीन समेत जितने भी देश आटोमान साम्राज्य के अधीन हैं, उन्हें मुक्त करा देगा।

1916 में ब्रिटेन और फ्रांस ने साइकस-पिकाट समझौता किया, जिसके तहत अरब जगत को दोनों के प्रभाववाले क्षेत्रों में विभाजित किया गया। इस विभाजन के तहत लेबनान और सीरिया को फ्रांस के साथ और जार्डन व इराक को ब्रिटेन के साथ सम्बद्ध कर दिया गया। फिलस्तीन का अन्तर्राष्ट्रीयकरण कर दिया गया।

2 नवम्बर 1917 को ब्रिटेन के विदेश सचिव आर्थर जे बेल्फार ने ब्रिटेन के एक यहूदी नेता को पत्र लिखकर वादा किया कि फिलस्तीन में यहूदियों के लिए एक देश की स्थापना की जाएगी। सन् 1917-18 में अरब नागरिकों की मदद से ब्रिटेन ने फिलस्तीन को तुर्की के आटोमन साम्राज्य से मुक्त करा दिया। अरब के लोगों ने ब्रिटेन का साथ इसलिए दिया था कि उसने मक्का के शरीफ हुसैन इब्न अली से वादा किया था कि युद्ध के बाद उनके मुल्कों को आजाद कर दिया जाएगा। लेकिन फ्रांस और रूस के साथ किए गए साइकस-पिकाट समझौते के तहत ब्रिटेन ने 'फूट डालो, राज करो' की नीति अपनाई।

सन् 1918 में प्रथम विश्व युद्ध समाप्त होने के बाद यहूदियों ने बड़े पैमाने पर फिलस्तीन में बसना शुरू किया। ब्रिटेन ने लीग ऑफ नेशनल की मदद से इस प्रक्रिया को मंजूरी दिलाई। यहूदियों के बसने की यह प्रक्रिया 1948 तक जारी रही।

सन् 1919 में फिलस्तीनियों ने पहला राष्ट्रीय सम्मेलन आयोजित किया और ब्रिटेन की बेलफार घोषणा का विरोध किया। 1920 में सैन रीमपो सम्मेलन ने ब्रिटेन को फिलस्तीन पर अधिकार दे दिया। हर्बर्ट सैमुअल नाम के एक घोषित यहूदीवादी को फिलस्तीन में ब्रिटेन का उच्चायुक्त नियुक्त किया गया।

ब्रिटेन की दोहरी रणनीति से नाराज अरब के लोगों ने 1929 में यहूदियों पर बड़े पैमाने पर हमले किए। इस संघर्ष में फिलस्तीनियों ने 133 यहूदियों की हत्या की, तो यहूदियों ने 116 फिलस्तीनियों की। इस झगड़े की शुरुआत अल-अक्सा मस्जिद की पश्चिमी दीवार पर उठे विवाद को लेकर हुई। मुसलमानों का कहना था कि यह उनकी पवित्र मस्जिद है, जबकि यहूदियों का कहना था कि यह उनके मन्दिर का अवशेष है।

जमीन कब्जा करने और यहूदियों के आब्रजन के विरोध में फिलस्तीनियों ने 1936 में छह महीने की हड़ताल की। 1937 में हॉर्ड राबर्ट पील की अध्यक्षता में बने आयोग ने रपट जारी की। रपट में कहा गया था कि फिलस्तीन में अरबों और यहूदियों के बीच सहयोग की कोई सम्भावना नहीं है, इसलिए फिलस्तीन को तीन हिस्सों में बाँट दिया जाना चाहिए। एक हिस्सा यहूदियों के पास, एक अरब लोगों के पास और तीसरे तटस्थ राज्य पर ब्रिटेन का प्रशासन होना चाहिए।

संयुक्त राष्ट्र संघ का फतवा

1947 में ब्रिटेन ने फिलस्तीन से हटने का फैसला लिया और संयुक्त राष्ट्र संघ से अपने सुझाव जारी करने की अपील की। 29 नवम्बर 1947 को संयुक्त राष्ट्र संघ ने अपना पहला विशेष सत्र आयोजित किया और संयुक्त राष्ट्र फिलस्तीन के विभाजन की योजना को मंजूरी दे दी। इस योजना के तहत यहूदी और अरब राज्य का गठन किया गया और यरुशलम को संयुक्त राष्ट्र के क्षेत्राधिकार के तहत अन्तर्राष्ट्रीय क्षेत्र घोषित कर दिया गया।

फिलस्तीन के विभाजन के विरोध में अरबों और यहूदियों के बीच दंगे भड़क उठे। यहूदी आतंकवादी समूहों ने अरब के शहरों और गाँवों पर हमले किए और फिलस्तीन में सैकड़ों निहत्थे लोगों का कत्लेआम कर डाला।

यहूदी राज्य की स्थापना

15 मई 1948 को ब्रिटेन ने प्रत्यक्ष तौर पर फिलस्तीन छोड़ दिया। उधर यिशुव के नेताओं को आगे कर यहूदी राज्य की स्थापना का काम शुरू कर दिया गया। उसी दिन मिस्र, ट्रांसजार्डन, सीरिया, लेबनान, इराक की सेनाएँ और अरब छापामार फिलस्तीनियों की तरफ से युद्ध में उतर पड़ी। लेकिन अरब देश यहूदी राज्य की स्थापना नहीं रोक सके। संयुक्त राष्ट्र के हस्तक्षेप के बाद युद्ध रुका और गाजा पट्टी यहूदियों व पश्चिमी तट जार्डन के नियन्त्रण में रह गई। जिस भू-भाग पर इजराइल की स्थापना हुई, वहाँ पहले अरब मूल के आठ लाख नागरिक थे, लेकिन वे घटकर 1 लाख 70 हजार रह गए। बाकी आसपास के अरब देशों में शरणार्थी बन गए और फिलस्तीन (अब इजराइल) में यहूदियों का बहुमत हो गया।

इसके बाद की घटनाएँ वे चाहे 1956 का अरब-इजराइल युद्ध हो, स्वेज नहर की नाकेबन्दी हो या 1965 में फिलस्तीनी मुक्ति संगठन की स्थापना—काफी चर्चित रही हैं।

महिलाओं से काँपता लोकतन्त्र

तमिलनाडु की मुख्यमन्त्री जयललिता जयराम और उससे पहले उत्तर प्रदेश की मुख्यमन्त्री के रूप में मायावती की प्रेस, विपक्ष और नौकरशाही को कुचलने और धमकाने सम्बन्धी कार्रवाइयों से देश का लोकतन्त्र सशंकित हो गया है। लोग यह सवाल पूछने लगे हैं, और गठबन्धन सरकारों के इस युग में इसे पूरी तरह काल्पनिक भी नहीं कहा जा सकता कि अगर ये महिलाएँ कभी देश की प्रधानमन्त्री बन गईं तो यहाँ के लोकतान्त्रिक अधिकारों का क्या होगा ? क्या इस देश की शासन प्रणाली उसी प्रकार अधिनायकवादी हो जाएगी जिस प्रकार वह इन्दिरा गांधी के नेतृत्व में बन गई थी ? क्या इन महिलाओं के कभी दिल्ली की गद्दी पर सत्तासीन होने से आपातकाल लागू होने की आशंका प्रबल हो सकती है ? यह आशंकाएँ दूर की कौड़ी हैं पर पूरी तरह से निराधार नहीं कही जा सकतीं।

यह विचित्र संयोग है कि इन महिलाओं की भी शासन प्रणाली में भ्रष्टाचार और अधिनायकवाद का उसी प्रकार चोली-दामन का साथ है जैसे इन्दिरा गांधी के साथ हुआ करता था। दूसरी तरफ मुख्यमन्त्री बनने के लिए संघर्ष कर रही दो अन्य महिला राजनेताओं के व्यक्तित्व में भी पर्याप्त उग्रता और 'सनकपन' मौजूद है। आप समझ गए होंगे, हम यहाँ ममता बनर्जी और उमा भारती की चर्चा कर रहे हैं। इन दोनों पर भ्रष्टाचार का वैसा आरोप नहीं है जैसा जयललिता और मायावती पर है। लेकिन अभी उन्हें मुख्यमन्त्री बनने का मौका नहीं मिला है। इसलिए पश्चिम बंगाल और मध्य प्रदेश के लोग अक्सर यह चर्चा करते रहते हैं कि अगर उनके प्रदेश की बागडोर ऐसे तुगलकी नेतृत्व के हाथ में जाएगी तो या तो प्रदेश का उद्धार होगा या फिर बंटाधार ही होगा। लेकिन गिनी-चुनी महिला राजनेताओं के अधिनायकवादी व्यवहार और लोकतन्त्र पर उसके प्रभाव को लेकर छिड़ी यह बहस यहीं नहीं ठहरती। वह इन्दिरा गांधी के अधिनायकवाद को आधार बनाकर यहाँ तक जाती है कि राजनीतिक रूप से शक्तिशाली होने के बाद महिलाएँ लोकतान्त्रिक मर्यादाएँ तोड़ देती हैं। विशेषकर भारत में यह अनुभव कुछ ज्यादा ही गहरा है।

इन्दिरा गांधी, जयललिता और मायावती के अनुभवों से आशंकित लोग यह प्रश्न भी करने लगे हैं कि जब महिलाओं के लिए संसद और विधानसभाओं में 33 फीसदी सीटें आरक्षित होंगी तो क्या भारतीय राजनीति और लोकतान्त्रिक एवं मर्यादित होगी या वह और भ्रष्ट व तानाशाह हो जाएगी ? यह प्रश्न उन निराशाजनक स्थितियों से उभरा है जिसमें आरक्षण को स्प्रिंग बोर्ड बनाकर दलित और पिछड़ी जातियों ने राजनीति की संरचना तो बदल दी पर उसकी गुणवत्ता गिरा दी। महिलाओं की राजनीतिक भागीदारी बढ़ाने की माँग पर भी यही आशंका जताई जा रही है कि इससे राजनीति का रंग और उसकी संरचना में बदलाव भले हो पर गुणवत्ता में सुधार होने की गारंटी नहीं दी जा सकती।

महिला नेतृत्व पर उठनेवाले इन सवालों के उद्गम स्थल दो हैं। एक तो वे लोग हैं जो महिलाओं की दावेदारी को अपने निहित स्वार्थ पर हमला मान रहे हैं और पुरुष प्रधानता को चुनौती भी। ऐसे पक्षकारों को अधिक महत्त्व देना न तो लोकतन्त्र के हित में है न ही मर्यादा के। लेकिन दूसरी तरफ वे लोग हैं जो मानते हैं कि राजनीति में महिलाओं की भागीदारी बढ़ने के साथ लोकतन्त्र ज्यादा संवेदनशील होना चाहिए। राजनीति की हिंसा पर अहिंसा का बोलबाला होना चाहिए और समाज कमजोरों के लिए ज्यादा सुरक्षित होना चाहिए। समाज में करुणा और प्रेम की जगह बढ़नी चाहिए। सम्भवतः ऐसी उम्मीदों पर उस समय बज्रपात होता है जब यह टका-सा जवाब मिलता है कि राजनीति में आनेवाली महिलाओं से सती-सावित्री होने की उम्मीद नहीं की जा सकती। यहाँ यह याद दिलाना दिलचस्प होगा कि पिछड़ों, दलितों और आदिवासियों के साथ महिलाओं को भी आरक्षण दिए जाने की सशक्त पैरवी करनेवाले डॉ. राममनोहर लोहिया द्रौपदी को भारतीय नारियों के लिए आदर्श के रूप में प्रस्तुत करते थे। द्रौपदी की तर्कशीलता, विवेक और साहस उन्हें बहुत प्रभावित करता था। लेकिन इसी के साथ वे सीता के प्रति भी पूरा आदर रखते थे। और रखने का सुझाव देते थे। उनका मानना था कि समाज में स्त्रियों के भी उसी तरह अलग-अलग आदर्श हो सकते हैं जैसे पुरुषों के।

सम्भवतः यही विविधता लोकतन्त्र की ताकत है। इसलिए जयललिता और मायावती की राजनीतिक शैलियों से भारतीय लोकतन्त्र को खतरा जरूर है और यह लोग एक प्रकार से इन्दिरा गांधी जैसी बड़ी नेता और उनकी ऐतिहासिक प्रवृत्ति की लघु रूप भी हैं पर इन्हें महिला तबके की प्रवृत्ति के रूप में नहीं माना जा सकता।

इसकी वजह यह है कि तानाशाही और लोकतन्त्र लिंग, जाति और धर्म के दायरे से अलग दो भिन्न किस्म की प्रवृत्तियाँ हैं और इनका वाहक पुरुष या महिला, ब्राह्मण या दलित, हिन्दू या मुसलमान, सुसंस्कृत या कुसंस्कृत कोई भी हो सकता है। बस उनकी सफलता देश और काल की परिस्थितियों पर निर्भर करती है। हालाँकि अल्पसंख्यक के लिए तानाशाह बनना उतना ही मुश्किल है जितना गठबन्धन सरकारों के लिए। पढ़ी-लिखी और सुसंस्कृत महिला होने के बावजूद इन्दिरा गांधी ने देश को 19 महीने इमरजेंसी की काल कोठरी में डाल दिया था। दूसरी तरफ जयललिता को सारे सुसंस्कार के बावजूद तानाशाही आचरण दिखाने में कोई संकोच नहीं होता। इसी प्रकार मायावती का मनमाना आचरण भी कम नहीं चौंकाता। क्योंकि उनके राजनीतिक आचरण ने लोकतान्त्रिक आदर्श की उन कल्पनाओं पर पानी फेर दिया जिन्हें व्यक्त करते हुए गांधी ने कहा था कि, 'इस देश में वास्तविक लोकतन्त्र तब आएगा जब एक दलित महिला देश के सर्वोच्च पद पर होगी।' गांधी का यह बयान एक चलताऊ बयान नहीं है। न ही सिर्फ भारतीय लोकतन्त्र की उदारता और विशाल हृदयता की तरफ संकेत करता है बल्कि दलित और महिला नेतृत्व की योग्यताओं का एक खाका भी खींचता है। लेकिन गांधी के लोकतन्त्र की अवधारणा सिर्फ शासन प्रणाली और अधिकारों की यूरोपीय

परिभाषा पर आधारित नहीं थी। उसका उद्देश्य एक बेहतर और सुन्दर समाज बनाना था और इसके लिए वह साधन और साध्य दोनों की पवित्रता पर जोर देती थी। इस लिहाज से सिर्फ आरक्षण अपने में पर्याप्त नहीं है बल्कि सवाल यह भी है कि आरक्षण पानेवाले कैसा व्यवहार करते हैं।

अगर लोकतन्त्र और तानाशाही की प्रवृत्तियों में अन्तर करें तो पाएँगे कि सहिष्णुता और विवेक लोकतन्त्र की दो बाँहें हैं जो उसे सँवारती और संचालित करती हैं। जबकि तानाशाही में अपने को ही सही मानने और दूसरों से उसे मनवाने की चरम प्रवृत्ति होती है। इसीलिए लोकतन्त्र अहिंसक और तानाशाही हिंसक भी होती है। अपने अहिंसक होने का तर्क देते हुए गांधी कहते थे कि हर व्यक्ति सत्य की खोज कर रहा है और उसे ऐसा करने का अधिकार भी है पर किसी को यह मानने का अधिकार नहीं है कि उसका ही सत्य पूर्ण सत्य है और दूसरों को उसे मान लेना चाहिए। यही अहिंसा का आधार है। सत्य और अहिंसा के कारण गांधी के व्यक्तित्व में स्त्रीत्व देखनेवालों की कमी नहीं है। आज जरूरत उन स्त्री प्रवृत्तियों को पहचानने और उनके माध्यम से राजनीति की गुणवत्ता को सुधारने की है। क्योंकि उसके बिना सिर्फ भागीदारी बढ़ाने और संरचना बदलने से निराशा ही हाथ लगेगी।

दूसरी तरफ जयललिता और मायावती की तानाशाही प्रवृत्तियों को महिलाओं की नेतृत्व प्रवृत्ति मान लेना भूल होगी। इस देश और इस उपमहाद्वीप में ऐसी महिलाओं की संख्या हजारों में है जो समाज और राजनीति में लोकतन्त्र कायम करने और उसकी गुणवत्ता सुधारने में लगी हैं। आंग सांग सू की और शेख हसीना वाजेद उस श्रेणी की महत्त्वपूर्ण नाम हैं। सत्ता की राजनीति से अलग अरुणा राय और मेधा पाटकर ने अपने संघर्षों से लोकतान्त्रिक मूल्यों का विस्तार ही किया है। बल्कि अतीत में लोकतन्त्र के लिए की गई महिलाओं की कुर्बानियों की कहानी इतनी बड़ी है कि उसका जिक्र करने के लिए यह जगह बहुत छोटी पड़ेगी। इसलिए इक्का-दुक्का मनमाने महिला नेतृत्व से लोकतन्त्र को सशंकित होने की बजाय उनकी आवाज सुननी चाहिए जो लगातार अपने त्याग और रचना कर्म से लोकतन्त्र को नया रूप और नई गुणवत्ता प्रदान करने में लगी हैं। यह सुनवाई जितनी ज्यादा होगी लोकतन्त्र का भय उतना ही दूर होगा।

स्त्री : परम्परा बनाम आधुनिकता

देखने में सरल और प्रयोग करने में सहज लगनेवाले ये पद वास्तव में बहुत जटिल हैं। इनकी परिभाषा और अन्तःसम्बन्धों पर लम्बी बहसें हुई हैं। पर यह सिलसिला अन्तहीन लगता है। एक तरफ बहस जारी है, दूसरी तरफ यह तीनों पद एक-दूसरे (व तीसरे) को सँवारते हुए, उनसे टकराते हुए और उन्हें उघाड़ते हुए अपनी सक्रियता और

प्रासंगिकता बनाए हुए हैं। स्त्री को परिभाषित करते और उसकी विभिन्न परिभाषाओं पर बहस करते स्त्री-पुरुषों द्वारा दिए गए इस शब्द से छुटकारा पाना चाहती है। स्त्री परम्परा द्वारा दी जा रही अपनी परिभाषा से सहमत नहीं है। पर वह आधुनिक परिभाषा में भी जकड़न महसूस करती है। इसलिए वह परम्परा और आधुनिकता दोनों से आगे निकलना चाहती है। साथ ही वह दोनों में अपने को तलाशती रहती है। परम्परा अतीत में मिथकीय आधार तो तलाश सकती है, पर उसे ठोस जमीन वर्तमान में ही मिलेगी। इसलिए परम्परा आधुनिकता से नाता जोड़कर जीवित रहने की कोशिश करती है। यानी परम्परा में हस्तक्षेप कही जानेवाली आधुनिकता के सहारे ही परम्परा आधुनिकता में हस्तक्षेप कर रही है। स्त्री के सन्दर्भ में परम्परा की दिलचस्प कवायद उस समय दिखाई पड़ती है जब वह पहले स्त्री को अपने घेरे में जकड़ लेती है। और बाद में जब संकट में आती है तो कभी उसके घूँघट, कभी आँचल और कभी गर्भ में पनाह लेती है।

इस तरह स्त्री, परम्परा और आधुनिकता एक-दूसरे की हिफाजत भी कर रहे हैं और उन्हें खत्म करने या उनसे मुक्त होने का प्रयास भी कर रहे हैं। इस द्वन्द्वात्मक रिश्ते में वे आपस में हावी होने की होड़ करते रहते हैं। इस जटिल सम्बन्ध को समझने से पहले इन पदों की परिभाषाओं पर गौर करना जरूरी है। इस सदी के मध्य में खड़ी होकर मशहूर फ्रांसीसी नारीवादी चिन्तक सिमोन द बोउआ ने पूछा था स्त्री क्या है ? लेकिन उससे भी पहले पूछा था 'क्या स्त्री है ?' यानी क्या सचमुच इस तरह की श्रेणी है ? तब उनका जवाब 'हाँ' में था। लेकिन आज फ्रांस के उत्तर-संरचनावादी नारीवादियों से जब यह सवाल पूछा जाता है तो उनका जवाब नकारात्मक होता है। यानी 'स्त्री' नाम की अलग श्रेणी निर्धारित कर उस आधार पर ध्रुवीकरण करने की जरूरत नहीं है। ऐसा करना आत्मगत विश्लेषण को और जटिल करना होगा। इन दोनों प्रश्नों के उत्तर हमें दो अलग दिशाओं में ले जाते हैं। उत्तर संरचनावादियों का यह विमर्श उन्हें मार्क्सवादियों के नजदीक ले जाता है। यानी लैंगिक विभाजन के आधार पर संघर्ष करने के बजाय सामाजिक और आर्थिक असमानता और शोषण को मुद्दा बनाना चाहिए। भारतीय नारीवाद भी आज लगभग इसी मार्ग पर चल रहा है। हालाँकि भारतीय अपने को पश्चिम से अलग बताते हुए स्वाधीनता संग्राम की परम्परा से अपने को जोड़ता है, पर वह पश्चिम के बौद्धिक विमर्श से मुक्त नहीं है और मुक्त हो पाएगा, ऐसा सम्भव नहीं दिखता। भारतीय नारीवाद को पश्चिम के दर्शन और देशी कार्यकलापों की खिचड़ी कहा जा सकता है। यानी वह पश्चिम के दिमाग और भारतीय संगठनों की देह पर चल रहा है। इसलिए सीता, सावित्री, द्रौपदी के पारम्परिक और सरोजिनी नायडू, सुचेता कृपलानी, कमला देवी चट्टोपाध्याय और गंगाबेन जैसी महिलाओं की आधुनिक परम्परा से पहले 'स्त्री' की परिभाषाओं पर निगाह डाली जानी चाहिए।

सिमोन द बोउआ ने पाँचवें दशक की अपनी बहुचर्चित पुस्तक *द सेकेंड सेक्स* में स्त्री को 'अन्य' की संज्ञा दी है। यह ऑब्जेक्ट यानी 'कर्म' है, कर्ता नहीं। पुरुष सब्जेक्ट यानी कर्ता है। वे बार-बार यह सवाल करती हैं कि स्त्री है क्या ? गर्भ, प्रजनन और

गर्भपात सम्बन्धी बहसों और मुद्दों से ऊबकर वे कहती हैं कि क्या 'स्त्री' सिर्फ 'गर्भ' है ? सिमोन के सवाल आज भी लोगों को मथ रहे हैं कि क्या 'स्त्री' जैव वैज्ञानिक इकाई ही है ? या वह एक समाजशास्त्रीय और राजनीतिक अवधारणा है ? भारत के नारीवादी आन्दोलन के लिए भी यह तय करना मुश्किल हो रहा है कि वे किस स्त्री की बात करें ? वे ग्रामीण और मजदूर महिला की बात करें या मध्यवर्गीय। या फिर सम्पूर्ण नारी जाति की पीड़ा को महिलाओं की आजादी का साझा विषय बनाएँ। मातृशक्ति की अवधारणा से लेकर स्त्री की बराबरी को माननेवाली विभिन्न भारतीय अवधारणाओं पर या तो परम्परा का प्रचंड प्रभाव है या फिर मजदूर, किसान, जैसे पारम्परिक व मानवाधिकार और पर्यावरण जैसे आधुनिक आन्दोलनों का। लेकिन परम्परा और आधुनिकता दोनों से तुर्की-ब-तुर्की विमर्श करनेवाली नारीवादी अवधारणाओं का प्रखर रूप पश्चिम में दिखाई पड़ता है। उनसे भारतीय विमर्श भी प्रभावित होता है। इसीलिए भारत के स्त्री मुक्ति आन्दोलन पर पश्चिम के प्रभाव का अक्सर आरोप लगता रहा है।

गरीबी, आर्थिक असमानता व शोषण व सामाजिक विविधता होने की वजह से नारीवादी संघर्ष मनोवैज्ञानिक आत्मगत और लैंगिक द्वन्द्व का यह आयाम नहीं हासिल कर सका है जो पश्चिम ने किया है। मैरी डेली और एड्रीन्नी रिच जैसी फ्रांसीसी सिद्धान्तकारों ने *सांस्कृतिक नारीवाद* की रचना की है। अस्तित्ववाद पर आधारित यह अवधारणा स्त्री की परिभाषा में उसकी 'देह' को महत्त्व दिए जाने के पुरुषवादी विन्यास को खारिज करने के बजाय उसको डटकर स्वीकार करती है और उसी आधार पर प्रति-स्त्री-संस्कृति के निर्माण का सुझाव देती है। यह अवधारणा स्त्री-पुरुष के विभेद को पूरा महत्त्व देते हुए उसका उपयोग करना चाहती है। लेकिन 'स्त्री' की अवधारणा पर विमर्श इससे आगे जाता है। सिमोन द बोउआ से प्रेरणा लेने का दावा करनेवाली अमेरिकी समलिंगियों का कहना है कि 'स्त्री' पैदा नहीं होती–वह बनाई जाती है। 'स्त्री' और 'पुरुष' की अवधारणा को प्राकृतिक बताने का सबसे घातक परिणाम यह हुआ कि स्त्री शोषण की दीर्घ ऐतिहासिक परम्परा को वैधता प्रदान हुई है। व्यवस्था चाहे मातृसत्तात्मक हो या पितृसत्तात्मक, उसमें सिर्फ शोषक का लिंग बदल जाता है। पर शोषण तो बदस्तूर रहता है। इसलिए जरूरत 'स्त्री' की अवधारणा को समाप्त करने की है। यानी स्त्री-पुरुष की श्रेणियाँ समाप्त करने की जरूरत है। लेकिन जब तक विषमलिंगी समाज व्यवस्था केन्द्रीय रहेगी, यह सम्भव नहीं है। इसलिए विषमलिंगी समाज व्यवस्था को तोड़ना चाहिए। फिलहाल इसके विकल्प के तौर पर समलैंगिक समाज ही है। यह कहने की जरूरत नहीं कि यह अवधारणा एक यूटोपिया है और उसके अपने खतरे हैं, लेकिन इस बात से इनकार नहीं किया जा सकता कि परम्परा और आधुनिकता के बीच स्त्री का यह भी एक मार्ग है।

मार्क्सवादी अवधारणा तो स्त्रियों की पीड़ा और उनके शोषण को अलग से मान्यता देने के लिए तैयार ही नहीं थी। हालाँकि ज्यादातर नारीवादी मार्क्सवादी और समाजवादी आन्दोलन से निकली हैं, पर उनका वर्ग संघर्ष का विमर्श सदैव लैंगिक विमर्श पर हावी

रहा। मार्क्सवादी महिलाएँ जब भी अलग आन्दोलन विकसित करने की पहल करती थीं तो कम्युनिस्ट नेता आरोप लगाते थे कि मजदूर आन्दोलन को विभाजित करने की कोशिश चल रही है। इन्हीं वजहों से नारीवादी विमर्श मार्क्सवाद से भी असहमति जताता है। 'स्त्री' न तो पूँजीवाद द्वारा दी गई परिभाषा से सहमत है और न ही मार्क्सवादी। वह पुरुषों की सभी व्याख्याओं पर आपत्ति करती है। यानी स्त्री परम्परा से तो असहमत है ही आधुनिकता से भी उसकी सहमति नहीं है।

परम्परा क्या है ? यह तय करना भी सरल नहीं है। द्वन्द्व परम्परा और आधुनिकता में ही नहीं, परम्पराओं में भी होता है। इसी द्वन्द्व में से निकलकर एक परम्परा आधुनिकता से ताकत ग्रहण करती है। सम्पूर्ण अतीत न तो परम्परा बन सकता है न ही सभी परम्पराएँ एक दिशा प्रदर्शित करती हैं। परम्परा समान कर्मों का अनवरत प्रवाह है। लेकिन ये कर्म किसी सड़क या पगडंडी की तरह सिर्फ पैरों और गाड़ियों के जाने से बने मार्ग की तरह निर्जीव नहीं होते। उन कर्मों के साथ चेतना भी प्रवाहित होती है। कर्म इसी चेतना की कसौटी पर कसे जाते हैं। पर कई बार विपरीत और परस्पर विरोधी चेतनाएँ भी साझा परम्परा का निर्माण करती हैं। उदाहरण के लिए भारतीय परम्परा में कई विरोधी अभिमत होने के बावजूद एक साझा हिन्दू परम्परा का निर्माण चल रहा है। इसी तरह भारतीय परम्पराओं ने पश्चिम एशिया की इस्लामी परम्परा से मिलकर कई साझी परम्पराओं का निर्माण किया है। 'स्त्री' और 'परम्परा' में अद्‌भुत निकटता रही है। इसका पहला प्रमाण तो उनकी लैंगिक समानता से मिलता है। स्त्री और परम्परा दोनों का लिंग एक ही है। स्त्री और परम्परा की यह भाषा शास्त्रीय एकता उस समय और प्रकट होती है जब भाषा मातृभाषा का रूप ले लेती है। यानी स्त्री भाषा की परम्परा की वाहक है। भाषा का शुद्ध रूप स्त्री ही सँभाल सकती है। हालाँकि धार्मिक संस्थानों पर 'स्त्री' का कब्जा नहीं रहा है, इसलिए धार्मिक परम्पराओं को वे निर्धारित नहीं करतीं, पर उन्हें धार्मिक परम्पराओं के केन्द्र में इस तरह से रखा गया है कि वे उनकी पालक और वाहक बनने को बाध्य हैं। परिवार परम्पराओं को वहन करने की सबसे महत्त्वपूर्ण अनौपचारिक इकाई है। स्त्री इसी दायरे में परम्पराओं को पीढ़ी-दर-पीढ़ी बढ़ाती रहती है। परम्पराएँ स्त्री को पहले 'स्त्री' बनाती हैं, फिर उसे उस मकड़जाल से निकलने नहीं देतीं। लेकिन इस पर इतनी चर्चा हो चुकी है कि उसे फिर उभारना दोहराव ही होगा।

पर शोषण और समर्पण के बगल में ही विद्रोह की भी परम्परा है। पराजित और प्रताड़ित किए जाने के बावजूद विद्रोह की परम्पराएँ वर्तमान को प्रेरित करती हैं। इसी विद्रोही परम्परा को याद करते और उसे आगे बढ़ाते हुए डॉ. राममनोहर लोहिया ने द्रौपदी या सावित्री की बहस चलाई थी। यानी एक संस्कृति के भीतर दो समानान्तर परम्पराएँ मौजूद रहती हैं। इनमें से कौन-सी परम्परा हारी या जीती, यह उतना मायने नहीं रखता जितना कि यह कि किस परम्परा से कौन-सा सन्देश निकलता है। डॉ. लोहिया का स्पष्ट कहना था कि किसी स्त्री के सिर्फ पतिव्रता होने के गुण को आदर्श

नहीं बनाना चाहिए। इसका मतलब यह नहीं कि वह गुण हेय है या उस आदर्श की अवमानना की जानी चाहिए। लेकिन स्त्री की विद्वत्ता, तर्कशक्ति, साहस व अन्य गुणों पर ज्यादा ध्यान दिए जाने की जरूरत है और वही परम्परा आधुनिकता के सन्दर्भ में प्रासंगिक होती है। वे परम्परा के उन पात्रों को चिह्नित कर आदर्श के रूप में स्थापित करने की कोशिश कर रहे थे जिन्हें समाज मान्यता देने को तैयार नहीं था। उन्होंने द्रौपदी ही नहीं, महाभारत से वैसी पाँच महिलाओं की तलाश की थी जो स्त्री के साहस, सूझ-बूझ और स्वतन्त्रता की प्रतीक थीं। यानी परम्पराओं में आदर्श तलाशने का प्रयास सिर्फ गांधी जैसे सनातनी और परम्परावादी नेता ही नहीं, डॉ. लोहिया जैसे आधुनिकतावादी नेता भी करते हैं। लेकिन बड़े नेता परम्परा में विवेकपूर्ण हस्तक्षेप कर कई बार उसे शीर्षासन करा देते हैं। गांधी ने कमजोर और कायरता की प्रतीक समझी जानेवाली उपवास, चरखा और अहिंसा जैसी स्त्री परम्पराओं में इतना बल और पुरुषार्थ भर दिया कि उनसे ब्रिटिश साम्राज्य जैसी ताकतवर संस्था हिल गई। हालाँकि गांधी के शुद्धतावादी और हठी रवैए की वजह से वे कई बार स्त्री के प्रति अन्याय करते हुए भी दिखाई पड़ते हैं। इसलिए स्त्री के इर्द-गिर्द चलते हुए परम्परा और आधुनिकता के प्रवाह के प्रति रूढ़िवादिता अपनाने के बजाय विवेक लागू करने की जरूरत है। तभी उस प्रवाह को पार किया जा सकता है। वरना डूब जाने का खतरा है।

उत्तर-आधुनिकता के इस युग में स्त्री, परम्परा और आधुनिकता की बहस आज नए मोड़ पर पहुँच चुकी है। यह मान्यता बुरी तरह खंडित हो चुकी है कि परम्परा स्त्री के लिए सदैव बुरी ही होती है और आधुनिकता सदैव अच्छी। इस मिथक को मशहूर नारीवादी जर्मेन ग्रीयर ने 1984 में *सेक्स एंड डेस्टिनी* से तोड़ दिया था। यह पुस्तक अन्य नारीवादी अवधारणाओं के साथ उनकी खुद की *फीमेल यूनख* में व्यक्त की गई अवधारणाओं को खारिज कर देती है। यह पुस्तक आधुनिकता के कई अंगों के विकास में छिपे स्त्री विरोध को उघाड़कर रख देती है। अगर परम्परा ने स्त्री को रहस्य बना उसे पति के अधीन नियन्त्रित रखा था तो आधुनिकता उस रहस्य को खत्म कर या तो स्त्री को उपयोग की वस्तु बना उसे समाज के सामने 'इक्झास्ट' होने को छोड़ देती है या उसकी लैंगिकता और प्रजनन शक्ति को सर्वसत्तावादी राज्य के नियन्त्रण में दे देती है। मेरी स्टोप्स के जमाने से लेकर आज तक के गर्भनिरोधकों के विकास और इतिहास स्त्री के प्रति पूर्वग्रह से ग्रस्त हैं। जनसंख्या लाबी की भी राजनीति गरीब, कमजोर और स्त्री की प्रजनन क्षमताओं को नियन्त्रित कर अमीर देशों और जातियों को लाभ पहुँचाने की है। बल्कि वे इस सदी के जनसंख्या विस्फोट के लिए आधुनिकता की 'लांच व्हेक्लि' यानी उद्योगीकरण को दोषी ठहराती हैं। इसके उलट पारम्परिक समाजों के जनसंख्या नियन्त्रण के ब्रह्मचर्य और उपवास जैसे तमाम उपाय ज्यादा मानवीय लगते हैं।

विमर्श के बदलते स्वरूप की वजह से आज स्त्री की परम्परा से चिढ़ने और आधुनिकता से प्रेम करने की प्रवृत्ति बदल चुकी है। परिवार तोड़ने का नारा अब

पारम्परिक परिवार को बचाने और उसी में समानता ढूँढ़ने में परिवर्तित हो गया है। यहाँ जर्मेन ग्रीयर और ग्लोरिया स्टीनेम जैसी महिला लेखिकाओं का नाम उल्लेखनीय है।

भारत में 'इकोफेमनिज्म' की अवधारणा को प्रस्तुत करनेवाली वन्दना शिवा का कहना है कि विज्ञान और प्रौद्योगिकी ने प्रकृति और स्त्री को एक साथ तबाह किया है। इसलिए स्त्री का आन्दोलन प्रकृति से मिलकर आधुनिकता को चुनौती दे रहा है। विशेष तौर पर चिपको आन्दोलन और नर्मदा आन्दोलन में प्रौद्योगिकी के विरोध और परम्पराओं से प्रकृति को बचाने का स्त्री का संघर्ष उल्लेखनीय है। लेकिन यह सिद्धान्त भी बहुत दूर नहीं जाता। पर्यावरण सम्बन्धी कई अध्ययनों ने सभी परम्पराओं और स्त्रियों को पर्यावरण रक्षक मानने से इनकार किया है। प्रकृति और धरती स्त्री के ऐसे प्रतीक रहे हैं जिनके आधार पर स्त्री अत्याचार को लम्बे समय तक मिथकीय गौरव प्रदान किया गया है।

इसीलिए हमने शुरू में ही कहा था कि स्त्री, परम्परा और आधुनिकता का विमर्श और उनके पारस्परिक रिश्ते बेहद जटिल हैं। उन्हें दो टूक तरीके से परिभाषित नहीं किया जा सकता। इसका मतलब भ्रमित होकर भटक जाना नहीं है। आज जरूरत 'स्त्री' को परम्परा की 'पत्नी' और आधुनिकता की 'प्रेमिका' बनाने की नहीं है। स्त्री के तमाम रिश्ते भावुकता पर आधारित रहे हैं और यह उन रिश्तों की बड़ी कमजोरी रही है। उसे परम्परा और आधुनिकता के मुवक्किल बनने की जरूरत भी नहीं है। वकील और मुवक्किल के सम्बन्धों में भी मुवक्किल ही घाटे में रहता है। आज जरूरत स्त्री को परम्परा और आधुनिकता के बीच जज बनने की है। परम्परा और आधुनिकता अपने विवाद लेकर उसके सामने आएँ और वह हर मुकदमे के गुण-दोष के आधार पर फैसला करे। न्याय करने का यह काम स्त्री, दलित, आदिवासी, मजदूर व समाज के अन्य उपेक्षित वर्ग करें तो सम्यक् होगा। इस दौरान 'स्त्री' का विधिशास्त्र राष्ट्रवाद और पूँजीवाद जैसे जातीय और वर्गीय संकीर्णता पर आधारित नहीं होना चाहिए। सांस्कृतिक, भौगोलिक और राजनीतिक विभिन्नता स्त्री-विमर्श को खानों में जरूर बाँटते हैं, पर उनके अनुभव उनके अन्तर्राष्ट्रीय स्तर पर जोड़ते भी हैं। स्त्री, पर्यावरण और मानवाधिकार–यही तीनों आन्दोलन अगली सदी का भविष्य लिखेंगे। इसलिए उन्हें अपने सम्बन्धों को बार-बार स्पष्ट करते रहना चाहिए।

पुरुष के कब्जे में स्त्री कानून

बेंथम ने संसद को समाज-सुधार की सबसे बड़ी संस्था और कानूनों को सुधार का सबसे बड़ा औजार माना है। इसके साथ ही उन्होंने संसद को क्रान्ति रोकने की ढाल भी कहा है। इस बात का दूसरा हिस्सा भारत में स्त्री अधिकार सम्बन्धी कानूनों के लिए जितना

सटीक बैठता है, पहला हिस्सा उतना ही उलट।

अस्सी दशक में स्त्रियों का उत्पीड़न रोकने और उन्हें उनके हक दिलाने के बारे में बड़ी संख्या में कानून पास हुए हैं। यह सिलसिला नब्बे के दशक में भी जारी है। अगर इतने कानूनों का सचमुच पालन होता, तो भारत में स्त्रियों के साथ भेदभाव और अत्याचार अब तक खत्म हो जाना था। दहेज हत्या, सती, बलात्कार या सम्पत्ति में हक सम्बन्धी प्रतिनिधि घटनाएँ जब-जब देश के मानस को झकझोरती हैं, संसद एक नया कानून पास कर देती है। इससे महिला संगठन और स्त्रियों के प्रति हमदर्दी रखनेवाले खुश होकर खामोश हो जाते हैं। लेकिन व्यापक समाज में कानून और आचरण के बीच गहरी खाई है। कानून जिसे अपराध मानता है, व्यापक समाज उसे अपनी परम्परा और रीति-रिवाज। विकास के कई स्तरों पर जी रहे हमारे समाज में बाहरी हस्तक्षेप से आई विकृतियाँ भी अपनी भूमिका निभाती हैं। इतनी पेचीदा स्थितियों में राज्य की संस्थाएँ भी पुरुष प्रधान मानसिकता से चलती हैं। नतीजतन किसी भी कानून का पूरी तरह से पालन होने के बजाय ढेर सारे कानूनों का थोड़ा-सा पालन होता है।

सख्त-से-सख्त कानूनों के बावजूद अत्याचार नहीं रुकते। वे कम होने के बजाय बढ़ते जाते हैं। कुछ साल बाद इन कानूनों की समीक्षा होती है तथा सजा के प्रावधान और कड़े कर दिए जाते हैं। जुर्माना बढ़ा दिया जाता है। लेकिन नतीजा फिर वही। दहेज हत्या, बलात्कार, घरेलू हिंसा और वेश्यावृत्ति की घटनाओं में कमी आने के बजाय बढ़ोत्तरी होती जाती है। इसके अलावा इन कानूनों से सजा पानेवालों की तादाद भी नगण्य होती है।

स्त्री अधिकारों के प्रति बढ़ती चेतना के इस दौर में पास हुए तमाम कानून सही मायने में उपयोगी होने के बजाय सजावट की वस्तु साबित हुए हैं। उन्होंने स्त्रियों को अधिकार-सम्पन्न बनाने के बजाय राज्य को ज्यादा अधिकार-सम्पन्न बनाया है। नतीजतन स्त्री स्वतन्त्र होने के बजाय और लाचार हुई है। फिर महिला, गरीब और अल्पसंख्यक-विरोधी मानसिकता से ग्रस्त राज्य से न्याय की उम्मीद कैसे की जाए ? समय-समय पर पास होनेवाले इन कानूनों की सबसे बड़ी 'उपलब्धि' यही रही है कि वे सामाजिक आक्रोश के लिए 'सेफटी वॉल्व' साबित हुए हैं। इस तरह स्त्री के अधिकारों के बारे में विचारात्मक बहस अवरुद्ध हो जाती है और आन्दोलन आराम करने लगते हैं।

स्त्री अधिकारों सम्बन्धी कानूनों को मोटेतौर पर दो श्रेणियों में बाँटा जा सकता है। एक वे, जो पारम्परिक समाजों में स्त्री को पुरुष के समान अधिकार दिलाने की कोशिश करते हैं। दूसरे वे, जो आधुनिक नागरिक समाज की हिंसा और उपभोक्तावादी हमलों से उसे बचाने का दावा करते हैं। पहली श्रेणी में विशेष विवाह अधिनियम, भारतीय उत्तराधिकार अधिनियम, हिन्दू विवाह अधिनियम, हिन्दू उत्तराधिकार अधिनियम, हिन्दू दत्तक और भरण-पोषण अधिनियम वगैरह शामिल किए जा सकते हैं। इसके अलावा इस श्रेणी में सती प्रथा निवारण अधिनियम वगैरह को भी रखा जा

सकता है। दूसरी तरफ दहेज निवारण अधिनियम, लिंग निर्धारण प्रतिबन्ध अधिनियम या अश्लीलता विरोधी अधिनियम को आधुनिकता के साथ आई बुराइयों से स्त्रियों की रक्षा करनेवाले कानूनों की श्रेणी में रखा जा सकता है। वेश्यावृत्ति दमन कानून या बलात्कार व घरेलू हिंसा से निपटने के लिए पुराने कानूनों में किए गए संशोधनों में भी अपराध की आधुनिक स्थितियों से निपटने की कोशिश साफ दिखाई पड़ती है, हालाँकि ये अपराध बहुत पुराने हैं।

स्त्री अधिकारों के बहाने कभी-कभी पारम्परिक और आधुनिक समाज इन कानूनों को हथियार बनाकर एक-दूसरे पर हमला करते नजर आते हैं और इस दौरान स्त्री अधिकारों पर व्यापक समाज में विवाद खड़ा होता है। यही क्षण महिला संगठनों के सक्रिय होने और नया कानून पास कराने का होता है। लेकिन यह सक्रियता क्षणिक होती है और उससे आए परिवर्तन भी टिकाऊ नहीं होते। ज्यादातर मामलों में पारम्परिक और आधुनिक समाज में व्यापक साँठ-गाँठ है। जो काम पारम्परिक समाज नैतिकता के तर्कों के सहारे करता है, वही काम आधुनिक समाज उत्पादकता, विकास और लोकतान्त्रिक अधिकारों के बहाने कर डालता है। आखिरकार हैं तो दोनों ही समाज पुरुष-प्रधान।

शाहबानो, मेरी राय या खातून निसा के सहारे उठे विवादों में समाज के उस चरित्र को स्पष्ट तरीके से देखा जा सकता है। शाहबानो सुप्रीम कोर्ट से तो मुकदमा जीत गई, लेकिन अपने समाज से हार गई। इस विवाद के दौरान पारम्परिक समाज पूरी कट्टरता से उसके पीछे पड़ गया। आधुनिक कहे जानेवाले समाज ने थोड़ी दूर तक तो उसका साथ दिया, लेकिन धीरे-धीरे वह पीछे हट गया। अन्त तक शाहबानो के साथ जो लोग बचे, वे दूसरे समुदाय के 'पारम्परिक लोग' थे। उन्हें शाहबानो और उसके माध्यम से स्त्री जाति को अधिकार दिलाने के बजाय मुसलमान समाज के फटे में टाँग अड़ाने में ज्यादा दिलचस्पी थी। अन्त में शाहबानो न सिर्फ पराजित हुई, बल्कि समाज सुधार का केन्द्र समझी जानेवाली संसद ने इतनी कठिन लड़ाई के बाद हुई उपलब्धि को छीनते हुए एक प्रतिगामी कानून पास कर दिया। दिलचस्प बात यह है कि आधुनिकतावादी लोग भी आज इस बारे में उसी तरह का तर्क दे रहे हैं, जिस तरह मुल्ला-मौलवी देते रहे हैं।

स्त्री के आर्थिक अधिकारों से जुड़ा एक और मुकदमा मेरी राय का है। मेरी राय की लड़ाई सीरियाई ईसाई समाज के महिलाओं की ऐतिहासिक लड़ाई बन गई है। सारा जीवन भाइयों का भरण-पोषण करनेवाली यह शिक्षिका जब स्कूल से रिटायर हुई, तो भाई उसे पिता की सम्पत्ति में हक देने को तैयार नहीं हुए। मेरी राय ने सुप्रीम कोर्ट तक लड़ाई लड़ी और अन्त में उसके पक्ष में फैसला हुआ। 1986 में हुए इस फैसले में सुप्रीम कोर्ट ने कहा कि स्वतन्त्रता के बाद त्रावणकोर और कोचीन राज्य का विलय हो गया। उसके बाद वहाँ भारतीय उत्तराधिकार अधिनियम, 1925 लागू हो गया। इसलिए अब त्रावणकोर ईसाई उत्तराधिकार अधिनियम और कोचीन उत्तराधिकार

अधिनियमों का कोई औचित्य नहीं है। अदालत ने भारतीय उत्तराधिकार अधिनियम को 1951 से लागू कर दिया। अदालत के इस फैसले से जहाँ ईसाई महिलाओं को आर्थिक आत्मनिर्भरता के अवसर दिखे, वहीं पुरुष समाज हिल उठा। हालाँकि इस फैसले ने निश्चित रूप से विवादों का भानुमती का पिटारा खोल दिया और 35 सालों की वसीयतों, बँटवारों और अन्य मुकदमों का नए सिरे से निपटारा करने की जरूरत पैदा हो गई। ऊँचे ओहदों पर बैठे शिक्षित ईसाई समाज के तमाम पुरुष एकजुट हो गए। वे किसी भी तरह इस फैसले को लागू नहीं होने देना चाहते। वकीलों ने ऐसे मुकदमे लेने से इनकार कर दिया। केरल के सम्पन्न और असरदार ईसाई समाज ने इस फैसले को बेअसर करने के लिए पूरी ताकत लगा दी। केरल की करुणाकरन सरकार त्रावणकोर और कोचीन ईसाई उत्तराधिकार कानूनों को बहाल करने के लिए विधेयक पास कर दिया। इसका उद्देश्य अप्रैल 1951 से 1986 फरवरी यानी 35 सालों के लिए उन कानूनों को प्रभावी बनाना है, जिनमें पिता की सम्पत्ति में स्त्री का हक नहीं बनता।

दूसरी तरफ मेरी राय जैसी महिलाओं की एक कतार खड़ी हो गई है। इसमें इलीकुट्टी और मारियाकुट्टी जैसी महिलाएँ प्रमुख हैं। ये महिलाएँ भी अदालत से मुकदमा जीतकर फैसला लागू होने का इन्तजार कर रही हैं। इन महिलाओं ने केरल सरकार के इस कदम के विरोध का एलान किया है। पर पुरुष-प्रधान समाज की ताकत के आगे उनकी जीत आसान नहीं लगती।

हाल में इलाहाबाद हाई कोर्ट की लखनऊ बेंच के एक दिलचस्प फैसले से गम्भीर विवाद खड़ा हो गया है। खातून निसा के पति रहमतउल्ला ने भूमि हदबन्दी कानून से अपनी जमीन बचाने के लिए उसे तीन बार तलाक कहकर तलाक दे दिया। इस तरह बीवी के हिस्से में जमीन बँट जाने से रहमतउल्ला की जमीन सीलिंग से बच गई। लेकिन न्यायमूर्ति हरिनाथ तिलहरी ने इस तलाक को अमान्य करार देते हुए कहा कि उन्हें भूमि हदबन्दी कानून के तहत छूट का अधिकार नहीं है।

इस फैसले का असर यह हुआ कि 25 साल पहले हुआ तलाक भारतीय संविधान के मुताबिक अवैध माना गया और 'तीन तलाक' पर व्यापक बहस खड़ी हो गई। मुल्ला-मौलवी तो उस फैसले का विरोध धार्मिक आधारों पर कर रहे हैं। वे तीन तलाक को रद्द करने का शरीयत में हस्तक्षेप मानते हैं। लेकिन इस फैसले के विरोध के आर्थिक बिन्दु भी हैं। न्यायमूर्ति तिलहरी ने तीन तलाक को तो अवैध करार दे दिया, लेकिन उन्होंने उस भूमि हदबन्दी कानून पर गौर नहीं किया, जिसमें स्त्री की सम्पत्ति को पति की सम्पत्ति से जोड़ दिया गया है। भूमि हदबन्दी कानून ने बालिग बेटे की सम्पत्ति को भी अलग माना है, पर बालिग बेटी या पत्नी को यह सुविधा नहीं दी है। लगता है, न्यायमूर्ति तिलहरी का स्त्री अधिकारों से सम्बन्धित सनसनीखेज पहलू तो दिखाई पड़ा, लेकिन सम्पत्ति का अधिकार जैसा ठोस मुद्दा नहीं दिखाई दिया। पर इस वजह से पूरे फैसले का विरोध करना पुरुष-प्रधान समाज का ही समर्थन करना है।

व्यक्तिगत सम्पत्ति को महत्त्व देनेवाले समाज में पिता और पति की सम्पत्ति में

अधिकार स्त्री की आत्मनिर्भरता की आधारशिला है। लेकिन यह आधारशिला स्त्री आज तक नहीं रख सकी है। इस मामले में न सिर्फ कानूनी विसंगतियाँ हैं, बल्कि सामाजिक कट्टरता और दोगलापन भी है। ऐसा नहीं है कि स्त्री के नाम से सम्पत्तियाँ नहीं हैं या वे खरीदी व बेची नहीं जातीं। लेकिन ऐसा तभी किया जाता है, जब पति या पिता को किसी तरह की बेईमानी या चोरी करनी होती है। अगर किसी जमींदार को हदबन्दी कानून से अपनी जमीन बचानी होती है, तो वह पत्नी और बेटी ही नहीं, 'ठाकुर जी', 'राम-जानकी जी' और नौकर-चाकर सबके नाम जमीन कर देता है। इसी तरह अगर किसी अधिकारी को काला धन छिपाना है, तो बेटी को उपहार देने लगता है और पत्नी के नाम प्लॉट, मकान या जायदाद खरीदने लगता है। लेकिन सामान्य तौर पर पिता की सम्पत्ति में बेटी को हक नहीं दिया जाता।

हिन्दू समाज में मेरी राय जैसे विवाद नहीं सुनाई पड़ते, तो उसकी वजह यह नहीं है कि वहाँ बेटियों को खुशी-खुशी पिता की सम्पत्ति में हक दे दिया जाता है। दरअसल, स्त्रियाँ इस बारे में न तो पूरी तरह से जाग्रत हैं और न ही इस अधिकार के औचित्य से सहमत। फिर दहेज के व्यापक चलन के माध्यम से हिन्दू समाज ने इस मुद्दे पर समझौते का एक बिन्दु निकाल लिया है। सम्भवतः इसीलिए सम्पत्ति के बँटवारे पर जितने तनाव की सम्भावना रहती है, वह दहेज को लेकर पैदा हो जाती है। इसीलिए मधु किश्वर जैसी सामाजिक कार्यकर्ताओं ने दहेज के विरोध पर ज्यादा जोर देना छोड़ दिया। उनका कहना है कि बेटी को पिता की सम्पत्ति में हक तो मिलता नहीं, उलटे हम दहेज का विरोध कर उसकी आर्थिक स्थिति को और कमजोर बनाते हैं।

पिता की सम्पत्ति में स्त्री के हक के बारे में जबरदस्त कानूनी विसंगति भी है। हिन्दू उत्तराधिकार अधिनियम के अनुसार बेटे और बेटी को पिता की सम्पत्ति में एक साथ हक मिलेगा। उसमें वरीयता क्रम में कोई किसी से आगे-पीछे नहीं है। जाहिर-सी बात है कि हिन्दू विधि में 1956 के पहले यह स्थिति नहीं थी और यह सामाजिक सुधार के बढ़ते दबाव का परिणाम है। लेकिन कई राज्यों के भूमि कानूनों पर हिन्दू समाज के पुराने उत्तराधिकार नियम हावी हैं।

उदाहरण के लिए उत्तर प्रदेश जमींदारी उन्मूलन और भूमि सुधार कानून की धारा 171 के तहत अगर किसी पुरुष काश्तकार का वसीयत के बिना निधन होता है, तो सबसे पहले उसके बेटे को सम्पत्ति मिलेगी। अविवाहित बेटी का नम्बर चौथा और विवाहित बेटी का नम्बर सातवाँ है। यह नम्बर भी तब आएगा, जब बीच के सारे नम्बरों के उत्तराधिकारी न हों। यानी बेटे के होते हुए बेटी को जमीन में हक नहीं मिल सकता।

इसी तरह स्त्री और पुरुष काश्तकारों के अधिकार भी अलग-अलग हैं। हिन्दू उत्तराधिकार अधिनियम में तो स्त्री सम्पत्ति की पूर्ण स्वामिनी है, पर भूमि कानूनों में ऐसा नहीं है। पुरुष उत्तराधिकार में पुरुष से प्राप्त सम्पत्ति का पूर्ण स्वामी होता है, जबकि स्त्री-पुरुष से प्राप्त सम्पत्ति की पूर्ण स्वामिनी नहीं होती। उसके निधन के बाद उसकी सम्पत्ति उसी पुरुष के पास लौट जाएगी जहाँ से उसने प्राप्त की थी। फिर वह

उसी पुरुष के करीबी उत्तराधिकारियों को मिलेगी। दिलचस्प बात यह है कि स्त्री की तन्हा जमीन पर भी पहला दावा बेटे और पोतों का ही है। बेटी का दावा तीसरे नम्बर पर है। गनीमत यही है कि पति की जमीन में बेटे के साथ उसे भी हिस्सेदार बनाया गया है।

इस तरह बेटी सिर्फ पिता की जायदाद पर दावा कर सकती है, न कि उसकी जमीन पर। ग्रामीण समाज जमीन पर दावा यह कहकर देने से इनकार करता है कि इससे जमीन के टुकड़े होंगे व उत्पादकता घटेगी और गाँव में बाहरी व्यक्ति (दामाद) के आने से तनाव बढ़ेगा। दूसरी तरफ शहर का समाज यह कहकर हिस्सा देने से इनकार करता है कि उसके पास सम्पत्ति है ही नहीं।

सम्पत्ति पर पुरुष किस तरह कुंडली मारकर बैठना चाहता है, इसका एक रोचक उदाहरण बिहार के बोधगया संघर्ष में देखने को मिला। क्रान्तिकारी चेतना से लैस लोग वहाँ के महन्त की जमीन का वितरण किसानों में कर रहे थे। इस दौरान शुरू में बहुत कम लोगों का ध्यान इस तरफ गया कि यह सारी जमीन पुरुषों के नाम चढ़ाई जा रही है। बाद में जब स्त्रियों के नाम जमीन करने की बात आई, तो उसका आन्दोलनकारी किसानों ने ही विरोध किया।

जिन राज्यों में पिता की जमीन में बेटी को हक दिया गया है, वहाँ भी इस अधिकार को लागू करवा पाना आसान नहीं है।

दरअसल, यह विवाद बहुत पेचीदा है कि स्त्री को बाप की जायदाद में हक मिले या पति के या दोनों के। अगर स्त्री को पिता की सभी सम्पत्तियों में हक देना उचित है, तो जमीन में क्यों नहीं ? इस तर्क में कोई दम नहीं लगता कि इससे गाँव में बाहरी व्यक्ति आकर बसेगा और गाँव की व्यवस्था में गड़बड़ी पैदा होगी। रही जमीन के बँटने और उत्पादकता घटने की बात, तो जमीन भाई के रहने पर भी बँटती है। तब क्या उत्पादकता बढ़ जाती है ? ये सब स्त्री अधिकारों के बारे में उसी तरह के पुरुषवादी अड़ंगे हैं जैसे आरक्षण के विरोध में ब्राह्मणवादी तर्क खड़े किए जाते थे। बेटी को पिता की जमीन में निश्चित तौर पर हक होना चाहिए—वह चाहे तो भाई को दे दे। दूसरी बात यह है कि इस मामले में हर क्षेत्र विशेष की संस्कृति के हिसाब से संशोधन भी होना चाहिए। दरअसल, भारत के कुछ पारम्परिक समाजों में स्त्री पूरी तरह से सम्पत्तिहीन नहीं रही है। तमिलनाडु और लक्षद्वीप में स्त्रियों को सम्पत्ति के अधिकार रहे हैं। लेकिन बात सिर्फ सम्पत्ति के अधिकार की नहीं। जरूरत बेटी और बहू को आर्थिक रूप से आत्मनिर्भर बनाने की है।

सम्पत्ति के अधिकार से परोक्ष या प्रत्यक्ष रूप से जोड़ी जा रही दहेज की समस्या घरेलू अपराध और अत्याचार की गम्भीर समस्या बनी हुई है। 1961 में बना दहेज निरोधक कानून इस बारे में बेहद लचर और बेअसर साबित हुआ। उसमें दहेज की परिभाषा 'विवाह के प्रतिफल और विवाह की शर्त के रूप में दी गई सम्पत्ति' के रूप में रखी गई। तब अधिकतम सजा छह महीने और 5,000 रुपए का जुर्माना था। उस

समय अपराध संज्ञेय नहीं था और जमानती था। यह कानून उस स्थिति में 1984 तक रहा। यही वह दौर था, जब भारत में हरित क्रान्ति हुई और ज्यादातर शहरों का विस्तार हुआ। इस दौरान हाहाहूती मध्यवर्ग का उदय हुआ और उसमें नए-नए हथकंडों से दहेज हासिल करने का चलन बढ़ा। हजारों बहुओं को यातना दी गई और जलाया गया। पर यह कानून तमाशबीन बना रहा। बल्कि हर कोई इसका मजाक उड़ाता रहा। दरअसल, यह कानून शादी के बाद होनेवाली दहेज की माँग पर लागू नहीं होता था। इसी आधार पर एल.वी. जाधव बनाम शंकर राव साहेब (1983) 4 ए.सी.सी. 231 के मुकदमे में बम्बई हाई कोर्ट ने फैसला किया कि लड़की के पिता से दम्पति को विदेश भेजने के लिए 50,000 रुपए की माँग दहेज नहीं है, क्योंकि यह माँग शादी के समय पर नहीं की गई थी।

इन स्थितियों की वजह से दहेज के खिलाफ सामाजिक असन्तोष बढ़ता गया। वधू दहन, यातना और दहेज विरोधी प्रदर्शन की घटनाएँ आम हो गईं। जून 1980 में प्रमिला दंडवते के निजी विधेयक के आधार पर एक कमेटी बनी और उसके सुझावों की रोशनी में दहेज निरोधक कानून में संशोधन किया गया। दहेज की परिभाषा बदली गई। 'विवाह के प्रतिफल के रूप में' की जगह पर 'विवाह के सिलसिले में' कर दिया गया। लेकिन विवाह के मौके पर दिए जानेवाले उपहारों और फिजूलखर्ची पर रोक लगाने के बारे में कमेटी के सुझाव पर गौर नहीं किया गया। सजा छह महीने से बढ़ाकर पाँच साल और जुर्माना 5,000 से 10,000 रुपए कर दिया गया। इससे भी दहेज सम्बन्धी अपराधों में खास कमी नहीं आई और 1986 में फिर संशोधन कर इसे गैरजमानती अपराध बना दिया गया। सबूत का भार अभियुक्त पर डाल दिया गया। अगर स्त्री की अप्राकृतिक मृत्यु होती है, तो उसकी सम्पत्ति बच्चों और बच्चों के न होने पर माता-पिता को मिलने की व्यवस्था की गई। भारतीय दंड संहिता में संशोधन कर धारा 304 बी जोड़ी गई। इसके तहत विवाह के सात साल के भीतर जलने, चोट लगने या किसी भी असामान्य तरीके से स्त्री की मृत्यु होने और अगर इससे पहले उससे पति या अन्य सम्बन्धी द्वारा दहेज की माँग की गई हो व उसे लेकर सताया गया हो, तो ऐसी मृत्यु को 'दहेज मृत्यु' कहेंगे और इसके लिए पति या सम्बन्धी जिम्मेदार होंगे। इस कानून के तहत न्यूनतम सात और अधिकतम आजीवन कारावास की सजा का प्रावधान रखा गया। इसी तरह भारतीय दंड संहिता में धारा 498 ए जोड़कर दहेज के नाम पर होनेवाली क्रूरता को रोकने की व्यवस्था की गई। दहेज रोकने के लिए ही फौजदारी कानूनों में दो बार 1983 और 1986 में संशोधन किए गए।

इतने सारे संशोधनों के बाद निश्चित तौर पर दहेज सम्बन्धी कानून सख्त हुआ है और ऊपर से देखने पर लग सकता है कि महिलाओं की स्थिति बहुत मजबूत है, पर वास्तविक स्थिति ऐसी है नहीं। जहाँ तक क्रूरता का सवाल है, इस मामले में स्त्रियाँ किसी फैसले के बजाय समझौते का इरादा रखती हैं, क्योंकि वे इतनी मजबूत स्थिति में नहीं होतीं कि ससुरालवालों को क्रूरता की सजा दिलाकर चैन से रह सकें। फिर

मायकेवालों का भी जोर समझौते पर ही होता है। इसलिए क्रूरता से सम्बन्धित जितने मामले अदालत तक पहुँचते हैं, उनमें ज्यादातर दहेज हत्या के होते हैं। हालाँकि पुणे की माधुरी चिटनीस ने क्रूरता के एक मामले में पति से 30,000 रुपए वसूल लिए। यह जुर्माना सुप्रीम कोर्ट से बहाल हुआ। लेकिन इस मामले में पीड़ित पक्ष यानी माधुरी चिटनीस खुद वकील हैं। इसीलिए उन्होंने पति द्वारा चरित्र पर आक्षेप लगाने को ही क्रूरता साबित करवा दिया। (माधुरी मुकुन्द चिटनीस बनाम मुकुन्द मरकन्द चिटनीस)

दूसरी ओर सामान्य महिलाओं की क्रूरता की वजह से हुई मृत्यु भी खुदकुशी के खाते में चली जाती है। अशोक कुमार बनाम पंजाब राज्य (1987) के मामले में पंजाब और हरियाणा हाई कोर्ट ने सेशन कोर्ट से खुदकुशी को उकसावा देने के आरोप में दोषी पाए गए पति को बरी कर दिया। इसी तरह मध्य प्रदेश हाई कोर्ट ने पद्मावती बनाम मध्य प्रदेश राज्य (1987) के मामले में सास की तीन साल की सजा खत्म कर दी। अदालत का कहना था कि बहू ने जब घर में अपने को जलाया, उस वक्त वहाँ कोई मौजूद नहीं था। इसलिए यह काम अवसाद और अतिसंवेदनशीलता में किया गया है। इसी तरह सरला प्रभाकर बाघमारे बनाम महाराष्ट्र (1990) के मुकदमे में बम्बई हाई कोर्ट ने फैसला दिया कि हर तरह की तकलीफ या हर तरह की क्रूरता पर भारतीय दंड संहिता की धारा 498 ए नहीं लागू होती। इस तरह से यह बात साबित नहीं होती कि पति की पिटाई या यातना या अवैध माँग की वजह से पत्नी ने खुदकुशी की।

ऐसे तमाम मामले हैं, जिनमें दहेज हत्या सन्देह के परे साबित नहीं हो सकी। अभियुक्तों को या तो सन्देह का लाभ मिल जाता है या फिर हत्या के मामले को खुदकुशी मान लिया जाता है। दरअसल, सख्त से सख्त कानून होने के बावजूद हमारा न्याय विवेक पुरुषवादी है। हमारा न्यायपालिका, प्रशासन, पुलिस और समाज महिलाओं पर होनेवाले अत्याचार को ज्यादा तूल नहीं देना चाहते। इसीलिए अभियुक्त या तो पकड़े नहीं जाते, पकड़े जाते हैं तो सजा नहीं होती, सजा होती भी है तो ऊपरी अदालतों से छूट जाते हैं। अगर ऊपरी अदालतों से सजा हो गई तो कई बार मुजरिम 'विशेष योग्यता' से छुट्टे घूमते रहते हैं। सामान्य तौर पर स्त्री के प्रति होनेवाले अपराधों को लेकर समाज या उसकी संस्थाओं की यही प्रक्रिया होती है। हाँ, कभी-कभार सामाजिक असन्तोष और महिला संगठनों के आन्दोलन को देखते हुए उसका न्याय विवेक जागता है, तो वह राजस्थान हाई कोर्ट के लक्ष्य देवी केस (1985) की तरह स्टेडियम ग्राउंड या रामलीला मैदान में सार्वजनिक फाँसी का आदेश दे देता है। अदालत को यह उम्मीद थी कि व्यापक समाज और खासकर महिला संगठन इससे बड़े खुश हो जाएँगे। पर 'मानुषी' ने इसकी कड़ी निन्दा की।

दरअसल, हमारे समाज में बुराइयों से लगातार लड़ते रहने और अच्छाइयों की रक्षा करने का विवेक नहीं है। हम दुष्ट और अपराधी व्यक्तियों को दंडित करने का अभियान चलाने के बजाय उनसे साँठ-गाँठ करने और फायदा उठाने में यकीन करते

हैं। कानून के राज की चाहे जितनी बात की जाए, पर भारतीय समाज 'समरथ को नहिं दोष गुसाईं' वाली अवधारणा में ज्यादा यकीन करता है। हमारा पारम्परिक समाज तो एक अतिवादी न्यायिक प्रक्रिया को मानता है। यानी जब तक पाप का घड़ा न भर जाए तब तक न्याय करनेवाली शक्ति का अवतार नहीं होगा।

नाबालिग आदिवासी लड़की मथुरा के साथ थाने में हुए बलात्कार के मुकदमे के साथ समाज की निगाह बलात्कार कानूनों की तरफ गई। इस मुकदमे में सुप्रीम कोर्ट ने थाने में बलात्कार करनेवाले दो सिपाहियों को बरी कर दिया था। इस फैसले के खिलाफ जबरदस्त सामाजिक प्रतिक्रिया हुई। बलात्कार कानून को बदलने की तेज माँग उठी। विधि आयोग के कई सुझावों को मानते हुए बलात्कार कानून को सख्त बनाया गया। संरक्षण में बलात्कार, सामूहिक बलात्कार, गर्भवती महिला से बलात्कार और नाबालिग लड़की से बलात्कार की सजा दस साल कर दी गई। इसके अलावा इन मामलों में सबूत का भार अभियुक्त पर डाल दिया गया। लेकिन एक गौरतलब तथ्य यह है कि बलात्कार की परिभाषा आज भी वही है, जो 1860 में थी। 'भेदन' (पेनीट्रेशन) के बिना बलात्कार पूरा नहीं होता। इसीलिए मुकदमा दर्ज होने और गिरफ्तारी होने के बावजूद अक्सर मामले छूट जाते हैं। सुमन रानी के मुकदमे (हरियाणा राज्य बनाम प्रेमचन्द व अन्य, 1989-90) में सुप्रीम कोर्ट के फैसले से महिला संगठनों को बड़ी निराशा हुई। पुलिस बलात्कार के मामले में न्यूनतम सजा दस साल से घटाकर पाँच साल कर दी गई।

बाल विवाह से जुड़े बलात्कार के मामले में भी कानून असमंजस की स्थिति में है। वह एक तरफ दूल्हे की उम्र 21 और दुल्हन की उम्र 18 वर्ष न होने पर दंड का प्रावधान करता है, तो दूसरी तरफ इस विवाह को गैरकानूनी नहीं मानता। अगर विवाह के समय लड़की की उम्र 15 साल से कम है और 18 वर्ष की होने से पहले उसने इस विवाह से इनकार कर दिया है तो वह तलाक ले सकती है। लेकिन अगर 18 वर्ष की होने से पहले मना नहीं किया, तो वह फिर इस आधार पर तलाक नहीं ले सकती। इसी तरह अगर विवाह के समय लड़की की उम्र 15 साल से ज्यादा है, तो वह इस आधार पर तलाक नहीं ले सकती। पत्नी की उम्र अगर 18 साल से कम और 15 साल से ज्यादा है, तो उस स्थिति में पति के बलात्कार पर कानूनी कार्यवाही नहीं हो सकती। 15 से कम और 12 साल से ज्यादा उम्र की पत्नी से बलात्कार पर सिर्फ दो साल की सजा है।

सहमति की उम्र की अवधारणा और पारम्परिक समाज में गहरा द्वन्द्व है। इसलिए सहमति की उम्र की अवधारणा के साथ अगर पारम्परिक समाज का ख्याल रखा जाता है, तो इस तरह की तमाम विसंगतियाँ होना स्वाभाविक है। कानूनी रूप से सहमति और विवाह की उम्र तय होने के बावजूद प्रेम और स्त्री-पुरुष सम्बन्धों पर उम्र का बन्धन एक सीमा तक लागू होता है। आजकल दक्षिण भारत में किशोरों के बीच बढ़ते प्रेम और अविवाहित मातृत्व की बढ़ती संख्या की वजह से तमाम पढ़े-लिखे अभिभावक कम

उम्र में बेटियों के विवाह की सोचने लगे हैं। हाल में मद्रास हाई कोर्ट ने नाबालिग बेटी के गर्भपात की माँग करनेवाले बाप की याचिका खारिज कर दी। अदालत ने उस लड़की को बाकायदा गर्भ धारण की इजाजत दी।

इन घटनाओं से यह बात बार-बार साबित होती है कि किसी भी समाज से अच्छी स्थितियाँ सिर्फ कानून के माध्यम से नहीं पैदा की जा सकतीं। उसके लिए जागरूक सामाजिक शक्तियों का सतत प्रयास जरूरी है। अगर यह प्रयास नहीं चलता है, तो कानून 'कॉमेडी' बनकर रह जाता है। पुरुष-प्रधानता को बनाए रखने के लिए पारम्परिक और आधुनिक समाज में अद्वितीय साँठ-गाँठ का नमूना लिंग निर्धारण टेस्ट है। एक ने स्त्री की हीनता का मूल्य दिया और दूसरे ने अत्याधुनिक टेक्नोलॉजी और पढ़े-लिखे डॉक्टर। लड़कियों की भ्रूण हत्या को रोकने के लिए कई राज्यों ने कानून पास कर रखे हैं, पर बढ़ते निजी मेडिकल सेंटरों की संस्कृति में पैसा ही सर्वश्रेष्ठ मूल्य है। लिंग निर्धारण रोकनेवाले कानून में सम्बन्धित महिला के लिए भी सजा का प्रावधान होने की वजह से उसके दुरुपयोग के भी खतरे हैं। इसी तरह 1988 में बने सती निरोधक कानून में सम्बन्धित महिला के लिए सजा का प्रावधान भी स्त्री को ताकत देने के बजाय उसे कमजोर करता है।

वैसे तो स्त्री अधिकारों से सम्बन्धित बहुत सारे कानून हैं, पर वेश्यावृत्ति सम्बन्धी कानूनों पर विचार किए बिना यह चर्चा अधूरी रहेगी। दुनिया में वेश्यावृत्ति के बारे में सामान्यतः तीन सामाजिक दृष्टियाँ हैं। एक दृष्टि वेश्यावृत्ति को स्त्री जाति ही नहीं, सम्पूर्ण मानवता पर कलंक मानती है और इसके उन्मूलन का लक्ष्य रखती है। इस धारणा के आधार पर जो व्यवस्था बनाई जाती है, उसे निषेधात्मक प्रणाली कहते हैं। अमेरिका में नेवादा के अलावा बाकी राज्यों में यही व्यवस्था है। इस व्यवस्था के कानून वेश्यावृत्ति से जुड़ी सभी गतिविधियों को अपराध मानते हैं। इसमें चकलाघर के मालिक, भड़ुए, दलाल, ग्राहक और वेश्या सबके लिए दंड की व्यवस्था है।

दूसरी प्रणाली सहनशील प्रणाली कही जाती है। 1949 के देह व्यापार और वेश्या शोषण के दमन सम्बन्धी संयुक्त राष्ट्र के समझौते के तहत ब्रिटेन, भारत और फ्रांस में यह प्रणाली लागू की गई। इस प्रणाली की मान्यता है कि वेश्यावृत्ति उतनी ही पुरानी है, जितनी मानव सभ्यता। यह सार्वभौमिक और अपरिहार्य सामाजिक बुराई है। इसे खत्म करना सम्भव नहीं है। ज्यादा-से-ज्यादा इसे नियन्त्रित किया जा सकता है, ताकि यह सामाजिक स्वास्थ्य के लिए खतरा न पैदा करे। इस प्रणाली के तहत सिर्फ वेश्यावृत्ति अपने में अपराध नहीं है। वह अपराध तब बनती है, जब उसे देह व्यापार का रूप दिया जाए और उसमें अन्य लोग भी शामिल हों। हालाँकि इस प्रणाली में वेश्यावृत्ति को दंडित करने की व्यवस्था नहीं है, पर जिन देशों ने इसे अपनाया है, उन्होंने अपने-अपने ढंग से वेश्याओं को दंड देने की व्यवस्था बनाई है। लेकिन गौरतलब बात है कि ग्राहक को दंड देने की व्यवस्था नहीं है।

तीसरी प्रणाली वैधानिक वेश्यावृत्ति की है, जो अमेरिका के नेवादा, जर्मनी, वियना

और स्विट्जरलैंड में लागू है। यह इस अवधारणा पर टिकी है कि वेश्यावृत्ति एक आवश्यक सामाजिक बुराई है, जो शरीफ महिलाओं को पुरुषों के यौन आक्रमण से बचाती है और परिवार के ढाँचे की हिफाजत करती है। इस प्रणाली में वेश्याओं के खास केन्द्र होते हैं और यौन रोगों की रोकथाम के लिए उनकी नियमित जाँच होती है। पहले भारत और इंग्लैंड में यही प्रणाली लागू थी। पश्चिम के कुछ आधुनिक नागरिक अधिकारवादी और वेश्या अधिकारों के समूह इसे बाकायदा एक व्यवसाय का दरजा देने की माँग कर रहे हैं। वे इसे अपमान या आवश्यक सामाजिक बुराई नहीं मानते।

भारत में 1956 में महिला और बालिका अनैतिक देह व्यापार दमन अधिनियम (सीता) बना। लेकिन उस कानून में पुरुष वर्ग यानी ग्राहक, दलाल और वेश्यालयों के मालिक के बजाय वेश्याओं को दंड देने की व्यवस्था थी। इसमें 1978 में संशोधन हुआ, लेकिन उससे भी धन्धा करनेवाले पकड़ में नहीं आए। 1987 में हुए संशोधन में उस कानून का नाम बदलकर अनैतिक देह व्यापार नियन्त्रण अधिनियम कर दिया गया। यह कानून व्यावसायिक उद्‌देश्यों के लिए यौन शोषण या दुरुपयोग को वेश्यावृत्ति मानता है। वेश्या को शोषित माननेवाला यह कानून शोषकों को दंड देने की व्यवस्था करता है। यह संशोधन एक हद तक सकारात्मक कदम कहा जा सकता है, पर इसमें अंग्रेज राज की झलक दिखाई पड़ती है। आज देश में लगभग 17 लाख वेश्याएँ हैं। अंग्रेजों ने तो अपनी फौज की यौन इच्छा की तृप्ति के लिए वेश्यावृत्ति को बढ़ावा दिया, लेकिन हम क्यों इतने बड़े पैमाने पर वेश्यावृत्ति पाले हुए हैं ?

उदारीकरण के इस दौर में अश्लीलता तेजी से बढ़ रही है। फिल्म, मीडिया, साहित्य, संगीत हर क्षेत्र में काम वासनाओं को उभारकर धन कमाने का चलन है। नारी गरिमा पर हो रहे इस हमले के आगे स्त्री के अश्लील प्रदर्शन को रोकने सम्बन्धी कानून अपर्याप्त साबित हो रहे हैं।

स्त्री के लिए सबसे जरूरी आर्थिक आत्मनिर्भरता है। सम्पत्ति के साधनों पर उसको कब्जा मिलना चाहिए। इसके लिए सम्पत्ति के निर्माण की और सम्पत्ति के वितरण की प्रक्रिया चलनी चाहिए। आज भारतीय समाज में सम्पत्ति तो जरूर बढ़ी है, पर वितरण की अवधारणा को नकारा जा रहा है। ऐसी स्थिति में स्त्री को आधुनिक और पारम्परिक दोनों समाजों की पुरुषवादी मानसिकता से लड़ना होगा, क्योंकि इनमें से किसी भी एक प्रणाली में मुक्ति का मार्ग नहीं है। लेकिन सिर्फ इतने से काम नहीं चलेगा। उसे पूँजीवादी अर्थव्यवस्था की शोषक प्रवृत्तियों के खिलाफ भी खड़ा होना पड़ेगा, क्योंकि पूँजीवाद के इस हमले में नारी आत्मनिर्भरता की राह खो गई है। लगातार घटते रोजगार और बढ़ते निजीकरण में स्त्री के ग्लैमर की सम्भावनाएँ तो बन रही हैं, पर गरिमा की नहीं। भोगवाद का यह प्रवाह वैसे तो पुरुष-स्त्री दोनों को भँवर में ले जा रहा है, पर यह स्त्री का ज्यादा नुकसान करेगा, क्योंकि पुरुष वर्चस्व के चंगुल से निकल रही स्त्री फिर उसी में फँस जाएगी।

पिछले दशक ने स्त्री को रक्षा के लिए कानूनों का जो कवच दिया था, वह नई

चुनौतियों के आगे अपने को लाचार पा रहा है। अब उन कानूनों के भरोसे निश्चिन्त नहीं हुआ जा सकता। वे कानून ठीक तरह से लागू हों, इसके लिए तो सजग रहना ही पड़ेगा, लेकिन आनेवाली सदी में स्त्री की जगह क्या हो, इस बारे में एक समग्र दृष्टि विकसित करनी होगी। जरूरत ज्यादा-से-ज्यादा कानूनों के थोड़े-से पालन की नहीं, थोड़े-से कानूनों के अच्छी तरह पालन की है।

स्वेतलाना, सोनिया और समाजवादी

सोनिया गांधी के विदेशी मूल के मुद्दे पर बौद्धिक वर्ग विभाजित है, भ्रमित है और परस्पर विरोधी बयान दे रहा है। वह समझ नहीं पा रहा है कि उनके मूल की निन्दा की जाए या डाल और फूल-पत्तियों की या फिर अपने मूल की। या फिर उस परिवेश की जिसमें ऐसा बिरवा खड़ा हो सका। विवाद इस पर भी है कि स्थायी बाड़ लगा दी जाए या माली को खत्म कर दिया जाए। लेकिन अगर आपका मूल संघ परिवार का है तो आपको कोई भ्रम नहीं होगा। विचारों के उन्नतशील बीज नागपुर से सप्लाई हो जाएँगे, जो आपके उर्वर हिन्दूवादी मस्तिष्क में राजनीतिक समझ की पूरी फसल लहलहा देंगे। या फिर आप अर्जुन सिंह, आर.के. धवन और प्रणव मुखर्जी मार्का वफादार कांग्रेसी हैं तो भी आपको कोई भ्रम नहीं होगा। आप सोनिया गांधी जिन्दाबाद के नारे लगाते हुए दस जनपथ के सामने लेट जाएँगे। लेकिन अगर आप संघ की परम्परा या कांग्रेस की चापलूस कांग्रेसियों की परम्परा से इतर समाजवादी या साम्यवादी या किसी और स्वतन्त्र परम्परा से हैं तो क्या करें ? सोनिया को किस नजर से देखा जाए यह आप कैसे तय करेंगे ?

हालाँकि यहाँ भी जार्ज फर्नांडीज, मुलायम सिंह यादव और चन्द्रशेखर जैसे समाजवादियों व शरद पवार और संगमा जैसे कांग्रेसियों ने सोनिया विरोध की अपनी लाइन तय कर ली है। माकपा ने तो सोनिया समर्थन की अपनी दृष्टि स्पष्ट कर दी है। पर भाकपा, फारवर्ड ब्लॉक और आर.एस.पी. जैसी पार्टियाँ अपने कांग्रेस और नेहरू के वंशवाद विरोध पर कायम हैं। जबकि भाकपा (माले) ने किसी तरह के संविधान संशोधन का विरोध करते हुए यह फैसला जनता पर छोड़ दिए जाने का सुझाव दिया है। जाहिर सी बात है कि संविधान में इस मामले को लेकर कोई भ्रम की स्थिति नहीं है। अंग्रेजों की गुलामी से लड़कर निकले संविधान निर्माताओं की या तो इस तरह की स्थिति का अहसास नहीं रहा होगा या फिर उनकी भारतीयता इतनी संकीर्ण नहीं रही होगी जितनी आज होती जा रही है। इस भ्रम की स्थिति में स्वाभाविक तौर पर किसी महापुरुष की उक्ति या प्रेरक प्रसंग पर निगाह जाती है। मन में सवाल उठता है कि आज अगर लोहिया होते तो क्या कहते ? या क्या करते ?

यह एक काल्पनिक सवाल है पर एक वास्तविक प्रसंग से इसका हल ढूँढ़ा जा सकता है। उस प्रसंग से यह समझने में मदद मिलेगी कि उनका समाजवाद मानवीय करुणा से कितना ओत-प्रोत था और उसमें राष्ट्रभेद की दीवारें कितनी गैरजरूरी थीं। सोवियत संघ के महान नेता और विवादास्पद शासक जोसेफ स्तालिन की बेटी स्वेतलाना को कुछ इसी तरह भारत से प्रेम हो गया था जिस तरह सोनिया को है। उन्होंने सोवियत संघ में कालाकांकर (प्रतापगढ़) के राजघराने के ब्रजेश सिंह से विवाह कर लिया था। पर ब्रजेश सिंह के असमय निधन से वे बहुत आहत थीं और भारत आकर बसना चाहती थीं। उन दिनों सोवियत संघ में स्तालिन के आलोचक ख़ुश्चेव की सरकार थी और वह न सिर्फ स्तालिन के परिवार को प्रताड़ित कर रही थी बल्कि उनका नामोनिशान मिटाने पर तुली थी।

बात दिसम्बर 1966 की है। स्वेतलाना अपने पति की अस्थियाँ गंगा में प्रवाहित करने भारत आई थीं। वे यहीं कालाकांकर में गंगा के किनारे रहना चाहती थीं। इतिहास की विडम्बना देखिए कि आज जो कांग्रेसी विदेशी मूल की बहू को सिर-माथे पर बिठाए घूम रही है, उसी की सरकार ने तब स्वेतलाना को भारत में बसने देने का विरोध किया। उन्हें सोवियत संघ की नाराजगी का डर था। प्रधानमन्त्री इन्दिरा गांधी कुछ नहीं बोलीं। जबकि दिवंगत ब्रजेश सिंह व स्वेतलाना के भतीजे और कांग्रेस के बड़े नेता दिनेश सिंह ने उनसे कहा कि अगर सोवियत संघ की सरकार इजाजत दे दे तो भारत सरकार भी उन्हें इजाजत दे देगी। यानी परोक्ष रूप से इनकार। स्वेतलाना डॉ. लोहिया से मिलीं और उनसे भारत में बसने की इच्छा जताते हुए मदद की माँग की। डॉ. लोहिया चौथे आम चुनाव की तैयारी में व्यस्त थे पर वे इस मामले को उठाने के लिए दिल्ली आए। उन्होंने स्वेतलाना के पक्ष में संसद में मानवीय करुणा की ऐसी धारा प्रवाहित की कि कांग्रेसी भी पिघल गए। वे इस बात से दुखी थे कि भारत ने अपनी बहू को ठुकरा दिया है।

लोहिया ने संसद में कहा, 'स्वेतलाना की जन्मदात्री माँ ने जब उसको नकारा तब उसने भावना-माता-पृथ्वीमाता के अंश भारत को गुहारा था। लेकिन भावना माता ने भी उसे नकारा। इस प्रकार स्वेतलाना की समस्या सीधी-सादी और सरल थी लेकिन बहुत ही क्लेशकारी रही है। स्वेतलाना की एक माता रूस अवश्य है, परन्तु हर मनुष्य की दूसरी माता अवश्य रही है। वर्तमान परिस्थितियों में हर मनुष्य को इसी माता की आवश्यकता रहेगी। यह है पृथ्वी माता। अब तक संसार में नागरिकता की सीमा शारीरिक रही थी परन्तु आज नागरिकता का भावनात्मक और मानसिक आयाम भी उद्घाटित हुआ है।' हालाँकि डॉ. लोहिया को अपने प्रयासों में सफलता नहीं मिली और स्वेतलाना को लौट जाना पड़ा। जाते-जाते स्वेतलाना ने कहा कि आप लोगों ने आजादी की एक लड़ाई तो जीत ली है पर एक लड़ाई अमेरिका और रूस से अभी लड़नी है।

पता नहीं डॉ. लोहिया सोनिया गांधी के राजनीति में आने, कांग्रेस के अध्यक्ष बनने और उनके प्रधानमन्त्री पद के दावे पर क्या टिप्पणी करते, लेकिन इतना तो तय है कि

वे उनके दूसरी माता के साथ रहने के अधिकार को चुनौती न देते। न ही वे दो तरह की नागरिकता की माँग रखते। वे एक भारतीय बहू के वैधव्य का ऐसा मजाक भी न उड़ाते जिस तरह आज उड़ाया जा रहा है। स्वेतलाना प्रसंग को देखकर तो यही लगता है कि आज डॉ. लोहिया के अनुयायियों की भारतीयता में जो संकीर्णता दिखाई पड़ती है वह उनकी अपनी समस्या है। लोहिया तमाम संकीर्णताओं से मुक्त और भारतीयता की महान व उदार परम्परा के वाहक थे। लेकिन इस देश में धृतराष्ट्र और दुर्योधन की भी परम्परा रही है।

बहू को अपमानित करने की यह परम्परा सती प्रथा से होते हुए दहेज प्रथा तक चली आ रही है। वह कभी देवराला में रूपकंवर के साथ घटित होती है तो कभी मध्यवर्गीय घरों में बहू दहन के रूप में। मनुष्य को जिन्दा जलाने की यही घृणित भारतीय परम्परा कभी राजधानी में सिखों के साथ दोहराई जाती है तो कभी उड़ीसा में ग्राहम स्टेन्स के साथ। हमारे प्रधानमन्त्री अटल बिहारी वाजपेयी उसी धृतराष्ट्री परम्परा के वाहक हैं। डॉ. लोहिया निश्चित तौर पर कांग्रेस की नीतियों के कठोर आलोचक थे, नेहरू परिवार के वंशवाद के विरोधी थे और राजघरानों के वर्चस्व के विरोध में सामान्य जन को आगे लाने के पक्षधर थे। उसके बावजूद उन्होंने स्तालिन जैसे विवादित नेता और एक राजघराने की बहू का पक्ष लिया था। यानी उनकी भारतीयता और मानवता का दायरा संकुचित नहीं था।

इसलिए सवाल उठता है कि सोनिया गांधी के विदेशी मूल को मुद्दा बनाकर उन पर मुलायम सिंह सहित तमाम समाजवादियों की तरफ से किया जा रहा हमला क्या उनकी परम्परा को आगे बढ़ाता है ? क्या एक स्त्री के लिए संविधान संशोधन की गुहार इस देश और डॉ. लोहिया की पराक्रमी परम्परा के अनुकूल बैठती है ? जो लोग लोहिया की परम्परा की दुहाई देते हैं उनसे पूछा जाना चाहिए कि क्या वे इतिहास के नाजुक मोड़ पर ऐसा कोई कदम उठाते जिससे हिन्दू समाज की अनुदार शक्तियाँ ताकतवर हों ? क्या वे उस वशिष्ठी परम्परा को फिर से स्थापित होने देने में मदद करते जिसको समाप्त करने के लिए पिछड़ी और दलित जातियों ने लम्बा संघर्ष किया है और उन्होंने भी अपना जीवन लगा दिया ? या वे ऐसी शक्तियों का एजेंडा स्वीकार कर लेते जो कभी मुसलमानों को मिटाने का अभियान चलाती हैं तो कभी ईसाइयों को ? जाहिर है कोई भी सच्चा समाजवादी दिल पर हाथ रखकर इन सवालों का जवाब हाँ में नहीं दे सकता।

लेकिन समाजवादियों की यह दुविधा भी वाजिब है कि एक तरफ साम्प्रदायिकता है तो दूसरी तरफ वंशवाद और भ्रष्टाचार। ऐसे में वे क्या करें ? यह आगे कुआँ और पीछे खाईवाली स्थिति है। जबकि समाजवादियों का अक्सर दावा रहा है कि वे इतिहास के निर्णायक क्षणों में रास्ता दिखाते रहे हैं और भारतीय यथार्थ को ज्यादा अच्छी तरह से समझते रहे हैं। उदाहरण के तौर पर वे सन् 42 के भारत छोड़ो आन्दोलन और

आपातकाल का हवाला देते हैं। वे भारतीय समाज की जाति-वर्ग संरचना, उसकी उदारता और कट्टरता को ज्यादा अच्छी तरह से समझने का दावा करते रहे हैं। आरक्षण के मुद्दे पर भी अपनी साफ दृष्टि का उन्हें नाज रहा है। लेकिन आज वे न सिर्फ भ्रमित हैं बल्कि 'विदेशी मूल' से प्रभावित लग रहे हैं। भारतीय इतिहास का यह भ्रम 1942 के भ्रम से छोटा नहीं है। बस फर्क यही है कि उस समय कम्युनिस्ट और कांग्रेसी भ्रमित थे। पर समाजवादियों ने सही रास्ता दिखाया था। लेकिन आज समाजवादी भ्रमित हैं और कम्युनिस्ट और कांग्रेसी उन्हें सही रास्ता दिखाने की कोशिश कर रहे हैं। उस दौर के लोकयुद्ध बनाम साम्राज्यवाद विरोधी युद्ध की तरह आज भारतीय बनाम विदेशी मूल के प्रधानमन्त्री की बहस चल रही है। यह बहस एक तरफ साम्प्रदायिकता के प्रसार को आधार प्रदान कर रही है तो दूसरी तरफ धर्मनिरपेक्ष और सामाजिक न्याय की शक्तियों का विखंडन कर रही है।

ऐसे में कुछ राजनेता, बुद्धिजीवी और पत्रकार शरद पवार की राष्ट्रवादी कांग्रेस में तीसरी ताकत के उभरने की सम्भावना देख रहे हैं। ऐसी भी सम्भावना जताई जा रही है कि तेलुगु देशम और तृणमूल कांग्रेस भी उनके साथ जाएँगी। यह सम्भावना तब तक जताई जाती रहेगी जब तक शरद पवार स्पष्ट तौर पर भाजपा के साथ तालमेल न कर लें और तब तेलुगु देशम और तृणमूल सही में उनके साथ हो जाएँगी। गौरतलब है कि कुछ लोग इस मरीचिका के स्वयं शिकार हैं और कुछ लोग शिकार करने के लिए नियुक्त किए गए हैं। जबकि कुछ लोगों ने हारे हुए योद्धा की तरह साम्प्रदायिकता से लड़ने के लिए जनता को भ्रमित करके छोड़ दिया है।

सवाल उठता है कि यह वक्त सोनिया के मूल और कांग्रेस के चरित्र पर पौराणिक विवाद में उलझकर भटकने का है या साम्प्रदायिकता के विजय अभियान को रोकने का है। आखिर हमारे दौर का मुख्य अन्तर्विरोध सोनिया गांधी का मूल है या भाजपा व संघ परिवार का चरित्र ? इस देश की सभी धारा के बुद्धिजीवियों के पास कांग्रेस की आलोचना के लिए पर्याप्त तेजाबी तर्क हैं। पर उससे किसको मदद मिलेगी ? अगर उससे कोई बेहतर तीसरा विकल्प उभर रहा हो तो वैसे तर्क खूब उँड़ेलिए। लेकिन अगर उससे साम्प्रदायिकता का उभार हो रहा हो तो सोचिए ! जहाँ तक तीसरे विकल्प की बात है तो उसका आधार न सोनिया विरोध को बनाइए और न ही वाजपेयी विरोध को। उसका आधार समाजवादी रचनात्मक कार्यक्रमों को बनाना चाहिए। तीसरी ताकत बनाने के लिए क्षेत्रीय शक्तियों की एकजुटता का आधार अब बिखर चुका है। वह आधार अब व्यापक समाजवादी एकता का ही हो सकता है। इसलिए समाजवादी और साम्यवादी एकता की पहल होनी चाहिए। बदली परिस्थितियों में यह एकता असम्भव नहीं है अगर भ्रम से ऊपर उठते हुए ऐतिहासिक आवश्यकता को पहचाना जाए।

संविधान की समीक्षा का औचित्य

नैतिक दृष्टि से देखा जाए तो संविधान के प्रति सच्ची निष्ठा रखने और उसकी रक्षा की शपथ लेने के बाद उसे बदलने का प्रयास करना गलत है। नैतिकता का तकाजा तो यह है कि अगर उस दस्तावेज से आप सहमत नहीं हैं तो उसके प्रति सच्ची निष्ठा जताने और उसकी रक्षा की शपथ लेने से इनकार कर देना चाहिए और कहना चाहिए कि हमें भारत की एकता-अखंडता और सम्प्रभुता में आस्था जरूर है पर इस संविधान में नहीं है और हम उसे बदल देंगे। पर कानूनी रूप से इसमें कोई बाधा नहीं है। राजनीतिक रूप से तो कथनी और करनी में फर्क रखना युगधर्म है। इसीलिए भारतीय जनता पार्टी के राष्ट्रीय एजेंडा के पहले कार्यक्रम और शपथ ग्रहण समारोह में किसी को कोई अन्तर्विरोध नहीं दिखता।

लेकिन इस संविधान में परिवर्तन का मार्ग उसके प्रति सच्ची निष्ठा प्रदर्शित करने और उसकी रक्षा की शपथ लेने से ही निकलता है। क्योंकि उसे बदलने के लिए अलग से कोई संविधान सभा या संस्था नहीं है। संविधान को बदलने के अधिकार 'हम भारत के लोगों' के बहाने उनके प्रतिनिधियों की सभा यानी संसद को दिए गए हैं और वे व्यापक भी हैं। पर इस मामले में भारतीय जनता पार्टी को ही क्यों कोसें ? संविधान रक्षा की शपथ लेकर ही इन्दिरा गांधी ने भी 42वें संशोधन की मार्फत पूरे संविधान को ही बदल डाला था जिसे बाद में जनता पार्टी की सरकार ने 44में संशोधन के जरिए उलटा। इस व्यवस्था को बदलने और संविधान को बुर्जुआ दस्तावेज बतानेवाले कम्युनिस्ट भी इसकी रक्षा की शपथ लेते हैं। इसकी रक्षा की शपथ और इसकी मदद वे भी लेते हैं जो इसे 'एक मुर्दा पुस्तक' कहने से भी नहीं चूकते। संविधान के प्रति धुर वामपंथियों की भावनाओं का प्रतिनिधित्व करनेवाली अवतार सिंह पाश की 'संविधान' कविता कहती है–'यह पुस्तक मुर्दा हो चुकी है/इसे मत पढ़ो/इसके शब्दों में मौत की ठंडक है/और एक-एक पन्ना जीवन के अन्तिम क्षण जैसा भयानक...।'

दक्षिणपन्थ से वामपन्थ तक फैली संविधान के प्रति यह नाराजगी तो उन लोगों की है जो उसे बनानेवालों में शामिल नहीं थे। इसलिए संविधान से असहमति जतानेवालों पर यह टिप्पणी होती रहती है कि जो स्वाधीनता संग्राम की मुख्यधारा के हिस्से नहीं रहे या उससे सहमत नहीं थे उन्हें संविधान के प्रति क्यों कर लगाव होगा। लेकिन जब संविधान सभा की प्रारूप समिति के अध्यक्ष ही उसे नष्ट करने की बात करने लगें तो क्या समझा जाना चाहिए ? संविधान के सभी 395 अनुच्छेदों के पक्ष में जोरदार दलीलें देनेवाले और उसके निर्माण में 15 दिन तक झपकी न लेनेवाले डॉ. भीमराव अम्बेडकर को जब हिन्दू कोड बिल के मुद्दे पर प्रधानमन्त्री नेहरू का अपेक्षित सहयोग नहीं मिला तो उन्हें लगा कि संविधान बनाने में उनका इस्तेमाल हुआ है। संसद में बहस के दौरान वे डॉ. काटजू से कह बैठे, 'महोदय मेरे दोस्त कहते हैं कि मैंने संविधान बनाया। किन्तु मैं कहने को तैयार हूँ कि इसे जलाने के लिए मैं पहला

व्यक्ति होऊँगा। मैं इस संविधान को नहीं मानता। यह किसी के हित में नहीं है...।'

डॉ. अम्बेडकर की यह टिप्पणी बेहद नाराजगी में की गई थी। वरना 'संविधान के पिता' (डॉ. के.वी. राव के शब्दों में माता) कहे जानेवाले डॉ. अम्बेडकर की यह टिप्पणी तो संविधान को जड़मूल से ही खारिज करती है। संविधान पर भारत सरकार के अधिनियम 1935 की नकल होने या विदेशी होने या वकीली होने के सभी आरोपों का सबसे सटीक जवाब तो उन्होंने ही दिया था। उनका साफ कहना था कि संविधान पर किसी का पेटेंट नहीं होता इसलिए किसी देश के संविधान से अच्छी बातों को लेने को साहित्यिक चोरी की संज्ञा नहीं दी जा सकती। इसी तरह संविधान सभा के सदस्यों के जनता द्वारा सीधे न चुने होने के आरोप का जवाब वे यह कहकर देते हैं कि जब फिलेडेल्फिया में 13 राज्यों के प्रतिनिधि बैठकर अमेरिका का संविधान लिख सकते हैं तो हमारे यहाँ समाज के विभिन्न तबकों का प्रतिनिधित्व करनेवाले क्यों नहीं संविधान बना सकते। तमाम आपत्तियों और असहमतियों की रोशनी में संविधान की समीक्षा के सवाल पर विचार करने से पहले यह भी विचार करना होगा कि हम उसे देखते किस दृष्टि से हैं।

अगर हम संविधान को राज्य व उसकी संस्थाओं को चलानेवाली प्रणाली और देश के सभी वर्गों के नागरिकों की आकांक्षाएँ पूरा करनेवाले दस्तावेज और सभी की समस्याओं को हल करने की कुंजी मानते हैं तो हमें संविधान से बार-बार निराश होना पड़ेगा। ऐसी स्थिति में उसकी बार-बार समीक्षा करनी होगी और कई बार बदलना होगा। फिर इतनी सारी जरूरतें पूरी करने के लिए जिस आदर्श संविधान की जरूरत है उसका निर्माण मानव सभ्यता अभी कर नहीं पाई है। इसलिए संविधान समीक्षा के उद्‌देश्यों को दो हिस्सों में बाँटकर देखा जाना चाहिए। पहला यह कि संविधान को महज राज्य और उसकी संस्थाओं को चलानेवाली प्रणाली मानकर दुरुस्त करने का प्रयत्न करना चाहिए। बाकी जनकल्याण के लिए नीतियाँ बनाई जानी चाहिए। शासन की एक व्यवस्था के रूप में संविधान से यह अपेक्षा की जाती है कि त्रिशंकु संसद या विधानसभाओं के गठित होने की स्थिति में वह सरकार बनाने का रास्ता बताए और बार-बार होनेवाले मध्यावधि चुनाव से बचाए। संसदीय व्यवस्था में यह रास्ता पूरी तरह बन्द हो चुका हो तो नई व्यवस्था की तलाश की जाए। विधायिकाओं के अध्यक्षों के दलबदल सम्बन्धी विवादास्पद व पक्षपातपूर्ण फैसलों को कैसे रोका जाए ? निष्पक्षता की तलाश अदालत में की जाए या चुनाव आयोग में।

इसी तरह अनुच्छेद 356 के दुरुपयोग रोकने की व्यवस्था क्या हो ? चुनावी भ्रष्टाचार रोकने और राजनीति में अपराधियों का प्रवेश रोकने के लिए संविधान की रोशनी में चुनाव सुधारों को भी लागू किया जाना चाहिए। बड़े पदों पर भ्रष्टाचार रोकने के लिए लोकपाल की नियुक्ति में भी देरी नहीं करनी चाहिए। राज्य की संस्थाओं को सुचारू रूप से चलानेवाली यह चिन्ताएँ वामपन्थ और दक्षिणपन्थ दोनों की समान हैं। इस मामले में भारतीय जनता पार्टी के घोषणा-पत्र और वामपन्थी दलों के घोषणा-पत्रों

में अद्‌भुत साम्य है। बस कांग्रेस का नजरिया अलग है।

संविधान समीक्षा का दूसरा पहलू हम भारत के लोगों का है। हम भारत के लोगों ने जिस उद्‌देश्य से संविधान बनाया था क्या वह उन्हें पूरा कर सका है ? क्या संविधान में दिए गए मौलिक अधिकारों को भारत के लोग पूरी तरह जी सके हैं ? इस लिहाज से प्रोफेसर अमर्त्य सेन का यह निष्कर्ष गौरतलब है, "पिछले 50 वर्षों में भारत की सबसे बड़ी उपलब्धि लोकतन्त्र की रक्षा रही है और सबसे बड़ी नाकामी सामाजिक असमानता रही है।" यानी हम लोगों को स्वतन्त्रता तो दे सके हैं पर उन्हें समानता और बन्धुत्व नहीं दे पाए हैं। गरीबी, अशिक्षा और बेरोजगारी दूर नहीं कर सके हैं और उनके प्राकृतिक संसाधनों को भी नहीं बचा पाए हैं। सभी को न्याय नहीं मिला है न ही सबके स्वास्थ्य की देखभाल हो सकी है। इसी तरह संविधान की सर्वेसर्वा जनता के पास अपने प्रतिनिधियों को वापस बुलाने के अधिकार की भी माँग दो दशक से होती रही है। संविधान समीक्षा का पहला पक्ष राज्य और उसकी संस्थाओं को ज्यादा ताकतवर बनाने और दूसरा पक्ष नागरिकों को ज्यादा-से-ज्यादा महत्त्व देने और नीति-निदेशक तत्त्वों के रूप में मौजूद उद्‌देश्यों के क्रियान्वयन का है। फिलहाल पहले पर ज्यादा जोर लगता है क्योंकि शिक्षा, स्वास्थ्य और रोजगार को मौलिक अधिकार बनाने की माँग कहीं नहीं है।

संविधान समीक्षा के इतने ही उद्‌देश्य होते तो आम सहमति बनने की उम्मीद की जा सकती थी। पर बात इतनी नहीं है। भारतीय जनता पार्टी सांस्कृतिक राष्ट्रवाद की पैरोकार है और उसका केन्द्रीय तत्त्व उसे हिन्दुत्व में दिखाई पड़ता है। उसने पिछले दस वर्षों में तीखी बहसों और आन्दोलनों के जरिए धर्मनिरपेक्षता की धज्जियाँ उड़ाकर रख दी हैं। उसे 'समाजवाद' भी नहीं सुहाता रहा है। वह अल्पसंख्यकों और देश के अन्य हिस्सों को विशेष अधिकार या सुविधा दिए जाने पर भी आपत्ति जताती रही है। यानी अनुच्छेद 29, 30 और 370 ही नहीं कई अनुच्छेदों पर उसे गम्भीर आपत्ति रही है। नीति-निदेशक तत्त्व के अनुच्छेद 44 में दी गई समान नागरिक संहिता लागू करना भी उसका प्रमुख कार्यक्रम रहा है। इसलिए वह जब संविधान में समीक्षा की बात करती है तो उसमें संविधान के कुछ प्रतीकारात्मक और कुछ मौलिक चरित्रों में परिवर्तन का कार्यक्रम भी शामिल है। प्रतीकात्मक जैसे प्रस्तावना से समाजवादी और धर्मनिरपेक्ष शब्द हटाना। उसके लिए यह तर्क आसानी से दिया जा सकता है कि यह शब्द मूल संविधान में नहीं थे और अम्बेडकर ने उनका यह कहकर विरोध किया था कि संविधान में दर्शन या विचारधारा को कम-से-कम शामिल करना चाहिए। 42वें संशोधन में संविधान के प्रस्तावना में लाए गए इन शब्दों की आज भी कोई परिभाषा नहीं की गई है। संविधान के ऐसे कई हिस्सों की सफलता और असफलता पर लम्बी बहस हो सकती है पर ऐसे नाजुक मसलों पर उस समय वस्तुनिष्ठ और दूरदर्शी फैसला नहीं लिया जा सकता जब संसद और समाज बीचोबीच विभाजित हो। पर इस संविधान की विडम्बना यह है कि

उसके निर्माण के समय देश विभाजित हो रहा था और जब उसकी समीक्षा का सवाल उठा है तो समाज विभाजित है।

इसका मतलब यह नहीं है कि संविधान गीता, कुरान और बाइबिल की तरह कोई धर्मग्रन्थ है जिसकी समीक्षा नहीं हो सकती। संविधान के भीतर ही उसे बदलने के व्यापक अधिकार दिए गए हैं। (हालाँकि सुप्रीम कोर्ट ने उसके मूल चरित्र को बदलने पर रोक लगा रखी है) संविधान में अब तक हुए 83 परिवर्तन उसके लचीलेपन के प्रमाण हैं। उसकी कठोरता और लचीलेपन के बारे में नेहरू जी ने संविधान सभा में साफ कहा था–'हमें अन्य महान देशों की तरह इतना कठोर संविधान नहीं बनाना चाहिए कि वह बदलती परिस्थितियों के अनुसार ढल न सके।...अगर ज्यादा कठोर और स्थायी संविधान बना दिया गया तो राष्ट्र का विकास रुक जाएगा।' संविधान के अनुच्छेद 368 यानी संशोधन की प्रक्रिया पर बहस के दौरान डॉ. अम्बेडकर ने भी कहा था कि हमारे यहाँ संविधान की प्रक्रिया इतनी सरल है कि इससे ज्यादा सरल प्रक्रिया की कल्पना करना मुश्किल है।

इसलिए आज सवाल यह नहीं है कि भाजपा और उसके सहयोगी दल दो तिहाई बहुमत के अभाव में संविधान में महत्त्वपूर्ण संशोधन कैसे कर पाएँगे। आज अगर उनके पास सामान्य बहुमत है तो कल दो तिहाई भी हो सकता है। सवाल यह है कि क्या संविधान को साझा न्यूनतम कार्यक्रम और राष्ट्रीय एजेंडा की तरह हर साल बदला जा सकता है ? संविधान राज्य की विभिन्न संस्थाओं और समाज के विभिन्न तबकों के बीच एक सन्धि-पत्र भी है। वह कई समझौतों का एक दस्तावेज है और उसे किसी एक पार्टी के रेडिकल घोषणा-पत्र का रूप नहीं दिया जा सकता। वह बेहद लचीला भी है क्योंकि इतने सारे समझौतों का बोझ ढोनेवाला संविधान कठोर हो नहीं सकता। इसलिए राजनीतिक दलों के बिखराव और उनके अड़ियलपन का दोष संविधान पर डालना भी ठीक नहीं। संविधान की समीक्षा कीजिए पर सिर्फ अपने लिए नहीं, और उससे पहले अपनी समीक्षा भी करने का साहस रखिए।

कौन डरता है न्यायिक सक्रियता से

साल भर पहले जो न्यायपालिका खुद विवाद में थी आज उसी ने राज्य की बाकी दो संस्थाओं को कठघरे में ला खड़ा किया। एक साल पहले न सिर्फ न्यायपालिका के कुछ सदस्यों के भ्रष्टाचार पर व्यापक बहस छिड़ी थी बल्कि जजों के इस्तीफे हो रहे थे। सुप्रीम कोर्ट के न्यायाधीश वी. रामास्वामी का मामला महाभियोग तक पहुँच गया था। मुम्बई हाई कोर्ट के न्यायमूर्ति विजय बहुगुणा ने भ्रष्टाचार के विवाद से बचने के लिए इस्तीफा दे दिया था। मुम्बई हाई कोर्ट के मुख्य न्यायाधीश ए.एम. भट्टाचार्य अपनी किताब का

प्रकाशन अधिकार बेचकर 80000 डॉलर पाने की वजह से विवाद के घेरे में थे। उनके खिलाफ मुम्बई हाई कोर्ट के बार एसोसिएशन ने इतना जबरदस्त आन्दोलन छेड़ा कि उन्हें इस्तीफा देने के अलावा कोई रास्ता नहीं बचा।

मुम्बई बार एसोसिएशन ने जजों के रिश्तेदारों के उन्हीं की अदालत में वकालत करने का मुद्दा भी उठाया था। वह मुद्दा बाद में राष्ट्रीय मुद्दा बना। पर बार एसोसिएशन के राष्ट्रीय अध्यक्ष वी.सी. मिश्र के विवाद में शामिल होकर उसने अपनी वैधता खो दी।

पंजाब और हरियाणा हाई कोर्ट के मुख्य न्यायाधीश और बाद में सुप्रीम कोर्ट के जज बने न्यायमूर्ति वी. रामास्वामी के भ्रष्टाचार के विवाद पर संसद में महाभियोग लाया जा चुका था जो देश के इतिहास की पहली घटना थी। उससे भी चिन्ताजनक यह कि इस विवाद का अन्त न्यायपालिका और विधायिका दोनों की गरिमा के अनुकूल नहीं हुआ। उस वक्त पूरे देश में यह निराशा छाई हुई थी कि निचली अदालतों में तो पहले से भ्रष्टाचार है। राज्य की बाकी संस्थाएँ तो भ्रष्ट और नाकाम हो चुकी हैं। अगर न्यायपालिका के शीर्ष पर बैठे कुछ लोगों को ही भ्रष्टाचार का ग्रहण लग गया तो किससे उम्मीद बचेगी।

अगर साल-डेढ़ साल पहले की इन स्थितियों की आज से तुलना की जाए तो लगता है कि न्यायपालिका का चन्द्रमा बादलों के बीच से निकल आया है और अब उसकी चाँदनी में कोई चोर बच नहीं सकता। पूरे देश में अचानक न्यायपालिका का सम्मान काफी बढ़ गया है। अब अखबारों की मुख्य खबरें संसद, कार्यपालिका या प्रधानमन्त्री व मन्त्री से निकलने की बजाय सर्वोच्च न्यायालय से निकलती हैं। बल्कि कहा जा रहा है कि न्यायपालिका ने देश की बागडोर अपने हाथ में ले ली है।

न्यायपालिका ने न सिर्फ अदालती आदेशों की अवहेलना करनेवाले अफसरों को दंडित किया है बल्कि वह कानून का राज कायम करने के लिए कटिबद्ध दिख रही है। हवाला विवाद में उसने आक्रामक निर्भीकता दिखाई है। इससे सारा परिदृश्य ही पलट गया है। जहाँ एक साल पहले सुप्रीम कोर्ट का एक न्यायाधीश कठघरे में था वहीं आज केन्द्रीय मन्त्रिमंडल अदालत के कठघरे में आ गया है।

न्यायपालिका की मौजूदा भूमिका की वाहवाही भी हो रही है तो निन्दा भी। कुछ लोग इसे लोकतन्त्र के अँधेरे में उम्मीद की किरण बता रहे हैं तो कुछ विश्लेषकों के लिए यह लोकतन्त्र पर संकट है। एक तरफ कहा जा रहा है कि लोकतन्त्र में घटी आस्था फिर से बहाल हो गई है तो दूसरी तरफ यह आशंका भी जताई जा रही है कि इससे लोकतन्त्र की तीन प्रमुख संस्थाओं में टकराव बढ़ेगा।

पहले उन तर्कों पर विचार किया जाए जिनके अनुसार इससे लोकतन्त्र में घटती आस्था बहाल हुई है और इसका श्रेय न्यायिक सक्रियता को जाता है। सवाल उठता है कि न्यायिक सक्रियता न्यायपालिका की खुद अपनी निष्क्रियता से पैदा हुई है या लोकतन्त्र

की बाकी संस्थाओं की निष्क्रियता से ? न्यायिक सक्रियता को शुरू हुए अभी दो दशक भी नहीं हुए हैं। इसमें तेजी उस दौर में आई है जिस दौर में न्यायपालिका संकट में बताई जा रही थी। यानी एक तरह से इसका जन्म न्यायपालिका के अपने ही संकट से हुआ है।

अदालतों में बड़ी तादाद में लम्बित मुकदमे, न्यायिक प्रक्रिया की दीर्घकालीन औपचारिकताएँ और निचली अदालतों में बढ़ते भ्रष्टाचार ने न्यायपालिका की छवि को धूमिल कर दिया था। देश के मुख्य न्यायाधीश कह रहे थे कि न्यायपालिका ढहने के कगार पर है। तत्कालीन मुख्य न्यायाधीश प्रफुल्ल चन्द नटवरलाल भगवती ने इस ओर बड़े पैमाने पर लोगों का ध्यान खींचा।

न्यायमूर्ति पी.एन. भगवती ने तीन अक्टूबर 1984 को अमेरिका के कोलम्बिया विश्वविद्यालय के स्कूल ऑफ लॉ में न्यायिक प्रक्रिया पर दिए गए अपने भाषण में इससे जुड़े तमाम मुद्दों को साफ किया था। उनका कहना था कि न्यायिक सक्रियता अब उन सभी राजनीतिक व्यवस्थाओं में आम बात बन गई है जहाँ न्यायपालिका स्वतन्त्र है और उसे न्यायिक पुनर्विचार का अधिकार है। यह पुरानी और एंग्लो-सेक्सन अवधारणा है कि जज कानून नहीं बनाते बल्कि सिर्फ उसकी व्याख्या और तलाश करते हैं। अब जज बाकायदा कानून बनाते हैं और आधुनिक लोकतन्त्र में यह अधिकार सिर्फ विधायिका के पास रह भी नहीं गया है।

पी.एन. भगवती ने यह भी कहा था कि जिन व्यवस्थाओं में न्यायिक पुनर्विचार का अधिकार है वहाँ न्यायिक सक्रियता होगी ही। फर्क यही है कि कहीं वह तकनीकी स्तर की होती है और कहीं सामाजिक सक्रियता के रूप में। यह समाज की जरूरत के हिसाब से होता है। आज तीसरी दुनिया के समाज जिस तरह के पीड़ाजनक परिवर्तन के दौर से गुजर रहे हैं वहाँ न्यायिक सक्रियता का सामाजिक सक्रियता में रूपान्तरित होना स्वाभाविक ही है। लोकहित याचिका को उसी दिशा में एक कदम माना जाना चाहिए।

पी.एन. भगवती की इस बात के साथ यह भी सच है कि न्यायिक सक्रियता आज के दौर में न्यायालय की छवि सुधारने का एक साधन बनी है। चूँकि सक्रियता कमजोरियों को दूर कर उन पर पर्दा भी डालती है इसलिए न्यायपालिका सक्रियता की वजह से आज नैतिकता के सबसे ऊँचे पायदान पर बैठ गई है। इसीलिए यह भी लग रहा है कि उसने हमारी राज्य व्यवस्था की बागडोर हाथ में ले ली है।

न्यायपालिका की सक्रियता ने एक प्रकार से राज्य की बाकी संस्थाओं को न सिर्फ चुनौती दे डाली है बल्कि कानून का सक्रिय उल्लंघन करनेवालों को कठघरे में खड़ा कर दिया है। उसकी यह सक्रियता निश्चित रूप से प्रशंसनीय है लेकिन क्या इससे सम्पूर्ण व्यवस्था में न्याय की उम्मीद जग गई है ? क्या इससे न्यायपालिका का चरित्र बदल गया है ?

इन दोनों प्रश्नों का उत्तर नकारात्मक ही है। पूरी व्यवस्था में सिर्फ न्यायपालिका

से न्याय की उम्मीद न तो की जा सकती है और न ही की जानी चाहिए। न्यायपालिका की भूमिका अभी चाहे जितनी व्यापक लग रही हो पर वह है तो एक आयाम तक सीमित। वह दो पक्षकारों के अधिकार को तय करती है और संविधान की व्याख्या और कानून के राज की रक्षा करती है। इस दायरे में वह कानून भी बनाती है। लेकिन वह पूरे प्रशासन की बागडोर तो नहीं सँभाल सकती। फिर समाज में न्याय का दायरा तो बहुत बड़ा है। संविधान की प्रस्तावना में ही उसे सामाजिक, आर्थिक और राजनीतिक तीन श्रेणियों में बाँटा गया है। हालाँकि न्यायपालिका अब कानूनी न्याय के दायरे से बाहर निकलकर सामाजिक न्याय भी कर रही है लेकिन वह उसे पूरे-का-पूरा नहीं सँभाल सकती।

न्याय के बाकी आयामों की देखभाल के लिए राज्य की बाकी संस्थाएँ बनाई गई हैं। न्यायपालिका से ही सम्पूर्ण न्याय की उम्मीद करना वैसा ही है जैसे अस्पताल से देश के सम्पूर्ण स्वास्थ्य की हिफाजत की आशा करना। अस्पताल इसलिए बनाए गए हैं कि जब आदमी का स्वास्थ्य बिगड़ जाए तो उनकी शरण ली जाए। यानी स्वास्थ्य और बीमारी का विवाद न निपट रहा हो तो डॉक्टर के पास जाया जाए। लेकिन अगर चारों तरफ मिलावटी खाद्य पदार्थ, दूषित हवा-पानी ही हो तो अस्पताल कब तक स्वास्थ्य की रक्षा कर पाएँगे ?

उसी तरह न्याय सिर्फ न्यायपालिका ही नहीं करतीं। न्याय कार्यपालिका भी करती है और विधायिका भी करती है। जिस दिन सम्पूर्ण न्याय की जिम्मेदारी सिर्फ न्यायपालिका पर ही डाल दी जाएगी उस दिन अनर्थ हो जाएगा। न्याय राज्य और समाज के तन्त्र में हर स्तर पर होना चाहिए। वह पंचायत में भी होना चाहिए और सुप्रीम कोर्ट में भी। फैलते बाजार और बढ़ते निजीकरण के इस दौर में निजी क्षेत्रों में भी न्याय की गारंटी करनी होगी। वरना निजी क्षेत्र भयानक तानाशाही के रास्ते पर चल निकलेगा। इसलिए खतरनाक स्थिति यह नहीं है कि न्यायपालिका ने अपनी सक्रियता बढ़ाकर राज्य के सम्पूर्ण तन्त्र को सँभाल लिया है। खतरनाक स्थिति यह है कि राज्य और समाज की ज्यादातर संस्थाओं ने न्याय करना छोड़ दिया है। इसी घुप्प अँधेरे में न्यायिक सक्रियता उम्मीद की एक किरण बनकर आई है।

मुख्य न्यायाधीश ए.एम. अहमदी जब कहते हैं कि न्यायिक सक्रियता का दौर अस्थायी है तो उनके बयान से यह उम्मीद भी निकलती है कि इस दौरान राज्य की बाकी संस्थाएँ अपनी जिम्मेदारी सँभाल लेंगी और न्यायपालिका अपनी यह अतिरिक्त भूमिका छोड़कर नियमित भूमिका में लौट आएगी। पर ऐसा होने की सम्भावना कम ही दिखती है। अगर ऐसा हुआ तो क्या न्यायपालिका को निश्चिन्त होने और आराम करने का मौका मिल जाएगा ? बिलकुल नहीं। न्यायपालिका का बड़ा हिस्सा भ्रष्टाचार और निष्क्रियता का शिकार है। दूसरी तरफ उच्च न्यायपालिका आज भी अंग्रेजियत से बाहर नहीं निकल पाई है। ये सब न्यायपालिका की आन्तरिक चुनौतियाँ हैं और इनसे अन्य संस्थाओं के

प्रति आक्रामक होकर नहीं निपटा जा सकता। इसके लिए न्यायपालिका में भी ऊपर से नीचे तक सुधार करना पड़ेगा जिसकी चर्चा मुख्य न्यायाधीश अहमदी अक्सर करते रहते हैं।

अब जरा उन लोगों के तर्कों पर गौर किया जाए जो न्यायिक सक्रियता को लोकतन्त्र के लिए खतरा बता रहे हैं। इस तरह का तर्क देनेवाले कुछ लोगों के इरादे बहुत नेक हैं लेकिन कुछ लोगों के निहित स्वार्थ भी हैं। निश्चित रूप से यह स्थिति अच्छी नहीं है कि राज्य की बाकी संस्थाएँ भ्रष्टाचार करती रहें और न्यायपालिका उन्हें कठघरे में खड़ी करती रहे। यह स्थिति टकराव की तरफ जाती है। फिर न्यायपालिका अगर नियमित मुकदमों की कीमत पर ऐसा कर रही है तो यह उसके लिए भी घातक है। अदालतों में लम्बित मुकदमों की तादाद बढ़ेगी और या तो वह उन्हें निपटा नहीं पाएगी या फिर इतनी तेजी से निपटाएगी कि न्याय के बजाय अन्याय हो जाए।

न्यायिक सक्रियता का विरोध करनेवाले दूसरी तरफ वे राजनीतिक भी हैं जो अपने को या तो खुद कानून मानते हैं या उससे ऊपर मानते हैं। वे अपनी भ्रष्ट छवि को न्यायिक सक्रियता के प्रति आक्रामक रुख अपनाकर धोना चाहते हैं। उनमें से बहुत-से राजनेता ऐसे हैं जिन्हें यह मालूम ही नहीं है कि जज भी कानून बनाते हैं। वे समझते हैं कि सारे अज्ञान के बावजूद कानून बनाना तो हमारा ही विशेषाधिकार है और इस बारे में जनता को गुमराह भी करते रहते हैं। लेकिन आज विधायिका की छवि इतनी बिगड़ चुकी है कि वह किसी संस्था के प्रति आक्रामक होकर अपनी छवि नहीं सुधार सकती। उसे आत्ममन्थन करना पड़ेगा। बिना उसके वह आक्रामक और रक्षात्मक दोनों ही भूमिकाओं में फँस जाएगी।

क्या संसद का आँगन टेढ़ा है ?

राजनीति एक खेल है। पर खेल राजनीति नहीं बन सकता। क्योंकि राजनीति खेल का नियम बदल सकती है। पर खेल राजनीति का नियम तो छोड़िए अपना नियम भी नहीं बदल सकता। इसलिए राजनीतिकों के लिए नाच न जानने के बावजूद आँगन को टेढ़ा बताते रहने की छूट होती है क्योंकि राजनीति नृत्य भी करती है और आँगन का आकार भी बदलती रहती है। लेकिन प्रतिकूलता से अनुकूलता की दिशा में होनेवाली राजनीति की यह यात्रा उसे तब संकट में डाल देती है जब वह अपने खोखलेपन का सारा दोष ढाँचे पर ही मढ़ती रहती है और अपने को बदलने के बजाय ढाँचा ही बदलने की बात करती है।

आजकल भारतीय जनता पार्टी और उसके कुछ सहयोगी दल खेल का नियम बदलने में लगे हैं। पता नहीं खेल के नियम बदलने का यह हल्ला अपने आप में भी

कोई खेल है या गम्भीर राजनीतिक प्रयास। इस बारे में कुछ साफ नहीं कहा जा सकता। लेकिन इस पर विवाद इतना तीखा उठ गया है कि अब इसमें खेल का आनन्द आने लगा है। भारतीय जनता पार्टी की राष्ट्रीय परिषद की बैठक में पार्टी के सर्वाधिक ताकतवर नेता व गृहमन्त्री लालकृष्ण आडवाणी के राष्ट्रपति प्रणाली का समर्थन किए जाने से खेल के नियम बदलने का खेल शुरू हो गया है। जिस तरह विपक्षी दल सिर्फ विरोध में लगे हैं उससे लगता नहीं कि वे ऐसा खेल खेलेंगे। लेकिन अपने इस नजरिए को आज वे अपनी ताकत समझ रहे हैं जो आगे चलकर उनकी कमजोरी भी साबित हो सकता है।

आखिर राष्ट्रपति प्रणाली का यह दबाव क्यों पैदा हो रहा है ? क्या इसकी वास्तव में कोई जरूरत है या यह एक फैशन है ? या यह एक पार्टी, एक संगठन और एक वर्ग विशेष के लोगों की जरूरत है ? विपक्षी दल लगातार यह आरोप लगा रहे हैं कि राष्ट्रपति प्रणाली की यह माँग एक फासीवादी संगठन की माँग है, ब्राह्मणवाद की माँग है। दूसरी तरफ गठजोड़ की राजनीति से ऊबे-थके राजनीतिकों और जनता के एक तबके को राष्ट्रपति प्रणाली में राहत की उम्मीद दिखाई पड़ रही है। ऊपर से देखने पर लगता है कि राष्ट्रपति प्रणाली की माँग गठजोड़ की राजनीति से बनी अस्थिरता से पैदा हुई है। यह बहुदलीय संसदीय प्रणाली का दोष है इसलिए देश में राष्ट्रपति प्रणाली के माध्यम से एक स्थिर सरकार कायम कर दीजिए बस समस्या हल हो जाएगी। पर राजनीतिक अस्थिरता क्या सचमुच इतनी सतही है ? क्या यह संसदीय प्रणाली से राष्ट्रपति प्रणाली की तरफ संक्रमण होने के दौरान बनी अस्थिरता है और दुनिया के जिन देशों में बहुदलीय प्रणाली की वजह से राजनीतिक अस्थिरता आई है क्या वे राष्ट्रपति प्रणाली के माध्यम से उससे निजात पा ले गए हैं ?

या फिर बहुदलीय प्रणाली की इस राजनीतिक अस्थिरता की जड़ में धार्मिक सम्प्रदायों और जातीय समूहों का टकराव है ? यह भी देखने की जरूरत है कि कहीं इस अस्थिरता के पीछे लोकतन्त्र और विकास का टकराव भी तो नहीं है और उस टकराव से निकलने के लिए विकासवादियों की दक्षिण पूर्व एशिया की तरह एक उदार तानाशाही काम करने की इच्छा तो नहीं है ? या फिर जिन राजनीतिक दलों ने चुनाव में अधिकतम लाभांश पाने के लिए योजनाबद्ध तरीके से समाज को विखंडित किया अब वे ही इसे सँभाल नहीं पा रहे हैं और नई प्रणाली की गुहार लगा रहे हैं ?

दुनिया की तमाम राजनीतिक प्रणालियों पर नजर दौड़ाई जाए तो दिखाई पड़ेगा कि संसदीय प्रणालियों में संकट के समय राष्ट्रपति प्रणाली की तरफ भागने की प्रवृत्ति होती है। पर वह कहीं चुनाव सुधार कर नागरिक शासन पर ही ठहर जाती है तो कहीं सैनिक शासन तक चली जाती है। सामाजिक-राजनीतिक स्थिरता और विकास के बहाने अपनाई जानेवाली यह प्रणाली अल्पकालिक तौर पर राहत देती दिखाई पड़ती है लेकिन दीर्घकालिक रूप से वह तभी सफल होती है जब उसकी जड़ में बैठी समस्याओं को हल कर लिया जाता है। यानी महत्त्वपूर्ण राष्ट्रीय मुद्दों पर आम सहमति बना ली जाती है

और उनके समाधान की दिशा में ठोस कदम उठा लिए जाते हैं। अगर ऐसा नहीं हो पाता तो राष्ट्रपति प्रणाली फिर जनान्दोलनों के दबाव में संसदीय प्रणाली की तरफ मुड़ती है। ब्रिटेन और अमेरिका की संसदीय और राष्ट्रपति प्रणालियों की स्थिरता को अगर अपवाद मान लिया जाए तो यूरोप से लेकर एशिया तक के कई देशों में संवैधानिक लोकतन्त्र की यात्रा सुगम नहीं रही है। वह तमाम तरह के उथल-पुथल और संकटों के दौर से गुजरी है। ब्रिटेन और अमेरिका में संवैधानिक लोकतन्त्र दो दलीय प्रणाली के विकसित होने की वजह से सफलतापूर्वक चलता रहा। पर फ्रांस, जर्मनी, इटली, स्पेन, पुर्तगाल जहाँ भी बहुदलीय प्रणाली और गठबन्धन की राजनीति उभरी वहाँ अस्थिरता और प्रणाली बदलने का राजनीतिक प्रयोग चलता रहा। फ्रांस में चौथा गणतन्त्र 1946 में कायम हुआ पर 1958 में उसका बुरा अन्त हुआ। इन 12 वर्षों में फ्रांस में 25 सरकारें बनीं और 18 प्रधानमन्त्री चुने गए। कहा जाने लगा कि फ्रांसीसी कपड़ों की तरह ही सरकारें बदलते हैं। आज हमारे यहाँ क्षेत्रवार चुनाव प्रणाली की काफी निन्दा हो रही है और किन्हीं क्षेत्रों से आनुपातिक प्रतिनिधित्व का सुझाव भी दिया जा रहा है। इसलिए यह बात गौरतलब है कि फ्रांस के चौथे गणतन्त्र की दुर्दशा आनुपातिक प्रतिनिधित्व की वजह से भी बताई जाती है। उस चुनाव प्रणाली की वजह से वहाँ 15 पार्टियाँ उभर आईं। वैसे हमारे यहाँ आनुपातिक प्रतिनिधित्व के बिना ही संसद में लगभग 30 पार्टियाँ पहुँच गई हैं। फ्रांस की इस राजनीतिक अस्थिरता के चलते 1958 में अल्जीरिया युद्ध के मुद्दे पर फ्रांसीसी जनरलों ने बगावत कर दी। नतीजतन जनरल चार्ल्स द गाल के हाथ में कमान सौंपी गई और उन्होंने नया संविधान बनाया जिसके तहत राष्ट्रपति सात वर्ष और प्रधानमन्त्री पाँच वर्ष के लिए चुना जाता है। उन्होंने आनुपातिक प्रतिनिधित्व की चुनाव प्रणाली में भी संशोधन किया। दरअसल फ्रांस अपनी चुनाव प्रणाली में 1945 के बाद लगातार संशोधन करता रहा और 1988 तक चुनाव प्रणाली में पाँच बार परिवर्तन किए गए। राष्ट्रपति प्रणाली अपनाने और चुनाव सुधार करने के बाद फ्रांस में स्थिरता जरूर आई और राष्ट्रपति व प्रधानमन्त्री अलग धाराओं के होने के बावजूद सरकारें चलाते रहे। पर सामाजिक असन्तोष भी समय-समय पर फूटता रहा। 1968 के प्रचंड छात्र आन्दोलन के बाद चार्ल्स द गाल की गद्दी हिल गई और 1990 के दशक के आतंकवाद ने राष्ट्रपति मितरां को हिला दिया।

गठबन्धन सरकारों से आई अस्थिरता का दूसरा नमूना इटली का है। पर इसने अपने संकट का समाधान संसदीय प्रणाली से राष्ट्रपति की तरफ जाने के बजाय चुनाव सुधारों में देखा। इटली में 1947 में बहुदलीय प्रणाली और आनुपातिक प्रतिनिधित्व पर आधारित संवैधानिक लोकतन्त्र कायम किया गया। लेकिन सामाजिक-आर्थिक संकट की वजह से यह प्रणाली अस्थिरता की ताल पर नृत्य करती रही। वहाँ 1949 से 1993 तक 50 सरकारें बनीं। दिलचस्प तथ्य यह है कि पार्टियाँ और नेता बड़ी आसानी से गठजोड़ (पाला) बदलते रहे। गिनलिओ आन्द्रेओती सात बार प्रधानमन्त्री बने और विभिन्न मन्त्रिमंडलों में 50 वर्ष तक काम किया। 1993 में इटली में आनुपातिक प्रतिनिधित्व

की प्रणाली में संशोधन कर बहुदलीय प्रणाली की अस्थिरता को रोकने की कोशिश की लेकिन गठबन्धन का सबसे सफल प्रयोग पश्चिमी जर्मनी का बताया जाता है। इसकी वजह वहाँ 1949 में लागू 'सकारात्मक अविश्वास प्रस्ताव' के साथ आनुपातिक प्रतिनिधित्व और क्षेत्रवार चुनाव की बराबर-बराबर की चुनावी प्रणाली भी है। सकारात्मक अविश्वास प्रस्ताव यानी बुंडेस्टाग से चुना जानेवाला चांसलर तभी हटाया जा सकता है जब नया चांसलर चुन लिया जाए। जर्मनी में राष्ट्रपति के होने के बावजूद उसकी भूमिका काफी सीमित है। वहाँ चांसलर संसद से सीधे चुना जाता है इसलिए उसने कई परस्पर विरोधी गठबन्धनों के साथ काम करने का लगातार सफल प्रयोग किया है। यूरोप के इन खट्टे-मीठे अनुभवों के अलावा दक्षिण एशियाई देशों में अपने अनुभव हैं जिन्हें सांस्कृतिक दृष्टि से हम अपने ज्यादा नजदीक बता सकते हैं। पर आकार के लिहाज से वे देश इतने छोटे हैं कि उन्हें भारत पर हू-ब-हू लागू नहीं किया जा सकता है। समान रूप से जातीय झगड़ों और नेतृत्व की कमजोरी से ग्रस्त दक्षिण एशियाई देशों में संसदीय प्रणाली से राष्ट्रपति प्रणाली और फिर सैनिक तानाशाही की तरफ बढ़ने की प्रवृत्ति आम रही है। पाकिस्तान, श्रीलंका और बांग्लादेश के संवैधानिक लोकतन्त्र पर नजर दौड़ाएँ तो वहाँ ब्रिटिश उपनिवेशवाद से मुक्त होने के बाद अपना संविधान प्राप्त करने की उत्कट इच्छा भी नहीं दिखाई पड़ती। यह इच्छा जब उत्पन्न हुई तो उसे किसी-न-किसी तरह दबाने का प्रयास दिखाई पड़ता है। वहाँ राजनीति को संविधान के तहत चलाने और संविधान में विभिन्न वर्गों और समूहों को अधिकार दिलाने के प्रयास का जब भी दमन किया गया तो संविधान परिवर्तन की जरूरत पड़ी।

इस दौरान इन देशों में राष्ट्रपति-प्रधानमन्त्री के टकराव हुए और आपातकाल भी बार-बार लगाए जाते रहे। सन् 1947 में भारत के साथ ही पाकिस्तान आजाद हुआ था। भारत ने तीन साल के भीतर अपना संविधान लागू कर दिया पर पाकिस्तान को इस काम में नौ साल लग गए। इस बीच 1954 में एक नागरिक बगावत के तहत पाकिस्तान के गवर्नर जनरल मोहम्मद अली ने संविधान सभा और वहाँ की सरकारों को ही बर्खास्त कर दिया। पाकिस्तान में सही मायने में संसदीय प्रणाली तो कभी नहीं रही पर अनौपचारिक रूप से 1956 तक और उसके बाद लागू संविधान के तहत सिर्फ 1958 तक रही। 1958 में यह फिर पलट दी गई। अयूब खान ने 1965 और जनरल जिया-उल-हक ने 1984 में जनमत संग्रह और संविधान बदलवाकर राष्ट्रपति प्रणाली लागू की। दुर्भाग्यपूर्ण स्थिति यह रही कि इन राष्ट्रपति प्रणालियों में सेना के जनरलों को ताज पहनाया जाता रहा। संसदीय प्रणाली को राष्ट्रपति प्रणाली में परिवर्तित करने की यह परिघटना बांग्लादेश के प्रधानमन्त्री शेख मुजीबुर रहमान की हत्या और जिया-उर-रहमान के 1977-1978 के जनमत संग्रह में भी दिखाई देती है। राष्ट्रपति एरशाद ने भी अपनी तानाशाही को वैधानिकता प्रदान करने के लिए जनमत संग्रह का सहारा लिया। सत्ता लोलुपता और जातीय टकरावों की वजह से संसदीय प्रणाली को मुअत्तल करने की प्रवृत्ति श्रीलंका की राजनीति प्रणाली में भी रही है। वहाँ की सत्ता

पर बहुसंख्यक समुदाय के अभिजात्य वर्ग का इस कदर कब्जा रहा कि उसने 1973 तक नया संविधान ही नहीं बनने दिया। जबकि श्रीलंका भी भारत के साथ ही आजाद हुआ था। 1972 में संसदीय प्रणाली का संविधान लागू हुआ पर छह साल बाद ही वहाँ स्थिरता के बहाने राष्ट्रपति प्रणाली थोप दी गई। पर यह राजनीतिक स्थिरता भी जातीय संघर्षों के आगे लाचार रही है। राजनीतिक आम सहमति कायम न कर पाने की वजह से श्रीलंकाई राष्ट्रपति आपातकाल और सैनिक कार्रवाई जैसे दो पैरों पर कदमताल कर रहा है।

उपमहाद्वीप के अन्य देशों की तरह पिछले 50 साल में भारत के (संसदीय) लोकतन्त्र पर भी कई गहरे आघात लगे हैं। इसमें आपातकाल और अयोध्या आन्दोलन (हादसा) दो सबसे महत्त्वपूर्ण और विभाजन रेखा की तरह हैं जिनके बाद भारतीय लोकतन्त्र की शक्ल ही बदल गई। इनमें एक परिघटना राज्य की तरफ से जनान्दोलनों को दबाने की सर्वाधिक संगठित साजिश थी तो दूसरी राष्ट्रीय आम सहमति के ताने-बाने को छिन्न-भिन्न करने की। यह महज संयोग नहीं है कि ऐसा करनेवाले राजनीतिक संगठनों ने ही राष्ट्रपति प्रणाली की माँग उठाई। यहाँ इन दो परिघटनाओं का उल्लेख इसलिए किया गया है कि एक में लोकतन्त्र और विकास का प्रचंड टकराव दिखाई पड़ता है तो दूसरे में साम्प्रदायिक और जातीय समस्या का विस्फोट। संसदीय प्रणाली का संकट इन्हीं समस्याओं की देन है। पर हमारा संसदीय लोकतन्त्र अब तक उन संकटों को झेल ले गया और वह पड़ोसियों की तरह भटकाव का शिकार नहीं हुआ। लेकिन एक पार्टी के दबदबे से निकलकर हमारा संसदीय लोकतन्त्र आज लगभग 30 पार्टियों में विखंडित संसद में उलझ गया है। पिछले दस वर्षों में किसी पार्टी को स्पष्ट बहुमत नहीं मिला है। अब जिस तरह एक से दो दर्जन पार्टियों को मिलकर सरकारें बन रही हैं उसमें फ्रांस और इटली का इतिहास दोहराए जाने का खतरा बढ़ गया है। हालाँकि यहाँ अभी न तो फ्रांस की स्थिति आई है न इटली की और न ही भारतीय लोकतन्त्र पड़ोसी देशों के स्तर तक पतित हुआ है।

ऐसी स्थिति में अस्थिरता रोकने के लिए उपाय तलाशे जाने की बात करना स्वाभाविक है और भारतीय जनता पार्टी स्वाभाविक मानसिकता को भाँपकर ही वैसा माहौल बनाती है। इसलिए राष्ट्रपति प्रणाली की बात चल निकली है। इसके पीछे यह वजह भी हो सकती है कि भाजपा के पास राष्ट्रीय स्तर पर स्वीकार्य राष्ट्रपति पद का उम्मीदवार है जो बाकी दलों के पास नहीं है। इसके अलावा इस विखंडित बहुदलीय प्रणाली में पिछड़े, दलित या किसी छोटी पार्टी के नेता के प्रधानमन्त्री बनने की सम्भावना बन गई है। या फिर भाजपा अपने गठबन्धन के झगड़ों से ध्यान बँटाने के लिए यह मुद्दा फेंक रही है।

सर्वमान्य राष्ट्रीय नेता और राष्ट्रपति प्रणाली के प्रस्ताव में एक ऐतिहासिक नाता रहा है। इस बारे में दो दिलचस्प दृष्टान्त दिए जा सकते हैं। जब राष्ट्रपति डॉ. राजेन्द्र प्रसाद और प्रधानमन्त्री जवाहर लाल नेहरू के बीच विवाद उठा तो किसी ने डॉ. लोहिया

से पूछा कि राष्ट्रपति बड़ा है कि प्रधानमन्त्री। इस पर डॉ. लोहिया ने कहा कि सवाल यह नहीं है। सवाल यह है कि जवाहर लाल नेहरू क्या हैं ? वे जिस पद पर रहेंगे वही ताकतवर होगा।

इसी तरह एक सेमिनार में राष्ट्रपति प्रणाली की वकालत कर रहे अटल बिहारी वाजपेयी उस समय निरुत्तर हो गए जब उनसे पूछा किया कि अगर इन्दिरा गांधी देश की राष्ट्रपति होतीं तो क्या वे आपातकाल न लगातीं या इसे और सख्ती से लगातीं ? यहीं हमारे नेतृत्व के लोकतान्त्रिक होने का सवाल भी उठता है।

लेकिन सतह पर दिखनेवाली इन वजहों के नीचे ऐसी भी वजहें हैं जिनका भाजपा और उसका समर्थन कर रहे हमारे मध्यमवर्ग के पास समाधान नहीं है। उन्होंने पिछड़ों और दलितों के आन्दोलन का जवाब अयोध्या आन्दोलन यानी हिन्दू उग्रवाद से देने की कोशिश की थी। पर वे जानते हैं कि अब इन समस्याओं का समाधान उनके पास नहीं है। वे न तो पिछड़ों और दलितों को सत्ता में व्यापक भागीदारी दे सकते हैं, न ही हिन्दू उग्रवाद की सम्पूर्ण इच्छा पूरी कर सकते हैं। इसलिए भविष्य में खड़ी होनेवाली गम्भीर सामाजिक चुनौतियों से बचने के लिए भी यह सुझाव फेंका जा रहा है। आधुनिक राष्ट्र राज्य को हिन्दुत्व खत्म नहीं कर सकता और न ही हिन्दुत्व को राष्ट्र-राज्य। इसलिए मौजूदा टकराव के चलते समाधान का एक मार्ग तलाशा जा रहा है।

भारत के शासक वर्ग की एक और महत्त्वपूर्ण चिन्ता लोकतन्त्र और विकास के टकराव की है। नर्मदा बचाओ आन्दोलन से लेकर आन्ध्र प्रदेश के किसानों की खुदकुशी और मध्य प्रदेश के बैतूल के किसानों पर फायरिंग ने यह जाहिर कर दिया है मौजूदा विकास कितना असमान और तनाव पैदा करनेवाला हुआ है। भारतीय जनता पार्टी ने अपने घोषणा पत्र में सालाना एक करोड़ रोजगार पैदा करने का वादा ऐसे ही नहीं किया है। वह उस स्थिति की गम्भीरता को समझ रही है जो आजकल संसदीय लोकतन्त्र की विफलता को विकास के पिछड़ने से जोड़कर देखा जा रहा है। यह बात बार-बार आँकड़ों के साथ कही जा रही है कि अस्थिर सरकारों और जनान्दोलनों की वजह से विकास पिछड़ता जा रहा है। पी.वी. नरसिंह राव ने तो अपने शासन काल में विकास के लिए राष्ट्रीय मुद्दों पर कुछ समय के लिए ढक्कन बन्द करने की अपील की थी। विकासवादियों के सामने दक्षिण पूर्व एशिया के देश नई आर्थिक नीति की सफलता के मॉडल के रूप में पेश किए जाते रहे हैं। (हालाँकि आज वे संकट में हैं) पर उन देशों का लोकतान्त्रिक रिकार्ड बहुत ही खराब है। इंडोनेशिया में जनरल सुहार्तो सन् 1968 से राष्ट्रपति के पद पर काबिज थे। वे 30 साल बाद भी हटने का नाम नहीं ले रहे थे। पिछले महीने जबरदस्त आर्थिक संकट और उग्र छात्र आन्दोलन को देखते हुए वे अपने पद से हटे। मलेशिया में वंशानुगत शासकों की परिषद द्वारा राजा पाँच साल के लिए चुना जाता है। दक्षिण कोरिया में भी 1993 में पहली बार कोई गैर सैनिक नेता राष्ट्रपति चुना गया था। लेकिन उसे भी 1996 में फाँसी देने का आदेश हुआ। इसी तरह एक और धनी देश थाईलैंड में लोकतन्त्र का सूर्योदय 1980 के दशक में हुआ। लेकिन फिर

उस पर अगले दशक से सैनिक ग्रहण लगता रहा है।

यहाँ लोकतन्त्र और विकास के इतने सारे उदाहरणों को रखने का अर्थ यही है कि हम तमाम अनुभवों पर गौर करते हुए अपनी रणनीति बनाएँ और आगे का रास्ता तय करें। वेस्टमिनिस्टर मॉडल हमारे लिए कितना अनुकूल बैठा या नहीं इस पर हाँ या ना में जवाब तो नहीं दिया जा सकता पर इतना जरूर कहा जा सकता है कि भारत के लोग 1861 से उसी प्रणाली का अनुभव कर रहे हैं। इसलिए उसमें रम गए हैं। अब अगर नई प्रणाली कायम की गई तो उसमें एक तरह का सांस्कृतिक टकराव निकल सकता है। हालाँकि ब्रिटेन में कंजरवेटिव पार्टी के लगभग डेढ़ दशक के शासन के बाद उस मॉडल में भी काफी कुछ बदल चुका है। यूरोपीय यूनियन बनने के साथ यह कहा जाने लगा है कि अब वहाँ सत्ता का केन्द्र लन्दन से हटकर ब्रूसेल्स चला गया है।

दूसरी तरफ अमेरिका की राजनीतिक प्रणाली बेहद स्थिर और संविधान सर्वाधिक उपयुक्त रहा है। अगर अमेरिकी संविधान के दस मूल संशोधनों को छोड़ दिया जाए तो 1776 के बाद से अब तक वहाँ 27 संशोधन हुए हैं। लेकिन क्या हम राष्ट्रपति प्रणाली लागू करने के साथ राज्यों और सीनेट को उतने अधिकार देने को तैयार हैं जितने अमेरिका ने दिए हैं ? अपने प्रतिपक्षी दलों द्वारा शासित पर संविधान के अनुच्छेद 356 लागू करने पर जोर देनेवाली पार्टियाँ भला राज्यों को स्वायत्त कैसे रहने देंगीं ? इसी के साथ यह भी सवाल है कि क्या हम 50 साल की स्वाधीनता के बाद अपना कोई मॉडल नहीं बना सकते। क्या अभी भी हमें अमेरिका, फ्रांस और जर्मनी के संविधान के नीचे कार्बन लगाकर अपनी प्रति तैयार करनी होगी ? भारतीयता और स्वदेशी की बात करनेवाली भाजपा के पास क्या कोई भारतीय मॉडल है ? पार्टी के विचारक पंडित दीनदयाल उपाध्याय संविधान पर इंग्लैंड और अमेरिकी की छाप से खुश नहीं थे। उनका कहना था कि हमने अमेरिका की तरह प्रान्तों को स्टेट्स (राज्य) बताकर ठीक नहीं किया। वे संसद को सर्वोच्च बनाकर प्राचीन भारतीय स्वरूप के अनुसार जनपदों को विकसित करने के पक्ष में थे। गांधी जी तो संसद को वेश्या कहते थे और पंचायत प्रणाली यानी पूर्णतः विकेन्द्रित व्यवस्था विकसित करना चाहते थे। पर सवाल यह है कि यह बहस राजनीतिक पैंतरे के रूप में हो रही है या सचमुच ढाँचागत सुधार की इच्छा है। अगर यह पैंतरेबाजी है तो इस पर ध्यान देने की जरूरत ही नहीं है। लेकिन गम्भीर मामला है तो सत्तापक्ष से आग्रह है कि इसे पार्टी का मामला न बनाएँ। संविधान समीक्षा और शासन प्रणाली में परिवर्तन आम सहमति का मामला है। अगर आम सहमति बनाई जाएगी तो शासन प्रणाली से लेकर चुनाव प्रणाली सभी में सुधार का रास्ता उसी तरह दो-तीन साल में निकल सकता है जैसे संविधान सभा ने संविधान बना दिया था। लेकिन अगर इस मुद्‌दे को हथियार के रूप में इस्तेमाल किया जाएगा तो यह मामला उलझता जाएगा और पाकिस्तान की संविधान सभा की तरह एक दशक में भी नहीं हल हो पाएगा। दूसरी तरफ विपक्षी दलों से भी आग्रह है कि वे इस मुद्‌दे को सिर्फ भाजपा विरोध का मुद्‌दा न बनाएँ। उन्हें भी आगे बढ़कर सकारात्मक सुझाव देने चाहिए और

अगर उन्हें गठबन्धन की राजनीति में अपार सम्भावनाएँ दिखाई पड़ती हैं तो केन्द्र में कम-से-कम एक बार गठबन्धन की सरकार पाँच साल चलाकर दिखाना चाहिए।

लेकिन मामला यहीं तक नहीं है। विपक्षी दल या जो भी चीजों को गहराई से समझना और सुलझाना चाहते हैं उन्हें यह भी बताना होगा कि इस टेढ़े आँगन के नीचे समस्याओं का गहरा कुआँ है। इसीलिए उस आँगन में नाचते समय हर कोई जल्दी ही हाँफ जाता है। आँगन का आकार बदलते रहने से थोड़े समय के लिए राहत मिल सकती है। पर शासन प्रणाली में स्थिरता तभी आएगी जब समाज में समता और सामंजस्य ज्यादा हो। जब तक समाज में लोकतन्त्र नहीं रहेगा शासन प्रणाली में उठा-पटक चलती रहेगी।

न्यायिक पुनर्विचार का सवाल

उच्चतम न्यायालय ने 27 अगस्त, 1992 को एक ऐतिहासिक फैसला दिया है। ऐतिहासिक सिर्फ इसलिए नहीं कि यह विधायिका और न्यायपालिका के बीच टकराव को जन्म दे सकता है, बल्कि इसलिए कि उच्चतम न्यायालय ने अपने न्यायिक पुनर्विचार के अधिकार के माध्यम से संसद और राष्ट्रपति भवन दोनों में सेंध लगा दी है। विधायिका और न्यायपालिका का टकराव नया नहीं है पर जब न्यायपालिका अपने न्यायिक पुनर्विचार के अधिकार का इस्तेमाल अपने वर्ग स्वार्थों की रक्षा के लिए और संविधान की भावना से हटकर करने लगे तो बात महत्त्वपूर्ण हो जाती है।

उस दिन उच्चतम न्यायालय का पाँच सदस्यीय संविधान पीठ न्यायमूर्ति वी. रामास्वामी पर चल रही महाभियोग प्रक्रिया के एक तकनीकी पक्ष पर फैसला दे रहा था। संविधान पीठ ने न्यायमूर्ति वी. रामास्वामी को एक छोटे-से अधिकार से वंचित कर उन्हें एक बहुत बड़ा अधिकार दे दिया। अपने 200 पृष्ठों के फैसले का 90 मिनट तक पाठ करते हुए संविधान पीठ ने कहा कि संविधान के अनुच्छेद 124 (4) के तहत उच्चतम न्यायालय के किसी जज को 'भ्रष्टाचार' और 'अक्षमता' के आरोप के तहत हटाने के राष्ट्रपति के आदेश पर भी न्यायिक पुनर्विचार हो सकता है। गौरतलब है कि यह आदेश संसद के दोनों सदनों के दो-तिहाई बहुमत से महाभियोग प्रस्ताव पास होने के बाद जारी किया जाता है।

उच्चतम न्यायालय के इस फैसले से संविधान का अनुच्छेद 124 (4) बेअसर हो गया है। हालाँकि अभी तक एक ऐसी कोई नजीर नहीं है, पर मान लीजिए संसद न्यायमूर्ति वी. रामास्वामी पर महाभियोग का प्रस्ताव मंजूर कर देती है और राष्ट्रपति उन्हें हटाने का आदेश देते हैं। पर उच्चतम न्यायलय न्यायिक पुनर्विचार के तहत राष्ट्रपति के आदेश को रद्द कर देता है। ऐसी स्थिति में यह दल-बदल विरोधी कानून

या संसदीय विशेषाधिकार के तहत हो रहे विधायिका व न्यायपालिका के टकराव से कहीं बड़ा मामला बन जाएगा।

संविधान निर्माताओं ने जिस भावना से उच्चतम न्यायालय या उच्च न्यायालय के जज को हटाने के लिए यह व्यवस्था की थी, उसमें तो न्यायपालिका की छवि और निखारने की कोशिश ही दिखाई पड़ती है। जज को हटाने की जिम्मेदारी संसद पर चले जाने से न्यायपालिका बिरादाराना संकोच से छुटकारा तो पा ही जाती है, किसी तरह से पक्षपात के लांछन से भी बच जाती है। पर उस मामले में भी न्यायिक पुनर्विचार के अधिकार का विस्तार कर उच्चतम न्यायालय ने संसद की योग्यता पर तो सवाल खड़ा ही किया है, अपने एक भाई को संकट से उबारने का पक्षपाती रवैया भी दिखाया है। अनुच्छेद 124 (4) के कारण एक जज आखिरकार जनप्रतिनिधियों यानी जनता के सामने कभी तो उत्तरदायी होता था, पर इस फैसले से वह अदालत के प्रति ही उत्तरदायी बना रहेगा।

अदालत के न्यायिक पुनर्विचार के अधिकार पर किसी को आपत्ति नहीं होनी चाहिए, क्योंकि यही वह अधिकार है जो आम आदमी के मौलिक अधिकारों के हनन से लेकर समाज के विभिन्न समूहों के टकराव का शमन करता है। चाहे मंडल रिपोर्ट लागू करने से शुरू हुए आत्मदाहों का सिलसिला रोकना हो या सिक्किम सरकार की कैद से किसी पत्रकार को छुड़ाना हो, न्यायिक पुनर्विचार का अधिकार ही काम आता है। यह तो निश्चित तौर पर नहीं कहा जा सकता कि न्यायपालिका ने अपने इस अधिकार के माध्यम से समाज पर कितना प्रगतिशील प्रभाव छोड़ा है, पर इतना जरूर कहा जा सकता है कि कार्यपालिका और विधायिका की दमनकारी व अनिष्टकारी कार्रवाइयों या कानूनों को रोकने में न्यायपालिका ने महत्त्वपूर्ण भूमिका निभाई है।

जो लोग मंडल मामले में उच्चतम न्यायालय की दखलअन्दाजी रोकने के लिए संसद से कानून बनाने की धमकी दे रहे थे, वे मन्दिर के मामले में अदालत का मुँह ताक रहे हैं। यही नहीं, वे भी अदालत का आदेश मानने को तैयार होते जा रहे हैं जो मन्दिर-मस्जिद विवाद को इस दायरे से बाहर मानते हैं। दूसरी तरफ अदालत ने अपने इसी अधिकार के तहत दल-बदल विरोधी कानून को लगभग बेकार कर दिया है। यह कानून इसी आशंका के तहत बनाया गया था कि अगर यह अदालत के हाथ में पड़ा तो इस पर अमल मुश्किल हो जाएगा। इसलिए इस मामले में अदालत को न्यायिक पुनर्विचार के अधिकार से वंचित करने के लिए दल-बदल कानून में विशेष प्रावधान था। लेकिन मौका लगते ही अदालत ने वह प्रावधान (धारा-7) ही खत्म कर दिया। इस धारा के खत्म होते ही देश भर में दल-बदल कानून पर याचिकाओं की बाढ़-सी आ गई। उच्च न्यायालयों और उच्चतम न्यायालय का विधानसभाध्यक्षों व लोकसभाध्यक्ष से टकराव होने लगा। यह मामला अभी तक सुलझा नहीं था कि जज को हटानेवाली संसद व राष्ट्रपति के अधिकार पर सवालिया निशान लग गया।

क्या संसद में दो-तिहाई बहुमत रखनेवाली इन्दिरा गांधी या राजीव गांधी की

सरकार अपनी ऐसी दुर्गति बरदाश्त कर सकती थी ? शायद नेहरू भी न करते। चाहे भूमि सुधार का मामला रहा हो या बैंकों के राष्ट्रीयकरण या शाहबानो का, संसद ने अदालत की नहीं चलने दी। अनुच्छेद 31-ए, 31-बी और 31-सी न्यायिक पुनर्विचार पर अंकुश लगाने के विशिष्ट उदाहरण हैं।

लेकिन जबसे त्रिशंकु संसद बनना शुरू हुई, तब से संसद के अधिकारों में अदालत का हस्तक्षेप बढ़ गया। अल्पमत में होने की वजह से सरकारें ऐसी स्थिति में पलटकर जवाबी कानून नहीं बना सकतीं। अनुच्छेद 124 (4) के मामले में भी अल्पमत सरकारें न्यायपालिका के लिए वरदान साबित हो रही है। संसद से किसी प्रतिरोधी कानून की उम्मीद नहीं दिखती।

न्यायिक पुनर्विचार जब तक प्रशासनिक निर्णयों व कार्यपालिका के कामों पर होता है, तब तक कानून का राज कायम करने का मामला रहता है। लेकिन जब वह विधायिका के कानूनों और कार्रवाइयों की पड़ताल करने लगता है, तो संविधान की व्याख्या के साथ ही राजनीतिक मामला भी बन जाता है। ऐसी स्थिति में न्यायपालिका को बहुत सँभलकर कदम उठाने पड़ते हैं। न्यायपालिका को न्यायिक पुनर्विचार का अधिकार कई बार संघर्ष करके भी अर्जित करना पड़ता है। संविधान के अनुच्छेद 13, 32, 131, 136, 226 और 227 में साफतौर पर न्यायिक पुनर्विचार का अधिकार होने के बावजूद उच्चतम न्यायालय को 1973 में केशवानन्द भारती और 1980 में मिनर्वा मिल मामले में साफ-साफ कहना पड़ा कि यह अधिकार हमारे संविधान के मूल चरित्र का अंग है और इसे हटाया नहीं जा सकता। फिर भी संसद बार-बार अपने कानूनों को न्यायिक पुनर्विचाररोधी कवच पहनाकर बाहर भेजती है और न्यायपालिका उसे काटकर फेंक देती है।

हमारे यहाँ न तो संसद बड़ी है, न न्यायपालिका। सबसे ऊपर संविधान है। राज्य की दोनों संस्थाएँ संविधान से ही अपनी शक्तियाँ ग्रहण करती हैं। संविधान में कुछ जगहों पर न्यायिक पुनर्विचार की मनाही है। जैसे अनुच्छेद 74 (2) इस बात की मनाही करता है कि मन्त्रिमंडल ने राष्ट्रपति को क्या सलाह दी थी, इसकी जाँच अदालत नहीं कर सकती। इसी तरह अनुच्छेद 124 (4) (राष्ट्रपति द्वारा उच्चतम न्यायालय के जज को हटाने की प्रक्रिया) से भी लगता है कि यह मामला न्यायपालिका की परिधि से बाहर किया हुआ है, हालाँकि इसमें इस तरह का कोई स्पष्ट उल्लेख नहीं है। जब भी इस तरह का ऊहापोह बने, संविधान सभा की बहसों से प्रेरणा ली जाती है। इस मामले में टी.के.ए. अब्दुल मजीद और एम. अनन्तशयनम की बातों से यही लगता है कि न्यायिक अनियमितता के मामले में संसद और राष्ट्रपति का ही निर्णय अन्तिम होगा।

लेकिन उच्चतम न्यायालय ने न सिर्फ राष्ट्रपति के आदेश को न्यायपालिका के तहत ला दिया है, बल्कि महाभियोग प्रक्रिया की ऐसी व्याख्या की है कि सम्बन्धित जज को कम-से-कम दिक्कत हो। संविधान का अनुच्छेद 124 (5) साफतौर पर कहता है

कि महाभियोग की प्रक्रिया संसद तय करेगी। इसी को तय करने के लिए जज जाँच अधिनियम बनाया गया है। इस अधिनियम के तहत ही लोकसभाध्यक्ष मामले की जाँच के लिए उच्चतम न्यायालय के मुख्य न्यायाधीश की सलाह से जजों की एक कमेटी बनाता है। अगर यह कमेटी उस जज के खिलाफ लगे अक्षमता और भ्रष्टाचार के आरोपों को सही नहीं पाती, तो मामला वहीं खत्म हो जाता है। लेकिन अगर कमेटी जज को दोषी पाती है, तो उसकी रिपोर्ट पर स्पीकर कार्रवाई शुरू करेगा। अधिनियम इस बारे में खामोश है कि क्या स्पीकर को उस कमेटी की रिपोर्ट मिलने से पहले उसकी एक प्रति सम्बन्धित जज को भी मिलनी चाहिए या स्पीकर को दिए जाने के बाद या बिलकुल नहीं। न्यायमूर्ति वी. रामास्वामी की पत्नी तो स्पीकर को रिपोर्ट सौंपे जाने से पहले ही उसकी एक प्रति अपने पति को देने की माँग कर रही थीं।

लेकिन अदालत ने कहा कि स्पीकर को रिपोर्ट दिए जाने के पहले तो नहीं, लेकिन बाद में सम्बन्धित जज को रिपोर्ट की एक प्रति जरूर मिलनी चाहिए। अदालत ने यह भी कहा कि इस मामले में संसद की प्रक्रिया वैधानिक है, न कि विशेषाधिकारवाली। यानी यह सब न्यायिक पुनर्विचार के दायरे में आएगा। अदालत का यह भी कहना है कि संसद की कार्यवाही शुरू होने से पहले सम्बन्धित जज को अपना पक्ष संसद के सामने रखने का अधिकार है। यानी पहले से ही जटिल महाभियोग की प्रक्रिया के लिए भी संसद उच्चतम न्यायालय का मुखापेक्षी होगा और बाद में तो राष्ट्रपति के आदेश पर अदालत में विचार किया ही जाना है।

कुछ लोग इस फैसले को न्यायपालिका की स्वतन्त्रता बनाए रखने की कोशिश कह सकते हैं, तो दूसरे इसे न्यायपालिका द्वारा एक न्यायाधीश का पक्ष लेना भी कह सकते हैं। स्पष्टतः इससे पैदा होनेवाला टकराव चुनाव आयुक्त के विरुद्ध महाभियोग को भी अपने दायरे में ले सकता है।

भारतीय संसद को अभी भी समाज को तमाम बन्धनों से मुक्त करना है और संविधान में दिए गए समाजवादी लक्ष्य के लिए न सही, पर कल्याणकारी लक्ष्यों के लिए बहुत कुछ करना है। संसद और न्यायपालिका एक-दूसरे से लड़कर नहीं, एक-दूसरे से मिलकर ही उन लक्ष्यों को पूरा कर सकते हैं। लेकिन कोई एक संस्था अपनी श्रेष्ठता साबित करने की कोशिश करे, तो संविधान का मौजूदा ढाँचा ज्यादा दिन टिक नहीं पाएगा।

आतंकवाद और युयुत्सु नेतृत्व

साम्राज्यवादी समृद्धि के प्रतीक विश्व व्यापार केन्द्र की गगनचुम्बी इमारतों और शक्ति के केन्द्र पेंटागन पर आतंकवादी हमलों से दुनिया में जितनी दहशत फैली है उससे कहीं

ज्यादा हैरानी हुई है। टेलीविजन के पर्दे पर बार-बार आनेवाले इस दृश्य को जहाँ बच्चों ने मनोरंजन व वीडियो खेल का विषय बना लिया है वहीं भारत के बूढ़े नेतृत्व ने इसे अपनी राजनीति का प्रमेय मान लिया है। भारतीय नेतृत्व ने घटना पर दुख जताने के साथ पहला वाक्य यही कहा है कि आतंकवादी खतरे के बारे में हमारा सिद्धान्त सही निकला है। लेकिन जैसे-जैसे हमले के दिन बीत रहे हैं वैसे-वैसे भारतीय सरकार की हैरानी बढ़ रही है। उसकी प्रमेय का एक पद भले सही बैठा हो लेकिन बाकी पद उल्टे बैठ रहे हैं। भारत को उम्मीद थी कि इस घटना के बाद अमेरिका उसके और करीब आएगा और पाकिस्तान से दूर जाएगा। उसके उपरान्त भारत और अमेरिका मिलकर पाकिस्तान और अफगानिस्तान के आतंकवादी ठिकानों को नष्ट कर देंगे। इस दौरान इन दोनों इस्लामी देशों में टूट-फूट भी हो जाएगी। लेकिन अमेरिका ने न तो भारत की मदद ली न ही तुरन्त हमला बोला। उल्टे उसने पाकिस्तान को साथ लेकर अफगानिस्तान पर दबाव बनाया। अमेरिका ने राष्ट्रपति बुश के इस कथन का ध्यान नहीं रखा कि आतंकवादी को पनाह देनेवाले भी उसके दुश्मन हैं। दरअसल अमेरिका ने यह बयान सिर्फ अपने सिलसिले में दिया था और भारत ने उसे पूरी दुनिया और विशेषकर अपने सन्दर्भ में लिया और अमेरिका के कहे बिना पूरी मदद देने को तैयार हो गया। वैसे अगर युयुत्सु भारतीय नेतृत्व और हिन्दू मानस खलील जिब्रान की निम्न कहानी पर गौर करेगा तो उसे अमेरिका का व्यवहार समझ में आएगा—एक राह चलते पादरी को किसी की गुहार सुनाई पड़ती है। प्रभु यीशु की करुणा और प्रेम के वाहक पादरी महोदय तुरन्त उस दिशा में मदद के लिए दौड़ पड़ते हैं। पास जाकर देखते हैं कि एक खाई में शैतान गिरा पड़ा है। यह दृश्य देखते ही उनकी करुणा गायब हो जाती है। सोचते हैं शैतान अपनी मौत मर जाए, धर्म के लिए इससे अच्छा मौका क्या हो सकता है। यह सोचकर वे शैतान को बचाने से इनकार करते हैं और अपनी राह पकड़ते हैं। लेकिन शैतान उन्हें सचेत करता है कि धर्म और पादरी का अस्तित्व भी शैतान से जुड़ा हुआ है। अगर शैतान मर गया तो पादरी को कोई नहीं पूछेगा। शैतान की यह बात पादरी की समझ में आ जाती है और वे उसे बचा लेते हैं, इस कथा का स्पष्ट सन्देश है कि अमेरिका आतंकवाद से उतना ही लड़ेगा जितना लड़ने में उसका हित है। यह भारत की गलतफहमी है कि न्यूयार्क की घटना के बाद अमेरिका दुनिया भर में आतंकवाद से लड़ने का बीड़ा उठा लेगा। अमेरिका जानता है कि अगर कश्मीर समस्या हल हो गई तो भारत उसे झुककर सलाम क्यों करेगा। कश्मीर समस्या हल होने से, अमेरिका को अच्छी न लगनेवाली, भारत की हैसियत बढ़ेगी और इस क्षेत्र में अमेरिकी हथियार उद्योग का व्यापार घटेगा।

वास्तव में पादरी और शैतान की तरह साम्राज्यवाद और आतंकवाद एक-दूसरे के पूरक हैं। वे एक-दूसरे की आलोचना करते हुए एक-दूसरे के कन्धे पर चढ़कर आगे बढ़ते हैं। साम्राज्यवाद दुनिया के विभिन्न जातीय समूहों और राष्ट्रीयताओं के झगड़े निपटाने व उन्हें सुख, शान्ति और समृद्धि दिलाने के नाम पर जगह-जगह अपने पैर पसारता

है। वह धीरे-धीरे वहाँ के संसाधनों पर कब्जा कर लेता है और नागरिकों को अपनी गिरफ्त में ले लेता है। इससे अलग आतंकवाद राष्ट्र-राज्य और साम्राज्य की दमनकारी शक्ति को दुस्साहसी और सनसनीखेज तरीके से चुनौती देने के लिए उभारता है और धीरे-धीरे एक अलग तन्त्र और विचारधारा का रूप ले लेता है।

साम्राज्यवाद का पुराना स्वरूप जैसे-जैसे कमजोर पड़ता है वह नए-नए अवतार लेता है। भूमंडलीकरण उसका नया अवतार है। शीतयुद्ध के दौरान व उसके पहले व बाद के साम्राज्यवाद में फर्क और स्वरूप बदलने के कौशल को देखा जा सकता है। यह सही है कि आतंकवाद और विशेषकर इस्लामी आतंकवाद पश्चिम एशिया में अमेरिकी हमलों और स्थायी सैनिक अड्डों का विरोध करते हुए पनप रहा है और ईरान की इस्लामी क्रान्ति अमेरिकी साम्राज्यवाद का विरोध करते हुए हुई थी। इसके बावजूद इस्लामी आतंकवाद को आजादी की लड़ाई नहीं कहा जा सकता। वह राष्ट्रीयताओं की स्वतन्त्रता और व्यक्ति की स्वतन्त्रता को उसी तरह निशाना बनाता है जिस तरह साम्राज्यवाद। इसीलिए साम्राज्यवाद और आतंकवाद एक-दूसरे के प्रतिरूप हैं। हैरानी की बात नहीं कि अमेरिका इंपीरियल इनकारापोरेटेड के एक सीनियर फेलो स्टीफेन पी कोहेन ने कहा है कि ओसामा बिन लादेन टेरोरिस्ट फाउंडेशन इनकारपोरेटेड की तरह काम करता है।

हालाँकि दुनिया में दोनों के पर्याप्त समर्थक हैं। पर यह दोनों प्रक्रियाएँ दुनिया के लिए कल्याणकारी नहीं हैं। विशेषकर वे लोग और गलत हैं, जो अमेरिकी साम्राज्यवाद को इस्लामी आतंकवाद की चुनौती मिलने पर प्रसन्न हैं क्योंकि अगर अमेरिकी साम्राज्यवाद दुनिया को लूटने की एक सोची-समझी साजिश है तो इस्लामी आतंकवाद मानवता की बेहतर चीजों को नष्ट करने का एक पागलपन है। इन दोनों शक्तियों के बीच भारत को तीसरा मार्ग उसी तरह बनाना चाहिए जिस तरह द्वितीय विश्वयुद्ध के दौरान भारत छोड़ो आन्दोलन शुरू कर गांधी और उनकी कांग्रेस ने बनाया था।

पर दिक्कत यह है कि हमारा मौजूदा नेतृत्व सिर्फ आतंकवाद के कुएँ को देख रहा है। उसे साम्राज्यवाद की गहरी खाई नहीं दिख रही है। चूँकि उसका हाल में बपतिस्मा हुआ है इसलिए वह नहीं समझ पा रहा है कि पादरी शैतान को क्यों बचा रहा है। भारतीय नेतृत्व के इस व्यवहार के पीछे मोटेतौर पर तीन दृष्टिकोण काम कर रहे हैं। एक दृष्टिकोण तो भारत के उस भूमंडलीकृत वर्ग का है जो भारत को अमेरिका का नया प्रदेश बना देना चाहता है। वह चाहता है कि भारत की अर्थव्यवस्था, राजनीति और विदेश नीति सब कुछ अमेरिकी हितों के मुताबिक काम करें। इस वर्ग में अमेरिका में बसे कुछ लाख भारतीय और भारत में रहनेवाले वे कुछ करोड़ लोग शामिल हैं जिनके रिश्तेदार अमेरिका में हैं, जो भारत में अमेरिका की तरह रहना चाहते हैं और मौका पड़ने पर अमेरिका जाकर बस जाना चाहते हैं। वे चाहते हैं कि अमेरिका, भारत में निर्बाध रूप से अपने सैनिक और खुफिया अड्डे स्थापित करे और इसका उद्घाटन उदार हिन्दू व राष्ट्रवादी शासक माननीय अटल बिहारी वाजपेयी के कर कमलों द्वारा सम्पन्न हो।

दूसरा नजरिया हिन्दुत्ववादियों का है। वे इस्लाम को ही दुनिया के लिए खतरा मानते हैं। उनकी नजर में इस्लाम की संरचना में ही कट्टरता, नागरिक अधिकारों की अवहेलना और आतंकवाद निहित है। इसलिए इस्लाम को कमजोर करने, उस पर अंकुश लगाने और उसे पराजित करने में ही भारत और दुनिया का भला है। वे इस्लाम को पराजित करने के लिए शैतान से भी हाथ मिलाने को तैयार हैं। तीसरे नम्बर पर भावुक राष्ट्रवादी हैं जो यूटोपिया में जीते हैं। वे अकादमिक, राजनीतिक और आध्यात्मिक सभी मंचों पर यह प्रचार करते हैं कि भारत बहुत जल्दी महाशक्ति बननेवाला है। वह दुनिया का गुरु बनेगा और उसे राह दिखाएगा। चूँकि इसका वर्तमान में कोई ठोस आधार नहीं है इसलिए वे कहते हैं कि ऐसा नास्त्रेदमस ने कहा था या ऐसा ज्योतिष में कहा गया है। लोगों को इसी दिवास्वप्न में रखने के लिए वे विश्वविद्यालयों में ज्योतिष का पाठ्यक्रम शुरू कर रहे हैं।

यह तीनों नजरिये भारत के केन्द्रीय मन्त्रिमंडल में प्रमुखता से मौजूद हैं। उनके चेहरे इतने स्पष्ट हैं कि किसी को कोई भ्रम होना नहीं चाहिए। इन्हीं के दबाव में केन्द्रीय मन्त्रिमंडल ने अमेरिका को पूरा समर्थन देने का फैसला किया था। लेकिन आतंकवाद के खिलाफ इस युयुत्सु नेतृत्व की खासियत यह है कि उसमें खुद युद्ध लड़ने का साहस नहीं है। वह चाहता है कि युद्ध कोई और लड़े और इसी में शामिल होकर वह फायदा उठा ले। जैसा कि एक पाकिस्तानी शायर ने कहा है कि 'हक अच्छा, पर हक के लिए कोई और लड़े तो और अच्छा।' सम्भवतः इस युयुत्सु नेतृत्व का लक्ष्य भी आतंकवाद के बढ़ते खतरे और उस पर हमले का वास्ता देकर उत्तर प्रदेश का चुनाव जीतना है, उसे खत्म करना नहीं।

कई विश्लेषकों के लिए यह प्रसन्नता की बात हो सकती है कि भारतीय नेतृत्व और उसका जनमानस आज अमेरिका के सर्वाधिक करीब है। लेकिन इसी के साथ यह चिन्ता की बात है कि भारतीय नेतृत्व अपने सोच के स्तर पर कभी इतना कमजोर नहीं रहा। अगर इसी सोच के आधार पर भारत दुनिया का नेता बनने की सोचता है तो वह शायद ही पूरा हो। भारत दुनिया को हथियार और बम का दर्शन नहीं शान्ति और सद्भाव की सीख ही दे सकता है। उसी परम्परा में गांधी ने हिटलर को शान्ति का उपदेश देते हुए पत्र लिखा था। आज दुनिया जिस तरह युद्ध के द्वार पर बैठी है उससे स्पष्ट तौर पर सभ्यताओं का टकराव दिख रहा है। यह टकराव सरकारों के स्तर पर घोषित न किया गया हो पर जनता के स्तर पर जरूर है। लेकिन इस सिद्धान्त के प्रतिपादक हटिंगटन यह भी सुझाव देते हैं कि दुनिया में साम्राज्यवाद के विरुद्ध लामबन्दी होने पर सभ्यताओं का टकराव टल जाएगा। इसलिए आज आतंकवाद से लड़ने की जितनी जरूरत है उससे कहीं ज्यादा जरूरत साम्राज्यवाद से लड़ने की है।

विपक्ष को तलाशता लोकतन्त्र

लगता है भारत में भ्रष्टाचार का कोई विपक्ष नहीं है। वैसे जैसे किसी 'लाइलाज' मर्ज का शहर में कोई डॉक्टर न हो। ऐसा नहीं है कि सब भ्रष्टाचार के पक्ष में हैं या सभी उससे लिप्त हैं। पर सम्भवतः लोगों ने मान लिया है कि यह बीमारी भारतीय लोकतन्त्र के जीवन से जुड़ी हुई है और उसी के साथ ही जाएगी। पिछले दिनों सत्ता प्रतिष्ठान के लोगों द्वारा किया गया विशाल यू.टी.आई. घोटाला उजागर हुआ। यह हैरानी की बात नहीं है, क्योंकि पिछली सदी के अन्तिम दशक में हर तीन साल पर एक बड़े घोटाले और हर छह महीने पर एक छोटे घोटाले की परम्परा पड़ी है। हैरानी की बात यह भी नहीं है कि वित्त मन्त्री यशवन्त सिन्हा उसका दोषारोपण विपक्षी दल कांग्रेस पर कर रहे हैं और पूरी बेशर्मी के साथ संसद में दहाड़ रहे हैं। हैरानी इससे भी नहीं है कि प्रधानमन्त्री अटल बिहारी वाजपेयी पहले एक कदम पीछे हटकर इस्तीफा देने का प्रस्ताव रखते हैं और फिर दो कदम आगे बढ़कर शिवसेना के सांसद संजय निरुपम से उनके संसद में दिए बयान के लिए माफी मँगवाते हैं। यह सब तो व्यवस्था और उसमें बैठे लोगों का चरित्र है और यह सरकार उस मामले में पिछली किसी सरकार से अलग नहीं है। लेकिन हैरानी इस बात की है कि संसद के वातानुकूलित सभागार में भी यू.टी.आई. घोटाले पर वित्त मन्त्री का इस्तीफा माँगने में विपक्ष के पाँव थरथरा गए और सिर चकरा गया। ऐसे में संसद के बाहर चटक रही कड़ी धूप में उससे कुछ करने की उम्मीद कैसे की जा सकती है ?

बताते हैं कि प्रमुख विपक्षी दल कांग्रेस ने यू.टी.आई. मामले पर कड़ा रुख इसलिए नहीं अपनाया क्योंकि पार्टी यह नहीं चाहती थी कि एक पूर्व वित्त मन्त्री किसी वर्तमान वित्त मन्त्री का इस्तीफा माँगता हुआ दिखे। भले ही मौजूदा वित्त मन्त्री अपने दौर के घोटालों का ठीकरा उस पूर्व वित्त मन्त्री के सिर फोड़ता रहे। कहा जाता है कि कांग्रेस ने इसलिए भी सख्त विरोध नहीं किया क्योंकि वह बड़े औद्योगिक घरानों के संग्राम में किसी के साथ खड़े नहीं होना चाहती थी। कांग्रेस के लचर रवैए की तीसरी वजह यह बताई जा रही है कि लोकसभा में कांग्रेस के पास ऐसे सांसदों की कमी है जो आर्थिक मामलों पर अच्छी पकड़ रखते हैं। ऐसे लोग जो तैयारी करके बोल सकते थे उन्हें मौका नहीं दिया गया। कांग्रेस ने तहलका जैसे काल्पनिक मामले में जो तत्परता दिखाई और कड़ा रुख अपनाया उस तुलना में तो वह यू.टी.आई. मामले में बहुत पीछे थे। कांग्रेस से ज्यादा हैरतअंगेज रवैया सोनिया गांधी के मुख्य प्रतिद्वन्द्वी और लोकमोर्चा के नेता मुलायम सिंह यादव का था। महिलाओं के आरक्षण के सवाल पर संसद में अराजकता पैदा कर देनेवाली समाजवादी पार्टी ने इस मामले पर जिस शालीनता और संयम का परिचय दिया उससे तो सत्ता पक्ष भी शरमा गया। बताते हैं कि वे उत्तर प्रदेश की राजनाथी आरक्षण नीति से इतने परेशान हैं कि उन्हें कुछ याद ही नहीं आया। इस दौरान कम्युनिस्टों ने जो कुछ किया और कहा वह शोर-शराबे का हिस्सा बन गया।

लेकिन हैरानी की बात यह है कि भ्रष्टाचार के विपक्ष में सबसे कड़ा तेवर उस पार्टी के सांसद ने दिखाया जो कि खुद सरकार में शामिल हैं। लेकिन संजय निरुपम और उनकी पार्टी के विपक्ष बनने की न तो उम्मीद थी और न ही की जा सकती है। इसलिए उनकी निर्भीकता का अन्त लिखित रूप से प्रधानमन्त्री से माफी माँगने और शिवसेना सुप्रीमो बाल ठाकरे द्वारा फटकार खाने के रूप में हुआ जो एक स्वाभाविक परिणति थी।

यह स्थिति राजनीतिक दलों के लिए भले ही परवाह करने लायक न हो पर भारतीय लोकतन्त्र के लिए चिन्ताजनक है। चिन्ताजनक इसलिए भी है राजनीति को इसकी कोई परवाह नहीं है। क्योंकि अगर राजनीतिक दलों को इसकी परवाह होती तो यह उम्मीद की जा सकती थी कि हालात और गम्भीर नहीं होने पाएँगे और देर-सवेर कोई इलाज ढूँढ़ लिया जाएगा। लेकिन ऐसा कुछ न दिखने से भ्रष्ट हो चुकी राजनीति का भयावह परिदृश्य उभरता है। इससे भी ज्यादा चिन्ताजनक बात यह है कि जो लोग बढ़ते भ्रष्टाचार से परेशान हैं वे जनता के नहीं अर्थव्यवस्था के लोग हैं। वे इस बात से बिलकुल बेचैन हैं कि देश की बड़ी आबादी पहले ही गरीबी, भूख और पिछड़ेपन की शिकार है और जो खाती-पीती आबादी है उसकी गाढ़ी कमाई को दलाल और उद्योगपति इस तरह लूट रहे हैं जैसे वे देश भर के दत्तक दामाद हों। दरअसल लगातार बढ़ते घोटालों से सबसे ज्यादा चिन्ता भूमंडलीकरण के डगमग जहाज में बैठे यात्रियों को है। उन्हें इस जहाज के डूबने से ज्यादा खतरा इसलिए भी है कि उन्होंने पिछली सारी नौकाएँ जला दी हैं। लेकिन मीडिया और बौद्धिक जगत के ऐसे लोग किसी विपक्ष का निर्माण नहीं करते। वे करना भी नहीं चाहते। उसका इरादा छोटे-मोटे सुधारों से ऐसे घोटालों को रुकवाना और उदारीकरण की प्रक्रिया को तेज करना है। यह ऐसे डॉक्टर हैं जिनका मानना है कि मौजूदा व्यवस्था की सभी बीमारियों का इलाज बाजार में सम्भव है। पर बाजार को खुला छोड़ने का सुझाव देनेवाले वे लोग भी अब औद्योगिक घरानों और बाजार को नियन्त्रित करने की बात करने लगे हैं। तमाम कमियों के बावजूद उदारीकरण के इन डॉक्टरों का सरकार पर कुछ असर पड़ भी सकता है। पर टेलीविजन के रंगीन पर्दे पर उदित हुआ मीडिया का नया संसार भ्रष्टाचार पर चर्चा करते-करते बीच में 'ब्रेक' कर जाता है। फिर उसकी चर्चा वहीं तक चलती है जहाँ तक उस खबर का बाजार गर्म है। बल्कि उसके रवैये से लगता है जैसे भ्रष्टाचार लोकतन्त्र की बीमारी नहीं उसका विस्तार है। पिछली सदी में साठ से नब्बे के दशक तक भारतीय लोकतन्त्र को यकीन था कि विचारधारा नैतिकता, व्यक्तित्व या छटपटाहट के तौर पर विपक्ष की आत्मा जीवित है। उसके दुर्बल शरीर को देखकर भी यह ढाँढ़स बँधा रहता था कि वक्त आने पर वह आकार ग्रहण कर लेगा। साठ के दशक में मुट्ठीभर समाजवादियों और कम्युनिस्टों ने गरीबी, असमानता और बेकारी के सवालों पर इस तरह बहस छेड़ी कि संसद के बाहर से भीतर तक विपक्ष की बड़ी ताकत खड़ी हो गई और सरकार को गरीबी हटाओ का नारा देना पड़ा। सत्तर के दशक को देखें तो गुजरात की चिमनभाई पटेल या बिहार की अब्दुल गफ्फूर सरकार या केन्द्र की इन्दिरा गांधी सरकार के पाप आज

की तुलना में बहुत कम थे। तमाम विपक्षी दलों को लगता था कि इन सरकारों ने ऐसा कुछ नहीं किया है कि उसके लिए इतने बड़े पैमाने पर छात्र नौजवान सड़कों पर उतरें और जे.पी. को सम्पूर्ण क्रान्ति का नारा देने की जरूरत पड़े। संसदीय राजनीति कर रहे राजनेताओं को लगता था कि इन समस्याओं से संसद और विधानसभाओं के भीतर ही निपटा जा सकता है। उन्हें हैरानी भी होती थी कि इस मामले पर जनप्रतिनिधियों से इस्तीफा क्यों लिया जा रहा है और छात्रों का सत्र क्यों बर्बाद किया जा रहा है। लेकिन संसदीय राजनीति से अलग गैर दलीय साधना करनेवाले जयप्रकाश नारायण को दलीय लोकतन्त्र की मैल साफ दिख रही थी इसीलिए उन्होंने इसकी धुलाई का अभियान चलाया और गुटों व स्वार्थों में बँटे विपक्ष को आन्दोलनात्मक एकता की ताकत दी। जे.पी. आन्दोलन से स्पष्ट विचारधारा भले न निकली हो पर नैतिकता और संघर्ष के ऊर्जा पुंज जरूर निकले थे।

दस वर्ष बाद वी.पी. सिंह ने भ्रष्टाचार से लड़ते हुए लुंज-पुंज विपक्ष में जान फूँकी और क्षेत्रीय स्तर पर भटक रहे विपक्ष को राष्ट्रीयता प्रदान करने का नया प्रयोग किया। नब्बे के दशक में भी धर्मनिरपेक्षता (और गैर कांग्रेसवाद) के रूप में विपक्ष के पुनर्जीवन की आशा नहीं रही। आज यह उम्मीद इतनी क्षीण हो चुकी है कि उसके लिए कहीं से कोई प्रयास करता ही नहीं दिखाई पड़ता। आज भ्रष्टाचार और ईमानदारी, साम्प्रदायिकता और धर्मनिरपेक्षता, राष्ट्रवाद और परिवारवाद, संस्कृति और अपसंस्कृति, देशी और विदेशी इतने गड्ड-मड्ड हो गए हैं कि वे चुनाव या रोजमर्रा की राजनीति से अलग होते नहीं दिखते। ऐसी स्थिति में भ्रमित विपक्ष को न सिर्फ विचारधारा चाहिए बल्कि नेता भी चाहिए। चुनाव राजनीति और पार्टियों के आपसी समन्वय से एक सर्वमान्य नेतृत्व निकल भी आए पर विचारधारा का निकलना सम्भव नहीं है। वैसे तो विचारधारा और प्रेरक नेतृत्व के फल-फूल चुनावी फसलों के साथ उग नहीं पा रहे। वे कभी समाज सेवा व जनान्दोलनों के घने जंगलों और घाटियों में मिलते हैं तो कभी दलीय राजनीति से अवकाश लेकर नैतिकता की धूनी रमाए होते हैं। इसलिए भारतीय लोकतन्त्र को अगर समर्थ और सही विपक्ष की तलाश करनी है तो उन तमाम छोटे-छोटे संगठनों और कार्यकर्ताओं को सुनना और आगे लाना होगा जो बड़े-बड़े खतरों से छोटी-छोटी लड़ाई लड़ रहे हैं। जिनकी झोली में धन भले न हो पर आम जन की वाणी और उनकी बीमारियों की औषधियाँ हैं। वे लोग सीधे विपक्षी दल की भूमिका न भी ग्रहण करें पर विपक्ष को इतनी ताकत दे सकते हैं कि वह भ्रम और हीनताबोध से ऊपर उठ सके। वे ही यह बता सकते हैं कि भ्रष्टाचार से सर्वाधिक कष्ट आम आदमी को होता है। निस्सन्देह यह दौर लोकतन्त्र की दुर्बलता और अवसाद का है। जो लोग पिछले दशक में दबी-कुचली जातियों के उत्थान को देखकर उसे भारतीय लोकतन्त्र का स्वर्ण युग बता रहे थे आज वे भी कोई राह नहीं देख पा रहे हैं बल्कि बड़े औद्योगिक घरानों का भ्रष्टाचार रोकने में यह सरकार कांग्रेस से भी ज्यादा नाकाम बताई जा रही है। ऐसे में अगर लोकतन्त्र को बचाना है तो एक ऐसा विपक्ष खड़ा करना होगा जिसका जनता

से प्रत्यक्ष संवाद हो और जो उसकी पीड़ा को स्वर दे सके। आज विपक्ष अपनी भूमिका नहीं निभा रहा है इसीलिए सामाजिक हिंसा की घटनाएँ बढ़ रही हैं। अगर विपक्ष की अक्षमता बढ़ती गई तो हिंसा और दमन ही राजनीति के पर्याय बन सकते हैं।

एक दुधारी तलवार है पंचायती राज

समाजशास्त्र का एक सिद्धान्त है समुदाय की त्रासदी (ट्रेजडी आफ कॉमन्स) यानी समुदाय के भरोसे छोड़े जानेवाला कोई काम ठीक ढंग से नहीं होता। जहाँ भी समुदाय टूट गए हैं या समुदायिक भावना को तोड़ने की जरूरत होती है वहाँ इसे विभिन्न लोकोक्तियों और मुहावरों के माध्यम से व्यक्त किया जाता है। जैसे कि 'टू मेनी कुक्स स्वायल द करी' या 'साझे की सुई लाठियों से उठती है' वगैरह। कभी यह सिद्धान्त निजी उद्यमशीलता या पूँजीवाद के व्यक्तिवादी विकास के लिए आवश्यक रहा होगा पर आज यह सिद्धान्त लोकतन्त्र ही नहीं पूँजीवाद के विकास में भी बाधक बन रहा है। आज सामुदायिक विकास, लोकतान्त्रिक विकेन्द्रीकरण और पंचायती राज के प्रयोगों ने स्थानीय समुदायों के महत्त्व को फिर से स्थापित किया है। अब पंच सिर्फ परमेश्वर ही नहीं कुशल मैनेजर भी माने जाने लगे हैं। पंचायतों और स्थानीय निकायों के जिम्मे विकास का काम सौंपने की विश्वव्यापी लहर चल रही है। भारत में संविधान के 73वें-74वें संशोधन के माध्यम से पंचायतों को जो व्यापक अधिकार दिए गए उन्हें मूर्त रूप देने की प्रक्रिया चल रही है। जिस दशक में हमारे यहाँ यह प्रक्रिया शुरू हुई उसी दौरान ब्राजील, हेती, दक्षिण अफ्रीका, श्रीलंका, वियतनाम और दुनिया के अन्य देशों में भी इस तरह की प्रक्रिया शुरू हुई। एक दशक बाद अब नाना प्रकार के सवाल उठ रहे हैं।

सबसे बड़ा सवाल यह है कि लोकतान्त्रिक विकेन्द्रीकरण से किसको ताकत मिलेगी ? क्या इससे भूमंडलीकरण का अभियान चला रही साम्राज्यवादी शक्तियाँ मजबूत होंगी या देश और समाज को उससे बचाने में लगी राष्ट्रवादी और समाजवादी शक्तियाँ ? यह सवाल आजकल लोगों को इतना मथ रहा है कि कुछ लोग विकेन्द्रीकरण अभियान को विश्व बैंक की साजिश मानने लगे हैं। कहा जा रहा है कि पंचायतों का पूरा प्रयोग उदारीकरण और बाजारीकरण के पक्ष में जा रहा है। यह स्थानीय स्तर पर बाजार बनाने की तैयारी है। अगर ऐसा न होता तो अमेरिका के राष्ट्रपति बिल क्लिंटन राजस्थान की पंचायतों की महिलाओं के साथ नृत्य न करते। न ही पंचायतों को समर्थ बनाने के लिए विश्व बैंक से धन आता और न ही इस काम में बड़ी संख्या में एन.जी.ओ. लगे होते। दूसरी तरफ इसके विपरीत भी तर्क दिए जा रहे हैं। आदिवासी पंचायतों को वैधानिक दर्जा दिलानेवाले डॉ. ब्रह्मदेव शर्मा, प्रसिद्ध अर्थशास्त्री व

गांधीवादी लक्ष्मीचन्द जैन और वामपन्थी अर्थशास्त्री प्रभात पटनायक सभी मानते हैं कि स्थानीय समुदायों को समर्थ बनाकर भूमंडलीकरण को रोका जा सकता है। यानी भूमंडलीकरण के विरुद्ध स्थानीयकरण। पक्ष-विपक्ष की इन बहसों को देखकर यह जिज्ञासा सहज ही उठती है कि विकेन्द्रीकरण की विचारधारा क्या है ? इस बहस को ब्रिटेन के पोर्ट्समाउथ विश्वविद्यालय के गिल्स मोहन और नार्वे के ओसलो विश्वविद्यालय के क्रिस्टियन स्टोक ने विचारोत्तेजक ढंग से उठाया है। स्थानीयकरण के खतरों की तरफ संकेत करते हुए उनका कहना है कि विकेन्द्रीकरण या सहभागी विकास और सबलीकरण एक तरफ संशोधनवादी नवउदारवादियों का एजेंडा है और दूसरी तरफ उत्तर मार्क्सवादियों का। यानी पंचायत राज वामपन्थी कार्यक्रम भी है और दक्षिणपन्थी भी। ऐसे में इस दुधारी तलवार का कौन कैसे प्रयोग करेगा यह देखा जाना है। इसीलिए वे इसके आलोचनात्मक प्रयोग का सुझाव देते हुए इस खतरे की तरफ आगाह करते हैं कि स्थानीयकरण कहीं राज्य और अन्तर्राष्ट्रीय शक्तियों के महत्त्व की अनदेखी न कर दें और तीसरी दुनिया की समस्याओं के यूरोपीय समाधान में उलझकर न रह जाए।

दरअसल विकेन्द्रीकरण की नई प्रक्रिया की उत्पत्ति ऐतिहासिक और व्यावहारिक कारणों से हुई है। विकेन्द्रीकरण के समर्थक दक्षिणपन्थी और वामपन्थी दोनों खेमों का मानना है कि राज्य और बाजार दोनों विकास को पूरी तरह गति नहीं दे सकते। राज्य की शक्ति और उसके हस्तक्षेप की उपयोगिता का भ्रम तो समाजवाद के पतन के साथ टूटा। पर हाल में नवउदारवादियों का बाजारवाद का भ्रम भी खंडित हुआ है। हर समस्या का बाजार में हल देखनेवाले मानने लगे हैं कि उससे न गरीबी की समस्या हल होगी और न ही लोकतन्त्र का विकास होगा। इसीलिए नवउदारवादी स्थानीय लोकतन्त्र, स्थानीय समूहों के सबलीकरण और विकास में उनकी भागीदारी पर जोर दे रहे हैं। इसका एक तरीका उन्होंने तीसरी दुनिया में गैरसरकारी संगठनों को प्रोत्साहित कर अपनाया है और दूसरा तरीका विकेन्द्रीकरण की प्रक्रिया में हाथ बँटाकर। जबकि लोकतान्त्रिक केन्द्रीकरण के सिद्धान्त को माननेवाले मार्क्सवादी लोकतान्त्रिक विकेन्द्रीकरण की तरफ इसलिए झुके क्योंकि आर्थिक नियतिवाद और वर्ग संघर्ष की अवधारणा साकार होती नहीं दिख रही थी।

पश्चिम बंगाल और कर्नाटक में पंचायतों को समर्थ बनाने का कार्यक्रम स्थानीय आवश्यकताओं और राजनीति की वजह से चला। एक मार्क्सवादी प्रभाव में शुरू हुआ तो दूसरा गांधीवादी। दोनों की अपनी उपलब्धियाँ रहीं और सीमाएँ भी। लेकिन पश्चिम बंगाल से प्रेरित और वहाँ के योजनाकार सत्यव्रत सेन की रपट पर केरल का लोकतान्त्रिक विकेन्द्रीकरण एकदम नई चुनौतियों के कारण पैदा हुआ है। केरल के पहले मुख्यमन्त्री और मार्क्सवादी सिद्धान्तकार ई.एम.एस. नम्बूदिरीपाद ने किन स्थितियों में विकेन्द्रीकरण के लोक अभियान का सुझाव दिया इसकी व्याख्या करते हुए केरल योजना बोर्ड के सदस्य थामस आइजक कहते हैं–उन्होंने राज्य को दो तरह के विचलनों से बाहर निकाला। पहला दक्षिणपन्थी विचलन था जिसका मानना था कि 'सब कुछ किया जा

सकता है।' दूसरा वामपन्थी विचलन था जिसका मानना था कि 'कुछ नहीं किया जा सकता है।' सामाजिक रूप से उन्नत और आर्थिक रूप से ठहरे हुए केरल के सामने यह संकट था कि उत्पादन कैसे बढ़ाया जाए और भौतिक विकास कैसे किया जाए। इन्हीं स्थितियों में नम्बूदिरीपाद ने सुझाव दिया कि हमें राष्ट्रीय स्तर पर नीतियों में परिवर्तन का इन्तजार किए बिना विकास के काम में जनता की भागीदारी बढ़ानी चाहिए। इससे निचले स्तर पर उत्पादन बढ़ेगा और सेवाओं का स्तर सुधरेगा। पर उन्होंने राज्य की भूमिका को खारिज नहीं किया था।

विकेन्द्रीकरण में महिलाओं की भूमिका पर प्रस्तुत एक परचे में सी.पी. सुजाया और देवकी जैन ने स्पष्ट सुझाव दिया है कि सिर्फ महिलाओं की भागीदारी बढ़ने से सन्तुष्ट होने की जरूरत नहीं है बल्कि उनके अनुभवों के आधार पर विकेन्द्रीकरण की पद्धति और प्रक्रिया को नया रूप दिए जाने की आवश्यकता है। उस्मानिया विश्वविद्यालय में फरवरी 2000 में राजनीतिशास्त्र विभाग में हुए एक सम्मेलन में आन्ध्र प्रदेश की एक महिला प्रतिनिधि ने कहा, 'महिलाओं के लिए कोटा तय किया जाना पुरुषों के लिए आरक्षण नीति बन गया है।' इसका तात्पर्य यह है कि अब महिलाओं के लिए आरक्षित 33 फीसदी सीटों के अलावा बाकी सीटें पुरुषों ने आरक्षित कर ली हैं। यानी महिलाओं को आरक्षित सीटों के अलावा कहीं और से खड़ी नहीं होने देते ताकि स्त्रियाँ स्थानीय पुरुष शक्ति की पिछलग्गू बनी रहें।

पंचायतों में मिले आरक्षण से दलित और आदिवासी समाज को थोड़ा ज्यादा लाभ और थोड़ी कम हानि उठानी पड़ रही है। पर दोनों का स्वरूप एक जैसा है। क्योंकि भले ही कई राज्यों में दलितों का उभार हो गया है, पर स्थानीय स्तर के सत्ताधारी वर्ग उन्हें तरह-तरह से नियन्त्रित कर रहे हैं। समाज के इन दमित समूहों के पंचायत में भागीदारी पर संक्षेप में यही कहा जा सकता है कि नई प्रक्रिया से वह स्थितियाँ बदली हैं जिनके नाते डॉ. भीमराव अम्बेडकर ने पंचायती राज का विरोध किया था। पर वह स्थितियाँ इतनी भी नहीं बदली हैं कि गांधी का ग्राम स्वराज आ जाए। इसीलिए सामन्ती, पुरुष प्रधान और जातिवादी समाजों (या राज्यों) में पंचायतों की नई प्रणाली सत्ता संघर्ष, टकराव और हिंसा का नया बहाना बनकर रह गई है या वह अभी अपनी वही ऊर्जा इसी काम में लगा रही है। आर्थिक अधिकार और संसाधन न मिलने और नियोजन विकास की दृष्टि, प्रशिक्षण और किसी अभियान के अभाव में वे न तो विकास को गति दे पा रही है और न ही उत्पादक शक्तियों को सक्रिय कर पा रही हैं। मध्य प्रदेश और बिहार के आदिवासी इलाकों में आदिवासी पंचायतों को स्वायत्तता दिलानेवाले डॉ. ब्रह्मदेव शर्मा ने गाँव के स्तर पर रोजगार लाने के तमाम आन्दोलन चलाए। उनका दावा है कि संविधान देश के हर नागरिक को साल में सौ दिन काम देने का वादा करता है। पर इसे लागू न होते देख उन्होंने 'झंडा हाजिरी' कार्यक्रम शुरू किया। इसके तहत काम की तलाश में निकला व्यक्ति निष्फल रहने पर तिरंगे झंडे के आगे हाजिरी लगाएगा। यह जनमत और आन्दोलन तैयार करने का एक तरीका है। इसका कुछ

प्रभाव जरूर हुआ पर वैसा प्रभाव नहीं हुआ जैसा केरल में पंचायतों को राज्य योजना की 40 फीसदी राशि देने से हुआ है।

केरल में सत्तारूढ़ गठबन्धन के विधायक व सरकार के अफसर विकेन्द्रीकरण में अपने ढंग से अड़ंगा लगा रहे हैं। लेकिन माकपा जैसी काडरवाली पार्टी के प्रभाव में उनकी चल नहीं पा रही है। पर कर्नाटक के विकेन्द्रीकरण के प्रयोग को इसी खींचतान ने चौपट कर दिया। उत्तर प्रदेश, बिहार और अन्य राज्यों में इसी खींचतान के चलते विकास की प्रक्रिया में पंचायतों की सीधी भागीदारी नहीं हो पा रही है। बिहार में तो वहाँ के अभिजात्य वर्ग पंचायत चुनावों को लम्बे समय से स्टे करवा रखा है। पर यह प्रवृत्ति उत्तर प्रदेश, कर्नाटक और गुजरात में भी आम हो चली है। दरअसल इस मामले में हाईकोर्टों का रवैया पंचायतों के पक्ष में और सुप्रीम कोर्ट का रवैया उनके खिलाफ दिखाई पड़ता है। इस स्थिति से चिन्तित लक्ष्मीचन्द जैन सुप्रीम कोर्ट को अपने निर्णयों की समीक्षा के लिए प्रेरित करने में लगे हैं। समाज के विभिन्न सत्ता समूहों द्वारा अपने पक्ष में सत्ता के केन्द्रीकरण की खींचतान पर टिप्पणी करते हुए वे कहते हैं, 'संविधान में वर्णित हर लोकतान्त्रिक इकाई को अपने अधिकारों के लिए लड़ने का हक है। उसमें कहीं कुछ गलत नहीं है। पर यह लड़ाई अनुचित ढंग से नहीं होनी चाहिए और न ही किसी लोकतान्त्रिक निर्णय को बेकार करने के लिए होनी चाहिए।

डॉ. थामस आइजक कहते हैं कि हमारी ग्राम पंचायतें एन.जी.ओ. से ज्यादा समर्थ होंगी। वे एन.जी.ओ. के सहयोग से इनकार नहीं करते पर एन.जी.ओ. केन्द्रित विकेन्द्रीकरण की जगह पर पंचायत केन्द्रित विकेन्द्रीकरण को प्रोत्साहित कर रहे हैं। सम्भवतः यहीं नवउदारवादियों और उत्तर मार्क्सवादियों का फर्क भी दिखाई पड़ता है। वे एन.जी.ओ. के ढाँचे को गैर लोकतान्त्रिक मानते हैं। वे उन्हें जवाबदेह भी नहीं मानते। उनका कहना है कि उत्तरी देशों के दान से होनेवाला विकास उसी अन्तर्राष्ट्रीय विकास के ढाँचे का हिस्सा है जिसके कारण गरीबी बढ़ी है। इसलिए एन.जी.ओ. के रास्ते होनेवाले विकास और संविधान सम्मत संस्थाओं द्वारा होनेवाले विकास में फर्क है। उसमें कई स्तरों पर साँठ-गाँठ के बावजूद यह टकराव कभी एन.जी.ओ. पर सरकारी कार्रवाई और कभी एन.जी.ओ. और जनान्दोलनों में टकराव के रूप में दिखाई पड़ता है। केरल में भी दोनों प्रक्रियाओं में विभाजन रेखा बनी हुई है और विकेन्द्रीकरण के जन अभियान से वह और गहरी हुई है। अगर केरल का प्रयोग भूमंडलीकरण के विरुद्ध स्थानीयकरण का प्रयोग है तो एक दिन यह टकराव होगा। केरल ही क्यों देश के जिस किसी हिस्से में विकास की प्रक्रिया लोकतान्त्रिक शक्तियों के हाथ में होगी वहाँ यह टकराव होना ही है।

साम्राज्यवादी विकेन्द्रीकरण और जनवादी विकेन्द्रीकरण के इस फर्क के बावजूद यह प्रक्रिया इतनी गड्डमड्ड है कि मार्क्सवादियों को स्वाधीनता संग्राम से निकली गांधीवादी दृष्टि का सहारा लेना पड़ता है। गांधी ने 29 जनवरी, 1948 को बिड़ला भवन में अपने आखिरी वसीयतनामे में पंचायतों के माध्यम से संसदीय पद्धति का वैकल्पिक ढाँचा

सुझाया था–'गाँववाले या ग्रामीण मनोवृत्तिवाले पाँच वयस्क पुरुषों या स्त्रियों की बनी हुई हर पंचायत एक घटक बनेगी। पास-पास की ऐसी हर दो पंचायतों की उन्हीं में से चुने हुए नेता के मार्गदर्शन में काम करनेवाली एक मंडली बनेगी।...जब ऐसी सौ पंचायतें बन जाएँ तब पहले दर्जे के पचास नेता अपने में से दूसरे दरजे का एक नेता चुने और इस तरह पहले दरजे का नेता दूसरे दरजे के नेता के अधीन काम करें। दो सौ पंचायतों के ऐसे जोड़ कायम करना तब तक जारी रखा जाए, जब तक कि वे पूरे हिन्दुस्तान को न ढँक लें और बाद में कायम की गई पंचायतों का हर सूमह पहले की तरह दूसरे दर्जे का नेता चुनता जाए। दूसरे दर्जे के नेता सारे हिन्दुस्तान के लिए सम्मिलित रीति से और अपने प्रदेशों के लिए अलग-अलग काम करें। जब जरूरत महसूस हो तो दूसरे दर्जे के नेता अपने में से एक मुखिया चुनें और वह मुखिया चुननेवाले जब तक चाहें तब तक समूहों को व्यवस्थित कर उनका मार्गदर्शन प्राप्त करें।'

इसलिए स्थानीय दृष्टि विकसित करने और उसे वहीं संकुचित कर देने से काम चलनेवाला नहीं है। उसे राष्ट्रीय और अन्तर्राष्ट्रीय दृष्टि से जोड़ना होगा। इसके लिए विभिन्न स्तरों पर सहयोगी समूहों और समितियों का गठन भी लाभदायी हो सकता है। जहाँ भी लामबन्द होने और संघर्ष करने की प्रक्रिया स्थानीय होती है वहाँ उसके कुचल दिए जाने की आशंका रहती है। नाइजीरिया के केन सारो-वीवा की फाँसी स्थानीयकरण के उसी खतरे का उदाहरण है। गिल्स मोहन और क्रिस्टियन स्टोक ने इसी सन्दर्भ में स्थानीयकरण के खतरे की तरफ संकेत करते हुए कुछ सुझाव देते हैं। उनका कहना है कि 'स्थानीयता' की अवधारणा के बारे में ताजा विमर्श यह मानकर चलता है कि 'राज्य' और 'नागरिक समाज' एक-दूसरे के विरोधी हैं। विकेन्द्रीकरण के समर्थक यह मानते हैं कि हमें नागरिक समाज को चुनना चाहिए। उनकी नजर में नागरिक समाज अक्षम और नाकारा राज्य संस्थाओं का विकल्प है या राज्य और बाजार के प्रतिरोध का प्राथमिक केन्द्र है। लेकिन राजनीति विज्ञान के ताजा अध्ययनों के अनुसार राज्य और समाज का दायरा अलग-अलग नहीं है। राज्य और समाज के नेतृत्व के भीतर विभिन्न स्तरों पर सम्पर्क रहता है। उनमें स्वायत्तता जरूर होती है पर वे लम्बे समय तक अलग नहीं रह सकते। इसी तरह वे स्थानीय समुदायों को भी बिलकुल अलग मानने के विरुद्ध हैं। उनका मानना है कि स्थानीय इकाई में भी एक अन्तर्राष्ट्रीय बोध होना चाहिए। यानी राजनीतिक परियोजना और विमर्श में स्थानीय और अन्तर्राष्ट्रीय और राज्य व नागरिक समाज को एक-दूसरे पर धुर विरोधी मानकर नहीं चलना चाहिए। यानी लोकतान्त्रिक विकेन्द्रीकरण एक दुधारी तलवार है। जनवादी चमक और आर्थिक विकास सम्बन्धी धार के बावजूद यह जनविरोधी पक्ष के साथ जनता पर भी वार करती है। इसलिए इसे उठाकर भाँजने लगना ही काफी नहीं है। उसके साथ स्थानीय और अन्तर्राष्ट्रीय संस्थाओं के गतिशास्त्र की समझ भी होनी चाहिए। तभी इनका सार्थक उपयोग हो सकेगा।

यह राजनीति अभी और बौखलाएगी

कांशीराम की निन्दा करने के खतरे हैं। पहला खतरा तो कांशीराम-मायावती और बहुजन समाज पार्टी के कार्यकर्ताओं के हमले का है। पर दूसरा खतरा इससे भी बड़ा है। वह है दलित विरोधी करार दिए जाने का। चूँकि कांशीराम उत्तर भारत के दलितों के मसीहा हैं और पढ़े-लिखे से लेकर अनपढ़ तक सभी दलित उनका विशेष सम्मान करते हैं इसलिए यह सन्देश जा सकता है कि सवर्णों के वर्चस्ववाला मीडिया दलित राजनीति को बदनाम करने के लिए नए-नए हथकंडे अपना रहा है।

लेकिन ऐसी प्रवृत्तियों की निन्दा और विरोध न करने के खतरे उससे भी बड़े हैं। मीडिया पर राजनीति के हमले लगातार बढ़ रहे हैं। हर पार्टी अपने-अपने ढंग से मीडिया पर अंकुश लगाने, धमकाने और उसे पटाने की कोशिश करती है। जब भी मनमानेपन और टकराव की राजनीति बढ़ती है तो मीडिया पर भी हमला तेज होता है। यह दौर ऐसा ही है। इसलिए कांशीराम ही नहीं उनके जैसे उन सभी नेताओं और पार्टियों का विरोध करना होगा जो मीडिया पर हमला करते हैं।

कांशीराम के हमले में जरूर कहीं खतरनाक संकेत छुपे हुए हैं। तभी उनके विरोध में न सिर्फ पूरा मीडिया एकजुट हो गया है बल्कि सामाजिक न्याय की राजनीति करनेवाले भी निन्दा करने पर मजबूर हुए हैं। अगर वह क्षणिक उत्तेजना या व्यावसायिक जोखिम का मामला होता तो 'सामाजिक न्याय' आन्दोलन के सर्वमान्य नेता विश्वनाथ प्रताप सिंह पत्रकारों के प्रदर्शन में न आते। रामविलास पासवान और मुलायम सिंह यादव निन्दा करें तो बात समझ में आती है। क्योंकि एक की राष्ट्रीय प्रतिद्वन्द्विता है और दूसरे की क्षेत्रीय शत्रुता। पर विश्वनाथ प्रताप सिंह का विरोध मायने रखता है। वे ही क्यों ऑल इंडिया दलित पैंथर्स के पूर्व अध्यक्ष अरुण काम्बले ने भी कांशीराम की कठोर निन्दा की है। उन्होंने भीमराव अम्बेडकर, ज्योतिबा राव फुले और राजर्षि साहू के जीवन के कई दृष्टान्त देते हुए बताया है कि किस तरह दलित आन्दोलन को दिशा देनेवाले उन नेताओं ने संकट के समय सारे मतभेद भुलाकर लोकमान्य बाल गंगाधर तिलक और विष्णु शास्त्री चिपलुकर जैसे कट्टर विरोधियों की भी मदद की है। प्रोफेसर काम्बले अपने जीवन की एक घटना का हवाला देते हुए कहते हैं कि कांशीराम ने 1979 में एक पत्रकार के रूप में उनसे दलित पैंथर्स कार्यालय में बदतमीजी की थी पर उन्होंने उन्हें बिना कुछ कहे जाने दिया। उस समय कांशीराम *आप्रेस्ड इंडिया* और *बहुजन संघटक* नाम की दो पत्रिकाओं का सम्पादन करते थे। प्रोफेसर काम्बले ने तो यहाँ तक कहा कि कांशीराम का आचरण बाल ठाकरे से भी ओछे दर्जे का है। क्योंकि बाल ठाकरे भी पत्रकारों पर खुद हमला करने की बजाय शिव सैनिकों से कराते हैं।

कांशीराम का मीडिया पर हमला किसी तरह से उग्र दलित आन्दोलन के खाते में डाला जा सकता था अगर उन्होंने किसी दलित विरोधी रपट, लेख, टिप्पणी या किताब के विरोध में उत्तेजित होकर उसके लेखक पर हमला कर दिया होता। लेकिन ऐसा कुछ

भी नहीं था। अगर रहा भी होगा तो उसे कांशीराम जानें और उनकी माया। दुनिया और समाज का कोई व्यक्ति नहीं जानता। उलटे कांशीराम ने गली-मोहल्ले के झगड़ालू लोगों की तरह पत्रकारों पर गाली देने, घर में घुस आने और निजी जीवन में दखल देने जैसे सामान्य आरोपों के हथकंडे अपनाए हैं। कांशीराम के इस हमले का दो ही सूरतों में बचाव किया जा सकता था। या तो वे यह कहकर माफी माँग लेते कि पत्रकारों ने मुझे परेशान कर दिया था और मैंने क्षणिक उत्तेजना में आकर ऐसा कर दिया। या फिर वे साफ शब्दों में कहते कि हम सवर्णों के वर्चस्ववाली इस बुर्जुआ प्रेस को मान्यता नहीं देते। लेकिन उन्होंने अपने आचरण से न तो दलित आन्दोलन की लाज रखी न ही अपनी। बहुजन समाज पार्टी का लखनऊ दैनिक जागरण पर किया गया प्रदर्शन भी एक हद तक ठीक कहा जा सकता है पर 25 अक्टूबर का हमला तो किसी तरह से ठीक नहीं।

लेकिन मीडिया से चिढ़ने और उस पर हमला करने की प्रवृत्ति सिर्फ कांशीराम व बहुजन समाज पार्टी की ही नहीं बल्कि यह सभी राजनीतिक दलों से आम होती जा रही है। कांग्रेस आजकल मीडिया के प्रति सबसे शालीन आचरण करनेवाली पार्टी दिखाई पड़ रही है। पर प्रेस की आजादी खत्म करने का सबसे खतरनाक और संस्थागत प्रयास उसी ने किया है। आपातकाल उस प्रयास का अविस्मरणीय अध्याय है। बाकी जगन्नाथ मिश्र का बिहार प्रेस विधेयक या राजीव गांधी का मानहानि विधेयक उस शृंखला की कड़ियाँ थीं। मीडिया के संघर्ष ने इन प्रयासों को न सिर्फ विफल किया बल्कि वह उनसे तपकर और ताकतवर होकर निकला। अब राजनीतिक दलों को साफ लग गया है कि मीडिया पर कानूनी तरीके से अंकुश नहीं लगाया जा सकता। बल्कि इस तरह के जितने प्रयास होंगे मीडिया और ताकतवर होकर निकलेगा। फिर अब कांग्रेस जैसी राष्ट्रव्यापी और ताकतवर पार्टी के बजाय खंडित दलों की भरमार है। इसलिए राजनीति मीडिया पर गैरकानूनी तरीके से अंकुश लगाने की कोशिश कर रही है। वह गैरकानूनी तरीका कभी बाल ठाकरे के हमले और धमकियों के रूप में दिखाई पड़ता है तो कभी छह दिसम्बर 92 को अयोध्या में हमले के तौर पर। कभी समाजवादी पार्टी के 'हल्ला बोल' अभियान के रूप में, तो कभी गुजरात विधानसभा में पत्रकारों का सिर फोड़ने के तौर पर, तो कभी पच्चीस अक्टूबर को कांशीराम के हमले के रूप में। यहाँ तक कि माकपा जैसी बौद्धिक पार्टी भी पत्रकारों पर हमले का लोभ संवरण नहीं कर पाती।

छह दिसम्बर 1992 को मर्यादा पुरुषोत्तम भगवान राम की नगरी में जब संविधान और राजनीति की मर्यादा भंग की गई तो उस समय मीडिया के ऐसे किसी नर-नारी की मर्यादा नहीं रखी गई जो उस काम के विरोध में लगा। बस मीडिया के वे ही लोग बच पाए जो भेष बदलकर कारसेवक बन गए थे या पत्रकार के भेष में कारसेवक थे।

कुछ अखबारों को लक्ष्य बनाकर मीडिया के लोगों पर एक बड़ा हमला राममनोहर लोहिया के उस नारे के तहत किया गया जो उन्होंने किसानों और मजदूरों के आन्दोलन के लिए दिए थे। लोहिया ने स्वप्न में भी यह नहीं सोचा होगा कि 'हल्ला बोल' के नारे

के तहत पत्रकार पीटे जाएँगे, अखबार जलाए जाएँगे और प्रेस की आजादी का दमन किया जाएगा। पर उनके शिष्य मुलायम सिंह यादव की अद्भुत कल्पनाशक्ति ने वह कर दिखाया। गौरतलब है कि वह हमला 13 अक्टूबर 94 से लगातार तीन महीने तक पार्टी कार्यक्रम बनाकर चलाया गया। इस हमले की बौद्धिक व्याख्या करते हुए कहा गया कि राजनीति और पत्रकारिता के आदर्श सम्बन्धों की तलाश की जा रही है। मुलायम सिंह ने तो यहाँ तक कहा था कि वे पत्रकारों को अखबार मालिकों के शोषण से मुक्त कराएँगे। लेकिन उस आन्दोलन का अन्त कुछ पत्रकारों को पीट लेने, कुछ को पटा लेने और कुछ प्रतिष्ठानों को प्लॉट देने से हुआ। समाजवादी पार्टी की पत्रकारों से नाराजगी परोक्ष रूप से अभी भी विद्यमान है। उसके सबूत उत्तर प्रदेश चुनाव से पहले लखनऊ में हुए पार्टी सम्मेलन के भाषण हैं।

पत्रकारों पर एक चर्चित हमला इस साल 18 सितम्बर को गुजरात विधानसभा में किया गया। उस समय भाजपा की सुरेश मेहता सरकार विश्वास मत हासिल कर रही थी और पत्रकारों ने उसका असली रूप देख लिया था। इसलिए सदन में सादी पोशाक में आए लोगों ने विपक्षी विधायकों के अलावा कई पत्रकारों को भी लहूलुहान कर दिया।

दरअसल राजनीति और मीडिया का द्वन्द्व ही यही है। राजनीति जो बात या घटना छुपाना चाहती है मीडिया उसे देखना चाहता है। कई बार राजनीति बेहद सामान्य घटनाओं को अतिगोपनीय बनाना चाहती है तो मीडिया बेहद गम्भीर मामलों को हलके ढंग से पेश कर देता है या कई बार मीडिया सामान्य और निजी बातों को भी सार्वजनिक करने में ताकत झोंक देता है। दोनों की अपनी मर्यादा है और सीमाएँ भी। लेकिन जब राजनीति ज्यादा गलत काम करती है तो वह मीडिया से ज्यादा छुपाना चाहती है। इस जिज्ञासा में मीडिया उसे ज्यादा देखना चाहता है। इस प्रक्रिया में कवि मुक्तिबोध की वे पंक्तियाँ चरितार्थ हो जाती हैं कि 'हाय हाय मैंने उन्हें नंगा देख लिया। इसकी मुझे सजा मिलेगी, जरूर मिलेगी।'

इस देखने के भी दो पहलू हैं। राजनीति को कानून तोड़ते देखना उतना शर्मनाक नहीं होता जितना मर्यादा तोड़ते देखना। राजनीति अगर शोषक और दमनकारी कानूनों को सार्वजनिक हित में तोड़ती है तो वह उसका उत्सव भी मनाती है। पूरा स्वाधीनता संघर्ष उन्हीं काले कानूनों को चुनौती देने का लम्बा समारोह है। लेकिन आज की राजनीति न सिर्फ निजी हितों के लिए जरूरी कानून बल्कि मर्यादा भी तोड़ती है। इसीलिए वह मीडिया से चिढ़ती और बचती है और मीडिया है कि उमड़ता ही चला आता है। दूसरी तरफ न्यायिक सक्रियता ने उसे जमकर घेर रखा है। ऐसी स्थिति में राजनीति के मनमानेपन के लिए जगह जितनी कम बचेगी वह उतना ही बौखलाएगी। राजनीति में न्यायिक सक्रियता और मीडिया की घेराबन्दी के हड़कम्प को लोकसभाध्यक्ष पी.ए. संगमा के उस सेमिनार से समझा जा सकता है जिसमें सभी प्रमुख दलों के प्रतिनिधियों और राज्य विधानसभा के अध्यक्षों ने हिस्सा लिया। भ्रष्टाचार के दलदल

में डूबती जा रही राजनीति जब न्यायिक सक्रियता पर अंकुश लगाने के लिए संसद का विशेष सत्र बुलाने की माँग कर रही है तब मीडिया खुलकर न्यायपालिका का साथ दे रहा है। मीडिया और न्यायपालिका का यह शिकंजा भ्रष्ट और अमर्यादित राजनीति पर जितना कसेगा वह उतना ही बौखलाएगी। सिर्फ सत्ता की भूखी राजनीति सत्ता न मिलने पर न सिर्फ न्यायपालिका और मीडिया से चिढ़ेगी बल्कि कभी अपने विधायकों को (बसपा की तरह) कार्यालय में बन्द करेगी तो कभी वाघेला और मेहता की तरह बसों में भरकर पर्यटक स्थल भेजेगी। वह कभी समाजवादी पार्टी की तरह अपने विरोधियों की जान की भी प्यासी हो जाएगी। जिसका प्रमाण राज्य अतिथि गृह कांड से मिल सकता है।

लेकिन मीडिया इस राजनीति का मुकाबला न तो संकीर्णता व शत्रुता से कर सकता है और न ही राजसत्ता की सुरक्षा हासिल कर। उसे संयम और दृढ़ता दिखाते हुए राजनीति की बची-खुची नैतिकता को जिलाए रखना होगा। चाहे वह जनता दल और वामपंथियों में हो, चाहे भाजपा और कांग्रेस में। पत्रकारिता उसे हूट कर अपना ही नहीं समाज का भी नुकसान करेगी। जैसा कि उसने 26 अक्टूबर को अपने प्रदर्शन में आए वी.पी. सिंह को हूट करके किया।

मीडिया अगर राजनीति से स्वस्थ सम्बन्ध बनाना चाहता है तो उसके लोगों को उन तमाम संकीर्णताओं को छोड़ना होगा जो जन्म के आधार पर या किसी संगठन विशेष से सम्बन्ध के आधार पर मिली हैं। माना कि उत्तर भारत की पिछड़ा और दलित राजनीति में वह वैचारिक ऊर्जा नहीं है कि वह कम्युनिस्ट, समाजवादी और संघी राजनीति की तरह बौद्धिक आन्दोलन खड़ा कर सके और मीडिया में अपने शुभचिन्तक भेज सके। पर मीडिया को पिछड़ा और दलित विरोध का औजार भी नहीं बनने देना होगा। मीडिया को उत्साही युवाओं की जितनी ऊर्जा चाहिए उतनी समझदार लोगों की उदारता भी। क्योंकि राजनीति के बौखलाने और देशी मीडिया के कमजोर होने के इस दौर में मीडिया को संयम और दृढ़ता की ज्यादा जरूरत है।

भ्रष्टाचार को मनोरंजन न बनाएँ

हवाला कांड से उठे राजनीतिक भूचाल ने पहले मनोरंजन पैदा किया था लेकिन उसकी तीव्रता बढ़ने के साथ अब करुण क्रन्दन शुरू हो गया है। ये दोनों स्थितियाँ हमारी राजनीतिक और एक हद तक सामाजिक कमजोरी को ही प्रदर्शित करती हैं। मनोरंजन व्यक्ति और समाज को स्वस्थ रखने के लिए बहुत जरूरी है। उसके बिना तनाव बढ़ने और मनोरोगी होने का खतरा रहता है। लेकिन जो समाज हर चीज को मनोरंजन का ही विषय समझने लगे उसके स्वास्थ्य पर सन्देह होने लगता है। दूसरी तरफ करुण क्रन्दन

विकल्पहीनता की स्थिति को दर्शाता है जो और सोचनीय है। हवाला विवाद के आरम्भिक चरण में कई राजनीतिक प्रेस कांफ्रेंस में अपनी डायरियाँ लहराकर भ्रष्टाचारी सत्यवादिता की डींग मार रहे थे। वह दृश्य उनकी पार्टी के कार्यकर्ताओं, मीडिया और मध्यवर्ग के लिए बेहद मनोरंजक बन रहा था। मनोरंजक इसलिए कि नीरस राजनीति में थोड़ी नाटकीयता आई थी। इसलिए भी कि किसी को सजा पाने का भय नहीं था और भ्रष्टाचार स्वीकार करनेवाले किसी राजनीतिक में न तो आत्मग्लानि दिखाई पड़ रही थी और न ही समाज से दंड या माफी माँगने की इच्छा। दूसरी तरफ राजनीतिकों की तरह ही मध्यवर्ग भी इसे चकल्लस का ही मामला मानकर चल रहा था। यह कहना दोहराव ही नहीं सरलीकरण भी होगा कि मध्यवर्ग को नागनाथ और साँपनाथ में से एक को ही चुनना होता है इसलिए वह मजबूरी में मनोरंजन के अलावा कर क्या सकता है। दरअसल हमारा मध्यवर्ग खुद नागनाथ या साँपनाथ जैसा हो गया है। उसके भीतर ईमानदारी और बेईमानी, न्याय और अन्याय का द्वन्द्व चलता रहता था। पर अब वह द्वन्द्व न सिर्फ कमजोर हो गया है बल्कि उसके दोनों पक्ष एक जैसे हो गए हैं। इसलिए वह इस तरह की राजनीतिक घटनाओं को मनोरंजन का विषय मानकर मजा लेता है और यह समझकर खुश होता है कि 'साधन की पवित्रता' का सिद्धान्त ध्वस्त हो चुका है।

लम्बे समय तक गरीबी में रहा भारतीय समाज बहुत दिनों तक 'साधन की पवित्रता' के सिद्धान्त को मानकर चल भी नहीं सकता था। उसकी तरक्की में इससे बड़ी अड़चन आ रही थी। इसलिए उसके लिए इससे बड़ी खुशी की बात क्या हो सकती थी कि साधन की पवित्रता का सिद्धान्त वे ही लोग तोड़ दें जिन्होंने इसे बनाया था। इसलिए भ्रष्टाचार के छिट-पुट खुलासे से भ्रष्टाचारियों का मनोबल नहीं टूटता बल्कि उनका मनोरंजन ही होता है। वैसे भी इन दिनों मीडिया के प्रबन्धकों की निगाह में मनोरंजन ज्यादा महत्त्वपूर्ण विषय हो गया है। उनके लिए जिस तरह फिल्म, फैशन और बढ़ता उपभोक्तावाद मनोरंजन का विषय है उसी तरह भ्रष्टाचार भी मनोरंजन की ही चीज है। बल्कि वह एक तरह से सभी मनोरंजनों का आधार है। भ्रष्टाचार आर्थिक सुधारों और उपभोक्तावाद के मूल को सींच रहा है।

वाल्टर बेंजामिन ने हिटलर के बारे में कहा था कि उसने सबसे खतरनाक काम राजनीति का सौन्दर्यीकरण करके किया है। उसे आज के सन्दर्भ में थोड़ा बदलकर कहा जाए कि हमारे राजनेताओं, मीडिया और मध्यवर्ग ने भ्रष्टाचार का सौन्दर्यीकरण किया है तो गलत नहीं होगा। इसका नुकसान यह हुआ है कि भ्रष्टाचार के मुद्दे पर सनसनी फैल सकती है, कुछ लोग गिरफ्तार हो सकते हैं, पार्टीबन्दी हो सकती है लेकिन उसके विरुद्ध न तो जनाक्रोश पैदा हो सकता है, और न ही उसको मिटाया जा सकता है। भ्रष्टाचार का आरोप लगने के बाद व्यक्ति को शर्म आनी चाहिए और इस्तीफा देने के बाद कम-से-कम माला पहनकर जय-जयकार तो नहीं करानी चाहिए। लेकिन इस्तीफा देनेवाले कई केन्द्रीय मन्त्री मुस्कराते हुए गले में माला डलवाकर जय-जयकार करते दिखाई देते हैं। जैसे कह रहे हों फिर जीतकर आएँगे और वही करेंगे।

भ्रष्टाचार और मनोरंजन के अन्तरसम्बन्धों का सर्वाधिक लोकप्रिय उदाहरण विल्स कप 1996 है। जो सरकार दूरदर्शन पर सिगरेट का विज्ञापन दिखाना सामाजिक नैतिकता के खिलाफ मानती है वह उसके आयोजन में हो रहे विश्व कप का प्रसारण अधिकार हासिल करने के लिए सुप्रीम कोर्ट तक पहुँच गई। यह तो सिर्फ एक पक्ष है कि इस प्रसारण से जनता का मनोरंजन होगा। इसका दूसरा पक्ष यह भी है कि इसमें सबसे ज्यादा एक सिगरेट कम्पनी का ही विज्ञापन होगा। इस कार्यक्रम में आर्थिक भ्रष्टाचार का भी एक बड़ा आयाम है। विल्स कप को आयोजित करनेवाले संगठन पिलकॉम ने किस तरह से फेरा और आयकर के कानूनों का उल्लंघन कर करोड़ों रुपए बचाए हैं यह तथ्य प्रकट हो चुका है। लेकिन मनोरंजन के महासमुद्र में गोता लगा रहे मध्यवर्ग में इनमें से किसी मुद्दे को लेकर कोई चिन्ता नहीं है।

भ्रष्टाचार का दूसरा प्रभाव पार्टीबन्दी के रूप में दिखाई पड़ा। लालकृष्ण आडवाणी का नाम आने के बाद भारतीय जनता पार्टी पूरे देश में इसे कांग्रेस और उसके नेता व प्रधानमन्त्री की साजिश बताने लगी। नैतिकता के सर्वोच्च पायदान से गिरने पर तिलमिलाई भाजपा ने सेंट किट्स का मुद्दा भी उठाया। लेकिन हवाला के भूचाल के आगे ये छोटी-मोटी दरारें दिखाई नहीं पड़ी। हवाला की चपेट में भाजपा ही नहीं जनता दल भी आ गया। पर सबसे बुरी तरह से तो कांग्रेस पार्टी ही फँसी। जिस पार्टी की सरकार के सात मन्त्री हवाला की चपेट में इस्तीफा देकर चार्जशीट झेलने जा रहे हैं उसे क्या एक दिन भी टिकने का अधिकार है ? पर दूसरी बात यह भी है कि क्या उस सरकार पर राजनीतिक विरोधियों पर बदले की भावना से कार्रवाई करने या साजिश का आरोप बनता है ?

पार्टीबन्दी के इस काम में मीडिया किसी पार्टी से पीछे नहीं है। जो कभी सेंट किट्स मामले को विश्वनाथ प्रताप सिंह के खिलाफ इस्तेमाल कर रहे थे वे ही आज इसे नरसिंह राव के खिलाफ इस्तेमाल कर रहे हैं। मीडिया ऐसी नाजुक स्थिति में सत्य का अन्वेषक बनने के बजाय कचहरी के पेशेवर गवाहों की तरह काम करने लगता है। वह कभी किसी राजनेता या पार्टी को बचाने के लिए राज्य की संस्थाओं को कठघरे में खड़ा कर रहा है तो कभी मुद्दे से ध्यान हटाने के लिए भ्रमित करने लगता है।

लेकिन इस बार भ्रष्टाचार के आकार और न्यायपालिका के सक्रिय हस्तक्षेप ने पार्टीबन्दी की हवा निकाल दी है। अब पार्टीबन्दी घटी है तो कम भ्रष्ट या ज्यादा भ्रष्ट होने की तानाकशी चल रही है। यानी हमारे मुँह पर काले मस्से उभरे हैं तो तुम्हारे मुँह पर कालिख पुती है। हमारे तो चार आदमी फँसे हैं और तुम्हारी तो आधी पार्टी है। यहाँ फिर बेशर्मी भरा मनोरंजन उभर आया है।

प्रगतिशील और वामपन्थी शक्तियाँ तो बोम्मई और शरद यादव का काला टीका पाकर खुश हैं। कहते हैं उससे दो काम हुए। एक तो हमें नजर लगने से बच गई, दूसरे भाजपा की हवा निकल गई। यानी राव साहब रामो-वामो की बिना किसी मेहनत के उनकी सरकार बनने का रास्ता साफ कर दिया। बल्कि कुछ लोग तो नरसिंह राव की

तारीफ करते हुए कहते हैं कि उन्होंने फासीवाद से बचाकर देश का बड़ा उपकार किया है। (सम्भवतः छह दिसम्बर 92 की घटना भी राव साहब की उपकार ही कही जाएगी) दरअसल यह भी एक तरह मनोरंजन है। क्योंकि मनोरंजन में आपको मेहनत-मशक्कत नहीं करनी पड़ती है। उसमें हाथ-पैर कोई और पटकता है, गला कोई और फाड़ता है और आप टिकट लेकर सारा मजा लूट लेते हैं। बाद में पुरस्कार बाँटने के लिए आपको मंच पर बुला लिया जाए तो फिर कहना ही क्या ? इसी में रामो-वामो सत्ता की दमदार दावेदारी ठोंक रहे हैं। उनके पास पहले की तरह इस बार भी कोई सकारात्मक कार्यक्रम नहीं है।

लेकिन भ्रष्टाचार से पैदा हुए इस मनोरंजन में अब त्रासदी का दौर भी शुरू हो चुका है। राजनीतिकों को लग गया है कि अब इस्तीफों की यमुना में डुबकी लगाने से उनके पाप नहीं धुलनेवाले हैं। हो सकता है उन्हें वनवास झेलना पड़े या कारावास तक जाना पड़े। इसलिए राजनेताओं की भ्रष्ट बिरादरी में अपने अस्तित्व पर आए खतरे को देखकर हुआँ-हुआँ की ध्वनि शुरू हो गई है। इस्तीफा देनेवाले या फँसनेवाले सारे राजनेता यह तीन बातें जरूर कहते हैं। एक—मैं नैतिकता के आधार पर इस्तीफा दे रहा हूँ। दो—पर मैं जानता हूँ कि मेरे खिलाफ सारे आरोप फर्जी हैं। तीन—देश इस समय गम्भीर संकट के दौर से गुजर रहा है। हैरत की बात है कि उनमें से कोई यह नहीं कहता कि देश में भ्रष्टाचार के खिलाफ एक जंग लड़ी जानी चाहिए और बेईमान नेताओं की पीढ़ी को बदलकर एक ईमानदार पीढ़ी खड़ी करनी चाहिए।

कभी लोकतन्त्र और समाजवाद और बाद में भ्रष्टाचारियों के करुणानिधान रहे चन्द्रशेखर हुआँ-हुआँ की इस ध्वनि को मुखर करने में लग गए हैं। पिछले एक दशक से चन्द्रशेखरजी जब भी किसी भ्रष्टाचारी को संकट में देखते हैं तो उनका हृदय आर्तनाद करने लगता है। वे बोफोर्स विवाद में राजीव गांधी को फँसते देखकर भाव विह्वल हो गए थे। तब उन्होंने बार-बार कहा था कि बोफोर्स कोई मुद्दा नहीं है। मुद्दा है देश की एकता और अखंडता। फिर बाद में उन्होंने कहा था कि अरे भाई बोफोर्स की जाँच तो कोई दरोगा भी कर सकता है। इसीलिए उनकी सरकार हरियाणा पुलिस के दो सिपाही ले बीते थे।

हाल में जब संचार मन्त्री सुखराम विवाद में फँसे तो फिर चन्द्रशेखरजी का हृदय पिघल गया। उन्होंने अपने छोटे से दल की छोटी सीमाएँ लाँघकर उनका बचाव किया। आज जब हवाला कांड ने राजनीतिकों में हाहाकार मचा रखा है तो फिर चन्द्रशेखरजी का हृदय पिघल गया है। उन्होंने अपनी इस संकटग्रस्त बिरादरी के लिए मोर्चा सँभाल लिया है। वे हवाला से हताहत राजनीतिकों की बिरादरी के करुण क्रन्दन में शामिल हो गए हैं। अपने वाकचातुर्य के बल पर वे सदैव की तरह भ्रष्टाचारियों के लिए सैद्धान्तिक ढाल गढ़ने में जुटे हैं। उनका कहना है कि अगर संसदीय व्यवस्था चरमरा गई तो न्यायपालिका क्या अकेले लोकतन्त्र को बचा सकेगी ? बात अपील करनेवाली

है। लेकिन सवाल उठता है कि भ्रष्ट राजनीतिकों पर कारवाई से संसदीय व्यवस्था चरमराएगी या मजबूत व विश्वसनीय होकर उभरेगी ? किसी व्यवस्था को मजबूत करने का तरीका तो यही है कि उसकी बीमारियों को दूर किया जाए। उसकी सड़ान्ध मिटाई जाए। लेकिन अगर भ्रष्ट नेताओं पर कार्रवाई से संसदीय व्यवस्था चरमरा जाएगी तो इसके अर्थ सचमुच चिन्ताजनक हैं। इसका मतलब यह है कि संसदीय व्यवस्था पूरी तरह भ्रष्ट लोगों पर टिकी है। अगर ऐसा है तो या तो संसदीय व्यवस्था को भ्रष्ट लोगों से छुटकारा दिलाना होगा या उस व्यवस्था को ही बदलना होगा। क्या चन्द्रशेखर कभी यह नहीं कह सकते कि इस व्यवस्था से भ्रष्टाचार को मिटाना होगा ? पर कहें तो कैसे कहें ? उनके द्वारा भोंडसी में आयोजित राष्ट्रीय संवाद को भी इसी सिलसिले में देखा जा सकता है। राष्ट्रहित की चिन्ता करनेवाली राजनीति और मीडिया का कर्तव्य यह नहीं है कि जब साम्प्रदायिकता की समस्या उठे तब वह गरीबी की चर्चा छेड़ दे और जब गरीबी की समस्या गम्भीर हो तो वह राष्ट्रीय एकता और अखंडता की आशंका पैदा करे। ऐसी राजनीति और मीडिया तो जिम्मेदार नहीं कहे जा सकते और चाहे जो कहे जाएँ। वे पलायनवादी हो सकते हैं या किसी साजिश के अंग हो सकते हैं। ऐसे दौर में समाज की जिम्मेदार संस्थाओं और व्यक्तियों का यह कर्तव्य बनता है कि सत्य से सनसनी और अतिशयोक्ति का तत्त्व निकालें। समाज को सत्य को देखने और पहचानने के औजार प्रदान करें। वे समाज में अन्याय और भ्रष्टाचार से लड़ने का जज्बा पैदा करें और इन स्थितियों का समाधान और विकल्प भी। पर ध्यान रहे कि वे इस प्रयास में भ्रष्टाचारी की ढाल न बनें।

चन्दा खिलाता भ्रष्टाचार

तहलका डॉट कॉम के धमाके के बाद भ्रष्टाचार के पुरुषार्थ पर किसी को सन्देह नहीं रह जाना चाहिए। वह हर जगह है, हर किसी पर हावी है, यानी सर्वसमावेशी और सर्वअन्तर्वेशी है। जिस तरह से राजनीति भ्रष्टाचार के आगे लाचार लगती है उससे साफ जाहिर है कि राजनीति शक्तिशाली पुरुष की भूमिका में तो कतई नहीं रह गई है। राजनीति भ्रष्टचार को छोड़ सकती नहीं और उससे औपचारिक रिश्ता भी जोड़ नहीं सकती। यानी वह बिना कुछ घोषित किए उसके साथ सारा जीवन बिताना चाहती है। आज राजनीति में अगर किसी कोने में यह गलतफहमी रह गई हो कि वह समय-समय पर जरूरत के मुताबिक भ्रष्टाचार का चयन कर उसका उपयोग कर उससे पल्ला झाड़ सकती है तो उसे यह भूल जाना चाहिए। भ्रष्टाचार अपनी मर्जी के मुताबिक राजनीति का चयन करता है और उसे कलंकित कर छोड़ देता है। राजनीति में उससे इनकार करने की सामर्थ्य नहीं बची है। न ही भ्रष्टाचार से सम्बन्ध रखने का अब कोई बचाव बचा

है। राजनीति के पास बचाव के सिर्फ दो ही तर्क हैं—एक साजिश का और दूसरा सबूत के अभाव का। भ्रष्टाचार के शिकंजे में जब भी राजनीति फँसी हुई पकड़ी गई उसने इन्हीं दो तर्कों का सहारा लिया। उसे आत्मशोधन या नवनिर्माण का तीसरा मार्ग कभी दिखा ही नहीं।

तहलका डॉट कॉम विवाद के बाद सत्तारूढ़ पक्ष और उसके समर्थक भी इन्हीं दो तर्कों का सहारा ले रहे हैं। एक तरफ कहा जा रहा है कि भारतीय जनता पार्टी का दलित अध्यक्ष लोगों को रास नहीं आया। चूँकि वे वाजपेयी जैसे उदारवादी नेता के प्रतिनिधि थे इसलिए उनके खिलाफ साजिश रचकर हटवाया गया। पत्रकारों पर निश्छल विश्वास करने के कारण ही छले जाने का तर्क भाजपा के पूर्व अध्यक्ष बंगारू लक्ष्मण भी दे रहे हैं। लेकिन राजनीतिक दलों के इस विवेक पर अब कोई सवाल नहीं उठा रहा है कि किससे चन्दा लेना चाहिए और किससे नहीं ?

पर जो लोग तहलका के खुलासे को एक दलित के खिलाफ साजिश मानकर चल रहे हैं उन्हें वह घटना याद रखनी चाहिए जब बाबा साहेब भीमराव अम्बेडकर ने फिल्म अभिनेता दिलीप कुमार से चन्दा लेने से मना कर दिया था। घटना पुणे की है। डॉ. अम्बेडकर वहाँ किसी काम से गए हुए थे और दिलीप कुमार शूटिंग के लिए वहाँ पहले से मौजूद थे। दिलीप कुमार डॉ. अम्बेडकर से मिलने गए और बोले कि आप बहुत अच्छा काम कर रहे हैं। हम आपको कुछ आर्थिक सहयोग करना चाहते हैं। इस पर डॉ. अम्बेडकर ने कहा कि आपकी भावनाएँ सही हैं पर हम उन जगहों से धन नहीं लेते जहाँ का स्रोत जायज न हो। इस मामले में फिल्मवालों की कमाई पर हमें सन्देह है। इसलिए हम उनका धन नहीं लेंगे। दिलीप कुमार इस बात पर झेंपकर चले आए। अम्बेडकर के कटु आलोचक और भाजपा के सांसद और केन्द्रीय विनिवेश राज्यमन्त्री अरुण शौरी अपनी पार्टी के लोगों को इस तथ्य की जानकारी क्यों कर देंगे ! पर बंगारू को अगर कहीं से अम्बेडकर के इस दृष्टान्त का आईना मिले तो उसमें अपना चेहरा देखकर दलित सहानुभूति का राग अलापना बन्द करना चाहिए। हैरानी की बात है कि बंगारू लक्ष्मण 12 साल की उम्र में राष्ट्रीय स्वयंसेवक संघ में शामिल हो गए थे। राष्ट्रवाद की इतनी लम्बी दीक्षा के बाद क्या उन्होंने यही सीखा है।

इसी तरह डॉ. अम्बेडकर जब येओला सम्मेलन के बाद धर्म परिवर्तन की कशमकश में थे तो उन्हें कई धर्मों की तरफ से प्रलोभन दिया गया। सबसे बड़ा प्रलोभन हैदराबाद के निजाम ने दिया था। उनकी तरफ से करीब तीस लाख रुपए का प्रस्ताव था। इस पर अम्बेडकर ने साफ शब्दों में कहा था कि धर्म परिवर्तन हमारी आस्था का सवाल है। दलित कोई भेड़-बकरी नहीं है जो इस तरह खरीदे और बेचे जा सकें। लेकिन आज दलित को माथे का मुकुट बनानेवाली भारतीय जनता पार्टी यह भूल जाती है कि क्या वह दलित इस योग्य था भी या वह एक दिखावा या खानापूरी थी। बंगारू लक्ष्मण ने अपने दलित नेता होने की पात्रता तो उसी समय खो दी जिस समय उन्होंने भाजपा

अध्यक्ष बनने के बाद मंच पर ही प्रधानमन्त्री अटल बिहारी वाजपेयी के चरण स्पर्श किए थे। उन्होंने दलित राजनीति के समस्त संघर्ष को फिर ब्राह्मणवाद के चरणों पर ला पटका था। लेकिन इस बार उन्होंने जो किया है उससे तो उन्होंने अपने दलित नेता होने की पात्रता को जमीन में खोदकर गहरे गाड़ दिया है। राजनीति को कितने काम करने चाहिए और कहाँ जाने से उसकी मर्यादा नष्ट हो जाती है इसका विवेक बड़ी मुश्किल से बनता है। महापुरुषों के जीवन प्रसंगों के उल्लेख का यह मतलब कतई नहीं कि हम उन्हें हू-ब-हू अपना लें। पर वे ऐसे कुतुबनुमा होते हैं जो हमें संकट के समय मार्ग दिखाते हैं। स्वाधीनता संघर्ष के अन्तिम दौर में कांग्रेस के कुछ नेताओं को वेश्याओं के उद्धार का जोश सवार हुआ। उन लोगों ने न सिर्फ वेश्याओं से कांग्रेस के लिए चन्दा लिया बल्कि कांग्रेस को वेश्याओं के बीच ले गए। महात्मा गांधी ने उन लोगों को कांग्रेस के बैनर से यह काम करने से रोका और वेश्याओं से लिया गया चन्दा भी लौटवा दिया। उन्होंने साफ शब्दों में कहा कि कांग्रेस को कम-से-कम वेश्याओं के पैसे की आवश्यकता नहीं है।

लेकिन यह सब तब सम्भव है जब राजनीति किसी ऊँचे आदर्श से प्रेम करे। उसके सामने अपनी गरीब जनता का चेहरा हो, काम करने का कोई लक्ष्य हो। राजनीति अगर किसी तरह से धन कमाने और घर फूँक तमाशा देखने की राष्ट्रीय नौटंकी का नाम है तो उसको भ्रष्टाचार की रखैल बनना ही है। उसके साथ मीडिया को छेड़खानी करने का स्वाभाविक हक भी बनता है। इसलिए तहलका डॉट कॉम ने जो कुछ किया उसे अनैतिक कहने का साहस कम-से-कम मौजूदा राजनीति को नहीं करना चाहिए। फिर जो लोग भ्रष्टाचार को पकड़ने के लिए मीडिया द्वारा बिछाए जानेवाले जाल को कोसकर अपना बचाव कर रहे हैं वे ही बताएँ कि इस देश में भ्रष्टाचार को कैसे पकड़ा जाए ? क्या तस्कर, वेश्या या अन्य अपराधियों को पकड़ने के लिए पुलिस या खुफिया एजेंसियाँ ग्राहक का वेश नहीं बनातीं ? मीडिया जब भी इस तरह की योजनाओं में हाथ डालता है तो उसे कुछ लुका-छिपी और कुछ छल-कपट के जोखिम उठाने पड़ते हैं।

तहलका डॉट कॉम के मामले को साजिश बताया जाना कतई आश्चर्यजनक नहीं है। भ्रष्टाचार की किसी घटना के खुलासे का इतिहास उठाकर देख लीजिए उसमें फँसनेवाला उसे साजिश ही बताता है और साथ में यह भी कहता है कि इसका कोई सबूत नहीं है। भ्रष्टाचारियों का आखिरी बचाव देश की सुरक्षा का तर्क होता है। बोफोर्स घोटाले के दिनों को याद करें तो तत्कालीन प्रधानमन्त्री राजीव गांधी और उनके सहयोगियों के तर्कों से आज के तर्क अलग कहाँ हैं ? राजीव गांधी ने तो वी.पी. सिंह को जयचन्द और मीर जाफर तक कहा था। हो सकता है कि देर-सबेर यह सरकार और उसके सहयोगी संगठन भ्रष्टाचार की काट के लिए उग्र हिन्दू साम्प्रदायिकता का सहारा भी लें। भारतीय जनता पार्टी के भीतर आडवाणी गुट का उभरना इसी तरफ संकेत करता है। तहलका डॉट कॉम के खुलासे के बाद संसदीय दल की बैठक को वाजपेयी की बजाय आडवाणी ने सम्बोधित किया। वे लगातार आक्रामकता की तलाश में थे और

सम्भवतः वह अवसर आ पहुँचा है। पर हवाला के आरोप से विद्ध और बाबरी मस्जिद के ध्वंस से लांछित आडवाणी के लिए पार्टी के शुद्धीकरण या किसी नई राजनीति की धारा बहाना आसान नहीं होगा।

लेकिन दूसरी तरफ जो लोग भ्रष्टाचार के खिलाफ लड़ने के लिए म्यान से तलवारें निकाल रहे हैं वे भी जख्मी हालत में ही हैं। कांग्रेस अध्यक्ष सोनिया गांधी को भ्रष्टाचार से लड़ने की नैतिक जमीन तलाशने में काफी समय लगेगा। बोफोर्स का भय सरकार उन्हें दिखाती रहती है। लालू प्रसाद यादव का भ्रष्टाचार विरोधी बयान जोश कम हास्य ज्यादा पैदा करता है। वामपन्थी दलों ने मुलायम सिंह यादव के सहयोग से लोकमोर्चा बना तो डाला है पर क्या मुलायम सिंह यादव, अमर सिंह जैसे व्यक्ति की छाया से मुक्त होकर किसी भ्रष्टाचार विरोधी आन्दोलन को चला सकेंगे ? जाहिर है, मौजूदा माहौल में अगर भ्रष्टाचार के खिलाफ कोई संघर्ष चला तो वह सतही होगा और उसका कोई भी परिणाम उसी तरह अस्थायी होगा जैसा पहले होता रहा है।

लेकिन अगर भ्रष्टाचार को बीमारी न मानकर उसे एक बड़ी बीमारी का लक्षण माना जाए तो कुछ गम्भीर मुद्दों के साथ कोई बड़ा आन्दोलन खड़ा हो सकता है। भ्रष्टाचार की जड़ में पहले भी अधिक-से-अधिक उपभोग करने की प्रवृत्ति रही है। आज उदारीकरण ने उस प्रवृत्ति को संस्थागत रूप दे दिया है। इसलिए सिर्फ रक्षा मन्त्रालय के भ्रष्टाचार को ही नहीं, उस प्रक्रिया को भी निशाने पर रखना चाहिए जिसके कारण पिछले दस साल में एक के बाद एक घोटाले से देश थरथरा रहा है। हाल में द कॉर्नर हाउस से प्रकाशित शिव होले की रपट—एक्सपोर्टिंग करप्शन—प्राइवेटाइजेशन, मल्टी नेशनल्स एंड ब्राइबरी—साफतौर पर कहती है कि पश्चिमी व्यवसाय जगत हर साल करीब 80 अरब डॉलर रिश्वत देता है। अगर संयुक्त राष्ट्र इतने धन का समुचित व्यय कर दे तो दुनिया से दारिद्रय मिट जाएगा।

उदारीकरण में अन्तर्निहित भ्रष्टाचार का यह दुष्चक्र काफी पेचीदा है। पहले सरकारी भ्रष्टाचार और अक्षमता से मुक्ति दिलाने के बहाने निजीकरण किया जाता है। इस दौरान अधिकतम धाँधली की जाती है। सार्वजनिक सम्पत्तियों की औने-पौने दामों पर बिक्री की जाती है। उसके बाद निजी क्षेत्र को व्यापारिक आजादी के बहाने भ्रष्टाचार की खुली छूट दे दी जाती है। सभी देशों में उदारीकरण का अनुभव यह बताता है कि इस प्रक्रिया में राजनेता, नौकरशाह और सरकारें अवैध दलाली और रिश्वत के रूप में अरबों रुपए इकट्ठा करती हैं। इसके लिए कभी पार्टी सम्मेलन तो कभी चुनाव को बहाना बनाया जाता है। जाहिर-सी बात है, जिस अवैध धन के सहारे चुनाव प्रक्रिया और राजनीति को संचालित किया जाता है राजनीति की जवाबदेही भी उसी धन के लिए बन जाती है।

इसीलिए मौजूदा भ्रष्टाचार से सही तरीके से वही लड़ सकते हैं जो सिर्फ बीमारी के लक्षण

पर चिन्ता जताने की बजाय बीमारी के इलाज में भी भरोसा करते हों। उदारीकरण के समर्थक मौजूदा संकट पर कुछ दिन कार्रवाई की माँग कर जल्दी ही इस सरकार के बचाव में खड़े होनेवाले हैं। बल्कि उन्होंने ऐसा शुरू भी कर दिया है। उन्हें किसी भी तरह से ऐसी सरकार चाहिए जो ज्यादा नैतिक न हो और उदारीकरण को चलने दे। लेकिन ऐसे में बार-बार भ्रष्टाचार के उभरने की सम्भावना से इनकार नहीं किया जा सकता। इसलिए भ्रष्टाचार से वही लड़ेगा जिसकी राजनीति में गरीब और आम जनता के प्रति जवाबदेही होगी और जो उदारीकरण से लड़ने का दमखम रखता होगा।

क्या पता घोड़ा उड़ ही जाए

कांग्रेस और उसके नेता नरसिंह राव की स्थिति पर एक कथा याद आई। एक बार एक राजा ने एलान किया कि जो व्यक्ति घोड़े को उड़ना सिखा देगा उसे आधा राज-पाट दे दिया जाएगा। अगर नहीं उड़ा पाया तो उसे फाँसी दी जाएगी। इस प्रस्ताव की डुगडुगी पूरे राज्य में बजवाई गई पर किसी में स्वीकार करने का साहस नहीं हुआ। अन्त में फाँसी की सजा पाए एक कैदी ने इस चुनौती को स्वीकार किया और कहा कि वह छह महीने में घोड़े को उड़ना सिखा देगा। फिर क्या था। उसने इस कठिन कार्य के लिए जिस-जिस चीज की फरमाइश की वह उसे मुहैया कराई गई। उसे फाँसी की काल कोठरी से निकालकर जेल के बड़े मैदान में मुक्त विचरण का अवसर दिया गया। उसके काम में मदद के लिए पूरा सरकारी अमला लगाया गया और खाने-पीने की विभिन्न सुविधाएँ उपलब्ध कराई गईं। वह रोज घोड़ा दौड़ाता, ऐश करता और कार्य प्रगति के बारे में उम्मीद भरे बयान देता।

एक दिन बगल की कोठरी में बन्द फाँसी की सजा पाए दूसरे कैदी ने पूछा, "तुमने इस तरह का झूठ क्यों बोला जबकि तुम्हें मालूम है कि यह काम असम्भव है और इसकी सजा फाँसी है।" घोड़ा उड़ाने का दावा करनेवाले कैदी ने कहा, "तुम मूर्ख हो। फाँसी तो वैसे ही होनी है। लेकिन राजा के प्रस्ताव को स्वीकार कर लेने से फाँसी न सिर्फ छह महीने टल गई बल्कि जीवन में बहार आ गई। इस बीच कई घटनाएँ हो सकती हैं। राजा मर भी सकता है। राज्य में बगावत हो सकती है और क्या पता घोड़ा उड़ ही जाए।"

यह कथा किसी पुस्तक या पत्रिका से उतारकर नहीं कही जा रही है। दो साल पहले तत्कालीन प्रधानमन्त्री नरसिंह राव ने रेलमन्त्री सी.के. जाफर शरीफ के यहाँ रोजा इफ्तार पार्टी में कांग्रेसी नेताओं और पत्रकारों को यह किस्सा सुनाया था। उन्होंने अपने चिरपरिचित रहस्यमयी अन्दाज में हाथ घुमाते हुए कहा था, "क्या पता घोड़ा उड़ ही जाए ?" इसे सबने काफी मजा लेकर सुना और दूसरे दिन कुछ अखबारों में इसकी चर्चा

भी थी। पर अब यह बात दावे के साथ कही जा सकती है कि वह खाली एक चुटकुला नहीं बल्कि नरसिंह राव की राजनीति का दर्शन है।

हाल में लाखूभाई पाठक से ठगी करने के मामले में जब पी.वी. नरसिंह राव अभियुक्त बनाए गए और पार्टी के भीतर नेतृत्व बदलने की माँग उठी तो उन्होंने असन्तुष्टों को जवाब दिया कि मुख्य मेट्रोपोलिटन मजिस्ट्रेट के सम्मन के विरोध में वे हाईकोर्ट में अपील करेंगे और फैसला चाहे जो हो वे फैसले के ही दिन पार्टी के अध्यक्ष पद से इस्तीफा दे देंगे। हाईकोर्ट ने क्या फैसला दिया और उसके बाद नरसिंह राव ने क्या किया, यह बात किसी से छुपी नहीं है। उसके बाद नरसिंह राव ने हाजिर होने के खिलाफ सुप्रीम कोर्ट से स्टे ले लिया। अब वे कह रहे हैं कि जनवरी में पार्टी का सांगठनिक चुनाव होगा और तब जरूरत पड़ी तो नए पार्टी अध्यक्ष के सवाल पर विचार किया जाएगा।

लेकिन इस बीच मीडिया ने कांग्रेसी नेताओं के टेलीफोन टेप का मामला उठाकर नरसिंह राव को नया बहाना दे दिया है। हालाँकि प्रधानमन्त्री एच.डी. देवगौड़ा ने इस मामले पर आगे बढ़कर सी.बी.आई. जाँच का एलान किया है पर वह कांग्रेसियों के हाथों में एक हथियार के रूप में आ गया है। भ्रष्टाचार के आधा दर्जन मामलों में फँसे नरसिंह राव न्यायिक सक्रियता से भयभीत हैं। ऐसी स्थिति में ज्यादा सम्भावना इस बात की है कि जब भी अदालत और कार्यपालिका उनकी बाँह उमेठेगी तो वे टेलीफोन का टेप बजवा देंगे। यह विवाद इस बात का भी प्रमाण है कि नरसिंह राव न सिर्फ लाचारी के बहाने बनाएँगे बल्कि कांग्रेस के समर्थन पर टिकी सरकार को गिराने की धमकी देने और उसे क्रियान्वित करने तक की जा सकते हैं।

लेकिन टेलीफोन टेप और सिपाहियों की निगरानी के पुराने बहाने इतने चिन्ताजनक नहीं हैं जितनी घोड़ा उड़ाने की प्रवृत्ति। क्योंकि अगर इस देश का भ्रष्ट शासक वर्ग अपने अन्तर्विरोधों के चलते संकट में फँसता है तो उससे जनता के बीच से किसी नए विकल्प की सम्भावना रहती है। सम्भव है कि शासक वर्ग के संकट के चलते समाज में नया आन्दोलन खड़ा हो, नया नेतृत्व उभरे और इस व्यवस्था में परिवर्तन हो। पर घोड़ा उड़ाने की प्रवृत्ति बनी रही तो इस संकट का समाधान करीब नहीं दिखता। दरअसल यह प्रवृत्ति सिर्फ नरसिंह राव या कांग्रेसी नेताओं की ही नहीं बल्कि सभी दलों और देश के बौद्धिक वर्ग की बनती जा रही है। उनके पास न तो फाँसी पर चढ़ने का साहस है और न ही खुद को पाक-साफ साबित करने के प्रमाण। इसलिए वे इसी तरह के बहाने ढूँढ़ते रहते हैं। भारतीय राजनीतिकों का एक बड़ा वर्ग घोड़े उड़ाने के ही प्रयास में लगा है। वह भ्रष्टाचार का पिटारा खुलने से भयभीत है। कई राजनीतिकों ने लेख लिखकर यह संकेत दिए हैं कि यह सिलसिला अगर चलता रहा तो हममें (उनमें) से कोई नहीं बचेगा। अगर कोई खुद नहीं फँसा होगा तो उसके भाई-भतीजे फँसे होंगे। इसलिए राजनीतिकों के बड़े तबके में राव के प्रति एक भाईचारा भाव भी है।

दूसरी तरफ राजनीतिकों का एक ऐसा वर्ग भी है जो राजनीतिक दलों के इसी सड़े-गले तन्त्र से समाज की गति रोकने की उम्मीद लगाए हुए हैं। वी.पी. सिंह न सिर्फ संयुक्त मोर्चे के घटक दलों को सँभालने में लगे हैं बल्कि उनमें कांग्रेस के प्रति भी एक तरह की सहानुभूति उमड़ी है। इसी के चलते वे नरसिंह राव के खिलाफ भी कुछ नहीं बोलते। उलटे कांग्रेस को बचाने की बात करते हैं। वी.पी. सिंह का कहना है कि अगर साम्प्रदायिकता को रोकना है तो सत्ता और विपक्ष दोनों स्थानों पर धर्मनिरपेक्ष दलों को कब्जा करना होगा। यानी अगर संयुक्त मोर्चा के घटक सत्ता में हों तो कांग्रेस को विपक्ष में रहना होगा और अगर कांग्रेस सत्ता में हो तो संयुक्त मोर्चा को विपक्ष में।

कांग्रेस को बचाने और पुनर्जीवित करने सम्बन्धी वी.पी. सिंह और चन्द्रशेखर के बयानों को सुनकर आश्चर्य भी होता है और देश के भविष्य को लेकर आशंका भी उत्पन्न होती है। आश्चर्य इसलिए क्योंकि क्या वे सचमुच उसे पुनर्जीवित करना चाहते हैं और क्या कर भी पाएँगे ? आशंका इसलिए कि ये कितने थके-हारे नेता हैं जो अपनी साठोत्तरी आयु में ही राजनीतिक दलों के मौजूदा ढाँचे से बाहर निकलकर कोई कल्पना नहीं कर पाते। जबकि गांधी ने 77 वर्ष की आयु में कांग्रेस को भंग करने की सलाह दी थी। दरअसल हमारे नेताओं में इस ढाँचे के पार देखने और आर-पार की लड़ाई का साहस नहीं बचा है। खुदा-न-खास्ता इस देश पर कोई संकट आए तो वे क्या करेंगे।

क्या कांग्रेस का पतन बहुजन समाज पार्टी से गठजोड़ करने से रुकेगा या दिल्ली की धर्मनिरपेक्ष सरकार को समर्थन देने से ? हालाँकि कुछ राजनीतिक विश्लेषक इन्हीं दो प्रक्रियाओं में उम्मीद की किरण देखते हैं। उनका कहना है कि अगर कांग्रेस अपने धर्मनिरपेक्ष चरित्र को बचाए रख सकी और सामाजिक विद्रोह से उभरती नई शक्तियों को अपने भीतर जगह दे सकी तो वह चलती रहेगी। पर यह दोनों कार्य आसान नहीं हैं। अल्पसंख्यकों ने उसकी धर्मनिरपेक्षता का छद्म चरित्र पहचानकर ही इस चुनाव में उसका साथ छोड़ दिया और उसकी नीतियों में ऐसी कोई सामाजिक पहल नहीं है कि नए तबके उससे जुड़ सकें। दूसरी तरफ भ्रष्टाचार का कांग्रेस का लम्बा इतिहास है। मोतीलाल नेहरू से लेकर नरसिंह राव तक यह सिलसिला चला ही आ रहा है। पर भ्रष्टाचारियों के सजा पाने का कोई इतिहास नहीं है। मोतीलाल नेहरू ने अपने अखबार *इंडिपेंडेंट* के लिए अनुचित ढंग से धन संग्रह किया था। बम्बई के प्रसिद्ध वकील एम.आर. जयकर ने असहयोग आन्दोलन के दिनों में महात्मा गांधी को खादी प्रचार के लिए 25 हजार रुपए दिए थे। मोतीलाल नेहरू ने यह रकम अपने अखबार के लिए हथिया ली। इसी तरह जवाहरलाल नेहरू जब अन्तरिम प्रधानमन्त्री बने तो 'नेशनल हेरल्ड' को लखनऊ से दिल्ली लाने की योजना थी। उस काम में पाँच लाख का व्यय होना था। इसमें सहयोग के लिए नगर विमानन मन्त्री रफी अहमद किदवई ने हिमालयन एअरवेज के दो राणाओं से 25-25 हजार की राशि वसूल की और बदले में उन्हें अपने विभाग का ठेका दे दिया। पटेल ने इस पर कड़ी आपत्ति की और यह उनके और नेहरू के सम्बन्धों में कटुता का एक कारण भी बना।

उसके बाद कांग्रेस की इस उर्वर नर्सरी में पैदा हुए कृष्ण मेनन, चौधरी ब्रह्म प्रकाश, प्रताप सिंह कैरो, टी.टी. कृष्णमाचारी, बख्शी गुलाम मोहम्मद जैसे कई पात्रों ने भ्रष्टाचार के क्षेत्र में नाम रोशन किए। कांग्रेस नर्सरी की यह उर्वरता बढ़ती गई और इन्दिरा गांधी और संजय गांधी जैसे नेताओं की देख-रेख में अन्तुले, जगन्नाथ मिश्र, भजनलाल, रामलाल, गुंडूराव, जानकी बल्लभ पटनायक, भास्कर राव और निलंगेकर जैसे राजनीतिकों की ऐसी पीढ़ी आई जिसने अपने कारनामों से कांग्रेस के इतिहास को झकझोर दिया। यह सिलसिला बोफोर्स, प्रतिभूति घोटाला और हवाला कांड तक जारी है। पर कांग्रेस का कोई बड़ा नेता न तो किसी मामले में सजा काट रहा है और न ही फँसने की कोई उम्मीद है।

कांग्रेस प्रणाली के विशेषज्ञ प्रोफेसर रजनी कोठारी का कहना है कि कांग्रेस की सबसे बड़ी विशेषता यह है कि वह भारतीय समाज के विभिन्न तबकों की राजनीति को अपने में आत्मसात करती रही है लेकिन अब कांग्रेस देश के सभी इलाकों के भ्रष्टाचार को आत्मसात करनेवाली प्रणाली बन गई है। यही नहीं कांग्रेस प्रणाली इस बात का भी प्रमाण बन गई कि भारत का शासक वर्ग और बौद्धिक नेतृत्व कितना भ्रष्ट हो सकता है। भारत जनान्दोलन के नेता डॉ. ब्रह्मदेव शर्मा का कहना है कि इस देश की सारी समस्याएँ यहाँ के पढ़े-लिखे लोगों ने खड़ी की हैं। वे ही इस देश के सर्वाधिक भ्रष्ट नागरिक हैं और बेईमान नागरिक हैं। मुक्तिबोध ने भी बौद्धिक वर्ग को क्रीतदास कहा था। नरसिंह राव को देखकर ये पंक्तियाँ कितनी सटीक लगती हैं। नरसिंह राव न सिर्फ भारत के बौद्धिक वर्ग बल्कि ब्राह्मणवादी संस्कारों के पतन की पराकाष्ठा के प्रतीक बन गए हैं।

इस देश का बौद्धिक वर्ग घोड़ा उड़ाने में नरसिंह राव से पीछे नहीं हैं। उससे किसी समस्या पर पहल करने को कहिए तो पहले व्यस्तता बताकर कतराएगा। ज्यादा घेरिए तो साबित कर देगा कि आपके इस कदम का फायदा नहीं होगा। फिर पीछे मुड़कर किसी परियोजना के घोड़े उड़ाने लगेगा। आज लोग यह भूलते जा रहे हैं कि घोड़ा उड़ाने का बहाना कायर और धोखेबाज ही करते हैं और उनसे न समाज बचाया जा सकता है और न बदला जा सकता है। जो समाज बदलते हैं वे फाँसी के फन्दे को चूमने और जहर का प्याला पीने को भी तैयार रहते हैं। सुकरात को जब जहर का प्याला दिया गया तो वे तुरन्त पीने को तैयार हो गए। इस पर उनके आत्मीय बन चुके जेलर ने उन्हें रोकते हुए कहा कि सूरज अभी पहाड़ियों की चोटी पर अटका हुआ है। इतनी देर तो आप जिन्दगी जी ही सकते हैं। लेकिन सुकरात ने कहा कि मैं उन लोगों में नहीं हूँ जो मौत को इतनी देर टालकर कुछ हासिल करना चाहें।

आज घोड़ा उड़ाने की राजनीति चल रही है। हो सकता है घोड़ा उड़ानेवाले बचते जाएँ, उनकी तादाद बढ़ती जाए और घोड़ा उड़ भी जाए। पर इससे न कांग्रेस बचेगी और न राजनीति।

जब सत्ता का सूर्य दक्षिणायन है

हमारे देश में मानसून दक्षिण से आता है और नेता उत्तर से। पता नहीं यह सिर्फ भूगोल ने तय किया है या इस देश पर होनेवाले आक्रमणों के इतिहास ने या फिर दोनों ने मिलकर। पर यह बात लगभग तय-सी है कि बारिश दक्षिणी या दक्षिण-पश्चिमी मानसून से होती है और देश पर राज उत्तर भारतीय नेता ही करता है। यानी हमारा भूगोल दक्षिण से उत्तर की तरफ चलता है और इतिहास उत्तर से दक्षिण की तरफ। अगर यह प्रक्रिया पलट जाए तो हायतोबा मचने लगती है। यानी मानसून की हवाएँ उत्तर या उत्तर-पश्चिम से चलती है तो अकाल की आशंका उत्पन्न हो जाती है और अगर नेता दक्षिण से उत्तर की तरफ आएँ तो देश के टूटने का खतरा खड़ा हो जाता है।

यह दिक्कत इतिहास को भूगोल की तरह नैसर्गिक मानकर चलने से पैदा हुई है। यह दृष्टि यह भी कहती है कि भारत तो नैसर्गिक रूप से एक राष्ट्र है। क्योंकि उसकी भौगोलिक सीमाएँ इस तरह से खींची गई हैं कि उसे अलग करने या मानने से दिक्कत ही पैदा होगी। भूगोल से जोड़कर बननेवाली इस राष्ट्रवादी इतिहास दृष्टि से जितनी सुविधा होती है उससे कहीं ज्यादा दिक्कत पैदा होती है। इसी दृष्टि के चलते दक्षिण से आए पी.वी. नरसिंह राव पाँच साल तक स्थिर सरकार देने के बावजूद उत्तर भारत के नेता नहीं बन पाए। इसी नाते देश भर के 13 दलों के मोर्चे का नेता चुने जाने और प्रधानमन्त्री बन जाने के बावजूद एच.डी. देवगौड़ा को कोई क्षेत्रीय नेता से ज्यादा मानने को तैयार नहीं है। यहाँ तक कि उन इलाकों में भी देवगौड़ा को नेता मानने की भावना नहीं है जहाँ उनके मोर्चे के दलों का प्रभाव है। ताजा सर्वेक्षणों के अनुसार देश के सर्वाधिक लोकप्रिय नेता अटल बिहारी वाजपेयी ही हैं।

देवगौड़ा ने विश्वास मत पर बहस के दौरान संसद में जिस तरह से कर्नाटक के कई सफल प्रयोगों को उत्तर पर भी यानी राष्ट्रीय स्तर पर लागू करने की बात की उसकी वजह से यह भी चर्चा चल पड़ी है कि वे देश को कर्नाटकी शैली में चलाना चाहते हैं। उनके हिन्दी न जानने पर संसद में भाजपा नेता जसवन्त सिंह ने कटाक्ष कर ही दिया था। जबकि ध्यान इस तरफ दिया जाना चाहिए था कि उन्होंने हिन्दी न जानने के बावजूद उसका सम्मान करते हुए उसे तीन महीने में सीखने का संकल्प किया है।

पर यह इस देश की विडम्बना ही है कि एक भी दक्षिण भारतीय भाषा न जाननेवाला उत्तर भारतीय नेता दक्षिण में स्वीकृत हो जाता है जबकि दक्षिण का हिन्दी जाननेवाला नेता भी उत्तर भारत में स्वीकृत नहीं हो पाता।

एन.टी. रामाराव संवाद शैली की हिन्दी सीखकर भी इस दिशा में असफल रहे और पूर्व प्रधानमन्त्री पी.वी. नरसिंह राव किसी उत्तर भारतीय की तरह ही हिन्दी बोलकर भी इधर के लोगों का दिल नहीं जीत सके। हालाँकि कांग्रेस का पतन पहले ही शुरू हो गया था लेकिन उसका तम्बू तो उन्हीं के कार्यकाल में उखड़ा।

नरसिंह राव के धार्मिक और ब्राह्मणवादी रवैए की वजह से उत्तर भारत में उनके

प्रति घृणा तो नहीं पैदा हुई पर उन्हें नेता के रूप में मान्यता नहीं मिल पाई। इसके पीछे उनका दक्षिण का होना भी है। इसलिए रामकृष्ण हेगड़े अगर सोच रहे हैं कि सिर्फ मंडल का विरोध कर और हिन्दी बोलकर वे उत्तर भारत में नेता के रूप में मान्यता पा जाएँगे तो यह उनकी भूल है। उत्तर भारत के लोगों ने दक्षिण के सिर्फ एक ही व्यक्ति को नेता माना और वह थे आदिशंकराचार्य। वे भी राजनीतिक क्षेत्र के नहीं थे। या फिर मिथक के रूप में शिव का उल्लेख किया जा सकता है।

राजनीतिक क्षेत्र में उत्तर भारत का नेता कभी दक्षिण भारतीय बना ही नहीं। इस भू-भाग पर कोई दक्षिण भारतीय कभी व्यापक सत्ता कायम नहीं कर पाया। जिस भी कार्यकाल में भारत राजनीतिक रूप से एक रहा है केन्द्रीय सत्ता या तो किसी उत्तर भारतीय के हाथ में रही है या फिर आक्रमणकारी के रूप में। इस लिहाज से पी.वी. नरसिंह राव के बाद एक गैर ब्राह्मण और दक्षिण भारतीय नेता का प्रधानमन्त्री बनना इतिहास की धारा का विपरीत दिशा में बहना है। वैसे तो इतिहास की प्रक्रिया का स्वागत होना चाहिए था लेकिन उत्तर भारतीय और विशेषकर सवर्ण इससे सशंकित हैं। आन्ध्र प्रदेश के मुख्यमन्त्री चन्द्रबाबू नायडू जब केन्द्र को कमजोर करने और राज्यों को मजबूत करने की बात करते हैं तो उनकी यह आशंका और बढ़ती है। उत्तर भारतीय लोग चन्द्रबाबू नायडू और कभी द्रविड़िस्तान के समर्थक रहे मुत्तुअल करुणानिधि को केन्द्र की नीतियाँ तय करते हुए देख नहीं पाते। हालाँकि करुणानिधि अब काफी बदल गए हैं और अगर उन्होंने वाजपेयी सरकार को समर्थन दे दिया होता तो उनके प्रति उत्तर भारत के राष्ट्रवादी लोगों की नाराजगी खत्म हो सकती थी।

पर दक्षिण भारत के हर किसी नेता को देखकर भड़क जाना और उसके दिल्ली की गद्दी पर बैठते ही राष्ट्र के कमजोर होने की आशंका पाल लेना साम्राज्यवादी और आक्रमणकारी मानसिकता का परिणाम है। उत्तर-पश्चिम से भारत पर और उत्तर से दक्षिण पर होनेवाले आक्रमणों के लम्बे इतिहास ने ही इसे गढ़ा है। इसलिए आर्य आक्रमण के सिद्धान्त को खारिज करनेवालों से पूछा जाना चाहिए कि अगर आक्रमण नहीं हुआ तो हिन्दू समाज के भीतर ही यह मानसिकता क्यों बनी ?

उत्तर भारत के इस नकार की पीड़ा दक्षिण के लोगों के मन में गहरी है। कभी वह द्रविड़ आन्दोलन के रूप में प्रकट होती है तो कभी वह बीजू पटनायक जैसे बड़बोले और नरसिंह राव जैसे शालीन नेता की टिप्पणी के तौर पर। द्रविड़ आन्दोलन तो उत्तर भारतीय लोगों की साम्राज्यवादी मानसिकता के विरोध का सशक्त प्रमाण है लेकिन नेताओं के बयान भी समय-समय पर उस भावना को परिलक्षित करते रहते हैं। चन्द्रशेखर के प्रधानमन्त्री बनने पर बीजू पटनायक ने बड़ी पीड़ा के साथ कहा था कि काश मैं भी उत्तर प्रदेश में पैदा हुआ होता तो अब तक प्रधानमन्त्री बन गया होता। उत्तर प्रदेश के इस एकाधिकारवाद पर और भी टिप्पणियाँ मिल जाएँगी।

दक्षिण भारतीय मानसिकता की यह झलक हाल में देवगौड़ा सरकार पर बहस के

दौरान पूर्व प्रधानमन्त्री पी.वी. नरसिंह राव के बयान में दिखाई पड़ी। नरसिंह राव ने भारतीय जनता पार्टी की समान नागरिक संहिता की माँग का जिक्र करते हुए कहा कि हो सकता है कई धर्मों के लोग शादी और उत्तराधिकार के बारे में एक कानून मान भी जाएँ पर सम्पूर्ण हिन्दू समाज ही उसे मानने को तैयार नहीं होगा। उन्होंने कहा कि उत्तर और दक्षिण के लोगों के रीति-रिवाज काफी अलग हैं और वे कभी उनके एकीकरण को तैयार नहीं होंगे। क्योंकि दक्षिण में मामा की लड़की से शादी करना काफी अच्छा माना जाता है। जबकि उत्तर भारत में कोई करे तो उसकी गर्दन उड़ा दी जाएगी।

नरसिंह राव ने यह बात अचानक नहीं कही। हिन्दू कोड बिल पर संसद में बहस के समय दक्षिण के कई नेताओं ने यही तर्क दिया था। उनका कहना था कि उन पर उत्तर प्रदेश, बिहार और पंजाब की पुरुषप्रधान परम्पराएँ थोपी जा रही हैं। दूसरी तरफ हमारी उन उदार परम्पराओं को नष्ट किया जा रहा है जिनमें स्त्री अधिकारों को ज्यादा मान्यता दी गई है।

हमारे मिथकों में राम उत्तर से दक्षिण की तरफ जाते हैं तो देश मजबूत होता है और देश में एकता और समन्वय की भावना विकसित होती है। इसी तरह कृष्ण के मथुरा से द्वारका जाने से भी समन्वय कायम होता है। इसके विपरीत शिव का ही उदाहरण ऐसा है जिसमें दक्षिण की भावनाओं का खयाल करते हुए दक्षिण के एक आदिवासी और गैरकुलीन देवता को उत्तर की एक कुलीन कन्या से ब्याहा गया है। उसके बाद राजनीतिक जीवन में इस बात का खयाल रखा ही नहीं गया। आखिर क्या वजह है कि जब चन्द्रशेखर कन्याकुमारी से दिल्ली की यात्रा करते हैं तो देश की एकता मजबूत होती है। या मुरली मनोहर जोशी कन्याकुमारी से कश्मीर जाते हैं तो भारत की अखंडता की रक्षा होती है। फिर क्या वजह है कि दक्षिण के किसी नेता के प्रधानमन्त्री बनने से उत्तर भारत में देश के कमजोर होने की आशंका पैदा हो जाती है। निश्चित रूप से इसका एक आयाम क्षेत्रीय दलों के हाथों में देश की सत्ता जाने का है। पर उस पर अलग चर्चा की जरूरत है।

यह सोचकर खुशी तो होती है कि किसी स्तर पर यह स्थिति टूट रही है। लेकिन यह जानकर चिन्ता होती है कि उत्तर अभी भी इसके विरोध में प्रतिक्रिया कर रहा है या फिर एक तरह का पूर्वाग्रह पाले हुए है।

उत्तर भारतीय श्रेष्ठता की मानसिकता को मंडल आयोग की रपट लागू होने के साथ एक तरह का झटका लगा है। उसी का परिणाम है कि उत्तर भारत के नेताओं ने दक्षिण भारत के एक पिछड़े नेता को इस देश का प्रधानमन्त्री चुना। पिछड़ी जातियों के लिए राष्ट्रीय स्तर पर आरक्षण का तथ्यात्मक आधार भले ही काका कालेलकर आयोग ने प्रदान किया हो और उसके लिए संघर्ष डॉ. राममनोहर लोहिया ने किया हो पर दक्षिण भारत में आरक्षण का लम्बा इतिहास रहा है। मंडल आयोग की रपट देखने से यह भी लगता है कि उसे एक तरह से इस मामले में दक्षिण भारत से भी प्रेरणा मिली है।

दक्षिण भारत के राज्यों तमिलनाडु और कर्नाटक में किस तरह से पिछड़ी जातियों के लिए सफलतापूर्वक आरक्षण लागू किया गया और उत्तर भारत में कम तनाव के साथ कैसे लागू किया जा सकता है इसकी चर्चा मंडल आयोग की रपट के अध्याय–आठ में की गई है। इस रपट में टाटा शोध संस्थान ने दक्षिण और उत्तर की तुलना करते हुए कई सुझाव भी दिए हैं। उसने कहा कि जहाँ सवर्ण जातियों की आबादी ज्यादा होगी वहाँ इस आरक्षण को लागू करने में ज्यादा विरोध होगा। उसने यह भी बताया है कि अगर शहरीकरण और तृतीय क्षेत्र में नौकरियों की वृद्धि दर तेज होगी तो आरक्षण का विरोध कम होगा। मंडल आयोग की रपट लागू होने के बाद भारतीय राजनीति के चरित्र में आ रहे परिवर्तन को देखें तो पाएँगे कि इससे कई तरह के एकाधिकार टूटे हैं। हालाँकि इससे राष्ट्रीय स्तर पर स्वीकृत नेतृत्व का भी अभाव हुआ है।

पर मंडल आयोग की रपट लागू होने के बाद की प्रक्रिया को हम एक तरह से उत्तर भारत के दक्षिणीकरण की प्रक्रिया भी कह सकते हैं। क्योंकि सामाजिक परिवर्तन की जो प्रक्रिया दक्षिण में पहले पचास साल पहले चली थी वह उत्तर में अब शुरू हुई है। उत्तर में इस प्रक्रिया का स्वीकार भी है और विरोध भी। भारतीय जनता पार्टी का उभार एक तरह से उत्तर भारत के दक्षिणीकरण का विरोध भी है।

सवाल उठता है कि उत्तर भारत के दक्षिणीकरण की इस प्रक्रिया का विरोध होना चाहिए या स्वागत। निश्चित रूप से इसका उस हद तक स्वागत होना चाहिए जिस हद तक यह सत्ता और सामाजिक न्याय के भौगोलिक असन्तुलन को दूर करे और राष्ट्र निर्माण की प्रक्रिया को मजबूत करे। क्योंकि अगर हम केरल, कश्मीर और मणिपुर को देश का अभिन्न अंग मानते हैं तो अवसर आने पर वहाँ के नेता को प्रधानमन्त्री बनने का मौका देने में संकोच क्यों। यही सच्चा संघवाद है और यही सच्ची राष्ट्रीयता। दिल्ली की सत्ता सिर्फ उत्तर प्रदेशीय और हरियाणवी शैली में काम करे यह कहाँ का न्याय है। उसे कभी कर्नाटकी और कभी मणिपुरी शैली में भी काम करने देना चाहिए। तभी सही राष्ट्र निर्माण होगा।

लेकिन दिक्कत तब होती है जब उत्तर प्रदेश या बिहार के किसी सफल प्रयोग को तमिलनाडु और कर्नाटक के अनुरूप ढाले बिना वहाँ लागू कर दिया जाए। या फिर तमिलनाडु और कर्नाटक के किसी प्रयोग को उत्तर प्रदेश में लागू कर दिया जाए। यह बात एक हद तक मंडल रपट पर लागू होती है। पर इन बातों का यह कतई मतलब नहीं कि देवगौड़ा सरकार अगर भ्रष्टाचार को ढँकने की कोशिश करे तो उसका समर्थन किया जाना चाहिए। या गलत आर्थिक नीतियाँ बनाए तो उसकी आलोचना न की जाए। या वे उत्तर भारत के साथ भेदभाव करें तो उनका विरोध न हो। पर दक्षिण भारत से आनेवाले हर नेता के प्रति उत्तर भारतीय पूर्वाग्रह उचित नहीं।

...जिन्हें माया भी चाहिए और राम भी

आखिरकार उत्तर प्रदेश में एक सरकार बन ही गई। इससे वैचारिक असहमति और इसमें अन्तर्निहित आशंकाओं के बावजूद इसका उन सभी को स्वागत करना चाहिए जिनका उत्तर प्रदेश से कोई नाता है या जो किसी भी कारण से उत्तर प्रदेश के शुभेच्छु हैं। ऐसा इसलिए क्योंकि उत्तर प्रदेश जैसे सामाजिक और राजनीतिक रूप से विखंडित राज्य में सरकार का बनना वैसे ही है जैसे तलाकशुदा दम्पत्ति को सन्तान होना। जाहिर सी बात है तमाम अनिच्छाओं, अशुभकामनाओं और आशंकाओं के बीच उत्पन्न होनेवाली सन्तानें दीर्घायु नहीं होतीं। इसके बावजूद यह सरकार अपनी आयु पूरी करे ऐसी कामना उन सबको करनी चाहिए जो बार-बार उस प्रदेश को 'उलटा प्रदेश' के विशेषण से सम्बोधित नहीं करवाना चाहते।

उत्तर प्रदेश में सरकारें नहीं टिकतीं या वे अल्पजीवी होती हैं इसकी वजह यह नहीं है कि वहाँ के लोग अतिविकसित होकर साम्यवाद की चरम अवस्था में पहुँच गए हैं और अब वहाँ सरकारें मुरझाने (विथिरिंग अवे ऑफ द स्टेट) की स्थिति में पहुँच गई हैं। इसकी वजह यह है कि वहाँ एक नहीं अनेक सरकारों की आवश्यकता है। वहाँ का हर जातीय समुदाय अपनी अलग-अलग सरकार चाहता है। इसीलिए उत्तर प्रदेश निरन्तर आगे बढ़ने, एकजुट होने और कुछ नया करने के बजाय लगातार विखंडित होता जा रहा है। यह प्रदेश सामाजिक और राजनीतिक रूप से इतना विखंडित हो चुका है कि वहाँ गठित होनेवाली हर नई सरकार विखंडन की नई आधारशिला रखकर जाती है। जाहिर-सी बात है कि अजीत सिंह के सहयोग से बनी यह सरकार हरित प्रदेश की आधारशिला उसी तरह रखेगी जिस तरह बसपा और सपा की सरकार ने उत्तरांचल राज्य का शिलान्यास किया था। वह एक बड़ी विडम्बना है कि पिछले डेढ़ दशक से सम्पूर्ण भारत को एकता और राष्ट्रवाद का नया पाठ पढ़ाने का दावा करनेवाला उत्तर प्रदेश रोज विखंडन की तरफ एक-एक कदम बढ़ा रहा है। उत्तरांचल का गठन इसलिए हुआ कि वहाँ सवर्ण बहुतायत में हैं और उन्हें आरक्षण का मंडल आयोग का फार्मूला सहनीय नहीं था। इसी तरह पश्चिम उत्तर प्रदेश के जाट अपना हरित प्रदेश इसलिए चाहते हैं क्योंकि अब यह लग गया है अन्य मध्य जातियों की राजनीतिक महत्त्वाकांक्षा जगने के बाद अब उन्हें उत्तर प्रदेश की सत्ता नहीं मिलेगी। इसी तरह पूर्वांचल और मध्य उत्तर प्रदेश में सवर्णों और अन्य पिछड़ी जातियों की अपनी आकांक्षाएँ हैं और वे देर-सवेर अलग-अलग प्रदेश का निर्माण करेंगी ही। लेकिन सामाजिक संरचना इस प्रकार की है कि इनमें से कोई भी क्षेत्र किसी एक जाति के अखंड प्रभाव में नहीं रह सकता इसलिए उन छोटे-छोटे प्रदेशों में भी नए तरह का तनाव और विखंडन होना तय है।

इसी विखंडित सोच, राजनीति और योजना के चलते उत्तर प्रदेश आज भी बिहार के साथ बीमारू प्रदेशों के आसन पर विराजमान है जबकि उसके दो अन्य साथी मध्य प्रदेश और राजस्थान इस श्रेणी से निकल गए हैं। योजना आयोग की हाल में जारी रपट

के अनुसार मानव विपन्नता सूचकांक की दृष्टि से देश के 32 राज्यों में उत्तर प्रदेश की स्थिति 29वीं है। इसी तरह पिछले दशक में उत्तर प्रदेश में प्रति व्यक्ति उपभोग के स्तर में भी गिरावट आई है और इस दौरान यही पार्टियाँ (भाजपा-बसपा) सत्ता में रही हैं जो अब सरकार बना रही हैं।

मानव विकास सूचकांक के लिहाज से देखें तो भी उत्तर प्रदेश की स्थिति चिन्ताजनक है। वहाँ लैंगिक असमानता घटने के बजाय लगातार बढ़ रही है। उत्तर प्रदेश ने साक्षरता के क्षेत्र में लैंगिक असमानता घटाने के बजाय बढ़ाई है। सन् 1971 से 1991 के बीच राष्ट्रीय स्तर पर इस असमानता में 0.7 फीसद की कमी आई जबकि उत्तर प्रदेश में वह 4.8 फीसद बढ़ी है।

उदाहरण के तौर पर राज्य के बहराइच जिले में महिलाओं की साक्षरता का प्रतिशत 1991 में 7.9 फीसद था। इसके विपरीत उन 20 वर्षों में केरल ने साक्षरता सम्बन्धी लैंगिक असमानता में 8.5 फीसद की कमी की है। इसके अलावा उत्तर प्रदेश की सामाजिक जकड़बन्दी भी उसकी प्रगति में बाधक है। उदाहरण के लिए मूलतः शहरी जिला होने के कारण लखनऊ में महिलाओं की साक्षरता का औसत क्रमशः 62.4 फीसद है। यह औसत दक्षिण के विकसित राज्यों तमिलनाडु और कर्नाटक के औसत 69.6 फीसद और 65.4 फीसद से थोड़ा ही कम है। लेकिन लखनऊ में महिलाओं के रोजगार का औसत 7.1 फीसद है। जबकि तमिलनाडु और कर्नाटक में क्रमशः 29.9 और 29.4 फीसद है।

उत्तर प्रदेश के पिछड़ेपन के बारे में ऐसे तमाम आँकड़े प्रस्तुत किए जा सकते हैं। हालाँकि आँकड़ों के लिहाज से देश के सबसे विकसित राज्यों में भी गरीबी और असमानता की समस्याओं को देखा जा सकता है। पर उत्तर प्रदेश के साथ स्थिति दूसरी है। वहाँ प्रदेश को एक इकाई मानकर उसके विकास का न तो कोई बौद्धिक सरोकार है न ही योजनागत या राजनीतिक पहल। देश का कोई ऐसा राज्य नहीं है जहाँ अपने विकास को लेकर विमर्श और चिन्तन न हो। यहाँ तक कि बिहार के विकास पर भी चिन्तन हुआ है। पर उत्तर प्रदेश का सामाजिक ताना-बाना इतना बिखर गया है कि वहाँ न विकास का कोई सरोकार बचा है न क्षेत्रीय स्वाभिमान।

इन स्थितियों के बावजूद उत्तर प्रदेश में एक ऐसी सरकार बनी है जिसे माया की भी चिन्ता है और राम की भी। हालाँकि संघ परिवार को यह भरोसा नहीं है कि मायावती राम (मन्दिर) के लिए कुछ करेंगी। उसी तरह मायावती को भी यह विश्वास नहीं है कि संघ परिवार उन्हें लम्बे समय तक माया अर्जित करने देगा। फिर भी शत्रु के शत्रु को सबसे बड़ा मित्र मानने के सिद्धान्त के तहत बसपा और भाजपा जैसे राजनीति के दो विपरीत ध्रुवों का गठजोड़ बना है और फिलहाल लोकसभा चुनाव जैसे इसके 'दीर्घकालिक लक्ष्य' बताए जा रहे हैं। इस गठजोड़ में सम्भावाएँ भी हैं और आशंकाएँ भी। सम्भावना इसलिए क्योंकि अगर समाज की मनुवादी और मनुविरोधी शक्तियाँ एक साथ चल सकती हैं और गुजरात की हिंसा की पृष्ठभूमि में भी बसपा

के 13 मुस्लिम विधायक इस गठजोड़ के साथ रह सकते हैं तो यह लोकतान्त्रिक व्यवस्था की शक्ति ही कही जाएगी। लोकतन्त्र तमाम विविधताओं को एक साथ रहने और एक-दूसरे के हित में काम करने को मजबूर करता है। दूसरी सम्भावना यह है कि ऐसी सरकार के विरुद्ध हिन्दुत्ववादी शक्तियाँ उतना आक्रामक रुख नहीं अपनाएँगी जितना मुलायम सिंह यादव की सरकार बनने पर वे अपना सकती थीं। इसलिए भगवान राम से यह उम्मीद की जा सकती है कि वे अपने नाम पर फिलहाल प्रदेश में अशान्ति नहीं होने देंगे और कुछ कार्यदिवस विकास के नाम पर भी इस्तेमाल होंगे। लेकिन इससे आशंकाएँ कम नहीं हैं। ऐसे समय में जब राष्ट्रीय जनतान्त्रिक गठबन्धन के घटक उसका साथ छोड़ रहे हों या उसका आधा साथ दे रहे हों तब सामाजिक क्रान्ति का दावा करनेवाली एक सम्भावनाशील पार्टी भाजपा का साथ देकर उसके फासीवादी आचरण का समर्थन ही कर रही है। इस तरह मजबूती पाकर फासीवाद अल्पसंख्यकों पर तो जुल्म ढाएगा ही पर वह दलितों का सम्मान करेगा इस बात की क्या गारंटी है ? आज दलित सिद्धान्तकारों ने 'उग्र पिछड़ी जातियों' को अपना स्वाभाविक शत्रु तो मान लिया है लेकिन सवर्ण उनके स्वाभाविक मित्र होंगे इसका हलफनामा संघ परिवार नहीं दे सकता। संघ परिवार ने सामाजिक असहिष्णुता बढ़ाने का जो अभिनव प्रयोग किया है वह किसी समुदाय को दूसरे पर हमला करने के लिए पर्याप्त आधार प्रदान करता है। इन आशंकाओं के बीच यह सैद्धान्तिक सवाल उठता है कि अम्बेडकरवादी राजनीतिक दल, मनुवादी भारतीय जनता पार्टी से कैसे गठजोड़ कर सकती है जबकि उनके बीच गम्भीर सैद्धान्तिक मतभेद हैं। इसे अवसरवाद कहना या चुनावी गणित के आधार पर इसकी व्याख्या करना पूरी प्रक्रिया का सरलीकरण है। अम्बेडकरवादी चिन्तन और उसे आगे बढ़ा रहे दलित आन्दोलनों में मुस्लिम समुदाय के प्रति खतरनाक किस्म का पूर्वाग्रह विद्यमान है और उसे समय-समय पर विभिन्न दस्तावेजों में देखा जा सकता है। डॉ. भीमराव अम्बेडकर ने 1940 में *थाट्स ऑन पाकिस्तान* नाम से जो ग्रन्थ लिखा वह उनके *रिडल्स ऑफ हिन्दुइज्म* से कम कठोर और विवादास्पद नहीं है। *थाट्स ऑन पाकिस्तान* में उनका स्पष्ट सुझाव है कि 'हिन्दू और मुस्लिम आबादी के आधार पर भारत को दो अलग देशों में बाँट देना चाहिए। क्योंकि मुसलमान तरक्कीपसन्द नहीं होते और कट्टरपन्थी होते हैं। वे ऐसे किसी देश को अपना देश नहीं मानते जहाँ मुस्लिम शासक न हों। यानी दारुल-हरब और दारुल-इस्लाम के सिद्धान्त में मुसलमानों की पूर्ण आस्था है।' डॉ. अम्बेडकर की उस किताब में मुसलमानों के बारे में कुछ टिप्पणियाँ इतनी कठोर थीं कि उन्हें प्रकाशन के पहले निकाल देना पड़ा। डॉ. अम्बेडकर ने दो साल बाद जब उस पुस्तक का द्वितीय संस्करण निकाला तो उसे थोड़ा और नरम किया और उसका शीर्षक रखा–*पाकिस्तान आर पार्टीशन ऑफ इंडिया*। लेकिन उस पुस्तक में भी मुसलमानों की कठोर आलोचना है। इस प्रकार से वह पुस्तक संघ परिवार के लिए प्रेरक बौद्धिक सामग्री प्रदान करती है। कुछ लोग कह सकते हैं कि अम्बेडकर ने *रिडल्स ऑफ हिन्दुइज्म* में हिन्दुओं की भी कड़ी आलोचना की है और इस प्रकार

वे एक धर्मनिरपेक्ष और सन्तुलित चिन्तन का परिचय देते हैं। लेकिन इसकी वजह कुछ और है। दरअसल अम्बेडकर का चिन्तन यूरोप की राष्ट्र-राज्य की अवधारणा से गहरे प्रेरित है। इसलिए उसमें हिन्दू और मुसलमान दोनों समुदाय एक साथ रह ही नहीं सकते। उसी दृष्टि के चलते अंग्रेजों ने भारत का विभाजन किया और उसी से प्रेरित संघ परिवार आज भारत से मुसलमानों को खदेड़ने और उन्हें दोयम दर्जे का नागरिक बनाने में लगा है। अम्बेडकर का यह चिन्तन दलित राजनेताओं और बुद्धिजीवियों में बार-बार परिलक्षित होता है। करीब पाँच साल पहले मायावती ने पश्चिमी उत्तर प्रदेश के किसी जिले में मुस्लिम समुदाय के विरुद्ध कड़ा बयान दिया था और उस पर बड़ा विरोध हुआ था। हो सकता है मायावती ने वह बयान लापरवाही से दिया हो या प्रेस ने उसे गलत तरीके से छाप दिया हो। लेकिन 12-13 जनवरी 2002 को भोपाल में दलितों का जो सम्मेलन हुआ उसका दस्तावेज तो सुविचारित ढंग से बनाया गया था और उसमें भी धर्मनिरपेक्षता के आन्दोलन को सिरे से खारिज किया गया है।

यानी सन् 1940 से 2002 तक अम्बेडकरवादी दलित राजनीति में मुसलमानों के प्रति एक तरह का पूर्वाग्रह है। उनका यही पूर्वाग्रह उन्हें बार-बार संघ परिवार के करीब ले जाता है। यही वजह है भाजपा ने मायावती को तीसरी बार मुख्यमन्त्री बनाया है।

लेकिन यहाँ सवाल उठता है कि फिर भी मुसलमान बसपा को क्यों वोट देते हैं ? क्योंकि मुसलमान में सबसे पहले उस उम्मीदवार को वोट देने की प्रवृत्ति होती है जो उनके सम्प्रदाय का हो। यह तथ्य कई अध्ययनों से सामने आया है। मायावती ने इस मानस को अच्छी तरह से समझा और बड़ी संख्या में मुसलमानों को टिकट दिया। अन्य कारणों में अपनी सुरक्षा को लेकर आशंकित अल्पसंख्यक समुदाय के सामने विकल्पहीनता वगैरह की स्थिति भी है। इसीलिए यहाँ स्वाभाविक सैद्धान्तिक और व्यावहारिक स्थितियों के बीच इतनी गहरी खाई है।

स्थिति जो भी हो पर लोकतन्त्र की वास्तविकता यही है। इसमें भी सुधार होने और बेहतर होने की गुंजाइश है अगर उत्तर प्रदेश की नई सरकार स्वाभिमान के लिए प्रतीकात्मक कदम उठाने के बजाय राज्य के पिछड़े क्षेत्रों और तबकों के विकास के लिए ठोस योजनाएँ बनाकर उन पर अमल करे। दलितों के विकास के लिए इन दिनों मध्य प्रदेश का मॉडल आदर्श के रूप में प्रस्तुत किया जा रहा है। उत्तर प्रदेश उस पर विचार करे तो कोई हर्ज नहीं होगा। उससे भी आगे बढ़कर अगर मायावती सरकार अल्पसंख्यकों की सुरक्षा और विकास की दिशा में ठोस योजना प्रस्तुत कर सकी तो यह उसका विशेष योगदान होगा। लेकिन यह सब तभी चल पाएगा जब वे सामुदायिक विकास के साथ सामाजिक एकजुटता कायम कर ले जाएँ। उनके पास इसके उपादान हैं और अगर वे यह कर सकीं तो प्रदेश को नई राह मिलेगी लेकिन अगर वे सामाजिक विखंडन को जोड़ने के प्रति सतर्क न रहीं तो उनकी सरकार तो जाएगी ही प्रदेश की जनता आगे लम्बे समय तक 'माया' और 'राम' दोनों से वंचित हो सकती है।

गांधी की विरासत और साबरमती का रास्ता

गुजरात की हिंसा के बाद देश के गांधीवादी बहुत दुखी और भयभीत हैं। कुछ तो बेहद खामोश हैं और घर से बाहर निकल नहीं रहे हैं। जो बाहर निकलकर शान्ति प्रयास और प्रायश्चित कर रहे हैं उन्हें ज्यादा दूर चल पाने की आशा नहीं है। उन्हें आशंका है कि जाने कब जंजीर खींचकर उनकी ट्रेन रोक दी जाए और कोई हादसा हो जाए। इसके बावजूद पिछले 12-13 अप्रैल को राजघाट पर देशभर के गांधीवादियों ने दो दिन का धरना दिया और प्रायश्चित के लिए उपवास किया। इस कार्यक्रम को देखकर ऊपरी तौर पर लग रहा था कि गांधीवादियों का आत्मबल जग गया है और वे लम्बी लड़ाई की तैयारी कर रहे हैं। लेकिन दिल्ली आए गुजरात के वयोवृद्ध गांधीवादी चुन्नीभाई वैद्य ने अपनी लाचारी को जिस तरह से रखा उसे देखकर कोई भी निराश हो सकता है। चुन्नीभाई ने डबडबाई आँखों से कहा, 'शान्ति के लिए साबरमती मत आइएगा। क्योंकि हम शान्ति की बात करते हैं तो वे धमकाते हैं। अहिंसा की बात करते हैं तो वे मारते हैं। साम्प्रदायिक सद्‌भाव की बात करते हैं तो घर जला डालने की धमकी देते हैं। इसलिए हम आपको साबरमती आश्रम में सुरक्षा नहीं दे सकते।'

नब्बे वर्षीय चुन्नीभाई वैद्य गुजरात के उन गांधीवादियों में हैं जिन्हें गांधी के करीब रहने का गौरव मिला है और जिन्होंने ब्रिटिश साम्राज्य से लोहा लेने का अदम्य साहस दिखाया। वे अंग्रेजों से इतना कभी नहीं डरे जितना आजाद भारत में अपने लोगों से डरे हुए हैं। उनके साथ आए नारायणभाई देसाई तो बिलकुल खामोश थे। उन्हीं की खामोशी पर एक अखबार ने गांधी के तीन बन्दरों का व्यंग्य चित्र बना डाला था।

गांधीवादियों की दूसरी श्रेणी उन लोगों की है जिन्हें बहुराष्ट्रीय गुलामी के अलावा कुछ दिखता ही नहीं। ऐसे लोग आजादी बचाओ आन्दोलन के बैनर तले साम्राज्यवाद विरोधी संग्राम का बिगुल बजाने 23-24 मार्च को कुरुक्षेत्र में जमा हुए थे। उन्होंने बड़े जोरदार शब्दों में प्रस्ताव पास कर बहुराष्ट्रीय कम्पनियों के उपनिवेशवाद को चुनौती दी। प्रस्ताव में कहा गया, 'कौरवों की अन्यायी व्यवस्था को उखाड़ फेंकने का संकल्प...इसी संघर्ष क्षेत्र कुरुक्षेत्र में महाभारत के रूप में प्रस्फुटित हुआ था।...एक बार फिर वहाँ इकट्ठा होकर...हम संकल्प लेते हैं कि जब तक बहुराष्ट्रीय उपनिवेशवाद की शक्तियों को नेस्तनाबूद नहीं कर देंगे, तब तक चैन से नहीं बैठेंगे।' इतनी कठिन प्रतिज्ञा के बावजूद उन्होंने अपने राष्ट्रीय सम्मेलन में गुजरात की हिंसा की निन्दा करने और उसे करानेवाली शक्तियों का नाम लेनेवाला कोई प्रस्ताव पास नहीं किया। जबकि उस वक्त सारे देश में गुजरात की हिंसा के अलावा कोई दूसरी चर्चा ही नहीं थी। 'आजादी बचाओ आन्दोलन' ने परोक्ष रूप से साम्प्रदायिकता से मुँह चुराने के आरोप को स्वीकार करते हुए कहा कि हम 'एकहि साधे सब सधे' के सिद्धान्त में यकीन करते हैं और बहुराष्ट्रीय कम्पनियों के खिलाफ चेतना जगाने से सब ठीक हो जाएगा ! वे बहुराष्ट्रीय निगमों के देशी पैरोकारों और साम्राज्यवाद व साम्प्रदायिकता के जटिल रिश्ते को देखने और

समझने को तैयार नहीं हैं।

गांधीवादियों की तीसरी श्रेणी उन लोगों की है जो तरह-तरह की गैर सरकारी संस्थाएँ चलाने, गोरक्षा करने, पेड़-पौधे बचाने, कुआँ-तालाब और पोखर खोदने व नदियों को पुनर्जीवित करने में लगे हैं। लेकिन उन्हें इस बात की चिन्ता नहीं है कि कभी अहमदाबाद को पानी पिलानेवाली साबरमती आज सूख गई है और उसमें पानी की जगह रक्त प्रवाहित हो रहा है। वे इस घटना पर उफ तक नहीं करते।

इसी तरह कुछ ऐसे भी गांधीवादी हैं जिन्होंने औपनिवेशिक अतीत का विश्लेषण करते-करते उनका दामन थाम लिया है जो उपनिवेशवाद से कभी लड़े ही नहीं। उन्होंने गांधी के शरीर के शत्रुओं को तो माफ कर ही दिया और उनके आगे नतमस्तक भी हो गए जो गांधी के विचारों को मार रहे हैं या उसे संकुचित कर रहे हैं। इस प्रकार एक तरफ थके-हारे या फिर अराजनैतिक गांधीवादी हैं तो दूसरी तरफ वह व्यापक मध्यवर्ग है जिसने उपभोक्तावाद को अपनाने के लिए गांधी को दो दशक पहले ही छोड़ दिया और अब उसका चिन्तन और व्यवहार सिर्फ निजी हितों और जाति व धर्म के सामुदायिक सोच से संचालित होता है।

सवाल उठता है कि अन्धकार के ऐसे क्षणों में क्या किया जाए ? प्रतिक्रियास्वरूप दो बातें सूझती हैं। एक बात तो गांधी की ही है। उन्होंने कहा था, 'यदि भारत ने हिंसा को अपना धर्म स्वीकार कर लिया और यदि उस समय मैं जीवित रहा तो भारत में नहीं रहना चाहूँगा।' (*यंग इंडिया,* छह अप्रैल 1921) लेकिन उनकी इस बात में नाराजगी और पीड़ा झलकती है, कोई संकल्प नहीं। क्योंकि उनके सामने देश में काफी हिंसा हुई और उन्होंने देश कभी नहीं छोड़ा और अपनी अहिंसा को नागरिक जीवन के सुरक्षा कवच के रूप में इस्तेमाल किया। दूसरा सुझाव अयोध्या के ही एक निवासी का है–'ठीक है हम साबरमती नहीं जाएँगे लेकिन गुजरात से कोई रामभक्त अयोध्या न आए क्योंकि हम भी उनसे बहुत तंग आ चुके हैं।' लेकिन यह सुझाव भी उचित नहीं है क्योंकि एक देश में ऐसा करना संविधान में प्रदत्त मौलिक अधिकारों का हनन होगा (थोड़े समय के लिए युक्तिसंगत प्रतिबन्ध की बात अलग है)।

ऐसी स्थिति में क्या किया जाए ? कांग्रेस और अन्य विपक्षी दल अपने-अपने स्तर पर कुछ तो कर ही रहे हैं। कांग्रेसी साबरमती आश्रम में उपवास पर भी बैठे। दिल्ली में तमाम सभाओं और प्रदर्शनों का सिलसिला चला है। लेकिन हिंसा को दूर करने और द्वेष मिटाने का यह काम सिर्फ राजनीतिक दलों के वश में होता तो यह अब तक हो चुका होता। जाहिर सी बात है कि इसमें दलीय और चुनावी सीमाओं से आगे जाना होगा और इस प्रक्रिया में सामान्य नागरिकों, जनसंगठनों और जनान्दोलनों की महत्त्वपूर्ण भूमिका होगी। इस बारे में उम्मीद की किरण साबरमती में घटी उसी घटना से निकलती है जिसमें पत्रकारों और नर्मदा बचाओ आन्दोलन की नेता मेधा पाटकर की पिटाई हुई थी। हुआ यह कि मेधा पाटकर जब वहाँ पहुँची तो बैठक खत्म हो चुकी थी। फिर भी कांग्रेस समेत ज्यादातर संगठनों के कार्यकर्ता नहीं चाहते थे कि वे वहाँ जाएँ। लेकिन

जब उन पर भाजपाइयों ने हमला बोला तो पत्रकार बचाने नहीं आए, वे तो फोटो लेने लगे। उन्हें बचाने पाँच-छह युवा सामाजिक कार्यकर्ता आगे आए। वे थे बिलास सोनावड़े, शशिकान्त सोनावड़े और फिरोज मीठीबोरवाला वगैरह। वे लोग हाल में ही बने 'युवा भारत' नाम के एक संगठन के संस्थापक हैं और पिछले तीन सालों से देश के कई राज्यों में चल रही नवनिर्माण प्रक्रिया के संचालक भी हैं। यह प्रक्रिया देश के कुछ ऐसे गांधीवादी, समाजवादी और साम्यवादी मिलकर चला रहे हैं जिन्हें लगता है कि अब किसी एक विचारधारा से देश की समस्याओं का समाधान नहीं निकलेगा। इसलिए जरूरत है देश भर के आन्दोलनों का एक साझा मंच बनाने की। इसलिए गांधीजनों की निराशा से निराश होकर बैठने के बजाय उत्साह के बाहर निकलने की वजहें भी हैं। देश में बेचैन युवाओं की कई टोलियाँ घूम रही हैं जो शक्ति के विद्युत कणों का समन्वय करने में लगी हैं। पिछले दिनों सर्व सेवा संघ ने भी एक प्रस्ताव पास किया है। इसके अनुसार जयप्रकाश नारायण जन्मशती वर्ष में आगामी अक्टूबर से आन्दोलन छेड़ा जाएगा। लेकिन इसी के साथ अयोध्या और साबरमती आश्रम के प्रतीकों का मतलब भी लोगों को बताना होगा।

जहाँ अयोध्या पौराणिक हिन्दू आस्था का प्रतीक है और आज के सन्दर्भ में साम्प्रदायिक हिंसा व द्वेष की राजनीति की उद्गम स्थली बन गया है। वहीं वह राजनीति के शिकंजे में इस तरह उलझ गया है कि उससे न सिर्फ भारतीय राष्ट्रवाद बल्कि राम भक्ति और हिन्दू धर्म भी कलंकित हो रहा है।

इसके विपरीत साबरमती आश्रम का वास्तविक नाम तो सत्याग्रह-आश्रम है। यह वह तपोभूमि है जहाँ गुलाम भारत को स्वाधीन करने के 'अस्त्र' गढ़े गए। वह अस्त्र मानवता के लिए दीर्घ काल तक उपयोगी हो सकते हैं। साबरमती वह आश्रम है जिसे गांधी ने अंग्रेजी साम्राज्य से संघर्ष करने के लिए 25 मई 1915 को स्थापित किया था। उन्होंने यहीं कसौटी पर चढ़ते हुए एक अछूत परिवार को आश्रम का सदस्य बनाया और एक उदार हिन्दू का निर्माण शुरू किया। भाई अमृतलाल ठक्कर ने अंत्यज दूदाभाई, पत्नी, दादी, बहन और उनकी बच्ची लक्ष्मी को आश्रम में भर्ती कराया था। इसी आश्रम से गांधी ने पहले सविनय अवज्ञा आन्दोलन चलाया फिर अपने 78 सत्याग्रहियों के साथ 61 वर्ष की आयु में दांडी मार्च शुरू किया और कानून तोड़कर नमक बनाया। दुनिया के उस अद्वितीय सत्याग्रह का वर्णन करते हुए प्रसिद्ध पत्रकार लुई फिशर ने लिखा, 'आज ब्रिटेन शक्तिहीन हो गया और भारत अजेय हो गया।' इसलिए आधुनिक भारत का तीर्थ तो साबरमती ही है अयोध्या और सोमनाथ नहीं। जिसे भारतीय राष्ट्र के बुनियादी मूल्यों को बचाना है उसे साबरमती ही जाना चाहिए। इस बात में सन्देह हो सकता है कि मर्यादा पुरुषोत्तम भगवान राम का जन्म अयोध्या में हुआ था। लेकिन इस बात में कोई सन्देह नहीं कि बीसवीं सदी के महान रामभक्त गांधी ने साबरमती को अपना केन्द्र बनाया था। आज के रामभक्तों और उनके प्रेरक नेताओं व आचार्यों में कितनी रामभक्ति है यह तो नहीं कहा जा सकता पर गांधी के रामभक्त होने में कोई

सन्देह नहीं है। वे राम नाम में चमत्कारिक शक्ति का अनुभव करते थे और उनके जीवन में जब भी संकट की घड़ी आई उन्होंने नेहरू और पटेल को नहीं राम को याद किया। लम्बे उपवास के समय जब भी उनका शरीर अशक्त होता था वे राम नाम का जाप कर अपने भीतर शक्ति का संचरण करते थे। यह भी बताने की आवश्यकता नहीं कि गोली लगने के बाद उनके अन्तिम शब्द 'हे राम' ही थे।

गांधी जैसे रामभक्त उन लोगों के लिए भी प्रेरणादायक हो सकते हैं जो संघ परिवार के रामभक्तों का हिंसक आचरण देखकर हिल गए हैं। इस तरह की चुनौती गांधी की बुद्धि और उनके मित्रों ने भी प्रस्तुत की थी। उनके सामने ऐसे प्रश्न बार-बार रखे गए कि बालि को छल से मारनेवाले, शम्बूक का वध करनेवाले और सीता की अग्नि परीक्षा के बावजूद उन्हें वनवास देनेवाले राम तो आराध्य नहीं त्याज्य होने चाहिए। लेकिन गांधी ने इन सभी आपत्तियों को यह कहकर खारिज कर दिया कि उनके मन में जो राम हैं वे आदर्श पुरुष हैं। वे यह सब कर ही नहीं सकते और जिस राम ने यह सब किए होंगे उन्हें वे नहीं मानते।

इसलिए अगर अयोध्या में उलझी भारतीय राजनीति को संकट से निकालना है तो अयोध्या नहीं साबरमती जाइए। वह गांधी जैसे रामभक्त की तपोभूमि है और आधुनिक भारतीय राष्ट्र का तीर्थ। चुन्नीभाई की चेतावनी गौर करने लायक है। पर गांधीजन को उतने आरम्भिक कष्ट के लिए तैयार रहना चाहिए। उस कष्ट को सहकर ही भारत अहिंसा के नए युग में प्रवेश कर सकेगा।

मेधा को मारने का मतलब

गुजरात के लोगों ने अपनी 'मेधा' को पन्द्रह साल पहले ही मार दिया था और अब वे व्यापक समाज की मेधा को मारने में लगे हैं। सात अप्रैल को साबरमती आश्रम में मेधा पाटकर के साथ जो कुछ भी हुआ वह गुजरातियों के इसी अभियान की एक झलक है। सरदार सरोवर परियोजना को गुजरात की जीवा-दोरी और नर्मदा बचाने के आन्दोलन को मुट्ठी भर लोगों की साजिश मानना ही इस बात का प्रमाण है कि गुजरातियों ने नदी और भारतीय समाज के रिश्ते और जल संरक्षण के पारम्परिक तरीकों को भुलाकर इस दिशा में एकदम स्वार्थी रिश्ता कायम करने का मानस बना लिया था। चूँकि मेधा पाटकर और उनका नर्मदा बचाओ आन्दोलन गुजरात और व्यापक भारतीय समाज को यह बार-बार याद दिलाता रहा कि नदी का धर्म बाँधने से नहीं, बहते रहने से सधता है इसलिए गुजरातियों ने उन्हें अपना सबसे बड़ा शत्रु मान लिया।

मेधा ने यह भी कहा था कि गुजरात के लोगों की यह प्यास पानी की नहीं है, न ही नहर में इतना पानी जाएगा कि उससे सबकी प्यास बुझ सके। दरअसल यह

सम्पन्न वर्ग की वह प्यास है जो एक पूरी जीवन संस्कृति को नष्ट कर देना चाहती है। उस समय मेधा का यह कथन सबकी समझ में नहीं आया होगा लेकिन पिछले दो महीने की घटनाओं से साफ लगता है कि गुजरात में वास्तव में पानी से ज्यादा किसी और चीज की प्यास है। जिन्हें भी नर्मदा बचाओ आन्दोलन और सरदार सरोवर परियोजना विवाद की जानकारी है उन्हें मालूम होगा कि मेधा का नाम सुनते ही कोई तबका नहीं, बल्कि गुजरात के सारे लोग किस तरह से भड़कते हैं। इस मामले में जाने-अनजाने गुजरात के कांग्रेसी, भाजपाई और सर्वोदयी सभी एक ही सुर में बोलते रहे हैं।

इसलिए यह कहनेवालों की कमी नहीं है कि गुजरात में अपना भारी विरोध जानते हुए मेधा आखिर वहाँ क्यों गईं ? जब वे वहाँ गई थीं तो उन्हें पहले से मालूम था कि विरोध होगा, हंगामा होगा और वह राष्ट्रीय स्तर की खबर बनेगी। इसीलिए मल्लिका साराभाई ने तुरन्त पल्ला झाड़ते हुए कह भी दिया कि उन्होंने मेधा को आमन्त्रित नहीं किया था। लेकिन शुक्र है कि इस बार चुन्नीभाई वैद्य से लेकर अन्य गांधीवादियों ने यह बात नहीं कही, बल्कि उन्होंने साफ कहा कि सरदार सरोवर परियोजना पर मेधा से मतभेद अलग बात है लेकिन इस बार वे एक अलग मसले पर आई थीं और इस देश की बेटी होने के नाते उन्हें अपना मत रखने और गुजरात आने का पूरा हक है।

लेकिन गुजरात या देश के अन्य हिस्सों के गांधीवादी आज संयम और विवेक का जप भले कर रहे हों, उनकी बात नक्कारखाने में तूती की आवाज जैसी ही है। इसकी वजहें अलग-अलग हो सकती हैं, पर गुजराती मूल के दिल्ली के एक गांधीवादी इस बारे में एक दिशा में संकेत करते हैं। उनका कहना है कि जब गांधीवादी तालाब और कुआँ खोदने में लगे रहेंगे तो समाज के सोच और राजनीतिक चिन्तन पर बुरी प्रवृत्तियों की गाद अपने-आप ही जमा होगी। उनका मतलब गांधीवादी संस्थाओं के एन.जी.ओ. में बदलते जाने और पर्यावरण वगैरह के नाम पर अराजनैतिक होते चले जाने से है। उनकी बात एक हद तक सही भी है। सन् 1974 के बाद गांधीवादी संस्थाओं ने समाज में राजनीतिक हस्तक्षेप एकदम बन्द ही कर दिया। जे.पी. आन्दोलन गांधीवादी संस्थाओं की बची-खुची राजनीतिक ऊर्जा का आखिरी प्रस्फुटन था, उसके बाद वह सब तमाम तरह के कथित रचनात्मक कार्यों में सोख ली गई।

लेकिन मेधा पाटकर इस सामान्यीकरण की अपवाद रही हैं। उनकी यात्रा राजनीति से पर्यावरणवाद के विपरीत पर्यावरणवाद से राजनीति की तरफ जा रही है। वे एन.जी.ओ. संस्कृति से मुक्त तो नहीं हैं, इसके बावजूद अगर पिछले पन्द्रह साल में भारतीय समाज में विद्रोह का कोई उत्कृष्ट प्रतीक बन सका है तो वह मेधा पाटकर ही हैं। गांधीवाद, समाजवाद, पर्यावरणवाद, स्त्रीवाद और वैकल्पिक विकास के विविध आन्दोलनों में जो कुछ सकारात्मक और तेजस्वी है, मेधा पाटकर उन सबका प्रतिनिधित्व करती हैं। मेधा पर लम्बे समय से यह आरोप लगता रहा है कि उन्होंने नर्मदा बचाओ आन्दोलन में अड़ियल रुख अपनाया और गुजरात के लोगों को साथ लेकर चलने या उन्हें समझाने

की कोशिश नहीं की। उन पर दूसरा आरोप मुद्दा-आधारित आन्दोलन और एक मुद्दे की राजनीति करने का भी लगता रहा है। जिसके कारण जनान्दोलनों का राष्ट्रीय समन्वय कमजोर भी पड़ा। लेकिन उन्होंने साबरमती आश्रम में मार खाकर यह साबित कर दिया है कि गुजरात के लोगों की आँख पर स्वार्थ और असहिष्णुता का परदा लम्बे समय से पड़ा हुआ है और उन्हें समझाना मेधा के लिए चुनौती जरूर हो सकता है, पर न समझा पाना न तो उनका पूर्वाग्रह है और न ही असफलता।

विश्व हिन्दू परिषद, बजरंग दल और राष्ट्रीय स्वयं सेवक संघ के कार्यकलापों पर तो काफी कुछ कहा जा रहा है लेकिन जब भी कोई नर्मदा बचाओ आन्दोलन और सरदार सरोवर विवाद का विश्लेषण करेगा तो पता चलेगा कि गुजरातियों ने किस तरह अपने स्वार्थ को लेकर कट्टरता विकसित की है। पंजाब के उदाहरण को अपवाद मानें तो यह कहा जा सकता है कि पिछले 15 साल में गुजरात देश का वह अकेला राज्य है जिसने अपने स्वार्थ को देश के सामने भारी एकजुटता और कट्टरता के साथ प्रस्तुत किया है और वहाँ उसे हासिल भी किया है। सरदार सरोवर परियोजना के साथ वहाँ के पूँजीपति वर्ग, धनी किसान, शहरी मध्यवर्ग और राजनेताओं के हित इस कदर एकजुट हो गए हैं कि वे उसका विरोध करनेवाले किसी भी व्यक्ति को बर्दाश्त नहीं कर सकते। शायद ही देश के किसी राज्य में किसी परियोजना या संयन्त्र को लेकर इतनी घोर कट्टरता और वर्गीय एकजुटता हो।

गुजरात के सम्पन्न वर्ग के इसी स्वार्थ को समय-समय पर राजनीति और धर्म से पोषित किया गया है। यह बात किसी से छिपी नहीं है, कि गुजरात के दर्जनों साधु-सन्तों ने राम कथा कहने का लाभकारी व्यवसाय विकसित किया है। एक तरह से उन्होंने सम्पूर्ण उत्तर भारत में कथा प्रवचन का ठेका ही ले लिया है। उनके आश्रम, चैनल, चूरन और प्रसाद का धन्धा करोड़ों का है। लेकिन यह धन्धा गुजरातियों के स्वार्थ के साथ घुल-मिलकर चला है। सरदार सरोवर के पक्ष में होनेवाले गुजरातियों के आन्दोलनों में लोगों की मदद करने के लिए स्वामी नारायण सम्प्रदाय से लेकर तमाम सम्प्रदायों के लोग लगे रहे हैं। यानी अध्यात्म और दर्शन की सारी ऊँची उड़ानों का कंट्रोल रूम स्थानीय स्वार्थ ही रहा है। वरना कथा प्रवचन करनेवाले ये साधु-सन्त इस बात की याद नहीं दिला सकते थे कि पौराणिक मान्यताओं के अनुसार नर्मदा शिव की कुँआरी पुत्री हैं और वर्ष में एक बार गंगा भी उनमें अपना पाप धुलने आती हैं इसलिए उन्हें बाँधने और नष्ट करने का प्रयास कितना अनुचित है। या फिर जिस समय गुजरात से संकीर्ण राष्ट्रवाद की रथयात्रा शुरू हुई उस समय वे लोग यह याद नहीं दिला सकते थे कि वसुधैव कुटुम्बकम को माननेवाले भारतीयों को एक श्लोक की पहली पंक्ति पर विश्वास करना न सिखाया जाए—(अयम् निजः परोवेति, गणना लघुचेतषाम)। अगर हाल में विकसित हुए गुजरात के तमाम सम्प्रदाय उदात्त आदर्शों और मानवीय मूल्यों से प्रेरित थे तो क्यों राज्य में हिंसा का अकल्पनीय तांडव हुआ ? तमाम बापुओं और तमाम 'स्वाध्यायों' के मधुर वचन और भाईचारे के सन्देश कहाँ चले गए थे ? इन प्रवृत्तियों

की तरफ मेधा लम्बे समय संकेत करती रही हैं इसीलिए उन्हें वहाँ सहा और सुना नहीं जाता। जाहिर-सी बात है कि स्वार्थों की यही कट्टरता ही साम्प्रदायिकता है। यानी कट्टरता का जन्म स्वार्थ के अन्धविश्वास से होता है जिसके आगे कोई व्यक्ति कुछ और देखने-सुनने को तैयार नहीं होता।

सम्भव है कि कट्टरता लक्ष्य प्राप्त न होने से घट जाए, लेकिन वह लक्ष्य को प्राप्त करने से और उग्र होती है। उदारता का गुण इसके ठीक विपरीत होता है। वह जीत में विनम्र और हार में दृढ़ हो सकती है। इसीलिए सरदार सरोवर का मुकदमा जीतने के बाद भी ऐसे लोगों में मेधा को लेकर गुस्सा बना हुआ है। सरदार सरोवर का मुकदमा हारने के बाद मेधा पाटकर निराश जरूर हुई थीं और उनके साथियों में एक तरह का अवसाद पैदा हुआ था जिसे दूर करने के लिए उन्होंने सुप्रीम कोर्ट के आगे अवमानना जैसी प्रतीकात्मक लड़ाई का सहारा लिया। लेकिन शान्ति वार्त्ता के लिए साबरमती आश्रम में उनका पहुँचना इस बात का द्योतक है कि वे निराशा से उबर चुकी हैं। वहाँ मेधा पाटकर की पिटाई भले दुर्भाग्यपूर्ण है लेकिन उनकी वह पीड़ा व्यर्थ नहीं जाएगी।

चार अप्रैल 2002 को साबरमती आश्रम में मेधा पाटकर की पिटाई का असर दूरगामी होगा। इस घटना को चार नवम्बर 1974 को बिहार विधानसभा के सामने जयप्रकाश नारायण पर हुए लाठीचार्ज से कम नहीं आँका जाना चाहिए। अगर इस देश के तमाम जनान्दोलनों में कोई ऊर्जा और सामर्थ्य बाकी है तो उन्हें इसे एक राष्ट्रीय मुद्दा बनाना चाहिए। आज एक तरफ देश की मेधा के विरुद्ध जा रही गुजरात की राजनीति है तो देश को सही और नवनिर्माण की दिशा देनेवाली मेधा पाटकर हैं। परम्परा और आधुनिकता के नाम पर जो कुछ विनाशकारी है, गुजरात की राजनीति उसका प्रतीक है। संघ परिवार के आदर्श राज्य के प्रयोग ने गुजरात को न सिर्फ साम्प्रदायिक और अलोकतान्त्रिक बना दिया है, बल्कि वह मेधा विरोधी भी हो गया है। इसका विकल्प स्थानीय स्तर पर नहीं मिलेगा। वह राष्ट्रीय मेधा को विकसित करने से ही प्राप्त होगा। चुनावी गणित दलीय राजनीति की सीमा है। नरेन्द्र मोदी का लाख विरोध करने के बावजूद कांग्रेस पार्टी ऐसा कुछ नहीं कर सकती जिससे गुजरात या देश के हिन्दू मतदाता नाराज हों। यही स्थिति कभी धर्मनिरपेक्षता के योद्धा रहे मुलायम सिंह यादव की है। वे लोग मीडिया को आगे कर विपक्ष का आन्दोलन चलाना चाहते हैं। लेकिन जनान्दोलनों को ऐसी किसी सीमा की दरकार नहीं है।

देश के तमाम राजनीतिक और सामाजिक कार्यकर्ता लम्बे समय से बेचैनी महसूस कर रहे हैं। उन्हें उदारीकरण और साम्प्रदायिकता के विरुद्ध व्यापक एकजुटता और सर्वमान्य नेतृत्व की तलाश है। देश भर में ऐसी सैकड़ों प्रक्रियाएँ चल रही हैं जो देश की वर्तमान स्थिति का विश्लेषण और आन्दोलन की सम्भावनाओं पर धारावाहिक तौर पर विचार कर रही हैं। यह अच्छी बात है कि किसी आन्दोलन और नवनिर्माण के पहले लम्बा विश्लेषण और तैयारी होनी चाहिए। लेकिन वह विश्लेषण और तैयारी इतनी

लम्बी भी नहीं होनी चाहिए कि अवसर हाथ से निकल जाए। गुजरात की घटनाओं ने उन बूढ़े गांधीवादियों को भी जगा दिया है जिनकी आत्मा चरखे का तकुआ चुभने से सो गई थी। ऐसे लोग भी दहल गए हैं जो अयोध्या आन्दोलन के साथ गांधी को छोड़कर संघी हो गए थे। ऐसे और उनके समानधर्मा लोगों ने फरवरी और मार्च में जगह-जगह हजारों बैठकें की होंगी। लेकिन अगर कोई ठोस और एकजुट कार्यक्रम नहीं निकला तो ये बैठकें या तो सिर्फ उद्गार निकालनेवाली साबित होंगी या उनकी ऊर्जा और एकजुटता धीरे-धीरे खो जाएगी।

लेकिन यह एकजुटता एकतरफा नहीं होगी। मेधा पाटकर बड़ी नेता जरूर हैं, पर यह दौर स्वाधीनता संग्राम का नहीं है कि सब आँख मूँदकर उनके पीछे चल दें। उन्हें अपने तमाम पूर्वग्रह तोड़कर देश के उन तमाम जनान्दोलनकारियों से सम्पर्क साधना होगा जो निश्छल मन से देश की सेवा में लगे हुए हैं। मेधा उनका मन जीत सकती है और उन्हें अपने साथ चलने को तैयार भी कर सकती हैं अगर उनसे सीधा संवाद करें।

खबर यानी मौत की खबर

गुजरात की साम्प्रदायिक हिंसा को मीडिया ने काफी करीब से देखा। विशेष तौर पर इलेक्ट्रॉनिक मीडिया ने उनका नग्न रूप देखा और दिखाया। मीडिया की इस भूमिका से वे बहुत नाराज हुए जो हिंसा का तांडव कर रहे थे क्योंकि वे तो अपने को देश का सेवक बताते हैं और हर राष्ट्रीय आपदा से देश को बचाने का दावा करते हैं। मीडिया ने हिंसा की साजिश में शामिल उस सरकार को भी देखा जिसे संघ परिवार के एक प्रचारक चला रहे हैं। जाहिर-सी बात है, वे मीडिया को संयम, मर्यादा और आचार संहिता की सलाह दे रहे थे जो प्रतिक्षण राज्य, समाज और लोकतन्त्र की जवाबदेही और नैतिकता की धज्जियाँ उड़ा रहे थे। वे अपने बचाव में मीडिया को कठघरे में खड़ा कर रहे थे जिन्हें पहले ही मीडिया कठघरे में कर चुका था। दूसरी तरफ उन लोगों को मीडिया का कवरेज बेहद निर्भीक, जवाबदेह और सकारात्मक लगा जो साम्प्रदायिक हिंसा से नाराज और दुखी थे पर कुछ करने की स्थिति में नहीं थे। उनका मानना था कि इससे हिंसा भले न थमे, पर उसका सच तो सामने आ रहा है। यानी फायर ब्रिगेड, पुलिस और विपक्ष सभी की भूमिका मीडिया अकेले निभा रहा था। मीडिया का यह कार्य कितना सराहनीय था और कितना आपत्तिजनक, इसका निर्णय करने से पहले यह जरूर जानना होगा कि मीडिया यह सब लोकतान्त्रिक और मानवीय मूल्यों में गहरी आस्था के तहत कर रहा था या बाजार के नियमों के वशीभूत होकर। अगर मीडिया और विशेषकर इलेक्ट्रॉनिक मीडिया के कुछ चैनलों ने दंगों का गहन और अतियथार्थवादी

कवरेज लोकतान्त्रिक और मानवीय मूल्यों से प्रेरित होकर किया तो यह बेहद सराहनीय प्रयास था। हालाँकि यह कार्य संयम और मर्यादा की प्रेस आचार संहिता का पालन करते हुए किया गया होता तो एक आदर्श और अनुकरणीय परिघटना होता क्योंकि यह कहना किसी के लिए तर्कसंगत नहीं लगता कि जब मर्यादाएँ टूट रही हों तो कोई एक एजेंसी उसे कैसे बनाए रख सकती है।

लेकिन अगर मीडिया का यह निर्भीक कवरेज बाजार की प्रतिस्पर्धा और रोमांच पैदा करने की भावना के तहत किया गया तो इसका मूल्यांकन किसी और तरह से होना चाहिए। मीडिया और विशेषकर इलेक्ट्रॉनिक मीडिया ने पिछले 15 वर्षों में जिस तरह घोटाला, आतंकवाद, युद्ध और दंगों का कवरेज किया है उससे कई सवाल उठते हैं।

प्रश्न यह है कि मीडिया का चरम रोमांच क्या है ? तहलका टेप जैसे घौटालों का पर्दाफाश करने में ? आतंकवाद और विशेषकर मुस्लिम आतंकवाद को कवर करने में ? बोस्निया, इराक, कारगिल या अफगानिस्तान जैसे युद्ध को कवर करने में ? गुजरात का भयानक भूकम्प या भयानक दंगा कवर करने में ? प्रकृति के रहस्यों को कवर करने में या समाचार विश्लेषण जैसे अन्य कामों में ? जाहिर तौर पर मीडिया का चरम रोमांच महाप्रलय को कवर करने में है। मीडिया की मुख्य प्रवृत्ति पर गौर किया जाए तो लगता है कि इस पूरे ग्रह और स्वयं के अस्तित्व को नष्ट होते देखना मीडिया की सबसे बड़ी स्टोरी होगी और वही उसका चरम रोमांच होगा।

तो क्या जिस तरह रसायनशास्त्र अमृत की खोज में लगा हुआ है, उसी तरह मीडिया महाप्रलय का इन्तजार कर रहा है ? यह एक अनुमानित और अतिरेक पूर्ण कथन लग सकता है लेकिन हिंसा को ज्यादा-से-ज्यादा महत्त्व देने की मीडिया की प्रवृत्ति निश्चित तौर पर उसी दिशा में जाती है। मीडिया प्राथमिकता के आधार पर या तो हिंसक आन्दोलनों को कवर करता है या फिर उन्हें जिनसे हिंसा होने का खतरा हो। वह हिंसा शहरी हो तब तो और भी रोमांचकारी है। ऐसे में मीडिया में तमाम अहिंसक आन्दोलनों और उन असन्तोषों के लिए स्थान बहुत सीमित होता जा रहा है जो हिंसा से पहले एक छटपटाहट और हिंसा के बाद दुख और नाराजगी के तौर पर होते हैं।

मौत चाहे स्वाभाविक हो या अस्वाभाविक, मनुष्य में उसे देखने और कवर करने की सामान्य जिज्ञासा होती है। यह जिज्ञासा मीडिया के लोगों में असाधारण हो जाती है और यह दूसरों की ही नहीं, अपनी मौत के लिए भी होती है। प्रिंट मीडिया को मौत और आतंक के कवरेज का रोमांच व्यापक तौर पर पंजाब समस्या के साथ आने लगा था। शाम होते ही जैसे-जैसे टेलीप्रिंटर पर मारे जानेवालों की संख्या बढ़ती थी, संस्करण प्रभारी का तनाव घटता जाता था। लो, लीड की समस्या हल हो गई। पंजाब की हिंसा शान्त होने के साथ ही संस्करण प्रभारी को वह सुकून कश्मीर से मिलने लगा है।

कश्मीर समस्या के चरम पर पहुँचने के साथ ही देश में इलेक्ट्रॉनिक मीडिया का जन्म हुआ। आज उसके समस्त शारीरिक और बौद्धिक विकास का श्रेय आतंकवादी हिंसा,

विमान अपहरण और साम्प्रदायिक हिंसा को जाता है। मौत के कवरेज के इसी रोमांच से पोषित और उपभोक्तावाद के बाजार में सज-धजकर इलेक्ट्रॉनिक मीडिया जवान हुआ है। उसने समाज परिवर्तन और राष्ट्र निर्माण के बड़े आन्दोलन नहीं देखे हैं। इलेक्ट्रॉनिक मीडिया इस मायने में बेहद दुर्भाग्यशाली है कि उसके जन्म के साथ ही विचारधाराओं के अन्त और इतिहास के अन्त की घोषणाएँ कर दी गईं। उसके पास सोचने के लिए न कोई समग्र विचार दर्शन है और आदर करने के लिए न ही कोई आदर्श नेता। उसने क्रान्तिकारी नहीं देखे। उसने देखे हैं आतंकवादी और कारसेवक। उसके सामने झपटने के लिए भ्रष्ट नेताओं की बड़ी भीड़ है और पाने के लिए है कैरियर और लाभ। उसके पास मिशन और प्रोफेशन के बीच की ढही दीवार का फुटेज तो है पर उसे यही नहीं मालूम कि मिशन किस मिट्टी से बनता है। इसीलिए वह मौत की संवेदना से ज्यादा मौत का रोमांच प्रस्तुत करता है।

लेकिन जरूरत मौत के रोमांच की नहीं, मौत की संवेदना की है और जरूरी है उसके पहले के जीवन की पीड़ा और शोषण के प्रति संवेदना। लेखक, पत्रकार या कैमरामैन चाहे तो मृत्यु के प्रस्तुतिकरण से गहरी मानवीय संवेदना उत्पन्न कर सकता है और चाहे तो उसे रोमांचक और मनोरंजक बना सकता है। चाहे तो उसे हिंसा और प्रतिहिंसा उत्पन्न करने की शृंखला बना सकता है। उदाहरण के लिए, प्रेमचन्द के गोदान का होरी किसी दंगे और युद्ध में नहीं, गरीबी और शोषण से थककर मरता है। पर उसकी मृत्यु अपार मानवीय करुणा उत्पन्न करती है। इसी तरह सत्यजित राय की फिल्मों में अगर अपनी आयु पूरी कर चुके वृद्ध या वृद्धा की स्वाभाविक मौत भी होती है तो अत्यन्त मानवीय संवेदना पैदा होती है। यह प्रभाव अचानक नहीं होता। यह प्रस्तोता की दृष्टि, प्रस्तुतिकरण की सम्पूर्ण शैली और पृष्ठभूमि पर निर्भर करता है। अगर प्रस्तुतकर्त्ता यह मानता है कि मृत्यु जीवन का सबसे बड़ा विचलन है, वह जीवन का नियम नहीं उसका उल्लंघन है तब तो वह सहज हो या असहज, हर तरह की मृत्यु के लिए संवेदना उत्पन्न कर सकेगा। लेकिन अगर प्रस्तुतकर्त्ता यह मानता है कि मृत्यु तो जीवन का सामान्य नियम है और समाज में सरवाइवल ऑफ द फिटेस्ट यानी योग्यता की उत्तरजीविता का सिद्धान्त चलता है तो किसी की मौत पर अफसोस क्यों ?

अगर कोई पत्रकार या चैनल अपने वर्ष भर के लेखन या प्रस्तुति में सामान्य जन की बढ़ती गरीबी, बेरोजगारी और बीमारी को तब तक कवरेज का मुद्दा नहीं बनाता जब तक वह आत्महत्या न कर ले तो कैसे मान लिया जाए कि साम्प्रदायिक हिंसा की उसकी कवरेज व्यापक मानवीय संवेदना से प्रेरित है। यह विडम्बना ही है कि जब तक एनरॉन जैसी कम्पनी दिवालिया नहीं होती और जब तक किसान खुदकुशी नहीं करते तब तक ढाँचागत सुधार सफलतापूर्वक चलता बताया जाता है। यह सन्देह उस समय और गहरा जाता है जब सम्प्रदायिक हिंसा को अतियथार्थवादी तरीके से प्रस्तुत करनेवाले पत्रकार बजट पर होनेवाली चर्चा में 'बेचारे' आम आदमी की बजाय 'बेचारे' वित्त मन्त्री का पक्ष लेते हैं। उस कार्यक्रम में राष्ट्रीय जनतान्त्रिक गठबन्धन के एक घटक के नेता

और मन्त्री कह रहे थे कि मिट्टी के तेल और नमक के दाम बढ़ाने से गरीब आदमी पर बोझ पड़ेगा, जबकि पत्रकार महोदय का कहना था कि ऐसा न करने से वित्त मन्त्री पर बोझ पड़ेगा। अद्‌भुत दृश्य था वह जिसमें कैबिनेट मन्त्री आम आदमी का पक्ष लेते हुए वित्त मन्त्री पर दबाव बनाने की बात कर रहे थे और पत्रकार वित्त मन्त्री का पक्ष लेते हुए आम आदमी पर बोझ डालने की बात कर रहे थे।

इलेक्ट्रॉनिक मीडिया साल में ऐसे सैकड़ों कार्यक्रम पेश करता है जिनमें आम आदमी के हित की बात करनेवाले को सस्ती लोकप्रियता का आकांक्षी बताकर खारिज कर दिया जाता है। इस दौर में सही नेता वही है जो सस्ती लोकप्रियता की बजाय कठोर फैसलों की बात करे। अगर गरीबों और किसानों के आत्महत्या की रपट दिखाई जाती है तो वजह यही बताई जाती है कि किसान बाजार के मुताबिक अपने को बदल नहीं पा रहा है। उसमें यह कहीं नहीं कहा जाता कि यह बाजार की तानाशाही का परिणाम है। समाज की तरह ही आज मीडिया में भी कट्टरता की दो प्रमुख प्रवृत्तियाँ काम कर रही हैं। एक है धार्मिक कट्टरता और दूसरी है बाजार की कट्टरता। इन दोनों के बीच वास्तविक अर्थों में उदार और धर्मनिरपेक्ष प्रवृत्तियाँ भी हैं, पर वे लगातार घटती जा रही हैं। इलेक्ट्रॉनिक मीडिया बड़ी पूँजी का उद्यम है इसलिए उसमें बाजार की कट्टरता ज्यादा है। बाजार की यह कट्टरता प्रिंट मीडिया को भी जकड़ चुकी है जबकि भारतीय भाषाओं के अखबार धार्मिक कट्टरता की जकड़ में ज्यादा हैं। अब वे भी बाजार की कट्टरता की तरफ बढ़ रहे हैं। प्रिंट मीडिया में प्रत्यक्ष विदेशी निवेश को लेकर चल रही बहस और उस पर बने विभाजन से यह भी निष्कर्ष निकलता है कि साम्राज्यवाद से गठजोड़ के लिए पश्चिमीकृत और सेक्युलर मीडिया ही नहीं देशी और धार्मिक रूप से कट्टरपन्थी मीडिया भी आतुर है। इसके लिए दोनों तरह की प्रवृत्तियों में एक प्रतिस्पर्धा है, हालाँकि राजनीतिक तौर पर यह गठजोड़ हो चुका है।

इन प्रवृत्तियों के चलते भारतीय समाज की बुनियादी समस्याएँ उलझ गई हैं और उसका सामाजिक ताना-बाना भंगुर हो गया है। चाहे सस्ती लोकप्रियता का अमानवीय जुमला हो या न्यूटन के तीसरे नियम का क्रूर तर्क हो, ये दोनों चीजें देश के किसी संवेदनशील नागरिक के सीने में नश्तर की तरह चुभती हैं। यह चुभन उस समय और बढ़ जाती है जब हिंसा और उत्तेजना फैलानेवाले शिलापूजन जैसे कार्यक्रमों का लाइव कवरेज होता है और ऐसे लोगों को सन्त और आचार्य बनाकर पेश किया जाता है जिनकी भूमिका समाज के लिए एकदम विपरीत है। व्यावसायिक मीडिया के ऐसे तमाम खतरों की तरफ हमारे स्वाधीनता संग्राम के उग्र और अहिंसक दोनों धाराओं के प्रतिनिधियों ने सचेत किया था। गांधी ही नहीं भगत सिंह ने भी सचेत किया था कि मीडिया की सनसनीपूर्ण भूमिका से समाज में जातीय और साम्प्रदायिक हिंसा बढ़ती है। लेकिन मीडिया की इस नकारात्मक भूमिका की तरफ संकेत करने का नैतिक अधिकार उन्हीं को है जिनका अपना दामन साफ है और जो साम्प्रदायिक सद्‌भाव और देश की भलाई के लिए अपनी जान न्योछावर करने को तैयार रहते हैं। यह अधिकार उन्हें नहीं

दिया जा सकता जो हिंसा रोकने के लिए न तो नैतिक बल का प्रयोग करते हैं न ही पुलिस बल का। मजहबी तालिकाओं में लाशों के अंक चढ़ानेवालों और स्वाभाविक प्रतिक्रिया के सिद्धान्त गढ़नेवालों को तो मीडिया की आलोचना का हक नहीं बनता। हाँ, अगर ऐसे लोग अपना पद छोड़कर शरणार्थी शिविरों में सेवा का प्रायश्चित करें तब भले वे कुछ आपत्ति कर सकते हैं।

अगर गांधी के जीवन से जुड़े इन सुझावों को पुराना और अप्रासंगिक माना जाए तो भी आज के दौर में मीडिया की नकारात्मक भूमिका की अनदेखी महँगी पड़ सकती है। मशहूर लेखक एडवर्ड सईद ने *कवरिंग द इस्लाम* में विस्तार से बताया है कि किस तरह पश्चिमी मीडिया पश्चिम एशिया और इस्लाम का विद्रूप चित्र प्रस्तुत कर सभ्यताओं के कथित टकराव में सहायक बना। भारत भी अपनी विविधता के कारण इजराइल-फिलस्तीन जैसा संकटग्रस्त क्षेत्र बन रहा है। इसलिए संक्रमण और संशय के इस माहौल में अगर भारतीय मीडिया ने संयम और संवेदना से काम करनेवाली आचार संहिता नहीं बनाई तो या तो वह होम करते हुए हाथ जला लेगा या आहुति के तौर पर पूरे समाज को अग्नि में झोंक देगा। ऐसे में मीडिया का कवरेज मौत का रोमांच भले उत्पन्न करे पर मौत की संवेदना नहीं पैदा कर पाएगा।

उन्हें क्या मालूम हिन्दी का स्वाद

एक मित्र ने प्रस्ताव रखा कि हम हिन्दीवाले को देशी ही नहीं, विदेशी भाषाओं से भी सीधे आदान-प्रदान करना चाहिए। हमें अंग्रेजी को बीच से हटा देना चाहिए। इससे हम न सिर्फ अंग्रेजों की अनिवार्यता से मुक्त होंगे, बल्कि देशी और विदेशी भाषाओं के शब्दों के सही हिज्जे और उच्चारण से परिचित होंगे। थोड़ी देर के लिए तो हम लोग बहुत उत्साहित हुए और अपनी असमर्थता भुलाकर काम शुरू करने के तरीके तय करने लगे। लेकिन आई.आई.टी. की प्राध्यापकी छोड़कर आए उस मित्र को आदिवासियों में काम करने जाना था और हमारे लिए नौकरी के लिहाज से (भाषा बिगाड़ते जाने के लिए) खबरों का अनुवाद करना था।

इस बीच कई विपरीत घटनाएँ घटते जाने से हिन्दी के भविष्य, चरित्र और सौन्दर्य और उसी के साथ अपने भविष्य को लेकर हमारे जैसे साधनहीन लोगों की चिन्ता बढ़ती जा रही थी। तभी खबरें आने लगीं कि हिन्दी का अंग्रेजी से 'रोमांस' शुरू हो गया है। कुछ लोगों ने आश्वस्त किया कि उसका भविष्य अब सुरक्षित हो गया है। हिन्दी के देसी और विपन्न साहित्यकारों-पत्रकारों के साथ 'दुहाजू की बीवी' बनकर रहने से अच्छा है वह अंग्रेजी से रोमांस करे। एक दिन उसे 'जी.टी.वी.' पर 'नई चाल' में देख ही

लिया—'सार्क के फोरन मिनिस्टर्स की मीटिंग में यूरोपियन यूनियन के साथ एग्रीमेंट करने का डिसीजन लिया गया। उस मीटिंग में आज इस इंटेंशन के एक प्रपोजल को एक्सेपट कर लिया गया।'

इसके बाद तो उसे इसी अन्दाज में रेडियो पर सुना और दूरदर्शन के कई कार्यक्रमों में भी देखा। फिर कई अंग्रेजी अखबारों में इसे एक स्वाभाविक भाषा बताते हुए लेख भी दिखाई दिए। बताया गया कि यह 'नई चाल' की हिन्दी है। भला दूरदर्शन और आकाशवाणी के समाचारों को कोई समझता है। आज अगर मुंशी प्रेमचन्द भी होते, तो क्या वे इसे समझ पाते ? दावा किया जा रहा है कि भारत के मध्यवर्ग के बड़े हिस्से की यही बोलचाल की भाषा है और धीरे-धीरे यही जनभाषा भी बन रही है। इस भाषा को 'बाजार की शक्तियों' का समर्थन है। देर-सवेर यही हिन्दी की नियति है।

सवाल उठता है कि महावीर प्रसाद द्विवेदी, रामचन्द्र शुक्ल, भारतेन्दु हरिशचन्द्र और आचार्य किशोरीदास वाजपेयी ने क्या इसी हिन्दी के लिए संघर्ष किया था ? क्या महात्मा गांधी या डॉ. लोहिया इसी हिन्दी की स्थापना के लिए अंग्रेजों को हटाना चाहते थे ? क्या यही वह हिन्दुस्तानी है, जिससे परिवर्तित न होने का कारण हिन्दी को बार-बार संस्कृत के गर्भ से जन्म लेने के ताने सहने पड़े ? क्या संस्कृत और उर्दू से पिंड छुड़ाकर अब हिन्दी अपने सहज और सही मार्ग पर चल पड़ी है और अब उसके मजबूत जनभाषा और राष्ट्रभाषा बनने में ज्यादा देर नहीं है ?

संस्कृत बनाम उर्दू के विवाद में हिन्दी को काफी कष्ट उठाने पड़े हैं। यह कुछ ऐसा ही था, जैसे बार-बार मायके जाने और सहेलियों के साथ गप्पें लगाने के चक्कर में किसी स्त्री का घर बरबाद हो जाए। इस सिलसिले में डॉ. रघुवीर ने हिन्दी के प्रति सम्पूर्ण सेवा भावना रखते हुए भी भारी अहित किया। दलित चिन्तक डॉ. धर्मवीर के शब्दों में कहें तो डॉ. रघुवीर ने संस्कृत भाषा के 20 उपसर्ग, 80 प्रत्यय और 500 धातुएँ लेकर हिन्दी की शब्द ग्रहण शक्ति का मजाक उड़ाना चाहा है। उन्होंने अपने इस प्रयास से राजकाज के स्तर पर इतनी कठिन हिन्दी को जन्म दिया कि वह प्रचलन में ही नहीं आ पाई। रामचन्द्र शुक्ल सहित हिन्दी के तमाम विद्वानों पर यह आरोप लगाया जाता है कि उन्होंने हिन्दी को उर्दू से बचाने के चक्कर में संस्कृत की तरफ धकेल दिया। कृष्ण कुमार ने अपने चर्चित लेख 'हिन्दी-हिन्दू-हिन्दुस्तान' में यही साबित किया है कि हिन्दी का विकास सही रास्ते से उतरकर साम्प्रदायिकता की पटरी पर चला गया। नतीजतन जो भाषा राजभाषा बननेवाली थी वह जनभाषा भी नहीं रह पाई। एक ओर स्थिति यह है कि लालू प्रसाद तो पहले ही अंग्रेजी की अनिवार्यता को जरूरी मानते थे और अब मुलायम सिंह ने भी अदालतों में अंग्रेजी लागू कर हिन्दी की हिमायत छोड़ दी है।

वैसे संस्कृत और उर्दू के इस झगड़े को किशोरीदास वाजपेयी ने काफी कुछ निपटा दिया है। उनका कहना है कि हिन्दी-संस्कृत के शब्द लेगी और उर्दू के भी, पर अपने ऊपर किसी की धौंस नहीं चलने देगी। हिन्दी के अपने व्याकरण के नियम हैं और उनकी

शब्दों को पचाने की अपनी प्रक्रिया है। संस्कृत को अपने व्याकरण के नियम हिन्दी पर चलाने का कोई अधिकार नहीं है। हिन्दी की अपनी मूल प्रकृति है और वह उसी हिसाब से आगे बढ़ेगी। वह संस्कृत के उपसर्गों और प्रत्ययों की लादी नहीं ढोएगी और न ही फारसी के शब्दों को लेकर जबान मरोड़ेगी। अगर वह इन भाषाओं के शब्दों को लेगी भी तो उन्हें अपने ढंग से लिखेगी और बोलेगी। कोई यह नहीं कह सकता कि हलन्त या अनुस्वार नहीं लगा या नुक्ता नहीं लगा।

जब हिन्दी अपने को तेजी से बदल रही हो और सबके लिए सुविधाजनक और सरल रूप लेकर सामने आ रही हो, तो हिन्दी पर बार-बार संस्कृतनिष्ठ होने के आरोप लगाना किसी साजिश का हिस्सा है। वह संस्कृत और उर्दू के झगड़े के दलदल से निकल चुकी है। पर उसे फिर क्यों वहीं ढेला जा रहा है ? दरअसल, हिन्दीभाषी क्षेत्रों में ऐसे मध्यवर्ग का उदय हुआ है, जो अपनी सन्तानों और आवास समितियों को छाँट-छाँटकर संस्कृतनिष्ठ नाम रखेगी, लेकिन हिन्दी को सामान्य अभिव्यक्तियों पर कठिन होने का आरोप लगाएगी। यह विचित्र वर्ग है, जो हिन्दी में किए जानेवाले नाटक का रिहर्सल अंग्रेजी में करेगा और किसी बहस या चर्चा में 'यू.नो' 'आईमीन' का गीयर लगाकर खास बात कहने के लिए अंग्रेजी पर उतर आएगा।

वह दिखाता है कि हिन्दी भाषियों पर एहसान करते हुए वह हिन्दी में बोल रहा है, लेकिन यह है बाजार की मजबूरी। इतने बड़े हिन्दी भाषी क्षेत्र में संचार माध्यमों के प्रसार की व्यापक सम्भावनाएँ हैं। इस बात को मीडिया मुगल रपर्ट मरडोक जैसे लोग भी समझ चुके हैं। इसलिए हिन्दी में कार्यक्रम बढ़ाने और अंग्रेजी के कार्यक्रमों में हिन्दी टपकाने की शुरुआत हो चुकी है। लेकिन इस साजिश का दूसरा आयाम ज्यादा गम्भीर है। वह है हिन्दी को अनिवार्य रूप से अंग्रेजी पर निर्भर बना देने का। एक ऐसी स्थिति पैदा की जा रही है, जिसमें हिन्दी अपनी 'आत्मा' पर अंग्रेजी का इतना बोझ लाद लेगी कि वह 'सोल' में परिवर्तित हो जाएगी। अपने मूल से कटी और अंग्रेजी के बोझ से दबी इस हिन्दी में अंग्रेजी को सामन्ती और साम्राज्यवादी भाषा कहने और उसे हटाने की सामर्थ्य ही नहीं बचेगी। इस तरह यह अंग्रेजी पढ़ा-लिखा मध्यवर्ग दोनों दुनिया के मजे लेगा। एक तरफ वह ग्लोबीकरण के फायदे उठाएगा तो दूसरी तरफ उदारीकरण के। रही राष्ट्र की बात, तो वह तो उसके लिए एक नियम जैसा है और नियम के आगे बढ़ने का तरीका है विलय और अधिग्रहण। गौर से देखें तो इस स्थिति की कुछ जड़ें हिन्दी बनाम हिन्दुस्तानी या संस्कृत बनाम उर्दू से झगड़े में भी हैं। इस झगड़े की वजह से अंग्रेजी हावी होती चली गई। और, हिन्दी जब झंझट से निपटकर बाहर निकली, तब तक अंग्रेजी पर निर्भरता का मार्ग उसके भाग्य में दर्ज हो चुका था। अंग्रेजी के शब्दों का आवागमन भी वीसा मुक्त हो गया। आपातकाल इमरजेंसी हो गया, उच्च न्यायालय हाईकोर्ट हो गया, परमाणु एटम हो गया, प्रक्षेपास्त्र मिसाइल हो गया, उपग्रह सेटेलाइट और प्रयोगशाला लैब बन गई।

हिन्दी के साथ समस्या यह है कि उसकी शब्द सामर्थ्य अभी भी बहुत कम है।

ज्ञानमंडल लिमिटेड से प्रकाशित *बृहत हिन्दी कोश* में कुल एक लाख 45 हजार शब्द हैं। इनमें दस हजार तो उर्दू के शब्द हैं। ऐसी स्थिति में अपने से तीन गुना ज्यादा शब्द सामर्थ्यवाली अंग्रेजी भाषा को वीसा मुक्त करने का मतलब था भारी घुसपैठ को न्यौता देना। सरलता के नाम पर पूरी अंग्रेजी शब्दावली सरल लगने लगी है और देशी शब्दावली कठिन। सम्भवतः सहजता का यही आह्वान समर्पण में बदलता जा रहा है।

हिन्दी डॉ. रघुवीर के अजायबघर से तो उठकर चली आई है, लेकिन अब अंग्रेजी के उपभोक्तावादी मायाजाल में फँसने जा रही है। खतरा इस बात का है कि अंग्रेजी की भारी-भरकम उपभोक्तावादी शब्दावली को ढोते हुए हिन्दी को कूबड़ न निकल आए। इस खतरे से बचने के लिए डॉ. रामविलास शर्मा का हिन्दी जातीयता का सिद्धान्त भी कारगर नहीं दिखता, क्योंकि स्तालिनवादी नेशनलिटी का सिद्धान्त हिन्दीभाषी क्षेत्र पर लागू नहीं हो पाएगा। हिन्दीभाषी देश पर धौंस जमाकर उसे स्वीकार नहीं करवा सकते। स्वीकार करवाने का तरीका तो मेल-मिलाप का ही होगा।

आज जरूरत इस बात की है कि हिन्दी अपनी उपेक्षा और अपमान का प्रतिकार करने से चूके नहीं। वह विभिन्न भाषाओं के शब्दों को अपनाए, पर उन्हें अपने टकसाल में ढालकर और अपनी जुबानवालों में चलाकर। नित नए शब्दों की चुनौतियों से निपटने के लिए हिन्दी के विद्वान साहित्यकार और पत्रकार शब्दों का सरलीकरण ही नहीं, मानवीकरण भी करें। लेकिन उससे भी ज्यादा जरूरी है कि हिन्दी राष्ट्र निर्माण में अपनी भूमिका बढ़ाए। हिन्दी को राष्ट्रभाषा बनाने की चौतरफा आवाज तभी उठी थी जब उसने स्वाधीनता संग्राम में अमूल्य योगदान दिया था। उसे चाहिए कि आज वह पूरे देश में उठ रहे दलितों और पिछड़ों के आन्दोलन को अभिव्यक्ति दे। वह अपनी सामर्थ्य से नेतृत्व का मन मोह ले और अपनी सरलता से सामान्य व्यक्ति की भी प्रिय बने।

आज अगर लोहिया होते !

तीन काल्पनिक सवाल, पहला—आज अगर डॉक्टर राममनोहर लोहिया होते तो इराक पर आरम्भ अमेरिकी हमले पर क्या करते ? दूसरा—अगर डॉ. लोहिया होते तो हिन्दुत्व के नाम पर चलाए जा रहे नफरत के अभियान पर क्या करते ? तीसरा सवाल बाजारीकरण या उदारीकरण के बारे में पूछा जा सकता है कि क्या विश्व नागरिकता के हिमायती डॉ. लोहिया इस भूमंडलीकरण का विरोध करते ?

आज अगर डॉ. लोहिया होते तो भारत का विराटजन उसी प्रकार युद्ध के विरोध में उठ खड़ा हुआ होता जिस प्रकार यूरोप और आस्ट्रेलिया ही नहीं अमेरिका की जनता उठ खड़ी हुई है। उन्हें यह बात कतई पसन्द न आती कि भारत की सरकार या जनता किसी साम्राज्यवाद की पिछलग्गू दिखे और दादागिरी के समर्थक लगे। वे सिर्फ सिद्धान्त

गढ़नेवाले और ब्लूप्रिंट बनानेवाले बुद्धिजीवी नहीं थे जो सेमिनारों और टी.वी. स्टूडियो में अपनी बात कहकर कर्तव्य की इतिश्री मान लेते। वे विचार को कर्म से जोड़कर उसे सम्पूर्ण स्वरूप देते थे। वे इस अन्यायपूर्ण साम्राज्यवादी युद्ध के विरुद्ध जमीन-आसमान एक कर देते। डॉ. लोहिया इस अवसर पर विचार के स्तर पर 'वैकल्पिक संयुक्त राष्ट्रसंघ' के गठन के प्रयास तक जाने और व्यवहार के स्तर पर उन अमेरिकी बुद्धिजीवियों की तरह इराक में मानवीय ढाल बनकर बमबारी का विरोध करने पहुँचते। यहाँ यह बात ध्यान दिलाने की है कि अमेरिका के कुछ युद्ध विरोधी बुद्धिजीवी तुर्की के रास्ते इराक पहुँच गए हैं। उनकी योजना है कि अमेरिका जब इराकी ठिकानों पर बमबारी करे तो वे वहाँ लेटकर मानवीय ढाल बन जाएँगे। राष्ट्र-राज्य की अमानवीय शक्ति के आगे यह मानवीय सत्याग्रह ज्यादा कारगर नहीं दिखता, पर डॉ. लोहिया सत्याग्रह के इस हथियार को ज्यादा कारगर और व्यापक बनाने का प्रयास अवश्य करते। आज यह बात बहुत तेजी से महसूस की जा रही है कि अमेरिका के नेतृत्व में इराक पर हमला किया गया तो संयुक्त राष्ट्र टूट जाएगा। लेकिन डॉ. लोहिया को इस वैश्विक संस्था के कमजोर और अलोकतान्त्रिक चरित्र को लेकर आरम्भ से ही सन्देह था। उनका कहना था "चूँकि संयुक्त राष्ट्र संघ में स्थायी सदस्यता और वीटो का अधिकार कुछ बड़ी शक्तियों तक सीमित है इसलिए संयुक्त राष्ट्र से यह उम्मीद करना कि वह विश्व-शान्ति या विश्व-नागरिकता की रक्षा करने में सार्थक होगा, नितान्त भ्रम पैदा करनेवाला है। आज नहीं तो कल, वर्तमान संयुक्त राष्ट्र संघ का विकल्प खोजना ही होगा। इसलिए उस दिन के दूसरे विकल्प की तैयारी हमें आज इसी क्षण से करनी चाहिए।" उनका कहना था "वह दिन दूर नहीं है जब विश्व के सभी देश एक व्यापक सिविल नाफरमानी इस बात के लिए करेंगे कि संयुक्त राष्ट्र संघ का विकल्प खोजा जाना चाहिए।"

निश्चित तौर पर आज अगर डॉ. लोहिया होते तो पूरी दुनिया में उठ रही लाखों-लाख लोगों की युद्ध विरोधी भावनाओं को विश्व शान्ति के लिए एक सुअवसर बनाने में कोई कसर नहीं छोड़ते। वे अमेरिका और यूरोप के विवेकवान और अमनपसन्द जनमत से गहरा नाता जोड़ते और उसे नए संयुक्त राष्ट्र के निर्माण का एक आन्दोलन बनाने में मदद करते। लेकिन वे एशिया और अफ्रीका को किसी रूप में पिछलग्गू बनने की सलाह न देते। उनके मन में शोषित, उपेक्षित और पिछड़े समाजों के लिए गहरा प्रेम था और वे उन्हें खुद अपना नेता बनने की सलाह देते रहते थे। हालाँकि डॉ. लोहिया के विश्लेषण के बाद आज दुनिया की तस्वीर में तरह-तरह के रँग भर गए हैं पर उनकी ये पंक्तियाँ आज भी प्रेरणा देती हैं–रोम से होनोलोलू तक एक दुनिया है और टोक्यो से काहिरा पार दूसरी। सारा एशिया दारिद्रय की बीमारी से पीड़ित है और एशियाई देशों का परस्पर परिचय भी नहीं है। सारे एशिया को आपस में पहचान करनी चाहिए और परस्पर सहानुभूति प्रेरित कर एकसमान नीति बनानी चाहिए।"

एशिया के समाजों के प्रति उनका यह प्रेम यहीं तक सीमित नहीं था। वह अफ्रीकी

देशों को औपनिवेशिक और रंगभेदी शोषण से मुक्ति दिलाने से लेकर अमेरिका के नीग्रो को भी वास्तविक आजादी दिलाने तक जाता था। दरअसल उनका प्रेम सम्पूर्ण मानवता से था और उनकी विश्व शान्ति, युद्ध विरोध और निरस्त्रीकरण की अवधारणाएँ उसी मानवीय प्रेम का हिस्सा थीं। अगर उनकी साक्षात्कार और आत्म-साक्षात्कार की अवधारणाओं पर गौर करें तो यह निष्कर्ष निकाला जा सकता है कि वे न सिर्फ अमेरिका द्वारा युद्ध थोपे जाने का विरोध करते बल्कि इराक के राष्ट्रपति सद्दाम हुसैन को भी अपने यहाँ जनतन्त्र लाने की सलाह देते और इन सबके लिए संघर्ष भी करते।

लेकिन यह सत्याग्रह यहीं समाप्त नहीं होता बल्कि निरस्त्रीकरण के पूर्ण होने तक चलता। इसमें क्या भारत, क्या उत्तर कोरिया और क्या अमेरिका, सभी के नाभिकीय हथियारों को समाप्त करवाने का लक्ष्य होता। वे दुनिया में युद्ध की सम्भावना को नष्ट करना चाहते थे। इसीलिए इस बात से चिन्तित थे कि संयुक्त राष्ट्र के बनने के बावजूद दुनिया में हथियारों की होड़ और युद्ध की आशंका बढ़ती जा रही है। लेकिन उनका युद्ध विरोध सिर्फ नैतिक और भावनात्मक नहीं था। वे एक राजनीतिक द्रष्टा के रूप में एक तरफ उसके कारणों की पड़ताल करते थे तो दूसरी तरफ वैकल्पिक संस्थाओं का ठोस सुझाव प्रस्तुत करते थे।

उनका मानना था कि "संसार में होनेवाले युद्धों के पीछे अलगाव की दृष्टि ज्यादा रही है। राष्ट्र और राष्ट्र की स्वायत्त भावना को स्वीकार करते हुए भी मनुष्य को मनुष्य के रूप में देखा जा सकता है। डॉ. लोहिया की सोच थी कि राष्ट्रीय यथार्थ और अन्तर्राष्ट्रीय उदात्त कल्पना दोनों का एक समीकरण बन सकता है क्योंकि युद्ध इसी समीकरण के अभाव में होते हैं। हथियार निर्माण और युद्ध के कारणों के पीछे वे जिन पाँच कारणों को देखते हैं उनमें विकसित और पिछड़े देशों के बीच का आर्थिक असन्तुलन प्रमुख कारण है। उसके अलावा दुनिया के राष्ट्रों में बढ़ती सामाजिक और सांस्कृतिक असमानता, सामूहिक असुरक्षा और अन्याय के खिलाफ बढ़ता हुआ आक्रोश है। इसीलिए उनका विश्वास था कि जब तक दुनिया में सम्भव बराबरी का लक्ष्य नहीं सिद्ध किया जाता तब तक निरस्त्रीकरण की योजना सफल नहीं हो सकती। वे हथियारों के विकल्प के रूप में एक तरफ गांधी की सिविल नाफरमानी का प्रचार करते थे तो दूसरी तरफ ऐसे विश्व सरकार की स्थापना का सुझाव भी देते थे जिसके पास अन्तर्राष्ट्रीय सहमति के आधार पर एक विश्व-सेना हो, जिसका वह जरूरत पड़ने पर कहीं इस्तेमाल कर सके।

वे दुनिया के सबसे घातक हथियार यानी एटम बम को परास्त करने की शक्ति सिर्फ महात्मा गांधी की अहिंसा में देखते थे। इस सिलसिले में उनकी यह उक्ति बहुत प्रसिद्ध है कि "बीसवीं सदी की दो महान उपलब्धियाँ हैं—एक एटम बम और दूसरा महात्मा गांधी। लेकिन सदी के अन्त तक एक को ही बचना चाहिए।"

हालाँकि सदी पूरी होने के बाद भी एटम बम बचा हुआ है। पर गांधी मर गए

हैं ऐसा नहीं कहा जा सकता। दुनिया में शान्ति और अहिंसा की बढ़ती भावना का ही असर है कि दूसरे विश्वयुद्ध के बाद अब तक एटम बम का प्रयोग नहीं हो सका। इससे भी सकारात्मक स्थिति यह है कि दो विश्वयुद्ध देख चुके यूरोप में आज विश्व-शान्ति और अहिंसा के सन्देश ज्यादा ध्यान से सुने जा रहे हैं। वहाँ निरस्त्रीकरण और पर्यावरण रक्षा के लिए ज्यादा बड़े आन्दोलन हो रहे हैं जबकि एशिया में घातक हथियार जमा करने की होड़ लगी हुई है।

यूरोप के शान्तिप्रिय और मेल-मिलापवाले महाद्वीप के रूप में और अमेरिका के युद्धोन्मादी देश के रूप में उभरने पर जरूर डॉ. लोहिया को हैरानी हो सकती थी और वे यूरोपीय साम्राज्यवाद से हटकर अमेरिकी साम्राज्यवाद की निन्दा करते। लेकिन उन्हें सबसे ज्यादा चिन्ता दुनिया-भर में बढ़ते जातीय और धार्मिक टकरावों से होती। कश्मीर के सवाल पर दक्षिण एशिया पर मँडराता नाभिकीय युद्ध का खतरा उनके समक्ष चिन्तन और राजनीतिक कर्म की एक बड़ी चुनौती प्रस्तुत करता। उन्होंने भारत-पाक महासंघ की जो परिकल्पना प्रस्तुत की थी उसे आज के दौर में और प्रासंगिक बनाते। उन्हें मालूम था कि इस उपमहाद्वीप के झगड़ों और युद्धों की जड़ में भारत-पाक विभाजन और इतिहास की गलत व्याख्या ही है। अगर इसे ठीक कर दिया जाए तो टकराव टल सकता है और इस क्षेत्र के बेहतर विकास का रास्ता खुल सकता है। इसी वर्ष 30 जनवरी को गांधी शान्ति प्रतिष्ठान में व्याख्यान देते हुए डॉ. रामचन्द्र गांधी ने डॉ. लोहिया की इसी भावना को ही परिलक्षित किया था। उनका कहना था ''इस उपमहाद्वीप के ऊपर भारत-पाक विभाजन में मारे गए 20 लाख लोगों की आत्माएँ मँडरा रही हैं। अगर उन्हें शान्त करना है तो विभाजन की भावना को मिटाने के लिए एक सांस्कृतिक संसद की स्थापना की जानी चाहिए।''

पर यह काम धार्मिक कट्टरता से नहीं उदारता से ही सम्भव है। इसके लिए इतिहास की गलत और एकतरफा व्याख्या से बचकर उसकी सही और सन्तुलित व्याख्या की जानी चाहिए।''

औपनिवेशिक इतिहास लेखन को बदलना होगा। मन्दिरों के बहाने उभरे हिन्दू-मुस्लिम टकराव के बारे में उन्होंने पहले ही दो टूक टिप्पणी की थी। भारत विभाजन के गुनहगार में उन्होंने कहा था, ''अगर हमारे देश के नेताओं में सच को सुनने और कहने का साहस होता तो यह झगड़े इस सीमा तक न बढ़ते। वे चुनावी जीत या हार यानी अल्पकालिक राजनीति की चिन्ता किए बिना अपने लोगों से साफ बात कहने का साहस रखते थे। वे मुसलमानों से यह कहने का साहस रखते थे कि उनके आक्रमणकारी पूर्वजों ने हिन्दू मन्दिरों को तोड़ा है और सांस्कृतिक संस्थानों को नष्ट किया है। इसलिए उन्हें यह गलती माननी चाहिए। इसी प्रकार वे हिन्दुओं से यह कहते थे कि उन्हें यह मानना चाहिए कि उनके पुरखे कायर थे जो आक्रमणकारियों से देश की रक्षा नहीं कर सके। अगर इस एहसास के साथ संवाद शुरू हो सके तो दोनों के मन का मैल धुल सकता है और राष्ट्र निर्माण के लिए बेहतर भावभूमि भी तैयार हो

सकती है, क्योंकि ऐसा मानना पूर्ण सत्य होगा।

लेकिन वे आक्रमणकारी इस्लामी शासकों और यहाँ रहकर सुशासन चलानेवालों में भेद करते थे। वे बराबर, गौरी और गजनी को लुटेरा मानते थे पर रजिया, शेरशाह और अकबर को उस परम्परा से अलग रखते थे।

इतिहास और सोच के स्तर पर एक धरातल पर दोनों समुदायों को खड़ा करने के लिए वे और भी कई प्रस्ताव प्रस्तुत करते थे। जैसे कि वे हिन्दुओं और मुसलमानों की सवर्ण जातियों की एकता से ज्यादा छोटी और पिछड़ी जातियों की एकता पर जोर दिया जाना चाहिए, क्योंकि उनके पूर्वज एक थे। इसी प्रकार वे हिन्दुओं और मुसलमानों में बाह्य-भेद के प्रतीक भी मिटाना राष्ट्र-निर्माण के लिए उपयोगी मानते थे। जनेऊ और चोटी हटाने का सुझाव देनेवाले डॉ. लोहिया मुसलमानों को दाढ़ी हटाने का सुझाव देने से पीछे नहीं हटते थे।

असल में डॉ. लोहिया विराट मानवीय एकता के परियोजनाकार थे। इसलिए उन्हें छोटे-छोटे विभेदों का समाधान प्रस्तुत करने में बड़ी आसानी होती थी। लेकिन मानवीय समाज छोटे-छोटे समूहों में इसीलिए बँटा होता है कि वहाँ छोटी-छोटी बातों को सोचनेवाले और उनको लेकर लड़ने-झगड़नेवालों की बड़ी संख्या होती है। लेकिन इतना तय है कि आज अगर वे होते तो संघ परिवार के फासीवाद के समक्ष भारत के उदार समाज का मजबूत विकल्प प्रस्तुत करते। संघ परिवार प्रतीकों की राजनीति से जितना द्वेष और कटुता फैला रहा है वे प्रतीकों के माध्यम से ही कई गुना ज्यादा प्रेम और सद्भाव पैदा कर देते। बहुत सम्भव है कि वे साम्प्रदायिकता की ऐसी गम्भीर चुनौती के समक्ष अपनी रणनीति बदलते, पर इतना जरूर है कि वे इस देश की माटी में रचे-बसे साझी संस्कृति के प्रतीकों से ऐसी अपार ऊर्जा उत्पन्न कर देते कि संघ परिवार के रथियों और सारथियों का चक्का जाम हो जाता।

संघ परिवार के विश्लेषक बड़ी आसानी से यह कह देते हैं कि डॉ. लोहिया की सांस्कृतिक नीतियाँ संघ के करीब थीं और उनकी आर्थिक नीतियाँ कम्युनिस्टों के। पर अगर वे डॉ. लोहिया को ठीक से समझें तो उन्हें मालूम चलेगा कि उनके सांस्कृतिक राष्ट्रवाद को डॉ. लोहिया की सांस्कृतिक नीति ही परास्त कर सकती है। आज भी अगर हिन्दुत्व के दैत्य को बोतल में बन्द करने का कोई तरीका निकलेगा तो उसमें डॉ. लोहिया के चिन्तन का काफी योगदान होगा।

उससे भी बड़ी बात यह है कि उनकी सांस्कृतिक नीति आर्थिक मामलों पर पक्षहीन नहीं थी। उसके साथ गहरा आर्थिक चिन्तन, गरीबों की पक्षधरता और देश की आर्थिक नीति के विभिन्न पहलुओं के लिए सुझाव मौजूद थे। लेकिन डॉ. लोहिया के विचारों के समक्ष आज सबसे बड़ी चुनौती मुक्त बाजार और मुक्त पूँजी के साथ हो रहे भूमंडलीकरण द्वारा प्रस्तुत की जाती। क्या विश्व नागरिक, विश्व सरकार, विश्व संसद और विश्व आर्थिक समिति की अवधारणा में विश्वास करनेवाले डॉ. लोहिया इसे

स्वीकार कर लेते या इसे पूरी तरह ठुकरा देते ? इस मोरचे पर डॉ. लोहिया के विचार भूमंडलीकरण की मौजूदा अवधारणा से मीलों आगे ठहरते हैं। बल्कि 'विश्व-बन्धुत्व और वसुधैव कुटुम्बकम' की उनकी जो अवधारणा थी उसके आगे आज का कथित वैश्वीकरण दकियानूस साबित होता। इनमें फर्क यह है कि जहाँ डॉ. लोहिया के विचारों के केन्द्र में मानव की स्वतन्त्रता है वहीं मौजूदा वैश्वीकरण के केन्द्र में कम्पनियों का लाभ है। मनुष्य की स्वतन्त्रता पर आधारित डॉ. लोहिया की वसुधैव कुटुम्बकम की अवधारणा का एक दिलचस्प प्रसंग यहाँ उल्लेखनीय है।

"डॉ. लोहिया के कुछ मित्र थे जो अपने को विश्व नागरिक कहते थे। वे किसी भी देश में प्रवेश के लिए पासपोर्ट या वीसा की आवश्यकता को नहीं स्वीकार करते थे। वे बिना पासपोर्ट के जाते थे। निकाले जाते थे। फिर दूसरे देश में उसी तरह प्रवेश करते थे। वहाँ से भी वे उसी तरह निकाले जाते थे। उनमें से एक दम्पति भारत में *मैनकाइंड* के सम्पादक मंडल में थे। उन्हें भारत सरकार ने बन्दी बनाकर देश से बाहर निकाल दिया।" लोहिया ने भारत सरकार के इस काम की कड़ी निन्दा की। क्योंकि वे वास्तव में विश्व नागरिकता में विश्वास करते थे और चाहते थे कि इसकी शुरुआत भारत से ही हो। इस बारे में उन्होंने 1936-37 में गांधी जी को पत्र लिखकर कहा था कि वे जब भी वायसराय से मिलें तो विश्व नागरिकता का सवाल उठाएँ। क्योंकि उनका मानना था कि मनुष्य चाहे जिस देश में जन्म ले, उसकी नागरिकता सीमित न की जाए।

हैरानी की बात है कि आज कथित वैश्वीकरण के युग में पूँजी के प्रवेश और पलायन के सारे नियम ढीले बनाए जा रहे हैं लेकिन मानव मात्र की स्वतन्त्रता पर तरह-तरह के बन्धन लगाए जा रहे हैं। कहीं अमेरिका में वीसा के नियम कड़े किए जा रहे हैं तो भारत से बांग्लादेशियों को खदेड़ा जा रहा है। यह सब काम वे सरकारें कर रही हैं जो वैश्वीकरण का एजेंडा लागू करने का दावा करती है।

वैश्वीकरण के इन पैरोकारों के मुकाबले डॉ. लोहिया का वैश्वीकरण ज्यादा ईमानदार, टिकाऊ और मानवीय है। उनकी अन्तर्राष्ट्रीयता के पाँच स्तम्भ थे। एक–राष्ट्रीय यथार्थ, दो–शान्ति का मार्ग, तीन–रोटी का सत्य, चार–विश्व सरकार की कल्पना, और पाँच–मानवतावाद। उनका मानना था कि हर राष्ट्र की नियति दूसरे राष्ट्र से जुड़ी हुई है।

अगर इस एक सत्य को हममें से हर कोई आत्मसात कर ले तो फिर विश्व-चेतना पर आधारित विश्व-समाजवाद की स्थापना में देर नहीं लगेगी। वह कहते थे कि विश्व-समाजवाद या अन्तर्राष्ट्रीयता तभी स्थापित हो सकती है जब हर राष्ट्र में उदात्त भावना जग जाए और वह स्वाभाविक रूप से अपने निहित स्वार्थों का त्याग कर दे। इसकी कसौटी यह थी कि साम्राज्यवादी देशों ने अगर किसी देश में पूँजी लगा रखी है और लम्बे समय से लाभ ले रहे हैं तो उसे अपने आप निवेशित राष्ट्र को सौंप देना चाहिए। इसी प्रकार संसार के सभी देश के नागरिकों को बिना किसी पासपोर्ट और वीसा के दूसरे देश में जाने की छूट होनी चाहिए। साथ ही यह सुविधा होनी चाहिए कि वह

जहाँ चाहे वहाँ बस सके।

लेकिन विडम्बना देखिए कि डॉ. लोहिया के इन विचारों को स्वीकार करने का साहस न तो अन्तर्राष्ट्रीयता का दावा करनेवाला समाजवाद दिखा पाया न ही वैश्वीकरण का दावा करनेवाला पूँजीवाद। यूरोपीय संघ का गठन उस दिशा में जरूर एक छोटा प्रयास है। पर अगर वह वहीं तक सीमित रहा तो फिर एक तरह की गैरबराबरी और अवरोध ही पैदा करेगा।

वास्तव में वैश्वीकरण की मौजूदा नीतियाँ डरने-डराने और विकल्पहीनता पर आधारित हैं। अमरीका अपनी मन्दी से भयभीत है; साथ ही जापान की तरक्की से। वह यूरोप की एकजुटता से डरता है और चीन की बढ़ती आर्थिक और सैन्यशक्ति से भी। लेकिन आजकल वह हर छोटी-छोटी चीज से डरने लगा है। वह इराक से भयभीत है, लीबिया से भयभीत है, उत्तर कोरिया से डरा हुआ है, और इन सबसे ज्यादा अल-कायदा से डरा हुआ है। इस्लामी उग्रवाद का डर तो उसके खून में समा गया है। उसके नीतिकार भारत जैसे देश में भी उसी तरह का डर और आतंक पैदा कर रहे हैं। भारत के आर्थिक योजनाकार चीन की बढ़ती आर्थिक शक्ति का डर दिखाकर उदारीकरण की नीति चलाना चाहते हैं। वे पाकिस्तान और चीन का भय दिखाकर सैन्यशक्ति बढ़ाने और नाभिकीय शस्त्र तैयार करने के लिए रक्षा बजट में बेतहाशा वृद्धि करना चाहते हैं।

डॉ. लोहिया ऐसी किसी नीति के विरुद्ध थे जो भय और लोभ पर आधारित हो। वे न डरना जानते थे और न ही डराना। वे देश के नीति-निर्माताओं से बार-बार आग्रह करते रहते थे कि भय के आधार पर विदेश नीति न बनाएँ। दूसरी बात यह है कि वे विकल्पहीनता में विश्वास नहीं करते थे। वे कठिन परिस्थितियों में भी विकल्प प्रस्तुत करने की क्षमता रखते थे। गैरकांग्रेसवाद उनकी उसी क्षमता का द्योतक है। लेकिन आज अगर वे होते तो गैरकांग्रेसवाद की सही व्याख्या करते और संघ परिवार का साम्प्रदायिक जहर निकाल देते या फिर गैरभाजपावाद की ऐसी आँधी खड़ी करते कि साम्प्रदायिकता कोने-अन्तरे में अपना सिर छुपाकर बैठ जाती। इसी तरह वे 'विश्व यारी' करनेवाले वैश्वीकरण के समर्थक मध्यवर्ग को ऐसा आत्म-साक्षात्कार कराते कि वह चीख-चीखकर कहता कि "हम तो वैश्वीकरण के ढोंगी हैं।"

आनन्दलोक की सीमाएँ

ज्यादातर लोग उसे 'आनन्दलोक के नरक' कहना पसन्द करेंगे। पर वे पत्र-पत्रिकाओं में लेख या टिप्पणियाँ लिख नहीं सकते और टेलीविजन पर होनेवाली बहसों में उन्हें शामिल नहीं किया जाता। इसलिए व्यभिचार की बड़ी-बड़ी घटनाओं पर संयम और

नियम से जीनेवाले सामान्य नागरिक की प्रतिक्रियाएँ दबकर रह जाती हैं। यह लेखक भी इतना धृष्ट नहीं हो सकता जो 'सभ्य' समाज के आनन्द को ईर्ष्या, वैमनस्य और घृणा की नजर से देखे और उसे आनन्दलोक का नरक कहे। इसीलिए यहाँ उसे आनन्दलोक की सीमाएँ बताकर उस पर सीमित और संक्षिप्त तरीके से ही कुछ टिप्पणियाँ प्रस्तुत की जा रही है।

सम्भवतः आनन्दलोक का अर्थ आप देश की राजधानी की उस कॉलोनी से समझ रहे होंगे जहाँ यू.एस.एड. के एक बड़े अधिकारी पुश्किन चन्द्रा और उनके समलैंगिक सहयोगी की उन्हीं के अन्य समलैंगिक सहयोगियों ने संक्षिप्त 'वर्ग संघर्ष' के बाद हत्या कर दी थी। निश्चित तौर पर यह टिप्पणी उनके बारे में है पर केवल उन्हीं के बारे में नहीं है। यह टिप्पणी उन सबके बारे में है जो 'आनन्दलोक' के अपने या किराए के मकानों में रहते हैं और यह नहीं सोचते कि उनके बगल में कोई और रहता है या उनके पड़ोस में नीतिबाग भी है। दरअसल वे किसी अड़ोस-पड़ोस और नीति-अनीति का ख्याल किए बिना अपने आनन्दलोक में रहते हैं। वे अपने आनन्द के लिए समाज से एक छलपूर्ण रिश्ता बनाते हैं और उसका मनमाफिक इस्तेमाल करने के बाद उसे कूड़े-कचरे में फेंककर निश्चिन्त हो जाना चाहते हैं।

यहाँ यह जानना दिलचस्प है कि पुश्किन चन्द्रा अपने सार्वजनिक जीवन में यूनाइटेड स्टेट्स एजेंसी फॉर इंटरनेशनल डेवलपमेंट (यू.एस.एड.) के लिए काम कर रहे थे। यह एजेंसी दुनिया में विकास के अमेरिकी मॉडल को लागू करने और उसका माहौल बनाने के लिए फंडिंग यानी धन देने का काम करती है। लेकिन परोक्ष रूप से इसके काम का असर स्थानीय संसाधनों पर समुदायों के अधिकार घटते जाने के रूप में होता है। अमेरिका के विदेशी सहायता कार्यक्रम की इस सरकारी एजेंसी के लिए आठ साल काम करने के बाद डेविड सी. कार्टन इससे निराश हुए और इसे छोड़ दिया। उनका कहना है कि उन्हें इन एजेंसी से इसलिए जोड़ा गया था ताकि यह सार्वजनिक संस्थाओं की मदद कर सकें। पर यह इतनी बुरी तरह नौकरशाही की जकड़ में है कि उसके मार्फत वह काम हो ही नहीं सकता। इन संस्थाओं के माध्यम से जितना ज्यादा धन दिया जाता है लोगों की निर्भरता उतनी ही बढ़ती है और उनका अपने जीवन और संसाधनों पर नियन्त्रण उतना ही कमजोर होता जाता है। इस तरह शक्तिशाली और कमजोर के बीच की खाई और बढ़ती जाती है। गौर से देखा जाए तो पुश्किन निजी जीवन में भी वही कर रहे थे जो सार्वजनिक जीवन में करते थे। उनके सार्वजनिक जीवन के केन्द्र में अमेरिकी वर्चस्व को कायम करना और लोगों को उस पर निर्भर बनाना था और निजी जीवन में अपना आनन्द और वर्चस्व कायम करना था। उनके जीवन में वैश्वीकरण और वेश्याकरण की दुरभि सन्धि थी। निजी जीवन में तो वे 'गे संस्कृति' के कथित मूल्यों की भी अवहेलना कर रहे थे। इससे तो समलैंगिक समाज भी शर्मसार हो गया होगा। हो सकता है यह महज संयोग हो या हो सकता है उनके इस रिश्ते पर ठीक से विचार न किया गया हो। पर अगर वे स्वयं समझदार, संवेदनशील और प्रबुद्ध थे और इस

हादसे में बच गए होते तो आत्मचिन्तन करते और ऐसे रास्तों को अवश्य छोड़ देते। यह न कर पाते तो कम-से-कम अपने आनन्दलोक की सीमाएँ पहचानते और उसका असीमित विस्तार करने का जोखिम न उठाते। लेकिन आनन्दलोक का यह प्रसार पुश्किन चन्द्रा और उनके साथी ही नहीं कर रहे थे। ऐसे लोगों की संख्या तेजी से बढ़ी है जो शाम होते ही शहर की सड़कों, गलियों, पार्कों, बाजारों और विशिष्ट इलाकों के करीब वेश्यालय की चादर बिछा देते हैं। चौंकानेवाली बात यह है कि इनमें वे लोग ही नहीं हैं जो मजबूरी में पेट पालने के लिए अपनी देह बेचते हैं। पुलिस के आँकड़े बोलते हैं कि इनमें वे लोग ज्यादा हैं जिनका परिवार सम्पन्न है, जिनके पिता बड़े अधिकारी या व्यापारी हैं। पिछले कुछ वर्षों में दिल्ली में पकड़ी गईं 70 फीसदी वेश्याएँ सम्पन्न घरों की हैं। ये वे लोग हैं जिन्होंने अपने घर, परिवार, परम्परा और समाज से अपनी देह को 'आजाद' कर लिया है। उन्होंने उसे बाजार और उपभोक्तावाद के आनन्दलोक में खुला छोड़ दिया है और वह अपनी हरकतों और हलचलों से उस लोक का विस्तार कर रहे हैं।

सवाल उठता है कि आनन्दलोक की इन सीमाओं का विस्तार कौन कर रहा है और कौन उसे पाल-पोस रहा है ? क्या यह मनुष्य की आजादी का विस्तार करनेवाला सचमुच कोई महान आन्दोलन है जिसे कुछ नासमझ कोई समझ न पाने के कारण अपनी नींदें हराम किए हुए हैं ? या यह सचमुच कोई ऐसी साजिश है जिसमें मनुष्य की सामाजिक, राजनीतिक और आर्थिक आजादी को सीमित कर उसे दैहिक (यौनिक) आनन्द की असीमित आजादी दी जा रही है ? इन सवालों को समझने के लिए अगर उदारीकरण के पिछले एक दशक में शहर में आए परिवर्तनों पर नजर डालें तो स्थिति ज्यादा स्पष्ट होगी। देश की राजधानी में राजनीतिक आजादी पर बड़ा कुठाराघात उस समय हुआ जब बोट क्लब पर राजनीतिक रैलियाँ प्रतिबन्धित कर दी गईं। गौरतलब है कि उससे पहले किसान नेता चौधरी महेन्द्र सिंह टिकैत और उदारीकरण समर्थक शरद जोशी के नेतृत्व में बोट क्लव पर किसानों ने बड़ी रैली की थी। जिसमें उदारीकरण के सवाल पर दोनों किसान नेताओं के बीच मंच पर टकराव हुआ था। उसके बाद किसान अपना असन्तोष और विरोध जताने बड़े पैमाने पर दिल्ली नहीं आ पाए। बाद में देश के कई राज्यों में किसानों की आत्महत्याओं का सिलसिला चला जिसकी संख्या हजारों में पहुँच गई। शहर के विशाल और लघु सार्वजनिक स्थलों से भगाए गए सामाजिक-राजनीतिक लोग अगर 20-25 की संख्या में भी किसी पार्क में चर्चा-विमर्श करने लगें तो एक दर्जन एल.आई.यू. और दो दर्जन पुलिसवाले घेर लेंगे। उड़ीसा के काशीपुर इलाके के आदिवासी न जंतर-मंतर पर जोर से नारे लगा सकते हैं न संसद भवन तक जुलूस ले जा सकते हैं।

दूसरा काम आर्थिक आजादी छीनने से हुआ। भारी विरोध के बावजूद छोटे-मोटे उद्योगों और उनमें काम करनेवाले लाखों मजदूरों को शहर से बाहर फेंक दिया गया। उन व्यवसायियों और मजदूरों का क्या हुआ इसका पता करने की कोशिश न शहर के

शासन-प्रशासन ने की और न ही मीडिया ने। आज दिल्ली-मुम्बई से भी ज्यादा तेजी से अमीर होने के अपने पोस्टर छपवा रही है। पर वह यह नहीं बता रही है कि यह अमीरी गरीबों को भगाने से आई है या किसी उत्पादन, व्यापार से। लेकिन लाखों लोगों की राजनीतिक और आर्थिक आजादी की इतनी बड़ी कुर्बानी अकारथ न जाती अगर उसके बाद शहर साफ-सुथरा रहता। पर लगता है यह कुर्बानी मध्य और उच्च वर्ग के 'आनन्दलोक' का विस्तार करने और शहर में तरह-तरह के देह व्यापार की स्वतन्त्रता देने के लिए ली गई है। क्योंकि पारम्परिक धन्धों से लोग हटेंगे तो वे 'नया' धन्धा ढूँढ़ेंगे ही।

इस बीच समलैंगिकों को अधिकार सम्पन्न करने और वेश्यावृत्ति को वैधानिकता प्रदान करने के भी प्रस्ताव फेंके जा रहे हैं। देखना होगा कि यह सचमुच किसी लोकतान्त्रिक आन्दोलन का विस्तार है या उदारीकरण द्वारा आनन्दलोक के विस्तार के लिए फेंका गया पाश है ? साथ में यह भी सोचना होगा कि गरीबी और असमानता से ग्रसित समाज में क्या सचमुच आनन्द का कोई लोकतान्त्रिक लोक स्थापित हो सकता है ? क्या इस तरह की कोई छूट देना देह व्यापार के तटबन्ध खोल देने जैसा नहीं होगा ? क्या इससे बच्चों, किशोरों और कमजोरों के यौन उत्पीड़न के नए आयाम की छूट नहीं मिलेगी ? यह कह देने और स्वीकार कर लेने में कोई हर्ज नहीं है कि निराला को उनकी ससुराल में कुल्ली भाट मिला था जो उन पर मोहित था या इलाहाबाद विश्वविद्यालय में रमेश चन्द्र द्विवेदी जैसे लोग भी थे जिन्होंने 'फिराक को देखा था'। लेकिन असाधारण व्यक्तियों के जीवन के विचलन को समाज के सामान्य जीवन का नियम बनाना खतरे से खाली नहीं है। इन स्मृतियों के साथ हमें यह नहीं भूलना चाहिए कि गाँव से लेकर शहरों तक के स्कूलों में तमाम बच्चे-बच्चियाँ यौन उत्पीड़न के शिकार होते हैं और उनकी आवाज कहीं सुनाई नहीं पड़ती। इसलिए दैहिक (यौनिक) आजादी की तीव्र होती इच्छा और उसको वैधानिक दर्जा देने की माँग को उदारीकरण की उस वृहत योजना के रूप में देखा जाना चाहिए जिसमें लगातार विस्तार पा रहे मध्यवर्ग के जीवन के केन्द्र में त्याग, तपस्या, क्षमा और दया जैसे उदात्त मूल्यों की बजाय 'आनन्द' है। इस योजना के तहत इस बात का बढ़-चढ़कर प्रचार किया गया कि अब इस देश के युवा मध्यवर्ग ने बूढ़े गांधी के ब्रह्मचारी सिद्धान्तों को खारिज कर दिया है। अब उसके यौन क्रिया की प्राथमिकता आनन्द है न कि सन्तानोत्पत्ति। इसी योजना के तहत यह भी प्रचार किया गया कि सौन्दर्य प्रतियोगिताएँ महिलाओं का मान घटाने के लिए नहीं बल्कि उनकी शक्ति बढ़ाने के लिए हैं। इसी योजना के तहत पूँजीवाद ने पिछले आठ-दस सालों से दैहिक-पत्रकारिता का नया अध्याय शुरू किया है। जहाँ खाने-पीने, फैशन और मालिश करने से लेकर देह व्यापार के विभिन्न केन्द्रों का वर्णन होता है। इस अध्याय ने स्त्री-पुरुष सम्बन्धों के विभिन्न मुद्दों का लोप कर उनकी जगह उनके शरीर को स्थापित कर दिया है। इसलिए जिन्हें भी अपने समाज के केन्द्र में सिर्फ आनन्द की बजाय मानवीय मूल्यों को स्थान देना है उन्हें आनन्दलोक की इन सीमाओं को पहचानना होगा और देखना होगा कि वह नीतिबाग की सीमाओं का अनादर न करे।

जननी, जनसंख्या और जीवन

दिल्ली के निजामुद्दीन स्टेशन पर उतरा तो वहीं एक मित्र टकरा गए। बाहर गाड़ी पार्क कर किसी का इन्तजार कर रहे थे। पूछा कहाँ से आ रहे हो ? मैंने बताया जनसंख्या सम्बन्धी एक कार्यशाला में गया था। सुनते ही उछल पड़े। बोले बहुत अच्छा मुद्दा है। इस पर जितनी बात हो उतनी कम है। पर बात करने का समय तो दस साल पहले निकल गया और अब तो बस करने का वक्त है। (उनके करने से अर्थ सम्भवतः नसबन्दी से ही था)। वे मुझे कोई अवसर दिए बिना बोले ही जा रहे थे। देखो कितनी बढ़ गई है जनसंख्या। लोग कीड़ों-मकोड़ों की तरह स्टेशन पर रेंगते हुए उतर रहे हैं। गरीबों ने तो हद कर रखी है। वे बेहिसाब बच्चे पैदा करते हैं और सबको कमाने दिल्ली भेज देते हैं। देखो हर तरफ रास्ता जाम है। जिस समय वे व्याख्यान दे रहे थे उस समय गरीब लोग आराम से उतरकर अपने डेरों की तरफ जा रहे थे। लेकिन मित्र की गाड़ी की वजह से रास्ता जाम हो गया था। लोग न्यूट्रल पर खड़ी उनकी गाड़ी को या तो आगे-पीछे ठेल रहे थे या उन पर हटाने का दबाव बनाने के लिए हॉर्न बजाए जा रहे थे। इस हड़बड़ी में उस दिन व्याख्यान अधूरा रहा। लेकिन दूसरे दिन जब उनके साथ करोलबाग गए तो वह दोबारा शुरू हो गया। दीपावली के मौके पर वहाँ की भीड़ देखी तो फट पड़े। बोले—दिल्ली एक दिन आबादी के बोझ से धँस जाएगी और भारत तो जनसंख्या के विस्फोट से टुकड़े-टुकड़े हो जाएगा। हालाँकि करोलबाग की उस भीड़ में आदमी कम और गाड़ियाँ ज्यादा थीं। वे इस बात को समझने के लिए कतई तैयार नहीं थे कि चार कतार में गाड़ियाँ पार्क करने के बाद चलने के लिए रास्ता कहाँ बचेगा। वे यह भी सुनने को तैयार नहीं थे कि यह तो बाजार का बढ़ता दबाव है न कि आबादी का।

उनके लिए कोई और बात सुनने की गुंजाइश उस दिन और कम हो गई जब छठ पूजन के लिए बिहार जानेवालों की भीड़ इतनी बढ़ी कि नई दिल्ली स्टेशन पर पाँच महिलाएँ कुचलकर मर गईं। इस घटना पर दुख का भाव बाद में और आबादी के बारे में अपना सिद्धान्त सही होने का भाव पहले आया।

पर ऐसा सोचनेवाले वे अकेले ही नहीं हैं। ऐसे तमाम लोग हैं और उनमें अच्छे पढ़े-लिखे लोगों से लेकर कम पढ़े-लिखे लोग तक हैं। जो थोड़ा पढ़-लिख गया वह कम पढ़े-लिखे लोगों और जो थोड़ा सम्पन्न हो गया वह कम सम्पन्न लोगों की आबादी के बारे में ऐसी ही चिन्ता व्यक्त करता है। उसके पीछे दूसरे का जीवन स्तर सुधारने पर जोर देने के बजाय ज्यादा चिन्ता अपने लिए घटती जगह और संसाधन की होती है। जनसंख्या की इस सारी राजनीति में संघपरिवार जनगणना के आँकड़ों का डंडा अल्पसंख्यकों पर चलाता है और उनको देश की दुर्दशा के लिए उसी तरह से जिम्मेदार ठहराता है जिस तरह कभी नाजी पार्टी ने यहूदियों को देश की दुर्दशा के लिए जिम्मेदार ठहराया था। कम पढ़े-लिखे तबके में तो कभी-कभी जनसंख्या की वृद्धि का हौवा क्रूर

मजाक के तौर पर सामने आता है। जब भी कोई बलवा या दंगा होता है तो जो लोग उससे सीधे प्रभावित नहीं होते वे यह कहकर सन्तोष प्राप्त कर लेते हैं कि चलो आबादी कुछ तो कम हुई।

हालाँकि उन्हें यह जानकर हैरानी होगी कि जनसंख्या नियन्त्रण के माल्थस के ऐसे ही क्रूर तर्कों के चलते उन्नीसवीं सदी में बंगाल के अकाल के दौरान अंग्रेजों ने राहत सामग्री रोक ली थी। शायद यह जानकारी माल्थस को भी नहीं हो पाई थी। पर मानव प्रजनन की राजनीति पर विलक्षण पुस्तक *सेक्स एंड डेस्टिनी* लिखनेवाली जरमेन ग्रीयर ने अपने शोध में यह निष्कर्ष निकाला है। उन्होंने बताया है कि जनसंख्या विस्फोट का हौवा पिछली सदी से ही खड़ा किया जा रहा है।

गर्भनिरोधक के क्षेत्र में प्रतिनिधि काम करनेवाली मेरी स्टोप्स से प्रभावित होकर अमृतसर के दुर्गा दास कपूर ने 19 मई 1926 को कुछ इस तरह पत्र लिखा–'मैं बहुत गम्भीरता से मानता हूँ कि हर तरह से दुख, पीड़ा, कर्ज, उदासी, बीमारी, गन्दगी, वेश्यावृत्ति, युद्ध, कुपोषण, गरीबी, बच्चों का मरना, ईर्ष्या-द्वेष या गलतफहमी वगैरह सबकी जड़ में अतिरिक्त प्रजनन ही प्रमुख कारण है।'

इस पत्र पर जरमेन ग्रीयर चुटकी लेती हुई कहती हैं कि अगर मेरी स्टोप्स में थोड़ा हास्यबोध होता तो वे इसे अपनी खिंचाई मानतीं। पर मेरी स्टोप्स वैसी थी नहीं। उनमें तो जनसंख्या को लेकर ऐसा पूर्वाग्रह था कि वे पूरी तरह से स्वस्थ व्यक्ति के अलावा किसी और को शादी करने और सन्तानें पैदा करने देने के पक्ष में ही नहीं थीं। उन्होंने अपने बेटे का विवाह चश्मेवाली लड़की से इसलिए नहीं होने दिया ताकि अगली पीढ़ी कहीं चश्मेवाली न पैदा हो जाए। जरमेन ग्रीयर का इतना लम्बा जिक्र इसलिए किया क्योंकि इस साल जनगणना के आँकड़े आने के साथ जहाँ फिर सदैव की भाँति आँकड़ों के उस्तरे भाँजे जा रहे हैं वहीं हमारे नीति निर्माताओं ने ज्यादा संवेदनशील तरीके से जनसंख्या नीति में महिलाओं पर ध्यान देने पर जोर दिया है। उसी के मद्देनजर केन्द्र सरकार ने सांसदों के लिए दो सन्तानों के नियम सम्बन्धी प्रस्ताव को वापस लेकर भी यह जताया है कि वह दो सन्तानों के नियम के बुरे प्रभावों से अवगत हैं। लेकिन दो सन्तानों का यह नियम देश के पाँच राज्यों में पंचायतों के लिए लागू है और वहाँ वह अपने ढंग से गरीबों, पिछड़ों, आदिवासियों और महिलाओं को दंडित कर रहा है। हो सकता है हमारे राजनीतिक दलों और नीति निर्माताओं को इस नियम की निष्फलता समझ में आए लेकिन तब तक बहुत देर न हो जाए।

दरअसल नीति निर्माताओं को अपनी पिछली गलतियों का अब अहसास हो रहा है। उन्हें लग रहा है कि उन्होंने पहले 'दुई सुत सुन्दर सीता जाए, लौकुश वेद पुराणन गाए'–का नारा देकर लोगों को दो बेटे पैदा करने के लिए प्रोत्साहित किया। उसके बाद एक लड़का और एक लड़की की आकृति बनाकर 'बच्चे दो ही अच्छे' फिर लड़कियों का जीवन संकट में डाला। राष्ट्रीय से लेकर अन्तर्राष्ट्रीय स्तर तक यह बात तेजी से महसूस की जा रही है कि जनसंख्या नीतियों में महिलाओं के प्रति भेदभाव रहा है और

उसे ठीक करने की आवश्यकता है। लेकिन ठीक करने की यह प्रक्रिया क्या फिर विकास की बहुप्रचारित परिभाषाओं के आधार पर चलेगी ? कहा जा सकता है कि विकास कर दिया जाए तो जनसंख्या स्वतः नियन्त्रण में आ जाएगी फिर स्त्रियों का जीवनस्तर सुधर जाएगा। लेकिन खतरा यह है कि कहीं विकास केन्द्रित जनसंख्या नियमन में जननी फिर न पीछे छूट जाए और बालिकाओं का घटता अनुपात सुधारने का अभियान महज नारा बनकर न रह जाए। इस खतरे की तरफ संकेत करती हुई मृणाल पांडे स्त्रियों के प्रजनन स्वास्थ्य सम्बन्धी अपनी पुस्तक *ओ उब्बीरी* में एक तरफ तो आँकड़ों के दबाव से भयार्त होकर स्त्रियों की प्रजनन क्षमता पर अंकुश लगाने का विरोध करती हैं तो दूसरी तरफ वैश्विक अर्थव्यवस्था में बाजार से स्वतन्त्रता के निर्धारित होने के बारे में आशंका भी प्रकट करती हैं। क्योंकि बाजार का व्यवहार तो हमेशा युक्तिसंगत नहीं होता। तो फिर क्या हो ? उन सामाजिक-सांस्कृतिक मान्यताओं का हम क्या करेंगे जो जनसंख्या नियन्त्रण की सरकारी जरूरतों पर लोकतान्त्रिक ढंग से प्रश्न खड़े करते हैं ?

इन सवालों का जवाब एक हद तक जरमेन ग्रीयर के उन सुझावों में मिलता है जो वे आँकड़ों से भयाक्रान्त और जनसंख्या नियन्त्रण के नाम पर स्त्रियों और गरीबों पर जुल्म करने के लिए आतुर नीति निर्माताओं को देती हैं। वे कहती हैं कि दुनिया में जनसंख्या नियोजन की एक ही सुसंगत प्रेरणा हो सकती है और वह है लोगों, परिवारों और व्यक्तियों को मदद करने की इच्छा। उनके लिए वह करना, जो वे चाहते हैं न कि वह करना जो हम उनके लिए उचित समझते हैं। यहीं यह सवाल उठता है कि लोगों की जरूरतों को रोज-ब-रोज काल्पनिक ढंग से परिभाषित करनेवाला बाजार क्या वास्तविक जरूरत को सामने आने देगा ? क्या विकास सम्बन्धी आँकड़ों के साइनबोर्ड कभी स्वास्थ्य सेवाओं की क्रूर असमानता और पूर्वाग्रह को प्रकट होने देंगे ? यहीं एक-दूसरे छोर पर खड़े होकर स्थितियों को ठीक करने के बारे में सोचा जा सकता है। और वह छोर है जननी को केन्द्र में रखकर जनसंख्या और विकास को संचालित और परिभाषित करने का। अगर हम यह मानने की बजाय कि विकास होने से जीवन का स्तर सुधर जाएगा और जननी की स्थिति अपने आप सुधर जाएगी, यह मानें कि जननी की स्थिति सुधरने से न सिर्फ जनसंख्या का विधिवत नियोजन होगा बल्कि सही विकास भी होगा तो ज्यादा सही दिशा में चल सकेंगे। शायद तभी देश यह कह सकेगा—जननी जन्मभूमिश्च स्वर्गादपि गरीयसी।

फकीरों के मज़ारों पर लगेंगे हर बरस मेले

वे राजनीति में फकीर थे, जो बिना दान, पारितोषिक और पद लिए देश भर में जनचेतना की अलख जगाते रहे। हालाँकि कई राजा राजनीति में फकीर बनने की कोशिश करते

हैं पर वे राजा ही बने रह जाते हैं। लेकिन किशन पटनायक के साथ ऐसा नहीं था। वे आज के तमाम मुख्यमन्त्रियों, केन्द्रीय मन्त्रियों और यहाँ तक कि कुछ प्रधानमन्त्रियों से पहले देश की उस संस्था में चुनकर पहुँचे थे जहाँ से वैभव, विलासिता और प्रसिद्धि के पहाड़ का महाद्वार शुरू होता है। पर वे उस द्वार से ऊपर जाने की बजाय लगातार नीचेवालों की तरफ आते गए और अन्त में नीचेवालों से इतने जुड़ गए कि उन्हें उस रास्ते से ऊपर जाने की जरूरत ही नहीं रह गई। वे कथनी और करनी के दो अलग-अलग छोरों को लगातार मिलाने और उनकी दूरी कम करने में लगे रहे। यह तो नहीं कहा जा सकता कि उन्होंने उसे खत्म कर दिया था पर इतना जरूर कहा जा सकता है कि उनके अपने जीवन में वह दूरी काफी घट गई थी। इसीलिए उनकी राजनीतिक धारा चौड़ी होने के बजाय पतली ही बनी रही। आज जब राजनीति में हजारों गैलन गन्दगी डालनेवाले सैकड़ों नाले गिर रहे हों और उसकी सफाई के बहाने नए नाले पैदा कर दिए जाते हों, ऐसे में किशन पटनायक जहाँ भी होते थे वहाँ राजनीति के दो महत्त्वपूर्ण पाटों—आन्दोलन और विचार—के बीच निर्मल गंगा प्रस्फुटित होती दिखती थी। हालाँकि यह कहनेवाले भी हैं कि किशन पटनायक के इसी शुद्धतावादी रवैये के कारण 1993 में भूमंडलीकरण के विरुद्ध संघर्ष के लिए बोट क्लब पर जुटी तमाम शक्तियाँ बिखर गईं और जॉर्ज फर्नांडीज जैसे मजबूत नेता अलग रास्ते पर चले गए। पर उसके बाद का दस साल का वक्त बता देता है कि उन सिद्धान्तों के लिए कौन निष्ठावान था और कौन पाखंड कर रहा था।

राजनीति, आन्दोलन और एन.जी.ओ. की इस विशाल भूलभुलैया में किशन पटनायक अपने विवेक के कुतुबनुमा से लगातार सही राह दिखाने में लगे थे। यही उनकी सबसे बड़ी प्रासंगिकता रही। पिछले डेढ़ दशक में देश और दुनिया की राजनीति में तीन खतरनाक मोड़ आए—जातिवाद, साम्प्रदायिकता और साम्राज्यवाद। उन सब पर उन्होंने असाधारण सूझ-बूझ और सन्तुलन दिखाया और कई सोचने-समझनेवालों को खड्ड में गिरने से बचा लिया। पहला मोड़ मंडल आयोग की रपट लागू होने के बाद उठे बवंडर का था। उसने कुछ लोगों को सवर्णवादी बना दिया, कुछ को पिछड़ावादी और कुछ को मंडलवादी बना दिया।

उस बवंडर में भटकनेवाले सिर्फ विचारधाराविहीन राजनीतिक ही नहीं बल्कि कई प्रखर विचारवान लोग भी थे। लेकिन किशन पटनायक ने उस समय विचलित विचारवानों को सही राह दिखाई। जब छात्र आत्मदाह कर रहे थे तब किशन पटनायक ने आगाह करते हुए कहा था कि मंडल आयोग से जातिवाद का खतरा है लेकिन मंडल का विरोध तो शुद्ध जातिवाद है। आखिर में वह चेतावनी हू-ब-हू सही उतरी। दूसरा मोड़ तब आया जब छह दिसम्बर 1992 में हिन्दुत्ववादियों ने बाबरी मस्जिद गिराई। उस समय उन्होंने न सिर्फ फासीवादी खतरे की तरफ सचेत किया बल्कि यह भी कहा था कि डंकल और डब्लू.टी.ओ. के रास्ते आ रहे नए साम्राज्यवाद के साथ इसकी साँठ-गाँठ है। अयोध्या में हुए बाबरी मस्जिद विध्वंस और विश्व व्यापार संगठन के गठन को वे

एक ही परिघटना का राष्ट्रीय और अन्तर्राष्ट्रीय रूप मानते थे। यानी राजनीति के तीनों खतरनाक मोड़ों के रिश्ते व उनकी भौगोलिक और भूगर्भीय स्थिति को वे ज्यादा गहराई से समझ रहे थे। तीसरे मोड़ पर फिसले एक युवा पत्रकार से बहस में उन्होंने आगाह किया था कि भूमंडलीकरण सचमुच दुनिया को प्रलय की दिशा में ले जानेवाली प्रक्रिया है और हमें बाबा नूह की तरह एक नौका बना लेनी चाहिए।

सवाल उठता है कि बड़ों-बड़ों को उलझा देनेवाली और विद्वानों को भटका देनेवाली राजनीतिक परिस्थितियों में सही राह दिखानेवाला विवेक का यह कुतुबनुमा किशन पटनायक को कहाँ से मिला था ? क्या वह ज्ञान की किसी गुफा में साधना करने से आया था या डॉक्टर राममनोहर लोहिया और जयप्रकाश नारायण के साथ संघर्ष की राहों पर चलने से ? या ईमानदारी और निष्ठा की खुली हवा में नियमित व्यायाम करने से हासिल हुआ था ? जाहिर है कि उन्हें यह कुतुबनुमा किताबों से नहीं मिला था क्योंकि वे शब्दों की ताकत में पूरी तरह यकीन करने के बावजूद किताबी नहीं थे। वे ज्ञान का भार लेकर घूमते नहीं थे न ही पुस्तकालयों में बैठकर शोध करते थे। वे नियमित तौर पर कोई अखबार भी नहीं पढ़ते थे। दूसरी तरफ डॉ. राममनोहर लोहिया और जयप्रकाश नारायण के आन्दोलनों को भी क्रमशः चार से ढाई दशक गुजर चुके थे। उनकी तमाम कमियाँ और कमजोरियाँ उजागर हो चुकी थीं। कई लोगों ने समाजवाद का नाम लेना भी छोड़ दिया था। ऐसे में ऐसा क्या था जहाँ से किशन पटनायक सीधे दृष्टि और प्रेरणा ग्रहण कर समसामयिक घटनाओं की नब्ज पर किसी बड़े राजनीतिक विश्लेषक से ज्यादा सटीक पकड़ रखते थे ? निश्चित तौर पर किशन पटनायक की इस प्रखर दृष्टि के पीछे आन्दोलनों और सामाजिक कार्यकर्ताओं से उनका जुड़ाव था। उनके पास न तो कोई बड़ी राजनीतिक पार्टी थी न ही कोई शक्तिशाली राजनीतिक संगठन था। पिछले 25 वर्षों में उनके नेतृत्व में देश में कोई बड़ा आन्दोलन नहीं हुआ। इसके बावजूद उस दौरान देश में कोई ऐसा महत्त्वपूर्ण आन्दोलन भी नहीं हुआ जिसके पीछे वे नैतिक या राजनीतिक रूप से खड़े न रहे हों। टिकैत का किसान आन्दोलन हो, मेधा पाटकर का नर्मदा बचाओ आन्दोलन हो, थामस कोचरी का मछुआरा आन्दोलन हो, अनिल प्रकाश का गंगा मुक्ति आन्दोलन हो, ब्रह्मदेव शर्मा का आदिवासी आन्दोलन हो या बनवारी लाल शर्मा का आजादी बचाओ आन्दोलन, सबके साथ वे खड़े दिखते थे। इन सबके बावजूद वे खंडित आन्दोलन के पक्षधर नहीं थे। न ही उनका कोई एकल एजेंडा था। वे समग्र परिवर्तन के पक्षधर थे। इसीलिए कभी जनान्दोलनों का राष्ट्रीय स्तर पर समन्वय करते थे तो कभी लोक राजनीतिक मंच की स्थापना करते थे।

इस साल की शुरुआत में मुम्बई ही नहीं पूरे देश में जब यह खुसुर-फुसुर चल रही थी कि अरे, किशन पटनायक जैसे फारेन फंडिंग के विरोधी भी विश्व सामाजिक मंच में शामिल होने चले गए तो उन्होंने सड़क के उस पार हो रहे एमआर-2004 में व्याख्यान देकर सबको चौंका दिया था।

इसमें कोई दो राय नहीं कि पिछले दस सालों में किशन पटनायक व्यवहार में

लचीले हो चले थे पर यह कोई नहीं कह सकता कि उनकी सैद्धान्तिक दृढ़ता में कोई कमी आई थी। वे अपने आचरण और विश्लेषण से समाजवाद में नई आस्था पैदा कर रहे थे और उसे भ्रष्ट व हास्यास्पद होने से बचा रहे थे। वे अपनी इकहरी काया के कमजोर पैरों से दौड़कर और छोटे-छोटे दोनों हाथों को फैलाकर आन्दोलन के उन विद्युत कणों का समन्वय कर रहे थे जिनसे मानवता के विजयिनी होने की सम्भावना हो सकती है। लेकिन इन सबसे बड़ी बात यह है कि दमे का यह मरीज अपने नहीं समाज के स्वास्थ्य के लिए ईमानदारी और निष्ठा की खुली हवा में नियमित व्यायाम करता था और उसी वजह से उसका कुतुबनुमा कभी गड़बड़ नहीं हुआ। वे विदेशी संसाधनों और सम्पर्कों में गले तक डूबे इस देश के शासक और बौद्धिक वर्ग के सामने भी प्रश्नचिह्न थे। आज देश में ऐसे बौद्धिक बिरले ही हैं जो हर साल यूरोप और अमेरिका जाने का जुगाड़ न करते हों या जिनकी सन्तानें यूरोप और अमेरिका में व्यवस्थित न हों। ऐसे माहौल में वे यह आस्था जगाते थे कि पूर्णतः देशी विवेक, संसाधनों और सम्पर्कों के आधार पर आन्दोलन और रचना के किसी विकल्प की तलाश की जा सकती है। उनके होने से कठोरता पिघलती थी, जटिलता सुलझती थी और चुनौतियाँ सरल लगती थीं। हमारा सौभाग्य है कि हम उनके सम्पर्क में रहे। ऐसे हजारों कार्यकर्ताओं और सैकड़ों लेखकों के पास उनके सम्पर्कों और संस्मरणों की पूँजी है। वे नए और अच्छे कामों में उनका निवेश कर विचारों के विनिवेश और उसमें विदेशी निवेश से बच सकते हैं। अगर यह दौर किसी सघन संघर्ष या प्रचंड आन्दोलन का होता तो किशन पटनायक को शहीद होने का गौरव भी हासिल हो सकता था। पर उन्होंने गांधी की ताबीज और लोहिया की भभूत बाँटते और समाजवाद को नया क्षितिज प्रदान करते फकीरों की तरह देह त्याग दिया। इसलिए उनके मजार पर हर बरस मेले लगने ही चाहिए।

●●●